CW01667268

Norbert Horn

Das Zivil- und Wirtschaftsrecht im neuen Bundesgebiet

-11 492-

Das Zivil- und Wirtschaftsrecht im neuen Bundesgebiet

Eine systematische Darstellung
für Praxis und Wissenschaft

von

Prof. Dr. Norbert Horn, Köln

Walzwerk Finow

Fachbücherei
Reg.-Nr. R 445

RWS

Verlag Kommunikationsforum GmbH
Recht Wirtschaft Steuern · Köln

CIP-Titelaufnahme der Deutschen Bibliothek

Horn, Norbert:
Das Zivil- und Wirtschaftsrecht im neuen Bundesgebiet / von
Norbert Horn. - Köln : Verl. Kommunikationsforum Recht,
Wirtschaft, Steuern, 1991
ISBN 3-8145-8020-6

(C) 1991 Verlag Kommunikationsforum GmbH
Recht Wirtschaft Steuern, Postfach 27 01 25, 5000 Köln 1

Alle Rechte vorbehalten. Ohne ausdrückliche Genehmigung des Verlages ist es auch nicht gestattet, das Skript oder Teile daraus in irgendeiner Form (durch Fotokopie, Mikrofilm oder ein anderes Verfahren) zu vervielfältigen.

Druck u. buchbinderische Verarbeitung: Bercker, graph. Betrieb, 4178 Kevelaer 1

In politischer, wirtschaftlicher und menschlicher Beziehung wird die Wiedervereinigung Deutschlands Kräfte freimachen, von deren Stärke und Macht sich die Schulweisheit der Planwirtschaftler nichts träumen läßt.

Ludwig Erhard im September 1953

Vorwort

Das Recht ist die unentbehrliche Grundlage für die Entfaltung einer freien und sozialen Wirtschaft und Gesellschaft im neuen Bundesgebiet, das aus der beigetretenen DDR hervorgegangen ist. Nach Vollzug der staatlichen Einheit Deutschlands am 3. Oktober 1990 besteht hier das Zivil- und Wirtschaftsrecht aus Bundesrecht mit zahlreichen Modifikationen und Überleitungsregelungen sowie aus fortbestehendem, meist neuerem DDR-Recht nach Maßgabe des Einigungsvertrags. Juristen und Wirtschaft sind derzeit dringend auf die Kenntnis des komplexen Rechtszustandes sowie der bereits abgeschlossenen Phasen des DDR-Rechts, in denen zahlreiche Rechtsgeschäfte geschlossen wurden, angewiesen. Das Buch soll dem Bedürfnis der Praxis nach einem systematischen Überblick und Einzelinformationen entsprechen. Es soll zugleich zur rechtswissenschaftlichen und rechtspolitischen Diskussion beitragen und den Weg zur Rechtseinheit in seinen historischen und praktischen Aspekten nachzeichnen.

Bedeutung und Dringlichkeit der Sache haben einen frühen Erscheinungstermin des Buches nahegelegt, an dem die juristische Diskussion der neuen Rechtslage gerade erst beginnt. Der Bearbeitungsstand ist im allgemeinen der Dezember 1990. Gesetzgebungspläne, insbesondere das SpaltungsG und das Gesetz zur Beseitigung von Hemmnissen bei der Privatisierung von Unternehmen (PrHBG) sind in ihren Grundgedanken noch nach dem Planungsstand vom 21. Januar 1991 berücksichtigt. Für Unterstützung bei der Materialerfassung und redaktionellen Betreuung des Manuskripts danke ich meinen Assistenten am Lehrstuhl und am Institut für Bankrecht an der Universität zu Köln, Barbara Basten, Klaus Peter Berger und Andreas Fülbier, und allen anderen Mitarbeitern. Die Schreibarbeiten wurden mit dankenswertem Einsatz von Martina Thiel, Peter Balzer, Heribert Reiners und Susanne Strefling erledigt. Ich widme dieses Buch meiner Frau, die in Leipzig geboren ist und dort zur Schule ging, bis sie mit den Eltern in den Westen fliehen mußte, und die meine Arbeit durch ihr Verständnis und ihre Geduld unterstützt hat.

Das Übergangsrecht für das neue Bundesgebiet und seine Vorstufen im DDR-Recht dienen als notwendige Brücke zur Marktwirtschaft und Rechtseinheit. Manche Details dieses umfangreichen Rechts mögen als vergänglicher Untersuchungsgegenstand erscheinen. Viele Rechtsfragen der Überleitung und Umstellung der Wirtschafts- und Rechtsordnung der ehemaligen DDR werden jedoch die Juristen noch lange beschäftigen. Die Ergebnisse dieses Übergangs werden ein wichtiger und dauerhafter Bestandteil der deutschen Rechts- und Gesellschaftsordnung sein.

Köln, im Januar 1991 Norbert Horn

Inhaltsübersicht

Kapitel 4: Unternehmensrecht 277

Kapitel 5: Wettbewerbs-, Wirtschafts- und Steuerrecht 435

Kapitel 6: Rechtspflege 471

Inhaltsverzeichnis

Abkürzungsverzeichnis

AbfG	Abfallgesetz
ABl	Amtsblatt
AbzG	Abzahlungsgesetz
AcP	Archiv für die civilistische Praxis
AFG	Arbeitsförderungsgesetz
AG	Aktiengesellschaft
AGB	Allgemeine Geschäftsbedingungen; Arbeitsgesetzbuch
AGBG	Gesetz zur Regelung des Rechts der Allgemeinen Geschäftsbedingungen
AHB	Außenhandelsbetriebe
AHVO	Verordnung über die Leitung und Durchführung des Außenhandels
AiB	Arbeitsrecht im Betrieb
AktG	Aktiengesetz
ÄndAufhG	Gesetz über die Änderung oder Aufhebung von Gesetzen der DDR
ÄndAufhVO	Verordnung über die Änderung oder Aufhebung von Gesetzen der DDR
AnmeldeVO	Anmeldeverordnung
AnwBl	Anwaltsblatt
AO	Anordnung; Abgabenordnung
ArbGG	Arbeitsgerichtsgesetz
ArbSchG	Gesetz über die Errichtung und das Verfahren der Schiedsstellen für Arbeitsrecht
ArbuR	Arbeit und Recht

AufbauG	Gesetz über den Aufbau der Städte in der DDR und der Hauptstadt Deutschlands, Berlin
AuR	Arbeit und Recht
AusfG	Ausführungsgesetz
AWG	Arbeiterwohnungsbaugenossenschaft
BaulandG	Baulandgesetz
BB	Betriebs-Berater
BBankG	Gesetz über die Deutsche Bundesbank
Begr.	Begründung
Bek.	Bekanntmachung
Ber.GBl	bereinigtes Gesetzblatt
BetrVG	Betriebsverfassungsgesetz
BGB	Bürgerliches Gesetzbuch
BGBl	Bundesgesetzblatt
BGH	Bundesgerichtshof
BHG	Bäuerliche Handelsgenossenschaft
BImSchG	Bundesimmissionsschutzgesetz
BNotO	Bundesnotarordnung
BRAO	Bundesrechtsanwaltsordnung
BRAGO	Bundesrechtsanwaltsgebührenordnung
BT-Drucks.	Bundestagsdrucksache
DAS	Deutscher Ausschuß für Schiedsgerichtswesen
DB	Der Betrieb
DDR-IG	Gesetz zum Abbau von Hemmnissen bei Investitionen in der DDR einschließlich Berlin (Ost)

DMBilG	D-Markbilanzgesetz
DONot	Verordnung über die Dienstordnung der Notare
DRiG	Deutsches Richtergesetz
DStR	Deutsches Steuerrecht
DtZ	Deutsch-deutsche Rechts-Zeitschrift
DVO	Durchführungsverordnung
ECU	European Currency Unit
EGBGB	Einführungsgesetz zum Bürgerlichen Gesetzbuch
EGGewerbRS	Besondere Bestimmungen zur Einführung der Rechtsvorschriften auf dem Gebiet des Gewerblichen Rechtsschutzes
EGUrhG	Besondere Bestimmungen zur Einführung des Urheberrechtsgesetzes
EinigungsV	Einigungsvertrag (Vertrag zwischen der Bundesrepublik Deutschland und der Deutschen Demokratischen Republik über die Herstellung der Einheit Deutschlands)
Erläut.	Erläuterungen zu den Anlagen zum Vertrag zwischen der Bundesrepublik Deutschland und der Deutschen Demokratischen Republik über die Herstellung der Einheit Deutschlands (Einigungsvertrag), BT-Drucks. 11/7817
ERP	European Recovery Progamm
EStG	Einkomensteuergesetz
EuZW	Europäische Zeitschrift für Wirtschaftsrecht
EWS	Europäisches Wirtschafts- und Steuerrecht

FDGB	Freier Deutscher Gewerkschaftsbund
FGB	Familiengesetzbuch
FGG	Gesetz über die Freiwillige Gerichtsbarkeit
FGO	Finanzgerichtsordnung
GATT	General Agreement on Tariffs and Trade
GAW	Gesetz über den Außenwirtschafts-, Kapital- und Zahlungsverkehr
GBl	Gesetzblatt der DDR
GBO	Grundbuchordnung
GDO	Grundstücksdokumentationsordnung
GE	Gemeinsame Erklärung der Regierungen der Bundesrepublik Deutschland und der Deutschen Demokratischen Republik zur Regelung offener Vermögensfragen
GebrMG	Gebrauchsmuster-Gesetz
GenG	Gesetz betreffend die Erwerbs- und Wirtschaftsgenossenschaften
GesO	Gesamtvollstreckungsordnung
GesVO	Gesamtvollstreckungs-verordnung v. 18. 12. 1975
GG	Grundgesetz
GGG	Gesetz über die gesellschaftlichen Gerichte der DDR
GI	Gesamtdeutsches Institut
GIW	Gesetz über internationale Wirtschaftsverträge
GKRA	Gesetz über die Kollegien der Rechtsanwälte der Deutschen Demokratischen Republik
GmbH	Gesellschaft mit beschränkter Haftung

GmbHG	Gesetz betreffend die Gesellschaften mit beschränkter Haftung
GmbHR	GmbH-Rundschau
GNV	Gesetz über die Zuständigkeit und das Verfahren der Gerichte zur Nachprüfung von Verwaltungsentscheidungen
GoB	Grundsätze ordnungsgemäßer Buchführung
GPG	Gärtnerische Produktionsgenossenschaft
GuV	Gewinn- und Verlustrechunung
GUG	Gesetz über die Unterbrechung von Gesamtvollstreckungsverfahren
GVBl	Gesetz- und Verordnungsblatt
GVG	Gerichtsverfassungsgesetz
GVO	Grundbuchverfahrensordnung
GVollstrVO	Grundstücksvollstreckungsverordnung
GVVO	Grundstücksverkehrsverordnung
GW	Gesetz über Wirtschaftsbeziehungen
GWB	Gesetz gegen Wettbewerbs-beschränkungen
GWG	Gemeinnützige Wohnungsbaugenossen-schaften
HWiG	Gesetz über den Widerruf von Haustürgeschäften und ähnlichen Geschäften
HFA	Hauptfachausschuß des IDW (Institut der Wirtschaftsprüfer)
HGB	Handelsgesetzbuch
HO	(volkseigene) Handelsorganisation
Hrsg.	Herausgeber

I.C.J.Rep.	International Court of Justice Reporter
Int.Bus.Lawyer	International Business Lawyer
InvestG	Gesetz über besondere Investitionen in der DDR
IPR	Internationales Privatrecht
IWB	Internationale Wirtschaftsbriefe
IWV	Internationale Wirtschaftsverträge
JR	Juristische Rundschau
JustitiarVO	Justitiarverordnung
JZ	Juristenzeitung
KAGG	Gesetz über Kapitalanlagegesellschaften
Kap.	Kapitel
KapErhG	Kapitalerhöhungsgesetz
KfW	Kreditanstalt für Wiederaufbau
KG	Kommanditgesellschaft
KGaA	Kommanditgesellschaft auf Aktien
KO	Konkursordnung
KostO	Kostenordung
KSchG	Kündigungsschutzgesetz
KStG	Körperschaftsteuergesetz
KVG	Kommunalvermögensgesetz
KWG	Kreditwesengesetz

LandAnpassG	Landwirtschaftsanpassungsgesetz
LandverwertungsG	Gesetz über die Übertragung des Eigentums und die Verpachtung volkseigener landwirtschaftlich genutzter Grundstücke an Genossenschaften, Genossenschaftsmitglieder und andere Bürger
LPG	Landwirtschaftliche Produktionsgenossenschaft
LPG-Gesetz	Gesetz über die landwirtschaftlichen Produktionsgenossenschaften
MantelG	Gesetz über die Inkraftsetzung von Rechtsvorschriften der Bundesrepublik Deutschland in der Deutschen Demokratischen Republik (Mantelgesetz)
MitbestG	Mitbestimmungsgesetz
m. w. N.	mit weiteren Nachweisen
NJ	Neue Justiz
NJW	Neue Juristische Wochenschrift
NJW-RR	NJW Rechtsprechungs-Report Zivilrecht
NotarG	Notariatsgesetz
NotarVO	Verordnung über die Tätigkeit von Notaren in eigener Praxis
Nr.	Nummer
NWB	Neue Wirtschafts-Briefe für Steuer- und Wirtschaftsrecht
OG	Oberstes Gericht

P.C.I.J.	Permanent Court of International Justice
PGH	Produktionsgenossenschaft des Handwerks
PreisG	Gesetz über die Preisbildung und die Preisüberwachung beim Übergang zur sozialen Marktwirtschaft
PreisVO	Verordnung über die Aufhebung bzw. Beibehaltung von Rechtsvorschriften auf dem Gebiet der Preise
RAG	Rechtsanwendungsgesetz
RAGO	Rechtsanwaltsgebührenordnung der DDR
RGW	Rat für Gegenseitige Wirtschaftshilfe
RiG	Richtergesetz
RIW	Recht der Internationalen Wirtschaft
ROW	Recht in Ost und West
RWS-Dok.	RWS-Dokumentation
SBZ	Sowjetische Besatzungszone
SchKO	Schiedsgerichtskommissionsordnung
SED	Sozialistische Einheitspartei Deutschlands
SGG	Sozialgerichtsgesetz
SGO	Schiedsgerichtsordnung
SMAD	Sowjetische Militäradministration für Deutschland
StaatsV	Staatsvertrag (Vertrag über die Schaffung einer Währungs-, Wirtschafts- und Sozialunion zwischen der Bundesrepublik Deutschland und der Deutschen Demokratischen Republik
SVG	Gesetz über die Sozialversicherung

TA	Technische Anordnung
TreuhandG	Treuhandgesetz
TVG	Tarifvertragsgesetz
UNCITRAL	United Nations Commission on International Trade Law
UPR	Umwelt- und Planungsrecht
URG	Umweltrahmengesetz
UrhG	Urhebergesetz
UStG	Umsatzsteuergesetz
UWG	Gesetz gegen den unlauteren Wettbewerb
VAG	Versicherungsaufsichtsgesetz
VE	volkseigen
VEB	volkseigener Betrieb
VermG	Gesetz zur Regelung offener Vermögensfragen (Vermögensgesetz)
VG	Vertragsgesetz
VglO	Vergleichsordnung
VO	Verordnung
VOBl	Verordnungsblatt
Vorbem.	Vorbemerkung
VORuSt	Verordnung über die Rechnungsführung und Statistik
VwGO	Verwaltungsgerichtsordnung

WLVO	Verordnung über die Lenkung des Wohnraums
WM	Wertpapier-Mitteilungen
WPg	Die Wirtschaftsprüfung
WuW	Wirtschaft und Wettbewerb
WZG	Warenzeichengesetz
ZGB	Zivilgesetzbuch
ZIP	Zeitschrift für Wirtschaftsrecht
ZivilrechtsÄndG	Zivilrechtsänderungsgesetz
ZKW	Zeitschrift für das gesamte Kreditwesen
ZPO	Zivilprozeßordnung
ZPO-DDR	Gesetz über das gerichtliche Verfahren in Zivil-, Familien- und Arbeitsrechtssachen
ZRP	Zeitschrift für Rechtspolitik
ZVG	Gesetz über die Zwangsversteigerung und Zwangsverwaltung
ZVOBl	Zentralverordnungsblatt

Kapitel 1:

Die Rechtsgrundlagen des Übergangs zur Marktwirtschaft und Rechtseinheit

I. Ausgangsfragen zum Übergangsprozeß

1. DDR-Recht im Bundesrecht

Im neuen Bundesgebiet, das aus der ehemaligen DDR hervorgegangen ist, gilt seit dem 3. Oktober 1990 im Grundsatz das Zivil- und Wirtschaftsrecht der Bundesrepublik Deutschland aufgrund Artikel 8 des Einigungsvertrags vom 31. 8. 1990, zugleich aber eine Fülle von Sonderrecht und Übergangsrecht, das der wirtschaftlichen, sozialen und rechtlichen Integration dieses neuen Teils der Bundesrepublik dient. Das Sonder- und Übergangsrecht besteht zum Teil in Änderungen und Anpassungen des Bundesrechts und (meist zeitlich beschränkten) Ausnahmen vom Bundesrecht sowie in Überleitungsregelungen, zum Teil in DDR-Recht, das als partielles Bundesrecht oder als Landesrecht weitergilt.

Der Einigungsvertrag legt die Einzelheiten der teilweisen Fortgeltung von Rechtsnormen der früheren DDR als Ausnahmen vom Prinzip der Rechtseinheit in Deutschland fest.[1)] Der Anwendungsbereich dieses Rechts ist sachlich und territorial begrenzt. Die Abgrenzungskriterien (Kollisionsrecht) ergeben sich primär aus den tatbestandlichen Abgrenzungen in den einzelnen Gesetzen selbst, die z. T. durch den Einigungsvertrag bestimmt wurden, ferner auf dem Gebiet des Privatrechts aus den allgemeinen Regeln des interlokalen Kollisionsrechts, die in Anlehnung an die Regeln des internationalen Privatrechts gebildet werden.[2)]

Die Ablösung der Masse des DDR-Rechts durch Bundesrecht wirft zugleich Fragen des intertemporalen Kollisionsrechts auf. Diese sind ebenfalls in großem Umfang in den Anlagen zum Einigungsvertrag bei den einzelnen Gesetzen und Rechtsgebieten geregelt, für das Zivil-

---

1) In Anlage II zum Einigungsvertrag, BGBl II 1990, 885 ff; vgl. Vorbemerkungen vor Anlage II, BGBl II 1990, 1148 = *Horn*, RWS-Dok. 2 Nr. I.3.1; zum Ganzen unten IV 2 und 4.

2) So schon für die Zeit der staatlichen Existenz der DDR die h. M.; vgl. z. B. *Reithmann/Martiny*, Rz. 136; *Staudinger/Merten/Kirchhof*, Art. 1 EGBGB Rz. 42.

recht insbesondere im EGBGB[3]), und im übrigen nach den allgemeinen Regeln dieses Kollisionsrechts zu beurteilen.[4])

2. Der Übergangsprozeß

Das DDR-Recht war 1990 einem raschen, umfangreichen und tiefgreifenden Wandel unterworfen. Eine unübersichtliche Fülle von neuen Gesetzen und anderen Rechtsnormen ist in der DDR entstanden, vor allem in Vollzug des Staatsvertrags (dazu unten III 5). Dieses Recht übernahm zunehmend und ab Sommer 1990 ausschließlich die Funktion, als Brücke zur Marktwirtschaft und Rechtseinheit zu dienen.[5]) Neben der teilweisen Übernahme von Bundesrecht gemäß dem Staatsvertrag, die durch den Einigungsvertrag fortgeführt und vollendet wurde, entstanden eigenständige Gesetze der DDR, die zunächst nur eine begrenzte Annäherung an das Bundesrecht geschaffen haben, so z. B. auf dem Gebiet der Rechtspflege (dazu Kap. 6), und später durch Bundesrecht abgelöst wurden oder werden. Andere DDR-Gesetze enthalten solche Übergangsregelungen, die dauerhafte Grundlage des Übergangs zur neuen Wirtschafts- und Sozialordnung bleiben sollen, so auf den Gebieten des Eigentumsrechts (dazu Kap. 3) und Unternehmensrechts (dazu Kap. 4). Der Einigungsvertrag hat auch zum Teil neues DDR-Recht wieder abgeschafft.[6])

Der veränderliche Gegenstand DDR-Recht läßt sich daher nur in der zeitlichen Abfolge von Entwicklungsphasen verstehen. In die folgende Darstellung des gegenwärtigen Rechtszustandes werden daher auch solche Entwicklungsphasen des DDR-Rechts im Jahre 1990 einbezogen, die schon abgeschlossen sind oder deren Ende kurz bevorsteht. Ferner ist meist ein Blick auf das alte sozialistische Recht für das Verständnis unentbehrlich. Diese Darstellung der zeitlichen Dimension dient auch konkreten praktischen Bedürfnissen. Viele vor dem 3. 10. 1990 begründeten Rechte, insbesondere Eigentumsverhältnisse, sind nur bei Kenntnis des alten DDR-Rechts sicher zu beurteilen.

---

3) Einzelheiten s. Kap. 2 I; vgl. auch unten IV.

4) Allg. *Kegel*, § 1 VII 2 b; *v. Bar*, Rz. 304; *Ferid*, Rz. 2 - 42; MünchKomm-*Sonnenberger*, IPR, Einl. Rz. 500; MünchKomm-*Heinrichs*, Art. 170 EGBGB, Rz. 3; Einzelheiten unten Kap. 2.

5) Grundsätzlich dazu *Horn*, Über die Brücke des Rechts, FAZ v. 18. 8. 1990, S. 11.

6) Z. B. große Teile des überarbeiteten AGB; dazu Kap. 4 V.

Auch zahlreiche Verträge oder andere Rechtsvorgänge stammen aus der Zeit des alten Rechts oder aus den unterschiedlichen Übergangsphasen des Jahres 1990. Das zur Zeit des Vertragsabschlusses oder der Vollendung des sonstigen Rechtsaktes maßgebende Recht ist nach den allgemeinen Regeln des intertemporalen Kollisionsrechts weiter für Rechtsbestand und Rechtswirkungen maßgeblich, sofern nicht spezielle Überleitungsnormen bestehen. Die Überleitungsregelungen des Einigungsvertrages sind bei den einzelnen Rechtsmaterien berücksichigt.[7)]

3. DDR-Recht und Wirtschaftsverfassung

Schon vor der Herstellung der staatlichen Einheit Deutschlands hatte die DDR damit begonnen, die soziale Marktwirtschaft und damit eine völlig neue Wirtschaftsverfassung einzuführen. Dieser Prozeß ist noch nicht beendet. Er wurde durch den Einigungsvertrag und durch den Vollzug der staatlichen Einheit am 3. Oktober 1990 nicht abgeschlossen. Das Zivil- und Wirtschaftsrecht im neuen Bundesgebiet ist nur im Kontext dieses Entwicklungsprozesses verständlich.

Die Entwicklung in der ehemaligen DDR läßt sich präziser beschreiben, indem man die verschiedenen Bedeutungen des Begriffs der Wirtschaftsverfassung[8)] heranzieht. Im normativen Sinn bedeutet Wirtschaftsverfassung die Verfassungsgrundlagen einer Wirtschaftsordnung oder auch weitergehend die für die Wirtschaft prägenden sonstigen Gesetze[9)]. Auf der Ebene der Verfassungsnormen ist die Wirtschaftsverfassung der DDR schon bis zum 1. Juli 1990, also schon vor der staatlichen Einheit, weitgehend derjenigen der Bundesrepublik angeglichen worden (unten III 4).

In der einfachen Gesetzgebung wurde der Prozeß der Angleichung insbesondere durch die umfangreiche Übernahme bundesdeutschen Rechts in Vollzug des Staatsvertrages vorangetrieben (unten III 5). Der Einigungsvertrag brachte weitere entscheidende Schritte zur

---

7) Zum Vertragsrecht und allgemein zum Privatrecht s. Kap. 2, zum Eigentumsrecht Kap. 3; vgl. auch den allgemeinen Überblick unten IV 4.

8) Zu diesen Bedeutungen *Rittner*, § 2 m. w. N.; *Fikentscher*, S. 1 f.

9) Soweit diese Gesetze normative Elemente der "Gesamtentscheidung der Ordnung des Wirtschaftslebens eines Gemeinwesens" sind; zu dieser Gesamtentscheidung *Eucken*, Die Grundlagen der Nationalökonomie, S. 52.

Rechtseinheit (unten IV 2). Daneben entstand die erwähnte DDR-spezifische Übergangsgesetzgebung, insbesondere zur Neuordnung und Bereinigung der Eigentumsverhältnisse (Kap. 3 und 4), zur Umwandlung der volkseigenen Wirtschaft (Kap. 4) und zur Angleichung der Rechtspflege in der DDR an das System der Bundesrepublik (Kap. 6). Die normative Wirtschaftsverfassung für das neue Bundesgebiet ist also auch auf der Ebene der Gesetze zum Privat- und Wirtschaftsrecht inzwischen weitgehend angeglichen mit Ausnahme der genannten besonderen Überleitungsaufgaben.

Wirtschaftsverfassung im faktischen Sinn bedeutet die tatsächlichen Strukturen und Regelhaftigkeiten einer Wirtschaft. In diesem Sinn ist im neuen Bundesgebiet die soziale Marktwirtschaft auch mit der staatlichen Einigung noch nicht vollständig hergestellt. Wirtschaft und Verwaltung sind teilweise noch in den überkommenen sozialistischen Strukturen und Verhaltensweisen befangen. Man kann hier im Herbst 1990 allenfalls von einem dynamischen und im Ganzen ermutigenden Prozeß sprechen, dessen Erfolg man erwarten darf, dessen zeitlicher Abschluß aber noch nicht abzusehen ist. Denn die Spuren von über 40 Jahren sozialistischer Wirtschaft können erst allmählich überwunden werden.[10)]

---

10) Zum Transformationsprozeß grundlegend *Propp*, Zur Transformation einer Zentralverwaltungswirtschaft sowjetischen Typs in eine Marktwirtschaft.

II. Der Staatsvertrag vom 18. Mai 1990

1. Zustandekommen und Aufbau des Vertragswerks

Der Staatsvertrag (Vertrag über die Schaffung einer Währungs-, Wirtschafts- und Sozialunion zwischen der Bundesrepublik Deutschland und der Deutschen Demokratischen Republik = StaatsV) wurde von den beiden deutschen Regierungen ausgehandelt und am 18. Mai 1990 in Bonn unterzeichnet. Der Vertrag wurde am 21. 6. vom Bundestag und am 22. 6. 1990 vom Bundesrat gebilligt und am 25. 6. 1990 verkündet.[1] Die Volkskammer hat den Vertrag am 21. 6. 1990 angenommen.[2] Damit wurden die innerstaatlichen Voraussetzungen für sein Inkrafttreten erfüllt. Der Vertrag ist durch die gegenseitige Mitteilung der Regierungen, daß diese Voraussetzungen erfüllt sind, in Kraft getreten (Art. 38 StaatsV).

Das Vertragswerk besteht aus dem Vertragstext i. e. S., einem gemeinsamen Protokoll über Leitsätze und den Anlagen I - IX sowie angefügten Protokollerklärungen. Die Leitsätze und die Anlagen sind gemäß besonderer Bestimmungen des StaatsV für die Vertragsparteien verbindlich und Teil der vertraglichen Verpflichtungen (Art. 2 - 4, 38).

2. Zweck und Grundbestimmungen

Der StaatsV bestimmte die Errichtung einer Währungs-, Wirtschafts- und Sozialunion der beiden deutschen Staaten mit der Deutschen Mark als gemeinsamer Währung und der Deutschen Bundesbank als einheitlicher Währungs- und Notenbank dieses Währungsgebiets ab dem 1. Juli 1990 (Art. 1 Abs. 1 u. 2 StaatsV). Zugleich legte er die soziale Marktwirtschaft als gemeinsame Wirtschaftsordnung der Vertragsparteien fest:

---

1) Gesetz zu dem Vertrag v. 18. Mai 1990 über die Schaffung einer Währungs-, Wirtschafts- und Sozialunion zwischen der Bundesrepublik Deutschland und der Deutschen Demokratischen Republik v. 25. 6. 1990 (einschließlich Vertragstext), BGBl II 1990, 518 = *Horn*, RWS-Dok. 1 Nr. 1.3; Erläuterungen zum Vertragswerk auch in der Textausgabe von *Stern/Schmidt-Bleibtreu*, Staatsvertrag zur Währungs-, Wirtschafts- und Sozialunion, 1990; Begründung zum Vertragsgesetz, BT-Drucks. 11/7350 v. 7. 6. 1990, S. 25 - 52 (i. f. Amtl. Begr.) = *Horn*, RWS-Dok. 1 Nr. 1.4; Denkschrift zum Vertrag, BT-Drucks. 11/7350 S. 98 - 144 (i. f. Denkschrift) = *Horn*, RWS-Dok. 1 Nr. 1.2; vgl. allg. *Scholz*, BB 1990, Beilage 23, S. 1.

2) GBl I Nr. 34 S. 331 = *Horn*, RWS-Dok. 1 Nr. 1.6.

> Grundlage der Wirtschaftsunion ist die soziale Marktwirtschaft als gemeinsame Wirtschaftsordnung beider Vertragsparteien. Sie wird insbesondere bestimmt durch Privateigentum, Leistungswettbewerb, freie Preisbildung und grundsätzlich volle Freizügigkeit von Arbeit, Kapital, Gütern und Dienstleistungen (Art. 1 Abs. 3 StaatsV).

Kapitel I regelt Gegenstand und allgemeine Grundlagen des Vertragswerks, nämlich die Errichtung der Währungs-, Wirtschafts- und Sozialunion (Art. 1), das Bekenntnis der Vertragsparteien zur freiheitlichen, demokratischen, föderativen, rechtsstaatlichen und sozialen Grundordnung (Art. 2), die Schaffung der erforderlichen gesetzlichen Grundlagen zur Durchführung der Union (Art. 3 und 4), die Zusammenarbeit der Behörden der Vertragsstaaten im Wege der Amtshilfe (Art. 5) und den Ausbau des Rechtsschutzes in der DDR (Art. 6). Ferner sind Bestimmungen über die Auslegung und Anwendung des Vertrages, die Konfliktsbeilegung und die Abänderung des Vertrages getroffen (Art. 7 - 9).

3. Die Währungsunion

Kapitel II (Bestimmungen über die Währungsunion) regelt in einem einzigen umfangreichen Artikel 10 den Vollzug der Währungsunion, insbesondere die Übernahme der selbständigen währungspolitischen Verantwortung der Deutschen Bundesbank auch auf dem Gebiet der DDR sowie die Umstellung von Forderungen in Mark der DDR auf DM. Einzelheiten über die Währungsunion und über die Währungsumstellung sind in Anlage I zum Vertrag geregelt.

a) Die Deutsche Bundesbank als Währungsbank der DDR

Am 1. 7. 1990 wurde die DM einziges gesetzliches Zahlungsmittel auch auf dem Gebiet der DDR (Art. 1 Abs. 2 und Art. 10 Abs. 1 StaatsV; Art. 1 Anlage I). Die Übertragung der währungspolitischen Verantwortlichkeit auch für das Gebiet der DDR auf die Deutsche Bundesbank (Art. 1 Abs. 2 Satz 2 StaatsV) erforderte die Einführung des BundesbankG auf dem Gebiet der DDR (Anlage II Abschn. II Nr. 1); dies ist durch § 6 des sog. ersten MantelG geschehen.[3] Die Deutsche Bundesbank wurde ermächtigt, die zur Durchführung des StaatsV in

3) G v. 21. 6. 1990, GBl I Nr. 34 S. 357 = *Horn*, RWS-Dok. 1 Nr. 1.7; dazu i. f. III 5.

ihrem Aufgabenbereich erforderlichen Regelungen und Anordnungen auch mit Wirkung für das Gebiet der DDR zu erlassen (Art. 10 Anlage I).[4] Die Bundesbank konnte die ihr nach dem BundesbankG und dem StaatsV zustehenden Befugnisse im gesamten Währungsgebiet einschließlich der DDR ausüben (Art. 3 Satz 3 und Art. 10 Abs. 7 Satz 1 StaatsV). Sie hat zu diesem Zweck eine Verwaltungsstelle in Berlin und Filialen in der DDR (gem. Art. 10 Abs. 7 Satz 2 StaatsV; Art. 12 Anlage I) eingerichtet.

b) Die einheitliche Bankaufsicht

Die der Marktwirtschaft konforme monetäre Steuerung durch die Deutsche Bundesbank auch in der DDR setzte voraus, daß dort ein marktwirtschaftliches Kreditsystem mit privatwirtschaftlich operierenden Geschäftsbanken und ein freier Geld- und Kapitalmarkt mit freier Zinsbildung an den Finanzmärkten aufgebaut werden. Dies ist im StaatsV vorgesehen (Art. 10 Abs. 4). Die Banken der DDR wurden der Aufsicht durch das Bundesaufsichtsamt für das Kreditwesen unterstellt (Art. 3 Satz 3), und der Geltungsbereich des KWG wurde auf das Gebiet der DDR erstreckt.[5]

c) Die Währungsumstellung

Art. 10 Abs. 5 StaatsV sieht eine Umstellung von Forderungen von DDR-Bürgern in Mark der DDR auf DM grundsätzlich im Verhältnis 2:1 vor. Dies bedeutete entsprechende nominelle Umstellungsgewinne und Umstellungsverluste. So wurden die von Bankkreditschulden überlasteten DDR-Unternehmen nominell die Hälfte ihrer Schulden los; die kreditausreichenden Banken erlitten entsprechende nominelle Verluste. Zum Ausgleich war von der DDR ein Ausgleichsfonds zu errichten (Art. 8 § 3 Abs. 4 Anlage I) und den Geldinstituten und Außenhandelsbetrieben der DDR waren im Rahmen ihrer nominellen Umstellungsverluste Ausgleichsforderungen gegen diesen Fonds zu gewähren, soweit dies zur Deckung ihrer Verbindlichkeiten erforderlich war (Art. 8 § 4 Anlage I). Die Ausgleichsforderungen sind verzins-

---

4) *Haferkamp*, DtZ 1990, 151.

5) Gem. StaatsV Anlage II Abschn. II Nr. 2, BGBl II 1990, 552 durch § 7 MantelG.

lich.[6] Für die Unternehmen außerhalb des Bankensektors treffen das TreuhandG und das D-Markbilanzgesetz besondere Regelungen; dazu unten Kap. 4 II und III.

Von dem Grundsatz der Umstellung 2:1 galten zwei Ausnahmen. Die Löhne und Gehälter, Mieten, Renten und andere wiederkehrende Zahlungen wurden im Verhältnis 1:1 umgestellt (Art. 10 Abs. 5 StaatsV). Für Löhne und Gehälter hatte diese Umstellung natürlich nur eine punktuelle Bedeutung für die Zeit unmittelbar nach dem 1. 7. 1990, weil anschließend ein kollektives oder individuelles Neuaushandeln der künftigen Löhne und Gehälter einsetzte (s. auch unten Kap. 4 V).

Von größerer Bedeutung ist die partiell bevorzugte Umstellung von Bankguthabenforderungen von DDR-Bürgern (natürlichen Personen) auf befristeten Antrag zum Kurs 1:1. Für sie galten Höchstbeträge, die nach Altersstufen gestaffelt wurden und für Personen unter 14 Jahren 2.000 DM, für Personen zwischen 14 und 59 Jahren 4.000 DM und für ältere 6.000 DM betrugen (Art. 6 Abs. 1 Anlage I, Art. 10 Abs. 5 StaatsV).

Natürliche Personen ohne Wohnsitz in der DDR konnten an dieser bevorzugten Umstellung nicht teilnehmen. Ihre Guthaben wurden, soweit sie am 31. 12. 1989 bestanden, 2:1 auf DM umgestellt; Guthaben, die nach diesem Zeitpunkt entstanden sind, wurden 3:1 umgestellt (Art. 6 Abs. 3 Anlage I).[7]

Die DDR übernahm es, innerhalb von 3 Monaten nach Inkrafttreten des Vertrags ein Gesetz über die DM-Eröffnungsbilanz und die Kapitalneufestsetzung für alle Unternehmen in der DDR zu erlassen. Anlage I legt in Art. 7 § 3 Abs. 2 die dabei zu berücksichtigenden Grundsätze fest. Das entsprechende D-Markbilanzgesetz wurde dann mit dem Einigungsvertrag erlassen und ist am 3. 10. 1990 in Kraft getreten.[8]

---

6) Der Zinssatz richtet sich gem. StaatsV Art. 8 § 4 Abs. 1 Anlage I, BGBl II 1990, 550, nach 3-Monats-Fibor (Frankfurt Interbank Offered Rate). Dieser Zinssatz ist in Nr. 3 der Protokollerklärungen am Ende des Vertragswerks, BGBl II 1990, 567 = *Horn*, RWS-Dok. 1 Nr. 1.4 näher definiert.

7) Diese Regelung verstößt weder gegen Art. 3 noch gegen Art. 14 GG; BVerfG, Beschl. v. 8. 8. 1990 - 2 BvR 924/90, DtZ 1990, 253.

8) EinigungsV Anlage II Kap. 3 D Abschn. I, BGBl II 1990, 1169 = *Claussen/Korth*, Rws-Dok. 4 Nr. 2.1; dazu Kap. 4 II 3.

4. Die Wirtschaftsunion

Die Währungsordnung der D-Mark und das währungspolitische Instrumentarium der Deutschen Bundesbank sind auf eine Marktwirtschaft zugeschnitten und können nur in diesem Rahmen funktionieren. Der StaatsV weist, wie bereits erwähnt, in Art. 10 Abs. 4 ausdrücklich auf diesen Umstand hin. Die Einführung der Marktwirtschaft durch die Wirtschaftsunion war daher nicht nur eine parallele Maßnahme zur Einführung der Währungsunion, sondern deren unabdingbare Voraussetzung.

Die entscheidenden Bestimmungen über die Wirtschaftsunion, nämlich die Einführung der sozialen Marktwirtschaft in der DDR als gemeinsame Wirtschaftsordnung und die Kennzeichnung dieser Wirtschaftsordnung durch "Privateigentum, Leistungswettbewerb, freie Preisbildung und grundsätzlich volle Freizügigkeit von Arbeit, Kapital, Gütern und Dienstleistungen", werden bereits in Kapitel I des Vertrages (Grundlagen) festgelegt (Art. 1 Abs. 3). Die besonderen Bestimmugen über die Wirtschaftsunion in Kapitel III befassen sich dagegen mit den von der DDR zu treffenden legislativen und administrativen Maßnahmen zur Realisierung der neuen Wirtschaftsordnung. Art. 11 (wirtschaftspolitische Grundlagen) verpflichtete die DDR auf eine Wirtschafts- und Finanzpolitik, die mit der sozialen Marktwirtschaft in Einklang steht und sich an den vier Zielgrößen des Stabilitätsgesetzes - Preisstabilität, hoher Beschäftigungsstand, außenwirtschaftliches Gleichgewicht, Wirtschaftswachstum - orientiert (Art. 11 Abs. 1 StaatsV).

Die DDR wurde zur Schaffung von Rahmenbedingungen für die Marktwirtschaft verpflichtet (Art. 11 Abs. 2 StaatsV). Das damit erforderliche umfangreiche Gesetzgebungsprogramm ist in den Vertragsanlagen präzisiert und umfaßt die Übernahme von Bundesgesetzen (Anlage II Abschn. III) sowie die Aufhebung (Anlage III Abschn. II) und den Neuerlaß (Anlage IV Abschn. I) von DDR-Gesetzen (dazu unten III 5).

Artikel 12 regelt die Anpassung des innerdeutschen Handels, der vorher durch das Berliner Abkommen vom 20. 9. 1951 geregelt war, an die Währungs- und Wirtschaftsunion; Art. 13 legt die Abschaffung des staatlichen Außenhandelsmonopols der DDR und die Einführung eines freien Außenwirtschaftsverkehrs in Übereinstimmung mit Grundsätzen des freien Welthandels einschließlich des GATT fest. Dazu erging am 28. 6. 1990 das neue Gesetz über den Außenwirtschafts-, Kapital- und Zahlungsverkehr (GAW).[9]

Art. 14 regelt die Strukturanpassung der bisher im sozialistischen Eigentum befindlichen Unternehmen der DDR. Die dafür erforderliche gesetzliche Grundlage wurde durch das TreuhandG vom 17. 6. 1990[10] geschaffen.[11] Art. 15 verpflichtete die DDR zur Einführung eines Preisstützungs- und Außenschutzsystems entsprechend dem EG-Marktordnungssystem in der Agrar- und Ernährungswirtschaft. Nach Art. 16 sollte die DDR ein Umweltschutzrecht einführen, das dem der Bundesrepublik entspricht.[12]

5. Die Sozialunion

Die Sozialunion (StaatsV Kap. IV) betrifft nicht nur das Sozialrecht i. e. S., sondern auch das Arbeitsrecht. Auf beiden Gebieten wurde eine Angleichung an das Recht der Bundesrepublik angestrebt. Nach Art. 17 sollten in der DDR Koalitionsfreiheit, Tarifautonomie, Arbeitskampfrecht, Betriebsverfassung, Unternehmensmitbestimmung und Kündigungsschutz entsprechend dem Recht der Bundesrepublik gelten.[13] Nach Art. 18 führte die DDR ein gegliedertes System der Sozialversicherung (Renten-, Kranken-, Unfall- und Arbeitslosenversicherung) ein, das jeweils durch Selbstverwaltungskörperschaften des öffentlichen Rechts unter der Rechtsaufsicht des Staates durchgeführt wird und auf dem Prinzip der Beitragsfinanzierung beruht.

Die anschließenden Bestimmungen regeln Einzelheiten dieses Übernahmeprogramms, nämlich der Einführung der Rentenversicherung (Art. 20), der Krankenversicherung (Art. 21), wobei eine allmähliche Veränderung des Systems der medizinischen Versorgung der Bevölkerung in Annäherung an das System in der Bundesrepublik angestrebt wurde (Art. 22), der Unfallversicherung (Art. 23) und der Arbeitslo-

---

9) GBl I Nr. 39 S. 515 = *Horn*, RWS-Dok. 1 Nr. 6.8.

10) GBl I Nr. 33 S. 300 = *Hommelhoff/Krebs*, RWS-Dok. 3 Nr. II.2.1.

11) Zum Ganzen unten Kap. 4 III.

12) Dazu unten Kap. 5 III.

13) Einzelheiten dazu sind in den Leitsätzen (BGBl II 1990, 545) und den Anlagen II und III zum StaatsV (BGBl II 1990, 552 ff) festgelegt und unten in Kap. 4 V näher dargestellt.

senversicherung. Dazu wurde in der DDR eine Arbeitslosenversicherung einschließlich Arbeitsförderung eingeführt (Art. 19) sowie ein System der Sozialhilfe nach bundesrepublikanischem Muster (Art. 24). Die Bundesrepublik leistete die dazu erforderliche Anschubfinanzierung (Art. 25). Das damit festgelegte Gesetzgebungsprogramm wurde in der Folgezeit zügig ausgeführt.[14)]

6. Staatshaushalt, Finanzen und Steuern

Die Bestimmungen des StaatsV über den Staatshaushalt und die Finanzen (Kap. V) legten fest, daß das öffentliche Haushaltswesen in der DDR dem der Bundesrepublik angepaßt wurde. Dazu gehört, daß die öffentlichen Haushalte von der jeweiligen Gebietskörperschaft eigenverantwortlich, unter Beachtung des gesamtwirtschaftlichen Gleichgewichts und in Anpassung an die marktwirtschaftliche Gesamtordnung der Wirtschaft, geführt werden (Art. 26 Abs. 1). Die Haushalte waren den Haushaltsstrukturen der Bundesrepublik anzupassen; Sonderbereiche waren auszugliedern (beitrags- oder umlagenfinanzierter Sozialbereich; zu privatisierende Wirtschaftsunternehmen; Verkehrsbetriebe; Reichsbahn und Post; Art. 26 Abs. 2). Die Gebietskörperschaften wurden zur Defizitbegrenzung verpflichtet (Art. 26 Abs. 3). Das Gesamtvolumen der Kreditermächtigungen wurde für 1990 (10 Mrd. DM) und 1991 (14 Mrd. DM) begrenzt (Art. 27 Abs. 1). Zum Ausgleich der öffentlichen Haushalte der DDR wurden Finanzzuweisungen der Bundesrepublik vorgesehen (Art. 28).

Die DDR sollte schrittweise das Zollrecht der EG (Art. 30) übernehmen und die Besitz- und Verkehrsteuern in Angleichung an das Recht der Bundesrepublik (Art. 31) regeln. Die nähere Regelung zur Übernahme des Steuerrechts der Bundesrepublik ist in Anlage IV Abschnitt III getroffen.[15)]

---

14) Überblick unten III 5; zum Arbeitsrecht s. Kap. 4 V; zum Sozialrecht sind hervorzuheben: SozialversicherungsG (SVG) v. 28. 6. 1990, GBl I Nr. 38 S. 486 (gem. Art. 18 StaatsV); RentenangleichungsG v. 28. 6. 1990, GBl I Nr. 38 S. 495 (gem. Art. 20 StaatsV); AFG v. 22. 6. 1990, GBl I Nr. 36 S. 403; SozialhilfeG v. 21. 6. 1990, GBl I Nr. 35 S. 392.

15) Weitere Einzelheiten s. unten Kap. 5 III.

7. Die Geltungsweise des Staatsvertrags

a) Die einzelnen Rechtswirkungen

Der Vertrag begründete mit seinem Wirksamwerden (dazu oben 1) vielfältige Rechtswirkungen und Verpflichtungen der beiden Vertragsteile. Generell lassen sich drei Arten der Wirkung unterscheiden: einmal die partielle Übertragung von Hoheitsrechten der DDR auf die Bundesrepublik und eine damit korrespondierende Veränderung des Staatsorganisationsrechts der Bundesrepublik, zum andern die Schaffung unmittelbar (ohne weiteres) wirksamer Normen i. S. der Schaffung innerstaatlichen Rechts der DDR und schließlich unterschiedliche Vertragsdurchführungspflichten beider Vertragsteile.[16] Ohne Anspruch auf Vollständigkeit sind die inhaltlich für unser Thema des Privat- und Wirtschaftsrechts besonders wichtigen folgenden Rechtswirkungen hervorzuheben:

(1) Die Bestimmungen über die Währungsunion und die Währungsumstellung gem. Art. 3 Satz 1 StaatsV i. V. m. Anlage I schufen in der DDR unmittelbar geltendes Währungsrecht (Einführung der DM, Umtausch etc.) und veränderten auch das Währungsrecht (Währungsgebiet) der Bundesrepublik. Daran schlossen sich Durchführungspflichten beider Vertragsteile zum Vollzug der Währungsunion und Schaffung ihrer Rahmenbedingungen an. Diese wurden im wesentlichen erfüllt; der Pflicht der DDR zum Erlaß eines DM-Eröffnungsbilanzgesetzes (Anlage I Art. 7 § 3) konnte im Zeitdruck der raschen Fortentwicklung der deutschen Einigung erst mit dem Einigungsvertrag entsprochen werden.[17]

(2) Der Vertrag sah ein umfangreiches Gesetzgebungsprogramm vor, zu dem sich die DDR in Art. 3 und 4 StaatsV verpflichtete und die in den Anlagen II, III und IV aufgezählt waren. Die DDR übernahm es, bei dieser Gesetzgebung die Grundsätze der freiheitlichen, demokratischen, föderativen, rechtsstaatlichen und sozialen Grundordnung und der Grundsätze der sozialen Marktwirtschaft, wie sie in Art. 2 StaatsV und den Leitsätzen zum Vertrag festgelegt sind (Art. 4 Abs. 1

---

16) Eine staatsrechtliche Vertiefung dieser Kategorien ist hier nicht beabsichtigt; zur Geltungsweise auch unten b; *Stern* beurteilt den StaatsV in wichtigen Teilen als "self-executing", d. h. unmittelbar berechtigend und verpflichtend für Staatsorgane und Bürger, aaO, S. 44.

17) Unten IV und Kap. 4 II.

StaatsV), zu verwirklichen. Anlage VI sah Regelungen vor, welche die DDR "beabsichtigte" bzw. im weiteren Verlauf anstrebte (Art. 4 Abs. 2 Satz 2 StaatsV). Die DDR hat ihre umfangreichen Gesetzgebungspflichten nach Kräften erfüllt (unten III 5).

Die Bundesrepublik erklärte die Absicht zur Änderung von Rechtsvorschriften gemäß Anlage V (Art. 4 Abs. 2 Satz 1 StaatsV). Sie hat diese Verpflichtung durch das Vertragsgesetz vom 25. 6. 1990 erfüllt.[18] Insgesamt waren die Gesetzgebungspflichten der DDR weitaus umfangreicher als die des anderen Vertragspartners. Dies entsprach der Grundtendenz des Vertrages, die DDR an das Recht der Bundesrepublik Deutschland heranzuführen und nicht ein irgendwie geartetes "Kompromißrecht" zu schaffen, das weder präzise aufzuzeigen noch politisch begründbar gewesen wäre.

(3) Neben den Gesetzgebungsverpflichtungen entstanden umfangreiche Vertragsdurchführungsverpflichtungen der Vertragsteile teils administrativer Art (z. B. Einrichtung eines Bundesbank-Filialnetzes der DDR gem. Art. 10 Abs. 7 StaatsV und Anlage I Art. 12), teils auf der Ebene der politischen Entscheidungen (z. B. Beachtung der finanzpolitischen Grundsätze gem. Art. 26 und der Kreditrahmen gem. Art. 27 bei der Aufstellung der öffentlichen Haushalte der DDR). Hinzu kamen Verpflichtungen zur engen Zusammenarbeit, etwa zur Herstellung des Einvernehmens bei wirtschaftspolitischen Grundsatzentscheidungen der DDR (Art. 11 Abs. 4).

(4) Die Bundesrepublik Deutschland übernahm gegenüber der DDR umfangreiche finanzielle Verpflichtungen, u. a. durch Finanzzuweisungen gem. Art. 28 StaatsV.

(5) Bereits der hier behandelte StaatsV übertrug schließlich wichtige staatliche Hoheitsrechte der DDR auf die Bundesrepublik Deutschland,[19] vor allem Währungshoheit,[20] Bank- und Versicherungsaufsicht.[21] Auch Gesetzgebungskompetenzen wurden in großem Umfang auf die Bundesrepublik übertragen: Alle nach Anlage II von der DDR in Kraft zu setzenden Rechtsvorschriften der Bundesrepublik sollten künftig in der jeweiligen Fassung gelten, d. h. auch nach Maßgabe von

18) BGBl II 1990, 518 = *Horn*, RWS-Dok. 1 Nr. 1.3.
19) Dazu auch *Schmidt-Bleibtreu*, in: Stern/Schmidt-Bleibtreu, S. 53.
20) Oben 3.
21) Art. 3 Satz 3 StaatsV.

Gesetzesänderungen, die der Bundestag später beschließen würde (Art. 3 Satz 2 Halbs. 2 StaatsV).[22)]

(6) Der Vertrag legte wesentliche Grundsätze des Verfassungsrechts des Grundgesetzes als für die DDR verbindliches Recht fest[23)] und ebenso den Weg zur Herstellung der staatlichen Einheit durch Beitritt der DDR gem. Art. 23 GG (Präambel Abs. 2 und 4).[24)]

b) Rechtsnatur: "Staatsvertrag in Deutschland"

Der StaatsV vom 18. 5. 1990 ist ein staatsrechtlicher Vertrag sui generis, dessen besondere Rechtsnatur sich aus dem besonderen Verhältnis der beiden deutschen Staaten zueinander ergibt.[25)] Die Bundesrepublik hat einerseits die DDR seit dem Grundlagenvertrag vom 21. 12. 1972 faktisch als Staat anerkannt, andererseits es jedoch stets ausdrücklich abgelehnt, die DDR im innerdeutschen Verhältnis als Völkerrechtssubjekt anzuerkennen.[26)] Vielmehr waren nach dieser Position die Bundesrepublik Deutschland und die DDR zwei Staaten in Deutschland.[27)] Dies fand u. a. in der fortbestehenden Anerkennung der einheitlichen deutschen Staatsangehörigkeit auch für Bürger der DDR ihren Ausdruck. Die DDR war daher im Verhältnis zur Bundesrepublik kein Ausland. Sie war aber auch (noch) kein Inland, solange der Geltungsbereich des Grundgesetzes sich nicht auf das Gebiet der DDR erstreckte und Staatsorgane der Bundesrepublik keine Befugnisse auf dem Gebiet der DDR ausübten. Ersteres Hindernis ist mit dem Wirksamwerden des Beitritts nach Art. 23 GG am 3. 10. 1990 entfallen, letzteres wurde schon teilweise, wie (oben a) erörtert, durch den Vollzug des StaatsV abgebaut.

Der StaatsV ähnelt in Form und Durchführung einem völkerrechtlichen Vertrag, ist aber dem Inhalt nach "ein Staatsvertrag in Deutsch-

---

22) Zu diesen dynamischen Verweisungen §§ 1 u. 33 des sog. 1. MantelG v. 21. 6. 1990, GBl. I Nr. 34 S. 357.

23) Vgl. auch i. f. III 4.

24) *Stern*, aaO, S. 43.

25) Vgl. auch *Schmidt-Bleibtreu*, DtZ 1990, 138; *ders.*, in: Stern/Schmidt-Bleibtreu, S. 48.

26) BVerfG 36, 1, 22 ff; *Ress*, S. 170 - 174; *Frowein*, in: Benda/Maihofer/Vogel, Handbuch des Verfassungsrechts, 1983, S. 39 f.

27) Vgl. Fußn. 26 und *v. Münch*, Grundbegriffe des Staatsrechts I, S. 39 f.

land" zwischen den beiden deutschen Staaten.[28] Als solcher hat er allerdings nicht nur eine Binnenwirkung ("inter-se-Recht"); vielmehr ist eine darüber hinausgehende staatsrechtliche Wirkung anzunehmen.[29] Er veränderte die staatsrechtlichen Beziehungen der deutschen Staaten zueinander und hatte jedenfalls insoweit auch Außenwirkung im Verhältnis zu dritten Staaten. Gerade deshalb bestimmte Art. 35 StaatsV vorsorglich und klarstellend, daß der Vertrag nicht die völkerrechtlichen Verträge der Bundesrepublik und der DDR berührt.[30]

Die Bezeichnung "Staatsvertrag" wird im Vertragswerk selbst nicht verwendet, sondern nur in den Materialien.[31] Der Begriff ist mehrdeutig und wird teils für bestimmte völkerrechtliche Verträge gebraucht,[32] teils für Verträge mit oder zwischen Gliedstaaten innerhalb eines Bundesstaates.[33] Gerade in dieser Mehrdeutigkeit ist der Begriff geeignet, auch die besondere Eigenart des Vertrages vom 18. 5. 1990 zum Ausdruck zu bringen. Seiner Regelungsmaterie nach ist der Vertrag zugleich "Verfassungsvertrag", der wichtige Verfassungsgrundsätze des GG bereits vor dem Beitritt in der DDR verbindlich machte.[34]

c) Verhältnis zum Einigungsvertrag

Ein Teil der Bestimmungen des StaatsV ist durch den Einigungsvertrag (EinigungsV) vom 31. 8. 1990 ersetzt oder gegenstandslos geworden. Grundsätzlich gelten die Verpflichtungen aus dem StaatsV fort, soweit nicht im EinigungsV Abweichendes bestimmt ist oder die Vereinbarungen im Zuge der Herstellung der Einheit Deutschlands gegenstandslos wurden (Art. 40 Abs. 1 EinigungsV). Der Wegfall des Vertragspartners DDR am 3. 10. 1990 konnte die Fortgeltung des Vertrags nicht beeinträchtigen.[35]

---

28) Allg. zur Problematik *Schmidt-Bleibtreu*, DtZ 1990, 138; vgl. auch *Starck*, JZ 1990, 349; *Häberle*, JZ 1990, 358.

29) Vgl. die entsprechenden Ausführungen von *Frowein*, aaO, und *Ress*, aaO, zum Vertrag von 1972.

30) Zu den äußeren Aspekten der deutschen Einheit s. auch unten IV 1 c.

31) Vgl. Denkschrift (Teil B), BT-Drucks. 11/7350, S. 100; ebenso das Deckblatt zum Vertragstext, aaO, (S. 53) und zur Denkschrift (S. 97) = *Horn*, RWS-Dok. 1 Nr. 1.2.

32) *Verdross/Simma*, S. 337; *v. Münch*, Völkerrecht, S. 133 f.

33) *Ress*, in: Isensee/Kirchhof, § 11 Rz. 49.

34) *Stern*, in: Stern/Schmidt-Bleibtreu, S. 43.

35) Zu diesem Problem allg. unten IV 5 a.

8. Soziale Marktwirtschaft als Staatszielbestimmung

Ziel des StaatsV war die Ausdehnung der Wirtschaftsverfassung[36)] der Bundesrepublik auf die DDR als Vorbereitung der staatlichen Einheit. Dies machte eine Rückbesinnung auf diese Wirtschaftsverfassung und auf ihre Grundlagen in der Verfassung im staatsrechtlichen Sinne, also im Grundgesetz, notwendig. Der Vertrag definiert die Wirtschaftsverfassung der Bundesrepublik Deutschland (und der DDR nach dem Beitritt) als soziale Marktwirtschaft (Art. 1 Abs. 3 StaatsV).

Der Begriff der sozialen Marktwirtschaft wird im Grundgesetz nicht verwendet. Das Bundesverfassungsgericht hat verschiedentlich betont, daß das Grundgesetz nicht eine bestimmte Wirtschaftsordnung vorschreibe.[37)] Dies ist häufig i. S. einer wirtschaftspolitischen Neutralität des Grundgesetzes interpretiert worden. Der Grund für diese Rechtsprechung war aber eher eine Selbstbeschränkung des Verfassungsgerichts. Sie diente dem Zweck, dem Gesetzgeber einen wirtschaftspolitischen Gestaltungsspielraum i. S. der Gewaltenteilung zu überlassen und zu vermeiden, daß das Verfassungsgericht in jeden wirtschaftsrechtspolitischen Streit hineingezogen wird. Es war schon vor dem StaatsV weithin anerkannt, daß das Grundgesetz einen Kernbereich privatwirtschaftlicher unternehmerischer Betätigungsfreiheit und die Grundbedingungen der sozialen Marktwirtschaft garantiert und in diesem Sinne auch den Gesetzgeber und die anderen Staatsgewalten bindet.[38)]

Jede Marktwirtschaft beruht auf den Grundrechten von Freiheit und Privateigentum im Rahmen einer rechtsstaatlichen Ordnung. Das Grundgesetz bietet die rechtlichen Voraussetzungen für die Marktwirtschaft. Im Rahmen einer rechtsstaatlichen Ordnung (Art. 1 Abs. 3; Art. 20 Abs. 3; Art. 28 Abs. 1 Satz 1 GG) gewährt es das Grundrecht der allgemeinen wirtschaftlichen Handlungsfreiheit (Art. 2 GG). Darin sind zugleich die für die Marktwirtschaft wichtigen Aspekte der Vertragsfreiheit und der Gewerbefreiheit geschützt. Hinzu tritt die wirtschaftliche Vereinigungsfreiheit einschließlich der arbeitsrechtlichen Koalitions- und Tariffreiheit (Art. 9 GG) und die besondere Berufsfreiheit, die auch für den Unternehmer gilt (Art. 12 GG). Der Schutz

---

36) Zur Mehrdeutigkeit des Begriffs oben I 3.

37) BVerfGE 4, 7, 17 (Investitionshilfeurteil); 50, 290, 336 ff (Mitbestimmungsurteil).

38) *Heymann/Horn*, HGB, Einl. V Rz. 4 vor § 1.

des Privateigentums (Art. 14 GG) gilt auch für das unternehmerisch genutzte Eigentum an Produktivvermögen und für Grundeigentum. Ergänzende Voraussetzungen der Marktwirtschaft sind die Meinungs- und Informationsfreiheit (Art. 5 GG) und die Freizügigkeit (Art. 11 GG). Gegenüber diesen Freiheitsrechten und dem Eigentumsschutz bilden die Sozialbindung des Eigentums (Art. 14 Abs. 2 GG) und das Sozialstaatsprinzip (Art. 20 Abs. 1; Art. 28 Abs. 1 Satz 1 GG) Gegengewichte und sind Grundlage für ein umfangreiches und differenziertes Arbeits- und Sozialrecht.

Der StaatsV faßt erstmals dieses für die Wirtschaftsordnung der Bundesrepublik grundlegende verfassungsrechtliche Normgefüge in dem Begriff der "sozialen Marktwirtschaft" als einem Rechtsbegriff zusammen. Die soziale Marktwirtschaft ist nach dem Vertrag die Wirtschafts- und Sozialordnung, die in der Bundesrepublik verwirklicht ist, der die DDR zustrebte und die künftig die gemeinsame Ordnung sein sollte. Die soziale Marktwirtschaft wird mehrfach als Rechtsbegriff gebraucht (z. B. Art. 1 Abs. 3 und Art. 11 Abs. 1 StaatsV) und ihr normativer Gehalt wird durch Rechtsprinzipien näher bestimmt, die teils dem Verfassungsrecht angehören, teils zu Verfassungsprinzipien in Bezug gesetzt sind (vgl. Art. 1 Abs. 3 und Art. 2 Abs. 1 StaatsV).[39] Dies erlaubt in der Tat den Schluß, die "soziale Marktwirtschaft" als einen im Normgefüge des Grundgesetzes verankerten Rechtsbegriff des Verfassungsrechts zu qualifizieren. Man kann weiter folgern, daß der StaatsV den Rechtsbegriff der sozialen Marktwirtschaft i. S. einer Staatszielbestimmung verwendet.[40]

Der StaatsV ist im Bundestag mit einer Mehrheit angenommen worden, die für eine Verfassungsänderung ausgereicht hätte (Art. 79 Abs. 2 GG). Weder der StaatsV noch das Vertragsgesetz dazu sprechen im Zusammenhang mit der sozialen Marktwirtschaft ausdrücklich von einer Verfassungsänderung, wie es Art. 79 Abs. 1 Satz 1 GG voraussetzen würde. Eine solche war auch überhaupt nicht beabsichtigt. Vielmehr ging es darum, die im Grundgesetz vorgezeichnete Wirtschafts- und Sozialordnung der sozialen Marktwirtschaft im StaatsV zum Ausdruck zu bringen und damit für die DDR wie für die

---

39) Dazu, daß der StaatsV in großem Umfang Verfassungsgrundsätze des Grundgesetzes als "Verfassungsvertrag" normiert, *Stern*, aaO, S. 43.

40) Zu dieser These schon mein Beitrag in FAZ v. 18. 8. 1990, S. 11; beide Folgerungen werden von *Stern*, aaO, nicht erörtert.

Bundesrepublik verbindlich zu machen. Der StaatsV stellt also im Hinblick auf das Verfassungsrecht der Bundesrepublik eine mit der Autorität einer verfassungsändernden Mehrheit ausgestattete Auslegung des Grundgesetzes dar, des Inhalts, daß das Grundgesetz die verfassungsrechtlichen Grundlagen für die soziale Marktwirtschaft enthält und diese aus ihnen als Staatsziel erschlossen werden kann. Dieses Staatsziel wird zugleich im StaatsV, der die Qualität eines Verfassungsvertrags hat, positiv normiert.

Berücksichtigt man das Fehlen des Begriffs der sozialen Marktwirtschaft im Grundgesetz und die erörterte zurückhaltende Rechtsprechung des Bundesverfassungsgerichts und zieht man ferner zurückliegende und fortwirkende politische Meinungskämpfe in Betracht, in denen die soziale Marktwirtschaft als Ordnungsmodell bekämpft und in Zweifel gezogen wurde, so stellt der StaatsV eine bemerkenswerte und klärende Fortentwicklung des bestehenden Verfassungsrechts dar.

III. Der Wandel der Wirtschaftsverfassung und die Übergangsgesetzgebung in der DDR

1. Die alte sozialistische Wirtschaftsverfassung

a) Verfassungsnormen

Die DDR-Verfassung von 1968 in der Fassung von 1974[1] war auf die politischen Grundentscheidungen der sozialistischen Planwirtschaft ausgerichtet. Das Monopol staatlicher Wirtschaftsplanung war in der Verfassung eindeutig festgelegt (Art. 9 Abs. 3 und 12 Abs. 2). An Produktionsmitteln durfte nur sozialistisches Eigentum bestehen (Art. 10 ff), nämlich entweder gesamtgesellschaftliches Volkseigentum als die höchste Form des sozialistischen Eigentums oder genossenschaftliches Gemeineigentum werktätiger Kollektive oder Eigentum gesellschaftlicher Organisationen der Bürger (Art. 10 Abs. 1). Nur "die auf überwiegend persönlicher Arbeit beruhenden Handwerks- und anderen Gewerbebetriebe" konnten in begrenztem Umfang Produktivvermögen in privater Hand haben (Art. 14 Abs. 2).

Den Bürgern stand nur das persönliche Eigentum zu; es durfte lediglich der Befriedigung persönlicher Bedürfnisse dienen (Art. 11). Die Bildung wirtschaftlicher Koalitionen war von Verfassungs wegen verboten (Art. 14). Damit waren sowohl Unternehmensorganisationsformen im westlichen Sinn ausgeschlossen als auch freie Gewerkschaften mit Tarifautonomie. Dagegen war die staatlich gelenkte Gewerkschaft (FDGB) als "die umfassende Klassenorganisation der Arbeiterklasse" in der Verfassung mit der Kompetenz zur Tarifgestaltung (Art. 45) und politischen Kompetenzen (Art. 44) ausgestattet. Die gesamte Außenwirtschaft der DDR war Monopol des Staates (Art. 9 Abs. 5).

Ergänzend zu erwähnen sind solche Bestimmungen der alten DDR-Verfassung, die in der politischen Debatte in der DDR um die Umgestaltung der Verfassung im Frühjahr und Sommer 1990 als erhaltenswerte "soziale Errungenschaften" zeitweilig eine gewisse Rolle spielten. Dazu gehört neben dem sozialistischen Eigentum, dessen Beseitigung bald auch in der DDR allgemeine Befürwortung fand,[2] das Recht auf

1) Verfassung der DDR v. 6. 4. 1968 i. d. F. v. 7. 10. 1974, GBl I Nr. 47 S. 432; *Roggemann*, Die DDR-Verfassungen.

2) S. auch sogleich b und unten Kap. 3.

Arbeit und das Recht auf Wohnung. Art. 24 der alten DDR-Verfassung normierte für jeden Bürger das Recht auf Arbeit (Abs. 1 Satz 1), allerdings auch die Pflicht zur Arbeit (Abs. 2 Satz 2).[3] Ein Grundrecht auf Wohnung war in Art. 37 der DDR-Verfassung vorgesehen und in § 94 ZGB wiederholt. Auf die Problematik beider Rechte ist noch einzugehen.[4]

b) Andere Gesetze

Zur alten normativen Wirtschaftsverfassung des Sozialismus in der DDR in einem weiteren Sinn[5] waren auch zahlreiche einfache DDR-Gesetze zu rechnen, zumal die alte DDR-Verfassung normtechnisch und praktisch keineswegs den gleichen Vorrang vor einfachen Gesetzen hatte wie das GG in der Bundesrepublik.[6] Die politischen und rechtlichen Grundentscheidungen der alten DDR-Verfassung sind in der einfachen Gesetzgebung konsequent umgesetzt worden. Es mag hier genügen, dies an zwei Hauptpunkten zu verdeutlichen: an der strikten Trennung von privatem Bereich und Wirtschaftsbereich und an der Unterordnung aller Vertragsbeziehungen unter den Wirtschaftsplan. Dem ersteren Ziel diente vor allem das Institut des sozialistischen Eigentums. Sein Vorrang vor anderen Eigentumsformen war im ZGB eindeutig normiert (vgl. §§ 17, 18, 20). Es war "Grundlage der sozialistischen Produktionsverhältnisse" (§ 18 Abs. 2 Satz 1 ZGB). Es war unveräußerlich, d. h. es konnte von Privatpersonen nicht erworben werden; es war ferner weder verpfändbar oder belastbar noch konnte es gepfändet werden (§ 20 Abs. 3 Satz 1 ZGB).

Die Trennung von Privatbereich und Wirtschaftsbereich kam auch in einem getrennten Vertragsrecht zum Ausdruck. Das ZGB galt nur für die Beziehungen der Bürger untereinander und als Verbraucher mit den Wirtschaftseinheiten. Die Beziehungen der Wirtschaftseinheiten (Unternehmen) untereinander waren dagegen durch separates Vertragsrecht geregelt, nämlich das Vertragsgesetz (VG) 1982, im Außen-

---

3) Abs. 1 Satz 2 präzisierte das Recht mit den Worten: "Er hat das Recht auf einen Arbeitsplatz und dessen freie Wahl entsprechend den gesellschaftlichen Erfordernissen und der persönlichen Qualifikation"; s. auch Kap. 4 V.

4) Zum Mietrecht Kap. 2 IV 3, zum Recht auf Arbeit Kap. 4 V.

5) Zum Begriff der Wirtschaftsverfassung oben I 3.

6) Dies zeigt sich schon am Fehlen einer Verfassungsgerichtsbarkeit in der DDR; s. auch Kap. 6.

wirtschaftsverkehr durch das GIW (ab 1. 7. 1990: GW) 1976.[7] Nach dem VG waren die Verträge, welche die Wirtschaftseinheiten (VEBs, Kombinate usw.) untereinander abschlossen, nur Instrumente der Ausfüllung und Ausführung der staatlich vorgegebenen Wirtschaftspläne. Gleiches galt für die mit den Banken abgeschlossenen Kreditverträge nach der KreditVO 1982. Danach waren die Kredite ebenfalls Teil des Wirtschaftsplans, und die Banken hatten die Aufgabe, die Plandurchführung bei den Kreditnehmern zu kontrollieren.

Auch im ZGB, also für die Verträge der Bürger, kommt der Vorrang des Plans vielfältig zum Ausdruck. Der Wirtschaftsplan und "die Entscheidungen der staatlichen Organe bilde(te)n die Grundlage für ... die Versorgung der Bürger" (§ 5 Abs. 1 ZGB); die Rechte und Pflichten der Bürger wurden durch die sozialistischen gesellschaftlichen Verhältnisse bestimmt (§ 6 Abs. 1 ZGB). So galten z. B. für die Verträge zwingend die staatlich vorgeschriebenen Preise (§ 62 ZGB). Bankkredite konnte der private Bürger nur für bestimmte Zwecke erhalten (§ 241 ZGB).

c) Die tatsächliche alte Wirtschaftsverfassung

Im Sozialismus war die Frage nach der tatsächlichen Wirtschaftsverfassung weitaus wichtiger als die Frage nach ihren normativen Grundlagen. Die Rolle des Rechts war eine ganz andere als in den westlichen Demokratien. Es war und ist eine Quelle von Mißverständnissen, im Sozialismus dem Recht den gleichen Rang und den gleichen Grad an Beachtung und Durchsetzung beizumessen wie in westlichen Ländern. Es gilt der Primat der Politik. Die alte DDR-Verfassung ist nicht etwa als Quelle vorrangiger Rechtsnormen von Bedeutung gewesen.[8] Grundrechte waren nicht durchsetzbar. Eine Verfassungsgerichtsbarkeit fehlte. Für die faktischen Verhältnisse ist die alte DDR-Verfassung allerdings insoweit aussagekräftig, als sie das politisch-ökonomische Programm der staatlichen Planwirtschaft und der Funktionärsdiktatur ("demokratischer Zentralismus") widerspiegelt.

---

7) S. auch Kap. 2 III 1 u. 2.

8) In diese Rolle drohte sie erst nach Eindringen rechtsstaatlicher Auffassungen 1990 zu kommen; dazu auch i. f. 2.

In der Wirtschaftspraxis bestand der Primat der Bürokratie. Diese Bürokratie folgte zwar umfangreichen Vorschriften und Weisungen, war aber gegenüber dem Bürger de facto rechtlich nicht gebunden und nicht kritisierbar; ihre Entscheidungen wurden von Gerichten nicht nachgeprüft. Eine Verwaltungsgerichtsbarkeit fehlte. Die staatlichen Vertragsgerichte waren eher mit der bürokratischen Lösung von Konflikten zwischen Wirtschaftseinheiten beschäftigt. Die Einzelheiten der planwirtschaftlichen Gängelung sind hier nur in Stichworten zu nennen. Die staatlichen Wirtschaftspläne wurden in zeitaufwendigen Verfahren erstellt und von den Industrieministerien den einzelnen Wirtschaftseinheiten vorgegeben. Da die Unternehmen alle Gewinne abführen mußten und kein Eigenkapital bilden konnten (Grundsatz der "knappen Dotierung"), bedurften Ersatz- und Neuinvestitionen langwieriger Planungs- und Antragsverfahren der Kreditvergabe durch den Bankenapparat (die für die Wirtschaftseinheit zuständige Bank) unter Oberkontrolle der Staatsbank.

Das Ergebnis war eine Verlangsamung aller Entscheidungsvorgänge. Diese wurden nicht in unserem Sinn wirtschaftlich getroffen, sondern in quasi-politischen, bürokratischen Entscheidungsprozessen. Die Wirtschaft war dadurch unfähig, auf neue Situationen rasch zu reagieren. Bei Engpässen in der Versorgung mit wichtigen Gütern übernahm der Westhandel eine für die sozialistische Wirtschaft unentbehrliche Versorgungsfunktion. Indirekt glich der Markt im Westen insoweit Koordinierungsmängel auch der sozialistischen Wirtschaft aus. Die für unentbehrliche Importe der DDR erforderlichen Deviseneinnahmen wurden z. T. durch Exporte solcher Güter beschafft, die mit zu hohen und unwirtschaftlichen Kosten hergestellt wurden. Dies kam in der internen Verrechnung der Exporterlöse (1 DM = 4,4 Mark der DDR) zum Ausdruck.

Wie jedes unkontrollierte bürokratische System hat auch das der DDR eine Fülle von informellen, auf persönlichen Beziehungen beruhenden Beeinflussungsmöglichkeiten entwickelt, deren Mechanismen teilweise noch nach dem 3. 10. 1990 fortdauerten. Die sozialistische Bürokratie hatte auch eine relative Unempfindlichkeit gegenüber dem Recht entwickelt und war von der Einführung neuen Rechts erst dann beeindruckt, wenn es in konkrete bürokratische Befehle umgesetzt wird. Die Nachwirkungen dieser Haltung sind zu beachten (unten 6).

2. Die gesetzestreue Revolution

a) Fortgeltung der alten DDR-Verfassung

Namhafte Verfassungsrechtler haben mit guten Gründen die Auffassung vertreten, die alte DDR-Verfassung sei in toto oder doch in allen auf den Sozialismus bezogenen Teilen (mit Ausnahme der Kernbereiche des Staatsorganisationsrechts) durch revolutionäre Akte außer Kraft getreten und obsolet geworden.[9)] Ähnliche Stimmen fanden sich in der Volkskammer nach der Märzwahl 1990.[10)] Dafür sprachen die folgenden Gründe:

Die alte DDR-Verfassung war niemals von einem demokratisch legitimierten Verfassungsgesetzgeber geschaffen worden und hatte demnach keine Grundlage in einer demokratischen Entscheidung der Bevölkerung. In der friedlichen Revolution im November 1990 hatte die Bevölkerung ihre Ablehnung des Sozialismus zum Ausdruck gebracht, auch wenn sich ein eindeutiger Volkswille zur Abschaffung der ganzen Verfassung nicht mit Sicherheit feststellen läßt. In der Wahl am 18. März 1990 schließlich war auf demokratische Weise erneut eine Ablehnung des Sozialismus zum Ausdruck gekommen.[11)]

Für eine zumindest teilweise Fortgeltung der alten DDR-Verfassung sprechen im Ergebnis zwar keine normativen Gründe, aber die tatsächlichen Entwicklungen. Nach der Novemberrevolution war bis nach der Märzwahl 1990 eine kommunistische Regierung im Amt. Insbesondere die Regierung Modrow stellte die Verfassung nicht in Frage; auch die anderen Parteien taten dies nicht. Hinzu kam die Präsenz der Roten Armee in der DDR, die über 40 Jahre lang den Sozialismus gegen den Willen der Bevölkerung garantiert hatte. Unter diesen Umständen schien es sowohl den demokratischen Politikern der DDR nach der Märzwahl als auch der Bundesregierung vor und nach dieser

9) So etwa *Isensee*, FAZ v. 6. 4. 1990, S. 4; *Klein*, FAZ v. 11. 4. 1990, S. 4; *Scholz*, Die Welt v. 27. 3. 1990; *Blumenwitz*, Die Welt v. 21. 3. 1990; *Klein*, NJW 1990, 1065, 1068; vgl. auch *Starck*, JZ 1990, 349; *Wassermann*, Rheinischer Merkur v. 30. 3. 1990.

10) Sitzung v. 19. 4. 1990 in der Debatte über die Frage, ob eine neue DDR-Verfassung eingeführt werden solle.

11) Dazu auch *Stern*, in: Stern/Schmidt-Bleibtreu, S. 23 f.

Wahl politisch ratsam, diese Frage nicht zu entscheiden und eine nicht genau umrissene teilweise Fortgeltung anzunehmen.[12)]

Es besteht kaum ein vernünftiger Zweifel daran, daß die demokratisch gewählte Volkskammer nach der Märzwahl auch mit einfacher Mehrheit Gesetze mit Vorrang vor der alten Verfassung hätte beschließen können, ohne an das alte Erfordernis der verfassungsändernden Zweidrittelmehrheit (Art. 63 Abs. 2 Satz 2 DDR-Verfassung) gebunden zu sein, weil schon die einfache demokratische Mehrheit eine höhere politische und rechtliche Legitimation als die alte DDR-Verfassung besaß.[13)] Aber auch dieser Weg wurde nicht gewählt. Vielmehr wurde die alte Verfassung schrittweise in einer Weise abgeändert, die den Anforderungen der alten Verfassung an Verfassungsänderungen entsprach. Es wurde also sozusagen eine "gesetzestreue Revolution" gewählt.[14)] Dies geschah durch punktuelle Änderungen im April und Mai 1990 (i. f. b), durch die Verfassungsgrundsätze vom 17. 6. 1990 (i. f. 3) und durch den StaatsV (i. f. 4).

Dieser legalistische Weg entsprach nicht nur den vorgenannten politischen Rücksichten, sondern auch einem Bedürfnis der neuen DDR-Politiker, selbstverantwortlich und durch wohlbedachte einzelne gesetzgeberische Schritte die Umgestaltung der Rechtsordnung vorzunehmen, in der sie zuvor so lange zu leben gezwungen waren. Die nach den Änderungen noch fortbestehenden Restbestände der alten DDR-Verfassung verloren ihre Wirkung endgültig mit dem Wirksamwerden des Beitritts der DDR nach Art. 23 GG.

b) Einzelne Verfassungsänderungen vor und nach der Märzwahl

Als die Regierung Modrow im Januar 1990 eine halbherzige Öffnung des Wirtschaftssystems durch ausländische Unternehmensbeteiligungen anstrebte und die inzwischen wieder abgeschaffte sog. Joint-Ven-

---

12) *Kinkel* (mit den Verhandlungen über den StaatsV befaßter Staatssekretär), Über Rechtsangleichung zur Rechtsvereinheitlichung, Referat beim Symposium "Gesetzgeberische Wege zur deutschen Einheit" in Bonn am 8. 5. 1990, MS S. 6.

13) Diese Auffassung habe ich in einem unveröffentlichten Gutachten im April 1990 vertreten, aber eine verfassungsändernde Mehrheit als politisch vorzugswürdig beurteilt.

14) Dazu *Horn*, Über die Brücke des Rechts, FAZ v. 18. 8. 1990, S. 11.

ture-VO vom 25. 1. 1990[15] erließ, wurde zuvor Art. 12 DDR-Verfassung, der Privateigentum u. a. an Bodenschätzen, Industriebetrieben und Banken ausdrücklich ausschloß, eingeschränkt, und es wurden Abweichungen auf der Grundlage von Gesetzen zugelassen.[16] Zugleich wurde ein undeutlicher neuer Art. 14 a eingeführt, der ausländische Unternehmensbeteiligungen auf gesetzlicher Grundlage erlaubte. Deutlichere Schritte in Richtung auf eine marktwirtschaftliche Ordnung noch vor der Märzwahl brachten das neue Gesetz über die Gewerbefreiheit[17] und über die freie Gründung und Tätigkeit privater Unternehmen[18] Anfang März 1990. Als verfassungsrechtliche Grundlage für diese Gesetze diente die vorgenannte Einschränkung des Art. 12. Es besteht aber kein Zweifel, daß sie in klarem Widerspruch zu Buchstabe und Geist der angeblich fortgeltenden Verfassungsbestimmungen über den Primat von Volkseigentum und staatlicher Planwirtschaft standen. Noch deutlicher trat dieser Widerspruch in der VO zur Umwandlung von volkseigenen Kombinaten, Betrieben und Einrichtungen in Kapitalgesellschaften und in der gleichzeitigen Gründung der Treuhandanstalt zur Durchführung dieser Privatisierung, ebenfalls Anfang März 1990, hervor.[19]

Diesen Schritten stand der fast gleichzeitige Erlaß eines neuen Gewerkschaftsgesetzes gegenüber, das den Gewerkschaften weitreichende politische Vorrechte sicherte, z. B. ein Gesetzesinitiativrecht (§ 10 Abs. 1). Es führte das - im Sozialismus verpönte - Streikrecht ein, verbot aber zugleich die Aussperrung (§ 18) und sicherte den Gewerkschaften umfassende Mitbestimmungsrechte in den Unternehmen (§§ 11 ff).[20] Das Gesetz wurde durch eine Verfassungsänderung ermöglicht, die die bereits vorher in der DDR-Verfassung verankerten politischen Vorrechte der Gewerkschaften umformulierte und das

---

15) VO über die Gründung und Tätigkeit von Unternehmen mit ausländischer Beteiligung in der DDR, GBl I Nr. 4 S. 16 = *Horn*, RWS-Dok. 1 Nr. 4.1; aufzuheben gem. StaatsV Anlage III Abschn. II Nr. 2, BGBl II 1990, 554; aufgehoben durch § 12 ÄndAufhVO v. 28. 6. 1990, GBl I Nr. 38 S. 511 = *Horn*, RWS-Dok. 1 Nr. 1.10, S. 3.

16) Verfassungsänderung v. 12. 1. 1990, GBl I Nr. 4 S. 15.

17) Gewerbegesetz v. 6. 3. 1990, GBl I Nr. 17 S. 138 = *Horn*, RWS-Dok. 1 Nr. 6.2.

18) Gesetz über die Gründung und Tätigkeit privater Unternehmen und über Unternehmensbeteiligungen (UnternehmensG) v. 7. 3. 1990, GBl I Nr. 17 S. 141 = *Horn*, RWS-Dok. 1 Nr. 4.7.

19) VO v. 1. 3. 1990, GBl I Nr. 14 S. 107 = *Horn*, RWS-Dok. 1 Nr. 4.6; Beschluß zur Gründung der Anstalt zur treuhänderischen Verwaltung des Volkseigentums (Treuhandanstalt) v. 1. 3. 1990, GBl I Nr. 14 S. 107 = *Hommelhoff/Krebs*, RWS-Dok. 3 Nr. II.2.3. Beide Regelungen sind inzwischen durch den ersten StaatsV und das TreuhandG aufgehoben; dazu unten Kap. 4.

20) Gesetz über die Rechte der Gewerkschaften in der DDR v. 6. 3. 1990, GBl I Nr. 15 S. 110.

Streikrecht bei Verbot der Aussperrung in die Verfassung aufnahm.[21] Dieser Versuch, verfassungsrechtliche Privilegien von Gewerkschaften in der künftigen Wirtschaftsordnung zu verankern, wurde durch den StaatsV beendet.[22]

Die demokratisch gewählte Volkskammer der DDR beschränkte sich bis zum Juni 1990 auf eng begrenzte Verfassungsänderungen ohne direkten Bezug zur Wirtschaftsordnung. Ein Gesetz vom April betrifft die Abschaffung der Verfassungspräambel und Änderungen des Staatsorganisationsrechts, u. a. bezüglich der Wahrnehmung der Befugnisse des Staatsrats durch das Präsidium der Volkskammer und der Wahl der Regierung (Ministerrat).[23] Ferner wurde die Regelung des Amtseides der Mitglieder der Regierung (Ministerrat) geändert.[24] In beiden Gesetzen kommt der politische Wille zur Abkehr von der sozialistischen Verfassung zum Ausdruck, zugleich aber auch die Respektierung ihrer formellen (teilweisen?) Weitergeltung.

3. Die Verfassungsgrundsätze vom 17. 6. 1990

Die Verfassungsgrundsätze vom 17. 6. 1990, die von der Volkskammer mit verfassungsändernder Mehrheit beschlossen wurden, führten eine tiefgreifende Umgestaltung der Verfassungsordnung der DDR in allgemeinpolitischer und in wirtschaftlicher Hinsicht ("Wirtschaftsverfassung") herbei und ebneten verfassungsrechtlich den Weg für die Annahme des StaatsV.[25] In der Präambel werden die friedliche Revolution vom Herbst 1989 und die Erwartung der Herstellung der deutschen Einheit betont, und in der Schlußbestimmung (Art. 10) wird nicht nur das sofortige Inkrafttreten der Verfassungsgrundsätze, sondern auch das Ende ihrer Gültigkeit bei "Inkraftsetzung eines Grundgesetzes" vorgesehen. Dieser erklärte Übergangscharakter erlaubte die Beschränkung auf wenige "Grundsätze". Art. 1 erklärt die DDR zu einem freiheitlichen, demokratischen, sozialen und ökologisch orientier-

---

21) Gesetz zur Änderung der Verfassung der DDR v. 6. 3. 1990, GBl I Nr. 15 S. 109.

22) Nach StaatsV Anlage III Abschn. III (Sozialunion) Nr. 1, BGBl II 1990, 557, war das Gewerkschaftsgesetz aufzuheben. Dies geschah durch § 7 Nr. 7 ÄndAufhG v. 28. 6. 1990, GBl I Nr. 38 S. 485 = *Horn*, RWS-Dok. 1 Nr. 1.9, S. 3.

23) Gesetz v. 5. 4. 1990, GBl I Nr. 23 S. 221.

24) Gesetz v. 12. 4. 1990, GBl I Nr. 24 S. 229.

25) Gesetz zur Änderung und Ergänzung der Verfassung der DDR (Verfassungsgrundsätze) v. 17. 6. 1990, GBl I Nr. 33 S. 299 = *Horn*, RWS-Dok. 1 Nr. 1.6.

ten Rechtsstaat mit föderativer Ordnung (Abs. 1). Die neuen Verfassungsgrundsätze wurden maßgeblich für die Auslegung von Normen der alten Verfassung sowie aller sonstigen Rechtsnormen. Alte sozialistische Auslegungsmaximen wurden ausgeschlossen (Abs. 2).

Die verfassungsrechtlichen Grundlagen für eine marktwirtschaftliche Wirtschaftsordnung, die auf Freiheit und Eigentum aufbaut, wurden durch Art. 2 und 3 gelegt. Art. 2 gewährleistete das "Privateigentum einschließlich des Erwerbs von Eigentum und eigentumsgleichen Rechten an Grund und Boden sowie an Produktionsmitteln" (Satz 1). Art. 3 anerkannte die wirtschaftliche Handlungsfreiheit als Vertragsfreiheit und wirtschaftliche (unternehmerische) Betätigungsfreiheit und schaffte das staatliche Außenhandelsmonopol ab. In Art. 4 wurde die Koalitions- und Tariffreiheit anerkannt. Art. 5 enthielt eine Rechtsweggarantie, wenn jemand durch die öffentliche Gewalt in seinen Rechten verletzt wird.[26] Das umstrittene, in der alten DDR-Verfassung mit Einschränkungen verankerte Recht auf Arbeit, das in einer marktwirtschaftlichen Ordnung mit Tarifhoheit der Sozialpartner nicht realisiert werden kann, wurde nur in abgeschwächter Form als staatlicher Schutz der "Arbeitskraft" und als Förderung der Arbeit aufgenommen (Art. 7). Die Verfassungsgrundsätze sind konsequenter Ausdruck der Politik der o. a. "legalistischen Revolution" (vgl. oben 2 a). Sie sind mit der Zweidrittelmehrheit zustande gekommen, die nach der alten DDR-Verfassung (Art. 63 Abs. 2 Satz 2) für Verfassungsänderungen erforderlich war, sind also auch nach altem Verfassungsrecht unangreifbar.

Zugleich wurden die technischen Anforderungen an Änderungen der alten Verfassung durch Neuregelung von deren Art. 106 erleichtert. Es genügte künftig die ausdrückliche Bezeichnung des verfassungsändernden Gesetzes als Verfassungsgesetz und es entfiel die Notwendigkeit einer ausdrücklichen Wiedergabe der geänderten Texte. Damit wurde eine mühselige Überarbeitung des alten Verfassungstextes erspart und die Umgestaltung der Verfassung durch generelle Grundsätze ermöglicht (Art. 9). So wurde der Weg dafür geebnet, daß der StaatsV, der eben diese Normtechnik wählt, ohne die alte DDR-Verfassung zu zitieren, mit Verfassungsrang in der DDR eingeführt werden konnte. Ein weiteres Hindernis für die Annahme des StaatsV wur-

26) Dazu auch Kap. 6 I.

de dadurch beseitigt, daß Art. 8 ausdrücklich die Übertragung von Hoheitsbefugnissen auf die Bundesrepublik Deutschland gestattete.

4. Die Verfassungslage in der DDR nach dem Staatsvertrag

Der StaatsV wurde von der Volkskammer der DDR am 21. 6. 1990 durch ein Gesetz angenommen, das die Voraussetzungen eines verfassungsändernden Gesetzes (oben 2 a, 3) erfüllte, indem es mit verfassungsändernder Mehrheit beschlossen wurde und die Bezeichnung als Verfassungsgesetz trug.[27)] Der StaatsV erhielt dadurch in der DDR Verfassungsrang und setzte etwa entgegenstehendes altes Verfassungsrecht außer Kraft. Die formelle Verfassung der DDR bestand demnach bis zum Beitritt nach Art. 23 GG aus drei Elementen: aus dem StaatsV, aus den Verfassungsgrundsätzen vom 17. 6. 1990 und aus dem Restbestand der alten DDR-Verfassung. Letztere hatte hauptsächlich noch für das Staatsorganisationsrecht Bedeutung und galt nur, soweit sie dem StaatsV und den Verfassungsgrundsätzen nicht widersprach. Auf der Ebene der Verfassungsnormen waren die rechtlichen Grundlagen für die soziale Marktwirtschaft also bereits vor dem Beitritt der DDR durch die Verfassungsgrundsätze und den StaatsV vollständig geschaffen.

5. Die Übergangsgesetzgebung zum Vertrags- und Wirtschaftsrecht

Das politische Ziel einer Umgestaltung der DDR-Wirtschaft in eine soziale Marktwirtschaft nahm etwa ab Anfang 1990 konkrete Gestalt an und erzeugte eine außerordentliche Fülle von Gesetzgebung auf dem Gebiet des Privat- und Wirtschaftsrechts in der DDR. Der zeitlichen Entwicklung nach lassen sich die folgenden Phasen unterscheiden:

(1) Bereits in der Zeit vor der Märzwahl hatten die Übergangsregierung Modrow und die alte Volkskammer in zunehmender Erkenntnis, daß die Marktwirtschaft künftige Wirtschaftsordnung sein werde, die bereits erörterten teils zaghaften, teils deutlichen Schritte unternom-

---

27) Gesetz zum Vertrag über die Schaffung einer Währungs-, Wirtschafts- und Sozialunion zwischen der DDR und der Bundesrepublik Deutschland v. 18. Mai 1990 (Verfassungsgesetz) v. 21. 6. 1990, GBl I Nr. 34 S. 331 = *Horn*, RWS-Dok. 1 Nr. 1.5.

men durch Erlaß der sog. Joint-Venture-VO im Januar, deutlicher durch GewerbeG und UnternehmensG Anfang März.[28] Zugleich wurde ein erstes Konzept zur Privatisierung der volkseigenen Wirtschaftseinheit realisiert.[29] In Richtung auf eine freiheitlichere Wirtschaftsordnung wies auch die VO über Produktionsgenossenschaften des Handwerks (PGH), die diese auf eine freiheitliche Grundlage stellen wollte und die Umwandlung in Handelsgesellschaften oder die Auflösung ermöglichte.[30] Daneben stehen weitere gesetzgeberische Schritte zur Umgestaltung der Eigentumsordnung, die nur z. T. entfernt mit einem Streben nach marktwirtschaftlicher Ordnung zu tun haben. Dazu gehört eine Regelung der Rechte der Eigentümer aus der Bodenreform[31] und über die Übertragung volkseigener landwirtschaftlicher Nutzflächen in das Eigentum von LPGs[32] sowie ein Gesetz über den Verkauf volkseigener Gebäude an Privatpersonen[33]. Dieses Gesetz führte zu vielkritisierten Mißbräuchen.[34] Unvereinbar mit marktwirtschaftlichen Ordnungsvorstellungen war schließlich das erwähnte Gewerkschaftsgesetz, das auf heftige öffentliche Kritik stieß und zum 1. 7. 1990 aufgehoben wurde.[35]

(2) Die neue, durch die Märzwahl 1990 demokratisch legitimierte Volkskammer konnte angesichts der vielfältigen Probleme zunächst nur punktuell Regelungen zu wirtschaftlichen Fragen treffen, so in einer VO über den Vertrieb von Presseerzeugnissen in der DDR[36] und einer VO über Gewerberaum[37]. Zu nennen ist ferner ein Beschluß des Ministerrats über die Bildung des Amts für Wettbewerbsschutz[38]

---

28) Vgl. oben 2 b; s. auch unten Kap. 4 I.

29) Vgl. oben 2 b m. w. N. und unten Kap. 4 III 1.

30) VO über die Gründung, Tätigkeit und Umwandlung von Produktionsgenossenschaften des Handwerks v. 8. 3. 1990 GBl I Nr. 18 S. 164 = *Horn*, RWS-Dok. 1 Nr. 4.10; dazu Kap. 4 IV 3.

31) Gesetz über die Rechte der Eigentümer von Grundstücken aus der Bodenreform v. 6. 3. 1990, GBl I Nr. 17 S. 134 = *Horn*, RWS-Dok. 1 Nr. 3.10.

32) Gesetz v. 6. 3. 1990, GBl I Nr. 17 S. 135 = *Horn*, RWS-Dok. 1 Nr. 3.11. Das Gesetz war aufzuheben gem. StaatsV Anlage III Abschn. II Nr. 3, BGBl II 1990, 554; die Aufhebung erfolgte durch § 7 Nr. 5 ÄndAufhG v. 28. 6. 1990, GBl I Nr. 38 S. 485 = *Horn*, RWS-Dok. 1 Nr. 1.9, S. 3.

33) Gesetz über den Verkauf volkseigener Gebäude v. 7. 3. 1990, GBl I Nr. 18 S. 157 = *Horn*, RWS-Dok. 1 Nr. 3.12; dazu erste DVO v. 15. 3. 1990, GBl I Nr. 18 S. 158 = *Horn*, RWS-Dok. 1 Nr. 3.13.

34) S. auch unten Kap. 3 II 4 c bb und IV 3 g cc.

35) § 7 Nr. 7 ÄndAufhG v. 28. 6. 1990, GBl I Nr. 38 S. 485 = *Horn*, RWS-Dok. 1 Nr. 1.9, S. 3; vgl. auch oben 2 b.

36) GBl I Nr. 26 S. 245.

37) GBl I Nr. 27 S. 247.

38) Beschluß des Ministerrats v. 30. 5. 1990, GBl I Nr. 31 S. 281.

in Erwartung der Einführung des Wettbewerbsrechts, und schließlich ein Beschluß der Volkskammer über die Beseitigung der Monopolstellung des Großhandels im Interesse einer besseren Versorgung der Bevölkerung.[39)]

(3) Nach der Verabschiedung der Verfassungsgrundsätze am 17.6. 1990 (oben 3) setzte eine gewaltige Gesetzgebungsflut zur Umsetzung des StaatsV in das Recht der DDR ein. Diese Gesetzgebung läßt sich grob folgendermaßen einteilen.

(a) Die Gesetzgebung zur Überführung der volkseigenen Wirtschaft in private Unternehmen: Der StaatsV enthält dazu kein präzises Gesetzgebungsprogramm. Dies mag mit z. T. unterschwelligen politischen Widerständen zusammenhängen, da zeitweilig im Volkseigentum erhaltenswerte Aspekte ("soziale Errungenschaften der DDR") gesehen oder Verteilungsutopien damit verknüpft wurden. Immerhin enthält der StaatsV hinreichend deutliche programmatische Hinweise. Sie ergeben sich schon aus dem Zentralbegriff der sozialen Marktwirtschaft mit Privateigentum und Wettbewerb gem. Art. 1 Abs. 3 StaatsV und der in Art. 14 StaatsV vorgesehenen "Strukturanpassung" der vorhandenen Unternehmen. Die Leitsätze, die gem. Art. 4 Abs. 1 Satz 1 StaatsV verbindlich sind, sprechen davon, daß Unternehmen in Staatseigentum "so rasch wie möglich wettbewerblich zu strukturieren und so weit wie möglich in Privateigentum zu überführen" sind (A II 7).[40)] Das TreuhandG v. 17. 6. 1990 schlägt eindeutig diesen Weg ein.[41)]

(b) Die in Anlage II zum StaatsV vorgesehene Übernahme von Gesetzen der Bundesrepublik erfolgte in einem umfassenden gesetzgeberischen Schritt durch das sog. MantelG vom 21. 6. 1990.[42)] Es stellte den bedeutendsten einzelnen Schritt zur Herstellung der Rechtseinheit in Deutschland vor dem EinigungsV dar, indem es in großem Umfang Gesetze, die für die Wirtschaftsordnung der Bundesrepublik maßgeblich sind, übernahm, und zwar mit der Maßgabe, daß künftige Änderungen dieser Gesetze automatisch auch in der DDR gelten sollten.

---

39) Beschluß v. 7. 6. 1990, GBl I Nr. 32 S. 283.

40) BT-Drucks. 11/7350, S. 65, 114 = *Horn*, RWS-Dok. 1 Nr. 1.2, S. 18.

41) Unten Kap. 4 III.

42) Gesetz über die Inkraftsetzung von Rechtsvorschriften der Bundesrepublik Deutschland in der DDR v. 21. 6. 1990, GBl I Nr. 34 S. 357 = *Horn*, RWS-Dok. 1 Nr. 1.7. Das Gesetz wird inoffiziell als "Mantelgesetz" bezeichnet.

Es handelt sich um folgende Gesetze:

Währungsunion: 1. BBankG; 2. KWG; 3. HypothekenbankG; 4. PfandbriefG; 5. BausparkassenG; 6. KAGG; 7. DepotG; 8. VAG.

Wirtschaftsunion: 1. GWB; 2. AtomG; 3. Erstes bis drittes Buch des HGB[43]; 4. GmbHG; 5. AktG; 6. GenG; 7. KapErhG; 8. UmwandlungsG; 9. AGBG; 10. HWiG; 11. AbzG.

Sozialunion: 1. MontanmitbestG; 2. ErgänzungsG zum MontanMitbestG; 3. MitbestG; 4. §§ 76, 77, 77 a, 81, 85, 87 BetrVG 1952; 5. BetrVG 1988; 6. TVG; 7. KSchG.

(c) Das in Anlage III StaatsV vorgesehene Programm der Aufhebung oder Abänderung von Recht der DDR wurde in mehreren Schritten in Angriff genommen. Hervorzuheben sind:

- G über Änderung oder Aufhebung von Gesetzen der DDR (ÄndAufhG) v. 28. 6. 1990, GBl I Nr. 38, 483 = *Horn*, RWS-Dok. 1 Nr. 1.9;
- VO über die Änderung oder Aufhebung von Rechtsvorschriften (ÄndAufh-VO) v. 28. 6. 1990, GBl I Nr. 38 S. 509 = *Horn*, RWS-Dok. 1 Nr. 1.10;
- Erstes ZivilrechtsÄndG v. 28. 6. 1990, GBl I, Nr. 39 S. 524 = *Horn*, RWS-Dok. 1 Nr. 2.3;
- Zweites ZivilrechtsÄndG v. 22. 7. 1990, GBl I Nr. 49 S. 903 = *Horn*, RWS-Dok. 1 Nr. 2.4;
- G zur Änderung und Ergänzung des Arbeitsgesetzbuches v. 22. 6. 1990, GBl I Nr. 35 S. 371.

Aufgehoben wurden durch das ÄndAufhG vor allem folgende wichtigen Gesetze: StaatsBankG 1974 (§ 7 Nr. 1); AußenhandelsG 1958 (§ 7 Nr.4); VG 1982 (§ 4); GewerkschaftsG v. März 1990 (§ 7 Nr. 7) und G über die Übertragung volkseigener Nutzflächen an LPG v. März 1990 (§ 7 Nr. 5). Die ÄndAufhVO beseitigt u. a. die Joint-Venture-VO vom Januar 1990 nebst DVOen (§ 12).

Die geforderten Gesetzesänderungen wurden nur z. T. durch das ÄndAufhG und die ÄndAufhVO geleistet. Das erstere Gesetz führte WechselG und ScheckG in der in der Bundesrepublik geltenden Fassung ein (§§ 1 u. 2) und nahm die vorgesehenen Änderungen des GIW (umbenannt: GW) vor (§ 3).[44] Die vorgeschriebene Änderung des ZGB wurde durch das erste ZivilrechtsÄndG geleistet. Ein zweites Gesetz brachte eine Verbesserung des Kreditsicherungsrechts, was in

43) § 16 MantelG übernahm weitergehend auch das 4. Buch des HGB in der in der Bundesrepublik geltenden Fassung und ersetzt damit das 3. Buch (Handelsgeschäfte) der in der DDR fortgeltenden alten Fassung des HGB.

44) Dazu Näheres in Kap. 2 III 2.

Anlage III Abschn. II Nr. 8 StaatsV nicht gefordert, aber für die Kreditversorgung der Unternehmen notwendig war.[45)]

(d) Die nach Anlage IV StaatsV neu zu erlassenden Gesetze umfaßten u. a. die folgenden Gesetzgebungsschritte:

- NiederlassungsG (G über die Aufnahme einer gewerblichen Tätigkeit oder eines freien Berufes durch Personen ohne Wohnsitz, Sitz oder Niederlassung in der DDR) v. 28. 6. 1990, GBl I Nr. 38 S. 485 = *Horn*, RWS-Dok. 1 Nr. 4.13;
- PreisG (G über die Preisbildung und die Preisüberwachung beim Übergang zur sozialen Marktwirtschaft) v. 22. 6. 1990, GBl I Nr. 37 S. 471 = *Horn*, RWS-Dok. 1 Nr. 6.5;
- PreisVO (VO über die Aufhebung bzw. Beibehaltung von Rechtsvorschriften auf dem Gebiet der Preise) v. 25. 6. 1990, GBl I Nr. 37 S. 472 = *Horn*, RWS-Dok. 1 Nr. 6.6;
- Arbeitsförderungsgesetz (AFG) v. 22. 6. 1990, GBl I Nr. 36 S. 403;
- Gesetz über die Sozialversicherung (SVG) v. 28. 6. 1990, GBl I Nr. 38 S. 486;
- RentenangleichungsG (G zur Angleichung der Bestandsrenten an das Nettorentenniveau der Bundesrepublik Deutschland etc.) v. 28. 6. 1990, GBl I Nr. 38 S. 495.

(e) Zum Ausbau des gerichtlichen Rechtsschutzes gem. Art. 6 StaatsV wurde eine Reihe gesetzlicher Schritte unternommen, die in Kap. 6 dargestellt sind.

6. Zur faktischen Wirtschaftsverfassung der DDR im Zeitpunkt der Vereinigung

Der tatsächliche Zustand der DDR-Wirtschaft und damit die "faktische Wirtschaftsverfassung"[46)] im neuen Bundesgebiet stand Anfang Oktober 1990 noch weit hinter dem mit der Wiedervereinigung erreichten Stand der normativen Wirtschaftsverfassung zurück.

a) Tatsächliche Abläufe

Im Lauf des Jahres 1990 hat ein zunächst zögerlicher, dann ab Sommer rascherer Übergang von der zusammengebrochenen sozialistischen Wirtschaft zur sozialen Marktwirtschaft eingesetzt. Die Joint-Venture-Verordnung vom Januar 1990 war zwar als Regelwerk wenig tauglich, als Signal aber nicht unwichtig. Viele sozialistische Betriebe

45) Dazu unten Kap. 2 V.

46) Zum Begriff oben I 3.

sprachen mit westlichen Investoren über Gemeinschaftsunternehmen, meist ohne diese wirklich zu gründen, gingen Kooperationsverträge ein,[47] und begannen eine tatsächliche Zusammenarbeit. Ab März wurden zahlreiche meist kleinere Betriebe von DDR-Bürgern neu gegründet. Die Masse der sozialistischen Betriebe und Kombinate verharrte bis zum Sommer abwartend. Nur eine begrenzte Zahl von Umwandlungen nach der UmwandlungsVO vom März[48] wurde vollzogen. Hie und da wurde mit der Umstrukturierung der Unternehmensorganisation experimentiert, neue Direktoren wurden gewählt und Arbeiterbeteiligungsmodelle diskutiert. Allmählich trat das Ausmaß an Unproduktivität, Überalterung des Maschinenparks, Schuldenlast, Umweltaltlasten und mangelnder Wettbewerbsfähigkeit zahlreicher Betriebe zutage.

Deutliche positive Impulse brachte die Einführung der D-Mark und die faktische und rechtliche Beseitigung der innerdeutschen Wirtschaftsgrenze ab Juli 1990. Die automatische Umwandlung der volkseigenen Wirtschaft in Kapitalgesellschaften[49] setzte Signale, vermochte aber natürlich den tatsächlichen Zustand der Unternehmen zunächst nicht zu beeinflussen. Immerhin setzten Fusionen westlicher Investoren und damit deren stärkeres Engagement ein.[50] 1565 Wirtschaftsbetriebe wurden bis Ende August ihren früheren Inhabern zurückgegeben.[51] Die sozialistischen Unternehmen mußten nach der Währungsunion zunächst ihre Liquidität durch staatliche Liquiditätshilfen aufrechterhalten[52] und gingen dann z. T. dazu über, Lohnkostenentlastungen durch Kurzarbeitergeld zu erreichen.[53] Erwartungsgemäß stieg allmählich die Arbeitslosigkeit, die im Sozialismus durch Beschäftigungszwang bei niedriger Produktivität zurückgestaut war.

Daneben waren zahlreiche positive Signale nicht zu übersehen. Die Zahl der Gewerbeneuanmeldungen stieg ständig. Seit der Währungsunion hatte sich die Warenversorgung rasch auf weitaus höherem Versorgungsniveau eingependelt. Die Fusionen mit westlichen Investoren,

---

47) Mit zum Teil zweifelhafter Rechtswirksamkeit; dazu Kap. 2.
48) Dazu unten Kap. 4 III.
49) Dazu unten Kap. 4 III.
50) Dazu unten Kap. 5 I.
51) Pressemitteilung des DDR-Wirtschaftsministeriums v. 28. 8. 1990, Handelsblatt v. 29. 8. 1990, S. 7.
52) Dazu unten Kap. 2.
53) Dazu unten Kap. 4 V.

insbesondere die (z. T. in der Öffentlichkeit kritisierten) größeren Fusionen begannen Arbeitsplätze zu sichern. Ein intensiver Transfer von technischem und betriebswirtschaftlichem Wissen setzte ein. Die Steuereingänge stiegen bereits im August 1990 trotz der Anlaufschwierigkeiten einer gerade erst reorganisierten Finanzverwaltung.

b) Faktische Rahmenbedingungen; Investitionshemmnisse

Für die Frage, ob das große Ziel eines raschen Wirtschaftsaufschwungs der früheren DDR erreicht werden kann, sind die tatsächlichen Rahmenbedingungen für wirtschaftliches Handeln ausschlaggebend. Neben äußeren Problemen wie bestimmten Mängeln der Infrastruktur (Verkehrsverhältnisse, Telefonversorgung) sind die folgenden, eng mit dem Recht zusammenhängenden Problemkreise zu nennen, die mit den Stichworten (1) Effektivität des Rechts, (2) Bürokratie, (3) ungeklärte Eigentumsfragen und (4) Altschulden und Altlasten sowie (5) Sozialschutz gekennzeichnet seien. Als faktisches politisches Problem seien schließlich (6) fortbestehende alte politische Machtstrukturen ("Seilschaften") in Wirtschaft und Verwaltung genannt.

(1) Die neue freiheitliche Rechtsordnung kann ihre Rolle als unentbehrliche Rahmenbedingung für eine freie Wirtschaftsordnung nur dann voll übernehmen, wenn die Effektivität des Rechts gesichert ist. Diese ist derzeit noch eingeschränkt durch die Schwierigkeiten des Neuaufbaus und Ausbaus der Rechtspflege (dazu Kap. 6) und durch die noch begrenzte Kenntnis und geistige Verarbeitung des neuen Rechts. Hinzu kommt, daß rechtsstaatliches Denken bei Behörden und Bevölkerung erst eingeübt werden muß. Hier sind die Nachwirkungen des sozialistischen Denkens zu überwinden, wo der Vorrang der Politik vor dem Recht galt und der Planbefehl oder die sonstige behördliche Anordnung ohne Widerspruch auszuführen war.

(2) Die alte aufgeblähte staatliche und wirtschaftliche Bürokratie war in ihren überkommenen Strukturen noch vielfach intakt. Sie war bisher gewohnt, Anordnungen auszuführen, nicht aber eigenverantwortlich Gesetze und damit auch die Freiheiten der Bürger zu respektieren oder gar im Rahmen der Gesetze eigene Initiative zu entfalten. Neue Gesetze allein machten hier noch keinen Eindruck, zumal wenn ihre Texte zunächst kaum bekannt und inhaltlich nicht verarbeitet waren.

Der weitgehende Wegfall staatlicher Plananordnungen hatte teilweise einen Attentismus der Behörden erzeugt, der die herkömmliche bürokratische Langsamkeit noch verstärkte.

Zum andern fehlte es an den Stellen, wo die neue Wirtschaft rasche behördliche Leistung brauchte, an Arbeitskräften und Fachkenntnissen, so in der Kommunalverwaltung, in den Liegenschaftsdiensten, bei den Finanzbehörden und im Umweltschutz, um nur Beispiele zu nennen. Dies führte zu langsamer behördlicher Reaktion auf Anfragen wegen des Erwerbs geeigneter Gewerbegrundstücke oder der Anmietung von Gewerberäumen, langen Wartefristen auf Grundbuchauszüge und zu unklaren Auskünften. Im Einzelfall mochte mancher enttäuschte Anhänger des Sozialismus in der Verwaltung auch mit Zynismus und Obstruktion reagieren. Die staatliche Einheit und der Neuaufbau der Verwaltung in den neuen Bundesländern mit westlicher Unterstützung haben die Chancen für die Einführung eines effektiven und rechtsstaatlichen Verwaltungshandelns eröffnet.

(3) Die ungeklärten Eigentumsverhältnisse an Grundstücken und Unternehmen erschwerten oder verhinderten Entscheidungen über den Erwerb von Grundstücken und die Beteiligung an Unternehmen. Jahrzehntelange Mißachtung des Privateigentums und entsprechende Lückenhaftigkeit und nachlässige Führung der Register sowie eine Fülle ungeklärter Restitutionsansprüche stehen der raschen Verfügbarkeit vor allem von Gewerbeflächen und Gewerberäumen entgegen. Dieses Problem kann nicht sofort eliminiert, sondern nur allmählich abgebaut werden. Dies ist noch zu erörtern.[54)]

(4) Die umgewandelten sozialistischen Unternehmen sind meist noch mit erheblichen Altschulden belastet; dieses Problem wird einer Lösung zugeführt (Kap. 4 IV). Hinzu kommt, daß häufig die Unternehmensgrundstücke durch umweltgefährdende Stoffe stark belastet sind (Altlasten) und Investoren wegen der Haftungsfolgen abschrecken können. Auch für dieses Problem sind rechtliche Lösungsansätze gefunden (Kap. 5 III).

(5) Die Einführung des Arbeitsrechts der Bundesrepublik bringt neben gewissen Flexibilisierungen (Abbau des sozialistischen Bestandsschutzes) auch bei der Übernahme sozialistischer Betriebe Probleme, weil

---

54) S. unten IV 7 und Kap. 3.

der Sozialschutz bedeutende Kosten bei der Übernahme eines Betriebes verursachen kann (dazu Kap. 4 V).

(6) Eine zusätzliche und ernstliche Schwierigkeit beim marktwirtschaftlichen Umbau der sozialistischen Wirtschaft[55] stellen die Fähigkeiten und das Verhalten der bisherigen wirtschaftlichen und politischen Führungseliten der DDR dar, auf die beim Umbau von Wirtschaft und Verwaltung kaum verzichtet werden kann und deren Integration in die neue Ordnung eine Aufgabe des inneren Friedens ist. Kein Hindernis für diese Integration sollte es sein, daß für bestimmte Karrieren und Aufgaben die SED-Mitgliedschaft unvermeidlich war und der notwendige Prozeß des Umdenkens Mühe macht. Größere Schwierigkeiten bereitet schon die Tatsache, daß es häufig naturgemäß an jeder Erfahrung mit einer freien Wirtschaft und an Fachkenntnissen fehlt, zumal die Selektion nach politischem Wohlverhalten eher als nach Fachkompetenz erfolgte. Hier läßt sich manches durch die Zusammenarbeit mit westlichen Fachleuten kompensieren.

Ein sehr viel ernsteres Problem bildet die Tatsache, daß seit Winter 1989/90 weite Bereiche der DDR-Wirtschaft in Erwartung des Beitritts planmäßig mit Führungskadern des Ministeriums für Staatssicherheit und der SED infiltriert wurden, die untereinander eng zusammenarbeiten, sich auf ein verzweigtes Vermögen stützen und wegen Aktenvernichtung schwer zu identifizieren sind.[56] Während die Stäbe der Treuhandanstalt ab Sommer 1990 von derartigen alten "Seilschaften" befreit werden konnten, blieben sie in der Wirtschaft weiter wirksam und mancher westliche Investor hat dies zu spüren bekommen.

Die vorstehenden Hinweise dienen nicht der Schwarzmalerei, sondern der Bezeichnung der Altlasten des Sozialismus, die bei der Ankurbelung der Wirtschaft im neuen Bundesgebiet überwunden werden müssen und ohne deren Beachtung die Funktion des Privat- und Wirtschaftsrechts in der ehemaligen DDR nicht zu verstehen ist.

---

55) Zur Privatisierung und zur Tätigkeit der Treuhandanstalt unten Kap. 4 III.

56) Dazu die im November 1990 erschiene Studie von *Reinhard Myritz*.

IV. Beitritt und Einigungsvertrag

Rechtsquellen:

- Vertrag zwischen der Bundesrepublik Deutschland und der DDR über die Herstellung der Einheit Deutschlands - Einigungsvertrag - vom 31. 8. 1990, BGBl II 1990, 889 = *Horn*, RWS-Dok. 2 Nr. I.1.3;
- Vereinbarung zwischen der Bundesrepublik Deutschland und der DDR zur Durchführung und Auslegung des am 31. 8. 1990 in Berlin unterzeichneten Vertrages ... über die Herstellung der Einheit Deutschlands vom 18. 9. 1990, BGBl II 1990, 1239 = *Horn*, RWS-Dok. 2 Nr. I.1.6;
- G zum Vertrag vom 31. 8. 1990 zwischen der Bundesrepublik Deutschland und der DDR über die Herstellung der Einheit Deutschlands (EinigungsvertragsG) und der Vereinbarung vom 18. 9. 1990, BGBl II 1990, 885 = *Horn*, RWS-Dok. 2 Nr. I.1.1;
- Vertrag über die abschließende Regelung in Bezug auf Deutschland vom 12. 9. 1990 (Zwei-plus-Vier-Vertrag), BGBl II 1990, 1317;
- Grundgesetz für die Bundesrepublik Deutschland i. d. F. v. Art. 4 des Einigungsvertrags.

1. Die Wiedervereinigung

a) Beitritt

Die Herstellung der staatlichen Einheit Deutschlands vollzog sich durch Beitritt der DDR gemäß Art. 23 Satz 2 GG. Alleinige rechtliche Voraussetzung dafür war eine Beitrittserklärung der DDR. Eine Willensbekundung der bisherigen Bundesrepublik war nicht erforderlich, weil das Grundgesetz in Art. 23 bereits die Festlegung getroffen hatte, die Republik für den Beitritt offenzuhalten.[1] Die Volkskammer der DDR faßte am 23. 8. 1990 mit Zwei-Drittel-Mehrheit den erforderlichen Beschluß, der Bundesrepublik Deutschland am 3. Oktober 1990 beizutreten.[2] Mit dem Wirksamwerden des Beitritts an diesem Tage hörte die DDR als Staat auf zu bestehen, und das Gebiet der DDR wurde Teil des Staatsgebiets der Bundesrepublik Deutschland. Auf dem Gebiet der DDR entstanden die fünf neuen Bundesländer Brandenburg, Mecklenburg-Vorpommern, Sachsen, Sachsen-Anhalt und

---

1) BVerfGE 36, 1, 29; 77, 137, 149; *Stern*, in: Stern/Schmidt-Bleibtreu, S. 36.

2) Die Erforderlichkeit der Zwei-Drittel-Mehrheit ist zweifelhaft, da die demokratisch gewählte Volkskammer als Konstituante angesehen werden kann; *Stern*, aaO, S. 35 f. Für dieses Erfordernis spricht aber außer politischen Gründen (zutr. *Stern*) auch die Tatsache, daß die Verfassungsgrundsätze v. 17. 6. 1990 das Erfordernis der Zwei-Drittel-Mehrheit für Änderungen der DDR-Verfassung beibehalten haben.

Thüringen; der östliche Teil Berlins wurde zusammen mit West-Berlin ein Bundesland.

b) Abschluß und Gegenstand des Einigungsvertrages

Der EinigungsV regelt die rechtlichen Modalitäten der Herstellung der staatlichen Einheit Deutschlands. Er erfüllt damit u. a. den Auftrag des Art. 23 Satz 2 GG, das Grundgesetz im beigetretenen Teil Deutschlands in Kraft zu setzen (vgl. Art. 3). Er ist Instrument eines "paktierten Beitritts", bei dem gleichberechtigte Verhandlungspartner die Vereinigung in geordnete rechtliche Bahnen gebracht haben.[3] Der EinigungsV wurde von den Regierungen der beiden deutschen Staaten ausgehandelt und am 31. 8. 1990 unterzeichnet. Er wurde von den beiden deutschen Parlamenten jeweils mit Zwei-Drittel-Mehrheit gebilligt, und zwar vom Deutschen Bundestag und von der Volkskammer am 20. 9. 1990. Der Bundesrat stimmte dem EinigungsV am 21. 9. 1990 zu.

Das Erfordernis der Zwei-Drittel-Mehrheit und der Zustimmung des Bundesrates ergaben sich nicht schon aus Art. 23 Satz 2 GG, wohl aber aus der Tatsache, daß der EinigungsV verfassungsändernde und der Zustimmung des Bundesrats bedürftige Regelungen enthält.[4] Der EinigungsV ist gem. Art. 45 Abs. 1 dadurch in Kraft getreten (d. h. verbindlich geworden), daß die Bundesregierung und die Regierung der DDR einander mitgeteilt haben, daß die erforderlichen innerstaatlichen Voraussetzungen für das Inkrafttreten erfüllt sind. Da der EinigungsV die Wirksamkeit des Beitritts voraussetzt (vgl. Art. 1 Abs. 1), sind die einzelnen Regelungen des EinigungsV am 3. 10. 1990 wirksam geworden.

c) Äußere Aspekte des Beitritts

Die "äußeren Aspekte" der Herstellung der deutschen Einheit wurden durch den EinigungsV nicht berührt, wie eine Protokollerklärung zu diesem Vertrag ausdrücklich hervorhob. Dabei handelte es sich um die noch bestehenden Rechte und Verantwortlichkeiten der Vier Mächte

3) Vgl. auch *Schäuble*, WM 1990, 1781.
4) Allg. *Stern*, aaO, S. 37.

USA, UdSSR, Großbritannien und Frankreich in bezug auf Berlin und auf Deutschland als Ganzes. Daher war eine Zustimmung der Vier Mächte zur Herstellung der staatlichen Einheit Deutschlands erforderlich. Zugleich mußten die genannten Rechte und Verantwortlichkeiten beendet und abgewickelt werden, um die volle staatliche Souveränität Deutschlands herzustellen. Beiden Zielen dient der Vertrag über die abschließende Regelung in bezug auf Deutschland (Zwei-plus-Vier-Vertrag), der am 12. 9. 1990 in Moskau geschlossen wurde (vgl. Art. 1 und Art. 7). Der Vertrag bedarf der Ratifizierung oder Annahme (Art. 8).[5] Schon vor dem Inkrafttreten des Vertrags haben die Vier Mächte durch eine Erklärung vom 12. 9. 1990 die Aussetzung ihrer Rechte ab 3. 10. 1990 erklärt und am 1. 10. 1990 in New York auf diese Rechte ab 3. 10. 1990 definitiv verzichtet.

d) Beitrittswirkungen: Staatensukzession und Verträge der DDR

Hinsichtlich der rechtlichen Auswirkungen der staatlichen Vereinigung der DDR mit der Bundesrepublik sind, soweit der EinigungsV keine besondere Regelung trifft oder treffen konnte, die allgemeinen Grundsätze der Staatenfusion und Staatensukzession heranzuziehen, die allerdings dem Völkerrecht angehören und daher nur entsprechend angewendet werden können.[6] Wenn danach ein Staat in rechtmäßiger Weise von einem anderen Staat aufgenommen wird, gehen die öffentlich-rechtlichen Rechte und Verpflichtungen sowie die privatrechtlich begründeten Rechte und Pflichten des aufgenommenen Staates auf den aufnehmenden Staat über.[7] Teilweise wird auch realistischer von der Verpflichtung gesprochen, einen angemessenen Teil der Verbindlichkeiten zu übernehmen.[8] Diese Fragen haben eine ausführliche Regelung im EinigungsV gefunden.[9]

---

5) In den USA wurde der Vertrag am 10. 10. 1990 einstimmig durch den Kongreß gebilligt und am 19. 10. 1990 vom Präsidenten unterzeichnet; die Ratifikationsurkunde wurde am 25. 10. 1990 in Bonn hinterlegt.

6) Vgl. allg. *Heintschel v. Heinegg*, BB 1990, Beilage 23, S. 9, 12 ff.

7) *Verdross/Simma*, § 1009; *Brownlie*, Principles of Public International Law, S. 656 f; *Henkin/Pugh/Schachter/Smit*, International Law, S. 268 ff; vgl. auch das amerikanische Restatement of the Law (Revised) Sec. 209 (2) (b).

8) *Dahm/Delbrück/Wolfrum*, S. 179.

9) Zur Schuldenübernahme unten 3 c; vgl. auch Art. 135 a n. F. GG.

Anders verhält es sich mit den völkerrechtlichen Verträgen, die die DDR geschlossen hatte. Nach traditionellem Völkergewohnheitsrecht gilt bei Staatensukzession das Prinzip der Diskontinuität völkerrechtlicher Verträge.[10)] Die Wiener Konvention von 1978 über die Staatensukzession bei völkerrechtlichen Verträgen, die das gegenteilige Prinzip aufstellt (Art. 31), ist nicht in Kraft getreten. Der vorerwähnte Grundsatz der Diskontinuität, der die souveräne Entscheidungsfreiheit des Nachfolgestaates wahrt, ist daher nach h. M. weiterhin geltendes Völkergewohnheitsrecht.[11)]

Die Bundesrepublik ist demnach grundsätzlich nicht Rechtsnachfolgerin der völkerrechtlichen Verträge der DDR. Dies gilt auch für wirtschaftsvölkerrechtliche Verträge, z. B. hinsichtlich des RGW oder einzelner Handels- und Freundschaftsverträge. Die Bundesrepublik hat allerdings in Art. 29 EinigungsV "Vertrauensschutz" für die gewachsenen außenwirtschaftlichen Beziehungen der DDR, insbesondere der bestehenden vertraglichen Verpflichtungen gegenüber den Ländern des RGW, vorgesehen. Es handelt sich um eine nur inter partes wirkende politische Verpflichtung, im übrigen um eine Absichtserklärung. Die im Rahmen des RGW üblichen Protokolle über den Warenaustausch wurden über 1990 hinaus nicht verlängert. Sie sind auf Staatshandel zugeschnitten.[12)]

Soweit auf der Ebene des Wirtschaftsverkehrs (iure gestionis) konkrete Verbindlichkeiten der DDR zu Lieferung oder Zahlung aus einem bestimmten Einzelvertrag bestehen, ist ein Übergang der Verpflichtung anzunehmen.[13)] Dabei kann der Grundsatz der clausula rebus sic stantibus eingreifen.[14)] Bei einseitig bereits erfüllten Verträgen und bei empfangenen Krediten ist allerdings dieser Grundsatz stark eingeschränkt.[15)] Die grundsätzliche Übernahme der internen und externen

---

10) *Verdross/Simma*, § 982; *Dahm/Delbrück/Wolfrum*, S. 163.

11) *Dahm/Delbrück/Wolfrum*, S. 164; *Brownlie*, S. 666; einschränkend *Heintschel v. Heinegg*, S. 14; a. A. *Verdross/Simma*, § 983 a. E.; *Herber*, BB 1990, Beilage 37, S. 1, 3, der aber mit anderer Begründung zum gleichen Ergebnis wie die h. M. gelangt.

12) Vgl. auch Kap. 2 II 3.

13) *Dahm/Delbrück/Wolfrum*, S. 179; *Brownlie*, S. 656.

14) *Horn*, Adaptation and Renegotiation of Contracts in International Trade and Investment, S. 17 ff, 25 f; vgl. allg. *Henkin/Pugh/Schachter/Smit*, S. 269; zu diesem Problem auch Kap. 2 II.

15) *Horn*, WM 1984, 713, 717; *ders.*, Int.Bus.Lawyer 1984, 400 ff, 403 f.

Schulden der DDR durch die Bundesrepublik ist im EinigungsV vorgesehen (unten 3 c).

Die DDR hatte es stets abgelehnt, die unbedienten Vorkriegs-Auslandsanleihen von öffentlichen Emittenten auf ihrem Gebiet zu regeln. Nach dem Londoner Schuldenabkommen vom 27. 2. 1953[16)] soll die Bundesrepublik nach der Wiedervereinigung im Hinblick auf diese Schulden eine angemessene Entschädigung zahlen (Art. 25). Ferner sind für bestimmte Zinsrückstände (1945 - 1952) der ins Londoner Abkommen bereits einbezogenen Anleihen, die noch nicht ausgeglichen und für die Bezugsscheine ausgestellt wurden, Ausgleichszahlungen zu leisten.[17)]

2. Die Herstellung der Rechtseinheit

a) Geltung und Änderung des Grundgesetzes

aa) Geltung

Mit dem Wirksamwerden des Beitritts am 3. 10. 1990 trat das Grundgesetz im Bundesgebiet der fünf neuen Bundesländer auf dem Gebiet der ehemaligen DDR und in Ost-Berlin als Teil des neuen Landes Berlin in Kraft (Art. 3). Für dieses Inkrafttreten des Grundgesetzes gelten zwei Besonderheiten. Erstens sieht der EinigungsV in Art. 4 beitrittsbedingte Änderungen des Grundgesetzes vor, so daß sich das Grundgesetz zugleich für das ganze erweiterte Bundesgebiet durch den EinigungsV verändert. Ferner tritt das Grundgesetz nur in Kraft, "soweit in diesem Vertrag nichts anderes bestimmt ist" (Art. 3 letzter Halbs.).

bb) Beitrittsbedingte Änderungen

Die beitrittsbedingten Änderungen des Grundgesetzes sind in Art. 4 EinigungsV vorgesehen. Der Satz, das deutsche Volk bleibe aufgefordert, die Einheit und Freiheit Deutschlands zu vollenden, ist durch den Satz ersetzt: "Damit gilt dieses Grundgesetz für das gesamte deut-

---

16) BGBl II 1953, 331; AusfG v. 24. 8. 1953, BGBl I, 1004.

17) *Glasemann*, Das Wertpapier 1990, 1168 ff und 1216 ff; *Jaeckel*, WM 1990, 1738; s. auch Kap. 2 II 3 d.

sche Volk." Artikel 23 GG über den Beitritt ist gestrichen. Artikel 51 GG, der die Stimmenverteilung im Bundesrat bestimmt, wird durch die Regelung ergänzt, daß Bundesländer mit mehr als 7 Millionen Einwohnern künftig sechs statt fünf Stimmen im Bundesrat haben sollen. Art. 135 a GG ist um einen Absatz 2 erweitert; dazu unten 3 c.

Art. 146 GG über die Möglichkeit der Schaffung einer neuen Verfassung wird mit veränderter Formulierung beibehalten, obwohl diese Norm nach verbreiteter Meinung nur auf den Fall der Wiedervereinigung gemünzt war und diese nunmehr erreicht ist.[18)]

Ein neuer Artikel 143 GG regelt die Einschränkungen der Erstreckung des Grundgesetzes auf das Gebiet der DDR. Danach kann Recht im Gebiet der früheren DDR längstens bis 31. 12. 1992 von den Bestimmungen des Grundgesetzes abweichen, soweit und solange infolge der unterschiedlichen Verhältnisse die völlige Anpassung an die grundgesetzliche Ordnung noch nicht erreicht werden kann. Die Abweichungen dürfen nicht gegen Artikel 19 Abs. 2 GG (Garantie des Wesensgehalts der Grundrechte) verstoßen und müssen mit den in Art. 79 Abs. 3 GG genannten Grundsätzen vereinbar sein, die eine Änderung des Grundgesetzes insoweit verbieten, als die föderative Gliederung der Bundesrepublik und die in Art. 1 und 20 GG niedergelegten Grundsätze berührt sind (Art. 143 Abs. 1 gem. Art. 4 Nr. 5 EinigungsV). Im übrigen sind Abweichungen von den Abschnitten II (Bund und Länder), VIII (Ausführung der Bundesgesetzes und Bundesverwaltung), VIII a (Gemeinschaftsaufgaben), IX (Rechtsprechung), X (Finanzwesen) und XI (Übergangs- und Schlußbestimmungen) des Grundgesetzes längstens bis 31. 12. 1995 zulässig (Art. 143 Abs. 2 GG).[19)]

b) Erstreckung des Bundesrechts; die Anlagen I und II

Mit dem Wirksamwerden des Beitritts am 3. 10. 1990 ist im Gebiet der früheren DDR gem. Art. 8 EinigungsV grundsätzlich Bundesrecht in

18) *Scheuner*, Gedächtnisschrift für W. Jellinek, 1955, 119, 127 ff; *Maunz/Dürig/Herzog*, Art. 146 Rz. 18; *Kirn*, in: v. Münch, GG, Bd. 3, Art. 146 Rz. 9; *Stern*, in: Stern/Schmidt-Bleibtreu, S. 29 m. w. N.; vgl. auch BVerfGE 5, 85, 128; 77, 137, 149. Die Frage ist strittig und durch den EinigungsV ggf. in anderem Sinn entschieden (zweifelhaft); vgl auch *Stern*, DtZ 1990, 289, 293.

19) Zu Art. 143 Abs. 3 n. F. GG unten 8 d aa; zum Ganzen auch *Stern*, DtZ 1990, 289 ff.

Kraft getreten. Einschränkungen von diesem Grundsatz gelten nur - vom Sonderfall des territorial begrenzten Bundesrechts abgesehen -, soweit der Vertrag, insbesondere seine Anlage I, dies bestimmt. Anlage I enthält die für die Eingliederung des neuen Bundesgebiets notwendigen Modifikationen des Bundesrechts und besonderes Überleitungsrecht, so vor allem in einem neuen Sechsten Teil des EGBGB (dazu unten Kap. 2 I). Das DDR-Recht mußte grundsätzlich weichen.

Während also die Nichtgeltung von Bundesrecht im neuen Bundesgebiet der ehemaligen DDR die Ausnahme ist, die in Anlage I besonders aufgeführt wird, ist umgekehrt ebenfalls die Fortgeltung von DDR-Recht die Ausnahme, die in Anlage II zum Vertrag besonders genannt sein muß (Art. 9 Abs. 2).

Art. 8 und Art. 9 EinigungsV sind das rechtspolitische Kernstück des Vertrags. Der EinigungsV setzt den Grundsatz der Rechtseinheit im ganzen erweiterten Bundesgebiet konsequent durch. Das erstrebenswerte Ziel der Rechtseinheit im vereinten Deutschland wird im wesentlichen erreicht.

c) DDR-Recht als partielles Bundes- oder Landesrecht

aa) Partielles Bundesrecht

Als Bundesrecht gilt solches DDR-Recht fort, das in Anlage II zum EinigungsV aufgeführt ist, sofern es mit dem Grundgesetz unter Berücksichtigung des Vertrages und mit unmittelbar geltendem EG-Recht vereinbar ist (Art. 9 Abs. 2 EinigungsV). Gleiches gilt für solche DDR-Gesetze, die nach der Vertragsunterzeichnung erlassen wurden und über die die Parteien eine Vereinbarung über die Fortgeltung getroffen haben (Abs. 3). Das in Anlage II aufgeführte DDR-Recht umfaßt neben zahlreichen einzelnen Normen, die oft nur unter Änderungen fortgelten, auch vollständig neue Gesetzeswerke (i. f. 4). Die Fortgeltung als (partielles, auf das Gebiet der ehemaligen DDR bezogenes Bundesrecht) setzt voraus, daß die Gesetze Gegenstände der ausschließlichen Bundesgesetzgebung betreffen oder solche Gegenstände der konkurrierenden Bundesgesetzgebung, die im übrigen Geltungsbereich des Grundgesetzes bundesrechtlich geregelt sind, bei denen also der Bundesgesetzgeber seine Kompetenz in Anspruch genommen hat.

Die Fortgeltung ist in vielen Fällen zeitlich befristet. Auch wo dies nicht der Fall ist, steht es dem Bundesgesetzgeber frei, künftig eine Abänderung oder Neuregelung im Gesetzesweg zu schaffen (unten 5).

bb) Landesrecht

DDR-Recht, das nach der Kompetenzordnung des Grundgesetzes Landesrecht ist, bleibt als Landesrecht in Kraft, soweit es mit dem Grundgesetz sowie mit unmittelbar geltendem EG-Recht vereinbar ist und soweit der EinigungsV nichts anderes bestimmt (Art. 9 Abs. 1 Satz 1). Dies gilt auch dann, wenn dieses Recht nicht in Anlage II zum EinigungsV aufgeführt ist.[20] Darunter fallen nicht nur Gesetze der ehemaligen, 1952 aufgelösten Länder der DDR, sondern auch DDR-Gesetze des Gesamtstaates, die einen Gegenstand der Landesgesetzgebung betreffen. Ein wichtiges Beispiel sind DDR-Gesetze im Kulturbereich, z. B. zum Schul- und Hochschulwesen. Als Landesrecht bleiben auch solche DDR-Gesetze bestehen, die zwar Gegenstände der konkurrierenden Gesetzgebung des Bundes sind, bei denen aber der Bund von dieser Kompetenz keinen Gebrauch gemacht hat (Satz 2). Als Landesrecht in den Ländern auf dem Gebiet der ehemaligen DDR entstand schließlich das KirchensteuerG vom 3. 10. 1990, das im Rahmen des EinigungsV geschaffen wurde (Art. 9 Abs. 5).[21]

d) Die Bewertung der Rechtsangleichung

aa) Offene Reformwünsche?

Die grundsätzliche Übernahme der Rechte der Bundesrepublik mag jene enttäuschen, die aus Anlaß der Herstellung der staatlichen Einheit gern mancherlei Reformen bestehenden Bundesrechts verwirklicht hätten. Der unabweisbare Zeitdruck einer raschen Realisierung der Vereinigung Deutschlands ließ aber die häufig eher diffusen Reformwünsche auf dem Gebiet des Zivil- und Wirtschaftsrechts, deren Realisierung einen unabsehbaren Zeitaufwand gefordert hätte, nicht zum Zuge kommen. Dies schließt nicht aus, daß für bestimmte Rege-

---

20) Diese Anlage enthält allerdings auch Landesrecht nach den o. a. Kriterien; vgl. auch Art. 9 Abs. 5.

21) I. V. m. Anlage II Kap. IV Abschn. I Nr. 5, BGBl II 1990, 1194.

lungskomplexe Neuregelungen angestrebt werden, und dies kommt auch im Vertragswerk zum Ausdruck. Artikel 5 enthält eine Empfehlung an den Gesetzgeber des vereinten Deutschlands, die Frage bestimmter Verfassungsänderungen und sogar die umstrittene Frage einer neuen Verfassung gem. Art. 146 GG zu prüfen. Konkret wird dem Gesetzgeber in Art. 30 Abs. 1 EinigungsV die Schaffung eines Arbeitsgesetzbuchs und die Neuregelung des öffentlich-rechtlichen Arbeitsschutzes in Übereinstimmung mit EG-Recht "und dem damit konformen Teil des Arbeitsschutzrechts der DDR" aufgetragen (Abs. 1).

bb) Wegfall des DDR-Rechts

Enttäuscht mag auch sein, wer im DDR-Recht erhaltenswerte Elemente oder gar bewahrenswerte soziale Errungenschaften sah. Die Diskussion um vermeintliche soziale Errungenschaften der DDR in der Rechtsordnung - Volkseigentum, Recht auf Arbeit, Recht auf Wohnung - hat sich aber in der öffentlichen Meinung in Ost und West schon im Zusammenhang mit der Schaffung des StaatsV und der Realisierung der Währungs- und Wirtschaftsunion in der DDR versachlicht. Es hat sich die Erkenntnis durchgesetzt, daß die mit den genannten Begriffen verbundenen Rechtsfiguren einer auf Freiheit, Wohlstand und sozialen Ausgleich ausgerichteten Rechts- und Gesellschaftsordnung im Wege stehen und die angestrebten Ziele sich auf andere Weise besser verwirklichen lassen.[22)] Wer schließlich rechtsvergleichend in einzelnen Bestimmungen des DDR-Rechts Normen entdecken mag, deren Übernahme in das Bundesrecht sich lohnt[23)], muß wiederum einräumen, daß dies nur im Rahmen künftiger Einzelreformen verhandelt werden kann.

Denkbar ist schließlich der pauschale Einwand, die Übernahme des Bundesrechts in der DDR sei eine einseitige Sache. Dieser Einwand ist aber im Ergebnis nicht stichhaltig. Man kann in der Tat die Modalitäten der Herstellung der staatlichen Einheit, wie sie im StaatsV, dann im EinigungsV konkretisiert wurden, auf die Formel bringen: Die

---

22) Vgl. allg. oben III; zum Recht auf Wohnung auch unten Kap. 2 IV, zum Recht auf Arbeit Kap. 4 V 1.

23) Dazu könnte man z. B. einzelne Bestimmungen des GW (GBl I 1976 Nr. 5 S. 61, GBl I 1990, Nr. 34 S. 357 = *Horn*, RWS-Dok. 1 Nr. 2.5) zählen, keinesfalls aber das ZGB; dazu unten Kap. 2.

DDR übernimmt das Recht der Bundesrepublik, der westliche Teil der Bundesrepublik übernimmt die finanziellen Lasten der Wiedervereinigung.[24)] Schon daran wird deutlich, daß es nicht um eine einseitige Sache ging. Es wäre dagegen eine politisch unrealistische Vorstellung gewesen, die Öffentlichkeit der bisherigen Bundesrepublik zusätzlich zu diesen finanziellen Lasten dafür zu gewinnen, bestimmte (welche?) Teile des DDR-Rechts, ggf. in purgierter Form, zu übernehmen. Möglich wäre allenfalls der Fortbestand eines größeren Teils des DDR-Rechts allein im neuen Bundesgebiet gewesen, also ein Verzicht auf Rechtseinheit, der nicht zu rechtfertigen wäre.

cc) Akzeptanz des Rechts der Bundesrepublik

Entscheidender aber sind die inhaltlichen Gesichtspunkte. Die DDR hat in der friedlichen Revolution vom November 1989, in den Wahlen vom März 1990 und durch den Beitrittsbeschluß der demokratisch gewählten Volkskammer im August 1990 klar zum Ausdruck gebracht, daß sie die Sozial- und Wirtschaftsordnung der Bundesrepublik akzeptiert. Darin lag auch die Akzeptanz der Rechtsordnung der Bundesrepublik, wie sie im StaatsV und im EinigungsV ausgehandelt und beschlossen wurde. Diese Akzeptanz kommt auch in der umfangreichen Übergangsgesetzgebung der Volkskammer[25)] zum Ausdruck. In den Anlagen I und II des EinigungsV ist zugleich ein umfangreiches Übergangsrecht geschaffen worden, das die möglichen Härten der raschen Übernahme der Rechtsordnung der Bundesrepublik abmildert. Einzelheiten dazu sind in den folgenden Kapiteln dargestellt.

3. Fortentwicklung der Wirtschaftsverfassung

a) Vorteile der Rechtseinheit

Der Beitrag des EinigungsV zur Fortentwicklung der Wirtschaftsverfassung im Gebiet der ehemaligen DDR ist vergleichsweise weniger gewichtig als der des StaatsV. Es wurde bereits gezeigt, daß schon der StaatsV und die zu seiner Ausführung ergangene Gesetzgebung die

24) Dazu schon mein Aufsatz in FAZ v. 18. 8. 1990, S. 11.
25) Oben III 5.

wichtigsten verfassungsrechtlichen und gesetzlichen Grundlagen der sozialen Marktwirtschaft gelegt haben (oben III). Die Erstreckung der Geltung des Grundgesetzes auf das Gebiet der ehemaligen DDR hat den bereits vorher erreichten Stand der verfassungsrechtlichen Absicherung der sozialen Marktwirtschaft nicht mehr entscheidend verändert. Allerdings brachte die erörterte grundsätzliche Einführung von Bundesrecht außer einer weiteren Vereinfachung des Rechtsverkehrs auch eine gewisse Signalwirkung für die Wirtschaft mit sich, die sich im wesentlichen auf ihr vertraute rechtliche Rahmenbedingungen einstellen kann.

b) Verwaltung und Rechtspflege

Kapitel V des EinigungsV über öffentliche Verwaltung und Rechtspflege (Art. 13 - 20) bestimmt, daß im Gebiet der ehemaligen DDR eine Verwaltung und Rechtspflege aufgebaut wird, die derjenigen der Bundesrepublik entspricht. Die anderen Länder und der Bund leisten Verwaltungshilfe beim Aufbau der Landesverwaltung (Art. 15 Abs. 2). Für die Rechtsverhältnisse der Angehörigen des öffentlichen Dienstes zum Zeitpunkt des Beitritts gelten die in Anlage I vereinbarten Übergangsregelungen (Art. 20 Abs. 1). Sie besagen im wesentlichen, daß ein Mitarbeiter des öffentlichen Dienstes der DDR kein Anrecht auf Übernahme hat, sofern seine Behörde aufgelöst wird. Mitarbeiter, die gegen die Grundsätze der Menschlichkeit verstoßen haben oder für das frühere Ministerium für Staatssicherheit tätig waren, sind zu entlassen.[26] Die in der DDR ausgebildeten Juristen können zum Richter zunächst nur auf Zeit oder auf Probe und erst später zum Richter auf Lebenszeit berufen werden.[27] Diese Neuordnung von Verwaltung und Justiz mit entsprechenden personellen Entscheidungen kann entscheidend zur Verbesserung der faktischen Wirtschaftsverfassung im neuen Bundesgebiet beitragen. Es steht zu erwarten, daß die staatliche Integration, Verwaltungsreform und personelle Neuordnung dazu führt, daß die bisherigen bürokratischen Hemmnisse für Investitionen und Wirtschaftstätigkeit rascher abgebaut werden können (oben III 6).

---

26) EinigungsV Anlage I Kap. XIX A Abschn. III, BGBl II 1990, 1140.

27) EinigungsV Anlage I Kap. III A Abschn. III Nr. 8, BGBl II 1990, 929 = *Horn*, RWS-Dok. 2 Nr. I.2.2, S. 9; s. auch unten Kap. 6 I 4 c.

c) Öffentliche Vermögen und Schulden

Das Verwaltungsvermögen der DDR wird Bundesvermögen, soweit es nicht nach seiner Zweckbestimmung überwiegend für Verwaltungsaufgaben bestimmt war, die nach dem Grundgesetz von Ländern, Gemeinden oder sonstigen Trägern öffentlicher Verwaltung wahrzunehmen sind. Vermögen des ehemaligen Ministeriums für Staatssicherheit fällt der Treuhandanstalt zu (Art. 21 Abs. 1 EinigungsV). Finanzvermögen der DDR einschließlich des Grundvermögens und des Vermögens in der Land- und Forstwirtschaft wird, soweit es nicht der Treuhandanstalt übertragen ist oder gemäß TreuhandG (§ 1 Abs. 1 Satz 2 u. 3) Gemeinden, Städten oder Landkreisen übertragen wird, unter Treuhandverwaltung des Bundes gestellt. Durch Bundesgesetz ist das Finanzvermögen auf den Bund und die in der DDR neu entstandenen Bundesländer hälftig aufzuteilen. Die Vermögenswerte, die danach der Bund erhält, sind zur Erfüllung öffentlicher Aufgaben im Gebiet der ehemaligen DDR zu verwenden (Art. 22 Abs. 1).[28)]

Die zum 3. 10. 1990 aufgelaufene Gesamtverschuldung des Republikhaushalts der DDR wird von einem nicht rechtsfähigen Sondervermögen des Bundes übernommen, das die Schuldendienstverpflichtungen erfüllt. Es wird vom Bundesminister der Finanzen verwaltet und ist ermächtigt, Kredite aufzunehmen (Art. 23 Abs. 1 u. 2). Die Abwicklung der am 3. 10. 1990 noch bestehenden Forderungen und Verbindlichkeiten der DDR gegenüber dem Ausland und der Bundesrepublik Deutschland erfolgt auf Weisung und unter Aufsicht des Bundesministers der Finanzen (Art. 24 Abs. 1 Satz 1).

Art. 135 a, der die Möglichkeit einer gesetzlichen Beschränkung der Haftung für Verbindlichkeiten des Reiches und nicht mehr bestehender Länder und anderer Körperschaften sowie die Haftung für Eingriffe der Besatzungsmächte eröffnet, wird durch Art. 4 EinigungsV um einen Absatz 2 erweitert. Darin wird die entsprechende Möglichkeit geschaffen, durch Gesetz die Haftung der Bundesrepublik für Verbindlichkeiten zu beschränken, die im Zusammenhang mit dem Übergang von Vermögenswerten der DDR und im Zusammenhang mit Maßnahmen der DDR oder ihrer Rechtsträger begründet wurden.

---

28) Vgl. auch unten Kap. 3 III 2 und 3.

Der EinigungsV sieht ausdrücklich die Fortsetzung der Privatisierung und Reorganisation der volkseigenen Wirtschaft durch die Treuhandanstalt aufgrund des TreuhandG vor (Art. 25).[29]

d) Die öffentlichen Fonds

Soweit es um die Finanzierung und die finanziellen Lasten der Wiedervereinigung geht, ist die Durchführung nur zu einem begrenzten Teil in den Bundeshaushalt einbezogen und zwar hauptsächlich in Gestalt von Kreditermächtigungen, z. B. nach Art. 27 StaatsV und nach Art. 25 Abs. 4 EinigungsV, sowie durch Finanzzuweisungen nach Art. 28 StaatsV. Zum großen Teil ist sie in besondere öffentliche Fonds verlagert.

(1) Der Fonds "Deutsche Einheit" wurde als nichtrechtsfähiges Sondervermögen des Bundes zur Erfüllung der Verpflichtungen aus dem StaatsV (Art. 28) durch das Gesetz zur Errichtung des Fonds "Deutsche Einheit" errichtet; dieses Gesetz ist in Art. 31 des Gesetzes zum StaatsV enthalten.[30] Dieses Fondsgesetz wurde durch den EinigungsV abgeändert.[31] Die Dotierung bis 1994 beträgt 115 Mrd. DM (§ 2), die Kreditermächtigung 95 Mrd. DM (§ 5 Abs. 2). Die Länder übernehmen 50 % der Finanzzuweisungen (§ 6 Abs. 5).

(2) Der "Kreditabwicklungsfonds" wurde durch das Gesetz über die Errichtung des Kreditabwicklungsfonds am 3. 10. 1990 im Rahmen des EinigungsV errichtet[32] und zwar in Ausführung von dessen Art. 23, der die Übernahme der bis zum Beitritt aufgelaufenen Gesamtverschuldung des Republikhaushaltes durch ein nichtrechtsfähiges Sondervermögen des Bundes vorsieht.

(3) Das von der Treuhandanstalt verwaltete Vermögen der umgewandelten sozialistischen Wirtschaftseinheiten der DDR bleibt als eigenes Treuhandvermögen gemäß Art. 25 EinigungsV bestehen; die Treuhandanstalt wurde rechtsfähige bundesunmittelbare Anstalt des öffentlichen Rechts.

---

29) Einzelheiten s. Kap. 4 III.
30) BGBl II 1990, 518, 533 = *Horn*, RWS-Dok. 1 Nr. 1.3, S. 16.
31) EinigungsV Anlage I Kap. IV B Abschn. II Nr. 1, BGBl II 1990, 966.
32) EinigungsV Anlage I Kap. IV B Abschn. II Nr. 47, BGBl II 1990, 993.

(4) Für Entschädigungen im Hinblick auf frühere Enteignungen, die nicht durch Restitution auszugleichen sind, soll ein besonderer Fonds gebildet werden gemäß § 22 Abs. 2 VermG.[33)]

4. Wichtige Überleitungs- und Abwicklungsgesetze

Als Auswirkung des EinigungsV besteht eine Anzahl besonderer Überleitungs- und Abwicklungsgesetze für das neue Bundesgebiet der ehemaligen DDR. Diese Gesetze sind in den folgenden Kapiteln 2 - 6 dargestellt. Nach ihrer Entstehung sind Gesetze vor dem EinigungsV, in diesem Vertrag und danach zu unterscheiden.

a) Fortgeltende DDR-Gesetze

Von der DDR-Gesetzgebung, die mit dem StaatsV und der Schaffung der Währungs-, Wirtschafts- und Sozialunion verbunden ist[34)] und der Abwicklung des sozialistischen Systems und seiner Überleitung in die soziale Marktwirtschaft dient, hat der EinigungsV einige wichtige Gesetze aufrechterhalten. Hervorzuheben sind das TreuhandG zur Umwandlung der sozialistischen Wirtschaftseinheiten, das in Art. 25 modifiziert aufrechterhalten wird (s. Kap. 4 III), und die zahlreichen anderen Gesetze zur Überleitung sozialistischen Eigentums in Privateigentum (s. Kap. 3 III), die gem. Anlage II des Vertrages fortgelten. Auch das Insolvenzrecht der DDR wird in der (umbenannten) GesamtvollstreckungsO aufrechterhalten (unten Kap. 6 III).

Andere nach der Wende erlassene DDR-Gesetze, die eine wichtige Rolle beim Übergang zur sozialen Marktwirtschaft spielten, gelten nicht fort. Nur als Beispiele seien genannt: das UnternehmensG vom März 1990 zur Gründung privater Unternehmen (s. Kap. 4 I) und die umfangreiche Novellierung des Arbeitsgesetzbuches der DDR, von der nur wenige Bestimmungen über den 3. 10. 1990 hinaus Bestand hatten (s. Kap. 4. V)

---

33) Zu diesem Gesetz unten Kap. 3 IV.

34) Oben III 5.

b) Neue Gesetze in Anlage I und II

Die Modifikationen des Bundesrechts in Anlage I zum Vertrag im Hinblick auf die Einfügung des neuen Bundesgebiets in das bestehende Rechtssystem der Bundesrepublik sind nicht nur auf Einzelpunkte beschränkt, sondern enthalten größere zusammenhängende Regelungswerke, insbesondere im Bereich der Gerichtsverfassung und Justiz (s. unten Kap. 6) und als Kernstück im Privatrecht einen Sechsten Teil des EGBGB (s. Kap. 2 I).

Auch Anlage II enthält neben Modifikationen der DDR-Gesetze, deren Fortgeltung angeordnet wird, vollständig neue Gesetze. Sie haben wegen des großen Zeitdrucks die Volkskammer nicht mehr einzeln passiert und sind daher nicht eigentlich fortbestehendes DDR-Recht, sondern erst mit dem EinigungsV geschaffenes neues (partielles) Bundesrecht. Insofern gehören sie systematisch eher in Anlage I. Hervorzuheben sind folgende Gesetze aus Anlage II Kapitel III:

- G über besondere Investitionen in dem in Art. 3 des Einigungsvertrages genannten Gebiet (InvestG); Anlage II Kap. III B Abschn. I Nr. 4, BGBl II 1990, 1157 = *Horn*, RWS-Dok. 2 Nr. II.2.2;
- G zur Regelung offener Vermögensfragen (VermG); Anlage II Kap. III B Abschn. I Nr. 1 u. 2, BGBl II, 1990, 1159 = *Horn*, RWS-Dok. 2 Nr. II.2.3;[35]
- G über die Eröffnungsbilanz in Deutscher Mark und die Kapitalneufestsetzung (D-Markbilanzgesetz; DMBilG) Anlage II Kap. III D Abschn. I, BGBl II 1990, 1169 = *Claussen/Korth*, RWS-Dok. Nr. 2.1.[36]

c) Nach dem Einigungsvertrag erlassene Gesetze

Zu nennen sind schließlich die Gesetze, die aus Zeitgründen nicht mehr vor Abschluß des EinigungsV so weit fertiggestellt waren, daß sie in die Anlagen hätten eingestellt werden können, und daher nach Vertragsunterzeichnung im Verfahren des Art. 9 Abs. 2 und 3 EinigungsV erlassen wurden.[37] Solche Gesetze sind das StiftungsG (unten Kap. 2 I) und das RAnwG (unten Kap. 6 V).

---

35) Zu beiden Gesetzen unten Kap. 3 IV 3.

36) Dazu unten Kap. 4 II.

37) allg. oben 2 c aa.

5. Geltungsweise des Einigungsvertrags

a) Rechtlicher Fortbestand

Am 3. Oktober 1990 entfiel ein Vertragspartner des EinigungsV, weil an diesem Tag die DDR mit dem Wirksamwerden des Beitritts als Staat aufhörte zu bestehen. Der EinigungsV stellt klar, daß sein Fortbestand dadurch nicht beeinträchtigt wird, und ordnet an, daß der Vertrag ab 3. 10. 1990 als Bundesrecht geltendes Recht bleibt (Art. 45 Abs. 2). Rechte aus dem Vertrag zugunsten der DDR oder eines der auf ihrem Gebiet entstandenen Bundesländer können von jedem dieser Länder geltend gemacht werden (Art. 44).

An der Fortgeltung des EinigungsV trotz Fortfalls des einen Vertragspartners und an der Klagebefugnis der neuen Bundesländer bestehen schon nach geltendem Verfassungsrecht keine Zweifel. Die entsprechenden Grundsätze hat das Bundesverfassungsgericht in seiner Rechtsprechung zur Fortgeltung des StaatsV über die Vereinigung Coburgs mit Bayern vom 14. 2. 1920 entwickelt.[38)] Bei der Bildung und Neuordnung der Bundesländer sind ebenfalls Verträge geschlossen worden, bei denen ein Partner entfiel.[39)] Art. 44 und 45 dienen insofern nur der Klarstellung.

b) Geltung und Bindungswirkung

Hinsichtlich der Geltungsweise des EinigungsV, d. h. seiner Normqualität und der Bindung des künftigen Bundesgesetzgebers, ist zu differenzieren.

aa) Bundesrecht

Grundsätzlich beansprucht der EinigungsV nach seinem Art. 45 die Bestandskraft von Bundesrecht. Dies gilt sowohl für die einzelnen Bestimmungen des Vertragstextes selbst als auch für die Anlagen. Insbesondere hat die große Masse der Regelungen über geänderte oder neue Gesetze in den Anlagen I und II, die Teil des Vertragswerks sind

38) Vgl. insbes. BVerfGE 22, 221; ferner BVerfGE 34, 216; 38, 231.
39) So z. B. ein Vertrag zwischen Nordrhein-Westfalen und dem Land Lippe.

und mit ihm in Kraft treten (vgl. Art. 8, 9, 45 Abs. 1), die Geltung von einfachen Gesetzen. Dies bedeutet, daß sie vom Gesetzgeber unter den normalen verfassungsrechtlichen Voraussetzungen, also mit einfacher Mehrheit, je nach Regelungsmaterie nur mit Zustimmung des Bundesrats, bei Verfassungsnormen mit qualifizierter Mehrheit, wieder geändert werden können.[40] Eine weiterreichende Bestandsgarantie wäre eine unerträgliche Bindung des künftigen Bundesgesetzgebers und praktisch undurchführbar. Sie war von den Vertragsparteien nicht gewollt.

bb) Verfassungsnormen; erhöhte Bindungswirkung

Die beitrittsbedingten Änderungen des Grundgesetzes in Art. 4 EinigungsV können als Verfassungsnormen selbstverständlich nur durch eine erneute Verfassungsänderung wiederum geändert oder beseitigt werden.[41] Unabhängig davon ist zu fragen, ob diese oder andere Bestimmungen des Vertrags eine erhöhte Bestandsgarantie haben, die sich aus ihrer vertraglichen Natur ergibt, so daß solche Bestimmungen der Disposition des künftigen Bundesgesetzgebers überhaupt entzogen sind oder ob sie auch dann, wenn sie keine Verfassungsnormen sind, nur mit verfassungsändernder Mehrheit geändert werden können.

Eine solche erhöhte Bindungswirkung läßt sich aus einer Parallele zu völkerrechtlichen Verträgen nicht herleiten, da zwischen der völkerrechtlichen Bindungswirkung und der internen, verfassungsmäßigen Bindung grundsätzlich zu unterscheiden ist.[42] Aber das geltende Verfassungsrecht erkennt nach der erwähnten Coburg-Rechtsprechung des Bundesverfassungsgerichts eine besondere vertragliche Bindungswirkung an. Die genauere Bestimmung dieser Bindungswirkung im Hinblick auf den EinigungsV ist eine Aufgabe, die der Staatsrechtslehre überlassen werden muß. Einige Hinweise mögen hier genügen.

Art. 23 GG kennt keine unveränderbaren Bedingungen des Beitritts i. S. einer Ausnahme von der Verfassung. Der Beitritt nach Art. 23 GG bedeutet vielmehr gerade die Unterwerfung unter das für alle Länder und alle Bürger gleichermaßen geltende Grundgesetz. Der

---

40) Ähnlich zu der in Ausführung des StaatsV ergangenen Gesetzgebung *Stern*, aaO, S. 37.
41) Soweit sie nicht an der erhöhten Bestandsgarantie des Art. 79 GG teilhaben.
42) *Maunz/Dürig/Herzog*, Art. 59 Rz. 13.

Vertrag läßt daher auch nur zeitlich begrenzte Ausnahmen von der Verfassungskonformität fortbestehender DDR-Gesetze zu.[43)] Der Vertrag soll sich insgesamt in die bestehende verfassungsmäßige Ordnung der Bundesrepublik einordnen. Dies ergibt sich aus dem Sinn von Art. 23 GG, aus der Qualifizierung des EinigungsV als Bundesrecht in Art. 45 Abs. 2 des Vertrages und aus der ausnahmsweise vorgenommenen Ausschließung verfassungsrechtlicher Einwände in Art. 143 n. F. GG gem. Art. 4 Nr. 5, Art. 9 Abs. 1 Satz 1 des Vertrages.[44)]

Unter diesem (selbstverständlichen) Vorbehalt der Anerkennung der verfassungsrechtlichen Ordnung kann man im EinigungsV bestimmten Regelungen einen gesteigerten Bestandsschutz zuerkennen und zwar dort, wo der Vertrag konkrete einzelne Rechte verleiht. Ein Beispiel könnte etwa die Verteilung der Länderanteile an der Umsatzsteuer in Art. 7 sein. Hier sind einzelnen Rechtsubjekten (den Ländern) konkrete Rechte zuerkannt. Diese durch den Vertrag begründeten iura quaesita stehen allerdings zumindest unter dem Vorbehalt der clausula rebus sic stantibus.[45)]

6. Vereinbarung zur Durchführung des Einigungsvertrags

Die beiden Vertragspartner haben am 18. 9. 1990 in Bonn eine Vereinbarung zur Durchführung und Auslegung des EinigungsV geschlossen, die am 23. 9. 1990 zusammen mit dem EinigungsV parlamentarisch gebilligt wurde. Sie enthält Grundsätze der weiteren Behandlung der Personaldaten des ehemaligen Staatssicherheitsdienstes der DDR, zur Wahrung der Rechte der Betroffenen und des Datenschutzes und zur "politischen, historischen und juristischen Aufarbeitung" (Art. 1). Ferner wird eine Entschädigung von NS-Opfern vorgesehen, die bisher zwar von der Bundesrepublik, nicht aber der DDR geleistet worden war (Art. 2) und nun von der Bundesrepublik noch einmal für die DDR zu leisten ist.

Von allgemeiner Bedeutung für den EinigungsV sind die Art. 3 - 5, die für die Arbeit mit dem EinigungsV unentbehrlich sind. Art. 3 zählt

---

43) Vgl. Art. 9 Abs. 2 EinigungsV, BGBl II 1990, 892 = *Horn*, RWS-Dok. 2 Nr. I.1.3, S. 4.

44) Dazu ausführlich unten 8.

45) BVerfGE 34, 216, 230 ff.

DDR-Recht auf, das in entsprechender Anwendung von Art. 9 Abs. 4 EinigungsV in Kraft bleibt. Hier sind zahlreiche Gesetze und Verordnungen, die in der Positivliste der Anlage II nicht berücksichtigt worden sind, enthalten. Art. 4 enthält Änderungen, Art. 5 Berichtigungen des EinigungsV und seiner Anlagen. Insgesamt enthalten die Art. 3 - 5 Korrekturen, deren Notwendigkeit sich aus dem großen Umfang des Regelwerkes und dem Zeitdruck seiner Entstehung erklären läßt.

7. Das Einigungsvertragsgesetz

Das Gesetz vom 23. 9. 1990[46], durch das der bundesdeutsche Gesetzgeber (ebenso wie die Volkskammer der DDR[47]) den EinigungsV billigte, enthält außer dieser Zustimmung zum Vertrag (Art. 1) eine Reihe von Verordnungsermächtigungen (Art. 2 - 5), nämlich zur Anpassung von Regelungen der Sozialversicherung und Arbeitsförderung (Art. 2 u. 3), zur zeitlichen Streckung und Erleichterung der Einführung von EG-Recht im neuen Bundesgebiet (Art. 4) und zur weiteren Regelung des Rechts der Anmeldung von vermögensrechtlichen Ansprüchen (Art. 5).

Da in Anlage I zum EinigungsV in großem Umfang auch Bundesrecht im Verordnungsrang geändert worden ist, diese Änderungen aber wie der ganze EinigungsV Gesetzesrang haben, stellt Art. 6 fest, daß künftige Änderungen im Wege der Verordnung erfolgen können, also insoweit keine besondere Bindung des Verordnungsgebers besteht. Art. 7 ermächtigt die Minister zur Veröffentlichung der Neufassung geänderter Bundesgesetze. Art. 8 enthält eine Neufassung des DDR-Gesetzes über die Warenverkehrsstatistik.

8. Die grundsätzliche Regelung der Enteignungen 1945 - 1949

a) Das Problem

Das Problem, ob Eigentum auf dem Gebiet der DDR, das früher Privateigentümern entzogen worden ist, zurückgegeben werden soll und

---

46) Einigungsvertragsgesetz v. 23. 9. 1990, BGBl II 1990, 885 = *Horn*, RWS-Dok. 2 Nr. I.1.1
47) Verfassungsgesetz v. 20. 9. 1990, GBl I Nr. 64 S. 1627 = *Horn*, RWS-Dok. 2 Nr. I.1.2

unter welchen Voraussetzungen dies geschehen kann[48], war schon während der Verhandlungen zum StaatsV kontrovers und heikel und wurde einer eindeutigen Lösung im Ergebnis nicht zugeführt.[49] Bei dieser Kontroverse sind die Interessen der früheren Eigentümer an der Rückgabe mit den Interessen der jetzigen Nutzer, Eigenheimbesitzer und Siedlungsbauern am Bestandsschutz gegeneinander abzuwägen. Darauf ist noch unten in Kapitel 3 näher einzugehen.

Als besonders schwierig erwies sich die Behandlung der Enteignungen 1945 - 1949. Belastet wurde diese Frage durch die zurückliegende und historisch überholte politische Wertung, die Enteignungen in der Zeit unmittelbar nach dem Kriege seien als Schlag gegen Nazis, Kriegsverbrecher und bestimmte, der Kriegspolitik der Nazis günstig gestimmte Kreise politisch und historisch generell gerechtfertigt und Ausdruck einer fortschrittlichen Besatzungspolitik Stalins. Obwohl die Unhaltbarkeit von Pauschalurteilen gegen bestimmte Bevölkerungskreise (z. B. Grundeigentümer mit einer Fläche von über 100 ha) offenkundig ist und seinerzeit die Bezeichnung als Nazi und Kriegsverbrecher völlig willkürlich und ohne Nachprüfung verwendet wurde,[50] wobei auch z. B. die Familien von Widerstandskämpfern gegen Hitler nicht verschont blieben, war es in den Verhandlungen mit der DDR mit Rücksicht auf manche außenpolitische und innenpolitische Widerstände[51] nicht durchsetzbar, eine rechtsstaatliche Bereinigung dieser Vorgänge zu vereinbaren oder offen zu lassen. Vielmehr setzte sich das Bestreben durch, generell besatzungsrechtliche Enteigungen in der DDR vor 1949 einer Rückabwicklung zu entziehen. Dabei ist zumindest offen, ob dies gelungen ist. Dieses Bemühen ging über das Anliegen eines Bestandsschutzes für die genannten neuen Grundstücksnutzer in der DDR weit hinaus.

---

48) Ausführlich dazu unten Kap. 3 IV.

49) Zutr. *Schmidt-Bleibtreu*, in: Stern/Schmidt-Bleibtreu, S. 69 f.

50) Vgl. auch Kap. 3 IV Anhang.

51) Außenpolitisch spielte ein Briefwechsel zwischen dem letzten DDR-Ministerpräsidenten des SED-Systems Modrow und dem Präsidenten der UdSSR Gorbatschow vom März 1990 über die Aufrechterhaltung besatzungsrechtlicher Eigentumseingriffe eine Rolle. Innenpolitisch waren Widerstände verbreitet in der DDR und auch außerhalb der DDR in Teilen der SPD zu verzeichnen.

b) Die Gemeinsame Erklärung vom 15. 6. 1990 (Anlage III)

Am 15. 6. 1990 haben die Regierungen der Bundesrepublik und der DDR eine "Gemeinsame Erklärung zur Regelung offener Vermögensfragen" (GE) abgegeben.[52] Der EinigungsV nimmt auf diese Erklärung Bezug und erklärt sie als Anlage III zum Bestandteil des Vertrages (Art. 41 Abs. 1). Die GE ist jedenfalls in dem Sinn keine abschließende Regelung, als sie nur allgemeine Grundsätze aufstellen will ("Eckwerte") und für die weitere Abwicklung gesetzgeberische Schritte der DDR vorgesehen sind (Nr. 13). Außerdem wird am Ende der GE die Abklärung weiterer Einzelheiten in Aussicht gestellt (Nr. 14). Als gesetzgeberische Schritte i. S. d. Nr. 13 GE sind die VO über die Anmeldung vermögensrechtlicher Ansprüche vom 11. Juli 1990[53] und das Gesetz zur Regelung offener Vermögensfragen vom 3. 10. 1990[54] ergangen. Diese Gesetze sind ebenso wie die Einzelheiten der GE, deren Umsetzung sie dienen, im Kapitel 3 über Eigentumsfragen ausführlicher zu behandeln.

Der kontroverse und im Hinblick auf die Bindungswirkung des EinigungsV problematische Teil der GE liegt im Versuch einer abschließenden Ausklammerung von Enteignungsvorgängen vor 1949 (GE Nr. 1). Die Regelung lautet:

> Die Enteignungen auf besatzungsrechtlicher bzw. besatzungshoheitlicher Grundlage (1945 bis 1949) sind nicht mehr rückgängig zu machen. Die Regierungen der Sowjetunion und der Deutschen Demokratischen Republik sehen keine Möglichkeit, die damals getroffenen Maßnahmen zu revidieren. Die Regierung der Bundesrepublik Deutschland nimmt dies im Hinblick auf die historische Entwicklung zur Kenntnis. Sie ist der Auffassung, daß einem künftigen gesamtdeutschen Parlament eine abschließende Entscheidung über etwaige staatliche Ausgleichsleistungen vorbehalten bleiben muß.

Die Erklärung zeichnet sich durch eine elastische und vorsichtige Formulierung aus. Die Bundesregierung nimmt danach lediglich zur Kenntnis, daß weder die Sowjetunion noch die DDR die damaligen Maßnahmen revidieren können. Zugleich wird dem künftigen gesamtdeutschen Gesetzgeber ausdrücklich eine abschließende Entscheidung

---

52) Text in Bulletin des Presse- und Informationsamtes der Bundesregierung Nr. 77/S. 661 = *Horn*, RWS-Dok. 1, Nr. 3.21.

53) GBl I Nr. 44 S. 718 = *Horn*, RWS-Dok. 2 Nr. 3.22; Fristverkürzung auf den 13. 10. 1990 aufgrund 2. AnmeldeVO v. 21. 8. 1990, GBl I Nr. 56 S. 1260; Erweiterung durch 3. AnmeldeVO v. 5. 10. 1990, BGBl I, 2150; zusammengefaßt in einer einheitlichen AnmeldeVO v. 11. 10. 1990, BGBl I, 2162 = *Horn*, RWS-Dok. 2 Nr. II.2.4; zum Ganzen unten Kap. 3 IV.

54) Im Rahmen des EinigungsV; vgl. EinigungsV Anlage II Kap. III B Abschn. I Nr. 2, BGBl II 1990, 1159 = *Horn*, RWS-Dok. 2 Nr. II.2.3.

über "staatliche Ausgleichsleistungen" vorbehalten. Der Begriff der "Ausgleichsleistungen" ist wiederum so weit gefaßt, daß er zwar Entschädigungszahlungen in Geld einschließt, zugleich aber Entschädigungen in Land oder Landrückgabe nicht ausdrücklich ausschließt. Schließlich beschränkt sich der Passus auf Enteignungen, die auf besatzungsrechtlicher bzw. besatzungshoheitlicher Grundlage beruhen. Enteignungen, die einer solchen Grundlage entbehrten, weil sie z. B. auf Willkürakten deutscher Behörden oder sonstiger deutscher Machthaber beruhten, sind nicht erfaßt. Gleiches gilt für Eingriffe aufgrund solcher deutschen Gesetze, für die eine Ermächtigung oder Billigung durch die Besatzungsmacht nicht erkennbar ist. Dies dürfte der Ausnahmefall sein. Schließlich wird in der GE nicht zwischen solchen besatzungsrechtlichen Eingriffen differenziert, die dem Völkerrecht entsprachen, und den vielen, die es verletzten.

c) Verfassungsrechtliche Einwände aus Art. 14 GG

Im EinigungsV und auf andere Weise sind besondere Vorkehrungen getroffen, die vorgenannte Regelung unangreifbar verbindlich zu machen. Bevor man dies erörtert, ist zunächst die Frage aufzuwerfen, ob gegen die Regelung überhaupt verfassungsrechtliche Einwände bestehen oder, anders gewendet, ob die früher enteigneten Personen sich auf Art. 14 GG und u. U. andere Grundrechte (Art. 3 GG) berufen können, um Rückforderungsansprüche zu begründen. Dies erscheint deshalb zweifelhaft, weil sich alle Enteignungen außerhalb des Geltungsbereichs des Grundgesetzes und außerhalb der staatlichen Einwirkungsmöglichkeit der Bundesrepublik vollzogen; die meisten sind vor Schaffung des Grundgesetzes und vor Entstehen der Bundesrepublik geschehen. Erst seit dem 3. 10. 1990 liegt das Gebiet, in dem sich die Enteignungen vollzogen, im Geltungsbereich des Grundgesetzes und im Machtbereich der Bundesrepublik. Es kann sich also nur darum handeln, ob rückwirkend der Schutz des Grundgesetzes eingreift.[55)]

Diese Problematik, die eine voraussehbar umfangreiche Diskussion auslösen wird, kann hier nur skizziert werden. Eine einfache Antwort -

---

55) Zum Problem vgl. auch einerseits *v. Arnim*, FAZ v. 6. 9. 1990, andererseits *Schmidt-Jortzig*, FAZ v. 22. 9. 1990, S. 10.

volle Rückwirkung oder Verbot jeglicher Rückwirkung - ist nicht möglich. Ein verfassungsrechtliches Rückwirkungsverbot findet sich ausdrücklich nur für Strafgesetze in Art. 103 Abs. 2 GG und läßt sich aus allgemeinen Grundsätzen des Rechtsstaatsprinzips (Art. 20 GG) jedenfalls nicht für begünstigende Schutznormen der Verfassung annehmen.[56)] Ein Gesetz kann auch zeitlich zurückliegende Sachverhalte aufgreifen, wenn diese in die Gegenwart fortwirken und ein Regelungsproblem darstellen. In diesem Sinne hat das Bundesverfassungsgericht hinsichtlich einer Rückwirkung des Art. 14 GG die Frage formuliert, ob das Grundgesetz bei seinem Inkrafttreten ein konkretes Schutzobjekt "vorfindet".[57)] Damit wird der Gedanke der Rückwirkung im Bereich des Art. 14 GG wesentlich eingeschränkt und als in die Zukunft gerichtete Frage der Gestaltung eines vorhandenen Schutzproblems umschrieben.

Im Sinne dieser Einschränkung hat das Bundesverfassungsgericht es abgelehnt, die gesetzliche Regelung der Entschädigungsleistungen für Kriegs- und Besatzungsschäden an Art. 14 GG zu messen.[58)] Diese Regelung ist vielmehr Sache des (einfachen) Gesetzgebers, der angesichts des "Staatsbankrotts des Reiches und der Schwere des politischen und wirtschaftlichen Zusammmenbruchs nur zu einem sozialen Ausgleich im Rahmen des Möglichen verpflichtet" sei.[59)] Diese billigenswerte[60)] Rechtsprechung ist allerdings auf die Frage einer Restitution nicht anwendbar. Diese Frage stand nicht zur Entscheidung an. Zwischen der Frage von Entschädigungen in Geld und der Frage einer möglichen Rückgabe konfiszierten Eigentums, das jetzt dem Bund, den neuen Bundesländern oder den Kommunen zufällt oder von der Treuhandanstalt verwertet werden soll,[61)] ist grundsätzlich zu unterscheiden. Hinsichtlich der letzteren Fallgruppe sind vielmehr drei Teilfragen zu stellen, erstens ob Eigentumsverletzungen vorliegen, zweitens ob diese zum Zeitpunkt des Inkrafttretens des Grundgesetzes im neuen Bundesgebiet ein offenes Regelungsproblem bilden, und drittens, ob die "historische Entwicklung", die die GE Nr. 1 Satz 3 in Bezug nimmt, d. h. zwischenzeitliche Entwicklungen und ein dabei ent-

56) Allg. *Schmidt-Bleibtreu/Klein*, Art. 20 Rz. 14 f; vgl. auch *Jekewitz*, NJW 1990, 3114.
57) BVerfGE 15, 126, 143.
58) BVerfGE 15, 126, 143; 27, 251, 271, 283; 41, 126.
59) BVerfGE 15, 126, 143; 41, 126.
60) Zur Frage der Entschädigung auch unten Kap. 3 IV 1 b.
61) Dazu unten Kap. 3 III.

standener Vertrauensschutz und anzuerkennende Bestandsschutzinteressen, der Rückgabe entgegenstehen.

Es kann kein Zweifel daran bestehen, daß die große Mehrzahl der damaligen Enteignungen seinerzeit Rechtsverletzungen darstellte.[62)] Auch zur Zeit der Eingriffe, also vor Schaffung des Grundgesetzes, waren das Privateigentum und die rechtsstaatliche Eingrenzung von Enteignungseingriffen feste Bestandteile der deutschen Rechtsordnung,[63)] die durch das überwundene NS-Regime beeinträchtigt, aber nicht de iure beseitigt worden waren. Es wurde weder damals noch heute bezweifelt, daß Verletzungen des Eigentumsrechts vorlagen. Davon geht auch offensichtlich die GE aus.[64)]

Keine Rechtsverletzung kann dort angenommen werden, wo völkerrechtlich zulässige Eingriffe aufgrund Besatzungshoheit stattfanden. Neben notwendigen Requisitionen[65)] mögen dazu auch Fälle der Beschlagnahme des Eigentums von Verbrechern und insbesondere Kriegsverbrechern zählen. In der Mehrzahl der Fälle wurde die Anschuldigung als Kriegsverbrecher u. ä. aber nur als Vorwand verwendet.

Die Rechtsverletzung bedeutete, daß grundsätzlich ein Anspruch des Eigentümers auf Rückgabe (Herausgabe oder Restitution[66)]) entstand. Die zwischenzeitliche Entwicklung hat nicht generell dazu geführt, daß aus rechtlichen Gesichtspunkten dieser Rückgabeanspruch bei allen Enteignungen vor 1949 untergegangen ist. Der Gesichtspunkt der Verjährung, die auch auf Eigentumsherausgabeansprüche Anwendung findet[67)], scheidet aus, weil die Verjährung durch den Mangel rechtsstaatlicher Verhältnisse und die Entschlossenheit der Behörden der DDR, keine derartige Rückgabe zu dulden, gehemmt war. Die in der Bundesrepublik fortbestehende Rechtsauffassung, daß die DDR ein Unrechtsstaat war, ist auch ein Argument dafür, daß nicht allgemein

62) Grundsätzlich dazu *Kimminich*, Die Eigentumsgarantie im Prozeß der Wiedervereinigung. Zur Bestandskraft der agrarischen Bodenrechtsordnung der DDR; *Stern*, DtZ 1990, 289, 291 m. w. N.

63) Vgl. nur *Martin Wolff*, Reichsverfassung und Eigentum, Festgabe für W. Kahl, 1923, S. 3 ff.

64) Vgl. auch unten Kap. 3 IV; a. A. wohl *Schmidt-Jortzig*, S. 10.

65) Zur Unterscheidung von Besatzungsleistungen (Requisitionen) und Besatzungsschäden BVerfGE 27, 253, 255.

66) Gesteht man den Eingriffen eigentumsändernde Wirkung zu, so entstand nur eine Anspruch auf Restitution = Rückübereignung; vgl. Kap. 3 IV.

67) *Staudinger/Gursky*, BGB, § 985 Rz. 52.

durch die staatliche und rechtliche Entwicklung in der DDR die alten Unrechtstatbestände sozusagen durch ein neu entstandenes Rechtssystem, das generell zu respektieren war, verdrängt wurden.

Diese Feststellung einer Rechtsverletzung bedeutet nun noch nicht ohne weiteres eine Verantwortlichkeit der Bundesrepublik Deutschland i. S. d. Art. 14 GG. Eine solche Verantwortlichkeit war bis zum 2. 10. 1990 mit guten Gründen abzulehnen, die sich z. T. aus der Einschränkung des o. a. Rückwirkungsgedankens und allgemein daraus ergaben, daß die Eigentumsverletzung außerhalb der Macht und Einflußnahme der Bundesrepublik lagen.[68] Diese Lage hat sich aber durch Herstellung der deutschen Einheit verändert. Nunmehr liegen die enteigneten, in Volkseigentum überführten Grundstücke im Machtbereich des Staates und sollen der öffentlichen Hand zufallen oder verwertet werden, obwohl eine Eigentumsverletzung die Grundlage dieser neuen Verfügungsgewalt der öffentlichen Hand über die Grundstücke oder sonstigen Eigentumsgegenstände ist. Daraus folgt die aktuelle, mit der staatlichen Einheit aufgelebte Grundrechtsverantwortlichkeit des Staates i. S. d. Art. 14 GG für die zeitlich zurückliegenden Eigentumsverletzungen.[69] Diese Verantwortlichkeit ist auch in der GE für die Enteignungen ab 1949 anerkannt. Durch die AnmeldeVO wurde sie auf die Unrechtstatbestände 1933 - 1945 im Gebiet der ehemaligen DDR ebenfalls erstreckt.[70] Die Verantwortlichkeit besteht aber auch auf der Ebene des Verfassungsrechts. Die in der GE vorgenommene Ausklammerung der Enteignungen 1945 - 1949 verletzt zudem das Gleichheitsgebot des Art. 3 GG.

Allerdings muß drittens geprüft werden, ob in der langen inzwischen vergangenen Zeit Vertrauenstatbestände und Bestandsschutzinteressen entstanden sind, die auch das Verfassungsrecht zu respektieren hat, weil sie ebenfalls Schutz verdienen. Hier kommen die bereits erwähnten Interessen der auf enteignetem Land angesiedelten Siedlungsbauern und der Personen in Betracht, die etwa aufgrund von Nutzungsrechten Eigenheime oder Ferienhäuser oder Gewerbebetriebe errichtet haben. Auch der staatliche Wohnungsbau hat Fakten geschaffen, die zu berücksichtigen sind. Dies geschah auch durchweg im

---

68) BVerfGE 27, 253, 273 ff.
69) Ähnlich *v. Arnim*, FAZ v. 6. 9. 1990, S. 8.
70) BGBl I, 2150; allg. unten Kap. 3 IV.

Vertrauen auf die Beständigkeit ihrer Rechtsposition. Einzelheiten sind noch (unten Kap. 3 IV) zu erörtern.

Es genügt vorerst die Feststellung, daß die früher enteigneten Eigentümer grundsätzlich für ihren Rückgabeanspruch den Schutz des Grundgesetzes genießen, allerdings durch Vertrauenstatbestände der genannten Art eine Einschränkung ihres Rückgabeanspruchs hinnehmen müssen. Diese notwendig grobe Problemskizze zeigt immerhin, daß Nr. 1 der GE nicht ohne weiteres vor dem Grundgesetz Bestand hat. Diesen Eindruck hatten wohl auch die Verfasser des Entwurfs des EinigungsV, die daher besondere Vorkehrungen trafen.

d) Ausschluß verfassungsrechtlicher Einwände im Vertrag?

Im Art. 41 Abs. 3 des EinigungsV übernimmt die Bundesrepublik die Verpflichtung, keine Rechtsvorschriften zu erlassen, die der GE widersprechen (Art. 41 Abs. 3). Der EinigungsV gilt, wie erörtert, als Bundesrecht (Art. 45 Abs. 2). Eine absolute Bindung des künftigen Gesetzgebers an den Vertrag besteht generell nicht (oben 5).

aa) Bestandsschutz durch Verfassungsnorm

Durch Artikel 143 Abs. 3 GG n. F., eingefügt durch Art. 4 Nr. 5 EinigungsV, wird dem Art. 41 Abs. 3 EinigungsV jedoch Bestandsschutz gegenüber verfassungsrechtlichen Einwänden verliehen. Nach Art. 143 Abs. 3 haben nämlich Art. 41 und die zu seiner Durchführung erlassenen Regelungen auch insoweit Bestand, als sie vorsehen, daß Eingriffe in das Eigentum auf dem Gebiet der früheren DDR nicht mehr rückgängig gemacht werden. Darin liegt eine Abwehrfunktion: gegen die genannten Regelungen soll das Bundesverfassungsgericht nicht mit Erfolg unter Berufung auf den Eigentumsschutz des Grundgesetzes angerufen werden können.

Eine positive Wirkung derart, daß Art. 41 selbst Verfassungsrang erhält, um auf diese Weise den künftigen Bundesgesetzgeber zu binden, liegt darin nicht. Das folgt schon daraus, daß Art. 41 EinigungsV selbst nicht in den Katalog der beitrittsbedingten Grundgesetzänderungen (Art. 4 EinigungsV) aufgenommen wurde.

bb) Selbstbindung des Gesetzgebers?

Wie (oben 4) erörtert, kann der Bundesgesetzgeber Änderungen des Vertrags vornehmen. Trifft dies auch auf Art. 41 Abs. 3 zu, so kann der Gesetzgeber selbst durch einfachen Gesetzgebungsakt die Vorschrift wieder außer Kraft setzen bzw. unbeachtet lassen. Es bedarf dann nicht einmal einer Zweidrittelmehrheit, weil Art. 41 keine Verfassungsnorm darstellt und Art. 143 n. F. GG keine Bindung des Gesetzgebers im Hinblick auf Art. 41 EinigungsV enthält. Diese Freiheit des Gesetzgebers ist im Vertrag vermutlich nicht gewollt. Die Denkschrift spricht davon, daß der gesamtdeutsche Gesetzgeber verpflichtet sei, "die Gemeinsame Erklärung zu beachten".[71)]

Es bleibt unklar, welche Art der Bindung des Gesetzgebers damit beabsichtigt war und tatsächlich begründet werden konnte. Eine absolute vertragliche Bindung ist, wie (oben 5 b bb) erörtert, unter dem Vorbehalt der Anerkennung der Verfassungsordnung des GG grundsätzlich möglich. Sie ist aber auf die Fälle zu beschränken, in denen der Vertrag bestimmten Personen, insbesondere dem Vertragspartner, konkrete subjektive Rechte gewährt. Nr. 1 GE hat aber nach ihrem Wortlaut und nach den Umständen ihrer Entstehung nicht den Zweck, bestimmten Personen, z. B. den Ländern im neuen Bundesgebiet, konkrete Rechte zu verschaffen, sondern einen außenpolitischen Zweck, nämlich die Rücksichtnahme auf sowjetische Interessen. Bestimmte vergangene politische Vorgänge der Stalin-Zeit sollten in der künftigen Gesetzgebung nicht verurteilt werden. Indem der Gesetzgeber selbst im EinigungsV diese Bindung billigte, sprach er eine politische Absichtserklärung aus, ließ aber die Normqualität der Selbstbindung offen.[72)]

cc) Wesensgehaltsgarantie gem. Art. 19 Abs. 2 GG

Die Berufung auf Art. 14 und Art. 3 GG zur Gewährung eines Restitutionsanspruchs wird durch Art. 143 Abs. 3 n. F. GG (i. V. m. Art. 41 EinigungsV, Nr. 1 GE) dann nicht ausgeschlossen, wenn diese Norm entweder wegen Verfassungswidrigkeit unwirksam ist oder wenn

71) Denkschrift zum Vertrag, BT-Drucks 11/7760, S. 377 = *Horn*, RWS-Dok. 2 Nr. I.1.5, S. 23.

72) Obligatio stricta futuri legislatoris videretur monstro similis sub specie iuris constitutionalis.

eine restriktive verfassungskonforme Auslegung geboten und dergestalt möglich ist, daß (bestimmte) Restitutionsansprüche wegen der Enteignungen 1945 - 1949 möglich bleiben. Die erste Alternative der Verfassungswidrigkeit könnte deshalb gegeben sein, weil Art. 143 Abs. 3 GG den Kernbereich von Art. 14 und Art. 3 GG i. S. Art. 19 Abs. 2 GG verletzt und darin auch eine Verletzung des Art. 79 Abs. 3 GG liegt. Zu dem durch Art. 79 Abs. 3 GG für unantastbar erklärten Verfassungsbereich gehört auch der "Kernbestand" der Grundrechte,[73] wie aus der Bezugnahme auf Art. 1 Abs. 3 in Art. 79 Abs. 3 folgt. Dabei kommt es nicht darauf an, ob dieser durch Art. 79 Abs. 3 GG besonders geschützte Kernbestand uneingeschränkt die Wesensgehaltsgarantie des Art. 19 Abs. 2 GG umfaßt. Dies gilt zumindest insoweit nicht, als Art. 19 Abs. 2 GG nicht in jedem Fall den Verfassungsgesetzgeber hindern kann, ein Grundrecht abzuändern oder abzuschaffen, und daher jedenfalls nicht in diesem umfassenden Sinn in Art. 79 Abs. 3 GG hineingelesen werden kann.[74] Darum geht es hier aber nicht. Mit Art. 143 Abs. 3 n. F. GG, der nur für eine abgeschlossene Fallgruppe geschaffen wurde, soll nicht Art. 14 oder Art. 3 GG generell eingeschränkt oder modifiziert, sondern nur für diese Fallgruppe ausgeschaltet werden. Diese Verfassungsnormen bleiben im übrigen unangetastet. Demnach bleibt es auch zulässig, die Verfassungsänderung daran zu messen, ob sie den Wesensgehalt von Art. 14 GG und Art 3 GG verletzt und ob damit zugleich der Kernbestand der Grundrechte i. S. d. Art. 79 Abs. 3 GG angetastet ist.

Die genaue Ermittlung des Inhalts der Wesensgehaltsgarantie in der konkreten Rechtsfrage ist das Ergebnis einer Abwägung.[75] Dabei sind auch die Gesichtspunkte zu berücksichtigen, die den Gesetzgeber zum Erlaß der verletzenden Norm bewogen haben. Eine Verletzung des Wesensgehalts scheidet im vorliegenden Fall m. E. dort aus, wo verfassungsrechtlich anzuerkennende Bestandsschutzinteressen anderer Personen (insbes. der Siedlungsbauern) der Restitution entgegenstehen. Sie ist auch zu verneinen, wo die Enteignung tatsächlich Kriegsverbre-

---

73) *Schmidt-Bleibtreu/Klein*, Art. 79 Rz. 15 unter Bezugnahme auf die Enquête-Kommission, BT-Drucks. 7/5924, S. 229; zur Einbeziehung der Grundrechtsbindung gem. Art. 1 Abs. 3 GG in den Schutz des Art. 79 Abs. 3 GG allg. *Maunz*, in: Maunz/Dürig/Herzog (3. Lfg.), Art. 79 Rz. 43.

74) *Hendrichs* in: v. Münch, GG, Art. 19 Rz. 22; str.

75) So die Theorie vom relativen Wesensgehalt; BVerfGE 22, 180, 219 f; 30, 47, 53 f; *Maunz*, in: Maunz/Dürig/Herzog, Art. 19 Abs. 2 Rz. 14, 17; *Schmidt-Bleibtreu/Klein*, Art. 19 Rz. 10; str.

cher, d. h. für die Kriegspolitik und Verbrechen des Naziregimes Verantwortliche, traf. Anders liegt es in der großen Zahl der Fälle, wo haltlose Beschuldigungen dieser Art gegen Unschuldige vorgebracht wurden. Verständigt man sich darauf, daß es nur um die Enteignung Unschuldiger geht und nur um die Restitution von Land, das nicht an Siedlungsbauern oder ähnliche redliche Erwerber gelangt ist, dann sprechen in der Tat gewichtige Gründe dafür, daß der Ausschluß dieser Restitution den Wesensgehalt von Art. 14 und von Art. 3 GG verletzt. Denn die Verwehrung des Restitutionsanspruchs ist dann kaum noch begründbar. Sie wird nämlich nur noch, wie (oben a) angedeutet, durch die Aufrechterhaltung eines fiktiven und unwahren historischen Unwerturteils über bestimmte Bevölkerungskreise gestützt, das Teil der politischen Nachkriegspropaganda der Stalinära war.[76] Als generelle Regelung für eine Vielzahl von Fällen, die zugleich der generellen Regelung für vergleichbare Fälle 1939 - 1945 und 1949 - 1990 zuwiderläuft, verletzt Art. 143 Abs. 3 n. F. GG den Wesensgehalt der genannten Grundrechte i. S. d. Art. 19 Abs. 2 GG und ist als Verletzung auch des Kernbereichs der Grundrechte i. S. d. Art. 79 Abs. 3 anzusehen.

Als Ausweg aus diesem Konflikt bietet sich eine verfassungskonforme einschränkende Auslegung der verletzenden Norm an, um diese in Einklang mit Art. 79 Abs. 3 zu bringen.[77] Eine solche Auslegung müßte den Ausschluß der Restitution auf die Fälle beschränken, in denen es um die Erhaltung der Landvergabe an Siedlungsbauern und ähnliche Personen oder im übrigen um die Enteignung wirklicher Kriegsverbrecher geht. Eine solche restriktive Auslegung von Nr. 1 GE und damit Art. 143 Abs. 3 GG erscheint trotz des weiten Wortlauts möglich. Denn Nr. 1 GE ist insgesamt, wie (oben b) erörtert, sehr flexibel formuliert. Ferner ist die Erhaltung des Besitzstandes der Siedlungsbauern das einzige wirklich greifbare und schützenswerte Ergebnis der Landreform und, soweit die Enteignungen Sanktionscharakter haben sollten, kann dieser nur im Fall wirklicher Kriegsverbrecher gerechtfertigt werden. Beide Gesichtspunkte sind auch die einzigen, die in der politischen Argumentation der Verhandlungen von Gewicht waren. Zugleich gebietet die erörterte Verfassungslage diese restriktive Aus-

---

76) Vgl. auch unten Kap. 3 IV 5.

77) Grundsätzlich zur Zulässigkeit dieses Weges BVerfGE 30, 1, 17 ff; 34, 9, 21; *Hesse*, S. 29; *Bryde*, in: v. Münch, GG, Art. 79 Rz. 29 m. w. N. zur überwiegend kritischen Literatur.

legung. Mit ihr ist die Regelung in Art. 143 Abs. 3 n. F. GG, Art. 41 EinigungsV, Nr. 1 GE verfassungskonform und wirksam.

Es ist allerdings zu fragen, ob völkerrechtliche Bindungen oder außenpolitische Rücksichten zu einem anderen Ergebnis nötigen.

e) Völkerrechtliche Bindung und außenpolitische Rücksichten

aa) Völkerrechtliche Bindung?

Es bleibt die Frage einer völkerrechtlichen Bindung. Der Briefwechsel Modrow-Gorbatschow stellt eine solche Bindung nicht dar, schon gar nicht zu Lasten der Bundesrepublik. Der Zwei-plus-Vier-Vertrag vom 12. 9. 1990 enthält keine Regelung. Jedoch wurde parallel zum Abschluß dieses Vertrages ein Brief der Bundesregierung und der Regierung der DDR an die Vier Mächte gerichtet, in dem die Bundesrepublik Deutschland erklärt, keine Rechtsvorschriften zu erlassen, die dem Punkt der GE widersprechen, in dem festgestellt wird, daß Enteignungen auf besatzungsrechtlicher bzw. besatzungshoheitlicher Grundlage (1945 - 1949) nicht mehr rückgängig zu machen seien. Der Brief zitiert auch den Passus, daß es einem künftigen gesamtdeutschen Parlament vorbehalten sei, eine abschließende Entscheidung über etwaige staatliche Ausgleichsleistungen zu treffen.

Der Brief stellt keinen völkerrechtlichen Vertrag dar, wohl aber eine Absichtserklärung, die eine gewisse, auch völkerrechtlich relevante, Selbstbindung der Bundesregierung enthält.[78)] Eine völkerrechtliche Bindung des deutschen Gesetzgebers durch einen Vertrag war nach dem Kontext der Erklärung (die außerhalb des Vertrags erfolgte) und der Kompetenz der Erklärenden nicht beabsichtigt.[79)] Ein solcher Vertrag widerspräche auch der deutschen Souveränität, die durch den Zwei-plus-Vier-Vertrag gerade hergestellt werden sollte, sofern der Vertrag den deutschen Gesetzgeber hinsichtlich einer rein internen deutschen Regelungsmaterie (der Rechte der deutschen Enteignungs-

---

78) In vorsichtiger Parallele zu folgenden Fällen: Legal Status of Eastern Greenland (Denmark v. Norway), P.C.I.J. Series A/B no. 53 (1933), 71; Nuclear Tests Case (Australia v. France) 1974, I.C.J. Rep., 253; (New Zealand v. France) 1974, I.C.J. Rep., 457; dazu *Baade*, in: Horn, Legal Problems of Codes of Conduct, 3, 16 f. Die Fälle unterscheiden sich hauptsächlich in zwei Punkten von dem hier zu beurteilenden Fall: 1. Sie betrafen konkrete Rechte anderer Staaten, und 2. sie zielten nicht auf eine Bindung des nationalen Gesetzgebers ab.

79) Zur Bedeutung der Zuständigkeit des Erklärenden vgl. den Grönland-Fall, aaO.

opfer und der Eigentumsverhältnisse an in Deutschland belegenen Grundstücken) binden wollte.[80] Ferner widerspräche sie dem Hinweis im Brief, daß die abschließende Regelung durch den deutschen Gesetzgeber selbst getroffen werde. Es handelt sich also um eine gewisse Selbstbindung der Bundesregierung, sich dafür einzusetzen, daß der souveräne deutsche Gesetzgeber keine Gesetze eines bestimmten Inhalts erläßt.

Will man diesen Inhalt näher bestimmen, so stößt man auf die bereits (oben b und d cc) erörterte Tatsache, daß Nr. 1 GE flexibel formuliert ist und Einschränkungen und Auslegungsspielräume enthält. Dies soll hier nicht wiederholt werden.[81] Vielmehr geht es hier darum, im außenpolitischen Kontext der Erklärung der Bundesregierung den Kern der Nr. 1 GE herauszuarbeiten. Die Textaussage bewegt sich in der vorsichtigen Sprache der Diplomatie zwischen zwei Polen: einerseits wird in Satz 1 festgestellt, daß bestimmte Enteignungen "nicht mehr rückgängig zu machen" seien, andererseits wird in Satz 4 dem "künftigen gesamtdeutschen Parlament eine abschließende Entscheidung" vorbehalten. Fragt man, wie weit diese Entscheidung durch Satz 1 eingeschränkt werden soll, so muß man berücksichtigen, daß Satz 1 durch die folgenden Sätze 2 und 3 wiederum sehr stark relativiert wird: nur die UdSSR (und die damalige DDR) sieht sich nicht in der Lage, die Eingriffe rückgängig zu machen (Satz 2), und Deutschland nimmt dies lediglich zur Kenntnis, und zwar "im Hinblick auf die historische Entwicklung" (Satz 3), behält sich aber gleichwohl die abschließende Entscheidung vor (Satz 4).

Es kann nach allem also nur darum gehen, daß der deutsche Gesetzgeber auf die in Satz 1 und 2 umschriebene Haltung der Sowjetunion eine gewisse außenpolitische Rücksicht nehmen soll. Dabei geht es in diesem außenpolitischen Kontext vor allem um das Prestige der UdSSR im Hinblick auf Stalins Besatzungspolitik 1945 - 1949. Diese Politik soll nicht eine nachträgliche pauschale Verurteilung dadurch erfahren, daß der deutsche Gesetzgeber eine ausnahmslose Aufhe-

---

80) Geeigneter Gegenstand eines völkerrechtlichen Vertrages wären die Rechte oder die Nichthaftung der UdSSR oder ihrer Angehörigen im Zusammenhang mit den Eingriffen gewesen. Dafür bestand aber kein Regelungsbedarf. Gleiches gilt für die Rechte an den von der UdSSR für die Rote Armee requirierten deutschen Grundstücken, da diese Rechte mit der Beendigung des Besatzungszwecks entfallen.

81) Zweifellos ist demnach die Restitution bei Enteignungen möglich, die nicht auf besatzungsrechtlicher oder besatzungshoheitlicher Grundlage beruhen.

bung aller besatzungsrechtlichen oder besatzungshoheitlichen Eigentumseingriffe verfügt. Natürlich kann diese Rücksichtnahme dadurch erfolgen, daß der Gesetzgeber insoweit jede Restitution ausschließt; aber der Text von Nr. 1 GE nötigt nicht zu dieser maximalistischen (und verfassungswidrigen) Lösung. Die außenpolitische Rücksichtnahme ist auch schon durch eine selektive gesetzliche Regelung möglich, wenn dabei die von der UdSSR in Anspruch genommenen positiven Anliegen der Enteignungen 1945 - 1949 gewahrt werden. Bei diesem Anliegen ging es einmal um die Bestrafung der Kriegsverbrecher (Sanktionsaspekt), zum anderen um die Versorgung der Siedlungsbauern mit Land (sozialpolitischer Aspekt). Eine gesetzliche Regelung, welche insoweit eine Restitution ausschließt, nimmt hinreichend außenpolitische Rücksicht, wenn man bedenkt, daß Nr. 1 Satz 4 GE ausdrücklich dem deutschen Gesetzgeber einen Gestaltungsspielraum zubilligt. Diese Lösung ist zugleich verfassungskonform.

Daraus folgt, daß die Bundesregierung ihrer Selbstbindung auch schon dadurch genügt, daß sie von der (oben d cc) erörterten verfassungskonformen Auslegung von Nr. 1 GE ausgeht und sich für eine Regelung einsetzt, bei der nur die Landvergabe an Siedlungsbauern und die Enteignung von Kriegsverbrechern unangetastet bleibt. Die Bundesregierung ist gehalten, diese verfassungskonforme Auslegung der Nr. 1 GE zugrundezulegen, um ihrer eigenen Pflicht zur Beachtung der Grundrechte (Art. 1 Abs. 3 GG) zu genügen.

bb) Außenpolitische Rücksichten und Grundrechtsauslegung

Die letztgenannten Überlegungen sind auch geeignet, einen Einwand zu entkräften, der die Grundrechtsauslegung betrifft, wie sie in den bisherigen Überlegungen zugrunde gelegt wurde (oben d cc). Man muß nämlich fragen, ob nicht völkerrechtliche Bindungen oder außenpolitische Rücksichten die Grundrechtsauslegung beeinflussen. Man kann diesen Einwand zugespitzt so formulieren: Könnte man noch von einer Verletzung des Wesensgehalts der Art. 14 und Art. 3 GG i. S. Art 19 Abs. 2 GG und weitergehend des Art. 79 Abs. 3 GG oder von einem Gebot der verfassungskonformen Auslegung sprechen, wenn die staatliche Einheit nur um den Preis eines förmlichen völkerrechtlichen Vertrags über den gänzlichen Ausschluß von Restitutionen (also mit einer Regelung, die über den Worlaut von Nr. 1 GE weit hinausginge) erreichbar gewesen wäre. Man kann diese Spekulation weitertreiben und fragen, ob Deutschland notfalls als Preis der Einheit gewisse (ggf. vorübergehende) Einbußen an Rechtsstaatlichkeit im neuen Bundesgebiet hingenommen hätte.

Die Bundesrepublik wurde im Einigungsprozeß Gott sei Dank nicht auf diese Probe gestellt. Der EinigungsV ist zusammen mit dem Zwei-plus-Vier-Vertrag vielmehr so angelegt, daß keine Abstriche an der Herstellung der vollen Rechtsstaatlichkeit im neuen Bundesgebiet und an der Souveränität der ganzen Bundesrepublik gemacht wurden. Eben dies ist auch ein Grund dafür, daß es nicht zu einer formellen völkerrechtlichen Verpflichtung des beschriebenen (ungewöhnlichen) Inhalts gekommen ist, vielmehr eine auswärtige Bindung gewählt wurde, die in Form und Inhalt deutlich abgeschwächt ist. In diesem Zusammenhang wichtig ist schließlich die Tatsache, daß zum Inhalt der Bindung der ausdrückliche Hinweis auf die abschließende Regelungskompetenz des deutschen Gesetzgebers gehört.

In grundsätzlicher Hinsicht stellt sich das Problem so dar, daß die verfassungsrechtliche Wertung (Grundrechte) und die Frage einer völkerrechtlichen Bindung im Ansatz zu trennen sind.[82)] Die eingangs gestellten (hypothetischen) Fragen erinnern freilich daran, daß die politische Realität eine Vermittlung zwischen den beiden Wertungsebenen erzwingen kann. Auch im hier erörterten Fall sind die Staatsorgane und insbesondere das Bundesverfassungsgericht nicht der Pflicht enthoben, aufgrund einer übergreifenden Orientierung am Gemeinwohl der Bundesrepublik Deutschland auch im Rahmen der Bewertung des Inhalts der Grundrechte und der Ermittlung ihres Wesensgehalts außenpolitische Rücksichten von besonderem Gewicht mit in Betracht zu ziehen. Auf diesen Gesichtspunkt hat das Bundesverfassungsgericht in seiner Entscheidung vom 11. 12. 1990 hingewiesen.[83)] Setze sich die Bundesrepublik aus verfassungsrechtlichen Gründen gänzlich über die erörterten Bindungen im Hinblick auf die Enteignungen hinweg, so könne dies das Vertrauen in die außenpolitische Verläßlichkeit der Bundesrepublik beeinträchtigen. Diesem Gesichts-

82) So wohl auch BVerfG, Beschl. v. 11. 12. 1990, 1 BvR 1170/90, ZIP 1991, 121; allg. *Maunz/Dürig/Herzog*, Art. 59 Rz. 16 ff, 22, 28.

83) BVerfG, Beschl. v. 11. 12. 1990 - 1 BvR 1170, 1174 und 1175/90, ZIP 1991, 121; vgl. auch den Kurzkommentar von *Tintelnot*, EWiR 1991, 63.

punkt sei jedenfalls im Verfahren der einstweiligen Verfügung besonderes Gewicht beizumessen. Der gleiche Gesichtspunkt kann auch bei der Frage, ob der Wesensgehalt von Grundrechten i. S. d. Art. 19 Abs. 2 GG und letztlich Art. 79 Abs. 3 GG verletzt ist, ein gewisses Gewicht erlangen, auch wenn er angesichts der uneingeschränkt anerkannten Souveränität und Rechtsstaatlichkeit der ganzen Bundesrepublik in der verfassungsrechtlichen Wertung nicht allein bestimmend sein kann.

Es hat sich aber gezeigt, daß den außenpolitischen Rücksichten auch schon durch eine Regelung, die auf einer restriktiven und verfassungskonformen Auslegung des Art. 143 Abs. 3 n. F GG und der Nr. 1 GE aufbaut, Rechnung getragen werden kann. Die "Errungenschaft" der Bodenreform ist schon durch den erörterten Bestandsschutz für Siedlungsbauern gewahrt, der Sanktionscharakter der Enteignungsmaßnahmen durch Ausschluß der Restitution bei Enteignungen politisch oder strafrechtlich verantwortlicher Personen aufrechterhalten. Auch dem Prestigebedürfnis der Sowjetunion kann auf diese Weise Rechnung getragen werden. Diese verfassungskonforme Lösung unterstreicht andererseits, daß der Zwei-plus-Vier-Vertrag der Bundesrepublik Deutschland die volle und ungeschmälerte innere Rechtsstaatlichkeit und äußere Souveränität zugesteht.

Kapitel 2:

Zivilrecht, insbesondere Vertragsrecht

I. Rechtseinheit und Überleitungsrecht

Rechtsquellen:

- Bürgerliches Gesetzbuch nach Maßgabe des EinigungsV (außer §§ 616 Abs. 2 und 3, 622, 1706 - 1710 BGB) ab 3. 10. 1990; gem. Art. 230 Abs. 2 EGBGB;
- EGBGB mit neuem Sechsten Teil ab 3. 10. 1990 aufgrund Anlage I Kap. III B Abschn. II Nr. 1 EinigungsV, BGBl II 1990, 941 = *Horn*, RWS-Dok. 2 Nr. II.1.1);
- Handelsgesetzbuch ab 3. 10. 1990 (Buch 1 - 4 bereits ab 1. 7. 1990) (jeweils in Ablösung des in der DDR geltenden HGB a. F.) mit Ausnahme von §§ 62 Abs. 2 - 4, 63, 64, 73, 75 Abs. 3, 76 b Satz 2, 82 a, 83 und eingeschränkter Anwendung von § 664, gem. Anlage I Kap. III D Abschn. III Nr. 1 EinigungsV, BGBl II 1990, 959.

1. Rechtseinheit im Zivilrecht. EGBGB Sechster Teil

Seit dem 3. 10. 1990 gilt das BGB wieder in ganz Deutschland. Der EinigungsV hat auf dem Gebiet des Zivilrechts die Rechtseinheit wiederhergestellt, die formell mit der Einführung des Zivilgesetzbuchs der DDR (ZGB) von 1975 und anderer Gesetze, materiell schon vorher durch die politische Auseinanderentwicklung der beiden deutschen Staaten zerstört worden war. Die Wiedereinführung des BGB ist als größter rechtspolitischer Erfolg im Hin und Her der Verhandlungen zum EinigungsV zu bewerten. Noch beim StaatsV mußte die vorsichtigere Position gewählt werden, bei allen Bestrebungen zur Rechtseinheit die Kernbereiche des Zivilrechts und Vertragsrechts der DDR nicht anzutasten, was zu einem unbefriedigenden, unübersichtlichen Rechtszustand der Übergangszeit führte (unten III). Erst im August 1990 setzte sich die Überzeugung durch, daß man die Chance zur raschen Rechtseinheit im Privatrecht nutzen müsse.

Der EinigungsV setzt - in Ausführung des allgemeinen Grundsatzes des Art. 8 - einen neuen Sechsten Teil des EGBGB in Kraft.[1] Dort ist in Art. 230 Abs. 2 bestimmt, daß seit 3. 10. 1990 das BGB und das EGBGB im Gebiet der früheren DDR gelten. Ausgenommen von der Geltung sind nur die §§ 616 Abs. 2 und 3 und 622 sowie die §§ 1706 - 1710 BGB (Art. 230 Abs. 1). Grund für die Nichtübernahme ist bei den erstgenannten Normen die Ungleichbehandlung von Angestellten und Arbeitern bei Lohnfortzahlung und Kündigungsfristen, die verfassungswidrig ist.[2] Die Vorschriften für die Amtspflegschaft wurden ausgenommen, weil das bisherige DDR-Recht keine Amtspflegschaft kennt und das Erziehungsrecht bei Getrenntleben der Eltern allein der Mutter zustand. Dieses Erziehungsrecht sollte nicht beschränkt werden.[3]

Der Sechste Teil des EGBGB regelt die Überleitung des BGB und des EGBGB auf das Gebiet der früheren DDR. Der Gesetzgeber stand hier vor einem ähnlichen Problem wie bei der erstmaligen Einführung des BGB im Jahre 1900, und er konnte in der Regelungstechnik daher bisweilen auf vorhandene Teile des EGBGB zurückgreifen. Literatur und Rechtsprechung zu den Art. 157 ff EGBGB können daher z. T. auch zur Auslegung der neuen Vorschriften herangezogen werden. Der Art der Regelung nach sind reine (formelle) Kollisionsnormen und materielle Überleitungsnormen zu unterscheiden, auch wenn im Einzelfall eine Regelung beide Elemente enthalten mag. Das EGBGB enthält intertemporale Kollisionsnormen, welche die Frage regeln, ab wann im einzelnen BGB anstelle von DDR-Recht anzuwenden ist (dazu 2), ferner internationale und interlokale Kollisionsnormen zur Frage, ob im Einzelfall spezielles Recht für das Gebiet der ehemaligen DDR oder allgemeines Bundesrecht oder Auslandsrecht anzuwenden ist (dazu 3). Ferner enthält der Sechste Teil des EGBGB Normen, die eine materielle Übergangsregelung enthalten und insbesondere eine Vertragsanpassung ermöglichen.[4]

---

1) EinigungsV Anlage I Kap. III B Nr. 1, BGBl II 1990, 941 = *Horn*, RWS-Dok. 2 Nr. II.2.1; zum folgenden vgl. auch Erläuterungen der Bundesregierung zu den Anlagen zum EinigungsV, BT-Drucks. 11/7817 v. 10. 9. 1990, S. 1 - 184 (i. f. zitiert als Erläut.).

2) Für § 622 BGB vgl. BVerfG, Urt. v. 30. 5. 1990, BB 1990, Beilage 27; allg. Erläut., S. 36 = *Horn*, RWS-Dok. 2 Nr. II.1.1, S. 12.

3) Erläut., S. 36 = *Horn*, RWS-Dok. 2 Nr. II.1.1, S. 12.

4) I. f. 2 und unten II und IV.

Das Handelsgesetzbuch in seiner neuesten in der Bundesrepublik geltenden Fassung, dessen Bücher 1 - 4 bereits ab 1. 7. 1990 DDR-Recht geworden waren,[5] wurde ab 3. 10. 1990 vollständig auch im neuen Bundesgebiet geltendes Recht, mit Ausnahme einiger Vorschriften aus dem Recht des Handlungsgehilfen.[6]

In der folgenden Übersicht (2 - 7) werden die intertemporalen Kollisionsnormen und dazu auch materielle Überleitungsregelungen dargestellt; abschließend wird auf das interlokale Kollisionsrecht hingewiesen (8). Spezifische Anpassungsregelungen zum Vertragsrecht sind unten II bis V behandelt.

2. Allgemeiner Teil des BGB (Art. 231 EGBGB)

Im Bereich des Allgemeinen Teils (Art. 231 EGBGB) sind einige Bestimmungen zum Personenrecht getroffen, nämlich über Entmündigung (§ 1), Vereine und Stiftungen (§§ 2, 3) und zur Organhaftung gem. §§ 31, 89 BGB (§ 4); ferner war im Recht der Sachen eine Regelung zur Behandlung der Nutzungsrechte des ZGB notwendig (§ 5) und im Verjährungsrecht eine Überleitung von Verjährungstatbeständen (§ 6).

a) Entmündigung

In der DDR rechtskräftig ausgesprochene Entmündigungen bleiben wirksam (§ 1 Satz 1). Künftig gilt für diese Entmündigungen aber nur die gemilderte Rechtsfolge der beschränkten Geschäftsfähigkeit i. S. d. § 114 BGB (Satz 2). Nach bisherigem DDR-Recht galt für alle Entmündigungen unterschiedslos die Rechtsfolge der vollständigen Geschäftsunfähigkeit. Die neue Regelung führt zur Gleichstellung der in der DDR Entmündigten, die nach BGB die beschränkte Geschäftsfähigkeit behalten hätten (Geistesschwäche, Verschwendung, Sucht). Die Anpassungsregelung war freilich generell zu treffen. Dabei mußte man in Kauf nehmen, daß auch Fälle erfaßt werden, in denen nach BGB die Entmündigung wegen Geisteskrankheit zur vollen Geschäftsunfähigkeit geführt hätte (§ 6 Abs. 1 Satz 1 und § 104 Nr. 3 BGB).

5) S. unten III 2 f.
6) Vgl. Kap. 4 V 2 a.

Dies hielt man für hinnehmbar, weil die Totalentmündigung ohnehin entbehrlich ist.[7]

b) Vereine und Stiftungen

In der DDR gegründete Vereine und bestehende Stifungen behalten ihren Status. Für rechtsfähige Vereine gilt ab 3. 10. 1990 das Vereinsrecht des BGB (§§ 21 - 79) gem. § 2 Abs. 2; sie führen die Bezeichnung "eingetragener Verein" (Abs. 3). Für nicht rechtsfähige Vereine gilt § 54 BGB (Abs. 4). Auf Stiftungen findet das Stiftungsrecht des BGB (§§ 80 - 88) gem. § 3 Abs. 2 Anwendung. In der DDR war im März 1990 durch das VereinigungsG die Möglichkeit zur Gründung rechtsfähiger und nicht rechtsfähiger Vereine eröffnet worden.[8] Für die Führung des Vereinsregisters im Gebiet der ehemaligen DDR bleiben statt der Amtsgerichte die Stellen weiter zuständig, die nach DDR-Recht zuständig waren (§ 2 Abs. 2 Satz 2).[9] Dies sind die örtlich zuständigen Kreisgerichte (§ 12 VereinigungsG; § 1 1. DVO).

c) Das Stiftungsesetz vom 13. 9. 1990

Das StiftungsG vom 13. 9. 1990, eines der letzten Gesetze der DDR,[10] gibt für die neuen Bundesländer und Ostberlin eine allgemeine gesetzliche Grundlage für die Gründung und Tätigkeit von Stiftungen. Das Gesetz gilt, soweit es bundesrechtlich nicht einheitlich geregelte Gegenstände betrifft, in diesen Ländern als Landesrecht fort. Die Länder können das Gesetz durch eigene Stiftungsgesetze ablösen, was § 1 Abs. 2 ausdrücklich erwähnt.

Das StiftungsG gilt auch für bereits bestehende Stiftungen (§ 29). Diese müssen binnen Jahresfrist der Stiftungsbehörde ihre Satzung vorlegen und weitere Angaben machen (§ 30 Abs. 1). Außer den Stiftungen des privaten Rechts sind im Gesetz auch die Stiftungen des öffentli-

---

7) Erläut., S. 37 = *Horn*, RWS-Dok. 2 Nr. II.1.1, S. 13, mit Hinweis auf das Betreuungsgesetz (ab 1. 1. 1992).

8) VereinigungsG v. 21. 2. 1990, GBl I Nr. 10 S. 75 = *Horn*, RWS-Dok. 1 Nr. 6.1; Erste DVO zum VereinigungsG v. 8. 3. 1990, GBl I Nr. 18 S. 159.

9) Der Text von § 2 Abs. 2 wurde durch die Vereinbarung zur Durchführung des EinigungsV v. 18. 9. 1990, Art. 5 1 a, berichtigt, BGBl II 1990, 1244 = *Horn*, RWS-Dok. 2 Nr. I.1.6, S. 6.

10) G über die Bildung und Tätigkeit von Stiftungen - StiftungsG - v. 13. 9. 1990, GBl I Nr. 61 S. 1483 = *Horn*, RWS-Dok. 2 Nr. II.1.2.

chen Rechts, kommunale und kirchliche Stiftungen sowie nichtrechtsfähige Stiftungen erfaßt (§§ 24 - 28). Die Stiftungsaufsicht wird als Rechtsaufsicht (§ 18) durch Stiftungsbehörden ausgeübt, die von den Landesregierungen bestimmt werden (§ 3). Die Stiftungsbehörde führt ein Stiftungsregister (§ 20). Sie hat gegenüber den Stiftungen Informations-, Prüfungs- und sonstige Aufsichtsrechte (§ 19). So kann sie z. B. die Abberufung eines Mitglieds eines Stiftungsorgans verlangen, das seine Pflichten grob verletzt hat oder zur Geschäftsführung unfähig ist.

Die private rechtsfähige Stiftung entsteht durch Stiftungsgeschäft und Genehmigung (§ 4). Das Stiftungsgeschäft kann ein Geschäft unter Lebenden oder eine letztwillige Verfügung sein (§§ 5, 7). Die Genehmigung wird durch die Stiftungsbehörde erteilt (§ 15 Abs. 1). Sie ist zu versagen, wenn die Stiftung das Gemeinwohl gefährden würde oder wenn die nachhaltige Erfüllung des Stiftungszwecks nicht gewährleistet ist (§ 16 Abs. 1).

Das Stiftungsgeschäft unter Lebenden bedarf der Schriftform (§ 5); es legt die Satzung fest (§ 9). Die Satzung bestimmt Namen, Sitz, Zweck, Vermögen und Organe der Stiftung (§ 10 Abs. 1). Mit der Erteilung der Genehmigung wird der Stifter verpflichtet, das der Stiftung zugesicherte Vermögen auf diese zu übertragen (§ 6). In eine Stiftung können alle Arten von Vermögen eingebracht werden (§ 13). Das Vermögen ist wirtschaftlich und zur nachhaltigen Erfüllung des Stiftungszwecks zu verwalten und in seinem Bestand zu erhalten (§ 14). Die Stiftung muß einen Vorstand haben, der als gesetzlicher Vertreter die Stiftung gerichtlich und außergerichtlich vertritt (§ 11). Für Pflichtverletzungen haften die Mitglieder des Vorstands oder eines anderen Stiftungsorgans der Stiftung auf Ersatz des daraus entstehenden Schadens (§ 12).

d) Organhaftung

Die Haftung juristischer Personen für Handeln ihrer Organe gem. §§ 31, 89 BGB greift erst für haftungsbegründende Handlungen ein, die ab dem 3. 10. 1990 begangen werden (§ 4). Dies entspricht der Kollisionsnorm des Art. 232 § 10 EGBGB für deliktische Haftung im allgemeinen (unten 3 f).

e) Sachen; Gebäudeeigentum und Nutzungsrecht

§ 5 Abs. 1 schließt die Eigenschaft als Grundstücksbestandteil i. S. d. § 94 BGB bei solchen Gebäuden aus, an denen nach ZGB ein besonderes Gebäudeeigentum aufgrund Nutzungsrechts besteht oder begründet wird, und ermöglicht so den Fortbestand dieses getrennten Gebäudeeigentums. Dieses konnte nach ZGB aufgrund eines dinglichen Nutzungsrechts (§ 295 Abs. 2, §§ 286 - 294 ZGB) begründet werden. Auch aufgrund eines vertraglichen Nutzungsrechts an Grundstükken zur Erholung (§§ 312 - 315 ZGB) konnte u. a. ein Wochenendhaus ("Datsche") errichtet werden, das ebenfalls in getrenntem Eigentum des Nutzungsberechtigten stehen konnte (§ 296 Abs. 1 Satz 1 ZGB). Im letzteren Fall handelt es sich ohnehin regelmäßig um Scheinbestandteile i. S. d. § 95 BGB, so daß getrenntes Eigentum möglich ist. Dies gilt aber nicht in allen Fällen und manche Datsche ist ein richtiges Eigenheim, so daß § 5 Abs. 1 auch hier von Bedeutung ist. In Ausübung vor dem Beitritt begründeter dinglicher oder obligatorischer Nutzungsrechte kann auch noch nach dem 3. 10. 1990 besonderes Gebäudeeigentum geschaffen werden (§ 5 Abs. 1 Satz 2). Das Nutzungsrecht selbst sowie Anlagen, Anpflanzungen oder Einrichtungen sind wesentliche Bestandteile des Gebäudes (§ 5 Abs. 2), werden also vom Gebäudeeigentum mit umfaßt.

Der Fortbestand der obligatorischen Nutzungsrechte ist im übrigen in Art. 232 § 4 EGBGB, der dinglichen Nutzungsrechte und des Gebäudeeigentums in Art. 233 §§ 4 und 5 geregelt.[11] Neue Nutzungsrechte können seit dem 3. 10. 1990 nicht mehr begründet werden.

f) Verjährung

Die Verjährungsvorschriften des BGB finden auf die am 3. 10. 1990 bestehenden und noch nicht verjährten Ansprüche Anwendung (§ 6 Abs. 1). Beginn, Hemmung und Unterbrechung der Verjährung bestimmen sich jedoch für den Zeitraum vor Wirksamwerden des Beitritts nach DDR-Recht (Satz 2). Ist die Verjährungsfrist nach BGB kürzer als nach bisherigem DDR-Recht, so beginnt ab 3. 10. 1990 die kürzere Frist nach BGB zu laufen, falls nicht die längere Frist nach al-

11) Siehe auch unten Kap. 3 I 1.

tem DDR-Recht früher abläuft (Abs. 2). Die Vorschrift lehnt sich an Art. 169 EGBGB an.[12] Der Gläubiger soll also davor geschützt werden, daß die neue Verjährungsfrist bei Inkrafttreten des neuen Verjährungsrechts bereits abgelaufen ist.[13]

3. Schuldrecht (Art. 232 EGBGB)

a) Grundsatz. Unwandelbarkeit des Vertragsstatuts

Für ein Schuldverhältnis, das vor dem 3. 10. 1990 nach DDR-Recht entstanden ist, bleibt das bisherige Recht maßgebend (§ 1). Die Norm stimmt mit Art. 170 EGBGB überein und ist Ausdruck des allgemein anerkannten Grundsatzes der Unwandelbarkeit des Vertragsstatuts.[14] Die Norm gilt sowohl für vertragliche als auch für außervertragliche Schuldverhältnisse.[15] Für Dauerschuldverhältnisse sind allerdings z. T. besondere Regelungen getroffen (unten bb).

Die Altverträge unterstehen daher weiterhin DDR-Recht,[16] wenn sämtliche zur Entstehung des Anspruchs erforderlichen Tatsachen vor dem Beitritt eingetreten sind.[17] Dies gilt auch etwa für die Auslegung oder die Rechtsfolgen von Leistungsstörungen. Neues Recht des BGB gilt nur insoweit, als es sich um neue, nicht aus der Entwicklung des Schuldverhältnisses selbst sich ergebende Tatbestände handelt, z. B. für Form und Wirkung des Erfüllungsgeschäfts.[18] Wird ein unter dem DDR-Recht abgegebenes Angebot unter Geltung des BGB angenommen, so untersteht die Annahme und der ganze Vertrag dem BGB.[19]

Für die Aufhebung oder Veränderungen eines nach dem DDR-Recht abgeschlossenen Vertrages gilt DDR-Recht, wenn der Grund dafür im Vertrag selbst oder in einer Tatsache vor dem 3. 10. 1990 liegt. Dazu

---

12) Erläut., S. 38 = *Horn*, RWS-Dok. 2 Nr. II.1.1, S. 14.
13) Vgl. MünchKomm-*Säcker*, Art. 169 EGBGB Rz. 3.
14) Vgl. MünchKomm-*Heinrichs* Art. 170 EGBGB Rz. 3; *v. Bar*, Rz. 307; *Kropholler*, § 27 II 1.
15) So auch Erläut., S. 38 = *Horn*, RWS-Dok. 2 Nr. II.1.1, S. 14.*
16) Das alte Vertragsrecht der DDR und der Übergangszeit ist unten III dargestellt.
17) RGZ 76, 374, 396 f; OLG Frankfurt/M, NJW-RR 1987, 1256, 1257; *Soergel/Hartmann*, Art. 170 EGBGB Rz. 3.
18) MünchKomm-*Heinrichs*, Art. 170 EGBGB Rz. 5; *Palandt/Thomas*, Art. 170 EGBGB Anm. 2.
19) Münchkomm-*Heinrichs*, Art. 170 EGBGB Rz. 4; *Soergel/Hartmann*, Art. 170 EGBGB Rz. 7; str., a. A. Erläut., S. 38 = *Horn*, RWS-Dok. 2 Nr. II.1.1, S. 14; *Staudinger/Kanzleiter-Hönle*, Vorbem. z. Art. 170 - 179 EGBGB Rz. 8.

gehören etwa der Eintritt einer vorher gesetzten auflösenden Bedingung oder die Ausübung eines vertraglichen Rücktritts- oder Wiederverkaufsrechts.[20] Ist Grund für die Aufhebung oder Veränderung dagegen eine neue, unter der Herrschaft des BGB eingetretene Tatsache, so gilt BGB. Dies trifft zu auf Erfüllung, Leistung an Erfüllungs Statt, Hinterlegung, Aufrechnung, Zession.[21]

b) Dauerschuldverhältnisse

Für Dauerschuldverhältnisse wird der Grundsatz der Unwandelbarkeit des Vertragsstatuts eingeschränkt, was in der historischen Regelung des Art. 171 EGBGB ein Vorbild findet. So gilt BGB grundsätzlich seit 3. 10. 1990 auch für die vor diesem Zeitpunkt geschlossenen Mietverträge, Pachtverträge, Arbeitsverhältnisse und Verträge über wiederkehrende Dienstleistungen (§ 2 Abs. 1, §§ 3, 5 und 6). Allerdings gilt für Mietverträge teilweise eine Sonderregelung, die noch darzustellen ist (unten IV). Für Arbeitsverhältnisse gilt das Bundesrecht nur mit bestimmten Modifikationen; dazu unten Kap. 4 V.

c) Inhalt der Nutzungsrechte

Die bereits (oben 2 e) erwähnten obligatorischen Nutzungsrechte an Grundstücken zur Erholung gemäß §§ 312 - 315 ZGB richten sich grundsätzlich weiter nach ZGB (§ 4 Abs. 1 Satz 1). Für Nutzungsverhältnisse innerhalb von Kleingartenanlagen gilt zusätzlich das BundeskleingartenG[22] mit den im EinigungsV vorgesehenen Ergänzungen[23] gemäß § 4 Abs. 3. Die Fortgeltung der DDR-Vorschriften wirft allerdings zwei Probleme auf. Erstens ist nach § 314 Abs. 3 ZGB das Kündigungsrecht des Grundstückseigentümers stark eingeschränkt; er muß einen "gesellschaftlich gerechtfertigten Grund" haben. Diese rechtsstaatlich bedenkliche Regelung[24] kann vom Bundesgesetzgeber geändert werden, was § 4 Abs. 1 Satz 2 (nur klarstellend) zum Ausdruck

20) *Enneccerus/Lehmann*, Schuldrecht II, § 97 1 II 1.

21) *Enneccerus/Lehmann*, aaO, 2; vgl. wegen weiterer Fallgruppen die älteren Kommentare, z. B. *Soergel/Hartmann*, Art. 170 EGBGB Rz. 6 - 25; *Staudinger/Kuhlenbeck*, Bd. VI, Art. 170 EGBGB Anm. III.

22) G v. 28. 2. 1983, BGBl I, 210; geänd. d. Art. 2 G v. 8. 12. 1986, BGBl I, 291.

23) EinigungsV Anlage I Kap. XIV Abschn. II Nr. 4, BGBl II 1990, 1125.

24) Bedenken auch in Erläut., S. 39 = *Horn*, RWS-Dok. 2 Nr. II.1.1, S. 15.

bringt. Zweitens sind die Nutzungsentgelte bisher sehr niedrig. Die Bundesregierung wird zur angemessenen Gestaltung bis zur Höhe der ortsüblichen Pachtzinsen ermächtigt (§ 4 Abs. 2).

d) Bankverträge

Für Kontoverträge und Sparkontoverträge sieht § 7 die Möglichkeit einer einseitigen Vertragsanpassung vor (s. auch unten II 2 b). Für die vor dem 3. 10. 1990 geschlossenen Kreditverträge gilt an sich DDR-Recht. § 8 bestimmt aber, daß für die nach dem 30. 6. 1990 geschlossenen Verträge das besondere Kündigungsrecht des Kreditnehmers nach § 609 a BGB gilt.

e) Bruchteilsgemeinschaften

Bruchteilsgemeinschaften werden wie Dauerschuldverhältnisse ab 3. 10. 1990 dem BGB unterworfen (§ 9).

f) Delikthaftung; Staatshaftung

Für deliktische Haftung gilt das BGB erst für haftungsbegründende Handlungen, die ab 3. 10. 1990 begangen sind (§ 10). Das ProdukthaftungsG (v. 15. 12. 1989, BGBl I, 198) findet für Produkte Anwendung, die ab 3. 10. 1990 in der ehemaligen DDR in Verkehr gebracht werden.[25]

Das StaatshaftungsG der DDR von 1969[26] gilt nach dem EinigungsV[27] abgeändert als Landesrecht fort und dient als Rechtsgrundlage der Staatshaftung für Schäden, die Mitarbeiter oder Beauftragte staatlicher oder kommunaler Organe in Ausübung staatlicher Tätigkeit einem anderen am Vermögen oder seinen Rechten zufügen; es haftet das jeweilige staatliche oder kommunale Organ (§ 1 Abs. 1). Der Betroffene hat eine Schadensabwendungs- und Minderungspflicht (§ 2).

25) EinigungsV Anlage 1 Kap. III B Abschn. III Nr. 8, BGBl II 1990, 953 = *Horn*, RWS-Dok. 2 Nr. I.2.3, S. 4.

26) G v. 12. 5. 1969, GBl I Nr. 5 S. 34, geänd. d. G v. 14. 12. 1988, GBl I Nr. 28 S. 329.

27) EinigungsV Anlage II Kap. III B Abschn. III Nr. 1, BGBl II 1990, 1168 = *Horn*, RWS-Dok. 2 Nr. I.3.3, S. 4.

Nach Erschöpfung des Beschwerdeweges steht den Betroffenen der Rechtsweg zu den ordentlichen Gerichten offen. Zuständig ist das Kreisgericht, in dessen Bezirk das Organ seinen Sitz hat, aus dessen Verhalten der Anspruch hergeleitet wird; auf den Wert des Streitgegenstandes kommt es nicht an (§ 6 a).

4. Sachenrecht (Art. 233 EGBGB)

a) Besitz und Eigentum

Auf den Besitz findet ab 3. 10. 1990 BGB Anwendung (§ 1). Die Regelung entspricht Art. 180 EGBGB. Für das Eigentum an Sachen gilt von diesem Zeitpunkt ab ebenfalls BGB (§ 2 Abs. 1). Die Regelung ist von größter Bedeutung für die Überwindung der sozialistischen Eigentumsordnung (dazu auch unten Kap. 3). Die Überführung des sozialistischen Eigentums in Privateigentum ist selbst nicht Sache des Privatrechts. Dafür sind in der DDR-Gesetzgebung und im EinigungsV besondere Regelungen geschaffen worden (unten Kap. 3 III), z. B. durch das TreuhandG (unten Kap. 4). Darauf verweist § 2 Abs 2.

b) Beschränkt dingliche Rechte

Inhalt und Rang beschränkt dinglicher Rechte, die nach DDR-Recht begründet wurden, bleiben gem. § 3 Abs. 1 unverändert bestehen. Die Regelung ist an Art. 184 EGBGB orientiert. Die Aufhebung eines solchen Rechts bedarf nicht der Eintragung ins Grundbuch, wenn das Recht zuvor nicht selbst eingetragen war (§ 3 Abs. 3). Dies entspricht Art. 189 Abs. 3 EGBGB. § 3 Abs. 2 behält ausdrücklich (und nur zur Klarstellung) eine spätere Regelung solcher Rechte vor, die wie z. B. die Nutzungs- oder Mitbenutzungsrechte im ZGB nur unvollständig geregelt waren.

c) Gebäudeeigentum

§ 4 Abs. 1 erklärt die Vorschriften des BGB über Grundeigentum für entsprechend anwendbar auf das selbständige Gebäudeeigentum, das nach ZGB aufgrund eines dinglichen Nutzungsrechtes begründet ist.[28] Dies entspricht der bisherigen Rechtslage nach DDR-Recht.[29] Es entspricht auch in etwa der Rechtslage für Erbbaurechte gem. § 11 ErbbauVO, mit denen Gebäudeeigentum aufgrund dinglichen Nutzungsrechts in etwa vergleichbar ist.[30] Nutzungsrechte entstanden mit der Verleihung. Sie waren im Grundbuch einzutragen.

Die Eintragung erfolgte aber bei Zuweisung genossenschaftlich genutzten Bodens zum Bau von Eigenheimen durch LPGs (§ 291 ZGB i. V. m. BereitstellungsVO) nicht ausnahmslos. § 4 Abs. 2 will die Eigentümer von Eigenheimen davor schützen, daß sie ihr nicht eingetragenes Nutzungsrecht und damit ihr Gebäudeeigentum durch den Erwerb des Grundstücks seitens eines gutgläubigen Dritten verlieren. Der gute Glaube wird daher gem. § 4 Abs. 2 Satz 1 nicht anerkannt, wenn auf dem Grundstück ein aufgrund des Nutzungsrechts zulässiges Eigenheim oder sonstiges Gebäude tatsächlich steht.

War der Erwerber im übrigen gutgläubig (d. h. war ein Gebäude noch nicht errichtet, das Nutzungsrecht also noch nicht ausgeübt oder konnte der Erwerber annehmen, das Gebäude sei ohne Nutzungsrecht errichtet), kann er gem. § 4 Abs. 2 Satz 2 Aufhebung des Nutzungsrechts gegen Ausgleich verlangen, wenn die Nachteile für ihn größer sind als für den Nutzungsberechigten. Dies ist etwa dann gegeben, wenn auf dem Grundstück bei Beseitigung des Gebäudes eine sehr viel wertvollere Investition möglich wäre.[31]

Die entsprechende Anwendung des Grundstückseigentumsrechts des BGB auf Gebäudeeigentum gem. § 4 Abs. 1 und die besondere Regelung des Gutglaubensschutzes nach § 4 Abs. 2 sollen auch gelten, wenn aufgrund anderer Vorschriften Gebäudeeigentum in Verbindung mit einem Nutzungsrecht an einem Grundstück besteht. Es handelt sich hier vor allem um vertraglich begründete Nutzungsrechte (§ 4 Abs. 3).[32] Voraussetzung für die entsprechende Anwendung ist weiterhin, daß für dieses Gebäudeeigentum nach bisherigem DDR-Recht

---

28) Zu obligatorischen Nutzungsrechten i. f; vgl. auch oben 2 e; zum Ganzen Kap. 3 I 3.

29) § 4 G über die Verleihung von Nutzungsrechten an volkseigenen Grundstücken v. 14. 12. 1970, GBl I Nr. 24 S. 372 = *Horn*, RWS-Dok. 1 Nr. 3.1; geänd. d. G v. 19. 12. 1973, GBl I Nr. 58 S. 578.

30) So auch Erläut., S. 41 = *Horn*, RWS-Dok. 2 Nr. II.1.1, S. 17.

31) Erläut., S. 41 = *Horn*, RWS-Dok. 2 Nr. II.1.1, S. 17.

32) Zu diesen Nutzungsrechten unten Kap. 3 I 3.

ein Grundbuchblatt anzulegen ist; auf die tatsächliche Eintragung kommt es nicht an. Die Voraussetzung der Eintragungsfähigkeit ist bei einer großen Anzahl von Baulichkeiten aufgrund obligatorischer Nutzungsrechte nicht gegeben (Wochenendhaus); dies gilt aber nicht ausnahmslos.

d) Mitbenutzungsrechte

Mitbenutzungsrechte an Grundstücken, die gemäß §§ 321, 322 ZGB durch Vereinbarung begründet werden konnten, gelten gemäß § 5 Abs. 1 als beschränkte dingliche Rechte und bleiben daher gemäß § 3 Abs. 1 bestehen. Es handelt sich also jetzt um dingliche Rechte eigener Art. Sie ähneln in manchem den Dienstbarkeiten des BGB, ohne daß im Rahmen der Arbeiten zum EinigungsV die abschließende Prüfung und Überleitung dieser sehr unterschiedlichen Rechte möglich war.[33] Ihre Eintragung im Grundbuch war nur für Wege- und Überfahrrechte vorgesehen (§ 322 Abs. 1 ZGB).

Auch die nicht eingetragenen Mitbenutzungsrechte konnten bei Veräußerung des mitbenutzten Grundstücks mit Wirkung gegen den Erwerber bestehen bleiben (§ 297 Abs. 2 ZGB); das Mitbenutzungsrecht konnte auch ohne Eintragung an den Rechtsnachfolger des berechtigten Nachbarn übergehen (§ 322 Abs. 2 ZGB). Die nicht eingetragenen Mitbenutzungsrechte sollen - vorerst, d. h. bis zur anderweitigen gesetzlichen Regelung - auch bei Erwerb der Grundstücke durch einen gutgläubigen Dritten bestehen bleiben. Der Dritte soll sie aber gegen Entschädigung ablösen können, wenn der Fortbestand dieser Rechte für ihn größere Nachteile hat als die Ablösung für den Berechtigten. Das Ablösungsrecht soll aber nicht bestehen, wenn der Erwerber das Mitbenutzungsrecht kannte (§ 5 Abs. 2 Satz 2). Auch nicht eintragungsfähige Mitbenutzungsrechte an Grundstücken können künftig eingetragen werden (§ 5 Abs. 3). Vorbild der letzteren Regelung ist Art. 187 Abs. 1 Satz 2 EGBGB.

---

33) Erläut., S. 41 = *Horn*, RWS-Dok. 2 Nr. II.1.1, S. 17.

e) Grundpfandrechte

Für Hypotheken, die vor dem 3. 10. 1990 nach ZGB begründet wurden, bleibt es nach der Grundregel des § 3 über beschränkt dingliche Rechte bei der Anwendung des ZGB. Die Hypothek des ZGB ist der Sicherungshypothek des BGB vergleichbar. Sie ist streng akzessorisch. Eine Eigentümergrundschuld entsteht nicht.[34] § 6 erklärt nun für die Übertragung solcher Hypothekenforderungen die Vorschriften des BGB für die Übertragung und Aufhebung von Sicherungshypotheken für anwendbar (Abs. 1 Satz 1). Für die Aufhebung soll allerdings entgegen § 1183 BGB, § 27 GBO die Einwilligung des Eigentümers nicht erforderlich sein. Die Einwilligung erscheint entbehrlich, weil der Eigentümer ohnehin nach ZGB keine Eigentümergrundschuld erwerben kann.[35] Auch die Regelung über den Verzicht auf die Hypothek ist nicht anwendbar, weil sie zum Erwerb einer Eigentümergrundschuld führt (vgl. §§ 1168, 1177 BGB).

Soweit Grundpfandrechte vor Inkrafttreten des ZGB in der DDR, also vor 1976, nach BGB begründet worden waren, ist BGB voll anwendbar (§ 6 Abs. 2).

f) Schwebende Geschäfte

DDR-Recht bleibt anwendbar auf eintragungspflichtige Rechtsgeschäfte, wenn der Antrag auf Eintragung ins Grundbuch vor dem 3. 10. 1990 gestellt war (§ 7).

Häufig wurden in der DDR Grundschulden zur Sicherung von Krediten bereits vor dem 3. 10. 1990 vereinbart, obwohl die Grundschuld im ZGB nicht vorgesehen war. Ist der Antrag auf Eintragung erst nach dem 2. 10. 1990 gestellt, so entsteht mit der Eintragung ohne weiteres eine gültige Grundschuld nach BGB. Vereinzelt soll es vorgekommen sein, daß eine solche Grundschuld schon vorher beantragt und eingetragen worden ist. In diesem Fall ist zunächst ein Grundpfandrecht nicht entstanden. Ob es ab 3. 10. 1990 wirksam entstanden ist, ist zweifelhaft. Das Entstehen des Rechts entspricht zwar regelmäßig dem Willen der Parteien, ist aber mit den Regeln des intertemporalen Kol-

---

34) Dazu auch unten V 2 c.

35) Erläut., S. 42 = *Horn*, RWS-Dok. 2 Nr. II.1.1, S. 18.

lisionsrechts schwer zu vereinbaren. Aus Art. 233 § 3 (Fortbestehen beschränkt dinglicher Rechte nach altem Recht) läßt sich eher das Gegenteil schließen. Immerhin ist der Fall in der Vorschrift nicht geregelt und gute Gründe sprechen dafür, dem Parteiwillen Rechnung zu tragen. Empfehlenswert ist jedenfalls die erneute Vornahme der Bestellung, um Zweifel an der Gültigkeit (wegen des Eintragungsdatums vor dem 3.10.) auszuschließen.

g) Recht an volkseigenen Grundstücken

§ 8 legt fest, daß die nach § 459 ZGB[36)] begründeten Rechtsverhältnisse bezüglich der Gebäude auf volkseigenen Grundstücken, insbesondere Gebäudeeigentum der VEBs oder staatlicher Organe und Einrichtungen aufgrund von Miet- und Nutzungsverträgen, mit dem 3. 10. 1990 nicht erlöschen, sondern nach den allgemeinen Regeln zu behandeln sind. Maßgeblich sind daher die besonderen Gesetze über die Überführung des sozialistischen Eigentums (gem. Art. 233 § 2 Abs. 2 EGBGB)[37)]; für das Gebäudeeigentum gilt § 4 Abs. 1 entsprechend (§ 8 Satz 2).

5. Familienrecht (Art. 234 EGBGB)

a) Grundsatz

Das Vierte Buch des BGB gilt ab 3. 10. 1990 für alle familienrechtlichen Rechtsverhältnisse, die zu diesem Zeitpunkt in der DDR bestehen oder von diesem Zeitpunkt an neu begründet werden (§ 1). Eine Rückwirkung des BGB bei bestehenden Familienrechtsverhältnissen auf die Zeit vor dem 3. 10. 1990 ist dagegen nicht vorgesehen.

b) Verlöbnis und Ehe

Für die am 3. 10. 1990 bestehenden Verlöbnisse bleibt es gem. § 2 beim DDR-Recht, das den Verlobten keine Rechtspflichten auferleg-

---

36) Aufgehoben bereits durch 2. ZivilrechtsÄndG v. 22. 7. 1990, GBl I Nr. 49 S. 903, Anlage I Nr. 7 = *Horn*, RWS-Dok. 1 Nr. 2.4.

37) Zu diesen Gesetzen unten Kap. 3 III; vgl. insbes. 5. DVO zum TreuhandG v. 12. 9. 1990, GBl I Nr. 60 S. 1466 = *Horn*, RWS-Dok. 2 Nr. II.3.6; dazu unten Kap. 4 III 3 c cc.

te;[38] die §§ 1297 ff BGB sind also nicht anwendbar. § 3 eröffnet für bestehende Ehen den Ehegatten die Wahlmöglichkeiten des § 1355 BGB hinsichtlich des gemeinsamen Ehe- und Familiennamens; die Wahlmöglichkeit endet am 2. 10. 1991.

Der gesetzliche Güterstand der Errungenschaftsgemeinschaft des Familiengesetzbuches der DDR wird durch Art. 234 § 4 EGBGB in den gesetzlichen Güterstand der Zugewinngemeinschaft des BGB übergeleitet (Abs. 1). Jeder Ehegatte kann bis zum 2.10. 1992 dem Kreisgericht gegenüber erklären, daß für die Ehe der bisherige gesetzliche Güterstand fortgelten solle, falls nicht vorher ein Ehevertrag geschlossen oder die Ehe geschieden worden ist (Abs. 2). Die Erklärung muß notariell beurkundet werden (Abs. 3 Satz 2).

Die Rechtswirkungen des gesetzlichen Güterstandes der Zugewinngemeinschaft nach BGB gelten erst vom 3. 10. 1990 an, d. h. die durch den bisherigen gesetzlichen Güterstand der Errungenschaftsgemeinschaft nach Familiengesetzbuch der DDR begründeten Rechtswirkungen bleiben bestehen. Danach besteht das bisher im Rahmen der Errungenschaftsgemeinschaft begründete gemeinsame Eigentum der Ehegatten (das neben dem Alleineigentum eines Ehegatten an bestimmten Gegenständen bestehen konnte) weiter.

Für den Unterhaltsanspruch eines Ehegatten, dessen Ehe vor dem 3. 10. 1990 geschieden worden ist, bleibt das bisherige Recht maßgebend (§ 5 Satz 1). Das Recht des Versorgungsausgleichs gilt bei Scheidungen im Gebiet der früheren DDR auch nach dem 3. 10. 1990 zunächst nicht, bis die versicherungs- und rentenrechtlichen Vorschriften des Sechsten Buchs des Sozialgesetzbuchs grundsätzlich in Kraft getreten sind (§ 6 Satz 1). Auch bei Scheidung nach diesem Zeitpunkt findet der Versorgungsausgleich insoweit nicht statt, als das auszugleichende Anrecht Gegenstand oder Grundlage einer vor dem 3. 10. 1990 getroffenen wirksamen Vereinbarung oder gerichtlichen Entscheidung über die Vermögensverteilung war (§ 6 Satz 2).

---

38) Art. 5 Abs. 3 Familiengesetzbuch (FGB) der DDR v. 20. 12. 1965, GBl I 1966 Nr. 1 S. 1, i. d. F. des EGZGB v. 19. 6. 1975, GBl I Nr. 27 S. 517 = *Horn*, RWS-Dok. 1 Nr. 2.2.

c) Statusverfahren

Statusentscheidungen über die Abstammung eines Kindes, die vor dem 3. 10. 1990 in der DDR ergangen sind, bleiben ebenso wie Vaterschaftsanerkenntnisse bestehen (§ 7 Abs. 1). Die Möglichkeit künftiger Statusverfahren nach dem 3. 10. 1990 bestimmt sich dagegen nach dem BGB. Dies gilt auch für Statusverhältnisse von oder zu Kindern, die vor dem 3. 10. 1990 geboren sind. Da Klagerecht, Beklagtenstellung und Fristen im DDR-Recht und BGB unterschiedlich geregelt sind, sind besondere Bestimmungen zur Überbrückung dieser Divergenzen getroffen. Für Personen, die am 3. 10. 1990 erstmals (nach BGB) anfechtungsberechtigt geworden sind, beginnt die Anfechtungsfrist frühestens mit diesem Tag zu laufen (Abs. 2). Ist eine Statusklage in der früheren DDR vor dem 3. 10. 1990 erhoben worden und ändert sich aufgrund Inkrafttretens des BGB Aktiv- oder Passivlegitimation, so wird die bis zum 3. 10. 1990 verstrichene Frist nicht angerechnet (Abs. 3).

d) Anpassung von Unterhaltsrenten

Für die Anpassung der Unterhaltsrenten für Minderjährige (§ 1612 a BGB) und für die Festsetzung des Regelbedarfs der nichtehelichen Kinder (§ 1615 f BGB) durch Rechtsverordnung gelten für das Gebiet der ehemaligen DDR vorerst nicht die Rechtsverordnungen der Bundesregierung. Vielmehr sind die Landesregierungen in diesem Gebiet zum Erlaß der Verordnungen ermächtigt. Auf diese Weise kann auf die bislang noch unterschiedlichen wirtschaftlichen Verhältnisse Rücksicht genommen werden (§§ 8 und 9).

e) Kindschaftsrecht

Der Name eines vor dem 3. 10. 1990 in der bisherigen DDR geborenen Kindes richtet sich nach DDR-Recht; seine mögliche Änderung richtet sich nach BGB. Für das Namensrecht des ab 3. 10. 1990 in der bisherigen DDR geborenen Kindes gilt das BGB (§ 10). Hatten Eltern oder ein Elternteil eines ehelichen Kindes das Erziehungsrecht nach bisherigem DDR-Recht, so bleibt dieses Recht als elterliche Sorge

i. S. d. § 1626 BGB ab 3. 10. 1990 bestehen (§ 11 Abs. 1 Satz 1 und Abs. 2 Satz 1). Das Erziehungsrecht des Vaters eines nichtehelichen Kindes oder einer anderen Person als der Eltern verwandelt sich ab diesem Zeitpunkt in die Rechtsstellung eines Vormundes (§ 11 Abs. 1 Satz 2). Ist nach Scheidung in der DDR über das elterliche Erziehungsrecht noch nicht entschieden oder nur eine vorläufige Entscheidung getroffen, so ist die Entscheidung des Gerichts nunmehr nach § 1671 BGB zu treffen. Die Unterbringung eines Kindes, die mit Freiheitsentzug verbunden ist, bedarf binnen sechs Monaten, also bis 2. 4. 1991, der gerichtlichen Genehmigung; sie ist sonst zu beenden (§ 11 Abs. 4).

Die Jahresfrist für den Antrag des nichtehelichen Kindes auf Legitimation nach dem Tode des Vaters (§ 1740 e BGB) beginnt frühestens am 3. 10. 1990 (§ 12). Auf das Rechtsverhältnis der Annahme an Kindes Statt nach bisherigem DDR-Recht findet ab 3. 10. 1990 gem. § 13 das Rechtsverhältnis der Annahme als Kind (§§ 1741 f, 1754 ff BGB) Anwendung. Davon macht § 13 Abs. 1 Ausnahmen für bestimmte Rechtsfolgen, die dem Recht der DDR unbekannt waren. Entscheidungen eines Gerichts oder anderen staatlichen Organs über die Aufhebung eines Annahmeverhältnisses bleiben wirksam (§ 13 Abs. 2); dies entspricht Art. 18 und 19 EinigungsV.

f) Vormundschaft

Für bestehende Vormundschaften gelten ab 3. 10. 1990 die Vorschriften des BGB. Bisherige Bestellungen von Vormündern bleiben wirksam (§ 14 Abs. 1 und 2). Führt das Jugendamt oder das Staatliche Notariat eine Vormundschaft, so wird diese als bestellte Amtsvormundschaft i. S. des BGB (§§ 1791 b, 1897 Satz 1 BGB) fortgeführt (§ 14 Abs. 3). Bestehende Pflegschaften unterliegen ab 3. 10. 1990 dem BGB (§ 15).

g) Ehegesetz

Das Ehegesetz gilt nach dem EinigungsV[39] auch im neuen Bundesgebiet, aber mit einer Reihe von Einschränkungen. So bestimmt sich die Wirksamkeit von Ehen, die vor dem 3. 10. 1990 geschlossen wurden, nach DDR-Recht. Die §§ 1 - 21, 28 - 37 finden insoweit keine Anwendung. Ist eine Ehe nach bisherigem Recht nichtig, so bestimmen sich die Folgen der Nichtigkeit nach den §§ 23 - 26 EheG. Dies gilt aber nicht für Ehen, die vor dem 3. 10. 1990 für nichtig erklärt wurden; hier bestimmen sich die Nichtigkeitsfolgen nach bisherigem Recht. Für den Anspruch auf Unterhalt gelten die Vorschriften über den Unterhalt von Ehegatten, deren Ehe vor dem Wirksamwerden des Beitritts geschieden worden ist, entsprechend. Ist ein Ehegatte vor dem Wirksamwerden des Beitritts für tot erklärt worden, so bestimmt sich die Beendigung der Ehe nach dem bisherigen DDR-Recht.

6. Erbrecht (Art. 235 EGBGB)

a) Grundsatz

Für erbrechtliche Verhältnisse bleibt das bisherige Recht maßgebend, wenn der Erblasser vor der Wirksamkeit des Beitritts gestorben ist (§ 1 Abs. 1). Die Regelung entspricht Art. 213 Satz 1 EGBGB.

b) Nichteheliche Kinder

Für nichteheliche Kinder, die vor dem 3. 10. 1990 in der DDR geboren sind, gelten gem. § 1 Abs. 2 anstelle der Vorschriften über den Erbersatzanspruch (§§ 1934 a ff, 2338 a BGB) die Vorschriften des BGB über das Erbrecht des ehelichen Kindes.[40] Die Rechtsstellung dieser nichtehelichen Kinder ist also relativ stärker als die der nichtehelichen Kinder im übrigen Bundesgebiet sowie derjenigen, die ab 3. 10. 1990 geboren sind.

---

39) EinigungsV Anlage I Kap. III B Abschn. III Nr. 11, BGBl II 1990, 954 = *Horn*, RWS-Dok. 2 Nr. I.2.3, S. 5.

40) Nicht die §§ 364 ff ZGB; dies folgt schon aus Art. 8 EinigungsV und Art. 230 Abs. 2 EGBGB.

c) Änderungen im Verwandtenerbrecht und Pflichtteilsrecht

Im übrigen gilt das Erbrecht des BGB uneingeschränkt. Die Bundesbürger der bisherigen DDR müssen sich vor allem beim Verwandtenerbrecht und beim Pflichtteilsrecht auf eine neue Rechtslage einstellen. Denn nach ZGB war der überlebende Ehegatte Erbe erster Ordnung (§ 365 Abs. 1 ZGB) und eine Erbfolge der Eltern oder Geschwister des verstorbenen Ehegatten war neben dem überlebenden Ehegatten ausgeschlossen (vgl. § 367 Abs. 1 ZGB). Nach § 1931 Abs. 1 BGB erbt der überlebende Ehegatte neben Eltern, Geschwistern und Großeltern des Ehegatten nur zur Hälfte, allerdings ggf. um ein weiteres Viertel erhöht gem. § 1371 Abs. 1 BGB. Das Pflichtteilsrecht war im ZGB insofern schwächer ausgestaltet, als Kinder, Enkel und Eltern des verstorbenen Ehegatten nur pflichtteilsberechtigt waren, soweit sie zugleich unterhaltsberechtigt waren (§ 396 Abs. 1 Nr. 2 ZGB).

d) Verfügung von Todes wegen

Die Errichtung oder Aufhebung einer Verfügung von Todes wegen vor dem 3. 10. 1990 richtet sich nach bisherigem DDR-Recht, auch wenn der Erblasser nach dem Wirksamwerden des Beitritts stirbt (§ 2 Satz 1). Im übrigen sind Inhalt und Wirksamkeit der Verfügung immer dann, wenn der Erblasser erst nach diesem Datum stirbt, nach BGB zu beurteilen.[41)] Ist ein gemeinschaftliches Testament vor dem Beitrittsdatum errichtet worden, so ist die Bindung des Erblassers weiterhin nach altem Recht zu beurteilen.

7. Internationales Privatrecht (Art. 236 EGBGB)

Im Bundesgebiet der bisherigen DDR ist gem. Art. 8 EinigungsV das moderne Internationale Privatrecht des EGBGB an die Stelle des RechtsanwendungsG (RAG)[42)] der DDR getreten. Art. 236 EGBGB enthält einige intertemporale Kollisionsregeln zur näheren Bestimmung der Frage, bei welchen Tatbeständen es bei der Maßgeblichkeit

41) Erläut., S. 47 = *Horn*, RWS-Dok. 2 Nr. II.1.1, S. 23.

42) G über die Anwendung des Rechts auf internationale zivil-, familien- und arbeitsrechtliche Beziehungen sowie auf internationale Wirtschaftsverträge - Rechtsanwendungsgesetz - v. 5. 12. 1975, GBl I Nr. 46 S. 748 = *Horn*, RWS-Dok. 1 Nr. 2.6.

des RAG verbleibt. Dies gilt grundsätzlich gemäß § 1 für abgeschlossene Vorgänge; die Norm entspricht Art. 220 Abs. 1 EGBGB. Auch die Wirkungen familienrechtlicher Rechtsverhältnisse, die vor dem 3. 10. 1990 eingetreten sind, sind nach RAG zu beurteilen. Von diesem Zeitpunkt ab unterliegen sie dem IPR des EGBGB (§ 2). Die Norm entspricht Art. 220 Abs. 2 EGBGB. Von diesem Zeitpunkt ab ist auf die güterrechtlichen Wirkungen der Ehe Art. 15 EGBGB anzuwenden (§ 3 Abs. 1 Satz 1).

8. Interlokales Kollisionsrecht

Trotz der weitgehenden Rechtsvereinheitlichung in beiden Teilen Deutschlands aufgrund des EinigungsV und vorangegangener Schritte zur Rechtsangleichung bleiben in einigen Punkten Unterschiede zwischem dem Recht im Gebiet der bisherigen DDR und dem Bundesrecht im übrigen Bundesgebiet. In diesen Fällen muß das jeweils anwendbare Recht nach den Regeln des interlokalen Kollisionsrechts ermittelt werden. Mangels eigener Kodifizierung ist dieses Recht nach h. M. aus den Regeln des Internationalen Privatrechts zu gewinnen.[43] Die Kollisionsregeln können insoweit einheitlich aus dem EGBGB gewonnen werden.

43) Vgl. oben Kap. I 1.

II. Vertragsanpassungen

Rechtsquellen:

- § 14 Änderungs- und AufhebungsVO (ÄndAufhVO) vom 28. 6. 1990, GBl I Nr. 38 S. 512 = *Horn*, RWS-Dok. 1 Nr. 1.10, S. 4;
- Sechster Teil des EGBGB vom 3. 10. 1990 gem. EinigungsV, Anlage I Kap. 3 B Abschn. II Nr. 1, BGBl II 1990, 941 = *Horn*, RWS-Dok. 2 Nr. II.1.1;
- § 32 (D-MarkbilanzG) DMBilG v. 3. 10. 1990 gem. EinigungsV, Anlage II Kap. III D Abschn. I, BGBl II 1990, 1183 = *Horn*, RWS-Dok. 2 Nr. II.4.1, S. 15;
- VO zur Abwicklung der Forderungen und Verbindlichkeiten realisierter Verträge in westlichen Währungen (konvertierbaren Währungen, Clearing-Währungen und Verrechnungseinheiten) und Deutscher Mark gegenüber Devisenausländern und Vertragsparteien in der Bundesrepublik Deutschland und in West-Berlin (ClearingVO) vom 4. 7. 1990, GBl I Nr. 42 S. 662; modifiziert durch EinigungsV, Anlage II Kap. IV Abschn. III Nr. 4, BGBl II 1990, 1199.
- Art. 29 EinigungsV v. 31. 8. 1990, in Kraft seit 3. 10. 1990, BGBl II 1990, 899 = *Horn*, RWS-Dok. 2 Nr. I.1.3;
- Bürgerliches Gesetzbuch, inbes. § 242.

1. Problemüberblick

Die tiefgreifenden Veränderungen des Wirtschaftssystems der DDR, insbesondere die Währungs- und Wirtschaftsunion einschließlich der Veränderung bestehender Geldforderungen, die Veränderungen des Preisgefüges, der Wegfall der Subventionierungen bestimmter Produkte und Leistungen, die Einführung von Wettbewerb und der Wandel aller außenwirtschaftlichen Beziehungen haben vielfach ein Bedürfnis nach Anpassung bestehender Verträge an die neuen Verhältnisse begründet. Dabei lassen sich die folgenden Problemkreise unterscheiden.

(1) Der Eingriff in bestehende Geldforderungen und -schulden durch die Währungsunion, insbesondere die Umstellung 2:1,[1] stellt einen gesetzlichen Eingriff in bestehende Verträge aufgrund der staatlichen Währungshoheit dar. Man mag diesen Eingriff insofern als Vertragsanpassung in einem weiteren Sinn bezeichnen, als die Währungsumstellung selbst eine gesamtwirtschaftliche Anpassung bezweckt. Der Tatbestand ist gleichwohl nicht zur eigentlichen Vertragsanpassung zu rechnen. Eine solche währungshoheitliche Forderungsumstellung kann

1) Allg. oben Kap. 1 II 3 c.

vielmehr als ein äußerer Umstand, der auf den Vertrag einwirkt, weitere Probleme der Vertragsanpassung auslösen. Diese Probleme sind für Unternehmen im DMBilG geregelt (unten 2 c).

(2) Im Bereich des allgemeinen Vertragsrechts, insbesondere des Handelsverkehrs, werfen vor allem Dauerschuldverhältnisse und langfristige Lieferverträge Anpassungsprobleme auf (dazu i. f. 2 und IV. 2).

(3) Besondere Probleme ergeben sich bei Lieferverträgen im Bereich der Außenhandelsbeziehungen einschließlich des ehemaligen innerdeutschen Handelsverkehrs (i. f. 3).

Ungeachtet der teilweise getroffenen besonderen Anpassungsregelungen läßt sich ein allgemeiner Lösungsansatz dadurch gewinnen, daß man die allgemein anerkannten Grundsätze über die grundlegende Veränderung der Vertragsumstände heranzieht, die unter dem (ungenauen) Begriff des "Wegfalls der Geschäftsgrundlage" zusammengefaßt werden. Es handelt sich um einen Ausnahmetatbestand, der aber in der hier betrachteten Gesamtsituation weitaus häufiger als sonst erfüllt sein kann. Die genannten Grundsätze sind sowohl im binnenwirtschaftlichen Bereich unter deutschem Recht relevant[2] als auch im außenwirtschaftlichen Bereich, wo andere Rechtsordnungen eingreifen können.[3] Allgemeine Rechtsfolge ist nicht in erster Linie eine Vertragsaufhebung, sondern Vertragsanpassung; der Weg dazu ist eine Verpflichtung der Parteien zur Neuverhandlung.[4] Im Außenwirtschaftsbereich bei internationalen Beziehungen bleibt die Neuverhandlung meist faktisch die letzte Instanz, die über die Vertragsanpassung entscheidet. Im Binnenwirtschaftsbereich kann die letzte Entscheidung einem Gericht zufallen, das diese Entscheidung aber unter Berücksichtigung der Verhandlungslage und einer etwaigen Verletzung der Neuverhandlungspflicht trifft.[5]

---

2) Allg. *Horn*, Vertragsdauer als schuldrechtliches Regelungsproblem, S. 551 ff, 576 ff; *ders.*, Neuverhandlungspflicht, AcP 181 (1981), 255 ff.

3) Allg. *Horn*, (Hrsg), Adaptation and Renegotiation of Contracts in International Trade and Finance.

4) Zur Neuverhandlungspflicht *Horn*, AcP 181 (1981), 255.

5) So vor allem die Lösung in § 32 Abs. 2 Satz 3 DMBilG (unten 2 c); damit erledigt sich der denkbare Einwand, die Neuverhandlungspflicht der Parteien sei sanktionslos.

2. Allgemeines Vertragsrecht

a) Vorbemerkung. Miete und Pacht

Im EinigungsV wurde das Gesetz über die richterliche Vertragshilfe von 1952 nicht auf das Gebiet der früheren DDR erstreckt.[6] Der Grund dafür war, daß es sich um eine spezifische Regelung des Kriegsfolgenrechts handelt, die durch Zeitablauf ihre praktische Bedeutung verloren hat.[7] Im EinigungsV wurde aber auch darauf verzichtet, eine neue, ähnliche Regelung zu schaffen.[8] Dies erschien auch entbehrlich, weil die Grundsätze über den sog. Wegfall der Geschäftsgrundlage zur Verfügung stehen (unten d).

Ein besonders schwieriges Anpassungs- und Überleitungsproblem ergibt sich bei den bestehenden Miet- und Pachtverträgen in der ehemaligen DDR. Die hier im EGBGB getroffene Regelung hat ein zeitlich begrenztes Sonderrecht geschaffen, das weder eine reine intertemporale Kollisionsregelung darstellt noch sich in der Regelung einer einmaligen Anpassung erschöpft. Dies ist gesondert zu erörtern (unten IV 2).

b) Bankverträge (Kredite, Konten)

aa) Anpassung der Konditionen

Die bis zum 30. 6. 1990 abgeschlossenen Kreditverträge konnten nach § 14 ÄndAufhVO an die ab 1. 7. 1990 geltenden Konditionen angepaßt werden. Dazu wurden die Kreditinstitute berechtigt, "den Zinssatz für Kredite durch einseitige Erklärung gegenüber dem Schuldner in marktüblicher Höhe festzulegen". Die Regelung betraf Altkredite an Unternehmen auf Grundlage der KreditVO von 1982 und ihrer Nachfolgebestimmungen sowie aufgrund der AO über die Kreditgewährung an private Handwerks- und Gewerbebetriebe (Abs. 1 Satz 1), ferner Teilzahlungskredite aufgrund der AO Nr. 4 v. 22. 6. 1964 (Abs. 2). Die Anpassungsregelung galt nicht für die hochsubventionierten

---

6) EinigungsV Anlage I Kap. III B Abschn. I Nr. 1, BGBl II 1990, 941 = *Horn*, RWS-Dok. 2 Nr. I.2.3.

7) Erläut., S. 36 = *Horn*, RWS-Dok. 2 Nr. II.1.1, S. 12.

8) Zu den verschiedenen Vertragshilferegelungen vgl. die Nachweise bei *Staudinger/J. Schmidt*, § 242 Rz. 245.

und z. T. zinslosen Wohnungsbaukredite nach der EigenheimVO und die ebenfalls zinssubventionierten Ehestandskredite. Wegen Wegfalls der Subventionierung der Wohnungsbaukredite wurde die Anpassung in der Praxis von den Banken gleichwohl vollzogen. Die Bundesregierung hat die Subventionierung im November 1990 für die Zeit bis 3. 10. 1990 nachgeholt, so daß die bis dahin zuviel gezahlten Zinsen den Kreditnehmern zurückzuerstatten sind.

Die Kreditinstitute erhielten durch § 14 ÄndAufhVO ein einseitiges Leistungsbestimmungsrecht ähnlich dem vertraglichen Leistungsbestimmungsrecht des § 315 BGB. Es ging um eine einschneidende Änderung, weil das Zinsniveau in der sozialistischen Planwirtschaft extrem niedrig war und die Anpassung an einen Kreditmarkt mit freier Zinsbildung zunächst einen Schock für die Bevölkerung der DDR bedeuten mußte. Das Mißverständnis lag nahe, daß das Leistungsbestimmungsrecht der Banken dafür mitverantwortlich sei, obwohl es nur ein Mittel der Ausführung war. Die Anpassungsregelung war notwendig geworden, weil sich mit Einführung der Währungsunion die Refinanzierungsbedingungen der Kreditinstitute vollständig geändert hatten.

Bei der Ausübung des Rechtes durfte die Festsetzung des neuen Zinssatzes nicht über dem Zins für neu ausgereichte Kredite liegen; die "marktübliche Höhe" bildete eine Begrenzung. Der Kreditnehmer hatte ein Kündigungsrecht, so daß er den Kredit ablösen und sich anderweitig einen Kredit verschaffen konnte, wenn er mit der Leistungsbestimmung nicht einverstanden war. Die bis zum 30. 6. 1990 vereinbarten Sicherheiten bleiben bestehen (§ 14 Abs. 1 Satz 3 ÄndAufhVO). Die Vertragspartner können aber die Bestellung der Sicherheiten künftig frei vereinbaren (Abs. 1 Satz 4) (s. auch unten V).

Kreditverträge, die vor dem 3. 10. 1990 abgeschlossen sind und daher nach allgemeinen Grundsätzen (Art. 232 § 1 EGBGB) weiterhin DDR-Recht unterliegen, sind für den Kreditnehmer gemäß § 609 a BGB kündbar, falls sie nach dem 30. 6. 1990 geschlossen sind (Art. 232 § 8 EGBGB). Der Kreditnehmer ist also unter den dort genannten Voraussetzungen gegen eine ihn belastende lange Bindung an Kreditverträge geschützt.

bb) Änderung des Vertragsstatuts

Im Hinblick auf Konto- und Sparkontoverträge, die am 3. 10. 1990 bestanden, wurden die Kreditinstitute durch Art. 232 § 7 EGBGB berechtigt, durch einseitige Erklärung gegenüber dem Kunden zu bestimmen, daß auf den Vertrag BGB und die allgemein verwendeten AGB Anwendung finden (Satz 1).[9] Dabei genügte Bekanntgabe der für den Kunden relevanten AGB.[10] Der Kontoinhaber konnte den Vertrag binnen eines Monats nach Zugang der Erklärung an ihn kündigen (Satz 2). Es handelt sich auch hier um ein einseitiges Leistungsbestimmungs- bzw. Leistungsänderungsrecht.

Die Besonderheit liegt darin, daß die Änderung hier nicht den Leistungsinhalt, sondern die rechtliche Ausgestaltung des Vertrages, nämlich das Vertragsstatut und die anwendbaren AGB, betrifft. Gegen ein einseitiges Bestimmungsrecht einer Vertragspartei in dieser Hinsicht bestehen an sich grundsätzliche Bedenken.[11] Denn für die Änderung oder gar Neueinführung von AGB auch in Verträgen der Banken mit ihren Kunden ist grundsätzlich am Erfordernis des Vertrags festzuhalten, wenngleich ggf. unter erleichterten Voraussetzungen.[12] Die Regelung ist aber durch den außergewöhnlichen Vorgang der Rechtsangleichung an das Recht der Bundesrepublik gerechtfertigt. Das Problem wird ferner dadurch reduziert, daß dem Kunden ein Kündigungsrecht verbleibt, sein Wille also letztlich den Ausschlag gibt. Da die Banken bereits vor dem 3. 10. 1990 im allgemeinen gleiche AGB wie im Westen der Bundesrepublik eingeführt haben, sind die praktischen Auswirkungen der Regelung nicht groß.

---

9) Das HGB war schon vorher in neuer Fassung ab 1. 7. 1990 als DDR-Recht anwendbar geworden; vgl. allg. unten III 2 b.

10) Spezielle AGB werden ohnehin erst später fallweise bei Beginn des Geschäfts einbezogen, z. B. Depoteröffnung.

11) Allg. *Horn*, in: Wolf/Horn/Lindacher, § 23 Rz. 149, 459.

12) Allg. *Horn*, aaO, Rz. 620 ff, 624 ff.

c) Festsetzung und Anpassung von Leistungen in DM (§ 32 DMBilG)

aa) Neufestsetzung von Preisen

Für zahlreiche Lieferverträge, Dauerschuldverhältnisse und andere Verträge, die vor dem 30. 6. 1990 begründet wurden, trifft das DMBilG eine Regelung zur Klärung und Anpassung der aus diesen Altverträgen entstandenen Geldforderungen. § 32 Abs. 1 regelt den Fall, daß ein vor dem 30. 6. 1990 geschlossener Vertrag vorliegt, der noch nicht (vollständig) erfüllt ist und Preise vorsieht, die bisher nach staatlichen Preisvorschriften festgelegt wurden, aber einer Preisbindung nicht mehr unterliegen. Im Grunde sind bei diesem Sachverhalt meist weitere Faktoren zu berücksichtigen, die im gesetzlichen Tatbestand nicht erfaßt sind, nämlich die völlige Veränderung des Preisgefüges, der Wegfall von Subventionen und andere gravierende Umstände.

§ 32 Abs. 1 DMBilG gibt dem Geldgläubiger ein einseitiges Recht zur Preisfestsetzung. Es ist dem Leistungsbestimmungsrecht der §§ 315, 316 BGB zu vergleichen.[13)] Die getroffene Bestimmung ist für den anderen Teil nur verbindlich, wenn sie der Billigkeit entspricht; andernfalls ist sie durch Gerichtsurteil zu treffen. Gleiches gilt bei Verzögerung der Bestimmung (Abs. 1 Satz 2).

bb) Vertragsanpassung durch Neuverhandlung

§ 32 Abs. 2 DMBilG behandelt den Tatbestand der durch Währungsumstellung geschaffenen Störung der Geschäftsgrundlage, die ein Anpassungsproblem erzeugt (vgl. auch oben 1 a. E.). Die Norm bezieht sich auf Geldforderungen aus schwebenden (d. h. nicht auf beiden Seiten vollständig erfüllten) Verträgen, insbesondere Dauerschuldverhältnissen, die vor dem 1. 7. 1990 entstanden sind und nach den Vorschriften des StaatsV über die Währungsunion umgestellt wurden. Hier wird eine Vertragsanpassung für den Fall ermöglicht, daß durch die Umstellung das ursprüngliche Gleichgewicht von Leistung und Gegenleistung erheblich verschoben wurde und dadurch einem oder beiden

13) So auch Erläut., S. 91 = *Horn*, RWS-Dok. 2 Nr. II.4.1, S. 52.

Vertragspartnern ein nicht zumutbarer Nachteil zu entstehen droht. Die letztgenannten Merkmale der Äquivalenzstörung und des nicht zumutbaren Nachteils sind Kriterien des sog. Wegfalls der Geschäftsgrundlage.[14)]

Jeder Vertragspartner kann verlangen, daß der andere Vertragspartner seine Leistung nach billigem Ermessen neu festsetzt (Abs. 2 Satz 1). Es handelt sich hier nicht nur um ein Leistungsbestimmungsrecht i. S. d. §§ 315, 316 BGB, sondern weitergehend um eine formalisierte Neuverhandlungspflicht im Wechselspiel von Aufforderung und Leistungsfestsetzung.[15)] Hervorzuheben ist, daß hier beide Leistungen, also auch die Sachleistung, neu festgesetzt werden können. Die Leistungsfestsetzung braucht nicht hingenommen zu werden, wenn sie nicht der Billigkeit entspricht (Abs. 2 Satz 2). Letztlich kommt es also auf die Einigung an. Enspricht die Leistungsbestimmung nicht der Billigkeit oder wird sie verzögert, so wird die Bestimmung durch Urteil getroffen (Abs. 2 Satz 3). Es handelt sich beidesmal um den Fall, daß eine Einigung im Neuverhandlungsprozeß nicht erzielt wurde, weil die Leistungsbestimmung nicht akzeptabel oder überhaupt nicht getroffen wurde. Dann tritt die gerichtliche Entscheidung an ihre Stelle. Dabei sind der Stand der Verhandlungen und das Verhalten der Parteien bei dieser Neuverhandlung zu berücksichtigen.[16)]

d) Neuverhandlung und Anpassung gem. § 242 BGB

Die Regelung in § 32 DMBilG, insbesondere in Abs. 2, ist Ausdruck der Rechtsgedanken des sog. Wegfalls der Geschäftsgrundlage, d. h. einer Störung der vertraglichen Leistungsäquivalenz aufgrund äußerer Umstände mit der Folge unzumutbarer Nachteile für eine oder beide Vertragsparteien, die die belastete Partei nach Inhalt oder Sinn des Vertrages nicht übernommen hatte. Rechtsfolge ist eine Vertragsanpassung, seltener eine vollständige Aufhebung der Vertragspflichten, wobei die Anpassung primär durch Neuverhandlung, letztlich durch Gerichtsurteil zu vollziehen ist.[17)] Allgemeine gesetzliche Grundlage für dieses Rechtsinstitut ist § 242 BGB. Es handelt sich um einen sub-

14) *Horn*, Vertragsdauer, S. 578 ff, 636 ff.
15) Zur Neuverhandlungspflicht oben 1 a. E und sogleich unten d.
16) Zu dieser Sanktion auch oben 1 a. E. und *Horn*, Vertragsdauer, S. 641 f; s. auch i. f. d.
17) *Horn*, AcP 181 (1981), 255 ff; vgl. auch oben 1 a. E. und 2 a und c.

sidiär anzuwendenden Auffangtatbestand, sofern die dargestellten speziellen Regelungen, insbesondere § 32 DMBilG, nicht eingreifen. Je nachdem ob man die Tatbestandsmerkmale dieser Norm weiter oder enger auffaßt, bleibt der Rückgriff auf § 242 BGB entbehrlich. Das rechtliche Ergebnis bleibt dasselbe.

§ 32 DMBilG bezieht sich nur auf solche Fälle, in denen die Umstellung von Altforderungen zur Störung der vertraglichen Äquivalenz führt. Es wurde schon bemerkt, daß man zusätzlich andere mit der Umstellung des Währungssystems zusammenhängende Faktoren, insbesondere Änderungen des Preisgefüges und Wegfall von Subventionen, in Betracht ziehen muß. Es ist jedoch zweifelhaft, ob die Berücksichtigung dieser Faktoren durch die Vorschrift ebenfalls erfaßt werden soll. Aus dem Wortlaut allein ergibt sich dies noch nicht.

Nicht vom Tatbestand dieser Norm erfaßt sind solche Fälle, in denen die Währungsumstellung selbst nicht zu einer Äquivalenzstörung führt, sondern letztere allein auf anderen Faktoren beruht, etwa der Veränderung des Preisgefüges oder dem Wegfall von Subventionen, oder auch auf der Öffnung der Märkte unter Wegfall der Konkurrenzfähigkeit der vertraglich zu liefernden Produkte. Hier wird man auf die bereits genannten allgemeinen Grundsätze des Wegfalls der Geschäftsgrundlage gemäß § 242 BGB zurückgreifen müssen. Dies gilt auch für zahlreiche Fälle, in denen es nicht um die Währungsumstellung von Altforderungen geht, sondern andere Dauerschuldverhältnisse, z. B. langfristige Kooperationsverträge, wie sie zahlreich bereits vor dem 1. 7. 1990, aber auch in der Zeit danach bis zum 3. 10. 1990 geschlossen wurden.

Wenn hier auf § 242 BGB zurückzugreifen ist, so ist zugleich zu fragen, ob diese Norm überhaupt auf Altverträge anwendbar ist. Formal betrachtet erscheint dies zunächst wegen des erörterten Prinzips der Unwandelbarkeit des Vertragsstatuts (Art. 232 § 1 EGBGB) auch nach dem 3. 10. 1990 nicht möglich. Keine generelle Lösung bieten die begrenzten Ausnahmen vom letzteren Prinzip für bestimmte Dauerschuldverhältnisse, so für Pflege- und Wartungsverträge und Verträge über wiederkehrende persönliche Dienstleistungen (Art. 232 § 6 EGBGB). Denn damit werden nicht alle Fälle erfaßt. Die Lösung liegt darin, daß jedenfalls die Grundgedanken des § 242 BGB schon ab 17. 6. 1990 Teil des alten Vertragsstatuts wurden. Denn bereits durch die Verfassungsgrundsätze vom 17. 6. 1990, ferner durch den StaatsV und die ihm folgende Änderung des Zivilrechts, ist eine Anerkennung des Prinzips von Treu und Glauben i. S. des westlichen Rechts erfolgt (dazu unten III 2). Die genannten Grundsätze des Wegfalls der Geschäftsgrundlage konnten also jedenfalls auf Verträge ab 1. 7. 1990 angewandt werden. Aber auch für Altverträge, die vor diesem Datum geschlossen wurden, sind trotz Fortbestandes des alten Vertragsstatuts nunmehr diese Grundsätze maßgebend, weil das Vertragsstatut selbst sich insoweit veränderte und nur mit diesem Inhalt (d. h. Grundsätze des § 242 BGB) weiter besteht.

3. Verträge im Außenwirtschaftsverkehr

a) Clearing der Altforderungen nach der ClearingVO

Gemäß dem Außenhandelsmonopol des sozialistischen Staates wurden alle Ex- und Importgeschäfte über die staatlichen Außenhandelsbetriebe (AHBs) als zwischengeschaltete Vertragspartner abgewickelt. Bei Altforderungen und -verbindlichkeiten, die im innerdeutschen Handel oder im Außenhandel der DDR vor dem 30. 6. 1990 begründet wurden, sind also die AHBs zwischengeschaltete Schuldner und Gläubiger. Die ClearingVO vom 4. 7. 1990[18] regelt das Clearing und die Abwicklung der Forderungen und Schulden und zugleich die Abwicklung der AHBs selbst.

Die VO unterscheidet zwischen realisierten Verträgen, bei denen die Sachleistungen erbracht sind, und nicht realisierten Verträgen, bei denen Lieferungen und Leistungen noch zu erbringen sind.[19] Die AHBs gehen mit ihren Geldforderungen und -verbindlichkeiten aus realisierten Export- und Importverträgen in Abwicklung (§ 2 Abs. 1 Satz 1 VO).[20] Die Tilgung der Verbindlichkeiten gegenüber ausländischen Vertragspartnern erfolgt aus dem Guthaben der AHB in Abwicklung aus DM-Anlagen bei der DABA = Deutsche Ausgleichsbank (Importguthaben) und Forderungen an den Ausgleichsfonds (§ 10 Abs. 3).

---

18) VO v. 4. 7. 1990, GBl I Nr. 42 S. 662.

19) Die Begriffsverwendung erscheint allerdings nicht ganz konsistent. Im o. a. Sinn wird sie verwendet in der Überschrift der VO i. V. m. § 1 sowie in § 7 Abs. 2. § 6 Abs. 1 spricht dagegen von nicht realisierten (= nicht erfüllten) Geldforderungen.

20) Zur Abwicklung Kap. 4 IV 6.

Von den AHB in Abwicklung sind bis zum 31.12. 1990 schrittweise die nicht erfüllten ("nicht realisierten") Forderungen und Verbindlichkeiten auszusondern und an eine von der Treuhandanstalt[21] zu gründende spezielle Kapitalgesellschaft zu übertragen (§ 6 Abs. 1 Satz 1). Forderungen und Verbindlichkeiten aus nicht realisierten Verträgen, bei denen also die Sachlieferung oder Leistung noch nicht erfolgt ist, sind einschließlich der erhaltenen bzw. vorgenommenen Anzahlungen von Kapitalgesellschaften zu übernehmen, die von den AHBs mit verfügbaren Teilen ihres Vermögens gegründet werden können und als Nachfolgegesellschaften der AHBs fungieren (§ 7 Abs. 2 i. V. m. § 4).[22]

Die VO regelt die aus der Abwicklungstätigkeit entstehenden Kosten der AHB, soweit sie diese nicht selbst aus ihrem Vermögen decken kann (§ 12). Eine Haftung des Staates für verbleibende überschießende Schulden ergibt sich letztlich aus Art. 24 EinigungsV.[23] Für die Kosten der Abwicklung ist dies ausdrücklich im EinigungsV festgelegt.[24]

b) Vertragsanpassung

Das Problem einer Vertragsanpassung stellt sich vor allem für die sog. "nicht realisierten" Export- und Importverträge, bei denen also die Lieferung oder Leistung noch nicht oder noch nicht vollständig erbracht ist. Die ClearingVO regelt zwar die Übertragung dieser Forderungen und Schulden, wie gezeigt, auf eine spezielle Kapitalgesellschaft, gibt aber keine Rechtsgrundlage für eine Vertragsanpassung. Äquivalenzstörungen und Anpassungsprobleme können hier aus vielfältigen Gründen entstehen. Dazu gehört z. B. der Fall, daß ein DDR-Betrieb Güter, die er nur mit hohen Kosten produzieren konnte, zu niedrigen Wettbewerbspreisen auf dem Weltmarkt anbot und über ihre Lieferung Verträge schloß, weil er mit massiven staatlichen Subventionen rechnen konnte, die nunmehr weggefallen sind.

Manche von der DDR zu liefernden Produkte waren auch durch Veränderung der Märkte plötzlich nicht mehr gefragt und die Abnehmer

---

21) Zur Treuhandanstalt unten Kap. 4 III.
22) Vgl. dazu auch unten Kap. 4 IV 6.
23) Unten c und allg. Kap. 1 IV 3 c.
24) EinigungsV Anlage II Kap. IV Abschn. III Nr. 4, BGBl II 1990, 1199.

suchten, von den Verträgen loszukommen. Im Bereich des RGW-Handels waren zahlreiche Verträge über Kompensationshandel (reziproke Abnahmeverpflichtungen) für einen oder mehrere Partner nicht mehr attraktiv, sondern zu einer schweren wirtschaftlichen Bürde geworden. Im Bereich des früheren RGW wurde mit der (bevorstehenden) Abschaffung des Transferrubels[25)] und dem Wegfall der Subventionierung das Preisgefüge völlig verändert. Viele Lieferverpflichtungen konnten auch wegen Vertragsuntreue der Zulieferer nicht oder nicht rechtzeitig erfüllt werden.

Im internationalen Handelsverkehr sind auf der Grundlage verschiedener nationaler Rechte und vor allem im Spiegel einer verbreiteten Kautelarpraxis Grundsätze anerkannt, nach denen bei tiefgreifender Veränderung der Vertragsumstände eine Anpassung des Vertrages im Wege der Neuverhandlung verlangt werden kann.[26)] Auf diese Grundsätze ist zurückzugreifen. Sie sind nicht anwendbar, wenn ein bestimmtes Risiko ausdrücklich oder nach dem Sinn des Vertrages von einer Partei allein übernommen ist. Ein Sonderfall der Anpassungsproblematik ergibt sich daraus, daß das ehemalige DDR-Gebiet ab 3. 10. 1990 unter die Meistbegünstigungsklausel z. B. im Handel mit den USA fällt. Daraus ergeben sich Zollreduzierungen. Diese wiederum können zu Dumping-Vorwürfen führen. Das Wirtschaftsministerium der DDR erwog daher Ende September 1990 die Vereinbarung von Preiserhöhungen, um diesen Vorwurf zu entkräften.[27)]

c) Außenwirtschaftsverbindlichkeiten und Außenwirtschaftsbeziehungen der früheren DDR

Die Gesamtverschuldung des Republikhaushalts der DDR wird zum 3. 10. 1990 von einem nicht rechtsfähigen Sondervermögen des Bundes übernommen (Art. 23 EinigungsV). Dazu gehören auch die im staatlichen Außenhandel der DDR begründeten Verbindlichkeiten. Ihre Abwicklung erfolgt auf Weisung und unter Aufsicht des Bundesministers der Finanzen (Art. 24 Abs. 1 EinigungsV). Forderungen und Verbind-

---

25) Allg. *Belkin/Kazmin/Trimailo*, BankArchiv 1990, 585 ff.

26) *Horn* (Hrsg.), Adaptation and Renegotiation of Contracts in International Trade and Investment, insbes. S. 15 ff, 173 ff.

27) Pressemitteilung des Wirtschaftsministeriums der DDR v. 24. 9. 1990 (AFP), abgedruckt z. B. in FAZ v. 25. 9. 1990.

lichkeiten, die auf der Mitgliedschaft der DDR oder ihrer Einrichtungen im RGW beruhen, können Gegenstand gesonderter Regelungen der Bundesrepublik sein (Art. 24 Abs. 3 EinigungsV).

Nach Art. 29 EinigungsV ist "Vertrauensschutz" für die gewachsenen außenwirtschaftlichen Beziehungen der DDR, insbesondere die bestehenden vertraglichen Verpflichtungen gegenüber den Ländern des RGW, vereinbart (Abs. 1 Satz 1). Es handelt sich um eine (nur inter partes wirkende) politische Verpflichtung, gegenüber den anderen Ländern um eine Absichtserklärung. Die Bundesrepublik Deutschland ist mit dem Beitritt der DDR nicht automatisch Rechtsnachfolgerin aller völkerrechtlichen Verträge der DDR geworden und damit nicht automatisch Schuldner aller Verpflichtungen der DDR auf dem Gebiet des Wirtschaftsvölkerrechts oder Gemeinschaftsrechts des RGW.[28)]

Bei den einzelnen bestehenden Lieferverträgen mit entsprechender Vertragshaftung der AHBs der DDR (die im Rahmen der völkerrechtlichen Vereinbarungen abgeschlossen wurden) kann wiederum, insbesondere bei noch nicht abgewickelten Leistungen und Lieferungen, eine Vertragsanpassung im Wege der Neuverhandlung geboten sein, wobei die allgemein im internationalen Wirtschaftsverkehr anerkannten Grundsätze zu beachten sind (oben b).

d) Anpassungen nach dem Londoner Schuldenabkommen

Das Londoner Schuldenabkommen vom 27.2. 1953[29)] zur Regelung der deutschen Auslandsschulden enthält in Art. 25 eine Klausel zur Anpassung bestimmter Schulden, die 1953 nicht beglichen wurden, im Fall der Wiedervereinigung Deutschlands (Wiedervereinigungsklausel). Die darin vorgesehene "Nachprüfung" durch die Parteien stellt eine Neuverhandlungsklausel dar; vorrangig gelten spezielle Anpassungsregelungen. Eine solche ist getroffen für Zinsrückstände aus den Jahren 1945 - 1952 für bestimmte Auslandsanleihen des Deutschen Reiches (Dawes-Anleihe 1924; Young-Anleihe 1930; Kreuger-Anleihe 1930). Über diese Zinsrückstände ("Schattenquoten") sind besondere Bezugscheine ausgegeben worden. Dafür sind jetzt verzinsliche Fun-

---

28) Vgl. oben Kap. 1 IV 1 d.

29) BGBl II 1953, 333.

dierungsschuldverschreibungen auszugeben;[30] erneute Verhandlungen mit den Gläubigern über eine Barablösung, die der Bund hätte wählen können, sind nicht vorgesehen.[31] Für die Young-Anleihe ist eine besondere Wertsicherungsklausel zu beachten[32]. Die Anpassungsklausel des Art. 25 des Londoner Abkommens ist auch für andere Altschulden von Bedeutung.[33]

30) Vgl. zu den Einzelheiten die Bekanntmachung über Zinsrückstände aus Auslandsschulden des Deutschen Reiches nach dem Londoner Schuldenabkommen, BAnz. Nr. 191 v. 12. 10. 1990, S. 5361 (= WM 1990, 1894).

31) *Jaeckel*, WM 1990, 1738; vgl. auch *Glasemann*, Das Wertpapier 1990, 1168 - 1170; 1990, 1216 f.

32) Vgl. dazu Die Wertsicherung der Young-Anleihe, hrsg. v. Max-Planck-Institut Hamburg, 1984, mit Beiträgen von *Braun*, *Carreau*, *Hirschberg* und *Horn*.

33) *Jaeckel*, WM 1990, 1738; *Glasemann*, Das Wertpapier 1990, 1168 u. 1216.

III. Das Vertragsrecht des Sozialismus und in der Übergangszeit

1. Sozialistisches Recht

Rechtsquellen:

- Zivilgesetzbuch der DDR (ZGB) vom 19. 6. 1975, GBl I 1975 Nr. 27 S. 465 = *Horn*, RWS Dok. 1, Nr. 2.1; Änderungen s. unten 2; aufgehoben ab 3. 10. 1990;
- Einführungsgesetz zum Zivilgesetzbuch der DDR vom 19. 6. 1975, GBl I Nr. 27 S. 517 = *Horn*, RWS-Dok. 1, Nr. 2.2; Änderungen s. unten 2; aufgehoben ab 3. 10. 1990;
- Gesetz über internationale Wirtschaftsverträge - GIW - vom 5. 2. 1976, GBl I Nr. 5 S. 61 = *Horn*, RWS-Dok. 1 Nr. 2.5; Änderungen ab 1. 7. 1990 s. unten 2; aufgehoben ab 3. 10. 1990;
- G über das Vertragssystem in der sozialistischen Wirtschaft - VertragsG (VG) - vom 25. 3. 1982, GBl I Nr. 14 S. 293; aufgehoben ab 1. 7. 1990.

a) Überblick. Trennung von Privatrecht und Wirtschaftsrecht

Entsprechend der strengen Trennung von privatem Bereich und Wirtschaftsbereich[1] im sozialistischen Wirtschafts- und Gesellschaftssystem, die vor allem durch die Eigentumsordnung bewirkt wurde, war das Vertragsrecht gespalten und hierarchisch wie folgt gegliedert:

- Das ZGB galt für die Verträge der Bürger untereinander und der Bürger mit den Wirtschaftseinheiten (§ 1 Abs. 2 Satz 2 ZGB);
- Das VG[2] regelte die vertraglichen Kooperationsbeziehungen der sozialistischen Wirtschaftseinheiten untereinander;[3]
- Das Gesetz über internationale Wirtschaftsverträge (GIW) regelte die Verträge der sozialistischen Wirtschaftseinheiten mit ausländischen Partnern im internationalen Wirtschaftsverkehr, sofern die Partner DDR-Recht vereinbart hatten oder dieses sonst Vertragsstatut war (§ 1 Abs. 1 GIW);
- in den Beziehungen der sozialistischen Staaten untereinander als Mitgliedern des Rates für gegenseitige Wirtschaftshilfe galten be-

1) Vgl. oben Kap. 1 III 1.
2) G v. 25. 3. 1982, GBl I Nr. 14 S. 293; zuvor galt das VG v. 25. 2. 1965, GBl I S. 107.
3) Grundsätzlich dazu *Pleyer*, AcP 181 (1981), 459.

sondere multilaterale und bilaterale Vertragsregelungen für die internationalen Wirtschaftsverträge;[4]

- Für den internationalen Warenkauf galt für die DDR ab 1. 3. 1990 das UN-Kaufrecht[5].

b) Kennzeichnung des ZGB

aa) Das Sozialmodell des ZGB

Das ZGB war für die engen Verhältnisse des sozialistisch bevormundeten Bürgers konzipiert, der unter Ausschaltung der Privatautonomie vom Wirtschaftsleben ferngehalten wurde.[6] Es regelte die Rechtsverhältnisse der privaten Bürger untereinander und als Konsumenten mit den Wirtschaftseinheiten. Die Zivilrechtsverhältnisse dienten ausschließlich der staatlich gesteuerten Versorgung und in diesem Rahmen der Bedürfnisbefriedigung.[7] Die Dispositionsfreiheit des Bürgers zum Abschluß von Verträgen (§ 8 Abs. 2 ZGB) beschränkte sich weitgehend darauf, die Form der Inanspruchnahme der begrenzten staatlichen Versorgungsangebote zu bestimmen.

Eine Privatautonomie i. S. westlicher Rechtsauffassungen war nach h. M. auch der DDR-Literatur ausgeschlossen.[8] Die Bürger durften sich lediglich "zu allseitig gebildeten sozialistischen Persönlichkeiten" entwickeln, wie es in § 1 Abs. 1 ZGB ausdrücklich heißt, aber "die Entscheidungen der staatlichen Organe bilde(te)n die Grundlage für die Tätigkeit der Betriebe und die Versorgung der Bürger" (§ 5 Abs. 1 Satz 3 ZGB). Die Freiheit zum Aushandeln eines Preises war weitgehend ausgeschaltet; der staatlich gesetzte Preis war maßgebend (§ 62 Abs. 1 ZGB). Für bestimmte Verträge galten zwingend staatlich verordnete Vertragsbedingungen (§ 46 ZGB).

Der Ausschluß der privaten Bürger von eigenverantwortlicher aktiver Wirtschaftstätigkeit wurde durch die Eigentumsordnung der Verfassung und des ZGB vervollständigt (dazu auch unten Kap. 3). Die Ein-

---

4) Vgl. *Stargardt*, ZIP 1990, 471 ff, 473 m. w. N.
5) Vgl. dazu und zu der durch den Beitritt bewirkten völkerrechtlichen Problematik *Herber*, BB 1990, Beilage 37, S. 1 ff; allg. oben Kap. 1 IV 1 d.
6) Vgl. oben Kap. 1 III 1.
7) *Westen/Schleider*, S. 60.
8) *Mühlmann*, StuR 1974, 80 ff; *Ranke*, NJ 1975, 532 ff, 535; allg. *Westen/Schleider*, S. 227 ff.

schränkung der Vertragsfreiheit spiegelt sich auch in den einzelnen Vertragsverhältnissen. Einen Kredit bei einer Bank z. B. konnte der Bürger nur zu staatlich festgelegten Zwecken erhalten, etwa zur Familiengründung. Diese Zweckbindung mußte Teil des Kreditvertrages werden (§ 241 Abs. 1 Satz 2 ZGB).[9] Ein anderes eklatantes Beispiel bietet das Mietrecht (dazu unten IV).

bb) Die Regelungstechnik des ZGB

Das ZGB ist erheblich kürzer als das BGB und zeichnet sich allgemein durch eine Vereinfachung und Kürzung der Normbestände aus. Gerade diese Kürze wurde früher auch bisweilen von westlichen Rechtsvergleichern als Pioniertat gepriesen, erweist sich aber zumeist als bloße Verstümmelung der Rechtsinstitute. So besteht z. B. das ganze Bürgschaftsrecht nur aus zwei Paragraphen (§§ 450, 451). Auch das Kreditsicherungsrecht ist erheblich verkürzt (dazu unten V).

Zu den Vorzügen des ZGB gehörte das erkennbare Bemühen um eine einfache und klare, auch dem Nicht-Juristen verständliche Sprache. Bei der Redaktion des ZGB hatte man auch Nichtjuristen zugezogen, deren Rat bisweilen gegen rechtstechnische Überlegungen den Ausschlag gab. Im Ergebnis ist der sprachliche Ausdruck daher nicht selten erkauft durch mangelnde Konsistenz in der Begriffsverwendung, durch die bereits erwähnte radikale Kürzung der Normbestände, mangelnde Regelungstiefe und mangelnde rechtstechnische (dogmatische) Präzision.[10] Die Verarmung der Regelungen führte dazu, daß auch in der Praxis der Zivilrechtsanwendung in der DDR inoffiziell häufig das BGB und seine Dogmatik herangezogen wurde, also als heimliche Interpretationshilfe diente.[11]

Das ZGB enthielt allerdings auch in Einzelfällen solche Verzichte auf dogmatisch konstruktive Differenzierungen des BGB, die diskussionswürdig sind. So ist der Grundsatz der Abstraktion des rechtsgeschäftlichen Eigentumserwerbs von der zugrundeliegenden causa zugunsten der einheitlichen Regelung des Lebenssachverhalts des vertraglichen

9) Zu Kreditverträgen auch unten V.
10) *Kittke*, ROW 1986, 372; zust. *Uebeler*, DtZ 1990, 10,11.
11) *Kittke*, ROW 1986, 372, 374.

Eigentumserwerbs in § 26 ZGB aufgegeben.[12] Gleiche Ergebnisse lassen sich aber auch für Alltagsgeschäfte durch Auslegung erzielen. Im Wirtschaftsverkehr dagegen kommt es auf sehr unterschiedliche Interessenkonstellationen an, die besser auf der Grundlage des Abstraktionsprinzips durch eine differenzierte Kautelartechnik zu bewältigen sind.

cc) Verbraucherschutz

Das ZGB enthielt deutliche Ansätze eines Verbraucherschutzes, indem es etwa dem Käufer umfangreiche Gewährleistungsansprüche gewährte (§§ 148 - 160 ZGB). Diese standen allerdings in der Realität der DDR-Wirtschaft meist nur auf dem Papier, weil bessere als die gelieferten mangelhaften Waren häufig nicht vorhanden waren. Ferner wurde der Konsument z. T. durch staatlich verordnete zwingende Vertragsbedingungen geschützt (§ 46 ZGB); dies galt allerdings nur für eine begrenzte Anzahl von Geschäften und wurde zudem, wie bereits bemerkt, mit dem Verzicht auf Privatautonomie erkauft.

dd) Miete; Kreditverträge

Bei Mietverträgen und Kreditverträgen war der Einfluß der staatlichen Planwirtschaft und die Einengung der Dispositionsfreiheit der Parteien besonders spürbar und hatte verheerende wirtschaftliche Auswirkungen. Dies ist noch gesondert darzustellen (unten IV und V).

c) Vertragsgesetz und Kreditverordnung

Das Vertragsgesetz (VG) von 1982 regelte die Verträge der sozialistischen Wirtschaftseinheiten untereinander. Es war ausschließlich auf den Vertrag als Instrument der Planausfüllung und -ausführung innerhalb der sozialistischen Planwirtschaft ausgerichtet (vgl. §§ 6 VG). Über Konflikte entschieden die staatlichen Vertragsgerichte, die aber eher den Charakter von Behörden hatten und in einem administrati-

12) Dazu *Westen/Schleider*, S. 316.

ven Verfahren über die Verletzung von Lieferverpflichtungen, daraus entstehende Strafen u. ä. entschieden.

Die KreditVO von 1982 regelte die Kreditversorgung der sozialistischen Wirtschaftseinheiten unter planwirtschaftlichen Gesichtspunkten.[13)] Die Ausstattung der Betriebe mit Finanzierungsmitteln war stets aufgrund des Abgabensystems knapp gehalten (Grundsatz der knappen Dotierung), so daß die Betriebe auf Bankkredit zurückgreifen mußten. Dies war beabsichtigt (Grundsatz der Zwangskreditierung). Die Betriebe mußten sich also in einem planbürokratischen Antragsverfahren um die Vergabe der Kredite bemühen. Dieses Verfahren ist in der KreditVO genau geregelt. Dabei kam den Banken eine Kontrolle der Betriebe im Hinblick auf ihre planausführende Geschäftstätigkeit zu. Dies kommt schon in dem Titel der VO zum Ausdruck.[14)]

d) GIW und RGW-Bedingungen

aa) Funktion und allgemeine Grundsätze des GIW

Das GIW war 1976 für die Bedürfnisse des internationalen Handelsverkehrs geschaffen worden.[15)] Da man auf internationale Akzeptanz nur rechnen konnte, wenn sich das Gesetz an den Grundsätzen und Anschauungen des internationalen Wirtschaftsverkehrs orientierte, ist das Gesetz im wesentlichen frei von sozialistischer Rechtsideologie. Es galt der Grundsatz der Vertragsfreiheit (§ 4) und die Berücksichtigung von Handelsbräuchen (§ 5). Die Vertragsauslegung sollte den erkennbaren Willen ermitteln und dabei den Vertragszweck, den übrigen Vertragsinhalt, die Geschäftsgepflogenheiten der Parteien und die Handelsbräuche berücksichtigen (§ 6).

Das GIW regelte ferner allgemeine Fragen des Zivilrechts, so auch die Unwirksamkeit von Rechtsgeschäften wegen Verstoßes gegen ein gesetzliches Verbot oder wegen Unmöglichkeit der Leistung (§ 12

---

13) VO über die Kreditgewährung und die Bankkontrolle der sozialistischen Wirtschaft v. 28.1. 1982, GBl I S. 126 = *Rutke/Ulbrich*, RWS-Dok. 5 Nr. I.4.7; *Pleyer*, Bankkredite für die sozialistische Wirtschaft - Zur KreditVO der DDR von 1982, S. 83 ff; *ders.*, Kreditverträge und Kreditsicherheiten, S. 128 - 140; vgl. *Ehlert/Hunstock/Tannert*, Geld und Kredit in der DDR, S. 56 f.

14) Vgl. vorhergehende Fußn.

15) *Maskow/Wagner*, GIW, 1984.

Abs. 1), die Anfechtung wegen Irrtums, arglistiger Täuschung oder Drohung (§§ 13, 14), ferner die Vollmacht (§§ 18 - 23) und Fristen (§§ 24 -27).

Das Gesetz regelte ferner Fragen des allgemeinen Vertragsrechts, nämlich im 5. Teil den Vertragsschluß durch Angebot und Annahme (§§ 28 - 32), die Einbeziehung von AGB (§ 33), den Vertrag zugunsten eines Dritten (§ 39) und die Vertragsergänzung durch Gericht oder Schiedsgericht (§ 42). Im 9. Teil fanden sich Regeln über die Vertragserfüllung (§§ 259 ff) einschießlich der Leistung erfüllungshalber und an Erfüllungs Statt (§§ 263, 264) und der Leistung durch einen Dritten (§ 266) sowie die Aufrechnung (§§ 275, 276). Teil 10 regelte die Vertragsverletzungen, insbesondere Verzug und Nichterfüllung (§ 278) und Mängelfolgeschäden (§ 282). Auch der Fall der höheren Gewalt (unabwendbaren Gewalt) war geregelt (§ 293) ebenso wie Schadensersatz, Aufwendungsersatz und Vertragsstrafe (§§ 296 - 304). Ein 11. Teil befaßte sich mit Kündigung und Rücktritt.

bb) Besonderes Schuldrecht des GIW

Teil 6 des GIW enthielt das Besondere Schuldrecht und regelte die 16 Vertragstypen Kauf (§§ 50 - 60), Werkleistung (§§ 61 - 73), Montage (§§ 74 - 81), wissenschaftlich-technische Leistungen (§§ 82 - 87), Errichtung von Anlagen (§§ 88 - 97), Dienstleistung (§§ 98 - 105), Handelsvertretung (§§ 106 - 128), Kundendienst (§§ 129 - 136), Spedition (§§ 137 - 146), Lagerung (§§ 147 - 156), Kontrolle (§§ 157 - 162), Kredit (§§ 163 - 168), Miete (§§ 169 - 175), Lizenz (§§ 176 - 186), Versicherung (§§ 187 - 199), Gesellschaft (§§ 200 - 217).

Weitere Vertragstypen über rechtsgeschäftliche Sicherheiten finden sich im 8.Teil über die Sicherung der Vertragserfüllung. Neben Eigentumsvorbehalt (§ 233), Pfand (§§ 234 - 244) und Bürgschaft (§§ 245 - 251) waren auch der Garantievertrag (§§ 252 - 255) und Akkreditiv (§§ 256 - 258) geregelt.

Hervorzuheben ist, daß das Gesetz Vertragstypen der modernen Wirtschaftspraxis enthielt, die sonst in einer Kodifikation nicht erfaßt sind. Dies gilt etwa für den Anlagenlieferungsvertrag (§§ 88 ff), aber auch den Garantievertrag (§§ 252 - 255) und das Akkreditiv (§§ 256 - 258).

Manches am GIW wäre daher erhaltenswert gewesen. Dieser Gesichtspunkt wurde aber im EinigungsV mit Recht dem übergeordneten Gesichtspunkt einer raschen Rechtseinheit im Vertragsrecht untergeordnet.

cc) Lieferbedingungen im RGW

Im Rahmen der sozialistischen internationalen Wirtschaftsbeziehungen des RGW waren allgemeine Lieferbedingungen mit Normencharakter vereinbart.[16)]

e) Rechtsanwendungsgesetz; Rechtswahl und Gerichtsstandsklausel

Gemäß § 12 RechtsanwendungsG (RAG) von 1975 war grundsätzlich Rechtswahl bei schuldrechtlichen Verträgen mit Auslandsberührung zulässig.[17)] Als solche galten nach dem Rechtsverständnis der DDR auch Verträge von Parteien in der DDR mit Bundesbürgern und bundesdeutschen Unternehmen. Bei Verträgen zwischen Vertragsparteien, die beide in der DDR ihren Wohnsitz oder Sitz hatten, konnte dagegen nicht ein anderes Recht, z. B. das Recht der Bundesrepublik, vereinbart werden.

Gerichtsstandsklauseln waren nach § 185 Abs. 2 ZPO-DDR zwischen Prozeßparteien, von denen eine ihren Wohnsitz, Aufenthalt oder Sitz im Ausland hatte, zulässig. Sie bedurften der Schriftform. Nicht möglich war eine Gerichtsstandsvereinbarung bei zwingenden Gerichtsständen, z. B. bei Grundstücksstreitigkeiten (§ 22 ZPO-DDR) oder erbrechtlichen Streitigkeiten (§ 23 ZPO-DDR).

---

16) *Maskow/Wagner*, GIW, Einl. Anm. 5, S. 25; *Stargardt*, ZIP 1990, 471 ff.

17) Überblick zum innerdeutschen Kollisionsrecht nach RAG bei *Mansel*, DTZ 1990, 225 - 232; *Kittke*, AnwBl 1990, 332 f.

2. Das Vertragsrecht der Übergangszeit (1. 7. - 2. 10. 1990)

Rechtsquellen:

- Verfassungsgrundsätze vom 17. 6. 1990, GBl I Nr. 33 S. 299 = *Horn*, RWS-Dok. 1 Nr. 1.6, in Kraft 17. 6.-2. 10. 1990;
- StaatsV vom 18. 5. 1990, in der DDR in Kraft aufgrund G zum StaatsV vom 21. 6. 1990, GBl I Nr. 34 S. 331 = *Horn*, RWS-Dok. 1 Nr. 1.1 und 1.5;
- Zivilgesetzbuch für die DDR vom 19. 6. 1975, GBl I Nr. 27 S. 465, geändert durch 1. ZivilrechtsÄndG vom 28. 6. 1990, GBl I Nr. 39 S. 524, und 2. ZivilrechtsÄndG vom 23. 7. 1990, GBl I Nr. 49 S. 903 = *Horn*, RWS-Dok. 1 Nr. 2.1, 2.3 und 2.4;
- Handelsgesetzbuch Buch 1 - 4 (in der in der in der Bundesrepublik geltenden Fassung) ab 1. 7. 1990 aufgrund § 16 MantelG, ab 1. 7. 1990;
- §§ 705 - 740 Bürgerliches Gesetzbuch aufgrund § 17 MantelG;
- G über die Inkraftsetzung von Rechtsvorschriften der Bundesrepublik Deutschland in der DDR (MantelG) vom 21. 6. 1990, GBl I Nr. 34 S. 357 = *Horn*, RWS Dok. 1 Nr. 1.7; dazu VO vom 11. 7. 1990, GBl I Nr. 44 S. 713 = *Horn*, RWS-Dok. 1 Nr. 7.15 und geändert durch G vom 6. 7. 1990, GBl I Nr. 44 S. 713 = *Horn*, RWS-Dok. 1 Nr. 1.8;
- Gesetz über Wirtschaftsverträge (GW), hervorgegangen aus dem GIW (oben 1) aufgrund § 3 ÄndAufhG = *Horn*, RWS-Dok. 1, Nr. 2.5; zuletzt geändert durch 2. ZivilrechtsÄndG;
- G über die Änderung und Aufhebung von Gesetzen der DDR (ÄndAufhG) vom 28. 6. 1990, GBl I Nr. 38 S. 483 = *Horn*, RWS-Dok. 1 Nr. 1.9.
- VO über die Änderung und Aufhebung von Gesetzen der DDR (ÄndAufVO) vom 28. 6. 1990, GBl I Nr. 38 S. 509 = *Horn*, RWS-Dok. 1 Nr. 1.10.

a) Vertragsfreiheit vor der Rechtseinheit

Bei den Verhandlungen über den StaatsV herrschte noch die Auffassung vor, die vollständige Angleichung des Vertragsrechts an das Recht der Bundesrepublik sei vorerst schwer zu erreichen und man müsse sich auf das Ziel konzentrieren, die Elemente im Vertragsrecht und allgemein im Zivilrecht der DDR zu beseitigen, die einer marktwirtschaftlichen und freiheitlichen Wirtschaftsordung diametral entgegenstanden. Dieses Ziel wurde erreicht. Die Verfassungsgrundsätze vom 17. 6. 1990 erkannten die Vertragsfreiheit als Teil der wirtschaftlichen Handlungsfreiheit (Art. 3) ebenso an wie das Privateigentum an Grund und Boden und an Produktionsmitteln (Art. 2).[18] Die gleichen

18) Vgl. oben Kap. 1 III 3.

Grundsätze wurden auch durch den StaatsV geltendes Recht der DDR.[19]

Aufgrund der Änderung der Verfassungslage ab 1. 7. 1990[20] änderten sich zugleich die Grundsätze der Rechtsanwendung und Vertragsauslegung im Zivilrecht der DDR. In erster Linie war nunmehr der Grundsatz der Privatautonomie zu beachten. Alle Bezugnahmen auf sozialistische Rechtsideologie im Gesetzestext sind in den Verfassungsgrundsätzen (Art. 1 Abs. 2) und im StaatsV (Leitsätze A I 2) ausdrücklich für unbeachtlich erklärt. Gesetzesauslegung und Vertragsauslegung folgten von diesem Zeitpunkt an den im westlichen Zivilrecht allgemein anerkannten Grundsätzen einschließlich des Prinzips von Treu und Glauben (§ 242 BGB).

b) Überblick über die Rechtsquellen ab 1. 7. 1990

Das VG, das ganz auf die planwirtschaftlichen Kooperationsbeziehungen der Unternehmen zugeschnitten und für eine Marktwirtschaft völlig untauglich war, wurde entsprechend dem StaatsV[21] aufgehoben.[22] Stattdessen wurde der Anwendungbereich des bisherigen GIW, der auf internationale Wirtschaftsverträge beschränkt war, auf alle Verträge zwischen Unternehmen ausgedehnt. Das Gesetz hieß nun "Gesetz über Wirtschaftsverträge" (GW).[23] Zugleich wurden auch die Bücher 1 - 4 des Handelsgesetzbuches in der in der Bundesrepublik geltenden Fassung übernommen.[24] Für den internationalen Warenkauf blieb es bei der Anwendung des UN-Kaufrechtsabkommens, dem die DDR beigetreten war. Die Verbraucherschutzgesetze der Bundesrepublik (AGB-Gesetz, AbzG und HWiG) wurden übernommen.[25]

Vom BGB wurde lediglich das Recht der Gesellschaft (§§ 705 - 740) übernommen, was für die Anwendung des Gesellschaftsrechts des

---

19) Allg. oben Kap. 1 II.

20) Oben Kap. 1 III 3.

21) StaatsV Anlage III Abschn. II Nr. 12, BGBl II 1990, 555.

22) § 4 Abs. 1 ÄndAufhG v. 28. 6. 1990, GBl I Nr. 38, S. 484 = *Horn*, RWS-Dok. 1 Nr. 1.9, S. 2; zum Schicksal der fortbestehenden Altverträge unten g.

23) § 3 Nr. 1 ÄndAufhG entsprechend StaatsV Anlage III Abschn. II Nr. 11 a, BGBl II 1990, 555.

24) § 16 MantelG v. 21. 6. 1990, GBl I Nr. 34 S. 359 = *Horn*, RWS-Dok. 1 Nr. 1.7, S. 3; im 1. StaatsV Anlage II Abschn. III Nr. 3 war nur die Übernahme des 1. - 3. Buches des HGB gefordert.

25) §§ 23 - 25 MantelG gem. StaatsV Anlage II Abschn. III Nr. 9 - 11, BGBl II 1990, 553.

HGB unentbehrlich war. Im übrigen wurde das ZGB mit geringen Änderungen (dazu c) beibehalten. Damit blieb es bei der aus der sozialistischen Tradition stammenden Trennung von Privatrecht und Wirtschaftsrecht. Diese ist dem westlichen Recht im Bereich des Vertragsrechts unbekannt. Zwar kennt auch das Recht der Bundesrepublik und vieler westlicher Staaten die Unterscheidung von allgemeinem Zivilrecht und besonderem Kaufmannsrecht. Aber diese Unterscheidung ist nur graduell und das BGB ist grundsätzlich die Kodifikation auch des Vertragsrechts des Wirtschaftsverkehrs; das HGB enthält nur einige Modifikationen dieses Vertragsrechts.[26)]

Neben dieser fortbestehenden Spaltung, die dann im EinigungsV überwunden wurde, entstand ein überflüssiges Nebeneinander von GW und HGB, das trotz mancher rechtstechnischer Qualitäten des GW wenig sinnvoll war. Für die Übergangszeit vom 1. 7. bis 3. 10. 1990 ergab sich daher folgendes System der Rechtsquellen des Vertragsrechts im Gebiet der DDR:

- Für die Beziehungen zwischen Privatpersonen untereinander galt das ZGB. Für die Beziehungen zu Unternehmen galt ZGB und daneben auch das HGB (gem. §§ 343, 345 HGB), soweit eine Norm nicht auf beiderseitige Handelsgeschäfte beschränkt war. Ferner galten AGB-Gesetz, AbzG und HWiG.
- Für die Beziehung der Unternehmen untereinander galt das GW und daneben das HGB; ferner war das AGB-Gesetz anzuwenden (gem. § 24 AGB-Gesetz). Für die Beziehungen zu den Konsumenten galt das HGB sowie AGB-Gesetz, AbzG und HWiG.

c) Das geänderte ZGB

Der StaatsV sah nur ein sehr begrenztes Programm der Abänderung des ZGB vor.[27)] Ideologischer Ballast war an einigen Punkten zu beseitigen (Präambel, § 6 Abs. 1, nicht aber § 1). Der Vorrang des sozialistischen Eigentums war zu streichen,[28)] ebenso einige der Vertragsfreiheit entgegenstehende Bestimmungen, so § 46 über die Verbindlichkeit staatlich verordneter Geschäftsbedingungen und § 62 über die

26) Allg. *Heymann/Horn*, HGB, Bd. 1, Einleitung I Rz. 3 f.
27) StaatsV Anlage III Abschn. II Nr. 8, BGBl II 1990, 554.
28) Dazu i. e. Kap. 3 I 1.

Verbindlichkeit staatlicher Preise. Ferner waren einige Korrekturen im Kreditsicherungsrecht vorgesehen.[29] Das 1. ZivilrechtsÄndG führte dieses Programm aus.

Von den einzelnen Änderungen ist noch folgendes hervorzuheben:

Die Kündigungsmöglichkeiten beim Versicherungsvertrag wurden gelockert. Es wurde ein Kündigungsrecht der Versicherungseinrichtung vorgesehen (§ 257 Abs. 2 n. F. ZGB); dies war für die Umstellung der Versicherungsverträge und die Einführung neuer Versicherungsbedingungen wichtig. § 259 Abs. 1 enthielt eine flexiblere Neuregelung der Änderungskündigung bei Vertragsverletzung durch den Versicherungsnehmer. Auch das Kündigungsrecht des Erwerbers einer Sache bei der Sachversicherung wurde neu geregelt; beide Seiten konnten binnen Monatsfrist kündigen (§ 263 Abs. 3 n. F.). Außerdem wurden bescheidene Änderungen des Kreditsicherungsrechts vorgesehen, so die allgemeine Zulassung des besitzlosen Pfandrechts (§ 448 Abs. 1 n. F.), der Wegfall des Genehmigungserfordernisses bei der Hypothek (§ 453 Abs. 1 n. F.), die Zulassung der Sicherung einer variablen Verzinsung (§ 454 Abs. 1 Satz 3 n. F.) und die Zulassung einer Höchstbetragshypothek (§ 454 a)[30]

Das 2. ZivilrechtsÄndG brachte weitere wichtige Verbesserungen im Kreditsicherungsrecht und kam damit dem dringenden Bedürfnis der Banken und Unternehmen entgegen, Kredite in marktüblicher Weise abzusichern, was nach den bescheidenen Reformen durch das 1. ZivilrechtsÄndG allein nicht möglich gewesen wäre. Der numerus clausus der Sicherungsrechte (§ 442) wurde beseitigt. Es wurde klargestellt, daß Pfandrechte auch künftige oder bedingte Forderungen sichern können (§ 443 Abs. 3 n. F.). Ein Pfandrecht konnte auch gutgläubig erworben werden (§ 443 Abs. 4 n. F.). Die Schriftform bei der Forderungsverpfändung entfiel (§ 449 Abs. 1 n. F.).[31]

Wichtiger noch als diese einzelnen Änderungen war der vorerwähnte Umstand, daß das ZGB nun nicht mehr nach sozialistischer Ideologie, sondern nach den allgemeinen rechtsethischen Grundsätzen des westlichen Zivilrechts auszulegen und anzuwenden war (oben a). Die zum BGB entwickelten Grundsätze von Treu und Glauben und zu den gu-

29) Zum Kreditsicherungsrecht unten V 2.

30) Dazu unten V 2 c ee.

31) Weitere Einzelheiten unten V 2 c dd.

ten Sitten konnten zumindest in ihren Grundlinien nunmehr unbedenklich auf den alten Normbestand des ZGB angewandt werden. Dies ist besonders deshalb wichtig, weil für alle Altverträge weiterhin das ZGB maßgebliches Vertragsstatut geblieben ist (oben I 3 a), für Vertragsauslegung oder das wichtige Sonderproblem der Vertragsanpassung aber auf die allgemeinen Grundsätze gem. § 242 BGB zurückgegriffen werden muß (oben II 2 d).

d) Verbraucherschutz

Durch die Übernahme des AGB-Gesetzes, des AbzG und des HWiG schon ab 1. 7. 1990[32)] ist das Verbraucherschutzrecht der Bundesrepublik übernommen worden. Dieser Verbraucherschutz war in der gewandelten Situation der DDR dringend notwendig, weil der Konsument sich hier schon seit Öffnung der innerdeutschen Grenze von ungewohnten und zum Teil aufdringlichen und unseriösen Angeboten umworben sah, die er noch nicht sicher beurteilen konnte. Natürlich hat in der Bevölkerung ein rascher Lernprozeß die Gefahren reduziert, die das Recht allein nicht hätte bewältigen können. Der gleichwohl notwendige Verbraucherschutz durch Recht steht im Gebiet der ehemaligen DDR vor der Schwierigkeit, daß die Bevölkerung erst ihre neuen Verbraucherrechte besser kennenlernen muß und vor allem die Juristen mit dem hochdifferenzierten westlichen Verbraucherschutzrecht erst vertraut werden müssen.

Die Verbindlichkeit amtlicher Geschäftsbedingungen gemäß § 46 ZGB ist, wie (oben c) bemerkt, entfallen. Stattdessen verwenden die Unternehmen ihre AGB. Positiv für den Verbraucherschutz wirkte und wirkt es sich aus, daß die Unternehmen, z. B. die Banken, durchweg ihre auch im Westen verwendeten (und ggf. gerichtlich getesteten AGB) eingeführt haben. Die fortdauernde AGB-Kontrolle durch die westlichen Gerichte wirkt sich auf diese Weise indirekt auch im Gebiet der ehemaligen DDR aus.

Eine gewisse Unsicherheit entstand für die Übergangszeit dadurch, daß die neuen AGB ggf. auch von verbraucherschützenden Normen des ZGB (z. B. Gewährleistungsrechte des Käufers) abwichen. Dies

32) Gem. §§ 23 - 25 MantelG, GBl I Nr. 34 S. 360 = *Horn*, RWS-Dok. 1 Nr. 1.7, S. 4.

führte zur Frage, ob die Abweichung der AGB von wesentlichen Grundgedanken der gesetzlichen Regelung des ZGB an § 9 AGB-Gesetz scheiterte, oder ob umgekehrt die wesentlichen Grundgedanken des ZGB im Lichte der neuen Vertragsfreiheit und letztlich westlicher Maßstäbe zu sehen waren. Das Letztere ist wohl zutreffend.

Auch das UWG bestand in der DDR fort, war aber mangels Wettbewerb in der sozialistischen Wirtschaft obsolet geworden. Durch Einführung der Wettbewerbswirtschaft mit der Wirtschaftsunion erhielt das Gesetz wieder Bedeutung. Der alte, formal in der DDR fortgeltende Text enthielt aber noch nicht die neueren verbraucherschützenden Komponenten des UWG und trug daher zum Verbraucherschutz während der Übergangszeit nicht bei.[33)]

e) Das Gesetz über Wirtschaftsverträge (GW)

Das Gesetz über Wirtschaftsverträge (GW) ging ab 1. 7. 1990 aus dem Gesetz über internationale Wirtschaftsverträge (GIW) hervor; der Anwendungsbereich, der bisher auf internationale Wirtschaftsverträge beschränkt war, wurde auf alle Verträge zwischen Unternehmen ausgedehnt (§ 1 n. F. GW).[34)] Das Gesetz galt für alle ab 1. 7. 1990 geschlossenen Verträge in seiner geänderten Fassung (§ 331 Abs. 1 n. F. GW).[35)]

§ 12 des Gesetzes wurde dahin erweitert, daß eine Erklärung nicht nur bei Verstoß gegen ein gesetzliches Verbot oder Unmöglichkeit der versprochenen Leistung unwirksam ist, sondern auch bei Verstoß gegen die guten Sitten (§ 12 Abs. 2 n. F.). Auch diese Änderung bestätigt, daß im Vertragsrecht der Übergangszeit nunmehr die rechtsethischen Grundsätze des westlichen Vertragsrechts (anstelle der Grundsätze der sozialistischen Moral) maßgeblich wurden.[36)] Gestrichen wurden die Vorschriften über die Handelsvertretung, die auch das Kommissionsrecht regelten (§§ 106 - 128 GIW), und über die Gesell-

---

33) Zum Wettbewerbsrecht im übrigen unten Kap. 5 I.

34) § 3 Nr. 3 a ÄndAufhG v. 28. 6. 1990, GBl I Nr. 38 S. 483 = *Horn*, RWS-Dok. 1 Nr. 1.9, entsprechend StaatsV Anlage III Abschn. II Nr. 11.1, BGBl II 1990, 555.

35) Zu den Altverträgen s. unten g.

36) Dazu auch oben a und c (a. E.).

schaft (§§ 200 - 217 GIW)[37], weil man Konflikte mit dem HGB und dem sonstigen Gesellschaftsrecht vermeiden wollte.

f) HGB

Das HGB alter Fassung war in der DDR nie formal außer Kraft getreten, aber bis auf wenige Spezialfragen praktisch obsolet geworden[38] und weithin kaum noch bekannt. Durch die Joint-Venture-VO vom Januar 1990 und vor allem das UnternehmensG vom März 1990, die beide auf das alte HGB Bezug nahmen, wurde dieses Gesetz wiederbelebt und gewann wieder Bedeutung. Es waren im Laufe der Zeit jedoch wichtige Diskrepanzen zum westlichen HGB aufgetreten; z. B. fehlte das ganze neue 3. Buch über Handelsbücher. Ab 1. 7. 1990 wurden Buch 1 - 4 des HGB in der in der Bundesrepublik geltenden Fassung in der DDR wieder eingeführt und auf diesem wichtigen Gebiet wurde die Rechtseinheit mit Einschränkungen wiederhergestellt. Ausgenommen von der Übernahme blieben die Bestimmungen über Handlungsgehilfen (§§ 59 - 83 HGB).[39]

Die Übernahme auch des 4. Buchs des HGB über Handelsgeschäfte in der neuesten Fassung führte dazu, daß auch in den Beziehungen der Unternehmen zu Privatpersonen ab 1. 7. 1990 die einschlägigen Normen des HGB über Rechtsgeschäfte in gleicher Weise wie in der übrigen Bundesrepublik Anwendung finden konnten. Dies ist relevant für alle Normen, die nur einseitige Handelsgeschäfte voraussetzen (vgl. §§ 343 - 345 HGB). Dazu gehören z. B. für die Praxis so wichtige Vorschriften wie diejenigen über das Kontokorrent (§§ 355 - 357 HGB)[40], die bei allen Kontenverträgen der Banken mit Privatkunden Anwendung finden.

Für die Verträge der Unternehmen untereinander kam es für die Übergangszeit zu einem wenig glücklichen Nebeneinander der Anwendung des HGB in seiner neuesten Fassung und zugleich des GW. Zum Verhältnis von GW und HGB bestimmte § 332 n. F. GW (§ 3 Nr. 11

---

37) § 3 Nr. 9 ÄndAufhG, GBl I Nr. 38 S. 484 = *Horn*, RWS-Dok. 1 Nr. 1.9, S. 2

38) Vgl. *Heymann/Horn*, HGB, Einl. III Rz. 20.

39) § 16 Nr. 1 MantelG, GBl I Nr. 34 S. 359 = *Horn*, RWS-Dok. 1 Nr. 1.7, S. 3; zum Rechtszustand seit 3. 10. 1990 vgl. unten Kap. 4 I.

40) Diese sind auf einseitige Handelsgeschäfte anwendbar; vgl. *Heymann/Horn*, HGB, Bd. 4, § 355 Rz. 6.

ÄndAufhG), daß das HGB auf die Rechtsverhältnisse im Geltungsbereich des GW insoweit anwendbar war, als im GW keine Bestimmungen enthalten waren. Diese subsidiäre Geltung des HGB ist m. E. weit auszulegen und kommt auch da zum Zuge, wo das GW zwar ein bestimmtes Rechtsinstitut regelt, eine spezielle Frage aber offenläßt. Dies folgt aus der Bedeutung des HGB als einer allgemein für den Rechtsverkehr von Privaten und Unternehmen bestimmten Kodifikation und andererseits der Herkunft des GW aus einer Spezialregelung für den internationalen Handel. Das Problem des Nebeneinander ist seit dem 3. 10. 1990 erledigt, aber für Altverträge weiter von Bedeutung.

g) Altverträge des Wirtschaftsverkehrs

Die vor dem 1. 7. 1990 abgeschlossenen Verträge des internationalen Wirtschaftsverkehrs, die dem GIW unterstellt worden waren (§ 1 GIW), unterlagen nach diesem Zeitpunkt weiter dem unveränderten GIW (§ 331 Abs. 3 n. F. GW[41])). Daran hat sich auch ab dem 3. 10. 1990 gem. Art. 232 § 1 EGBGB nichts geändert (oben I 3 a).

Auf inländische Altverträge, die von Unternehmen in der DDR vor dem 1. 7. 1990 geschlossen wurden, konnte das GW Anwendung finden, falls eine Vertragspartei dies verlangte und die andere nicht binnen zwei Monaten widersprach (§ 331 Abs. 2 n. F. GW).

Wurde der Vertrag nicht auf diese Weise dem GW unterstellt, so blieb ein Vertrag zwischen sozialistischen Wirtschaftseinheiten, der ursprünglich dem VG unterworfen war, weiterhin diesem - aufgehobenen - Gesetz unterstellt. Lediglich die aus der Geltung dieses Gesetzes und seiner DVOen sich ergebenden Vertragsstrafen waren ab 1. 7. 1990 nicht mehr gerichtlich durchsetzbar gem. § 4 Nr. 3 ÄndAufhG. Sie blieben weiterhin erfüllbar. Ferner waren aufgrund des StaatsV alle Vorschriften, die sozialistische Rechtsprinzipien zum Ausdruck brachten, nicht mehr anwendbar.[42]) In allen genannten Fällen blieb das Vertragsstatut auch nach dem 2. 10. 1990 gem. Art. 232 § 1 EGBGB unverändert bestehen.

---

41) I. d. F. § 3 Nr. 10 ÄndAufhG v. 28. 6. 1990, GBl I Nr. 38 S. 484 = *Horn*, RWS-Dok. 1 Nr. 1.9, S. 2.

42) Allg. dazu oben 2 a.

h) Rechtswahlklauseln

Westliche Vertragspartner konnten die Unübersichtlichkeit des neuen Vertragsrechts der DDR dadurch vermeiden, daß sie mit ihren Vertragspartnern in der DDR eine gem. § 12 RAG zulässige Wahl des Rechts der Bundesrepublik trafen,[43] soweit nicht, wie z. B. bei Grundstücksgeschäften, die Rechtswahl ausgeschlossen war. Bei Verträgen zwischen Bürgern der DDR war dies, wie (oben 1 e) dargestellt, nicht zulässig, weil es am internationalen Sachverhalt fehlte.

Mit Einführung der Vertragsfreiheit ab 1. 7. 1990 (oben a) ist jedoch zugleich eine Erweiterung auch der kollisionsrechtlichen Parteiautonomie zumindest insoweit anzunehmen, als Parteien in der DDR in Erwartung der künftigen Rechtseinheit das BGB ab Eintritt dieser Rechtseinheit zum anwendbaren Recht ihres Vertrages bestimmen konnten. Ferner ist anzunehmen, daß auch schon für die Zeit vorher anstelle der nach RAG nicht zulässigen kollisionsrechtlichen Verweisung (d. h. Verweisung auf das gesamte Recht eines anderen Staates) jedenfalls eine materiellrechtliche Verweisung auf bundesdeutsches Recht möglich war. Die Parteien konnten also vereinbaren, daß für eine näher bestimmte Materie nach dem Parteiwillen bestimmte Normkomplexe z. B. des BGB gelten sollten.[44]

3. Probleme des wirksamen Vertragsschlusses in der Übergangszeit

a) Problematik

Schon vom Jahresbeginn 1990 an wurden zunächst vereinzelt, dann in immer größerer Zahl geschäftliche Kontakte zwischen westlichen Unternehmen vor allem der Bundesrepublik und DDR-Betrieben geknüpft, Vorüberlegungen über eine künftige Zusammenarbeit angestellt und zum Teil Verträge geschlossen. Die Joint-Venture-VO vom Januar 1990 war trotz der Schwerfälligkeit ihrer rechtlichen Ausgestaltung ein positives Signal, zunächst Kooperationsverhandlungen und dann Kooperationsverträge zu schließen, häufig ohne formell eine Joint-Venture-Gesellschaft ins Leben zu rufen. Die rechtlichen Voraussetzungen und Rahmenbedingungen dafür blieben oft unklar, weil

---

43) Vgl. für Kreditverträge *Zoller*, WM 1990, 1569 f, allg. *Kittke*, AnwBl 1990, 332 f.

44) Zum Begriff der materiellrechtlichen Verweisung allg. *Reithmann/Martiny*, Rz. 26 und 32.

nach dem alten sozialistischen System der Planwirtschaft grundsätzlich alle Außenhandelsbeziehungen durch die Außenhandelsbetriebe (AHBs) geleitet werden mußten und bis zur Herstellung der Währungs-, Wirtschafts- und Sozialunion ein freier direkter Wirtschaftsverkehr mit den Wirtschaftseinheiten der DDR jedenfalls nicht generell, sondern nur aufgrund behördlicher Billigung im Einzelfall oder im Zusammenhang mit Projekten i. S. der Joint-Venture-VO möglich war.

Die in der Zeit bis zum 1. 7. 1990, aber auch danach in der Übergangszeit bis zum 3. 10. 1990 geschlossenen Verträge werfen daher zahlreiche Fragen des wirksamen Vertragsschlusses auf, die für diese Altverträge, die mit unverändertem Vertragsstatut fortbestehen[45]) auch weiterhin von Bedeutung sind. In der Praxis standen Formerfordernisse und Fragen der Vertretungsmacht sowie der Verfügungsbefugnis im Vordergrund. Die Unsicherheit der Rechtslage und das oft zögerliche Verhalten der um Zustimmung oder Genehmigung ersuchten Behörden ist hier die Quelle mancher Ungewißheiten.

Nicht zu übersehen ist andererseits, daß neben vielen gutwilligen und seriösen Investoren auch manche Glücksritter aus dem Westen auftraten und die geschäftliche Unerfahrenheit ihrer östlichen Partner durch unseriöse und einseitige Verträge auszunutzen suchten. Für diese Verträge ist von Bedeutung, daß zum fortbestehenden Vertragsstatut des ZGB oder GW/HGB nun auch, wie oben dargestellt, die Grundsätze über Sittenwidrigkeit zählen. Solche Verträge können also nach § 12 Abs. 2 n. F. GW nichtig sein.

b) Formerfordernisse

aa) ZGB

Die einfache Schriftform schrieb das ZGB bei einer Reihe von Rechtsgeschäften, insbesondere Verträgen, vor, ohne die Kriterien der Schriftform gesetzlich zu definieren. Nach der amtlichen Kommentierung zu § 66 ZGB bedeutete Schriftform, daß der Vertragsinhalt schriftlich fixiert werden muß und die entsprechende Urkunde eigenhändig zu unterzeichnen ist. Beide Partner mußten nicht dasselbe Exemplar der Vertragsurkunde unterschreiben; der Austausch der unter-

45) Oben I 3 a.

schriebenen Exemplare genügte.[46] Schriftform war vorgeschrieben für den Kontovertrag (§ 234 Abs. 3 Satz 1), den Spargirokontovertrag (§ 238 Abs. 2), den Kreditvertrag mit der Bank (§ 241 Abs. 2 Satz 1), die Änderung von Versicherungsverträgen (§§ 257, 258), Verträge über die dauernde Mitbenutzung von Grundstücken (§ 321 Abs. 1 Satz 3) und über die Begründung eines besitzlosen Pfandrechts (§ 448 Abs. 2), die Bestellung und Übertragung einer Hypothek (§§ 453, 454) und die Übertragung von Gebäudeeigentum, das aufgrund eines vertraglichen Nutzungsrechts bestand (insbes. an Wochenendhäusern u. ä.; § 296 Abs. 2). Der Rücktritt von einem schriftlichen Vertrag konnte nur schriftlich erfolgen (§ 80 Abs. 2 Satz 2). Der Mietvertrag sollte schriftlich geschlossen werden (§ 100 Abs. 1). War die gesetzlich vorgeschriebene Schriftform nicht eingehalten, so war der Vertrag nichtig (§ 66 Abs. 2). Dies galt nicht, wenn die Schriftform nur durch Sollvorschrift angeordnet war.[47]

Der Vertrag über den Erwerb von Eigentum an Grundstücken bedurfte der Beurkundung und staatlichen Genehmigung (§ 97 Abs. 1 Satz 2; dazu unten Kap. 3 II). Der Hypothekenbestellungsvertrag bedurfte der Beglaubigung und staatlichen Genehmigung.[48] Für die Begründung einer Hypothek zugunsten einer Bank genügte ein schriftlicher Vertrag. Die Hypothek entstand mit Eintragung im Grundbuch (§ 453 Abs. 1 Satz 3). Das Genehmigungserfordernis wurde durch das 2. ZivilrechtsÄndG beseitigt (oben 2 c). Weitere Einzelheiten der Kreditsicherheiten sind unter V behandelt.

bb) GIW/GW

Das GIW (GW) ging vom Grundsatz der Formfreiheit aus (vgl. § 4). Als Ausnahme dazu war für bestimmte Rechtsgeschäfte zwingend die Schriftform vorgeschrieben, so für Anlagenverträge (§ 89), Handelsvertreterverträge (§ 107), für den Eigentumsvorbehalt (§ 233), für die Zustimmung des Gläubigers zur Schuldübernahme mit schuldbefreiender Wirkung (§ 226), für die Begründung eines besitzlosen Pfandrechts (§ 234 Abs. 4) und für Vereinbarungen über die Verlängerung oder

---

46) Kommentar zum ZGB, herausgegeben vom Ministerium für Justiz (Autorenkollektiv unter Redaktion von *Göhring u. a.*), Berlin (Ost) 1985, § 66 Anm. 1.
47) So für die Miete; ZGB-Kommentar, § 100 Anm. 1.1.
48) Genehmigung gem. § 2 GVVO.

Verkürzung der Verjährungsfrist (§ 324 Abs. 4). Daneben bestanden die besonderen Formvorschriften für Warenpapiere und Transportdokumente.

Die Einhaltung der Schriftform war flexibel geregelt und nahm auf die Fortentwicklung der im Wirtschaftsverkehr üblichen Kommunikationsmittel Rücksicht. Gem. § 11 Abs. 2 genügte jede vom Erklärenden vorgenommene Vergegenständlichung des Erklärungsinhalts, die dem Erklärungsempfänger die Reproduktion des Erklärungsinhalts ermöglichte. Dazu gehörten Telegramme, Fernschreiben, Funkbilder, Tonbandaufnahmen oder maschinenlesbare Datenträger.[49] War die Schriftform nicht eingehalten, so war das Rechtsgeschäft nichtig (§ 11 Abs. 1 Satz 1). Der Vertragsgegner konnte sich auf die Nichtigkeit aber nicht berufen, wenn er durch sein Verhalten zum Ausdruck gebracht hatte, daß er die nicht formgerechte Erklärung gelten ließ (§ 11 Abs. 1 Satz 2).

cc) Gesellschaftsrecht

Im Bereich des Gesellschafts- und Genossenschaftsrechts gelten schon seit 1. 7. 1990 die Formerfordernisse des bundesdeutschen Rechts.[50] Für die Gründung einer AG oder GmbH ist demnach notarielle Beurkundung des Vertrages erforderlich (§ 23 Abs. 1 Satz 1 AktG, § 2 Abs. 1 Satz 2 GmbHG). Das Statut der Genossenschaft bedarf der einfachen Schriftform (§ 5 GenG).

c) Vertretungsmacht

aa) ZGB und GIW/GW

Das ZGB regelte die Vollmacht in §§ 53 - 59. Betriebe handelten durch ihre in Rechtsvorschriften oder Statuten bestimmten Vertreter (unten cc) oder durch Bevollmächtigte (§ 55 Abs. 1 ZGB). Zum Schutz des privaten Kunden sah § 55 Abs. 2 ZGB eine Anscheinsvollmacht vor. Danach galten Mitarbeiter von Betrieben als bevollmäch-

---

49) *Maskow/Wagner*, GIW, § 11 Anm. 2.

50) Vgl. §§ 18 - 20 MantelG, GBl I Nr. 34, S. 359 = *Horn*, RWS-Dok. 1 Nr. 1.7, S. 3, zur Einführung des GmbHG, AktG und GenG; Einzelheiten unten Kap. 4.

tigt, solche Rechtshandlungen vorzunehmen, die zur Erfüllung der sich aus ihrer Tätigkeit ergebenden Aufgaben üblich waren. Darauf konnte sich nicht berufen, wer das Fehlen der Vertretungsbefugnis kannte oder kennen mußte.

Das GIW/GW regelte die Vollmacht in § 19 und kennt ebenfalls eine begrenzte Anscheinsvollmacht. Nach § 20 gilt der in einem Betrieb Beschäftigte, wenn er in den Geschäftsräumen des Betriebes handelt, als zur Vertretung gegenüber Dritten befugt, soweit seine Funktionen üblicherweise eine Vollmacht umfassen.

bb) HGB, AktG und GmbHG

Seit dem 1. 7. 1990 gelten die besonderen kaufmännischen Vertretungsformen der Prokura (§§ 48 ff HGB), Handlungsvollmacht (§§ 54, 55 HGB) und die Anscheinsvollmacht des Laden- oder Lagerangestellten gem. § 56 HGB. Diese Vorschriften gewannen schon zuvor Bedeutung für die nach dem UnternehmensG vom März 1990[51)] neugegründeten Unternehmen, weil für diese gem. § 3 Satz 1 UnternehmensG das HGB (in der in der DDR damals geltenden alten Fassung) galt. Gleiches trifft auf diejenigen volkseigenen Wirtschafteinheiten zu, die aufgrund der UmwandlungsVO vom März 1990[52)] in eine GmbH oder AG umgewandelt wurden und dann ebenfalls dem HGB (a. F.) unterlagen. Auch für die nach der sog. Joint-Venture-VO vom Januar 1990[53)] gegründeten AGs und GmbHs mit ausländischer Beteiligung galt ab Gründung das HGB in der alten und ab 1. 7. 1990 nun in der neuen Fassung. Per 1. 7. 1990 sind alle bis dahin nicht umgewandelten VEBs, Kombinate und sonstigen sozialistischen Wirtschaftseinheiten gem. § 11 Abs. 1 i. V. m. § 1 Abs. 4 TreuhandG[54)] in AGs oder GmbHs umgewandelt worden, so daß auch hier das HGB anwendbar ist. Zum Handelsregister s. unten Kap. 4 I.

51) G v. 7. 4. 1990, GBl I Nr. 17 S. 141 = *Horn*, RWS-Dok. 1 Nr. 4.7; dazu unten Kap. 4.
52) VO v. 1. 3. 1990, GBl I Nr. 14 S. 107 = *Horn*, RWS-Dok. 1 Nr. 4.6; s. auch unten Kap. 4.
53) VO v. 25.1. 1990, GBl I Nr. 4 S. 16 = *Horn*, RWS-Dok. 1 Nr. 4.1.
54) G v. 17. 6. 1990, GBl I Nr. 33 S. 300 = *Horn*, RWS-Dok. 1 Nr. 4.12; dazu unten Kap. 4 III.

Die organschaftliche Vertretungsmacht richtet sich bei den Handelsgesellschaften nach HGB, AktG oder GmbHG zunächst in der alten, in der DDR geltenden Fassung dieser Gesetze, ab 1. 7. 1990 in der in der Bundesrepublik geltenden Fassung. Für die nach dem TreuhandG umgewandelten VEBs, Kombinate und andere Wirtschaftseinheiten gilt allerdings eine Übergangsregelung gemäß § 16 TreuhandG; Danach fungierten zunächst die bisherigen geschäftsführenden Generaldirektoren oder Betriebsdirektoren als Organe (§ 16 Abs. 1 Satz 2 TreuhandG); sodann waren vorläufige Organe von der Treuhandanstalt zu bestellen (§ 16 Abs. 1 Satz 1 TreuhandG), die dann bei endgültiger Bestellung im Rahmen der Gründungsmaßnahmen abgelöst wurden.[55)]

cc) Vertretung volkseigener Betriebe

Für die Zeit vor dem 1. 7. 1990 richtete sich die Vertretung volkseigener Betriebe im Rechtsverkehr nach der KombinatsVO von 1979.[56)] Mit dem Begriff "Rechtsverkehr" verbanden sich allerdings in der sozialistischen Planwirtschaft andere Vorstellungen als in einer freien Marktwirtschaft. Gemeint waren in erster Linie die Beziehungen der Unternehmen untereinander im Rahmen der Planwirtschaft, wobei die Verträge nach dem VG von 1982 aufgrund besonderer wirtschaftlicher Fonds- und Kooperationsbefugnisse abgeschlossen wurden. Neben diesen Kooperationsbeziehungen im Rahmen der Planwirtschaft bestanden die Beziehungen der Wirtschaftseinheiten zum Bürger als Verbraucher. Nach dem ZGB waren die Vertretungsregeln der KombinatsVO auch hier maßgeblich (§ 55 Abs. 1 ZGB).

Die KombinatsVO unterschied in § 30 drei Arten von Vertretern: (1) Organvertreter des Kombinats war der Generaldirektor und sein Stellvertreter (Abs. 1), aber auch der Betriebsdirektor (Abs. 5), der den Betriebsteil oder ggf. auch das Kombinat vertritt.[57)] (2) Sonstige gesetzliche Vertreter waren die Fachdirektoren der volkseigenen Wirtschaftseinheiten, die Vertretungsmacht im Rahmen ihres Aufgabenbereichs hatten (Abs. 2). (3) Die bevollmächtigten Vertreter wurden von

---

55) Zum Ganzen unten Kap. 4 III.

56) VO v. 8.11. 1979, GBl I Nr. 38 S. 355 = *Hommelhoff/Krebs*, RWS-Dok. 3 Nr. II.3.1.

57) *Heuer* (Hrsg.), Wirtschaftsrecht, S. 85.

den Organvertretern oder sonstigen gesetzlichen Vertretern im Einzelfall oder generell mit Vollmacht ausgestattet (Abs. 3). (4) Ferner galt eine Anscheinsvollmacht ("Funktionsvollmacht"), nach der Mitarbeiter des Kombinats als bevollmächtigt zur Vornahme solcher Rechtshandlungen galten, die zur Erfüllung ihrer Aufgaben üblich waren. Darauf konnte sich nicht berufen, wer das Fehlen der Vertretungsbefugnis kannte und erkennen mußte (Abs. 3 Satz 2, 3).

Die Vertretungsverhältnisse waren aus dem Register der volkseigenen Wirtschaft zu entnehmen.[58)] Das Register wurde durch das staatliche Vertragsgericht geführt. Die Registerführung erfolgte bei den Bezirksvertragsgrichten (§ 2 Abs. 1 VO). Im Register waren auch die gesetzlichen Vertreter der Wirtschaftseinheit mit Namen und Funktion einzutragen, nicht aber die bevollmächtigten Vertreter (§ 4 Abs. 1 Nr. 9 VO).

Der auswärtige Geschäftspartner eines VEB oder Kombinats konnte sich also im Register informieren. Soweit die Treuhandanstalt zur Durchführung (bzw. Überwachung) der Umwandlung einer Wirtschaftseinheit berufen war - nach der alten UmwandlungsVO bei Antrag, nach dem TreuhandG für alle Wirtschaftseinheiten -, konnte und kann man bei ihr (bzw. ihren Außenstellen) Auskunft über die Vertretungsmacht der Person erhalten, die für die Wirtschaftseinheit auftrat. Die Treuhandanstalt hält auch ein Verzeichnis aller Organmitglieder der umgewandelten Kapitalgesellschaften zur Verfügung.

In der ersten Jahreshälfte 1990 gab es gleichwohl manche Unklarheiten. Direktoren traten zurück, andere wurden von der Belegschaft gewählt, manche behördlich bestätigt, andere nicht. Zu beachten ist, daß es keinen allgemeinen Vertrauensschutz des auswärtigen Geschäftspartners gab, der sich auf die Vertretungsmacht des Verhandlungspartners verließ. Ein solcher genereller Vertrauensschutz ist auch nicht mit der Eintragung im Register der volkseigenen Wirtschaft verbunden. Außerdem entstanden Unklarheiten über die Zuständigkeit der Mitarbeiter der Treuhandanstalt zur Genehmigung von Geschäften umgewandelter Gesellschaften mit auswärtigen Investoren.

58) Dazu VO über die Führung des Registers der volkseigenen Wirtschaft v. 10. 4. 1980, GBl I Nr. 14 S. 115 = *Hommelhoff/Krebs*, RWS-Dok. 3 Nr. II.3.12.

d) Abschlußbefugnisse im Außenwirtschaftsverkehr

aa) Ausgangslage

Grundsätzlich galt für Verträge mit ausländischen (auch bundesdeutschen) Geschäftspartnern das staatliche Außenwirtschaftsmonopol[59], das erst durch die Verfassungsgrundsätze vom 17. 6. 1990 beseitigt wurde.[60] Die DDR-Betriebe und Kombinate schlossen grundsätzlich keine direkten Verträge mit auswärtigen Exporteuren oder Importeuren, sondern mit dem zuständigen staatlichen Außenhandelsbetrieb der DDR (AHB), der seinerseits mit dem ausländischen Geschäftspartner kontrahierte. Die AHBs bedurften zwar im Grundsatz für planmäßige Außenhandelsverträge keiner Genehmigung.[61] Für internationale Wirtschaftsverträge bestand aber ein Katalog genehmigungspflichtiger Rechtsgeschäfte, bei denen die Verträge vor oder nach Abschluß dem Ministerium zur Genehmigung vorgelegt werden mußten.[62] Der Genehmigung vor Vertragsunterzeichnung bedurften z. B. Verträge über die Zusammenarbeit mit Unternehmen aus kapitalistischen Ländern. Dies ist bei der Beurteilung der zahlreichen Vertragsverhandlungen zu beachten, die in der ersten Jahreshälfte 1990 von westdeutschen oder ausländischen Geschäftspartnern mit Vertretern der VEBs und Kombinate der DDR geführt wurden. Die Vertretungsmacht der für die DDR-Betriebe Auftretenden umfaßte im Grundsatz nicht die Befugnis zum definitiven Vertragsschluß.

bb) Joint-Venture-Verordnung; Unternehmensgesetz

Eine gewisse Ausnahme bildeten Gemeinschaftsunternehmen nach der Joint-Venture-VO vom 12. Januar 1990.[63] Nach § 20 Abs. 3 durften Joint-Venture-Betriebe im Rahmen ihrer genehmigten Tätigkeit selbständig Verträge im Außenwirtschaftsverkehr abschließen. Allerdings war die Gründung des Joint Ventures selbst von einer staatli-

---

59) Vgl. Art. 9 Abs. 5 alte DDR-Verfassung = *Fieberg/Reichenbach*, RWS-Dok. 7, Nr. I.2.3.

60) Art. 3 Abs. 2 Verfassungsgrundsätze, GBl I Nr. 33 S. 299 = *Horn*, RWS-Dok. 1 Nr. 1.6; vgl. auch § 1 des Außenwirtschaftsgesetzes der DDR v. 28. 6. 1990, GBl I Nr. 39 S. 515 = *Horn*, RWS-Dok. 1 Nr. 6.8

61) Vgl. *Rudolph/Neumann* (Hrsg.), Rechtshandbuch für den Handel mit der DDR, Rz. 90.

62) 2. DVO zur VO über die Leitung und Durchführung des Außenhandels v. 30.12. 1982, GBl I 1983 Nr. 3 S. 23; *Kemper/Maskow*, Außenwirtschaftsrecht der DDR, S. 100.

63) GBl I Nr. 4 S. 16 = *Horn*, RWS-Dok. 1 Nr. 4.1.

chen Genehmigung abhängig (§§ 7, 8). Das UnternehmensG vom März 1990 sah vor, daß Betriebe im Rahmen der Ein- und Ausführbestimmungen der DDR selbstständig Außenhandelsverträge abschließen konnten (§ 9 Abs. 2).

e) Verfügungsmacht

Das sozialistische Eigentum bildete eine generelle Grenze der Verfügungsmacht. Es konnte grundsätzlich nicht veräußert ("zweckentfremdet") und nicht verpfändet werden (§ 20 Abs. 1 und 3. ZGB). Es war auch nicht pfändbar. Sozialistisches Eigentum an Grundstücken konnte nicht aufgehoben werden.[64] Begrenzte Ausnahmen brachten das Gesetz über die Veräußerung volkseigener Gebäude[65] und die 4. KreditVO (s. unten V).

Insbesondere gewerblich genutzte Grundstücke standen vorwiegend im sozialistischen Eigentum. Die Wirtschaftseinheiten hatten daran nur eine eingeschränkte "Rechtsträgerschaft". Dies hat sich generell erst aufgrund des TreuhandG ab 1. 7. 1990 geändert (dazu unten Kap. 4 III). Ein Eigentum der Wirtschaftseinheit an den Wirtschaftsgebäuden oder den mit dem Grund verbundenen sonstigen technischen Anlagen war gleichwohl möglich, weil aufgrund eines Nutzungsrechts getrenntes Eigentum daran bestehen konnte.[66] Regelmäßig wurden solche Nutzungsrechte aber nicht bestellt, so daß es zum Volkseigentum auch an den Gebäuden kam, das wiederum in Rechtsträgerschaft der Wirtschaftseinheit stand.

Soweit Verfügungen über sozialistisches Eigentum dadurch erforderlich wurden, daß Einlagen in ein Gemeinschaftsunternehmen mit ausländischer Beteiligung aufgrund der Joint-Venture-VO vom Januar 1990 eingebracht wurden, bestand eine Ausnahme von den genannten Verfügungsbeschränkungen. Ferner konnten aufgrund der 4. KreditVO zur Sicherung der Kredite der Betriebe auch Pfandrechte, Hypotheken und Aufbauhypotheken bestellt werden.[67]

---

64) Vgl. auch Kap. 3 I 2.

65) G v. 7. 3. 1990, GBl I Nr. 18 S. 157 = *Horn*, RWS-Dok. 1 Nr. 3.12; dazu unten Kap. 3 III 4 a.

66) Vgl. oben I 2 e und 4 c und unten Kap. 3 I 3.

67) § 1 4. KreditVO v. 2. 3. 1990, GBl I Nr. 15 S. 114 = *Rutke/Ulbrich*, RWS-Dok. 5 Nr. I.4.15; aufgehoben durch § 13 Nr. 6 ÄndAufhVO v. 28. 6. 1990, GBl I Nr. 38 S. 509 = *Horn*, RWS-Dok. 1 Nr. 1.10.

IV. Miete und Pacht

1. Neue Verträge

a) Vertragsrecht

Seit dem 3. 10. 1990 gilt auch für Miete und Pacht grundsätzlich das BGB gem. Art. 8 EinigungsV, Art. 230 Abs. 2 EGBGB n. F. Neue Miet- und Pachtverträge richten sich also ausschließlich nach dem BGB. Damit wurde in diesem problematischen Bereich (unten 3) grundsätzlich Rechtseinheit erreicht, obwohl tatsächlich im Miet- und Pachtwesen große wirtschaftliche und sonstige Unterschiede zum westlichen Teil der Bundesrepublik bestehen. Der EinigungsV hat aber mit Recht den Standpunkt eingenommen, daß weder diese tatsächlichen Unterschiede noch die Verschiedenheiten des bisherigen Mietrechts der DDR es rechtfertigen, für Neuverträge eine Sonderregelung zu schaffen.

Für landwirtschaftliche Pachtverträge hatte bereits § 52 LandwirtschaftsanpassungsG[1] die Anwendung des Landpachtrechts des BGB (§§ 581 - 597) für alle Pachtrechtsverhältnisse ab 20. 7. 1990 angeordnet. Diese für die Überleitung bestehender Verträge bestimmte Regelung gilt (selbstverständlich) auch für Neuabschlüsse.

b) Preisrecht

Miete und Pachtzins waren in der sozialistischen Wirtschaft auf niedrigem Niveau durch staatliche Preisvorschriften fixiert (unten 3). Das PreisG vom 22. 7. 1990[2] sah Ausnahmen vom Grundsatz der Preisfreigabe und staatliche Preisregelungen vor. In Ausführung des PreisG hat die erste PreisVO vom 25. 6. 1990[3] die bisherigen Preisvorschriften für Mieten und Pachten aufrechterhalten, soweit sie gegenüber der Bevölkerung Anwendung finden (§ 2 Abs. 1 Satz 1). In der Anlage zur VO sind beim geschützten Personenkreis außer der allgemeinen Bevölkerung auch die Handwerker und Gewerbetreibenden genannt, die Räume und Objekte gewerblich nutzen. Im übrigen war für gewerbli-

---

1) G v. 29. 6. 1990, GBl I Nr. 42 S. 642 = *Horn*, RWS-Dok. 1 Nr. 4.14.
2) Dazu unten Kap. 5 I 2.
3) GBl I Nr. 37 S. 472 = *Horn*, RWS-Dok. 1 Nr. 6.6.

che Mieten eine Preisfreigabe erfolgt, die allerdings durch bestimmte Höchstwerte begrenzt wurde. Der EinigungsV sieht ein gestuftes Auslaufen dieser Preisfestsetzungen vor. Für gewerbliche Mieten gelten die noch bestehenden Preisvorschriften nur bis zum 31. 12. 1990, für Wohnraummieten und Pachten bis zum 31. 12. 1991.[4)]

2. Überleitung der Altverträge nach EGBGB

a) Grundsatz

Nach Art. 232 § 2 EGBGB gilt auch für Mietverträge, die vor dem 3. 10. 1990 geschlossen wurden, grundsätzlich das BGB (Abs. 1). Die Norm orientiert sich an dem allgemeinen Grundsatz, daß auch bestehende Dauerschuldverhältnisse vom Zeitpunkt der Einführung neuen Rechts diesem Recht unterstellt werden.[5)] Von diesem Grundsatz werden jedoch eine Reihe einzelner Ausnahmen gemacht, die eine Verstärkung der Rechtsstellung des bisherigen Mieters oder Pächters bezwecken.

b) Wohnraummiete

aa) Kündigung wegen berechtigter Interessen

Auf Mietverträge über Wohnraum, die vor dem 3. 10. 1990 geschlossen sind, findet zwar das BGB Anwendung; die Rechtsstellung des Mieters ist jedoch durch die Einschränkung der Kündigungsrechte des Vermieters gestärkt. So kann der Vermieter zwar das Mietverhältnis über Wohnraum aufgrund eines berechtigten Interesses an der Beendigung des Mietverhältnisses kündigen (§ 564 b Abs. 1 BGB). Das bloße Interesse des Vermieters an einer ökonomisch vorteilhafteren Verwertung des Grundstücks wird jedoch nicht anerkannt. Der Vermieter kann sich nicht auf den Kündigungsgrund der berechtigten Interessen i. S. d. § 564 b Abs. 2 Nr. 3 BGB berufen; er kann also nicht kündigen, wenn er durch die Fortsetzung des Mietverhältnisses an ei-

---

4) EinigungsV Anlage II Kap. V A Abschn. III Nr. 1 a dd, BGBl II 1990, 1201 = *Horn*, RWS-Dok. 2 Nr. I.3.5.

5) Erläut., S. 38 = *Horn*, RWS-Dok. 2 Nr. II.1.1, S. 14, mit Hinweis auf Art. 171, 219 EGBGB, § 2 Abs. 2 EGZGB.

ner angemessenen wirtschaftlichen Verwertung des Grundstücks gehindert wird und dadurch erhebliche Nachteile erleidet (Art. 232 § 2 Abs. 2 EGBGB).

bb) Kündigung wegen Eigenbedarfs

Das Recht des Vermieters zur Kündigung wegen Eigenbedarfs gem. § 564 b Abs. 2 Nr. 2 Satz 1 BGB ist eingeschränkt (Art. 232 § 2 Abs. 3 EGBGB). Erst ab 1. 1. 1993 kann der Vermieter eine Kündigung uneingeschränkt auf seinen Eigenbedarf stützen, d. h. daß er die vermieteten Räume als Wohnung für sich, die zu seinem Hausstand gehörenden Personen oder seine Familienangehörigen benötige. Vor diesem Zeitpunkt kann er dies nur, wenn der Ausschluß des Kündigungsrechts für ihn eine Härte bedeuten würde, die auch unter Würdigung der Interessen des Mieters nicht zu rechtfertigen wäre. Der Kündigungsgrund, daß der Mieter seine vertraglichen Verpflichtungen schuldhaft nicht unerheblich verletzt hat (§ 564 b Abs. 2 Nr. 1 BGB), bleibt dagegen uneingeschränkt bestehen.

Das besondere Kündigungsrecht des Vermieters bei einem Mietverhältnis über eine Wohnung in einem vom Vermieter selbst bewohnten Wohngebäude mit nicht mehr als zwei Wohnungen (§ 564 b Abs. 4) kann erst ab 1. 1. 1993 uneingeschränkt ausgeübt werden; zuvor kann es der Vermieter nur geltend machen, wenn ihm die Fortsetzung des Mietverhältnisses wegen seines Wohn- oder Instandsetzungsbedarfs oder sonstiger Interessen nicht zugemutet werden kann (Art. 232 § 2 Abs. 4 EGBGB).

c) Gewerbliche Miete

aa) Widerspruch gegen die Kündigung

Auch bei der Miete über Gewerberäume und gewerblich genutzte unbebaute Grundstücke ist die Rechtsstellung des gewerblichen Mieters vorübergehend, d. h. bis zum 31. 12. 1992, verstärkt und zwar durch ein besonderes Widerspruchsrecht gegen die Kündigung durch den Vermieter. Der Mieter kann bis zu diesem Zeitpunkt einer Kündigung seines Mietverhältnisses widersprechen und vom Vermieter die Fortsetzung des Mietverhältnisses verlangen, wenn die Kündigung für ihn eine erhebliche Gefährdung seiner wirtschaftlichen Lebensgrundlage mit sich bringt (Art. 232 § 2 Abs. 5 Satz 1). Der Mieter kann dann verlangen, daß das Mietverhältnis so lange fortgesetzt wird, wie dies unter Berücksichtigung aller Umstände angemessen ist, ggf. unter angemessener Änderung der Bedingungen. Hier besteht also eine gesetzliche Neuverhandlungspflicht. Kommt die Einigung nicht zustande, so ist sie durch gerichtliche Entscheidung zu ersetzen (Art. 232 § 2 Abs. 6 EGBGB i. V. m. § 556 a Abs. 2 und 3 BGB).

Das Widerspruchsrecht des Mieters ist ausgeschlossen, wenn der Vermieter die Kündigung auf bestimmte, gesetzlich genau umrissene Kündigungsgründe stützt und diese im Kündigungsschreiben angibt (Art. 232 § 2 Abs. 5 Satz 2 Nr. 1 - 4 und Abs. 6 Satz 1 EGBGB). Andere als die im Kündigungsschreiben angegebenen Gründe werden nur berücksichtigt, wenn sie nachträglich entstanden sind (§ 2 Abs. 6 Satz 1). Die gesetzlichen Kündigungsgründe sind gem. § 2 Abs. 5: Ein wichtiger Grund zur fristlosen Kündigung (Nr. 1), die Verweigerung einer angemessenen Mieterhöhung durch den Mieter (Nr. 2), die Weigerung einer Umlegung der Betriebskosten durch den Mieter (Nr. 3) oder die Unzumutbarkeit des Mietverhältnisses für den Vermieter aus anderen Gründen (Nr. 4).

bb) Mietanpassung

Die größte praktische Bedeutung für die Übergangszeit (bis 1. 1. 1993) dürfte die Regelung der Mietanpassung nach Kündigung haben. Wegen der Knappheit von Geschäftsräumen im Bereich der ehemaligen DDR kommt es häufig vor, daß der Vermieter von einem anderen Interessenten ein Angebot zur Anmietung zu einer weitaus höheren Miete erhält. Macht der Vermieter daraufhin fristgerecht von seinem vertraglichen Kündigungsrecht Gebrauch und kündigt schriftlich unter Angabe des Grundes, so kann der Mieter sein Widerspruchsrecht (ebenfalls schriftlich gem. Art. 232 § 2 Abs. 6 Satz 1 EGBGB i. V. m. 556 a Abs. 5 BGB) geltend machen. Der Vermieter muß nun in Verhandlung mit dem Mieter über eine angemessene Mieterhöhung ab Wirksamwerden der Kündigung eintreten (vgl. § 2 Abs. 5 Nr. 2). Eine Mieterhöhung ist angemessen, soweit die geforderte Miete die ortsübliche Miete, die sich für Geschäftsräume oder Grundstücke gleicher Art und Lage nach Wegfall der Preisbindung bildet, nicht übersteigt (§ 2 Abs. 5 Satz 3).

Weigert sich der Mieter, z. B. indem er sich auf Verhandlungen nicht einläßt oder keine oder nur eine niedrigere Mieterhöhung anbietet, so entfällt sein Widerspruchsrecht und die vom Vermieter ausgesprochene Kündigung bleibt wirksam. Ist er dagegen mit der Anhebung an die ortsübliche Miete einverstanden, so muß der Vermieter in die Fortsetzung einwilligen. Er kann sich insbesondere nicht darauf berufen, daß der andere Interessent ihm eine weit höhere als die ortsübliche Miete gezahlt hätte (§ 2 Abs. 5 Satz 4). Es handelt sich um einen gesetzlichen Fall der Neuverhandlungspflicht, wobei eine nicht zustande gekommene Einigung letztlich durch Urteil gem. § 556 a Abs. 3 Satz 1 BGB ersetzt werden kann.[6]

cc) Kündigungsfrist

Der gewerbliche Mieter wird ferner dadurch geschützt, daß bis zum 1. 1. 1994 die gesetzliche Kündigungsfrist des § 565 Abs. 1 Nr. 3 BGB um drei Monate verlängert wird (Art. 232 § 2 Abs. 7 EGBGB). Die Frist beträgt daher, wenn der Mietzins nach Monaten oder längeren Zeitabschnitten bemessen ist, insgesamt sechs Monate minus drei Tage zum Ende eines Kalendervierteljahres (vgl. § 565 Abs. 1 Nr. 3 BGB).

d) Pacht

aa) Kündigung und Widerspruchsrecht

Pachtverträge, die vor dem 3. 10. 1990 geschlossen sind, unterliegen von diesem Zeitpunkt ab dem Pachtrecht des BGB, also den §§ 581 - 597 BGB (Art. 232 § 3 Abs. 1 EGBGB). Da auf die Pacht mit Ausnahme der Landpacht die Vorschriften über die Miete entsprechend anzuwenden sind (§ 581 Abs. 2 BGB), kann wohl auch die Verlängerung der Kündigungsfrist des § 565 Abs. 1 Nr. 3 BGB durch Art. 232 § 2 Abs. 7 EGBGB entsprechend auf die Pacht Anwendung finden.[7]

---

6) Allg. zur Neuverhandlungspflicht oben II 2 d.

7) So auch ohne nähere Begründung Erläut., S. 39 = *Horn*, RWS-Dok. 2 Nr. II.1.1, S. 15.

Verantw. Apothekenwesen
Treuhand Frankfurt 10

Herr Huß

324091

Für Grundstückspacht bleibt es allerdings bei der Spezialnorm des § 584 BGB, der ohnehin die Kündigung nur mit Halbjahresfrist zum Schluß des Pachtjahres zuläßt. Zweifelhaft ist, ob auch das besondere Widerspruchsrecht des Mieters bei gewerblicher Miete entsprechend auf die Pacht angewandt werden kann. Der Wortlaut des Art. 232 § 2 Abs. 5 EGBGB gibt dies freilich nicht her und aus § 3 Abs. 1 i. V. m. § 581 Abs. 2 BGB läßt es sich auch nicht eindeutig herleiten. Immerhin gibt § 581 Abs. 2 BGB einen gewissen Anhaltspunkt und die ratio legis spricht dafür, den gewerblichen Pächter in ähnlicher Weise wie den gewerblichen Mieter zu schützen.[8)]

bb) Landpachtrecht

Das Landpachtrecht war im Gebiet der DDR bereits durch § 52 LandwirtschaftsanpassungsG[9)] mit Wirkung vom 20. 7. 1990 in Kraft gesetzt worden. Art. 232 § 3 Abs. 2 EGBGB stellt klar, daß es bei dieser Regelung bleibt und daß gem. § 51 LandwirtschaftsanpassungsG die bestehenden Rechtsverhältnisse am Boden zwischen LPGs und Rat des Kreises sowie zwischen dem Rat des Kreises und dem Eigentümer im Verlauf eines Jahres, also bis zum 20. 7. 1991, aufzulösen sind.[10)] Auf Kleingartennutzungsverhältnisse, die vor dem 3. 10. 1990 begründet wurden und nicht beendet sind, findet das BundeskleingartenG[11)] mit der Maßgabe Anwendung, daß vom 3. 10. 1990 ab die Nutzungsverträge über Kleingärten wie Kleingartenpachtverträge über Dauerkleingärten zu behandeln sind.[12)]

e) Mietpreisrecht

Die Preisbindung für gewerbliche Mieten und Pachten ist ab 1. 1. 1991 aufgehoben. Bis dahin galt die AO über die Ermittlung der Mietpreise und Nutzungsentgelte für Gewerberäume und -objekte vom

8) So die Erläut., S. 39, jedenfalls hinsichtlich der Ausdehnung der Kündigungsfrist.

9) G v. 29. 6. 1990, GBl I Nr. 42 S. 642 = *Horn*, RWS Dok. 1 Nr. 4.14.

10) Vgl. auch zur Auflösung der LPG unten Kap. 4 IV und allg. zur Liquidierung des sozialistischen Eigentums Kap. 3 III.

11) G v. 28. 2. 1983, BGBl I, 110, geänd. d. Art. 2 G v. 8. 12. 1986, BGBl I, 2191.

12) § 20 a n. F. BundeskleingartenG, eingefügt durch EinigungsV Anlage I Kap. XIV Abschn. II Nr. 4, BGBl II 1990, 1125.

23. 8. 1990.[13] Darin sind Höchstpreise festgesetzt. Diese wurden in der Praxis im Kampf um die knappen Gewerberäume häufig überboten, so daß zahlreiche Verträge mit (bis 31. 12. 1990) unzulässigen Preisen zustande gekommen sind. Eine Nichtigkeit i. S. d. § 134 BGB greift hier im Grundsatz nicht ein, wohl aber ein Anpassungsrecht.[14] Für Wohnraum bleibt die Mietpreisbindung bis 31. 12. 1991 bestehen.[15] Die niedrigen Bestandsmieten für Wohnraum bleiben also vorerst unverändert. Das MiethöheG[16] wurde durch den EinigungsV um einen § 11 erweitert.[17] Danach sind für die Vermietung neuen Wohnraums Preisvorschriften nicht anzuwenden, wenn also Räume durch Neubau, Sanierung nicht mehr benutzbarer Räume oder Totalumbau geschaffen wurden (§ 11 Abs. 1).

Für die Mieten bei bestehenden Mietverhältnissen kann die Bundesregierung mit Zustimmung des Bundesrates durch Rechtsverordnung eine Erhöhung des höchstzuläsigen Mietzinses vorschreiben, die schrittweise unter Berücksichtigung der Einkommensentwicklung erfolgt; zugleich kann die VO vorsehen, daß die Betriebskosten oder Teile davon anteilig auf die Mieter umgelegt werden dürfen (§ 11 Abs. 3). Ferner kann geregelt werden, daß bis zum 1. 1. 1996 bei erheblichen Instandsetzungsmaßnahmen eine Erhöhung der jährlichen Miete in einem bestimmten Umfang der aufgewendeten Kosten verlangt werden kann (§ 11 Abs. 7).

3. Rückblick: sozialistisches Wohnraummietrecht

a) Allgemeines. Wohnungszwangswirtschaft

Die im Gebiet der ehemaligen DDR zum Zeitpunkt der Wiedervereinigung bestehenden Miet- und Wohnverhältnisse, der Zustand der Bausubstanz und die gewaltigen Renovierungsaufgaben sowie manche noch fortwirkende Rechtsinstitute wie die Aufbauhypothek sind nicht zu verstehen ohne einen Rückblick auf das sozialistische Wohnraummietrecht. Art. 37 der alten DDR-Verfassung und § 94 ZGB normier-

---

13) AO v. 23. 8. 1990, GBl I Nr. 58 S. 1424.

14) Allg. *Staudinger/Dilcher*, § 134 Rz. 23ff.

15) EinigungsV Anlage II Kap. V Abschn. III Nr. 1 a dd, BGBl II 1990, 1201 = *Horn*, RWS-Dok. 2 Nr. I.3.5.; dazu allg. unten Kap. 5 I.

16) G v. 18. 12. 1974, BGBl I, 3603, 3604, zuletzt geändert durch G v. 20. 12. 1982, BGBl I, 1912.

17) EinigungsV Anlage I Kap. XIV Abschn. II Nr. 7, BGBl II 1990, 1126.

ten ein Grundrecht auf Wohnung, das durch den "sozialistischen Staat gewährleistet" und durch die "staatliche Wohnungspolitik verwirklicht" werden sollte (§ 94 Abs. 1 ZGB).

Der sozialistische Staat suchte seiner Verpflichtung zur Wohnungsversorgung der Bevölkerung durch staatlichen Wohnungsbau und im übrigen durch Wohnungszwangsbewirtschaftung nachzukommen. Die besondere sozialistische Ausgestaltung des Mietverhältnisses wurde durch eine Schwächung der Vertragsrechte des Vermieters (unten b) und extrem niedrige, staatlich festgesetzte Mieten (unten c) angestrebt. Die ökonomischen und sozialen Auswirkungen dieses Systems bestanden in einem deutlich niedrigeren Standard des Wohnungsneubaus nach Größe und Komfort und einem extremen Verfall der Altbausubstanz, der z. T. zur Zerstörung ganzer Stadtviertel führte sowie zu einer umfangreichen Sanierungsbedürftigkeit der Wohnungen.

Hauptinstrument der Zwangsbewirtschaftung war die staatliche Wohnraumzuweisung als Voraussetzung für die Begründung eines Mietverhältnisses (§ 99 ZGB).[18] Die Eigentümerrechte in bezug auf den Vertragsschluß und seine Aufhebung (Kündigung) waren dadurch weitgehend eingeschränkt (§§ 99 Satz 2, 120 - 122). Der Inhalt von Mietverträgen konnte mangels Einigung zwischen Mieter und Vermieter vom Staat diktiert werden.[19] Ergänzend bestand ein Instrumentarium von Verwaltungseingriffen durch staatliche Räumungs- und Wohnwechselanordnungen zur Wohnraumlenkung (§§ 30 - 33 und § 14 WLVO).

b) Vertragliche Rechte

Im Mietverhältnis war der Vermieter zur Instandhaltung und Modernisierung der Mietsache verpflichtet (§ 101 ZGB), wobei allerdings dem Mieter die "notwendigen" Malerarbeiten oblagen (§ 104 Abs. 1 Satz 2 ZGB). Bei baulichen Veränderungen, die der Mieter in seiner Wohnung durchführen wollte, war der Vermieter zur Zustimmung verpflichtet, wenn eine "im gesellschaftlichen Interesse" liegende Ver-

---

18) Allg. *Westen/Schleider*, S. 360 ff; zu den Verwaltungseingriffen *Nissel/Pohl*, NJ 1989, 276 - 279.

19) § 100 Abs. 2 ZGB i. V. m. VO über die Lenkung des Wohnraums v. 14. 9. 1967 (WLVO), GBl II Nr. 105 S. 733, außer Kraft gesetzt durch WLVO v. 16. 10. 1985, GBl I S. 301, geänd. d. VO v. 14. 12. 1988, GBl I S. 330.

besserung beabsichtigt war (§ 111 ZGB). Mietergemeinschaften sollten bei der Pflege, Instandhaltung, Verschönerung und Modernisierung der Wohnhäuser mitwirken und mit Bauunternehmen Verträge schließen (§ 114 Abs. 1 ZGB). Dies setzte einen entsprechenden Vertrag des Vermieters mit dem Bauunternehmer voraus und befreite ihn nicht von seiner Verantwortung, die Wohnhäuser zu erhalten, zu pflegen und zu verwalten (§ 116 Abs. 1 ZGB). Diese Verpflichtung des Eigentümers als Vermieter bestand auch gegenüber dem Staat und war durch staatliche Auflagen und Ersatzvornahme (§ 20 WLVO) erzwingbar.

Der Mieter hatte ein weitgehendes Kündigungsrecht (§ 120 Abs. 2 ZGB). Das Kündigungsrecht des Vermieters war beschränkt (§§ 120 - 122 ZGB). Ihm standen auch sonst nur schwache Sanktionen bei Vertragsverletzungen durch den Mieter zur Verfügung (§§ 102 Abs. 2, 119, 121 ZGB).

c) Zwangsmieten; Baumaßnahmen

Die Mieten waren vom Staat auf niedrigem Niveau verbindlich festgesetzt. Der mit der Währungsunion eingeführte Grundsatz der freien Preisbildung nach dem PreisG hat daran zunächst nichts geändert (dazu unten Kap. 5 I). Durch den Mietpreisstop auf niedrigem Niveau zusammen mit der Zwangsbewirtschaftung und einer Einseitigkeit der Vertragspflichten war jeder Marktmechanismus auf dem Gebiet des Wohnraumangebots und der Wohnraummieten ausgeschaltet. Der Hauseigentümer, der aus dem niedrigen Mietaufkommen die für eine Erhaltung notwendigen Reparaturen nicht bezahlen konnte, mußte oft dem vollständigen Verfall der Bausubstanz zusehen, dessen verheerendes Ausmaß in allen Altbauvierteln der Städte der ehemaligen DDR sichtbar ist, oder gar eine Enteignung wegen Überschuldung hinnehmen.

Bisweilen wurde durch staatliche Zwangsbaumaßnahmen eingegriffen.[20)] Für diese Baumaßnahmen konnte die Aufnahme eines Kredits und die Belastung des Grundstücks mit einer Aufbauhypothek angeordnet werden. Die Aufbauhypothek hatte Vorrang vor anderen zuvor

---

20) Gem. § 20 WLVO; dazu *Nissel/Pohl*, NJ 1989, 276, 277.

eingetragenen Hypotheken (§§ 456, 457 ZGB).[21] Auch der Mieter war berechtigt, die notwendigen Reparaturen durchzuführen oder durchführen zu lassen und vom Vermieter Kostenerstattung zu verlangen. Dazu bedurfte es nicht einmal einer Fristsetzung, wenn die Beseitigung des Mangels keinen Aufschub duldete (§ 109 Abs. 1 Satz 3 ZGB). Dies dürfte häufig der Fall gewesen sein, da die Bausubstanz in großem Umfang verfiel.

Häufig nahmen die Mieter eine gewisse Instandhaltung oder bauliche Verbesserung selbst in die Hand und investierten eigene Arbeitskraft oder Geld. Gleichwohl gerieten viele Hauseigentümer durch ihre Verpflichtung zu Erhaltung der Wohnhäuser bei unzureichenden Mieteinnahmen in den ökonomischen Zwang, das Hauseigentum durch Schenkung an den Staat oder Verzicht aufzugeben, um die drückende wirtschaftliche Last loszuwerden. Dieser Fall ist inzwischen unter bestimmten Voraussetzungen als Enteignung anerkannt.[22]

---

21) Dieser Vorrang ist entfallen; so schon StaatsV Anlage III Abschn. II Nr. 8 h, BGBl II 1990, 554; s. auch unten V 2 b bb.

22) Dazu unten Kap. 3 IV 3 b cc.

V. Kredite und Kreditsicherheiten

1. Kreditverträge

a) Rechtseinheit

Für Kreditverträge gilt wie für andere Verträge seit dem 3. 10. 1990 das BGB. Die wichtigste Voraussetzung für eine marktförmige Kreditversorgung der Wirtschaft, die Vertragsfreiheit, wurde bereits ab 17. 6. 1990 durch die Verfassungsgrundsätze und durch die Einführung der Währungs- und Wirtschaftsunion ab 1. 7. 1990 erreicht.[1] Zugleich entfiel auch die Verbindlichkeit staatlich erlassener Geschäftsbedingungen (§ 46 ZGB);[2] es konnten wie im übrigen Bundesgebiet AGB der Banken verwendet werden, für die bereits ab Juli das AGB-Gesetz galt. Die im übrigen komplizierte Lage des Vertragsrechts ab 1. Juli (oben III 2) bot daher keine ernsthaften Hindernisse (zur Anpassung der Kreditverträge s. oben II 2 b).

b) Früheres Recht

Für private Kreditnehmer galten die Vorschriften des ZGB. Dieses unterschied zwischen dem Kreditvertrag des Bürgers mit einem Kreditinstitut (§§ 241 - 243 ZGB) und dem Darlehen zwischen Privatleuten (§§ 244 - 245 ZGB). Der Kreditvertrag war schriftlich abzuschließen (§ 241 Abs. 2 Satz 1). Formmangel führte zur Nichtigkeit (§ 66 Abs. 2 ZGB); beim Kreditvertrag wurde allerdings der Formmangel durch die Auszahlung des Kredits geheilt (§ 241 Abs. 2 Satz 2). Wurde der Kredit als Kontokorrentkredit gewährt, so war auch ein Kontovertrag i. S. d. § 234 ZGB gegeben und daher die Schriftform des Kontovertrags zu beachten (§ 234 Abs. 3 Satz 1 ZGB). Der Bürger konnte Kredite nur für eng bestimmte Zwecke erhalten, z. B. bei Familiengründung,[3] und dazu einen Kreditvertrag mit strikter Zweckbindung (§ 241 Abs. 1 Satz 2 ZGB) abschließen.

Für die Wirtschaftseinheiten (Unternehmen) galt die KreditVO von 1982 mit engen planwirtschaftlichen Einbindungen. Das Unterneh-

---

1) Allg. oben Kap. 1.

2) S. oben III 2c.

3) VO über die Gewährung von Krediten zu vergünstigten Bedingungen an junge Eheleute v. 10. 5. 1972, GBl II Nr. 27 S. 316, i. d. F. der 2. VO v. 21. 7. 1981, GBl I Nr. 24 S. 297.

men, das wegen knapper Finanzausstattungen auf Kredite angewiesen war, mußte mit einer vorbestimmten Bank zusammenarbeiten. Bei der Kreditvergabe galt ein strenges administratives planwirtschaftliches Verfahren der Antragstellung und Zuteilung. Die Banken übten dabei eine Kontrollfunktion über die Betriebe im Hinblick auf deren planausführende Geschäftstätigkeit aus.[4)] Für Kredite an Genossenschaften und an private Handwerks- und Gewerbebetriebe galten ebenfalls einengende planwirtschaftliche Reglementierungen.

Diese entfielen mit der Einführung der Währungs- und Wirtschaftsunion, und für die Kreditverträge der Unternehmen galten für die Übergangszeit vom 1. 7. bis 3. 10. 1990 die §§ 163 - 168 GW und ergänzend das HGB. Der Kreditvertrag konnte danach formlos geschlossen werden. § 164 GW sah eine Mindestverzinsung mit 2 % über dem Diskontsatz, mindest jedoch mit 6 % je Jahr, vor. Schon nach § 4 GW konnten die Parteien etwas anderes vereinbaren. Dies ergab sich auch aus dem ab 1. 7. 1990 allgemein in der DDR anerkannten Grundsatz der Vertragsfreiheit. Der Kreditnehmer hatte bei Wegfall und Verschlechterung von Sicherheiten neue Sicherheiten zu stellen (§ 165). Bei Verzug für länger als drei Monate mit der Zahlung einer vertraglichen Rückzahlungsrate wurde der ganze Kreditbetrag sofort fällig (§ 166 GW). Auch diese Regelung unterlag der Vertragsfreiheit, und es konnte etwas anderes vereinbart werden. Dies war zu empfehlen, da automatische Fälligstellungsklauseln in der Praxis zu Schwierigkeiten führen. Der Kreditgeber hatte ein Rücktrittsrecht, wenn für den Kredit ein bestimmter Verwendungszweck vereinbart war und der Kreditnehmer sich nicht an diese Zweckbindung hielt (§ 167 GW). Die Vorschriften des GW fanden auf Lieferantenkredite entsprechende Anwendung (§ 168 GW).

2. Kreditsicherheiten

a) Geltendes Recht

aa) Neue Sicherheiten; Gebäudeeigentum

Aufgrund der einheitlichen Geltung des BGB, die gem. Art. 8 EiniggV, Art. 230 Abs. 2 EGBGB ab 3. 10. 1990 erreicht wurde, sind im neuen

4) Oben III 1 c.

Bundesgebiet alle Personal- und Realsicherheiten möglich, die das BGB zuläßt und eine darauf aufbauende Kautelarpraxis entwickelt hat. Es bleiben praktische Probleme vor allem bei den Grundpfandrechten. Das Grundbuchwesen in der DDR ist in einem schlechten, unübersichtlichen Zustand und personell unterbesetzt. Angesichts von rund 250.000 unerledigten Grundbuchanträgen, die zum Zeitpunkt der Wiedervereinigung in der DDR vorlagen, ist dringend Abhilfe geboten. Sie wird vor allem durch personelle Verstärkung angestrebt. Zweitens bestehen weiterhin große Unsicherheiten bei der Grundstücksbewertung.[5)]

Eine Besonderheit im Bereich der Realsicherheiten bildet das Fortbestehen des Gebäudeeigentums. Wie (oben I) erörtert, werden Gebäude dann nicht wesentlicher Bestandteil i. S. des BGB, wenn aufgrund eines Nutzungsrechts Gebäudeeigentum begründet wurde (Art. 231 § 5 EGBGB). Dieses Gebäudeeigentum bleibt bestehen und wird wie Grundeigentum behandelt (Art. 233 § 4 Abs. 1 EGBGB). Das Gebäudeeigentum ist daher selbst mit einem Grundpfandrecht, also einer Hypothek oder Grundschuld, belastbar. Hier ergibt sich die praktische Schwierigkeit einer Bewertung und damit einer Festlegung des Beleihungswertes. Regelmäßig wird sich zugleich eine Belastung des Grundstücks empfehlen und damit wird die Tendenz verstärkt, Gebäudeeigentum und Eigentum am Grundstück zusammenzuführen.[6)]

Das Gebäudeeigentum ist meist im Grundbuch eingetragen. Die Eintragung ist aber nicht konstitutiv und bei Zuweisung von Bauland durch LPGs (gem. § 291 ZGB) ist eine Eintragung oft nicht erfolgt. Wie (oben I) dargestellt, soll gleichwohl kein gutgläubiger Rechtserwerb des nichteingetragenen Nutzungsrechts und damit des Gebäudeeigentums stattfinden, wenn sich ein Gebäude tatsächlich auf dem Grundstück befindet (Art. 233 § 4 Abs. 2). Gebäudeeigentum kann auch noch künftig entstehen, wenn bereits ein Nutzungsrecht begründet wurde (vgl. Art. 231 § 5 EGBGB); neue Nutzungsrechte können künftig nicht mehr begründet werden.

---

5) Dazu auch unten Kap. 3 II.

6) Diese Tendenz war schon im G über den Verkauf volkseigener Gebäude v. 7. 3. 1990, GBl I Nr. 18 S. 157 = *Horn*, RWS-Dok. 1 Nr. 3.12, zu beobachten; dazu allg. unten Kap. 3 III.

bb) Fortbestehende alte Sicherheiten

Vor dem 3. 10. 1990 begründete Bürgschaften, Garantien und andere Personalsicherheiten bestehen ohne weiteres fort und unterliegen weiterhin ihrem alten Vertragsstatut (Art. 232 § 1 EGBGB). Für eine zwischen Unternehmen in der DDR vereinbarte Bürgschaft oder Garantie bleiben also weiterhin die §§ 245 - 251 bzw. §§ 252 - 255 GW anwendbar.

Mobiliarsicherheiten und Grundpfandrechte, die vor dem 3. 7. 1990 in der DDR begründet wurden, bleiben ebenfalls mit unverändertem Statut bestehen (Art. 233 § 3 Abs. 1 EGBGB). So gelten etwa für Hypotheken weiterhin die §§ 452 ff ZGB; für die Übertragung gelten aber die Vorschriften des BGB über die Sicherungshypothek (Art. 233 § 6 EGBGB).

cc) Probleme der Grundpfandrechtsbestellung

Die Rechtseinheit auf dem Gebiet des Bürgerlichen Rechts hat die grundsätzliche Möglichkeit eröffnet, alle Grundpfandrechte des BGB, insbesondere auch die Grundschuld, zu bestellen. Gleichwohl ist die Geeignetheit dieser Kreditsicherheit noch immer bei den Grundstücken beeinträchtigt, deren Eigentumsverhältnisse ungeklärt sind. Ist nämlich ein Grundstück Gegenstand eines möglichen Restitutionsanspruchs eines früheren Eigentümers, der enteignet wurde, so kann dieser Anspruch jedenfalls dann nicht durch neue Grundpfandrechte beeinträchtigt werden, wenn deren Bestellung erfolgt ist, nachdem der Restitutionsanspruch angemeldet worden ist. Der frühere Eigentümer kann dann lastenfreie Rückgabe des Grundstücks verlangen.[7] Überdies leben alte Grundpfandrechte möglicherweise wieder auf.[8] Auch ein Schutz des Grundpfandgläubigers durch analoge Anwendung des InvestG auf die Grundpfandbestellung kommt nicht in Betracht. Der Schutz dieses Gesetzes greift nur ein, wenn jemand zunächst aufgrund des Gesetzes Grundeigentum erworben hat und nunmehr ein Grundpfandrecht bestellt.[9]

---

7) Einzelheiten unten Kap. 3 IV 3 f cc.
8) Vgl. Kap. 3 IV 3 e.
9) Zu diesem Gesetz unten Kap. 3 IV 4.

Bestellt ein Unternehmen Grundpfandrechte an Betriebsgrundstücken, die es gem. § 25 Abs. 5 DMBilG an die Treuhandanstalt zu übertragen hat, weil eine in der Eröffnungsbilanz festgestellte Überschuldung nicht beseitigt ist oder innerhalb der Feststellungsfrist für die Eröffnungsbilanz das Gesamtvollstreckungsverfahren eingeleitet oder das Unternehmen aufgelöst wird, so fragt sich, ob die Grundpfandrechte gegenüber dieser Rückübertragungspflicht Bestand haben, zumal gute Gründe dafür sprechen, der Rückübertragungspflicht nach § 25 Abs. 5 DMBilG jedenfalls im Gesamtvollstreckungsverfahren dingliche Wirkung beizulegen.[10] Für den Wegfall der Grundpfandrechte spricht auch der Gesichtspunkt, daß andernfalls der Rückübertragungsanspruch der Treuhandanstalt ausgehöhlt werden könnte. Gleichwohl sprechen im Ergebnis die besseren Gründe für einen Vertrauensschutz des Grundpfandgläubigers.[11] Der Kreditgeber kann nämlich regelmäßig nicht erkennen, ob es zur Insolvenz oder Auflösung kommen wird. Hat er freilich Anhaltspunkte dafür, daß dies mit großer Wahrscheinlichkeit eintreten werde, setzt er sich dem Vorwurf des kollusiven Handelns aus und muß die Grundpfandrechte wieder aufgeben. Im Regelfall bleibt aber die Bestellung der Grundpfandrechte, die ohnehin zunächst dinglich wirksam ist, gegenüber § 25 Abs. 5 DMBilG von Bestand.

b) Kreditsicherheiten im Sozialismus und in der Übergangszeit im Überblick

aa) Sozialismus

Wie bereits allgemein dargelegt, war das Recht der Kreditsicherheiten im ZGB im Vergleich zum BGB verkürzt und verkümmert. Dies erklärt sich daraus, daß man im Sozialismus Kredite an Privatpersonen mit Skepsis betrachtete und Krediten (Darlehen) unter Privatpersonen keine große Bedeutung beimaß.[12] Es bestand ein numerus clausus der Kreditsicherheiten (§ 442 Abs. 1 Satz 1 ZGB a. F.). Verkehrshypothek und Grundschuld waren dem ZGB unbekannt, ebenso die Sicherungsübereignung. Neben dem Besitzpfandrecht war ein besitzloses Pfand-

---

10) Kap. 4 III 4.
11) Anders als im Fall des angemeldeten Restitutionsanspruchs; unten Kap. 3 IV 3 f cc.
12) Vgl. oben III 1.

recht nur zugunsten von Kreditinstituten und volkseigenen Wirtschaftseinheiten vorgesehen (§ 448 Abs. 1 ZGB a. F.). Die Bürgschaft war nur knapp geregelt (§§ 450, 451).

Das ZGB kannte nur eine streng akzessorische Hypothek (§§ 452 - 458). Hypotheken, die nicht zugunsten einer Bank bestellt wurden, bedurften der staatlichen Genehmigung (§ 453 Abs. 1). An einem Grundstück im persönlichen Eigentum konnte eine Hypothek nur zur Sicherung einer Forderung bestellt werden, die im wirtschaftlichen Zusammenhang mit dem Grundstück stand und sich gegen den Grundstückseigentümer richtete; anders nur bei Forderungen von Banken, volkseigenen Betrieben und staatlichen Stellen (§ 452 Abs. 3). Zur Sicherung von Krediten, die von Banken für Baumaßnahmen gegeben wurden, konnte das Grundstück mit einer Aufbauhypothek belastet werden, die Vorrang vor anderen, früheren Hypotheken hatte (§ 456 Abs. 1 und 3). Ihre Bestellung konnte auch von Behörden zur Sicherung der Kredite für staatlich angeordnete Baumaßnahmen veranlaßt werden (§ 457 ZGB). Die Forderungen für frühere Hypotheken, die zurücktreten mußten, unterlagen ggf. einer Zwangsstundung (§ 458).

Für Kredite an sozialistische Wirtschaftseinheiten im Rahmen der planwirtschaftlichen Kreditversorgung der Wirtschaft kamen Grundpfandrechte zur Sicherung nicht in Betracht. Dies änderte sich erst, als im Frühjahr 1990 zunächst zögernd die Weichen zugunsten marktwirtschaftlicher Vorgänge gestellt wurden. Die 4. KreditVO sah erstmals die Möglichkeit vor, die volkseigenen Grundstücke der sozialistischen Betriebe mit Grundpfandrechten zu belasten und damit die Kreditversorgung marktwirtschaftlichen Vorgängen anzunähern.[13)]

Das GIW (als Vorläufer des GW) kannte zwar entsprechend seiner Orientierung am internationalen Handel die Vertragsfreiheit auch bei den Sicherheiten und regelte ausdrücklich Eigentumsvorbehalt, Pfand, Bürgschaft und Garantie (§§ 233 - 255 GIW/GW). Aber für die dinglichen Sicherheiten, insbesondere die Grundpfandrechte, setzte das GIW/GW stillschweigend die Regelungen des ZGB voraus und teilte deren Beschränkungen. Dies war praktisch unproblematisch, da diese

---

13) 4. KreditVO v. 2. 3. 1990, GBl I Nr. 15 S. 114 = *Rutke/Ulbrich*, RWS-Dok. 5 Nr. I.4.25; aufgehoben durch § 13 Nr. 6 ÄndAufhVO v. 28. 6. 1990, GBl I Nr. 38 S. 512 = *Horn*, RWS-Dok. 1 Nr. 1.10, S. 4.

Sicherheiten weder im internationalen Handel besonders üblich sind noch von der alten Planwirtschaft im Außenwirtschaftsverkehr in Betracht gezogen wurden.

bb) Übergangszeit

Im Zuge der Einführung der Währungs-, Wirtschafts- und Sozialunion wurde durch das 1. ZivilrechtsÄndG[14] eine bescheidene Reform des Kreditsicherungsrechts eingeleitet. Das besitzlose Pfandrecht wurde allgemein zugelassen (§ 448 Abs. 1 n. F.). Die staatliche Genehmigung für Hypotheken entfiel (§ 453 Abs. 1 Satz 2 und § 454 Abs. 3 Satz 2), ebenso die Privilegierung der Aufbauhypothek für die Zukunft (Streichung von § 456 Abs. 3 und § 458). Eine Höchstbetragshypothek wurde neu eingeführt (§ 454 a).

Aber erst das 2. ZivilrechtsÄndG[15] führte die Reform der Kreditsicherheiten so weit, daß sie den Anforderungen des Marktes entsprach. Durch Streichung des § 442 wurde der numerus clausus der Sicherheiten beseitigt. Die Abtretung einer künftigen oder bedingten Forderung wurde zugelassen (§ 436 Abs. 1 Satz 5 n. F.), ebenso die Bestellung eines Pfandrechts für eine künftige oder bedingte Forderung (§ 443 Abs. 3 n. F.). Der gutgläubige Erwerb eines Pfandrechts wurde geregelt (§ 443 Abs. 4 n. F.). Die Sicherung einer Forderung durch Pfandrecht an einer anderen Forderung wurde zugelassen (§ 449 Abs. 1 n. F.), ebenso die Verpfändung sonstiger Rechte (§ 449 a n. F.). Eine Hypothek konnte nun auch zur Sicherung einer künftigen Forderung bestellt werden (§ 452 Abs. 2 Satz 3 n. F.).

c) Einzelne Sicherheiten

aa) Personalsicherheiten

Die knappe Regelung der Bürgschaft in §§ 450 und 451 ZGB geht von den gleichen Grundgedanken wie das BGB aus.[16] Die Bürgschaftsverpflichtung bedarf der Schriftform (§ 450 Abs. 1). Sie ist streng ak-

14) G v. 28. 6. 1990, GBl I Nr. 39 S. 524 = *Horn*, RWS-Dok. 1 Nr. 2.3; in Ausführung von StaatsV Anlage III Abschn. II Nr. 8 e - h, BGBl II 1990, 554.
15) G v. 22. 7. 1990, GBl I Nr. 49 S. 903 = *Horn*, RWS Dok. 1 Nr. 2.4.
16) *Pleyer*, Die Bank 1990/7, 400, 402.

zessorisch zur gesicherten Forderung (§ 450 Abs. 2 und § 451 Abs. 1). Der Bürge kann sich selbstschuldnerisch verpflichten (§ 450 Abs. 3). Der zahlende Bürge erwirbt die Forderung des Gläubigers gegen den Hauptschuldner (§ 451 Abs. 2).

Für Bürgschaften im internationalen Handel und ab 1. 7. 1990 für Bürgschaften von Unternehmen in der DDR galten die §§ 245 - 251 GIW/GW. Die Bürgschaft ist danach formfrei. Sie ist ebenso wie nach ZGB streng akzessorisch (§§ 246 und 249 GEW). Ein gesetzlicher Forderungsübergang auf den zahlenden Bürgen ist nicht ausdrücklich vorgesehen, was sich aus dem Zuschnitt des Gesetzes auf den internationalen Handel erklärt. Die cessio legis richtet sich nämlich nach dem Statut der gesicherten Forderung und war daher nicht bei der Bürgschaft zu regeln. Dagegen ist ausdrücklich der (praktisch wichtigere) Aufwendungsersatzanspruch des zahlenden Bürgen gegen den Schuldner geregelt (§ 250). Dieser Anspruch besteht auch, "wenn der Bürge nach sorgfältiger Prüfung auf erste Anforderung des Gläubigers geleistet hat" (Satz 2). Diese (etwas mißverständlich formulierte) Regelung kann nur gelten, wenn die Bürgschaftsverpflichtung selbst zur Zahlung auf erstes Anfordern eingegangen ist. Nach dem Grundsatz der Vertragsfreiheit, die seit jeher im Bereich des GIW/GW und ab 1. 7. 1990 allgemein galt, konnten die Parteien abweichende Regelungen vereinbaren.

Ein Schuldbeitritt ist im ZGB ebensowenig wie im BGB geregelt. Man hat aber allgemein die Zulässigkeit angenommen.[17] Das GIW/GW sieht sowohl die Schuldübernahme wie den Schuldbeitritt vor (§ 226).

Auch die Garantie ist im ZGB nicht geregelt. Anders als im BGB entspricht dies aber wohl einer Abneigung des Gesetzgebers gegen abstrakte Verpflichtungen von Privatpersonen. Auch das abstrakte Schuldversprechen und Schuldanerkenntnis ist dem ZGB unbekannt.[18] Allerdings konnte man ab 1. 7. 1990 wegen der Anerkennung der Vertragsfreiheit Garantie und Schuldversprechen auch nach dem ZGB für zulässig halten, zumal schon nach dem alten Rechtszustand die Gültigkeit jedenfalls bei Anerkennung des Grundgeschäfts angenommen wurde.[19] Für Unternehmen ist die Garantie im GIW/GW

17) Kommentar zum ZGB, § 440 Anm. 0 und § 451 Anm. 3.
18) *Westen/Schleider*, S. 96 und 833.
19) *Westen/Schleider*, aaO.

ausdrücklich geregelt (§§ 252 - 255). Es handelt sich um eine abstrakte Verpflichtung. Der Garantieverpflichtete ist allerdings berechtigt, bei Inanspruchnahme der Garantie vom Gläubiger den Nachweis zu fordern, daß der Garantiefall eingetreten ist (§ 253). Dies entspricht der Rechtslage auch im Recht der Bundesrepublik. Dabei ist allerdings hier wie dort zu beachten, daß der Garantiefall mit unterschiedlicher Abstraktion vertraglich vereinbart werden kann und daher bei der Garantie auf erstes Anfordern ein Nachweis des Garantiefalles nur geführt werden muß, wenn ernste Zweifel an seinem Eintritt bestehen.[20)]

bb) Mobiliarpfandrecht

Ein Pfandrecht an beweglichen Sachen konnte nach ZGB durch vertragliche Vereinbarung und Übergabe der Pfandsache begründet werden (§ 443 Abs. 1 Satz 2). Ein Übergabeersatz war ausgeschlossen.[21)] Daneben konnte auch ein besitzloses Pfandrecht durch schriftliche Vereinbarung ohne Übergabe begründet werden (§ 448). Ursprünglich konnten nur Forderungen der Banken und Wirtschaftseinheiten so gesichert werden; diese Beschränkung entfiel durch das 1. ZivilrechtsÄndG. Für Unternehmen sah das GIW/GW ebenfalls die Möglichkeit der Begründung eines Besitzpfandrechts oder besitzlosen Pfandrechtes vor (§ 234 Abs. 3 und 4). Das besitzlose Pfandrecht setzte ursprünglich außer dem schriftlichen Verpfändungsvertrag auch die Kennzeichnung des Pfandgegenstandes voraus (Abs. 4 a. F.). Bei der Verwendung von Warenlagern mit Warenumschlag war dieses Erfordernis hinderlich und unklar; es ist durch das 2. ZivilrechtsÄndG entfallen.

Das Pfandrecht ist sowohl nach ZGB wie nach GIW/GW akzessorisch, entstand also nur, wenn die zu sichernde Forderung tatsächlich bestand (§ 443 Abs. 2 Satz 1 ZGB; § 235 GW) und sicherte die Forderung in ihrer jeweiligen Höhe einschließlich der Zinsen und Kosten der Geltendmachung der Forderung und der Verwertung des Pfandes (§ 443 Abs. 2 ZGB, § 235 GW). Das Pfandrecht konnte auch für eine

20) Vgl. *Horn*, Bürgschaften und Garantien, S. 82 ff; anders bei offenbarem Rechtsmißbrauch, *Horn*, aaO, S. 88 ff.

21) Kommentar zum ZGB, § 443 Anm. 1; weniger entschieden *Westen/Schleider*, S. 533 ff.

künftige oder bedingte Forderung bestellt werden (§ 443 Abs. 3 n. F. ZGB).

Während das GW (GIW) bereits von Anfang an die Möglichkeit eines gutgläubigen Erwerbs des vertraglichen Pfandrechtes vorsah (§ 237 GW), ist diese Möglichkeit im ZGB erst durch das 2. ZivilrechtsÄndG eingeführt worden (§ 443 Abs. 4 n. F. ZGB).

Zahlt der Schuldner bei Fälligkeit der gesicherten Forderung nicht, kann der Gläubiger unmittelbar die Verwertung der Pfandsache einleiten, ohne einen Vollstreckungstitel gegen den Schuldner oder einen Duldungstitel gegen den Eigentümer zu brauchen (§ 445 Satz 1 ZGB). Er muß dem Schuldner und Eigentümer den beabsichtigten Verkauf oder die anderweitige Verwertung mit Monatsfrist vorher ankündigen (§ 445 Satz 2 und 3 ZGB). Nach GIW/GW kann der Pfandgläubiger den Pfandgegenstand zu handelsüblichen Preisen verkaufen, nachdem er eine Nachfrist von mindestens einem Monat gesetzt und die Pfandverwertung angedroht hat (§ 241 Abs. 2). Bei drohendem Verderb des Pfandgegenstandes kann von der Androhung der Pfandverwertung und der Setzung einer Nachfrist abgesehen werden (Abs. 3). Beim besitzlosen Pfandrecht, das dem Gläubiger natürlich die genannten direkten Verwertungsmöglichkeiten nicht verschafft, ist der Gläubiger berechtigt, die Herausgabe der Sache zu verlangen (§§ 448 Abs. 4 ZGB; § 241 Abs. 1 GW). Im Konkurs begründet das Pfandrecht das Recht zur vorrangigen Befriedigung aus der Pfandsache.[22)]

cc) Vorbehalts- und Sicherungseigentum

Das ZGB erkennt indirekt Vorbehaltseigentum dadurch an, daß es beim Kaufvertrag über bewegliche Sachen das Eigentum erst mit Zahlung des Kaufpreises übergehen läßt (§ 139 Abs. 3).[23)] Das GIW/GW sieht ausdrücklich den Eigentumsvorbehalt in § 233 vor. Die Vorschrift, ursprünglich (wie das ganze GIW) für den internationalen Handel bestimmt, schließt die Anerkennung des Eigentumsvorbehaltes auch dann ein, wenn das Eigentum an den betreffenden Sachen nach einer anderen Rechtsordnung begründet wurde. Insofern stand § 13

22) Allg. unten Kap. 6 III.
23) *Pleyer*, Die Bank 1990/7, 402 m. w. N.

RAG, der für den Eigentumsübergang an beweglichen Sachen an das Vertragsstatut anknüpft, nicht entgegen.[24]

Die Einräumung von Sicherungseigentum stand mit dem System des ZGB nicht in Einklang, weil dieses das Abstraktionsprinzip, also die Trennung von Verpflichtungsgeschäft und dinglichem Verfügungsgeschäft, weitgehend aufgegeben hatte.[25] § 7 EGZGB (1976) erklärte auf das nach altem Recht (BGB) begründete Sicherungseigentum das Recht des besitzlosen Pfandrechts des ZGB für anwendbar. Die Vorschrift wurde durch das 2. ZivilrechtsÄndG aufgehoben. Aufgrund der Vertragsfreiheit ab 17. 6. bzw. 1. 7. 1990 ließ sich jedenfalls eine Eigentumsübertragung mit vertraglicher Rückübertragungsverpflichtung vereinbaren. Dafür bestand aber insofern ein geringeres Bedürfnis, als das ZGB ein besitzloses Pfandrecht zur Verfügung stellte.

dd) Forderungen und andere Rechte als Sicherheiten

Das ZGB sah die vertragliche Abtretung einer Forderung in § 436 vor. Für Sicherungszwecke wurde die Forderungsabtretung aber nicht benutzt. Dafür kam die Verpfändung in Betracht. Nach DDR-Recht vor dem 1. 7. 1990 war die Abtretung von Forderungen gegen Kreditinstitute aus Kontoguthaben ebenso wie ihre Verpfändung durch Geschäftsbedingungen ausgeschlossen.[26] Diese Regelung fand sich in den Geschäftsbedingungen, die gem. § 46 ZGB verbindlich waren. Nach Beseitigung des § 46 ZGB (oben III 2) wurden auch die wichtigsten Geschäftsbedingungen dieser Art aufgehoben.[27] Nach Anerkennung der Vertragsfreiheit konnte in der Übergangszeit (1. 7. - 3. 10. 1990) auch die Abtretung von Forderungen als Sicherheit verwendet werden. Einer solchen Praxis kam entgegen, daß nach dem 2. ZivilrechtsÄndG auch die Abtretung einer künftigen oder bedingten Forderung ausdrücklich zugelassen wurde (§ 436 Abs. 1 Satz 5 n. F.).

Die Verpfändung einer Forderung zur Sicherung einer anderen Forderung war nach ZGB aufgrund eines Vertrags zwischen dem Schuld-

24) Vgl. auch *Hintzen*, Die Kreditsicherung bei Warenlieferungen in die DDR, Handelsblatt v. 22./23. 6. 1990, S. 8.

25) Allg. *Westen/Schleider*, aaO, S. 316.

26) *Pleyer*, Die Bank 1990/7, 400, 402 m. w. N.

27) Vgl. § 13 Nr. 15 und § 16 ÄndAufhVO v. 28. 6. 1990, GBl I Nr. 38 S. 512 f = *Horn*, RWS Dok. 1 Nr. 1.10, S. 4 f.

ner und dem Gläubiger möglich (§ 449 Abs 1 Satz 1 ZGB). Nach dieser Vorschrift war ursprünglich die Schriftform der Verpfändungserklärung vorgeschrieben. Dies war wegen der banküblichen Verpfändung aufgrund von AGB für die Praxis hinderlich. Die Neufassung aufgrund des 2. ZivilrechtsÄndG verzichtete darauf. Die Verpfändung sollte aber erst wirksam werden, wenn sie dem Schuldner der verpfändeten Forderung schriftlich mitgeteilt worden ist (§ 449 Abs. 1 Satz 3 n. F.). Die Neufassung schließt auch ein, daß eine Forderung des Schuldners gegen den Gläubiger selbst verpfändet werden konnte. Dieses Pfandrecht an eigener Schuld ist für die Begründung einer Sicherheit der Bank an der Kontoguthabenforderung wichtig. Das GIW/GW ließ seit jeher die formlose Verpfändung von Forderungen zu (§ 234 Abs. 2 und § 240); der Verpfänder hat die zur Geltendmachung der Forderung notwendigen Papiere zu übergeben (§ 240 Abs. 1).

Eine nicht übertragbare Forderung durfte nicht verpfändet werden. Die Verpfändung einer künftigen oder bedingten Forderung ist möglich (§ 449 Abs. 2 n. F.). Ein neuer § 449 a ZGB sah auch die Verpfändung sonstiger Rechte vor, auf die die Regeln über die Forderungsverpfändung entsprechende Anwendung finden. Bei Lohnabtretung und -verpfändung war die Zustimmung des Arbeitgebers erforderlich (vgl. auch § 127 ArbGB-DDR).

ee) Grundpfandrechte

Das ZGB kannte eine brieflose, streng akzessorische Hypothek, die als Sicherungshypothek gekennzeichnet werden kann (§§ 452 - 458 ZGB).[28] Die Hypothek wurde durch schriftlichen Vertrag zwischen Grundstückseigentümer und Gläubiger bestellt und entstand mit der Eintragung im Grundbuch (§ 453 Abs. 1 Satz 1 und 3 ZGB). Der Vertrag bedurfte der Beglaubigung (§ 453 Abs. 1 Satz 2 i. V. m § 67 ZGB). Bei einer Hypothek zugunsten einer Bank genügte allerdings die Beglaubigung oder Beurkundung der Erklärung des Grundstückseigentümers (§ 453 Abs. 1 Satz 2 n. F. ZGB).

---

28) *Pleyer*, Die Bank 1990/7, 400, 402 f; vgl auch oben I 2 c.

Die Hypothek war streng akzessorisch. Sie bestand nur in der jeweiligen Höhe der Forderung einschließlich Zinsen und Nebenforderungen (§ 454 Abs. 1 Satz 2 ZGB). Die Hypothek konnte auch einen veränderten Zinssatz bis zu einem bestimmten Höchstsatz sichern; diese Vereinbarung war im Grundbuch einzutragen (Abs. 1 Satz 3 n. F.). Mit der Forderung erlosch auch die Hypothek (§ 454 Abs. 2). Die Übertragung der Hypothek erfolgte durch Abtretung der Forderung (§ 454 Abs. 3 Satz 1). Das Erfordernis einer staatlichen Genehmigung der Hypothekenbestellung wurde durch das 1. ZivilrechtsÄndG beseitigt. Die Geeignetheit der Hypothek des ZGB als Deckungshypothek i. S. des HypothekenbankG ist zu bejahen.[29]

Ein neuer § 454 a ZGB[30] sah die Möglichkeit der Bestellung einer Höchstbetragshypothek vor. Der Höchstbetrag mußte im Grundbuch eingetragen werden (Abs. 1). Dadurch wurde die Möglichkeit eröffnet, einen Kontokorrentkredit in wechselnder Höhe durch Grundpfandrecht zu sichern.[31] Im übrigen teilte die Höchstbetragshypothek den streng akzessorischen Charakter der normalen Hypothek nach dem ZGB. Dies folgt schon aus der systematischen Stellung der Vorschrift und der Tatsache, daß keine Abweichung angeordnet ist. Dies bedeutet, daß die Hypothek anders als z. B. eine Grundschuld nicht für eine Auswechslung von Forderungen, z. B. im Rahmen einer Abschnittsfinanzierung, eingesetzt werden konnte. Auch eine vollstreckbare Urkunde konnte für sie nicht ausgestellt werden, weil es an einem bestimmten Betrag fehlt. Dies geht zwar weder aus § 454 a ZGB noch aus § 88 ZPO-DDR direkt hervor, ergibt sich aber aus der Natur des Rechtsinstituts, das insoweit nach bundesdeutschem Recht beurteilt werden konnte.[32]

Die Banken sind in der Übergangszeit zwischen 1. 7. und 3. 10. 1990 angesichts der bei Grundpfandrechten doch noch recht unbefriedigenden Rechtslage dazu übergegangen, entweder neben der Bestellung einer Sicherungshypothek i. S. des ZGB die obligatorische Verpflichtung des Kreditnehmers zur künftigen Bestellung einer Ver-

---

29) *Pleyer*, Der langfristige Kredit 1990/14, 448 ff.

30) Aufgrund 1. ZivilrechtsÄndG v. 28. 6. 1990, GBl I Nr. 39 S. 254 = *Horn*, RWS-Dok. 1 Nr. 2.3.

31) So auch die Denkschrift zum Staatsvertrag, BT-Drucks 11/7350, S. 128 = *Horn*, RWS-Dok. 1 Nr. 1.2, S. 32.

32) Zum bundesdeutschen Recht vgl. *Staudinger/Scherübl*, BGB, § 1190 Rz. 5; BayObLGZ 1954, 196 = NJW 1954, 1808.

kehrshypothek oder Grundschuld zu verlangen, sobald die Rechtslage dies erlaube. Oder man hat sich von vornherein damit begnügt, zunächst nur eine solche Verpflichtung ("Positiverklärung") zu verlangen, verbunden mit der Verpflichtung, keinem anderen Kreditgeber ein vorrangiges Grundpfandrecht zu bestellen ("Negativerklärung"[33]). Damit konnte natürlich nur eine obligatorische Sicherung erreicht werden, die keine Drittwirkung entfaltet. Dies war nur durch Bestellung der Hypothek möglich und, da dies in Anbetracht der schwierigen Grundbuchverhältnisse meist nicht rasch erreicht werden konnte, konnte die Stellung des Eintragungsantrags eine Rangwahrung ermöglichen.

d) Hermesdeckung

Bereits mit der Herstellung der Währungs- und Wirtschaftsunion wurden die Exporteure und Banken in der DDR in das System der Hermes-Kreditversicherung einbezogen.[34] Schon bei der Verabschiedung des 2. Nachtragshaushalts 1990 im Mai 1990 wurde das HaushaltsG so ergänzt, daß Bürgschaftsermächtigungen für Ausführer, Kreditgeber und Investoren mit Sitz im Währungsgebiet der Deutschen Mark, also auch im Gebiet der DDR, gelten. Als Deckungsnehmer kamen alle Unternehmen der DDR in Betracht, die Forderungen in konvertierbarer Währung aus Ausfuhrgeschäften begründen. Für Exporte aus den neuen Bundesländern in die Sowjetunion ist eine besondere Hermes-Faszilität geschaffen worden.[35]

In Abweichung von den üblichen Hermes-Bedingungen kann unter Verzicht auf An- und Zwischenzahlungen 100 % des Auftragswertes mit einer Laufzeit von maximal 10 Jahren unter einer tilgungsfreien Zeit von bis zu drei Jahren versichert werden. Antragsberechtigt sind alle Unternehmen, nicht nur die der Treuhandanstalt unterstehenden. Entscheidende Voraussetzung für die Hermes-Deckung ist ein Testat der Treuhandanstalt, welches die Sanierungsfähigkeit des antragstellenden Unternehmens bescheinigt. Das Programm läuft bis zum 31. 12. 1991.

---

33) Die letztere Verpflichtung entspricht der im internationalen Wirtschaftsverkehr üblichen "negative pledge".

34) Zu dieser allg. *Heymann/Horn*, HGB, § 349 Rz. 96 - 116.

35) *Schmitz*, Handelsblatt v. 28. 11. 1990, S. 10.

3. Zur Unternehmensfinanzierung

Die Kapitalausstattung und Liquiditätsversorgung der Unternehmen in der DDR ab Einführung der Währungs- und Wirtschaftsunion wirft eine Reihe schwieriger Fragen auf, die für die umgewandelten sozialistischen Unternehmen in Kapitel 4 III behandelt sind. Die Behandlung der Altkredite ist teils bei der Währungsumstellung (oben Kap. 1 II 3), teils beim Problem der Vertragsanpassungen (in diesem Kapitel oben II) erörtert.

a) Liquiditätshilfe

Nach der Währungsumstellung und der Einführung der Währungs- und Wirtschaftsunion waren die meisten Unternehmen nicht aus eigener Kraft in der Lage, durch normale Kreditaufnahme bei Banken ihre Liquiditätsprobleme zu lösen. Sie wurden daher in die Lage versetzt, kurzfristige Liquiditätskredite aufzunehmen, die ganz oder anteilig von der Treuhandanstalt[36)] durch Bürgschaften gesichert waren. Erforderlich war ein Antragsverfahren. Der Antrag konnte bei einem oder mehreren Kreditinstituten nach freier Wahl gestellt werden. Das Kreditinstitut prüfte den Antrag und leitete ihn mit einer Stellungnahme (nebst Erklärung zur Übernahme eines eigenen Obligoanteils der Bank) an die Treuhandanstalt weiter. Der eigene Obligoanteil der Banken konnte durch das Umlaufvermögen besichert werden. Grundpfandrechte sollten nicht bestellt werden. Bei dem Antrag waren Angaben zum Liquiditätsbedarf und zur wirtschaftlichen Lage des Unternehmens zu machen.[37)]

Von dieser Möglichkeit machten im Juli rund 5.200 Unternehmen in der DDR mit einem Gesamtvolumen der angemeldeten Kredite von über 20 Mrd. DM Gebrauch. Anschließend ging die Beantragung dieser Kredite stark zurück. Die tatsächliche Inanspruchnahme blieb im übrigen unter dem beantragten Niveau.

Die öffentlich gestützte Liquiditätshilfe war und ist nur für eine Übergangszeit (bis Ende März 1991) bestimmt und schrittweise durch eine

---

36) Zu dieser unten Kap. 4 III.

37) Die einschlägigen Rundschreiben, Formulare und Musterverträge sind abgedruckt bei *Hommelhoff/Krebs*, RWS-Dok. 3 Nr. I.3.1 - I.3.6.

normale bankgeschäftliche Kreditfinanzierung abzulösen. Die Unternehmen gingen in der schwierigen Übergangszeit, in der auch ein klares Bilanzbild und eine Beurteilung der eigenen Kreditfähigkeit und wirtschaftlichen Überlebenschancen noch nicht gewonnen werden konnte, schrittweise dazu über, ihre Liquiditätsprobleme auch durch die Einführung von Kurzarbeit in den Unternehmen zu reduzieren.[38] Bei der Vergabe von Bankkrediten traten vorübergehend auch bankaufsichtsrechtliche Bedenken hinsichtlich der Kreditvergabe an Unternehmen auf, die der Treuhandanstalt unterstellt sind (dazu unten Kap. 4 III).

b) Kredite aus Förderprogrammen

Schon vor Einführung der Währungs- und Wirtschaftsunion hat die Bundesrepublik Förderungsmittel für Investitionen in kleine und mittlere Unternehmen in der DDR aus den ERP-Sondervermögen in Höhe von 1,2 Mrd. DM für 1990 zur Verfügung gestellt. Aufgrund der großen Nachfrage wurde das Kreditvolumen um 4,8 Mrd. DM auf 6 Mrd. DM erhöht. Die Kredite werden für Existenzgründungen (1,3 Mrd. DM), Umweltschutz (2 Mrd. DM), Modernisierung (2 Mrd. DM) und ein Tourismusprogramm (0,7 Mrd. DM) vergeben. Es bestehen Kredithöchstgrenzen pro Antragsteller. Außerdem soll es nur eine anteilige Finanzierung bis zu 50 % des jeweiligen Vorhabens geben.

Die Kreditanstalt für Wiederaufbau (KfW) hat schon vor Eintritt in die Währungs- und Wirtschaftsunion ein Programm der Kreditgewährung an die (ehemals) staatlichen Betriebe der DDR entwickelt, um Modernisierungs- und Umstrukturierungsinvestitionen sowie als Soforthilfe die Beschaffung von Ersatzteilen und Vormaterialien zu finanzieren. Es handelte sich um Direktkredite der KfW. Dabei wurde ein stärkeres Kreditengagement der Geschäftsbanken angestrebt. Neben diesem KfW-Anschubprogramm hat die KfW ein Mittelstandsprogramm und ein Umweltprogramm entwickelt. Antragsberechtigt sind private Unternehmen und Genossenschaften. Die Antragstellung erfolgt über die Hausbanken dieser Unternehmen.

38) Zu dieser Möglichkeit unten Kap. 4 V.

Daneben bestehen zahlreiche Kreditprogramme zur Förderung der Wirtschaft im neuen Bundesgebiet der ehemaligen DDR, die hier nur stichwortartig genannt werden können. Die Deutsche Ausgleichsbank gewährt Investitionskredite an kleine und mittlere Unternehmen zur Existenzgründung und -festigung, für Betriebsverlagerungen, Innovationen sowie für Investitionen im Bereich des Umweltschutzes. Die Konditionen entsprechen denen der KfW-Programme.

Die Bundesregierung hat ein Eigenkapitalprogramm langfristiger Darlehen mit eigenkapitalähnlichem Charakter (d. h. vor allem langer Laufzeit von 20 Jahren) entwickelt. Die EGKS gewährt Kredite für Investitionen in DDR-Montanregionen, die zur Schaffung neuer Arbeitsplätze führen, mit verbilligtem (subventioniertem) Zins. Für mittelständische Unternehmen in der DDR stehen Kredite der Europäischen Investitionsbank zur Verfügung. Auch die einzelnen Länder im westlichen Bundesgebiet haben Kredit- und Bürgschaftsprogramme für Investitionen in der DDR, insbesondere zur Förderung der mittelständischen Wirtschaft, entwickelt.

Im Rahmen der Bund-/Ländergemeinschaftsaufgabe "Verbesserung der regionalen Wirtschaftsstruktur" sollen Investitionen in der DDR, die nach dem 30. 6. 1990 begonnen wurden, durch Zuschüsse (bis zu 23 % der Investitionsaufwendungen) gefördert werden, die der Errichtung, Erweiterung, Umstellung oder grundlegenden Rationalisierung, dem Erwerb oder der Verlagerung einer gewerblichen Betriebsstätte dienen. Voraussetzung ist ein überwiegend überregionaler Absatz der hergestellten Produkte sowie die Schaffung bzw. Sicherung einer ausreichenden Zahl von dauerhaften Arbeitsplätzen. Aus den öffentlichen Haushalten werden Mittel zur Förderung der wirtschaftsnahen Infrastruktur in den Grenzkreisen zur bisherigen Bundesrepublik bereitgestellt.

c) Wirtschaftsförderung und Bürgschaftsprogramm

Seit Oktober 1990 steht in Ausführung der in Art. 27 des StaatsV und § 25 Abs. 5 des EinigungsV vorgesehenen Finanzierungshilfen der Treuhandanstalt und der in Art. 28 des EinigungsV vorgesehenen Wirtschaftsförderungsmaßnahmen des Bundes ein Kredit- und Bürgschaftsprogramm des Bundes für Investitionen im neuen Bundesgebiet für Großprojekte (Kreditsumme über 25 Mio. DM) zur Verfügung. Die Bürgschaften für private Kreditnehmer sind bei der Treuarbeit AG (Düsseldorf) zu beantragen. Unternehmen, die der Treuhandanstalt unterstellt sind, beantragen die Bürgschaften bei der Treuhandanstalt (Berlin).

d) Kreditgarantiegemeinschaften

Wie dargestellt, bedient sich die öffentliche Kreditförderung hauptsächlich des Instruments der Sicherheitengewährung durch Bürgschaft für Kredite, die von den privaten Banken gewährt werden. Diese Schaffung zusätzlicher Kreditsicherheiten für eine Wirtschaft, deren Unternehmen häufig noch nicht über ausreichende Kreditsicherheiten verfügen, soll auch im privaten Wirtschaftssektor durch Kreditgarantiegemeinschaften (KGG) gelöst werden, die für Kredite Ausfallbürgschaften übernehmen. In den neuen Bundesländern wurden solche Kreditgarantiegemeinschaften oder Bürgschaftsbanken ab Ende Oktober 1990 gegründet.[39)] Grundsätzlich handelt es sich bei der KGG um eine private Institution, meist in Form einer GmbH, als Selbsthilfeeinrichtung der Wirtschaft.[40)] Die KGG im neuen Bundesgebiet verbürgen Kredite bis 90 % und erhalten Rückbürgschaften der öffentlichen Hand in Höhe von 80 % des Kreditvolumens.

39 Vgl. *Wingert*, ZKW 1990, 1114 ff.

40) Allg. dazu *Giebitz*, Kreditgarantiegemeinschaften; *Flessa*, Bürgschaften des Staates und der Garantiegemeinschaften, S. 31 ff.

Kapitel 3:
Eigentumsrecht

I. Neue und alte Eigentumsordnung

Rechtsquellen:

- Einigungsvertrag vom 31. 8. 1990 (EinigungsV), in Kraft seit 3. 10. 1990, Art. 8 und Anlage I Kap. III B Abschn. II, BGBl II 1990, 892 und 941 = *Horn*, RWS-Dok. 2 Nr. I.1.3, II.1.1;
- Grundgesetz für die Bundesrepublik Deutschland, seit 3. 10. 1990;
- EGBGB Sechster Teil, seit 3. 10. 1990 gemäß EinigungsV Anlage I Kap. III B Abschn. II Nr. 1, BGBl II 1990, 941 = *Horn*, RWS-Dok. 2 Nr. II.1.1;
- Bürgerliches Gesetzbuch, seit 3. 10. 1990;
- Zivilgesetzbuch der DDR (ZGB) vom 19. 6. 1975, GBl I Nr. 27 S. 465, abgeändert durch 1. ZivilrechtsÄndG vom 28. 6. 1990, GBl I Nr. 39 S. 524, und 2. ZivilrechtsÄndG vom 22. 7. 1990, GBl I Nr. 49 S. 903 = *Horn*, RWS-Dok. 1 Nr. 2.1, 2.3 und 2.4), bis 2. 10. 1990;
- Verfassungsgrundsätze der DDR vom 17. 6. 1990, GBl I Nr. 33 S. 299 = *Horn*, RWS-Dok. 1 Nr. 1.6, bis 2. 10. 1990.

1. Die neue Rechtslage: Einheitlicher Begriff und Schutz des Eigentums

Die Rechtseinheit auf dem Gebiet des Zivilrechts aufgrund Art. 8 EinigungsV und Art. 230 ff EGBGB hat das einheitliche zivilrechtliche Institut des Eigentums auch im neuen Bundesgebiet wiederhergestellt und den hierarchisch gegliederten sozialistischen Eigentumsbegriff ersetzt. Art. 233 § 2 Abs.1 bestimmt, daß auf das Eigentum an Sachen, das im neuen Bundesgebiet der ehemaligen DDR am Tage des Wirksamwerdens des Beitritts besteht, von diesen Tage an die Vorschriften des BGB Anwendung finden, soweit nicht im EGBGB etwas anderes bestimmt ist.[1] Auch alles von diesem Tag an neu entstehende Sacheigentum unterliegt dem BGB.

Der verfassungsrechtliche Schutz des Privateigentums, der über das Sacheigentum hinaus weitere private Vermögensrechte umfaßt,[2] war

1) Dazu auch oben Kap. 2 I 4 und i. f. 2.
2) Zum weiten Eigentumsbegriff des Verfassungsrechts vgl. z. B. BVerfGE 50, 290, 339 f.

bereits durch die Verfassungsgrundsätze vom 17. 6. 1990 (Art. 2) mit Wirkung von diesem Tage auch im Gebiet der ehemaligen DDR begründet worden.[3] Ab 3. 10. 1990 ist an dessen Stelle der inhaltlich im wesentlichen entsprechende Schutz durch Art. 14 GG getreten.

Mit der privaten Eigentumsordnung nach BGB und dem verfassungsrechtlichen Schutz des Privateigentums nach Art. 14 GG sind unentbehrliche rechtliche Voraussetzungen für eine freie Wirtschafts- und Gesellschaftsordnung im Bundesgebiet der früheren DDR hergestellt worden.[4]

2. Das alte sozialistische Eigentumsrecht

Die Bedeutung dieser Änderung der Rechtsordnung läßt sich nur ermessen, wenn man die Schlüsselrolle der sozialistischen Eigentumsordnung für die staatliche Planwirtschaft berücksichtigt. Da nach der alten DDR-Verfassung Produktionsmittel (mit geringen Ausnahmen) nur im sozialistischen Eigentum stehen durften, d. h. im Volkseigentum, Genossenschaftseigentum oder Eigentum gesellschaftlicher Organisationen, war private gewerbliche und unternehmerische Initiative aus dem Wirtschaftsleben weitgehend ausgeschaltet.[5] Das ZGB nahm diese hierarchische Eigentumsordung auf und gestaltete sie durch eine verkehrsfeindliche Privilegierung des sozialistischen Eigentums aus; dieses war unveräußerlich, unbelastbar[6] und der Vollstreckung entzogen.[7]

Das Rechtssubjekt des Volkseigentums war begrifflich nicht abschließend geklärt. Die Wissenschaft zum DDR-Recht neigte zu der Ansicht, daß es sich um eine Art besonderes Staatseigentum handele, da der sozialistische Staat Repräsentant der sozialistischen Gesellschaft war.[8] Der juristische Gehalt dieser globalen Aussage ist allerdings gering und nicht in allen Einzelheiten klar. Praktisch ausgeübt wurden

---

3) Dazu oben Kapitel 1 III 3.
4) Vgl. auch oben Kapitel 1 II 8.
5) Oben Kapitel 1 III 1 a.
6) Eine späte und vorübergehende Ausnahme davon brachte die 4. KreditVO v. 2. 3. 1990, GBl I Nr. 15 S. 114 = *Rutke/Ulbrich*, RWS-Dok. 5 Nr. I.4.15; dazu oben Kapitel 2 V.
7) Oben Kapitel 1 III 1 b.
8) Kommentar zum ZGB und zum EGZGB, hrsg. vom Ministerium der Justiz, Berlin (Ost) 1985 (Autorenkollektiv unter Redaktion von *Göhring* u. a.) § 18 Anm. 2; *Pleyer*, JR 1968, 361 ff; *Jakobs*, JZ 1967, 46 ff; *Westen/Schleider*, S. 301.

die Befugnisse aus dem sozialistischen Eigentum gemäß § 19 ZGB durch die volkseigenen Betriebe und Kombinate und anderen Einrichtungen der sozialistischen Wirtschaft. Es handelte sich um übertragene Befugnisse, die vom sozialistischen Staat anvertraut waren, nämlich "operative Verwaltung" des Umlaufvermögens und "Rechtsträgerschaft" an den volkseigenen Grundstücken.9) Rechtsträgerschaft bedeutete entgegen dem westlichen Sprachgebrauch nur eine begrenzte, treuhandähnliche Rechtsstellung. Die Befugnisse umfaßten Besitz, Nutzung und im bestimmten Rahmen auch die Verfügungsbefugnis einschließlich der Möglichkeit, die Rechte auf andere Rechtssubjekte zu übertragen.10) Dies konnte aber nur unter Wahrung des sozialistischen Eigentums geschehen, das nicht zweckentfremdet und damit auch nicht an Privatpersonen veräußert werden durfte; daher kam im Grundsatz nur die Übertragung an eine andere sozialistische Wirtschaftseinheit oder staatliche Stelle in Betracht. Volkseigene Konsumgüter konnten freilich an die Bürger veräußert werden.

Nur ein Teil des Grund und Bodens stand in Volkseigentum. Er wird auf knapp die Hälfte der Gesamtfläche der DDR geschätzt; die Zahlen schwanken. Da jedoch mehr als 95% der gewerblichen Wirtschaft in der DDR in sozialistischem Eigentum standen und auch die Landwirtschaft weitgehend durch sozialistische Genossenschaften betrieben wurde, unterlag der allergrößte Teil der gewerblich oder landwirtschaftlich nutzbaren Flächen diesen besonderen Eigentumsformen.

Daraus ergibt sich die große wirtschaftliche Bedeutung der Überführung des Volkseigentums und sonstigen sozialistischen Eigentums an Grundstücken in Privateigentum als die einheitliche Rechtsform des Eigentums. Die Überführung des sozialistischen Eigentums ist in zahlreichen besonderen DDR-Gesetzen geregelt, die (unten III) dargestellt sind. Diese gesetzlichen Regelungen bleiben gemäß Art. 233 § 1 Abs. 2 EGBGB weiter maßgeblich, soweit sie im EinigungsV aufrecht erhalten wurden.

---

9) Zur Rechtsträgerschaft vgl. Kommentar zum ZGB, § 19 Anm. 1.1.
10) Kommentar zum ZGB, § 19 Anm. 1.4.

3. Nachwirkende Besonderheiten; Nutzungsrechte und Gebäudeeigentum

Rechtsquellen:

- Zivilgesetzbuch der DDR, §§ 295 bis 315, GBl I 1975 Nr. 27 S. 297 ff = *Horn*, RWS-Dok. 1 Nr. 2.1, S. 33;
- Gesetz über die Verleihung von Nutzungsrechten an volkseigenen Grundstükken (NutzungsrechtsG) vom 14. 12 1970, GBl I Nr. 24 S. 372 = *Horn*, RWS-Dok. 1 Nr. 3.1, i. d. F. des G über den Verkauf volkseigener Eigenheime, Miteigentumsanteile und Gebäude für Erholungszwecke vom 19. 12. 1973, GBl I Nr. 58 S. 578, bis 2. 10. 1990;
- VO über die Bereitstellung von genossenschaftlich genutzten Bodenflächen zur Errichtung von Eigenheimen auf dem Lande (BereitstellungsVO) vom 9. 9. 1976, GBl I Nr. 35 S. 426; BerGBl I 1976 Nr. 42 S. 500, bis 2. 10. 1990;
- G über den Verkauf volkseigener Gebäude vom 7. 3. 1990, GBl I Nr. 18 S. 157 = *Horn*, RWS-Dok. 1 Nr. 3.12, bis 2. 10. 1990;
- DVO zum G über den Verkauf volkseigener Gebäude vom 15. 3. 1990, GBl I Nr. 18 S. 158 = *Horn*, RWS-Dok. 1 Nr. 3.13;
- VO über die staatliche Dokumentation der Grundstücke und Grundstücksrechte in der DDR (GrundstücksdokumentationsO; GDO) vom 6. 11. 1975, GBl I Nr. 43 S. 697 = *Horn*, RWS-Dok. 1 Nr. 3.2), bis 2. 10. 1990 unter Fortgeltung einiger Vorschriften (betr. Gebäude-Grundbuch) gem. EinigungsV Anlage I Kap. III B Abschn. III Nr. 1 d, vgl. *Horn*, RWS-Dok. 2 Nr. I.2.3, S. 2.

a) Formen des Gebäudeeigentums

Grundsätzlich umfaßte das Grundeigentum nach ZGB auch das Eigentum an den darauf errichteten Gebäuden und sonst untrennbar mit ihm verbundenen Anlagen sowie Anpflanzungen (§ 295 Abs. 1). Das ZGB machte davon aber eine wichtige Ausnahme, in dem es die Möglichkeit anerkannte, selbständiges Eigentum an Gebäuden und Anlagen unabhängig vom Bodeneigentum zu begründen. Für die Rechte an solchen Gebäuden und Anlagen sind die Bestimmungen über Grundstücke entsprechend anzuwenden (§ 295 Abs. 2). Art. 233 § 4 Abs. 1 EGBGB erklärt nunmehr die Vorschriften des BGB über Grundeigentum für entsprechend anwendbar.[11] Daneben kannte das ZGB vom Grundeigentum getrenntes Eigentum an Wochenendhäusern und anderen Baulichkeiten zur Freizeitgestaltung. Für das Eigentum an die-

11) Oben Kap. 2 I 4.

sen Baulichkeiten galten die Bestimmungen über das Eigentum an beweglichen Sachen entsprechend (§ 296 Abs. 1).

In beiden Fällen (§ 295 und § 296) schafft Art. 231 § 5 Abs. 1 EGBGB die Voraussetzung für den Fortbestand des getrennten Gebäudeeigentums, indem er den Grundsatz des § 94 BGB, daß wesentliche Bestandteile eines Grundstücks nicht Gegenstand besonderer Rechte sein können (superficies solo cedit), ausschließt. Das Gebäudeeigentum ist vielmehr mit dem Nutzungsrecht rechtlich verbunden. Bei den Ferienhäusern o. ä. (§ 296 ZGB) folgt der Ausschluß des § 94 BGB meist schon aus § 95 BGB, weil es sich um sog. Scheinbestandteile handelt. Aber nicht selten sind dessen Voraussetzungen nicht zweifelsfrei erfüllt, weil das Ferienhaus zum festen Haus ausgebaut wurde; hier greift Art. 231 § 5 Abs. 1 BGB ein.[12)]

Das Gebäudeeigentum der erstgenannten Art war aufgrund besonderer Rechtsvorschriften auf besonderen Grundbuchblättern (Gebäudegrundbuchblätter) nachzuweisen (vgl. § 16 GDO). Da es wie Grundeigentum zu behandeln ist, gibt es dem Eigentümer die gleichen Rechte zum Besitz, zur Nutzung und zur Verfügung wie dem Grundeigentümer. Dies gilt für die alte Rechtslage nach dem ZGB[13)] ebenso wie jetzt nach BGB (Art. 233 § 4 Abs. 1 EGBGB). Das Gebäude konnte getrennt vom Grund und Boden veräußert und vererbt werden (§ 289 Abs. 1 ZGB). Auch diese Rechtslage gilt entsprechend nach BGB fort.

b) Arten der Nutzungsrechte

aa) Dingliche Rechte

Dingliche Nutzungsrechte an fremden Grundstücken konnten aufgrund öffentlich-rechtlicher Verleihung entstehen. Es handelt sich dabei um zwei Institute, einmal die Verleihung von Nutzungsrechten an volkseigenen Grundstücken gemäß §§ 287 bis 290 ZGB, zum anderen um die Zuweisung persönlicher Nutzung genossenschaftlich genutzten Bodens gemäß §§ 291 bis 294 ZGB.[14)] Das Nutzungsrecht an volkseigenen Grundstücken konnte einem Bürger auf Antrag durch Ent-

---

12) Vgl. auch Amtl. Erläut. zu Art. 231 § 5, BT-Drucks. 11/7817, S. 38 = *Horn*, RWS-Dok. 2, Nr. II.1.1, S. 14.
13) Allg. *Westen/Schleider*, S. 341.
14) Allg. *Westen/Schleider*, S. 341.

scheidung des zuständigen Rates des Kreises verliehen werden, um auf dem Grundstück ein Eigenheim oder ein anderes persönlichen Bedürfnissen dienendes Gebäude zu errichten und zu nutzen (§ 287). Über das Nutzungsrecht wurde eine Urkunde ausgestellt; das Recht entstand zu dem in der Urkunde festgelegten Zeitpunkt (§ 287 Abs. 2). Das Nutzungsrecht war im Grundbuch einzutragen (§§ 2, 3 GDO). Die Eintragung war aber nicht konstitutiv.[15)] Das Nutzungsrecht war im Prinzip unbefristet (§ 288 Abs. 2). Der Berechtigte war zur bestimmungsmäßigen Nutzung des Grundstücks verpflichtet (§ 288 Abs. 1). Regelmäßig war für die Nutzung ein Entgelt zu entrichten (§ 288 Abs. 3). Das Nutzungsrecht war (und ist) zusammen mit dem Gebäudeeigentum veräußerlich und vererblich (§ 289 Abs. 1 ZGB). Die Veräußerung ist genehmigungspflichtig (§ 289 Abs. 2).[16)]

Die Zuweisung eines genossenschaftlich genutzten Grundstücks z. B. einer LPG oder GPG erklärte sich aus dem umfassenden Nutzungsrecht der Genossenschaft an dem eingebrachten Boden.[17)] Wegen dieses umfassenden Nutzungsrechts und wegen des Vorrangs landwirtschaftlicher Nutzung konnte die Zuweisung nur aufgrund besonderer Rechtsvorschriften erfolgen (vgl. § 291 ZGB). Die Zuweisung erfolgte durch Beschluß des Vorstandes der LPG aufgrund der BereitstellungsVO. Im Ergebnis entstand die für den westlichen Betrachter merkwürdige Rechtslage, daß z. B. ein Bauer ein Nutzungsrecht an Boden erhielt, den er zuvor selbst in die LPG hatte einbringen müssen.[18)]

bb) Vertragliche Rechte

Vertragliche Nutzungsrechte an Grundstücken wurden durch Vertrag zwischen dem Verfügungsberechtigten und dem Nutzer gemäß § 312 Abs. 1 Satz 2 ZGB begründet. Dieses Nutzungsrecht konnte sowohl an volkseigenem und genossenschaftlich genutztem Grund und Boden entstehen als auch an Grundstücken in persönlichem Eigentum von Privatpersonen. Der Vertrag war schriftlich zu schließen und bedurfte der staatlichen Genehmigung, wenn besondere Rechtsvorschriften

15) Kommentar zum ZGB, § 287 Anm. 2.
16) Zur Genehmigungspflicht siehe auch unten II.
17) Dazu auch unten III 5.
18) Zum genossenschaftlichen Grundeigentum auch unten III 5 und Kapitel 4 IV.

dies vorsahen (§ 312 Abs. 1 Satz 2 ZGB). Insbesondere konnte das Nutzungsrecht auch die Berechtigung umfassen, ein Wochenendhaus oder ein sonstiges der Erholung dienendes Gebäude zu errichten; am Gebäude ("Baulichkeit") entstand besonderes Eigentum (oben a). Das Eigentum daran konnte durch schriftlichen Vertrag an einen Erwerber übertragen werden, der zuvor das vertragliche Nutzungsrecht am Grundstück für die Zukunft erhalten hatte (§ 296 Abs. 2 ZGB).

Zahlreiche vertragliche Nutzungsrechte sind in der DDR bereits vor Einführung des ZGB geschlossen worden. Der Staat förderte und propagierte ihren Abschluß. Diese Verträge richteten sich zunächst nach BGB, das diese Vertragsart allerdings nicht regelt. Später wurden sie gem. § 5 Abs. 1 EGZGB vom ZGB erfaßt; mit Inkrafttreten des ZGB entstand daher Eigentum der Nutzer an den in Ausübung des vertraglichen Nutzungsrechts errichteten Wochenendhäusern und anderen Baulichkeiten[19] bzw. es bestand fort, falls die Nutzer bereits vorher Eigentum nach § 95 BGB erworben hatten.

cc) Fortbestehende Nutzungsrechte

Das vertragliche Nutzungsrecht i. S. d. §§ 312 - 315 ZGB ist in Art. 232 § 4 EGBGB aufrechterhalten.[20] Der Fortbestand der dinglichen Nutzungsrechte ist in Art. 233 § 4 Abs. 2 EGBGB vorausgesetzt.[21] Eine Neubegründung dieser Rechte ist aber ausgeschlossen, da das BGB sie nicht kennt. Der Gesetzgeber hat sich hinsichtlich der (bestehenden) vertraglichen Nutzungsrechte eine gesetzliche Umgestaltung ausdrücklich vorbehalten (Art. 232 § 4 Abs. 1 Satz 2 EGBGB). Ferner können durch Rechtsverordnung die (meist sehr niedrigen) Nutzungsentgelte neu gestaltet werden (Art. 232 § 4 Abs. 2 EGBGB).

Ist ein vor dem 3. 10. 1990 wirksam begründetes Nutzungsrecht, das zur Errichtung eines Gebäudes oder einer "Baulichkeit" (Wochenendhaus o. ä.) berechtigt, noch nicht ausgenutzt, so kann das Gebäude oder die Baulichkeit auch noch nach dem 3. 10. 1990 in Ausübung des bestehenden Rechts errichtet werden. Für Baulichkeiten ist dies ausdrücklich in Art. 231 § 5 Abs. 1 Satz 2 EGBGB angeordnet. Für ding-

19) Kommentar zum ZGB, § 5 EGZGB Anm. 1.
20) Vgl. auch Kap. 2 I 3 c.
21) Vgl. auch Kap. 2 I 4.

liche Nutzungsrechte folgt aber wohl das Gleiche aus dem in Art. 233 § 4 Abs. 2 EGBGB anerkannten Fortbestand dieser Rechte (zweifelhaft). Allerdings besteht, wenn dieses Recht nicht im Grundbuch eingetragen ist, die Gefahr des Rechtsverlusts durch gutgläubig lastenfreien Erwerb des Grundstücks gem. § 892 BGB. Der besondere Schutz vor diesem Rechtsverlust durch Art. 233 § 4 Abs. 2 EGBGB greift nicht ein, weil er an ein (zumindest teilweise) bereits errichtetes Gebäude anknüpft. Ferner genießt der redliche Inhaber eines obligatorischen Nutzungsrechts Bestandsschutz bei Restitution des Grundstücks (§ 17 VermG). Der redliche Inhaber eines dinglichen Nutzungsrechts, aufgrund dessen ein Gebäude errichtet wurde, genießt Bestandsschutz gegenüber einem Restitutionsanspruch. Ist dagegen ein Gebäude noch nicht errichtet, so ist der Restitutionsanspruch eines enteigneten früheren Eigentümers nicht nach § 4 Abs. 2 VermG ausgeschlossen.[22)]

c) Wirtschaftliche Bedeutung

Grundsätzlich konnte persönliches Eigentum an Grundstücken bestehen,[23)] und dies war auch in großem Umfang der Fall; die Grundstücke konnten ggf. als Bauland genutzt werden. Häufig aber stand Bauland in Volkseigentum. Die Verleihung von Nutzungsrechten, meist ohne Entgelt und gegen eine geringe laufende Nutzungsgebühr, war für viele DDR-Bürger die einzige Chance, zu einem Eigenheim zu kommen. Für den Staat lag der Vorteil darin, daß er den staatlichen Wohnungsbau entlastete und in diesem schmalen Bereich auf die Eigeninitiative der Bürger setzte, die häufig durch eigene Arbeit unter Mithilfe von Freunden und nach beschwerlicher Beschaffung von Baumaterial ihr Eigenheim errichteten. Diese Bevölkerungskreise wurden im Zusammenhang mit der Wiedervereinigung durch die Möglichkeit verunsichert, daß das volkseigene Grundstück unrechtmäßig einem privaten Voreigentümer entzogen worden sein könnte und nunmehr dessen Restitutionsanspruch ihr Gebäudeeigentum gefährde. Hier hat der Gesetzgeber einen Bestandsschutz vorgesehen (dazu unten IV 3 g).

---

22) Zum VermG unten IV 3, insbes. f und g dd.
23) Kommentar zum ZGB, Vorbem. § 295 ZGB.

Wer ein dingliches Nutzungsrecht nicht erhalten konnte, wich oft auf die Möglichkeit aus, aufgrund eines obligatorischen Nutzungsrechts ein Wochenendhaus zu errichten, das aber in Wirklichkeit zum richtigen Eigenheim ausgebaut wurde, so daß hier nach den tatsächlichen Verhältnissen eine gewisse Unsicherheit der Rechtslage entstand. Auch hier sieht, wie gezeigt, das EGBGB den Fortbestand des Nutzungsrechts und getrennten Eigentums vor. Ein rechtspolitisches Gestaltungsproblem liegt darin, daß die Nutzungsrechte oft sehr langfristig und zu niedrigem Entgelt begründet worden sind und eine Anpassung erforderlich ist, welche die marktgerechte Eigentumsnutzung mit der sozialen Funktion der Nutzungsrechte in Einklang bringt.[24)]

d) Verzicht auf Eigentum

Nach § 310 ZGB konnte der Grundstückseigentümer sein Eigentumsrecht ohne Übertragung an einen anderen aufgeben. Mit der staatlichen Genehmigung der Verzichtserklärung und der Eintragung des Verzichts im Grundbuch entstand Volkseigentum (§ 310 Abs. 2 Satz 1). Die Vorschrift war Ausdruck "wichtiger Grundsätze der sozialistischen Bodenpolitik" und "ermöglichte es dem sozialistischen Staat, Einfluß auf die Ausübung des Eigentumsverzichts zu nehmen und damit seiner Verantwortung für die bestimmungsgemäße Bodennutzung gerecht zu werden."[25)] Häufig entschlossen sich Privateigentümer zum Verzicht auf eigene Miethausgrundstücke wegen des großen ökonomischen Drucks, der durch das Zwangsmietrecht auf sie ausgeübt wurde.[26)] Der Verzicht war also häufig ein Instrument der kalten Enteignung. Solche Verzichte werden daher ebenso wie Schenkungen aus dem gleichen Grund als restitutionspflichtige Enteignungen behandelt (dazu unten IV 3 b cc).

24) Oben b cc. Vgl. auch Kap. 2 I 3 c.
25) Kommentar zum ZGB, § 310 Anm. 0.
26) Oben Kap. 2 IV 3.

II. Grundstücksgeschäfte

Rechtsquellen:

- Bürgerliches Gesetzbuch gemäß Art. 230 ff EGBGB (EinigungsV Anlage I Kap. III B Abschn. II Nr. 1, BGBl II 1990, 941 = *Horn*, RWS-Dok. 2 Nr. II.1.1), seit 3. 10. 1990;
- Grundbuchordnung (GBO) (der Bundesrepublik) mit Einschränkungen gemäß EinigungsV Anlage I Kap. III B Abschn. III Nr. 1, BGBl II 1990, 951 = *Horn*, RWS-Dok. 2 Nr. I.2.3, S. 2 f, seit 3. 10. 1990;
- Grundbuchverfügung (der Bundesrepublik) vom 8. 8. 1935 (Reichsministerialblatt S. 637), zuletzt geändert durch Art. 1 VO vom 23. 7. 1984 (BGBl I, 1025) gemäß EinigungsV Anlage I Kap. III B Abschn. III Nr. 4, BGBl II 1990, 952 mit Überleitungsregelungen = *Horn*, RWS-Dok. 2 Nr. I.2.3, S. 3;
- VO über die staatliche Dokumentation der Grundstücke und Grundstücksrechte der DDR -GrundstücksdokumentationsO - (GDO) vom 6. 11. 1975, GBl I Nr. 43 S. 697 = *Horn*, RWS-Dok. 1 Nr. 3.2, bis 2. 10. 1990 mit Fortgeltung der Vorschriften über Gebäudegrundbuchblätter gem. EinigungsV Anlage I Kap. III B Abschn. III Nr. 1 d, BGBl II 1990, 952 = *Horn*, RWS-Dok. 2 Nr. I.2.3, S. 2 f;
- GrundstücksverkehrsVO (GVVO) (der DDR) vom 15. 12. 1977, GBl I 1978 Nr. 5 S. 73 = *Horn*, RWS-Dok. 1 Nr. 3.4 i. d. F. des 1. ZivilrechtsÄndG v. 28. 6. 1990, GBl I Nr. 39 S. 524 = *Horn*, RWS-Dok. 1 Nr. 2.3; teilweise Fortgeltung gemäß EinigungsV Anlage II Kap. III B Abschn. II Nr. 1, BGBl II 1990, 1167 = *Horn*, RWS-Dok. 2 Nr. I.3.3, S. 3;
- AO zur GVVO vom 23. 1. 1978, GBl I Nr. 5 S. 79; zuletzt geänd. d. AO Nr. 2 zur GVVO v. 18. 9. 1984, GBl I Nr. 28 S. 322 = *Horn*, RWS-Dok. 1 Nr. 3.6;
- Durchführungsbestimmung zur GVVO vom 19. 1. 1978, GBl I Nr. 5 S. 77 = *Horn*, RWS-Dok. 1 Nr. 3.5;
- G über besondere Investitionen in dem in Art. 3 des EinigungsV genannten Gebiet (InvestG), in Kraft seit 3. 10. 1990 aufgrund EinigungsV Anlage II Kap. III B Abschn. I Nr. 1, BGBl II 1990, 1157 = *Horn*, RWS-Dok. 2 Nr. II.2.2.

1. Neues Recht: Auflassung; Genehmigungen

a) Das Verfügungsgeschäft

Seit 3. 10. 1990 erfolgt die Übertragung von Eigentum an Grundstükken im neuen Bundesgebiet durch Auflassung und Eintragung gemäß § 925 BGB (Art. 230 Abs. 2 und Art. 233 § 2 Abs. 1 EGBGB). Für Juristen in der bisherigen DDR ist die Rechtslage unter zwei Gesichtspunkten neu. Erstens ist die scharfe begriffliche und rechtstechnische Trennung von dinglichem Verfügungsgeschäft (§ 925 BGB) und obligatorischem Grundstücksveräußerungsvertrag (§ 313 BGB) zu berücksichtigen, die das ZGB wenn nicht beseitigt, so doch verwischt hatte (unten 2). Zweitens ist andererseits die enge Verbindung beider Geschäfte in der Praxis zu beachten, die schon durch § 925 a BGB nahegelegt wird und regelmäßig in der Verbindung beider Geschäfte in einer notariellen Urkunde ihren Ausdruck findet.

Die für den Eigentumserwerb gemäß §§ 925, 873 BGB erforderliche Grundbucheintragung setzt nicht nur den Nachweis der Auflassung (des materiellen Konsenses) gemäß § 20 GBO voraus, sondern auch im neuen Bundesgebiet die Beachtung besonderer öffentlich-rechtlicher Eintragungsvoraussetzungen. Dazu gehört außer der Unbedenklichkeitsbescheinigung des Finanzamtes[1] auch die Genehmigung der Landwirtschaftsbehörde nach dem GrundstücksverkehrsG bei Veräußerung landwirtschaftlicher Grundstücke.[2]

b) Genehmigung nach der Grundstücksverkehrsverordnung

Für die Eigentumsübertragung an Grundstücken im Bundesgebiet der ehemaligen DDR bleibt es generell beim Genehmigungserfordernis nach § 2 Abs. 1 a GVVO. Genehmigungsbehörden werden die Landratsämter und Stadtverwaltungen. Alleiniger Zweck des Genehmigungserfordernisses ist die Kontrolle, ob das Grundstücksgeschäft die Regelung offener Vermögensfragen nach dem VermögensfragenG (VermG) vereiteln oder erschweren könnte.[3] Alle anderen Genehmigungserfordernisse wurden gestrichen.[4]

Die Genehmigung ist gemäß § 6 Abs. 1 AnmeldeVO[5] zu versagen, wenn durch die vorgesehene Rechtsänderung oder Rechtsbegründung ein Grundstück in treuhänderischer oder staatlicher Verwaltung betroffen ist und die Zustimmung des Eigentümers nicht vorliegt. Das Genehmigungsverfahren ist auszusetzen, bis abschließend geklärt ist, daß durch die vorgesehene Rechtsänderung oder Rechtsbegründung kein Grundstück betroffen ist, an dem frühere Eigentumsrechte unge-

---

1) Gemäß § 22 GrunderwerbsteuerG; *Staudinger/Ertl*, BGB, § 925 Rz. 104 m. w. N.
2) Und zahlreiche andere spezialgesetzliche behördliche Genehmigungen; Übersicht bei *Staudinger/Ertl*, § 925 Rz. 102.
3) Erläut., S. 63 = *Horn*, RWS-Dok. 2 Nr. I.3.3, S. 7.
4) EinigungsV Anlage II Kap. III B Abschn. II Nr. 1, BGBl II 1990, 1167 = *Horn*, RWS-Dok. 2 Nr. I.3.3., S. 3.
5) VO über die Anmeldung vermögensrechtlicher Ansprüche, bereinigte Fassung v. 11. 10. 1990, BGBl I, 2162 = *Horn*, RWS-Dok. 2 Nr. II.2.4; dazu auch unten IV 2.

klärt sind (§ 6 Abs. 2 Satz 1 VO). Als ungeklärt gelten Fälle, in denen Grundstücke nach dem 6. 10. 1949 durch Beschlagnahme, aus vorläufiger staatlicher Verwaltung oder staatlicher Treuhandverwaltung in Volkseigentum überführt oder an Dritte veräußert worden sind. Gleiches gilt, wenn ein Berechtigter Ansprüche nach der AnmeldeVO angemeldet hat (§ 6 Abs. 2 Satz 2 VO). Die Genehmigung kann in zwei Fällen gleichwohl erteilt werden (Satz 3), erstens wenn der Berechtigte sein Einverständnis mit der Rechtsänderung oder Rechtsbegründung in notariell beglaubigter Form oder zu Protokoll der Genehmigungsbehörde erklärt hat; zweitens wenn die Anmeldefrist (13. 10. 1990 bzw. 31. 1. 1991) verstrichen ist. Liegt eine verspätete Anmeldung vor, so ist sie gleichwohl bei der Genehmigung grundsätzlich zu berücksichtigen.[6)]

Diese Rechtslage ist in drei Punkten entwicklungsbedürftig. Erstens ist die Möglichkeit zu berücksichtigen, daß Restitutionsansprüche zumindest im Einzelfall auch auf Tatbestände vor dem genannten Datum 6. 10. 1949 gestützt werden können.[7)] Zweitens ist für eine Übergangszeit nicht klar erkennbar, ob eine rechtzeitige Anmeldung erfolgt ist oder nicht. Daher besteht auch eine interne Weisung der Bundesregierung, noch über den Fristablauf hinaus abzuwarten. Drittens sind andererseits durch Gesetz oder die Genehmigungspraxis Tatbestände herauszubilden, in denen eine Anmeldung eindeutig unbegründet ist, so daß die Rechtslage i. S. d. § 6 Abs. 2 AnmeldeVO als "abschließend geklärt" angesehen werden kann und die Genehmigung trotz der Anmeldung zu erteilen ist.

c) Investitionsattestat

Aufgrund des EinigungsV ist am 3. 10. 1990 das Gesetz über besondere Investitionen im Bundesgebiet der ehemaligen DDR[8)] in Kraft getreten, das die Veräußerung von Grundstücken an Investoren zum Zwecke besonderer Investitionen ermöglicht, auch wenn an sich ein Hindernis i. S. d. § 6 AnmeldeVO der Genehmigung gem. § 1 GVVO entgegensteht. Nach § 1 InvestG kann die Genehmigung auch für eine

---

6) Einzelheiten der Anmeldung unten IV 2.

7) Oben Kap. 1 IV 8 und i. f. IV 1.

8) EinigungsV Anlage II Kap. III B Abschn. I Nr. 1, BGBl II 1990, 1157 = *Horn*, RWS-Dok. 2 Nr. II.2.2.

Veräußerung von Grundstücken und Gebäuden, die ehemals in Volkseigentum standen und Gegenstand von Rückübertragungsansprüchen sind oder sein können, erteilt werden, wenn besondere Investitionszwecke i. S. dieses Gesetzes vorliegen. Das Landratsamt oder die Stadtverwaltung haben auf Antrag des Veräußerers des Grundstücks oder Gebäudes nach Anhörung der Gemeinde das Vorliegen eines besonderen Investitionszweckes zu bescheinigen, wenn dessen gesetzliche Voraussetzungen vorliegen.[9)]

Die Bescheinigung (Investitionsattestat) ist zu versagen, wenn eine behördliche oder gerichtliche Entscheidung über die Rückübertragung an den enteigneten Eigentümer vorliegt oder die zuständige Behörde die beabsichtigte Rückübertragung mitgeteilt hat. Der Antrag auf Investitionsattestat kann nur bis Ende 1992 gestellt werden (§ 2 InvestG). Ist das Attestat erteilt, so ist bei seiner Vorlage die Genehmigung zur Verfügung über das Grundstück gemäß § 2 GVVO zu erteilen (§ 2 Abs. 1 InvestG).

d) Bevorzugte Grundbucheintragung

Es ist geplant, eine bevorzugte Erledigung von Grundbucheintragungen im Zusammenhang mit Investitionsvorhaben gesetzlich zu ermöglichen. Diese "Vorfahrtsregelung" soll keineswegs das Prioritätsprinzip für Grundbuchanträge beseitigen. Es geht vielmehr darum, das Investitionshindernis der schleppenden Erledigung von Grundbucheintragungen zu vermindern, indem Eintragungen auf dem betreffenden Grundbuchblatt bevorzugt werden. Dabei werden selbstverständlich auch vorhergehende Anträge vorrangig miterledigt.

2. Altes Recht: Grundstücksveräußerung nach ZGB

a) Vertrag und andere Erwerbsgründe

Grundeigentum konnte wie anderes Sacheigentum durch Kauf, Schenkung und anderen Vertrag, durch Erbschaft sowie aufgrund der Entscheidung eines Gerichts oder anderen staatlichen Organs oder kraft Gesetzes erworben werden (§ 25 ZGB). Der Eigentumserwerb

9) Dazu unten IV.

durch Vertrag setzte voraus, daß ein Veräußerungsvertrag, bei entgeltlicher Veräußerung regelmäßig ein Kaufvertrag, geschlossen wurde und die Eintragung im Grundbuch erfolgte (§ 26 Abs. 2 i. V. m. § 25 ZGB). Das ZGB trennte also nicht zwischen dem kausalen schuldrechtlichen Vertrag und dem Verfügungsvertrag; eine besondere dingliche Einigung über den Übergang des Eigentums am Grundstück (Auflassung) war nach ZGB nicht erforderlich.[10)] Diese Haltung des ZGB war aber nicht ganz eindeutig. Immerhin verlangte das Gesetz im Interesse der Rechtsklarheit die unbedingte und unbefristete Erklärung des Veräußerers und des Erwerbers, daß das Eigentum auf den Erwerber übergehen solle (§ 297 Abs. 1 Satz 1 ZGB).

b) Beurkundung

Der Vertrag über die Übertragung des Eigentums an Grundstücken bedurfte außerdem der Beurkundung (§ 297 Abs. 1 Satz 2 ZGB). Die getrennte Beurkundung des Vertragsangebots und seiner Annahme waren gemäß § 67 Abs. 1 Satz 1 ZGB allgemein zulässig. Dies galt auch für Verträge zur Übertragung des Eigentums an Grundstücken.[11)] Die Beurkundung war im NotariatsG von 1976 geregelt (§§ 18, 19). Sie oblag dem staatlichen Notariat oder dem sonst zuständigen staatlichen Organ (§ 67 Abs. 1 Satz 3 ZGB).[12)] Sonst zuständiges staatliches Organ war der Liegenschaftsdienst (§ 6 GDO). Fehlte es an der notariellen Beurkundung, so war der Vertrag nichtig (§ 66 Abs. 2 ZGB).

Bereits im Frühjahr 1990 wurden bei Grundstücksgeschäften z. T. auch westliche Notare tätig. Die Regierung der DDR erklärte diese Beurkundungen auch bei Grundstücksgeschäften für wirksam.[13)]

c) Staatliche Genehmigung

Der Grundstücksveräußerungsvertrag bedurfte zu seiner Wirksamkeit schließlich der staatlichen Genehmigung (§§ 297 Abs. 1 Satz 2 und 68

10) *Westen/Schleider*, S. 319.
11) Kommentar zum ZGB, § 297 Anm. 1.3.
12) Zur Organisation des staatlichen Notariats und seiner Umgestaltung unten Kapitel 6.
13) Erklärung des Justizministeriums der DDR v. 14. 3. 1990 gegenüber der Notarkammer Berlin; ZAP-Aktuell Nr. 7 v. 11. 4. 1990.

Abs. 1 Nr. 4 ZGB). Wurde sie versagt, so war der Vertrag nichtig.[14] Das Genehmigungsverfahren richtete sich nach der GVVO von 1977. Genehmigungsbehörde war der Rat des Kreises oder Bezirks (§ 7 GVVO). Die Genehmigung wurde erteilt, "wenn die vorgesehene Rechtsänderung oder Rechtsbegründung mit den staatlichen oder gesellschaftlichen Aufgaben und Erfordernissen übereinstimmt" (§ 3 Abs. 1 GVVO).

Die staatliche Genehmigung der Verträge war Ausdruck der staatlichen Leitung des Grundstücksverkehrs (§ 285 ZGB). Gerade deshalb bestanden gegen die Fortexistenz des Genehmigungserfordernisses Bedenken. Der StaatsV ließ jedoch die GVVO mit minimalen Änderungen bestehen.[15] Die Erteilung der Genehmigung mußte gleichwohl schon nach Inkrafttreten der Verfassungsgrundsätze am 17. 6. 1990 zumindest nach strengen rechtsstaatlichen Grundsätzen erfolgen und gerichtlich nachprüfbar sein. Der EinigungsV hat, wie (oben 1 b) besprochen, das Genehmigungserfordernis nur noch zur Wahrung von Restitutionsansprüchen aufrechterhalten.

d) Staatliches Vorerwerbsrecht

Gemäß § 11 Abs. 1 GVVO bestand "zur Durchsetzung der staatlichen oder gesellschaftlichen Interessen" ein staatliches Vorerwerbsrecht "zugunsten des Volkseigentums oder anderen sozialistischen Eigentums". Es hatte Vorrang gegenüber allen Vorkaufsrechten (Abs. 4). Dieses Vorerwerbsrecht stand ab 17. 6. 1990 im Widerspruch zur Gewährleistung des privaten Eigentums an Grundstücken durch Art. 2 Satz 1 der Verfassungsgrundsätze und auch zum StaatsV, der jedoch diese Bestimmungen der GVVO bestehen ließ. Da andererseits sozialistisches Rechtsdenken nicht mehr angewandt werden konnte und das Rechtsstaatsprinzip galt,[16] ist es sehr zweifelhaft, ob die Vorschrift in der Übergangszeit noch (mit einem rechtsstaatlich reduzierten Kern) angewandt werden konnte. Durch den EinigungsV ist die Regelung beseitigt worden.[17]

---

14) Kommentar zum ZGB, § 297 Anm. 1.3.

15) StaatsV Anlage III Abschn. II Nr. 14, BGBl II 1990, 555.

16) Allg. oben Kapitel 1 III 4.

17) EinigungsV Anlage II Kap. III B Abschn. II Nr. 1, BGBl II 1990, 1167 = *Horn*, RWS-Dok. 2 Nr. I.3.3, S. 3.

3. Grundbuchwesen

Rechtsquellen:

- Grundbuchordnung (GBO) (der Bundesrepublik) mit Überleitungsregelungen gemäß EinigungsV Absch. I Kap. III B Abschn. III Nr. 1, BGBl II 1990, 951 = *Horn*, RWS-Dok. 2 Nr. I.2.3, S. 2 f, seit 3. 10. 1990;
- Grundbuchverfügung (der Bundesrepublik) mit Überleitungsregelungen gemäß EinigungsV Anlage I Kap. III B Abschn. III Nr. 4, BGBl II 1990, 952 = *Horn*, RWS-Dok. 2 Nr. I.2.3, S. 3, seit 3. 10. 1990;
- Grundstücksdokumentationsordnung (GDO) (der DDR) vom 6. 11. 1975, GBl I Nr. 43 S. 697 = *Horn*, RWS-Dok. 1 Nr. 3.2, zuletzt geänd. gem. § 2 Nr. 3 1. ZivilrechtsÄndG v. 28. 6. 1990, GBl I Nr. 39 S. 524 = *Horn*, RWS-Dok. 1 Nr. 2.3, bis 2. 10. 1990;
- Grundstücksverkehrsverordnung (GVVO) (der DDR) vom 15. 12. 1977, GBl I 1978 Nr. 5 S. 73 = *Horn*, RWS-Dok. 1 Nr. 3.4 i. d. F. d. 1. ZivilrechtsÄndG v. 28. 6. 1990, GBl I Nr. 39 S. 524, bis 2. 10. 1990; ab 3. 10. 1990 in Teilen fortgeltend gem. EinigungsV Anlage I Kap. III B Abschn. II Nr. 1, BGBl II 1990, 941 = *Horn*, RWS-Dok. 2 Nr. I.2.3;
- AO über das Verfahren in Grundbuchsachen (GrundbuchverfahrensO) (der DDR) vom 30. 12. 1975, GBl I 1976 Nr. 3 S. 42 = *Horn*, RWS-Dok. 1 Nr. 3.3, bis 2. 10. 1990;

a) Bisherige Lage: Grundbücher und Liegenschaftsdienste

Grundbücher sind im Gebiet der ehemaligen DDR grundsätzlich vorhanden. Sie sind oft nicht auf dem neuesten Stand. In einigen Gegenden sind frühere Grundbücher vernichtet worden, u. a. im Zusammenhang mit der Bodenreform. In manchen Grundbüchern sind die Eintragungen der Eigentümer geschwärzt. Bestimmte Eintragungen sind wenig aussagekräftig, z. B. über Enteignungen. Oft ist hier nur ein Stempel verwendet. Grundbücher über Grundstücke, die in Volkseigentum übergegangen waren, wurden geschlossen und in Zentralarchiven zusammengefaßt (Barby bei Magdeburg und Niederschönhausen). Sie befinden sich durchweg in einem archivtechnisch völlig unzureichenden Zustand.

Die Führung der Grundbücher richtete sich nach der Grundstücksdokumentationsordnung (GDO). Zuständig waren die Liegenschaftsdienste der Räte der Bezirke. Das Grundbuch ist in drei Abteilungen eingeteilt: (1) Eigentümernachweis; (2) sonstige Rechte, z. B. Grunddienstbarkeiten und persönliches Vorkaufsrecht; (3) Aufbauhypotheken und Hypotheken. Das vom Bodeneigentum getrennte besondere Gebäudeeigentum (oben I 3) ist in Gebäudegrundbuchblättern im Grundbuch des Grundstücks, auf dem das Gebäude errichtet worden ist, eingetragen.

Eintragungen im Grundbuch richteten sich nach der GrundbuchverfahrensO. Sie mußten vom Eigentümer oder sonst Berechtigten beantragt werden (§ 4). Dabei waren die Eintragungsvoraussetzungen nachzuweisen (§ 2). Der Liegenschaftsdienst erteilte auf Antrag dem Eigentümer oder sonst Berechtigten Auszüge, Abschriften und Auskünfte (§ 27) und gewährte Einsicht in das Grundbuch (§ 28). Die Erteilung der Auszüge, Abschriften und Auskünfte und die Gewährung der Einsicht konnten aber eingeschränkt werden, "soweit staatliche Interessen es erfordern" (§ 27 Abs. 4, § 28). Gestützt auf diese Vorschrift haben es die Liegenschaftsdienste auch noch in der Übergangszeit zwischen 1. 7. und 3. 10. 1990 häufig abgelehnt, Auskünfte an Eigentümer oder sonstige Berechtigte, die außerhalb der DDR oder Berlin-Ost lebten, zu erteilen. Die persönliche Einsichtnahme in das Grundbuch wurde weiterhin auch gegenüber DDR-Bürgern abgelehnt.

b) Neues Recht und Übergangsregelungen

Seit 3. 10. 1990 gilt die GrundbuchO (GBO) der Bundesrepublik mit wenigen Einschränkungen und einigen Übergangsregelungen.[18)] Die Einrichtung und Führung des Grundbuchs richtet sich grundsätzlich nach der Grundbuchverfügung, die ebenfalls mit einigen Einschränkungen eingeführt wurde.[19)] Im Vergleich zur alten Praxis (oben a) wichtig ist der Anspruch auf Grundbucheinsicht bei Nachweis eines berechtigten Interesses gem. § 12 Abs. 1 GBO. Auch die Prüfung der Eintragungsvoraussetzungen richtet sich grundsätzlich nach der GBO. So gilt z. B. das materielle Konsensprinzip gem. § 20 GBO für den Eigentumsübergang an Grundstücken. Als intertemporale Kollisionsregel gilt, daß Anträge auf Eintragung in das Grundbuch, die vor dem Wirksamwerden des Beitritts beim Grundbuchamt eingegangen sind, nach dem alten, am 2. 10. 1990 geltenden Recht einzutragen sind.

---

18) EinigungsV Anlage 1 Kapitel III B Abschn. III Nr. 1, BGBl II 1990, 951 = *Horn*, RWS-Dok. 2 Nr. I.2.3, S. 2.

19) EinigungsV, aaO, Nr. 4.

Die Grundbuchämter gehen aus den bisherigen Liegenschaftsdiensten hervor. Diese waren organisatorisch selbständig. Die Selbständigkeit konnte zum Zeitpunkt der Wiedervereinigung nicht sofort beseitigt werden, weil die organisatorischen Aufwendungen dafür nicht durchführbar waren. Es bleibt also bei der Besonderheit, daß die Grundbücher im neuen Bundesgebiet der ehemaligen DDR nicht von Gerichten geführt werden. Dies ist auch bei der Anwendung des FGG zu beachten.[20)] Es handelt sich um einen Übergangszustand.

Die zum Zeitpunkt der Wiedervereinigung vorhandenen Grundbücher gelten als Grundbücher i. S. der GBO. Die bestehenden Gebäudegrundbuchblätter sind weiterzuführen. Dazu sind die bisherigen Vorschriften weiter anzuwenden. Insofern bleiben die Vorschriften der alten GDO, die im übrigen außer Kraft getreten ist, weiter in Anwendung.[21)]

c) Faktische Probleme

Grundstücksverkehrsgeschäfte hatten im sozialistischen Wirtschaftssystem eine relativ geringe Bedeutung. Hinzu trat eine allgemeine Vernachlässigung des Privateigentums an Grund und Boden und seine gezielte Zurückdrängung. All dies spiegelt sich in der schwachen personellen Besetzung der bisherigen Liegenschaftsdienste und dem oft mangelhaften Zustand der Führung der Grundbücher wider. Nach dem sprunghaften Anstieg der Grundstücksgeschäfte mit Einführung der Währungs- und Wirtschaftsunion hat sich das mangelhafte Grundbuchwesen der bisherigen DDR als schwerwiegendes Investitionshemmnis herausgestellt.

Es wird geschätzt, daß zum Zeitpunkt der Wiedervereinigung rund 240.000 unerledigte Grundbuchanträge bei den Liegenschaftsämtern der ehemaligen DDR vorlagen. Hinzu kamen 85.000 unerledigte Vermessungsaufträge für Grundstücke. Die wichtige Aufgabe der Beseitigung dieses Investitionshemmnisses[22)] kann nur gelöst werden, wenn mit der weiteren Reorganisation der Grundbuchämter, insbesondere

---

20) EinigungsV Anlage I Kap. III B Abschn. III Nr. 1 e, BGBl II 1990, 952 = *Horn*, RWS-Dok. 2 Nr. I.2.3, S. 3.

21) Zum ganzen vgl. die Übergangsregelung in EinigungsV Anlage I Kap. III B Abschn. III Nr. 1, BGBl II 1990, 951 = *Horn*, RWS-Dok. 2 Nr. I.2.3, S. 2.

22) Allg dazu auch oben Kapitel 1 III 6.

ihrer Eingliederung in die Gerichtsorganisation, eine bedeutende personelle Verstärkung und Verbesserung der technischen Ausstattung (EDV) einhergeht. Darüber besteht Einigkeit.

4. Gutglaubensschutz

a) Altes Recht

Der Inhalt des Grundbuchs galt zugunsten des Erwerbers als richtig, sofern nicht ein Widerspruch gegen die Richtigkeit eingetragen oder die Unrichtigkeit des Grundbuchs dem Erwerber bekannt war; § 8 GDO. Eine Ausnahme galt für Grundstücke im sozialistischen Eigentum (§ 8 Abs. 1 Satz 2 GDO). Aus § 8 GDO ergab sich die Möglichkeit eines Gutglaubenserwerbs. Allerdings fehlte im ZGB jeglicher konkrete Hinweis auf diese Regelung der GDO oder generell auf die Möglichkeit eines gutgläubigen Erwerbs von Grundstückseigentum.[23)]

b) Neues Recht

Seit dem 3. Oktober 1990 gelten die Gutglaubensvorschriften des BGB bei Grundstückserwerb, also insbesondere § 892 BGB und die Vermutung des § 891 BGB. Zum Schutz nicht eingetragener Nutzungsrechte und eines aufgrund dieser Rechte entstandenen Gebäudeeigentums ist durch Art. 233 § 4 Abs. 2 und 3 EGBGB der Schutz des guten Glaubens des Erwerbers eingeschränkt.[24)]

Bei Unrichtigkeit des Grundbuchs kann ein Widerspruch eingetragen werden (§§ 899, 894 BGB); zur Sicherung eines Anspruchs auf Einräumung oder Aufhebung eines Rechts an einem Grundstück kann eine Vormerkung eingetragen werden (§ 883 BGB). Beide Eintragungen können aufgrund einer einstweiligen Verfügung erfolgen (§§ 885, 899 BGB).

---

23) *Westen/Schleider*, S. 323.

24) Dazu oben Kap. 2 I 4.

c) Guter Glaube und Enteignungsproblem

Im Zusammenhang mit der Frage der Rückerstattung unrechtmäßig enteigneten Grundbesitzes und sonstigen Vermögens (dazu unten IV) ist das Problem aufgetaucht, ob und in welchem Umfang der gutgläubige Erwerb enteigneter Grundstücke durch gutgläubige Dritterwerber die Rückerstattung ausschließt. Das Problem übersteigt in verschiedener Hinsicht die ratio und Regelungskapazität der normalen Gutglaubensregeln bei Grundstückserwerb, wie wir sie in § 892 BGB und (rudimentär) in § 8 GDO finden.

aa) Enteignung und dingliche Rechtslage

In einer großen Zahl von Enteignungsfällen (wenngleich bei weitem nicht in allen) wurde seinerzeit formal nach geltendem Recht der DDR neues Eigentum, regelmäßig Volkseigentum, begründet. Wurden aufgrund von Verfügungen des Staates Rechte Dritter an diesen Grundstücken begründet, so kam es auf einen guten Glauben des Erwerbers nicht an, weil der Staat nach damals geltendem DDR-Recht Eigentümer geworden war. Der Rechtserwerb des Dritten bestand regelmäßig nicht in Grundeigentum, weil Volkseigentum unveräußerlich war (oben I 2) und auch nicht gutgläubig erworben werden konnte (§ 8 Abs. 1 Satz 3 GDO), sondern in der Einräumung eines dinglichen Nutzungsrechts (oben I 3 b) zum Bau eines Hauses. Übereignungen volkseigener Grundstücke wurden erst durch das Gesetz über den Verkauf volkseigener Gebäude ermöglicht;[25] hier war Platz für gutgläubigen Erwerb in den Fällen, in denen zuvor Volkseigentum nicht wirksam begründet worden war. Diese Möglichkeit ist in allen Fällen gegeben, in denen schon nach DDR-Recht die rechtlichen Voraussetzungen der Enteignung nicht erfüllt waren, soweit insofern ein grober Rechtsmangel vorlag.[26] Nicht selten wurde über ein Grundstück nur staatliche Verwaltung begründet. Bei einer anschließenden Veräußerung konnte ein Dritter in gutem Glauben an die Eigentümerstellung oder die Rechtsmacht des Veräußerers erwerben; letztere war aber im Zweifel gegeben, so daß der Erwerber nach DDR-Recht unabhängig von gutem Glauben Eigentümer wurde. Gutgläubiger Erwerb vom Nicht-

---

25) Dazu unten III 4 a.

26) Zu diesem Problem unten IV 1 d.

berechtigten ist in der Zeit vor März 1990 z. B. dann möglich, wenn zunächst ein Funktionär ohne Rechtsgrundlage im DDR-Recht ein Grundstück sich verschaffte und dann veräußerte, wobei er als Eigentümer auftrat.

Bei der weitaus größeren Zahl der Erwerbsfälle handelte es sich nach damals geltendem DDR-Recht um den Erwerb vom Berechtigten. Der EinigungsV und das Gesetz über offene Vermögensfragen (VermG)[27)] ändern an dieser Rechtslage grundsätzlich nichts. Die nach bisherigem DDR-Recht bestehenden Eigentümerpositionen bleiben bestehen, auch sofern sie auf ungerechtem Rechtserwerb beruhen mögen. Wer bisher dinglich verfügungsberechtigt war, bleibt es.

bb) Restitutionsanspruch; Guter Glaube und Redlichkeit

Das VermG gewährt dem früheren Eigentümer, der enteignet wurde, unter bestimmten Voraussetzungen einen Anspruch auf Rückgabe (Restitution) seines Eigentums.[28)] Dieser Restitutionsanspruch ist grundsätzlich auch durch einen gutgläubigen Vorerwerb vom Nichtberechtigten, der ohnehin eher die Ausnahme war (oben aa), nicht ausgeschlossen. Guter Glaube schützt also im Grundsatz nicht vor Restitution. Das VermG nennt aber besondere Tatbestände, in denen der Restitutionsanspruch bei "Redlichkeit" ausgeschlossen sein soll. Die Rückübertragung enteigneter Grundstücke und sonstiger Vermögensgegenstände an den Restitutionsberechtigten ist danach ausgeschlossen, wenn natürliche Personen, Religionsgemeinschaften oder gemeinnützige Stiftungen in redlicher Weise an dem Vermögenswert Eigentum oder dingliche Nutzungsrechte erworben haben (§ 4 Abs. 2 Satz 1). Die Redlichkeit ist in gesetzlich genau umrissenen Tatbeständen ausgeschlossen, die unten (IV 3 g cc) näher erörtert sind.

Eine praktisch wichtige Fallgruppe sei aber schon hier hervorgehoben. Als sich die Wende in der DDR abzeichnete, haben zahlreiche Personen Eigentum erworben, u. a. durch Ausnutzung des Gesetzes über den Verkauf volkseigener Gebäude vom 7. 3. 1990. Dazu zählten einige einflußreiche Funktionäre, aber auch viele redliche Eigenheiminhaber, die Gebäudeeigentum aufgrund Nutzungsrechts an volkseige-

---

27) Dazu unten IV 3.
28) Dazu unten IV 3.

nen Grundstücken hatten und nun noch schnell "ihr" Grundstück erwerben konnten. Der Gesetzgeber geht davon aus, daß alle diese Erwerbsgeschäfte nach dem 18. Oktober 1989 die Vermutung gegen sich haben, daß der Erwerber sich im Hinblick auf die künftige Unbeständigkeit der bestehenden Eigentumsverhältnisse in der DDR noch schnell durch Schaffung vollendeter Tatsachen einen unredlichen Vorteil verschaffen wollte. Der Redlichkeitsschutz ist daher gemäß § 4 Abs. 2 Satz 2 VermG ausgeschlossen, sofern das dem Erwerb zugrundeliegende Rechtsgeschäft nach dem 18. Oktober 1989 geschlossen worden ist und nach § 6 Abs. 1 und 2 AnmeldeVO nicht hätte genehmigt werden dürfen. Hatte der Erwerber aber bereits früher redlich das Nutzungsrecht erworben, hilft ihm das Gesetz, indem es die Restitution ausschließt (IV 3 g bb).

cc) Anmeldung, Widerspruch, Vormerkung

Wer als Enteigneter restitutionsberechtigt ist, kann durch Anmeldung seiner Ansprüche nach der AnmeldeVO dafür sorgen, daß die Genehmigung zu einer Grundstücksveräußerung gem. GVVO nicht erteilt wird.[29] Das Verfahren birgt manche Unsicherheit, zumal die Anmeldungen wegen ihrer großen Anzahl für eine Übergangszeit den örtlich zuständigen Liegenschaftsämtern noch nicht ordnungsgemäß zugeleitet sind, so daß manche Anmeldung das richtige Grundbuch erst lange Zeit nach Ablauf der Anmeldefrist erreicht.[30]

Es fragt sich, ob hier auch ein Widerspruch im Grundbuch eingetragen werden kann, um den Restitutionsanspruch zu sichern. Nach §§ 892, 893 BGB (früher: § 8 Abs. 1 Satz 2 GDO) ist ein gutgläubiger Erwerb durch einen Dritten ausgeschlossen, wenn im Grundbuch ein Widerspruch eingetragen ist. Stimmt der derzeitige (formelle) Eigentümer dem Widerspruch nicht zu, kann der Widerspruch aufgrund gerichtlicher Entscheidung eingetragen werden, auch im Wege der einstweiligen Verfügung (§ 899 BGB; früher: § 14 GDO). Das Bezirksgericht Potsdam hat dies in einem Fall anerkannt, in dem der Eigentümer 1978 ohne hinreichenden Grund enteignet worden war.[31] Das Urteil

---

29) Oben 1 b und unten IV 2.
30) Zu den begrenzten Wirkungen der Anmeldung unten IV 2.
31) Bezirksgericht Potsdam, Beschl. v. 28. 5. 90 - 1 BZR 147/90, ZIP 1990, 1229.

läßt Fragen offen. Es war nicht klar, ob die Enteignung, die nach dem AufbauG 1950 i. V. m. dem EntschädigungsG 1960 erfolgt war, dinglich unwirksam war. Möglicherweise war die Enteignungsverfügung ("Inanspruchnahme") zwar unberechtigt, aber wirksam. Dann aber war das Grundbuch richtig, ein Widerspruch gegen die Unrichtigkeit des Grundbuchs nicht begründet.

Wenn im genannten Fall aber die einschlägigen Enteignungsgesetze zu Unrecht angewandt wurden und dabei einer der Tatbestände des § 1 VermG erfüllt wurde,[32] kann gleichwohl ein Restitutionsanspruch (nach VermG) bestehen. Dieser kann durch redlichen Erwerb Dritter nicht mehr gefährdet werden, wenn eine Anmeldung vorliegt. Allerdings ist, wie bemerkt, die Anmeldung für eine Übergangszeit mit tatsächlichen Unsicherheiten belastet. Vom Standpunkt des Restitutionsberechtigten ist eine rasche Grundbucheintragung aufgrund einstweiliger Verfügung des Gerichts also erstrebenswert. Auf diese Weise kann auch im Zweifel eher verhindert werden, daß das Grundstück für ein neues Investitionsvorhaben in Anspruch genommen wird.[33]

Auch nach neuem Recht bleibt es allerdings dabei, daß kein Widerspruch eingetragen werden kann, es sei denn, die Enteignung sei ausnahmsweise nicht nur ungerecht, sondern rechtsunwirksam; vgl. §§ 894, 899 BGB. Vielmehr kommt die Eintragung einer Vormerkung i. S. d. § 883 BGB in Betracht. Der Restitutionsanspruch ist als Anspruch im Sinne dieser Vorschrift anzusehen. Die Eintragung der Vormerkung kann im Wege der einstweiligen Verfügung erfolgen (§ 885 BGB).[34]

5. Der Grundstückspreis

a) Preisbindung nach altem Recht

Der im Grundstückskaufvertrag vereinbarte Preis mußte nach ZGB den gesetzlichen Preisvorschriften entsprechen (§ 305 Abs. 1). Auch nach der Preisanordung Nr. 415[35] durfte der Veräußerer beim Grund-

32) Dazu unten IV 3.
33) Dazu unten IV 4.
34) KreisG Bad Salzungen ZIP 1990, 1634.
35) AO über die Forderung und Gewährung preisrechtlich zulässiger Preise v. 6. 5. 1955, GBl I Nr. 39 S. 330.

stückskauf nur den gesetzlich höchstzulässigen und bewilligten Preis fordern. Maßgeblich waren durchweg die sehr niedrigen Einheitswerte von 1935/36.[36)] Es konnte stattdessen ein höchstzulässiger Preis aufgrund einer neueren Wertermittelung oder Ausnahmegenehmigung festgesetzt werden.

Bei der Genehmigung des Grundstückskaufvertrages nach GVVO war die preisrechtliche Prüfung Teil des Genehmigungsverfahrens, und die Genehmigung umfaßte auch die preisrechtliche Unbedenklichkeitserklärung (§ 3 Abs. 2 GVVO).[37)] Wurde die staatliche Genehmigung aus preisrechtlichen Gründen versagt, war der abgeschlossene Vertrag nichtig (§ 68 Abs. 1 Nr. 4 ZGB). Allerdings war gegen die Versagung die Beschwerde mit aufschiebender Wirkung möglich (§§ 16, 18 Abs. 2 GVVO).

Für Grundstücke in der DDR, deren Eigentümer in der Bundesrepublik Deutschland oder im westlichen Ausland lebten, galten seit Mitte 1980 neue Grundsätze für die Ermittlung des Grundstückswerts, mit der Tendenz, die niedrigen Einheitswerte noch zu unterschreiten.[38)]

b) Preisfreigabe; Richtpreise

Im Zuge der Einführung der Währungs-, Wirtschafts- und Sozialunion erfolgte eine allgemeine Preisfreigabe (mit Ausnahmen) durch das PreisG.[39)] Dies entsprach dem Anliegen des StaatsV, einen funktionsfähigen Grundstücksmarkt in der DDR als Voraussetzung für Neuinvestitionen und einen wirtschaftlichen Aufschwung zu entwickeln.[40)] Es gelten also im Grundsatz frei vereinbarte Preise. Grundsätzlich war schon in der Übergangszeit nach ZGB der beurkundete Kaufpreis maßgeblich (§ 305 Abs. 3 ZGB). Dies entspricht der seit 3. 10. 1990 bestehenden Rechtslage nach dem BGB.

Häufig fehlen den Parteien Anhaltspunkte für die Vereinbarung eines angemessenen Preises, da jahrzehntelang ein Grundstücksmarkt im Bereich der ehemaligen DDR nicht existierte und erst allmählich in

---

36) Aufgrund der PreisstoppVO v. 26. 11. 1936, RGBl I, 955.
37) Kommentar zum ZGB, § 305 Anm. 1.2; vgl auch *Gräf*, Handbuch, Rz. 126 bis 148.
38) *Gräf*, Handbuch, Rz. 128 ff, 138 ff.
39) G v. 22. 6. 1990, GBl I Nr. 37 S. 471; dazu PreisVO v. 25. 6. 1990, GBl I Nr. 37 S. 472 = *Horn*, RWS-Dok. 1, Nr. 6.5 und 6.6; s. auch allg. unten Kapitel 5 I 2.
40) StaatsV Anlage IX, BGBl II 1990, 566.

Gang kommt. Die DDR-Ministerien für Wirtschaft und für Landwirtschaft haben je eine Tabelle mit Richtwerten für Grundstücke in der ehemaligen DDR herausgegeben, die für Grundstücke je nach Stadt oder Ort und städtischer Lage Richtpreise angeben. Auch der Magistrat von Berlin (Ost) hat eine solche Tabelle für Berlin herausgegeben. Die Richtwerte sind umstritten und geben häufig nicht die tatsächliche Marktlage wieder, die durch große Unterschiede der Preisvorstellungen und eine abwartende Haltung der Grundstückseigentümer gekennzeichnet ist.

Den Umständen nach ist ein einigermaßen brauchbarer Ansatz dadurch zu finden, daß die Marktpreise für Grundstücke in vergleichbaren Lagen des westlichen Teils der Bundesrepublik zugrunde gelegt und davon bestimmte Abschläge für das Gebiet der ehemaligen DDR vorgenommen werden.[41)] Diese Methode liegt den erwähnten offiziellen Richtwertetabellen zugrunde.[42)]

c) Anpassungsklausel

Nicht selten wird eine Anpassungsklausel verwendet, welche eine Partei berechtigt, zu einem späteren Zeitpunkt die Überprüfung des vertraglich vereinbarten Preises anhand der zwischenzeitlichen Marktentwicklung und eine Preisanpassung zu verlangen, so daß ein entsprechender Nachschlag zum ursprünglichen Preis entrichtet werden muß. Dieses Verfahren wurde auch im StaatsV empfohlen.[43)] Es ist aber nicht ganz unbedenklich, weil es die Kalkulierbarkeit der Investition für den Erwerber erschwert und auch die Verfügbarkeit und Beleihbarkeit des erworbenen Grundstücks in Frage stellen kann. Daher muß die Übergangszeit kurz und die Anpassungsmaßstäbe müßen relativ genau und kalkulierbar sein.[44)] Praktisch bedeutet dies, daß die Bezugsgrößen der Anpassung (z. B. gezahlte Preise in Vergleichsgrundstücken) präzise angegeben werden müssen. Außerdem emp-

---

41) *Vogel*, Zur Ermittlung von Grundstückswerten (Bodenpreisen) in der DDR, DB 1990, 3057; *Cors*, Bewertungsfragen in der DDR: Verkehrswerte von Fabrikgrundstücken, Der langfristige Kredit 1990, 579.

42) Zur Bewertung der Grundstücke in der DM-Eröffnungsbilanz s. unten Kap. 4 II 4 c.

43) StaatsV Anlage IX, Nr. 4, BGBl II 1990, 566.

44) So auch StaatsV, aaO.

fiehlt sich neben der Befristung auch eine Obergrenze der Anpassung, um das Investitionsrisiko zu begrenzen.

Ein Anpassungsverfahren der empfohlenen Art war in der VO über die Förderung des Erwerbs von Grund und Boden durch kleine und mittlere Unternehmen vom 11. 7. 1990 vorgesehen.[45] Danach sollte zunächst nur der (sehr niedrige) Stoppreis per 30. 6. 1990 gezahlt werden. Sodann war bis spätestens 31. 12. 1990 ein Nachschlag anhand der Marktpreisentwicklung zu zahlen. Aus den vorgenannten Gründen war es empfehlenswert, von Anfang an einen höheren Preis als den alten Stoppreis zu vereinbaren, andererseits aber die spätere Anpassung nicht nur zeitlich zu begrenzen, sondern auch betragsmäßig. Ein entsprechendes Verfahren sieht das Gesetz vom 22. 7. 1990 über die Verwertung volkseigener landwirtschaftlicher Grundstücke vor (§§ 6, 7).[46]

45) Nachweis s. III 1; außer Kraft ab 1. 1. 1991.

46) Dazu unten III 2 b.

III. Die Auflösung und Überführung des sozialistischen Eigentums

1. Die DDR-Gesetzgebung der Übergangszeit zum Eigentum

Rechtsquellen:

- G zur Änderung des G über die landwirtschaftlichen Produktionsgenossenschaften - LPG-Gesetz - v. 6. 3. 1990, GBl I Nr. 17 S. 133; das LPG-Gesetz (vom 2. 7. 1982), zuletzt geänd. d. ÄndAufhG vom 28. 6. 1990 (GBl I Nr. 38 S. 483 = *Horn*, RWS-Dok. 1 Nr. 1.9, tritt am 31. 12. 1991 außer Kraft gem. EinigungsV Anlage II Kap. VI A Abschn. III Nr. 2, BGBl II 1990, 1204 = *Horn*, RWS-Dok. 2 Nr. I.3.6;
- G über die Rechte der Eigentümer von Grundstücken aus der Bodenreform v. 6. 3. 1990, GBl I Nr. 17 S. 134 = *Horn*, RWS-Dok. 1 Nr. 3.10;
- G über die Übertragung volkseigener landwirtschaftlicher Nutzflächen in das Eigentum von LPG v. 6. 3. 1990, GBl I Nr. 17 S. 135 = *Horn*, RWS-Dok. 1 Nr. 3.11; aufgehoben durch § 7 Nr. 5 ÄndAufhG v. 28. 6. 1990, GBl I Nr. 38 S. 483 = *Horn*, RWS-Dok. 1 Nr. 1.9;
- G über die Gründung und Tätigkeit privater Unternehmen und über Unternehmensbeteiligungen (UnternehmensG) v. 7. 3. 1990, GBl I Nr. 17 S. 141 = *Horn*, RWS-Dok. 1 Nr. 4.7; bis 2. 10. 1990;
- G über den Verkauf volkseigener Gebäude v. 7. 3. 1990, GBl I Nr. 18 S. 157 = *Horn*, RWS-Dok. 1 Nr. 3.12; bis 2. 10. 1990;
- DVO zum G über den Verkauf volkseigener Gebäude v. 15. 3. 1990, GBl I Nr. 18 S. 158 = *Horn*, RWS-Dok. 1 Nr. 3.13; 2. DVO v. 5. 7. 1990, GBl I Nr. 53 S. 1076;
- G v. 31. 5. 1990 zur Änderung des ParteienG, GBl I Nr. 30 S. 275; Fortgeltung gem. EinigungsV Anlage II Kap. II A Abschn. III, BGBl II 1990, 1150;
- G zur Privatisierung und Reorganisation des volkseigenen Vermögens (TreuhandG) v. 17. 6. 1990, GBl I Nr. 33 S. 300 = *Horn*, RWS-Dok. 1 Nr. 4.12 = Dok. 2 Nr. II.3.1; Fortgeltung gem. Art. 25 EinigungsV mit 5 DVOen (i. f. 2 a), BGBl II 1990, 897 = *Horn*, RWS-Dok. 2 Nr. I.1.3, S. 9;
- Änderungs- und AufhebungsG (ÄndAufhG) v. 28. 6. 1990, GBl I Nr. 38 S. 483 = *Horn*, RWS-Dok. 1 Nr. 1.9;
- G über den Status und die Organisation der Sparkassen - SparkassenG - v. 29. 6. 1990, GBl I Nr. 40 S. 567; Fortgeltung aufgrund EinigungsV Anlage II Kap. IV Abschn. I Nr. 1, BGBl II 1990, 1194 = *Rutke/Ulbrich*, RWS-Dok. 5 Nr. II.4.10;
- G zur Entflechtung des Handels in den Kommunen v. 6. 7. 1990, GBl I Nr. 41 S. 598 = *Horn*, RWS-Dok. 1 Nr. 3.16; gem. seinem § 4 Abs. 2 beendet am 30. 9. 1990;
- G über die strukturelle Anpassung der Landwirtschaft an die soziale und ökologische Marktwirtschaft in der DDR (LandAnpassG) v. 29. 6. 1990, GBl I Nr. 42 S. 642 = *Horn*, RWS-Dok. 1 Nr. 4.14; Fortgeltung gem. EinigungsV Anlage II Kap. VI A Abschn. II Nr. 1, BGBl II 1990, 1204 = *Horn*, RWS-Dok. 2 Nr. I.3.6;

- KommunalvermögensG (KVG) v. 6. 7. 1990, GBl I Nr. 42 S. 660 = *Horn*, RWS-Dok. 1 Nr. 3.15; geändert fortgeltend gem. EinigungsV Anlage II Kap. IV Abschn. III Nr. 2, BGBl II 1990, 199;
- VO über die Förderung des Erwerbs von Grund und Boden durch kleine und mittelständische Unternehmen der DDR v. 11. 7. 1990, GBl I Nr. 42 S. 665 = *Horn*, RWS-Dok.1 Nr. 3.18; außer Kraft ab 1. 1. 1991 gem. EinigungsV Anlage II Kap. V A Abschn. III Nr. 6, BGBl II 1990, 1201 = *Horn*, RWS-Dok. 2 Nr. I.3.5;
- G über die Übertragung des Eigentums und die Verpachtung volkseigener landwirtschaftlich genutzter Grundstücke an Genossenschaften, Genossenschaftsmitglieder und andere Bürger (LandverwertungsG) vom 22.7. 1990, GBl I Nr. 49 S. 899, BGBl II 1990, 1204 = *Horn*, RWS-Dok. 1 Nr. 3.20, in Kraft geblieben gem. EinigungsV Anlage II Kap. VI B Abschn. II Nr. 1 = *Horn*, RWS-Dok. 2 Nr. I.3.7;
- G über die Übertragung volkseigener Güter, staatlicher Forstwirtschaftsbetriebe und anderer volkseigener Betriebe der Land- und Forstwirtschaft in das Eigentum der Länder und Kommunen v. 22. 7. 1990, GBl I Nr. 49 S. 897 = *Horn*, RWS-Dok. 1 Nr. 3. 19; bis 2. 10. 1990.

In der DDR ist 1990 eine Fülle von Gesetzen ergangen, die sich damit befassen, das sozialistische Eigentum aufzulösen und seine Überleitung auf neue Rechtsträger, vor allem (aber nicht ausschließlich) in private Hand, zu regeln, und unklare Eigentumsverhältnisse neu zu ordnen. Dabei war eine große Anzahl verschiedenartiger Tatbestände zu regeln. Dies ergab sich schon aus den unterschiedlichen Formen des sozialistischen Eigentums (Volkseigentum, genossenschaftliches Eigentum und Eigentum der gesellschaftlichen Organisationen) und aus der Unterschiedlichkeit der Rechtsträger und Organisationen, schließlich auch daraus, daß im Sozialismus auf rechtstechnische Präzision und sorgfältige Behandlung von Eigentumsfragen oft wenig Wert gelegt wurde. Schließlich ist zu beachten, daß die Gesetze, die z. T. noch vor der ersten demokratischen Wahl im März 1990 ergingen, unterschiedlichen politischen Absichten dienten.

Mit dem weiten Begriff der "Überführung" sozialistischen Eigentums sollen hier verschiedene Tatbestände zusammengefaßt werden, die juristisch genauer unterschieden werden müssen. (1) Der wichtigste Normbereich ist die Überleitung sozialistischen Eigentums i. S. der Rechtsnachfolge, wobei der neue Rechtsträger in die Rechtstellung des alten eintritt. Die Gesetzgebung zur Überleitung von sozialistischem Eigentum auf neue Rechtsträger verfolgt im Grundsatz nicht das Ziel, die Frage der Restitution enteigneten Eigentums zu präjudizieren. § 24 Abs. 1 TreuhandG stellt dies für seinen Anwendungsbereich ausdrücklich klar.

(2) Ausnahmsweise geht es um Restitution an den früheren Eigentümer (vgl. unten 4 e). Der Fall der Restitution ist von der Überleitung im Grundsatz streng zu trennen (vgl. i. f. IV). (3) Andere Gesetze schufen eine Grundlage für die rechtsgeschäftliche Veräußerung sozialistischen Eigentums, insbesondere an private Erwerber. Die Problematik dieser Gesetzgebung lag darin, daß sie die Frage der Restitution nicht berücksichtigte, was entweder den Erwerber oder den Restitutionsberechtigten benachteiligen konnte.[1] (4) Für eine Übergangszeit ging es dem Gesetzgeber umgekehrt auch um die Stärkung und Verdeutlichung der im alten sozialistischen System begründeten Eigentümerpositionen, insbesondere des Eigentums aus der Bodenreform. Auch ein Bestreben zur Zusammenführung von Gebäudeeigentum und Bodeneigentum ist zu verzeichnen (unten 7).

Die Neuordnung des Eigentums umfaßt sowohl Eigentum im technischen Sinne des Sacheigentums des Sachenrechts, insbesondere Grundeigentum, als auch Eigentum im weiteren Sinne des Vermögens einschließlich z. B. von Forderungen, Guthaben und betrieblich gebundener Vermögensgegenstände, wobei der Wechsel vom sozialistischen zum marktwirtschaftlich-rechtsstaatlichen System naturgemäß auch einen Wechsel der rechtlichen Kategorien mit sich brachte.[2] Die Privatisierung der sozialistischen Wirtschaftseinheiten bildet dabei einen besonders wichtigen und umfangreichen Problemkreis, der gesondert im Rahmen des Unternehmensrechts in Kap. 4 dargestellt ist. Der Schwerpunkt der Betrachtung liegt i. f. bei den allgemeinen Eigentumsfragen, wobei allerdings auch Fragen des Unternehmenseigentums nicht ganz ausgeklammert werden können.

1) Zum Problem des redlichen Erwerbs oben II 4 c bb und unten IV 3 g bb.
2) Die gilt vor allem für die Aufgabe des gestuften sozialistischen Eigentumsbegriffs (oben I) und die Wiederherstellung von privatrechtlichem (gesellschaftsrechtlichem) Eigentum an Unternehmen; dazu Kap. 4 III.

2. Die Privatisierung des volkseigenen Vermögens

a) Betriebsvermögen; das Treuhandgesetz

Rechtsquellen:

- VO zur Umwandlung von volkseigenen Kombinaten, Betrieben und Einrichtungen in Kapitalgesellschaften vom 1. 3. 1990, GBl I Nr. 14 S. 107; geändert durch § 12 Nr. 9 ÄndAufhVO v. 28. 7. 1990 GBl I Nr. 38 S. 509 = *Horn*, RWS-Dok. 1 Nr. 4.6 und 1.10; ersetzt durch das TreuhandG;
- G zur Privatisierung und Reorganisation des volkseigenen Vermögens (TreuhandG) v. 17. 6. 1990, GBl I Nr. 33 S. 300 = *Horn*, RWS-Dok. 2 Nr. II.3.1 = Dok. 1 Nr. 4.12;
- 1. DVO zum TreuhandG vom 15. 8. 1990, GBl I Nr. 53 S. 1076 und
- 2. DVO zum TreuhandG vom 22. 8. 1990, GBl I Nr. 56 S. 1260 sowie
- 3. DVO zum TreuhandG vom 29. 8. 1990, GBl I Nr. 57 S. 1333; Fortgeltung gem. EinigungsV Anlage II Kap. IV Abschn. I Nr. 6 - 8, BGBl II 1990, 1199 = *Horn*, RWS-Dok. 2 Nr. II.3.2 - 4;
- 4. DVO zum TreuhandG vom 12. 9. 1990, GBl I Nr. 60 S. 1465 (unter Streichung von § 2) und
- 5. DVO zum TreuhandG vom 12. 9. 1990, GBl I Nr. 60 S. 1466 = *Horn*, RWS-Dok. 2 Nr. II.3.5 - 6; Fortgeltung gem. Art. 3 Nr. 10 und 11 Vereinbarung zur Durchführung des EinigungsV v. 18. 9. 1990, BGBl II 1990, 1239, 1241 = *Horn*, RWS-Dok. 2 Nr. I.1.6, S. 3.

Das TreuhandG dient der raschen Privatisierung der sozialistischen Wirtschaft (§ 1 Abs. 1)[3] Erster Schritt dazu war die Umwandlung der volkseigenen Wirtschaftseinheiten (VEBs, Kombinate etc.) in AGs und GmbHs, deren Anteile die Treuhandanstalt (unmittelbar oder mittelbar) hält. Gleichzeitig ordnet das Gesetz den Übergang des Betriebsvermögens, das in der Fondsinhaberschaft der Wirtschaftseinheit stand, in das Eigentum der neu gebildeten Kapitalgesellschaft an (§ 11 Abs. 2 Satz 2 TreuhandG).

Die volkseigenen Betriebsgrundstücke, die vom übrigen Betriebsvermögen getrennt in "Rechtsträgerschaft" der Wirtschaftseinheiten standen, wurden ebenfalls Privateigentum der neuen Kapitalgesellschaften (§ 11 Abs. 2 Satz 2 TreuhandG). Die Umwandlung nach der UmwandlungsVO vom März 1990, die durch das TreuhandG abgelöst wurde, erfolgte noch ohne Übertragung des Grundeigentums an den

---

3) Zum Ganzen unten Kap. 4 III.

Betriebsgrundstücken. Das TreuhandG ordnet daher die Übertragung dieses Grundeigentums auch für die nach der UmwandlungsVO bereits umgewandelten Wirtschaftseinheiten an (§ 23 TreuhandG).

Der Erwerb nach § 11 Abs. 2 Satz 2 und § 23 TreuhandG ist ein abgeleiteter (derivativer) Eigentumserwerb ex lege. Mögliche Restitutionsansprüche aus unrechtmäßigen Enteignungen bleiben unberührt (§ 24 Abs. 1 TreuhandG). Die Eigentümerstellung ist im Grundbuch einzutragen. Die Eintragung hat keine konstitutive Bedeutung, da sich der Eigentumserwerb bereits außerhalb des Grundbuchs vollzogen hat. Es handelt sich um eine Grundbuchberichtigung (§ 13 GDO i. V. m. § 17 GBVO). Die dafür erforderlichen Nachweise sind in der Praxis nicht immer leicht zu erbringen. Häufig sind die bisherigen Grundbuchverhältnisse unklar, und es kann auch sein, daß die Rechtsträgerschaft der umgewandelten Wirtschaftseinheit nicht eindeutig feststeht. Hier muß die Treuhandanstalt[4] die Lage aufklären und Entscheidungen darüber treffen, ob eine bestimmte neu gebildete Gesellschaft das Grundeigentum innehat. Diese Entscheidung hat zwar an sich nur eine feststellende Funktion, in der Praxis angesichts bestehender Unklarheiten aber auch ein konstitutives Element.[5] Gegen die Entscheidung der Treuhandanstalt ist der Verwaltungsrechtsweg gegeben.[6]

Die 5. DVO zum TreuhandG befaßt sich mit dem Konflikt, der daraus entstehen kann, daß ein Betrieb ein vertragliches Nutzungsrecht auf dem Betriebsgrundstück eines anderen Betriebs erhalten und gewerblich genutzt, insbesondere bebaut hat. Hier soll entgegen der allgemeinen Regel des § 11 Abs. 2 TreuhandG, der dem Betrieb das Grundeigentum zuspricht, der die Rechtsträgerschaft hatte, der andere Betrieb den Vorrang haben, der aufgrund eines Nutzungsrechts das Grundstück genutzt hat. Der letztere Betrieb wird also Eigentümer (§ 2 Abs. 1). Grundstücke, die nur teilweise aufgrund von Nutzungsverträgen bewirtschaftet wurden, werden geteilt (§ 2 Abs. 2).

Das TreuhandG sieht auch die Überführung von volkseigenen Betrieben in das Eigentum öffentlicher Gebietskörperschaften vor (§ 1 Abs. 1 Satz 2 und 3). Die nähere Regelung dazu trifft das KommunalvermögensG (unten 3).

---

4) Zur Treuhandanstalt s. Kap. 4 III.
5) Kap. 4 III 3 c bb.
6) Kap. 4 III 6 b.

b) Verwertung landwirtschaftlichen Vermögens

Rechtsquellen:

- G über die Übertragung des Eigentums und die Verpachtung volkseigener landwirtschaftlich genutzter Grundstücke an Genossenschaften, Genossenschaftsmitglieder und andere Bürger v. 22. 7. 1990 (LandverwertungsG), GBl I Nr. 49 S. 899 = *Horn* RWS-Dok.1 Nr.3.20, in Kraft geblieben gem. EinigungsV Anlage II Kap. VI B Abschn. II Nr. 1, BGBl II 1990, 1204 = *Horn*, RWS-Dok. 2 Nr. I.3.7;
- G über die Übertragung volkseigener Güter, staatlicher Forstwirtschaftsbetriebe und anderer volkseigener Betriebe der Land- und Forstwirtschaft in das Eigentum der Länder und Kommunen v. 22. 7. 1990, GBl I Nr. 49 S. 897 = *Horn*, RWS-Dok. 1 Nr. 3.19; bis 2. 10. 1990;
- EinigungsV v. 31. 8. 1990, Art. 21 und 22, BGBl II 1990, 897 = *Horn*, RWS-Dok. 2 Nr. I.1.3, S. 7.

aa) Verwertung durch Verkauf

Nach dem TreuhandG soll für die Privatisierung und Reorganisation des volkseigenen Vermögens in der Land- und Forstwirtschaft die Treuhandschaft so gestaltet werden, daß die ökonomischen, ökologischen, strukturellen und eigentumsrechtlichen Besonderheiten dieses Bereichs Berücksichtigung finden (§ 1 Abs. 6 TreuhandG). In Ausführung dieser Bestimmung ist das Gesetz vom 22. 7. 1990 über die Übertragung des Eigentums und die Verpachtung volkseigener landwirtschaftlich genutzter Grundstücke (LandverwertungsG) ergangen. Verkauf, Verpachtung und anderweitige Verwertung, die das Gesetz im Begriff der Verwertung zusammenfaßt (§ 1 Abs. 1 Satz 1), erfolgt durch die Treuhand Land- und Forstwirtschaft ("Treuhand"). Die Treuhand kann die Grundstücke dadurch verwerten, daß sie diese an Genossenschaften, Genossenschaftsmitglieder oder andere Privatpersonen verpachtet, verkauft oder anderweitig verwertet (§ 4 Abs. 1). Ziel der Verwertung ist also die Privatisierung.

Diese Privatisierung soll einen etwa bestehenden Restitutionsanspruch eines früheren Privateigentümers nicht vereiteln oder sonst präjudizieren. Dies ergibt sich schon aus dem Zusammenhang mit dem TreuhandG, auf das § 1 Abs. 1 LandverwertungsG verweist, und aus der dortigen Bestimmung, daß Restitutions- und Entschädigungsansprüche aus unrechtmäßiger Enteignung unberührt bleiben (§ 24 Abs. 1

TreuhandG). Der Gesetzgeber des LandverwertungsG ging allerdings davon aus, daß die Enteignungen im Bereich der Landwirtschaft im wesentlichen aus den sog. Bodenreformen stammen, die 1945-49 durchgeführt wurden und deren Ergebnisse nach der GE nicht rückgängig gemacht werden sollen.[7] Das Gesetz begnügt sich daher mit dem Vorbehalt, daß nur solche Grundstücke von der Treuhand veräußert werden dürfen, deren "Status als Volkseigentum zweifelsfrei feststeht, insbesondere Bodenreformgrundstücke, die als staatliches Eigentum registriert wurden" (§ 4 Abs. 2 LandverwertungsG). Diese Regelung versagt schon dann, wenn Bodenreformgrundstücke an Opfer des Nazi-Regimes zurückzugewähren sind[8] und u. U. in allen Fällen, in denen künftig Ausnahmen von der Unabänderlichkeit der Bodenreformergebnisse anerkannt werden sollten. Dann muß der vorerwähnte, indirekt durch § 4 Abs. 2 bestätigte Grundsatz gelten, daß der Verkauf einen Restitutionsanspruch nicht ausschließt.

bb) Anwendungsbereich

Die Treuhand hat zunächst das dem Gesetz unterliegende volkseigene Grundvermögen zu erfassen (§ 3 LandverwertungsG). Das Gesetz befaßt sich mit solchem volkseigenen Grundvermögen, das sich im Besitz von Einzelpersonen, Genossenschaften oder durch Genossenschaften gegründeten Unternehmen befindet und von diesen genutzt wird (§ 1 Abs. 1). Ausgenommen sind aber Grundstücke, die Eigentum der Republik, der Länder und Kommunen oder von Kapitalgesellschaften in der Land- und Forstwirtschaft sind oder werden (§ 2 Abs. 1). Damit wird der ganze Bereich des KommunalvermögensG und auch die Übertragung volkseigener Güter ausgeklammert (dazu unten 3). Der Anwendungsbereich des LandverwertungsG ist also weniger umfassend, als es auf den ersten Blick erscheint. Von der Verwertung sind weiterhin ausgenommen Grundstücke, die mit der Trennung der Pflanzen- und Tierproduktion an Genossenschaften übergeben wurden und deren Rückführung zur Schaffung von Gütern notwendig ist. Schließlich sind Grundstücke von der Verwertung ausgenommen, die benötigt werden, um durch Tausch die Rechte von Mitgliedern von

7) Dazu ausführlich unten IV.
8) Unten IV.

Genossenschaften und anderen Eigentümern zu gewährleisten, deren Grundstücke in Ausübung des Nutzungsrechts der Genossenschaften und Betriebe Dritten zur Bebauung oder anderweitigen Bewirtschaftung übergeben wurden (§ 2 Abs. 2).[9]

Von den genannten Ausnahmen abgesehen werden gem. § 1 LandverwertungsG die folgenden Arten landwirtschaftlicher Grundstücke und Gebäude erfaßt:

- land- und forstwirtschaftliche Nutzflächen;
- land- und forstwirtschaftlichen Zwecken dienende bebaute Grundstücke sowie rechtlich selbstständige Gebäude;
- Rückgabeflächen des Bergbaus, soweit sie zur land- und forstwirtschaftlichen Nutzung vorgesehen sind;
- unbebaute und bebaute Grundstücke und rechtlich selbstständige Gebäude, die durch Strukturveränderungen aus volkseigenen Betrieben der Land- und Forstwirtschaft herausgelöst werden.

cc) Kaufvertrag; Vorkaufsrecht

Im Fall des Verkaufs schließt die Treuhand mit dem Erwerber einen Kaufvertrag. Für den Kaufvertrag und die Übereignung gelten die allgemeinen Vorschriften (§ 10 LandverwertungsG). Der Kaufvertrag ist daher in notarieller Form gem. § 313 BGB zu schließen. Die Übereignung richtet sich nach §§ 925, 873 BGB.

Genossenschaften, Genossenschaftsmitglieder und andere Bürger haben an Grundstücken, die von ihnen genutzt werden, ein Vorkaufsrecht, wenn sie auf diesen Grundstücken Gebäude oder Anlagen errichtet oder Anpflanzungen vorgenommen haben und kraft Gesetzes daran selbständige Eigentumsrechte erworben haben (§ 5 Abs. 1). Das Vorkaufsrecht hat Vorrang vor allen anderen gesetzlichen oder rechtsgeschäftlichen Vorkaufsrechten (§ 5 Abs. 2 Satz 1). Das Vorkaufsrecht aufgrund Anpflanzungen erweckt Zweifel; hier muß es wohl einschränkend auf die wirtschaftliche Bedeutung der Anpflanzungen ankommen.

---

9) Zum Grundstückstausch nach dem LandAnpassG unten 5 b und Kap. 4 IV.

dd) Erwerbspreis

Für die Festsetzung und Leistung des Erwerbspreises sieht das Gesetz ein gestuftes Verfahren vor. Zunächst soll ein vorläufiger Preis entsprechend den Preisbestimmungen vereinbart werden (§ 6 Abs. 1). Nach einer vertraglich bestimmten Übergangsfrist ist der endgültige Kaufpreis zu vereinbaren (§ 7 Abs. 1). Der Erwerber hat das Recht, stattdessen vom Vertrag zurückzutreten und Erstattung des bereits gezahlten Kaufpreises zu verlangen (§ 7 Abs. 2 Satz 1). Er kann auch in den endgültigen (höheren) Preis einwilligen und gegen Stellung einer Hypothek Stundung dieses Restpreises verlangen (§ 7 Abs. 2 Satz 2).

c) Sonstiges volkseigenes Vermögen

Nach der 3. DVO zum TreuhandG übernimmt die Treuhandanstalt die zeitweilige treuhänderische Verwaltung volkseigener Güter, staatlicher Forstwirtschaftsbetriebe und Forsteinrichtungsämter, der volkseigenen Binnenfischereibetriebe, der volkseigenen Gestüte, Pferdezuchtdirektionen und Rennbetriebe sowie der Betriebe bzw. der bereits ausgegliederten Betriebe des volkseigenen Kombinats Industrielle Tierproduktion (§ 1). Die 2. DVO zum TreuhandG regelt die Privatisierung von ausgesonderten Grundstücken, Gebäuden und baulichen Anlagen in Rechtsträgerschaft des Ministeriums für Abrüstung und Verteidigung sowie die Verwertung von ausgesonderter Wehrtechnik (§ 1). Die 4. DVO betrifft die Übernahme des Stasi-Vermögens durch die Treuhandanstalt; es wird gem. Art. 21 Abs. 21 Abs. 1 Satz 2 und Art. 22 Abs. 1 Satz 2 EinigungsV Bundesvermögen.

d) Treuhandanstalt und Eigentümerstellung

Der Treuhandanstalt kommt nach dem TreuhandG und den dazu erlassenen DVOen eine Schlüsselrolle bei der Überleitung des volkseigenen Vermögens zu. Auch die Aufgabe der "Treuhand Land- und Forstwirtschaft" nach dem LandverwertungsG (oben b) wird durch die 3. DVO zum TreuhandG der Treuhandanstalt zugewiesen (§ 3), so daß eine Verdoppelung der Institutionen vermieden wird. Die rechtstechnische Ausgestaltung der Rechte der Treuhandanstalt ist unterschiedlich: an den Betriebsgrundstücken der nach dem TreuhandG umgewandelten Wirtschaftseinheiten besitzt die Treuhand ein indirektes, durch gesellschaftsrechtlichen Anteilsbesitz vermitteltes Eigentumsrecht. An den übrigen Grundstücken hat sie eine eigentümerähnliche, aber treuhänderisch gebundene Rechtsstellung. Teilweise vollzieht sich allerdings die Überführung des Volkseigentums auch ohne Einschaltung der Treuhand; dies gilt für das volkseigene Wohnungseigentum der Betriebe der Wohnungswirtschaft (unten 3 d). An den Grundstücken umgewandelter sozialistischer Betriebe, die überschuldet und zu liquidieren sind, hat die Anstalt ein quasi-dingliches Recht; der Übertragungsanspruch gem. § 25 Abs. 5 DMBilG ist konkursfest.[10)]

3. Kommunales Eigentum der Gemeinden, Städte und Kreise

Rechtsquellen:

- StaatsV v. 18. 5. 1990, Art. 10 und 26, BGBl II 1990, 522, 529 = *Horn*, RWS-Dok. 1 Nr. 1.1;
- EinigungsV v. 31. 8. 1990, Art. 21 und 22, BGBl II 1990, 525 f = *Horn*, RWS-Dok. 2 Nr. I.1.3;
- KommunalvermögensG (KVG) v. 6. 7. 1990, GBl I Nr. 42 S. 660 = *Horn* RWS-Dok.1 Nr. 3.15; geänd. und ergänzt d. G v. 13. 9. 1990, GBl I Nr. 61 S. 1537; geändert fortgeltend gem. EinigungsV Anlage II Kap. IV Abschn. III Nr. 2, BGBl II 1990, 1199;
- DVO zum KommunalvermögensG v. 25. 7. 1990, GBl I Nr. 45 S. 781; bis 2. 10. 1990;
- G über den Status und die Organisation der Sparkassen - SparkassenG - v. 29. 6. 1990, GBl I Nr. 40 S. 567; Fortgeltung aufgrund EinigungsV Anlage II Kap. IV Abschn. I Nr. 1, BGBl II 1990, 1194 = *Rutke/Ulbrich*, RWS-Dok. 5 Nr. II.4.10;
- G über die Übertragung volkseigener Güter, staatlicher Forstwirtschaftsbetriebe und anderer volkseigener Betriebe der Land -und Forstwirtschaft in das Eigentum der Länder und Kommunen v. 22. 7. 1990, GBl I Nr. 49 S. 897 = *Horn*, RWS-Dok. 1 Nr. 3. 19; bis 2. 10. 1990.

a) Die Regelung im Einigungsvertrag

Die staatliche Neuordnung im Gebiet der DDR schloß die Wiederherstellung der kommunalen Gebietskörperschaften und ihre entspre-

10) Vgl. Kap. 4 III 4 g und oben Kap. 2 V 2 c ff.

chende Vermögensausstattung ein. Dem ersten Ziel dient das KommunalverfassungsG vom 17. 5. 1990.[11] Bei der Vermögensausstattung geht es zum großen Teil um die Restitution volkseigenen Vermögens, das früher im Eigentum der kommunalen Gebietskörperschaften stand. Das KommunalvermögensG (KVG) vom 6. 7. 1990 regelt die Überleitung in kommunales Vermögen in Ergänzung des TreuhandG. Der EinigungsV trifft in Art. 21 und 22 eine grundsätzliche Regelung, wobei er an KVG und TreuhandG anknüpft.

Nach Art. 21 Abs. 2 EinigungsV steht Verwaltungsvermögen, das nicht Bundesvermögen wird, demjenigen Träger der öffentlichen Verwaltung zu, der nach dem Grundgesetz für die Verwaltungsaufgabe zuständig ist. Daher steht zum Beispiel einer Stadt das Eigentum am Rathaus nebst Grundstück zu. Die Übertragung des Finanzvermögens ist in Art. 22 geregelt. Nach dessen Abs. 1 richtet sich die Übertragung des Finanzvermögens an die Gemeinden nach dem TreuhandG und den zu seiner Ergänzung erlassenen Gesetzen über die Übertragung kommunalen Eigentums (vgl. § 1 Abs. 1 Satz 2 und 3 TreuhandG), d. h. nach dem KVG.[12]

Auch für die Übertragung volkseigenen Vermögens an die Kommunen sind die Grundsätze des StaatsV zu beachten, daß das volkseigene Vermögen nach einer Bestandsaufnahme vorrangig für die Strukturanpassung der Wirtschaft und die Sanierung des Staatshaushaltes zu verwenden ist (Art. 10 Abs. 6 und Art. 26 Abs. 4 StaatsV); nachrangig kommt noch eine Entschädigung der Sparer in Betracht (Art. 10 Abs. 6 StaatsV).

b) Das Kommunalvermögensgesetz

Gemäß § 1 KommunalvermögensG (KVG) wird volkseigenes Vermögen, das kommunalen Aufgaben und kommunalen Dienstleistungen dient, den Gemeinden, Städten und Landkreisen kostenlos übertragen (Satz 1). Es geht im ganzen um die folgenden Tatbestände:

- Übergang aller volkseigenen Grundstücke und Bodenflächen sowie aller Gebäude, die sich in der Rechtsträgerschaft der ehema-

11) GBl I Nr. 28 S. 255 = *Horn*, RWS-Dok. 1 Nr. 3.14.
12) Zum Wohnungseigentum unten d.

ligen Räte der Gemeinden und Städte oder deren nachgeordneten Betrieben und Einrichtungen befanden oder von ihnen vertraglich genutzt wurden (§ 2 Abs. 1 c und d);

- Übergang aller volkseigenen Betriebe und Einrichtungen, die den ehemaligen Räten der Gemeinden und Städte unterstellt waren oder die unabhängig von ihrer Unterstellung zur Erfüllung der kommunalen Selbstverwaltungsaufgaben gem. § 2 des Gesetzes über die Selbstverwaltung der Gemeinden und Landkreise benötigt werden (§ 2 Abs. 1 a und b). Dazu gehören auch die Betriebsgrundstücke (§ 2 Abs. 1c);
- alle sonstigen Rechte und Forderungen, die den ehemaligen Gemeinden und Städten sowie deren nachgeordneten Betrieben und Einrichtungen zustanden;
- das Vermögen staatlicher Dienststellen (einschließlich der Grundstücke) geht in das Eigentum der Gemeinden und Städte über, sofern dieses Vermögen nicht zur Erfüllung staatlicher Aufgaben (der Republik oder der Länder) benötigt wird (§ 2 Abs. 2).

Eine entsprechende Regelung ist für die Vermögensausstattung der Landkreise in § 3 KVG getroffen.

Das KommunalvermögensG wurde durch den EinigungsV[13)] dahin präzisiert und eingeschränkt, daß die Gemeinden, Städte und Landkreise nur das ihren Verwaltungsaufgaben unmittelbar dienende Vermögen (Verwaltungsvermögen) erhalten sollen, und daß bei der Übertragung des Finanzvermögens die Grundsätze des Art. 10 Abs. 6 und Art. 26 Abs. 4 StaatsV zu beachten sind, wonach volkseigenes Vermögen vorrangig für die Strukturanpassung der Wirtschaft und die Sanierung der öffentlichen Haushalte zu verwenden ist. Im übrigen soll sich die Übertragung an den Art. 21 und 22 EinigungsV orientieren. Diese Einschränkungen sind wohl nicht i. S. nur einer Zweckbindung zu verstehen, die den Kommunen vorgegeben wird, sondern sie sind bereits bei der Übertragung bzw. Verteilung des Vermögens (unten c) zu berücksichtigen. Außerdem darf die Beteiligung der Gemeinden, Städte und Kreise an den Energieversorgungsunternehmen zusammengenommen nicht mehr als 49 Prozent betragen (§ 4 Abs. 2 n. F KVG).

---

13) EinigungsV Anlage II Kap. IV Abschn. III Nr. 2, BGBl II 1990, 1198.

Die kommunalen Gebietskörperschaften erwerben volle Eigentümerrechte und können über das Eigentum, insbesondere das Grundeigentum verfügen (§ 5 Abs. 1). Kommunale Betriebe und Einrichtungen können als Eigengesellschaften oder Eigenbetriebe geführt werden (§ 5 Abs. 2).

Soweit es um die Übertragung von Vermögen geht, das bisher durch Wirtschaftsbetriebe (VEBs, Kombinate usw.) genutzt wurde, stellt das KVG eine Ergänzung des TreuhandG (TreuhandG)[14] dar, das in § 1 vorsieht, daß zwar grundsätzlich das volkseigene Betriebsvermögen zu privatisieren ist, in gesetzlich bestimmten Fällen aber Gemeinden, Städten, Kreisen und Ländern als Eigentum übertragen werden kann, und daß die Übertragung volkseigenen Vermögens, das kommunalen Aufgaben und Dienstleistungen dient, durch Gesetz den Gemeinden und Städten zu übertragen ist (§ 1 Abs. 1 Satz 2 und 3, § 11 Abs. 3 TreuhandG).

c) Durchführung der Eigentumsübertragung

aa) Antrag

§ 7 KVG sieht die "Übertragung des kommunalen Vermögens" aufgrund eines Antragsverfahrens vor, das in einer DVO vom 25. 7. 1990[15] näher geregelt war. Die Treuhandanstalt sprach Ende Oktober 1990 von 14.000 Anträgen, die sich auf 750.000 Einzelobjekte bezogen. Die Ansprüche der Kommunen (Gemeinde, Stadt, Kreis) waren aufgrund eines Beschlusses des kommunalen Parlaments (Gemeindevertretung, Stadtverordnetenversammlung, Kreistag) durch den Vertreter der Kommune (Bürgermeister, Oberbürgermeister, Landrat) binnen zwei Monaten nach Inkrafttreten des KVG[16] gegenüber dem Präsidenten der Treuhandanstalt geltend zu machen (§ 7 Abs. 1 KVG). Hinsichtlich der Gemeinden, Städten oder Kreisen unterstellten Betriebe oder Einrichtungen war der Antrag an den zuständigen Minister zu richten (§ 7 Abs. 1 KVG i. V. m. § 11 Abs. 3 TreuhandG). Die DVO vom Juli 1990 nennt als zuständig noch den jeweils fachlich verantwortlichen Minister (§ 2 Abs. 1 a), bei Energieversorgungsunterneh-

14) Zu diesem Gesetz ausführlich Kap. 4 III.
15) GBl I Nr. 45 S. 781; diese DVO ist im EinigungsV nicht aufrechterhalten.
16) D. h. bis 20. 9. 1990; gem. G v. 13. 9. 1990, GBl I Nr. 61 S. 1537, lief die Frist bis 2. 10. 1990.

men u. a. die Abstimmung mit dem Wirtschaftsminister (§ 7 Abs. 4 KVG i. V. m. § 2 Abs. 1 b DVO). Die Ministeranträge waren z. T. über die Landräte oder die Regierungsbezirksbevollmächtigten zu leiten (§ 2 Abs. 3 DVO).

Sofern mehrere Kommunen Ansprüche an denselben Unternehmen, Einrichtungen und Anlagen geltend machen, entscheidet die Treuhandanstalt nach Anhörung der beteiligten Kommunen über die Zuordnung und die Unternehmensform (§ 7 Abs. 2 KVG).

bb) Materielle Zuteilungskriterien

Bei ihrer Entscheidung über die Eigentumsübertragung an eine Kommune hat die Treuhandanstalt das Recht anzuwenden, das durch die (oben a) erörterten Bestimmungen des StaatsV (Art. 10 Abs. 6; 26 Abs. 4) und EinigungsV (Art. 21, 22) und des KVG geschaffen ist; bei Überführung von Versorgungsunternehmen sind Versorgungssicherheit und Entflechtung zu beachten (§ 7 Abs. 4 KVG). Nur in diesem rechtlichen Rahmen besteht ein begrenzter Auslegungs- oder auch ein Ermessensspielraum. Gegenüber den z. T. weiten Tatbeständen des KVG zieht der EinigungsV engere Grenzen, in denen er den Gemeinden nur das Verwaltungsvermögen zuspricht, das sie für ihre Aufgaben benötigen. Zahlreiche Kommunen haben die Übertragung aller möglichen industriellen und sonstigen gewerblichen Betriebe im Widerspruch zu Art. 21 beantragt.[17] Bei der Übertragung von Finanzvermögen verweist Art. 22 Abs. 1 Satz 1 EinigungsV auf § 1 Abs. 1 Satz 2 und 3 TreuhandG; der einschlägige Satz 2 enthält aber eine Kann-Vorschrift und verweist auf ein Gesetz, also das KVG. Der dort in § 2 Abs. 1 c und d gewählte Anknüpfungspunkt, daß die beantragende Kommune schon bisher Rechtsträgerschaft (am Volkseigentum) hatte, ist unsicher, weil diese Rechtsträgerschaft auch durch zufällige politische Entscheidungen beeinflußt sein kann. Zutreffend ist sicher der Gesichtspunkt, daß früheres Eigentum der Kommune zurückzugewähren ist; dies kommt in § 2 Abs. 1 e zum Ausdruck. Die Treuhandanstalt ist in ihrer Verwaltungspraxis auch dazu übergegangen, solche Vermö-

---

17) Handelsblatt v. 13. 11. 1990, S. 6.

gensstücke des Finanzvermögens den Kommunen zuzuweisen, die vor der Sozialisierung in deren Eigentum gestanden hatten.[18)]

cc) Übertragungsakt

Die Übertragung des volkseigenen Vermögens erfolgt durch ein Übergabe-Übernahme-Protokoll, das vom Vertreter der übernehmenden Kommune und vom Beauftragten der übergebenden Stelle (Treuhandanstalt) zu unterzeichnen ist (§ 7 Abs. 3 KVG; §§ 7, 8 DVO). Kommunale Betriebe sind in ein Register einzutragen (§ 7 Abs. 6 Satz 1 KVG). Die Eigentumsübertragung von Grundstücken "und Immobilien"[19)] auf die Kommunen ist in das Grundbuch einzutragen (§ 7 Abs. 6 S.2 KVG). Der Antrag auf Eintragung war nach der (ausgelaufenen) DVO gemeinsam von der übergebenden und der übernehmenden Stelle schriftlich zu stellen (§ 9 Abs. 1 DVO).

Der Gesetzgeber des KVG und TreuhandG geht wohl davon aus, daß erst der Übertragungsakt mittels des Übergabe-Übernahme-Protokolls den Eigentumserwerb der Kommune herbeiführt und daß die Mitwirkung der Treuhandanstalt oder des Ministers für den Eigentumserwerb Voraussetzung ist. Dies ist für das in beiden Gesetzen genannte Betriebsvermögen (vgl. § 2 Abs. 1 KVG; § 1 Abs. 5 und § 11 Abs. 3 TreuhandG) ohne weiteres einsichtig, obwohl die kommunalen Betriebe und Einrichtungen gem. § 1 Abs. 5 TreuhandG vom Privatisierungsgebot ausgenommen sind. Zwar spricht § 2 Abs. 1 KVG von einem "Übergang" des Eigentums, der sich also auch ex lege vollziehen könnte; aber § 7 KVG stellt klar, daß damit ein Übertragungsakt gemeint ist.

Bei den Grundstücken, die sich ohnehin in Rechtsträgerschaft der Kommunen befanden und die zum guten Teil vor der Sozialisierung ohnehin kommunales Eigentum waren, hätte auch ein gesetzlicher Eigentumserwerb ohne Übertragungsakt nahegelegen. Da jedoch sowohl bei betrieblichem Vermögen als auch beim Grundeigentum zahlreiche zusätzliche Gesichtspunkte zu beachten sind, die sich aus dem StaatsV, dem EinigungsV, aus dem Entflechtungsgebot des § 7 Abs. 4 KVG und dem möglichen Prätendendenstreit mehrerer Kommunen ergeben, ist

18) Handelsblatt, aaO.
19) Gemeint ist wohl selbstständiges Gebäudeeigentum.

die Lösung des Gesetzgebers, den Eigentumserwerb der Kommunen generell von einem Verwaltungsverfahren abhängig zu machen, verständlich. Zwar wird dadurch wiederum die Klärung der Eigentumsverhältnisse zunächst verlangsamt, dafür werden diese andererseits aber auch auf eine sichere Grundlage gestellt. Der Eigentumserwerb erfolgt durch den Übertragungsakt mittels des Protokolls (§ 7 Abs. 3), so daß die anschließende Grundbucheintragung nur deklaratorischer Natur ist.

Im Interesse einer Beschleunigung der Abwicklung ist die Treuhandanstalt ab November 1990 dazu übergegangen, den Kommunen zunächst durch Besitzeinweisungen den Besitz an Vermögensstücken insbesondere des Verwaltungsvermögens, also Liegenschaften und Gebäuden, ausnahmsweise auch von Betrieben, zu übertragen, sofern kein Restitutionsanspruch vorliegt, und die formelle Eigentumsübertragung durch das o.a. Protokoll zu verschieben; sie soll binnen Jahresfrist nachgeholt werden.[20)]

dd) Fristablauf

Auch wenn die kommunalen Übertragungsansprüche an eine Frist gebunden waren, die am 2. 10. 1990 abgelaufen ist, kann nicht angenommen werden, daß die Fristversäumung einen endgültigen Rechtsverlust darstellt. Dies könnte zu widersinnigen Ergebnissen führen, die in Widerspruch zu den Geboten des Staats- und des EinigungsV stünden. Die Rechtsfolgen der Versäumung der Frist sind daher nicht hinreichend klar. Man könnte daran denken, daß der säumige Antragsteller etwa entstehende besondere Kosten der verspäteten Anmeldung tragen muß. Bei mehreren Prätendenten kann bei verspäteter Anmeldung die mit guten Gründen vorgenommene anderweitige Übertragung wohl zum Rechtsverlust des verspäteten Prätendenten führen. Es kommt aber wohl auf das Gewicht der Gründe an, ob die Kommune, die neuer Eigentümer geworden ist, das Eigentum endgültig behalten darf oder an den anderen Prätendenten herausgeben muß. Hilfsweise kommt eine analoge Anwendung der Regeln des VermG und der AnmeldeVO (unten IV 2 und 3) in Betracht. Die letzteren Vorschriften finden unmittelbare Anwendung auf die Weiter-

20) Handelsblatt v. 13. 11. 1990, S. 6.

veräußerung durch die Kommunen an einen privaten Erwerber, z. B. einen Investor. Gegen die Entscheidung über die Eigentumsübertragung sind die allgemeinen Rechtsmittel nach Verwaltungsverfahrensrecht gegeben.

d) Sozialistisches Wohnungseigentum

Das volkseigene Wohnungseigentum, das sich in Rechtsträgerschaft der volkseigenen Betriebe der Wohnungswirtschaft befand, ist mit Wirksamwerden des Beitritts am 3. 10. 1990 unter gleichzeitiger Übernahme der anteiligen Schulden in das Eigentum der Kommunen übergegangen (Art. 22 Abs. 4 S.3 EinigungsV). Gleiches gilt für volkseigenes Vermögen, für das bereits konkrete Ausführungsplanungen für Objekte der Wohnungsversorgung vorlagen (Satz 2). Dieselbe Regelung ist in Nr. 13 des Protokolls zum EinigungsV[21] auch für den von Wohnungsgenossenschaften für Wohnungszwecke genutzten volkseigenen Grund und Boden getroffen. Diese Grundstücke sollen allerdings letztlich in das Eigentum der Wohnungsgenossenschaften unter Beibehaltung der Zweckbindung überführt werden. In allen genannten Fällen ist der Eigentumsübergang bereits ohne weiteren Verwaltungsakt ex lege am 3. 10. 1990 erfolgt. Eines Antrags an die Treuhandanstalt oder an eine andere Stelle bedurfte es dafür nicht. Dies ist auch unproblematisch, da es sich um organisatorisch selbstständiges und eindeutig zuordnungsfähiges Vermögen handelt.

e) Sparkassen

Die Vermögensausstattung der kommunalen Gebietskörperschaften wird auch durch das SparkassenG vom Juni 1990 berührt. Gemäß § 1 Abs. 1 SparkassenG sind die Sparkassen als Einrichtungen der Landkreise oder kreisfreien Städte oder von ihnen gebildeten Zweckverbänden rechtsfähige, gemeinnützige Anstalten des öffentlichen Rechts. In gleicher Weise können Sparkassen neu errichtet werden. Für die Verbindlichkeiten der Sparkasse haftet der Landkreis oder die kreisfreie Stadt oder der aus diesen gebildete Zweckverband als Gewährträger unbeschränkt (§ 3 Abs. 1 Satz 1). Der Gewährträger über-

21) BGBl II 1990, 905 = *Horn*, RWS-Dok. 2 Nr. I.1.4.

nimmt die Anstaltslast, d. h. er stellt sicher, daß die Sparkasse ihre Aufgaben erfüllen kann (§ 3 Abs. 2). Aus dem Jahresüberschuß der Sparkasse kann der Gewährträger einen gesetzlich näher geregelten Anteil erhalten (§ 23 Abs. 2).

f) Landwirtschaftliche Güter

Durch das Gesetz vom 22. Juli 1990 wurde die Übertragung volkseigener Güter, staatlicher Forstwirtschaftsbetriebe und Forsteinrichtungen, volkseigener Binnenfischereibetriebe, volkseigener Gestüte und von Betrieben des volkseigenen Kombinats Industrielle Tierproduktion in das Eigentum der Länder oder Kommunen vorgesehen (§ 1). Die Übertragung sollte durch die Treuhand Land- und Forstwirtschaft[22] vorgenommen werden (§ 1 Abs. 3). Das Gesetz ist im EinigungsV nicht aufrechterhalten worden. Die Überführung in Eigentum der Kommunen oder Länder folgt den in Art. 21 und 22 EinigungsV festgelegten Grundsätzen. Einzelheiten sind in der fortgeltenden 3. DVO zum TreuhandG geregelt.[23]

4. Verkauf und Übertragung volkseigenen Vermögens in der Übergangszeit

a) Verkauf volkseigener Gebäude und Grundstücke nach dem Gesetz vom 7. März 1990

Allgemeine Rechtsgrundlage für den Verkauf volkseigener Gebäude und Grundstücke während der Übergangszeit bis zur Wiedervereinigung wurde das Gesetz zum Verkauf volkseigener Gebäude vom 7. 3. 1990 nebst DVOen vom 15. 3. 1990 und 5. 7. 1990. Entgegen seinem Titel regelte es nicht nur den Verkauf von Gebäuden, an denen also ein vom Bodeneigentum getrenntes Gebäudeeigentum besteht (allg. oben I 3), sondern auch den Verkauf von Grundstücken. Hier lag sogar seine praktische Hauptbedeutung. Der verkürzte Gesetzestitel und der verschleiernde Text des Gesetzes nebst DVOen, der die

---

22) Diese wurde durch das Gesetz vom gleichen Tage über die Verwertung landwirtschaftlichen Grundvermögens eingerichtet.

23) Nachw. oben bei 2 a; vgl. auch 2 c.

Veräußerung der Grundstücke z. T. nur im Nebensatz andeutet,[24] lassen sich wohl daraus erklären, daß das Gesetz zur Zeit seines Entstehens eigentlich mit dem Verfassungsgrundsatz der Unveräußerlichkeit von Volkseigentum an Grund und Boden nach der alten Verfassung kaum zu vereinbaren war,[25] auch wenn im Januar 1990 eine undeutliche Verfassungsänderung erfolgt war.[26] Die Befugnis zum Verkauf volkseigener Grundstücke geht aus dieser Einschränkung aber nicht hervor. Auch eine öffentliche Diskussion der Gesetzesziele erschien seinerzeit wohl als unerwünscht. Deshalb steht die Veräußerung von Gebäudeeigentum, die auch in der Öffentlichkeit als weniger anstößig erschien, im Text im Vordergrund.

Das Gesetz verfolgte verschiedene Ziele. Zum einen wollte es die Versorgung kleiner Gewerbetreibender in der DDR mit Grundstücken ermöglichen.[27] Zum anderen diente es, obwohl es scheinbar die Vermehrung von Gebäudeeigentum bezweckte, eher dem Ziel, bestehendes Gebäudeeigentum aufgrund von Nutzungsrechten (vgl. oben I 3) mit dem getrennten Bodeneigentum zusammenzuführen. Wer also aufgrund eines Nutzungsrechts auf volkseigenem Grund ein Eigenheim errichtet hatte, sollte das Grundstück erwerben können, also eine vollständige Eigentümerstellung hinsichtlich des Grundstücks nebst Hauses (§ 4 Abs. 2 Satz 3 G). Von dieser Möglichkeit hat eine große Anzahl von Eigenheimbesitzern Gebrauch gemacht.

Schließlich eröffnete das Gesetz aber auch die Möglichkeit, zugleich Gebäude und Grundstück in einem Zug zu erwerben (§ 4 Abs. 2 Satz 2 G). Auch diese Möglichkeit wurde häufig genutzt. Bisweilen haben auf diese Weise hohe Funktionäre wertvolle volkseigene Wohngebäude nebst Grundstück zu einem niedrigen Preis erworben. Die generelle rechtspolitische Problematik des Gesetzes lag in der Möglichkeit, daß die Restitution früher enteigneter volkseigener Grundstücke dadurch erschwert wurde. Das VermögensfragenG hat dieses Problem in der Weise gelöst, daß ein Erwerb nach dem 18. Oktober 1989 einen Restitutionsanspruch nicht ausschließt (§ 4 Abs. 2 Satz 2).[28]

---

24) Vgl. § 2 Abs. 1 Satz 1 DVO.
25) Vgl. Art. 10 Abs. 2 und Art. 12 Abs. 2.
26) Der Ausschluß von Privateigentum in Art. 12 Abs. 1 wurde durch § 1 des G v. 12. 1. 1990, GBl I Nr. 4 S. 15, eingeschränkt.
27) Vgl. dazu auch die 2. DVO v. 5. 7. 1990, GBl I Nr. 53 S. 1076.
28) Oben II 4 c bb und unten IV 3.

Im einzelnen galt folgendes: Erwerbsberechtigt waren Bürger der DDR und Ausländer mit ständigem Wohnsitz in der DDR (§§ 1, 2 G).[29] Der Abschluß des Kaufvertrages erfolgte durch den jeweiligen Rechtsträger des volkseigenen Grundstücks (§ 5 Abs. 1 DVO). Es konnten veräußert werden:

- volkseigene Gebäude für Gewerbezwecke nebst Grundstück an private Handwerker und Gewerbetreibende (§ 1 G i. V. m. § 2 Abs. 1 Satz 1 1. DVO und § 1 2. DVO);
- volkseigene Ein- und Zweifamilienhäuser einschließlich des Grundstückseigentums an Bewohner dieser Gebäude oder solche Erwerber, welche sie für eigene Wohnzwecke nutzen wollen (§ 2 G i. V. m. § 2 Abs. 1 Satz 1 und § 4 1. DVO);
- für persönliche Erholungszwecke genutzte volkseigene Gebäude nebst Grundstücken (§ 2 G i. V. m. § 2 Abs. 1 Satz 1 1. DVO).

Wie erwähnt, war es auch möglich, daß jemand bereits Gebäudeeigentum aufgrund eines Nutzungsrechts früher erworben hatte und nun das Grundstück hinzu erwarb (§ 4 Abs. 2 Satz 3 G). Umgekehrt war auch nur der Erwerb von Gebäuden unter Schaffung eines neuen Nutzungsrechts möglich (§ 2 Abs. 1 Satz 2 1. DVO).

b) Die Übertragung volkseigener landwirtschaftlicher Nutzflächen nach dem Gesetz vom 6. März 1990

Die bisherigen LPGs bewirtschafteten auch landwirtschaftliche Nutzflächen, die in Volkseigentum standen.[30] Das Gesetz über die Übertragung volkseigener landwirtschaftlicher Nutzflächen in das Eigentum von LPGs vom 6. März 1990 sah die Möglichkeit des Eigentumserwerbs nur durch die LPGs vor. Da das Gesetz andere Interessenten vom Eigentumserwerb ausschloß, war es nach dem StaatsV wieder aufzuheben.[31] Dies geschah durch § 7 Nr. 5 ÄndAufhG.

29) Diese Einschränkung ist wohl durch § 27 Abs. 1 Nr. 1 GAW v. 28. 6. 1990, GBl I Nr. 39 S. 515 = *Horn*, RWS-Dok. 1 Nr. 6.8 S. 6, formell gedeckt. Ob dies mit der Verpflichtung der DDR zur Liberalisierung der Grundstücksgeschäfte (StaatsV Anlage IX, BGBl II 1990, 566) in Einklang steht, ist zweifelhaft.

30) Vgl. auch oben 2 b.

31) StaatsV Anlage III Abschn. II Nr. 3, BGBl II 1990, 554.

c) Die Förderung des Verkaufs volkseigener Grundstücke

Rechtsquellen:

- VO über die Förderung des Erwerbs von Grund und Boden durch kleine und mittelständische Unternehmen der DDR vom 11. 7. 1990 (Erwerbsförderungs-VO), GBl I Nr. 42 S. 665 = *Horn* RWS-Dok. 1 Nr. 3.18; außer Kraft ab 1. 1. 1991 gem. EinigungsV Anlage II Kap. V A Abschn. III Nr. 6, BGBl II 1990, 1201 = *Horn*, RWS-Dok. 2 Nr. I.3.5;
- G zur Entflechtung des Handels in den Kommunen v. 6. 7. 1990 GBl I Nr. 41 S. 598 = *Horn* RWS-Dok. 1 Nr. 3.17; gem. seinem § 4 Abs. 2 beendet am 30. 9. 1990.

aa) Erwerbsförderungsverordnung

Der DDR-Gesetzgeber hat Maßnahmen ergriffen, um den Verkauf volkseigener Grundstücke an Private in Übereinstimmung mit dem StaatsV (Anlage IX) zu beflügeln. Die VO über die Förderung des Erwerbs von Grund und Boden durch kleine und mittelständische Unternehmen der DDR[32)] gibt diesen Unternehmen (bis zu 500 Beschäftigten) beim Kauf von volkseigenem Grund und Boden für gewerbliche Zwecke einen Vorrang und verpflichtet die Gemeinden und Städte zur Förderung der Gewerbeansiedlung durch Bereitstellung von Grundstücken aus ihrem Vermögen (§ 1). Die Unternehmen sind berechtigt, bei den Gemeinden und Städten Anträge zum Erwerb von Grund und Boden zu stellen, die innerhalb eines Monats zu bescheiden sind (§ 2). Die auf diese Weise von den Gemeinden und Städten erworbenen Grundstücke dürfen innerhalb von 3 Jahren nur mit Zustimmung der Gemeinden und Städte verkauft werden (§ 4). Zur Bemessung des Kaufpreises s. oben II 5.

bb) Entflechtungsgesetz

Das Gesetz zur Entflechtung des Handels in den Kommunen sah vor, daß das Betriebsvermögen und die Grundstücke der VE-Handelsorganisation HO, der Konsumgenossenschaften und der VE-Großhandelsgesellschaften durch Veräußerung entflochten werden (§ 1). Die

---

32) VO v. 11. 7. 1990, GBl I Nr. 42 S. 665 = *Horn*, RWS-Dok. 1, Nr. 3.18.

Veräußerung sollte aufgrund von Ausschreibungen erfolgen (§ 2) und sicherstellen, daß kein Unternehmen eine (örtlich) marktbeherrschende Position erreicht (§ 3). Die Ausschreibung sollte bis 31. Juli 1990 erfolgen, die Entflechtung bis 30. 9. 1990 abgeschlossen werden (§ 4). Soweit es um den Erwerb von Gewerbegrundstücken ging, war zu beachten, daß die betreffenden Handelsbetriebe häufig nicht Rechtsträger der volkseigenen Grundstücke waren und diese daher nicht zu Eigentum (gem. § 11 TreuhandG) erworben haben, sondern nur die Gebäude aufgrund von Nutzungsrechten innehatten. Das Gesetz war insgesamt ein Fehlschlag.[33)]

d) Die Einbringung von Volkseigentum nach der Joint-Venture-Verordnung

Rechtsquellen:

- VO über die Gründung und Tätigkeit von Unternehmen mit ausländischer Beteiligung in der DDR (Joint-Venture-VO) v. 25. 1. 1990, GBl I Nr. 4 S. 16, mit DVOen = *Horn*, RWS-Dok.1 Nr. 4.1 - 4.3; aufzuheben gem. StaatsV Anl. III Abschn. II Nr. 2; aufgehoben durch § 12 ÄndAufhVO v. 28. 6 1990, GBl I Nr. 38 S. 509 = *Horn*, RWS-Dok. 1 Nr. 1.10.

Die Joint-Venture-VO vom Januar 1990 ermöglichte die Gründung von Gemeinschaftsunternehmen in der DDR mit ausländischer Beteiligung in der Rechtsform der AG, GmbH, OHG oder KG (§§ 1, 5). Der DDR-Partner dieses Gemeinschaftsunternehmen konnte auch volkseigenes Vermögen, das an sich unveräußerlich war,[34)] als Sacheinlage in die neugegründete Gesellschaft einbringen, so das Eigentum an Gebäuden und Anlagen (§ 17 Abs. 3), Boden allerdings nur zur Nutzung (§ 17 Abs. 2). Die Joint-Venture-VO war nur ein halbherziger Schritt von der sozialistischen Planwirtschaft zu marktwirtschaftlichen Formen. Sie wurde daher mit Einführung der Wirtschaftsunion wieder aufgehoben.[35)]

---

33) Vgl. auch Kap. 4 IV 5 und Kap. 5 I 1 c cc.
34) Oben I 2 und Kap. 1 III 1 b.
35) Oben Kap. 1 III 2 b und unten Kap. 4 I 3 b.

e) Privatbeteiligungen und Restitutionen nach dem Unternehmengesetz

Das UnternehmensG vom März 1990[36] eröffnete zwei Möglichkeiten, volkseigenes Vermögen an Produktionsmitteln in privatrechtliche Formen zu überführen. Erstens erlaubte es die staatliche Beteiligung an Privatunternehmen, die von DDR-Bürgern nach diesem Gesetz in Form einer Handelsgesellschaft neu gegründet werden konnten, sowie zweitens Sacheinlagen volkseigenen Vermögens an diesen Unternehmen ähnlich wie nach der Joint-Venture-VO und umgekehrt die Beteiligung Privater an (zuvor umgewandelten) Staatsunternehmen (§ 4).

Große Bedeutung erlangte die im Gesetz vorgesehene weitere Möglichkeit, die 1972 in Volkseigentum übergeleiteten Privatbetriebe oder privaten Unternehmensbeteiligungen auf Antrag den früheren privaten Inhabern oder deren Erben zurückzugeben (§ 17 Abs. 1). Soweit Boden in den damals gebildeten volkseigenen Betrieb eingebracht worden war, der zuvor im Eigentum der privaten Inhaber oder des privaten Betriebes mit staatlicher Beteiligung gestanden hatte, waren die ursprünglichen Eigentumsrechte wiederherzustellen (§ 17 Abs. 2). Von dieser Möglichkeit der direkten Rückgabe volkseigenen Eigentums an die früheren privaten Eigentümer oder Erben wurde in großem Umfang Gebrauch gemacht. Privatisierung und Restitution fallen hier zusammen. Die Regelung ist ab 3. 10. 1990 durch das Gesetz zur Regelung offener Vermögensfragen (VermG) abgelöst.[37]

5. Die Neuordnung des genossenschaftlichen Eigentums

Rechtsquellen:

- LPG-Gesetz v. 2. 7. 1982, GBl I Nr. 25 S. 443; 1. DVO zum LPG-Gesetz vom 2. 7. 1982, GBl I Nr. 25 S. 453; bis 31. 12. 1991;
- G zur Änderung des G über die landwirtschaftlichen Produktionsgenossenschaften - LPG-Gesetz - v. 6. 3. 1990, GBl I Nr. 17 S. 133;

36) Nachw. oben III 1; zum UnternehmensG allg. auch Kap. 4 I 1 und III 6.
37) Zur Restitution nach dem VermG allg. unten IV 3; zur Reprivatisierung der Unternehmen s. Kap. 4 III 7.

- G über die Änderung und Aufhebung von Gesetzen der DDR (ÄndAufhG) v. 28. 6. 1990, GBl I Nr. 38 S. 483 = *Horn*, RWS-Dok. 1 Nr. 1.9 (Aufhebung von § 18 LPG-Gesetz durch § 7 Nr. 6);
- EinigungsV vom 31. 8. 1990, Anlage II Kap. VI Abschn. III Nr. 2, BGBl II 1990, 1204 = *Horn*, RWS-Dok. 2 Nr. I.3.6 (Außerkrafttreten des LPG-Gesetzes am 31. 12. 1991);
- G über die strukturelle Anpassung der Landwirtschaft an die soziale und ökologische Marktwirtschaft in der DDR (LandAnpassG) v. 29. 6. 1990, GBl I Nr. 42 S. 642 = *Horn*, RWS-Dok. 1 Nr. 4.14; Fortgeltung gem. EinigungsV Anlage II Kap. VI Abschn. II Nr. 1, BGBl II 1990 1204 = *Horn*, RWS-Dok. 2 Nr. I.3.6;
- G über die Übertragung des Eigentums und die Verpachtung volkseigener landwirtschaftlich genutzter Grundstücke an Genossenschaften, Genossenschaftsmitglieder und andere Bürger (LandVerwertG) v. 22. 7. 1990, GBl I Nr. 49 S. 899 = *Horn*, RWS-Dok. 1 Nr. 3.20; in Kraft geblieben gem. EinigungsV Anlage II Kap. VI B Abschn. II Nr. 1, BGBl II 1990, 1204 = *Horn*, RWS-Dok. 2 Nr. I.3.7;
- Protokoll zum EinigungsV v. 31. 8. 1990, Nr. 13 (betr. Wohnungsgenossenschaften), BGBl II 1990, 906 = *Horn*, RWS-Dok. 2 Nr. I.1.4.

a) Die alten sozialistischen Eigentumsverhältnisse

Die landwirtschaftlichen Produktionsgenossenschaften (LPGs) und die Produktionsgenossenschaften des Handwerks (PGHs) sowie die vielfältigen anderen Genossenschaften waren Inhaber von Eigentumsrechten. Dieses "genossenschaftliche Gemeineigentum werktätiger Kollektive" war als besondere Form des sozialistischen Eigentums von der alten Verfassung geschützt (Art. 10 Abs. 1). Träger der Eigentumsrechte war nicht das Kollektiv, sondern die Genossenschaft als juristische Person.[38] Die Genossenschaftsmitglieder waren anteilslose Gemeineigentümer des genossenschaftlichen Vermögens.[39] Das Eigentumsrecht war in besonderer Weise inhaltlich ausgestaltet.[40] Die Genossenschaft durfte nur Gegenstände erwerben, die für die Erfüllung ihrer Planaufgaben erforderlich waren.[41] Außerdem mußte auch genossenschaftsintern eine der Planwirtschaft entsprechende Verwendung des Eigentums sichergestellt werden, vor allem durch die von den Musterstatuten verbindlich vorgeschriebene Einteilung des genossenschaftlichen Eigentums in bestimmte "Fonds".[42] Das genossenschaftli-

---

38) LPG-Recht (*Hähnert u. a.* Autorenkollektiv), S. 182; *Westen/Schleider*, S. 302.

39) LPG-Recht, S. 184.

40) Vgl. für die LPGs §§ 22 Abs. 3, 25 Abs. 1 und 2 LPG-Gesetz.

41) *Lieser*, Genossenschaft und Wirtschaftsordnung, S. 205; *Herzog*, Genossenschaftliche Organisationsformen in der DDR, S. 68.

42) *Herzog*, S. 68; *Lieser*, S. 213.

che Eigentum stand dem Volkseigentum als höchster Form des sozialistischen Eigentums nahe. Formal bestand der Unterschied in der besonderen Rechtsträgerschaft der Genossenschaft, so daß Eingriffe des Staates in dieses Eigentum nur "von außen" oder durch Manipulation der Beschlüsse der Genossenschaftsorgane und nicht als Entscheidungen des Rechtsinhabers erfolgen konnten.[43)]

Genossenschaftliches Eigentum entstand auf vier verschiedenen Wegen, nämlich durch (1) "Einbringung" von Inventar und Anteilen, (2) staatliche Zuweisungen, (3) zivilrechtlichen Eigentumserwerb, also Kauf, Schenkung, testamentarische Verfügung usw. und (4) Erstellung von Produkten im Rahmen des genossenschaftlichen Arbeitsprozesses.[44)] Es bestand eine Einbringungspflicht der Mitglieder, die in den Musterstatuten verbindlich geregelt war. Für LPGs bestanden drei Typen von Mustersatzungen, die einen unterschiedlichen Grad der Vergesellschaftung ausdrückten. In Typ I wurde nur Ackerland zur gemeinsamen Nutzung in die LPG eingebracht, in Typ II dazu auch die Traktoren und Teile des übrigen landwirtschaftlichen lebenden und toten Inventars; bei Typ III mußten die Mitglieder ihren sämtlichen Grundbesitz und sämtliches Inventar mit Ausnahme des für die Hauswirtschaft bestimmten Inventars einbringen, und diese wurden zu einheitlichen Flächen zusammengelegt.[45)]

Der eingebrachte Boden blieb dabei im Eigentum der einzelnen Genossenschaftsbauern.[46)] Dieses Eigentumsrecht enthielt jedoch keinerlei Befugnisse, die die "gesellschaftliche Nutzung" hätte hindern können.[47)] Dies fand in § 18 LPG-Gesetz seine grundlegende Regelung.[48)] Danach hatte die LPG ein umfassendes und dauerndes Nutzungsrecht.

---

43) *Herzog*, S. 69, 71.

44) *Lieser*, S. 201.

45) *Rohde* u. a., Bodenrecht S. 323 f; *Lieser*, S. 61 ff; *Dressen*, Die Bedeutung der landwirtschaftlichen Produktionsgenossenschaften für die DDR, S. 96 f; zum historischen Prozeß der Kollektivierung der Landwirtschaft aus der Sicht der DDR-Literatur vgl. *Hähnert/Richter/Rohde u. a.*, S. 58 ff und *Rohde*, S. 71 - 76.

46) *Rohde*, S. 352; *Hähnert/Richter/Rohde u. a.*, S. 206.

47) *Rohde*, S. 353.

48) Dazu allg. *Rohde*, S. 307 ff.

b) Die Neuordnung

Die Umgestaltung der Eigentumsverhältnisse der Produktionsgenossenschaften, insbesondere der LPGs, steht in engem Zusammenhang mit der Umgestaltung ihrer gesamten Organisationstruktur, die gesondert (Kap. 4 IV) zu erörtern ist. Das Gesetz zur Änderung des LPG-Gesetzes vom März 1990 erwähnt die Möglichkeit eines Verkaufs des in die LPG eingebrachten Bodens durch die Genossenschaftsbauern und sieht dazu ein Vorkaufsrecht der LPG vor (§ 19 Abs. 1 n. F. LPG-Gesetz). Wie erwähnt, sah ein inzwischen wieder aufgehobenes Gesetz ebenfalls vom März 1990 die Übertragung volkseigener landwirtschaftlicher Nutzflächen in das Eigentum von LPG vor (oben 4 b). Einen entscheidenden Schritt zur Überwindung sozialistischer Eigentumsverhältnisse brachte die Beseitigung von § 18 LPG-Gesetz, der das Recht der LPG zur umfassenden Nutzung des eingebrachten Bodens vorsah, aufgrund des StaatsV.[49] Dadurch wurden die privaten Eigentumsrechte der Genossenschaftsbauern am eingebrachten Boden wieder erheblich gestärkt.

Das LandwirtschaftsanpassungsG vom 29. 6. 1990 sieht nicht nur vielfältige Möglichkeiten der rechtlichen Umgestaltung der Organisation der LPG vor (dazu Kap. 4 IV), sondern auch die Möglichkeit, daß der einzelne Genossenschaftsbauer aufgrund einer Kündigung aus der Genossenschaft ausscheidet und dann volles Alleineigentum an seinem eingebrachten Boden (§ 45) oder entsprechende Tauschgrundstücke (§ 46) erhält.

Die LPGs oder ihre Rechtsnachfolger können auch künftig mit eigenen Eigentumsrechten ausgestattet sein. Dazu zählt einmal das Gebäudeeigentum, das die alten LPGs an Gebäuden erwarben, die sie auf dem von ihnen genutzten Boden errichteten. Dieses getrennte Gebäudeeigentum bleibt nach den allgemeinen Regeln (oben Kap. 2 I 4) bestehen. Nach der erwähnten Übergangsgesetzgebung konnten die LPGs eigenes Land rechtsgeschäftlich erwerben. Die umfangreichen volkseigenen Ländereien, die von den LPGs bisher genutzt wurden, können nach dem LandverwertungsG vom 22. 7. 1990 erworben werden (allg. oben 2 b). Sonstiger rechtsgeschäftlicher Erwerb, z. B. von

49) § 7 Nr. 6 ÄndAufhG v. 28. 6. 1990, GBl I Nr. 38 S. 484 = *Horn*, RWS-Dok. 1 Nr. 1.9, S. 2; aufgrund StaatsV Anlage III Abschn. II Nr. 4, BGBl II 1990, 554.

ausscheidenden, verkaufswilligen Genossenschaftsmitgliedern, ist nach den allgemeinen Regeln möglich.

6. Das Eigentum der alten politischen Parteien

Rechtsquellen:

- ParteienG der DDR v. 21. 2. 1990, GBl I Nr. 9 S. 66;
- ÄnderungsG zum ParteienG vom 31. 5. 1990, GBl I Nr. 30 S. 275;
- ÄnderungsG zum ParteienG v. 22. 7. 1990, GBl I Nr. 49 S. 904;
- EinigungsV vom 31. 8. 1990, Protokoll Nr. 17, BGBl II 1990, 906 = *Horn*, RWS-Dok. 2 Nr. I.1.4 und Anlage II Kap. II A Abschn. III (modifizierte Fortgeltung von §§ 20 a und 20 b ParteienG), BGBl II 1990, 1150 = *Horn*, RWS-Dok. 2 Nr. I.

Das Eigentum der Parteien, die bereits unter dem alten politischen System der DDR bestanden, war als "Eigentum gesellschaftlicher Organisationen" ebenfalls eine (schwächere) Form des sozialistischen Eigentums und in der alten Verfassung geschützt (Art. 10). Nachdem das ParteienG vom 21. 2. 1990 erstmals die Gründung und Tätigkeit von Parteien auf der Grundlage der Vereinigungsfreiheit und demokratischer Grundsätze geregelt hatte, befaßt sich das ÄnderungsG vom Mai 1990 mit den Vermögensverhältnissen der alten Parteien. Das Gesetz sieht eine unabhängige, vom Ministerpräsidenten eingesetzte Kommission vor, die einen Bericht über die Vermögenswerte aller Parteien und der mit ihnen verbundenen Organisationen, juristischen Personen und Massenorganisationen der DDR im In- und Ausland erstellt (§ 20 a ParteienG). Ab 1. 6. 1990 steht das Vermögen der Parteien und der mit ihnen verbundenen Organisationen unter treuhänderischer Verwaltung der Kommission, und Verfügungen der Parteien über das Vermögen können nur mit Zustimmung des Vorsitzenden dieser Kommission vorgenommen werden (§ 20 b ParteienG).

Während das ParteienG der DDR mit dem 2. 10. 1990 außer Kraft getreten ist und an seiner Stelle Bundesrecht gilt, hat der EinigungsV die §§ 20 a und 20 b mit folgenden Maßgaben aufrechterhalten: die Kommission unterliegt der Rechtsaufsicht der Bundesregierung; diese beruft im Benehmen mit dem Bundestagspräsidenten nach dem Beitritt sechs weitere Mitglieder der Kommission. Die Bundesregierung kann durch RechtsVO die Einrichtung der Kommission und das Verfahren regeln. Die Kommission muß bis zum 15. 1. 1991 einen Zwischenbericht erstatten. Die treuhänderische Verwaltung nach § 20 b Abs. 3 ParteienG wird der Treuhandanstalt übertragen, die die damit verbundenen Aufgaben im Einvernehmen mit der Kommission wahrnimmt. Die Treuhandanstalt führt das Vermögen an die früher Berechtigten oder deren Rechtsnachfolger zurück. Soweit dies nicht möglich ist, ist das Vermögen zugunsten gemeinnütziger Zwecke, insbesondere der wirtschaftlichen Umstrukturierung im neuen Bundesgebiet, zu verwenden. Nur nachweislich rechtmäßig ("nach materiell-rechtsstaatlichen Grundsätzen i. S. des GG") erworbenes Vermögen ist den Parteien wieder zur Verfügung zu stellen.[50)]

Das Protokoll zum EinigungsV sieht vor, daß ehemalige Blockparteien und die PDS ihr nicht durch Mitgliedsbeiträge und Spenden erworbenes Vermögen nicht für Wahlkampfzwecke einsetzen dürfen (Ziff. 17). Soweit sich diese Parteien mit Parteien in der Bundesrepublik vor der Wahl zusammenschließen (was nach Vereinbarung des Protokolls geschehen ist), haben sie im Zeitpunkt ihrer Vereinigung Rechenschaft über ihr Vermögen durch Erstellen von Bilanzen zu legen.

7. Die Stärkung bestehender Eigentumsrechte in der Übergangsgesetzgebung

Rechtsquellen:

- G über die Rechte der Eigentümer von Grundstücken aus der Bodenreform v. 6. 3. 1990, GBl I Nr. 17 S. 134 = *Horn*, RWS-Dok. 1 Nr. 3.10;
- G über den Verkauf volkseigener Gebäude v. 7. 3. 1990, GBl I Nr. 18 S. 157 = *Horn*, RWS-Dok. 1 Nr. 3.12; bis 2. 10. 1990;
- DVO zum G über den Verkauf volkseigener Gebäude v. 15. 3. 1990, GBl I Nr. 18 S. 158 = *Horn*, RWS-Dok. 1 Nr. 3.13;
- 2. DVO zum G über den Verkauf volkseigener Gebäude v. 5. 7. 1990, GBl I Nr. 53 S. 1076;
- G zur Änderung des G über die landwirtschaftlichen Produktionsgenossenschaften - LPG-Gesetz - v. 6. 3. 1990, GBl I Nr. 17 S. 133; (vgl. III 1);

---

50) EinigungsV Anlage II Kap. II A Abschn. III a - d, BGBl II 1990, 1150.

- LandAnpassG v. 29. 6. 1990, GBl I Nr. 42 S. 642 = *Horn*, RWS-Dok. 1 Nr. 4.14.

a) Eigentum aus der Bodenreform

Das Gesetz über die Rechte der Eigentümer von Grundstücken aus der Bodenreform vom März 1990 verschaffte diesen Eigentümern die vollen Eigentumsrechte gem. dem ZGB, die ihnen die Bodenreform selbst bezeichnenderweise nicht gegeben hatte, und hob entgegenstehende Verfügungsbeschränkungen auf (§ 1). Diese Eigentümer haben demnach das Recht zum Besitz, zur Nutzung und zur Verfügung. Sie haben also auch das Recht zur Grundstücksveräußerung. Für die Veräußerung war die GVVO anzuwenden (§ 2). Das Gesetz diente dem Zweck, die Ergebnisse der Bodenreform auch in einer auf Privateigentum gegründeten Rechts- und Wirtschaftsordnung zu erhalten. Dies stimmte mit dem Anliegen auch der demokratischen DDR-Regierung nach der Märzwahl 1990 überein, bei der Enteignungsproblematik die Ergebnisse der Bodenreform möglichst unangetastet zu bewahren (unten IV).

Im Bereich des Rechts der landwirtschaftlichen Produktionsgenossenschaften hat die Gesetzgebung schrittweise die Eigentumsrechte der Genossenschaftsbauern klargestellt und verstärkt (oben 5).

b) Zusammenführung von Gebäuden und Grundstücken

In verschiedenen Gesetzen kommt das Bestreben des Gesetzgebers zum Ausdruck, Bodeneigentum und Gebäudeeigentum zusammenzuführen. Zuerst fand sich diese Tendenz im Gesetz über den Verkauf volkseigener Gebäude vom März 1990.[51] Dort war bestimmt, daß beim Kauf volkseigener Ein- und Zweifamilienhäuser oder zur Errichtung von Eigentum das volkseigene Grundstück erworben werden konnte (§ 4 Abs. 2 Satz 2). Der Zusammenführung von Boden und Gebäudeeigentum dient auch § 64 LandAnpassG.[52]

---

51) Zu diesem Gesetz oben 4 a.
52) Zu diesem Gesetz oben 5 und unten Kap. 4 IV.

IV. Enteignungen, Restitution und Entschädigung

1. Das Regelungsproblem. Die Gemeinsame Erklärung

a) Die Enteignungen

Das sozialistische Eigentum als Grundlage des zusammengebrochenen sozialistischen Wirtschaftssystems[1] stammt in großem Umfang aus früherem privaten Eigentum und ist gegen den Willen der früheren privaten Eigentümer zustande gekommen. Es wäre aber ein Mißverständnis zu glauben, daß alles volkseigene Vermögen aus der Enteignung von Privatvermögen hervorgegangen sei. Vielmehr stammt ein bedeutender Teil insbesondere des Grundvermögens aus früherem Vermögen des Staates und der aufgelösten und jetzt wieder errichteten Länder und Kommunen; dieses Vermögen ist den betreffenden Gebietskörperschaften jetzt nach dem KVG zurückzugeben (oben III 3).

Bei der unfreiwilligen Entziehung von Privateigentum ist zwischen Beschlagnahme oder faktischem Besitzverlust einerseits und formellem Verlust des Eigentumsrechts andererseits zu unterscheiden. Die Eigentumsentziehungen liegen zum Teil zeitlich vor Entstehung der DDR und eine fast unübersehbare Fülle verschiedener Enteignungstatbestände begleitet die ganze Geschichte der DDR.[2] Eine Vielfalt verschiedener Anlässe, Rechtsgrundlagen und politischer Kampagnen (z. B. 1953 und 1972) ist zu unterscheiden. Soweit Enteignungen auf gesetzlicher Grundlage vorgenommen wurden, diente nur ein Teil der Gesetze den typischen öffentlichen Enteignungszwecken, die auch in einem Rechtsstaat anerkannt sind.[3] Häufiger diente sie dem Zweck der zwangsweisen Schaffung sozialistischen Eigentums.

Dementsprechend wurde in der DDR zwischen zwei Arten von Enteignungen unterschieden. Die eine war "Beseitigung des kapitalistischen Privateigentums an Produktionsmitteln und deren Überführung in gesellschaftliches Eigentum (Expropriation)"[4] und wurde als notwendig erachtet, um die "Ausbeuterklassen ökonomisch zu entmach-

1) Vgl. I 2 und oben Kap. 1 III 1.
2) Vgl. den Überblick unten 5.
3) Vgl. die Übersicht bei *Lieser*, Eigentumsordnung und Immobilienrecht in der DDR, S. 246 ff, 253 f.
4) Rechtslexikon (*Brockmann* u. a.), S. 95.

ten".[5] Die andere Kategorie war "der Entzug des Eigentums vor allem an Grundstücken durch staatlichen Akt für gemeinnützige Zwecke".[6] Während in der ersten Fallgruppe Unrecht allgemein zu vermuten ist, ist es in der zweiten Fallgruppe nicht auszuschließen. Enteignungs- und Beschlagnahmetatbestände standen oft im Zusammenhang mit der (ab 1953 verbotenen) Entfernung aus der DDR. Enteignung ist auch anzunehmen, wenn Eigentümer scheinbar freiwillig, tatsächlich aber auf politischen Druck oder ökonomischen Zwang hin ihr Eigentum an den Staat übertrugen oder sonst aufgaben.[7]

b) Die rechtspolitische Aufgabe: Restitution, Entschädigung und Bestandsschutz

Eine Reihe von Gründen scheint dagegen zu sprechen, die Enteignungsfrage umfassend wieder aufzurollen. Es handelt sich oft um zeitlich sehr weit zurückliegende Vorgänge, die schwer zu rekonstruieren sind. Eine langfristige politische Entwicklung hat in über 40 Jahren neue Tatsachen und neue Besitzstände geschaffen. Der Rechtsfrieden spricht für einen Bestandsschutz der Rechte der kleinen Landwirte aus der Bodenreform und der Eigentümer von Eigenheimen und Ferienhäusern sowie der Kleinunternehmer, die alle sich unter engen wirtschaftlichen und rechtlichen Verhältnissen einen bescheidenen Besitz geschaffen haben, der durch eine Restitution an die früher enteigneten Grundeigentümer nicht beeinträchtigt werden sollte. Auch ökonomische Gründe scheinen dafür zu sprechen, die Eigentumsfrage möglichst nicht oder nur sehr begrenzt wieder aufzurollen, um rasch auf der Grundlage bestehender Verhältnisse einen Grundstücksmarkt in Gang zu bringen und damit eine wichtige Voraussetzung für Investitionen zu schaffen. In der Tat haben die unklaren und unsicheren Eigentumsverhältnisse an Grundstücken und bestehenden Unternehmen nach dem 1. 7. 1990 zu einem viel beklagten Investitionsstau im neuen Bundesgebiet geführt.

Aber schon ökonomische Gründe sprechen dagegen, die materielle Berechtigung der vormaligen Eigentümer zu vernachlässigen. Gerade

---

5) Kleines politisches Wörterbuch (*Böhme* und Autorenkollektiv), S. 193.
6) Rechtslexikon, aaO; vgl. Art. 16 alte DDR-Verfassung von 1968/74.
7) Zur Eigentumsaufgabe auch oben I 3 d.

die Bedeutung der Eigentumsrechte für eine funktionierende Marktwirtschaft[8)] setzt ihre materielle Qualität als gerechte (akzeptierte) Ordnung voraus. Dabei darf das Gerechtigkeitsgefühl der Bevölkerung als außerökonomische Größe nicht übersehen werden. Wird es durch die rechtlichen Lösungen nicht befriedigt, kann Rechtsfrieden nicht hergestellt werden. Es ist daher ein Ausgleich zwischen Restitutionsinteressen und Bestandsinteressen zu finden. Einen solchen Ausgleich strebt die Gemeinsame Erklärung (unten c) an.

Bedürfnisse nach gerechten Lösungen sind es schließlich, die auch einem pauschalen Ausschluß der Enteignungen 1945 - 1949 von jeglicher Restitution entgegenstehen.[9)] Auch wenn man etwa die Ergebnisse der Bodenreform insoweit anerkennt, als neugeschaffenes Siedlerland unangetastet bleiben soll, so bestünden doch Spielräume für eine Teilrestitution nicht verteilten Landes, das jetzt nach dem KVG den Gebietskörperschaften zufällt (oben III 3), oder es bleibt der teilweise Ausgleich mit verfügbarem Ersatzland.

Schwieriger zu begründen ist ein Ersatz in Geld. Die meisten Eigentumsverluste wurden im Rahmen des Lastenausgleichs und der Folgegesetzgebung für DDR-Flüchtlinge entschädigt.[10)] Der relativ bescheidene Umfang der Entschädigungssummen erklärt sich aus den Zeitverhältnissen und, soweit es die frühe Zeit des Lastenausgleichs angeht, aus der allgemeinen Not.[11)] Die Wiedervereinigung selbst schafft nicht per se einen neuen Entschädigungsgrund. Anders wäre zu urteilen, wenn die neue Restitutionsgesetzgebung und insbesondere die darin enthaltenen Beschränkungen der Restitution als Enteignungseingriff aufgefaßt werden könnten. Dies ist zumindest generell kaum anzunehmen und jedenfalls weiter klärungsbedürftig, wobei vor allem der Ausschluß der Restitution bei Enteignungen 1945 - 1949 (i. f. c bb) und das InvestG (unten 4) Aufmerksamkeit verdienen.

Diese differenzierende rechtspolitische Bewertung von Restitution und Entschädigung wird durch verfassungsrechtliche Wertungen bestätigt, die für eine Teilfrage bereits in Kap. 1 (IV 8) erörtert wurden. Die Bundesrepublik Deutschland ist nicht der ursprünglich Verpflich-

---

8) Dies ist durch die sog. property rights-Theorie hinlänglich geklärt; allg. dazu *Horn*, AcP 176 (1976) 307 - 333.

9) Zu diesem Problem oben Kap. 1 IV 8 und i. f. c bb.

10) In der DDR verbliebene Personen erhielten allerdings keinen Lastenausgleich.

11) Vgl. auch BVerfGE 41, 126 = NJW 1976, 1491 und oben Kap 1 IV 8 c.

tete aus den Enteignungen in der DDR, weder vor noch nach 1949. Sie ist erst mit der Einigung am 3. 10. 1990, als die enteigneten Objekte in ihren tatsächlichen Machtbereich gelangten, verfassungsrechtlich für den Eigentumsschutz gem. Art. 14 GG verantwortlich geworden.[12] Allerdings nur in dem Umfang, in dem sie konkrete Schutzobjekte vorfand. Dies ist bei vorhandenem und rückgabefähigem Eigentum der Fall. Erst damit wurde sie Adressat der Pflicht, verfassungsrechtlichen Schutz durch Gewährung eines Restitutionsanspruchs zu leisten.

Sind die Schutzobjekte zerstört, die Häuser und Unternehmen heruntergewirtschaftet oder nicht mehr vorhanden, besteht diese verfassungsrechtliche Pflicht nicht. Sind Objekte mit Rücksicht auf den Bestandsschutz (z. B. redlicher Siedler oder redlicher Erwerber) nicht rückgabefähig, ist wohl auch diese Einschränkung verfassungsrechtlich hinzunehmen. Wird insoweit eine Entschädigung gewährt, ist dies eine politische Entscheidung des einfachen Gesetzgebers und aus einem Verfassungsgebot nicht ableitbar.[13] Außerdem muß der Gesetzgeber hier - wie bei der Kriegsfolgengesetzgebung - die Grenzen der wirtschaftlichen Leistungsfähigkeit des Staates beachten.

Der rein faktische Unterschied zwischen rückgabefähigen und nicht rückgabefähigen Vermögensgegenständen ist also auch verfassungsrechtlich erheblich und kann nicht unter Berufung auf Art. 3 GG und damit durch die Forderung nach entsprechender Entschädigung überwunden werden. Denn für diesen faktischen Unterschied trifft die Bundesrepublik keine Verantwortlichkeit. Eine verfassungsrechtliche Verantwortlichkeit zur Entschädigung besteht daher nur in Fällen, wo Surrogate vorhanden sind, d. h. verfügbare wirtschaftliche Gegenwerte der enteigneten Objekte, etwa der Erlös aus einer (gem. VermG oder InvestG) wirksamen Veräußerung,[14] oder wo eine neue Gesetzgebung selbst einen Eingriff erlaubt oder enthält, der als Enteignung gewertet werden kann.

---

12) Auf der Grundlage einer zulässigen Bewertung der zurückliegenden Eingriffe als Unrecht. Zur ganzen Argumentation oben Kap. 1 IV 8 c - e.

13) Vgl. BVerfGE 15, 126, 143; 41, 126.

14) Zu diesen Veräußerungen unten 3 f und 4.

c) Die Gemeinsame Erklärung vom 15. 6. 1990 und der Einigungsvertrag

aa) Allgemeines

Die "Gemeinsame Erklärung zur Klärung offener Vermögensfragen" (GE) der Regierungen der Bundesrepublik und der DDR vom 15. 6. 1990, die als Anlage III Bestandteil des EinigungsV geworden ist und nach Art. 41 Abs. 3 dieses Vertrages einen besonderen Bestandsschutz erhalten hat (oben Kap. 1 IV 8 b - e), ist die Grundlage der ergangenen und noch zu erwartenden Gesetzgebung zur Restitution und Entschädigung von Enteignungen. Sie hat, wie bereits dargestellt, einerseits nur programmatischen Charakter, da sie nur allgemeine Grundsätze ("Eckwerte") aufstellen will (vor Nr. 1) und weitere gesetzgeberische Schritte und die Abklärung weiterer Einzelheiten in Aussicht stellt (Nr. 13 und 14). Andererseits soll sie aber auch eine abschließende Regelung in dem Sinne darstellen, daß der künftige Bundesgesetzgeber in bestimmten Punkten nicht über dieses Programm hinausgehen soll, was durch besondere Bindungen im EinigungsV und außerhalb davon gesichert werden soll.[15] Da das VermG, das i. f. (3) darzustellen ist, sich genau an der GE orientiert, genügt es hier, die Grundgedanken dieser "Eckwerte" knapp zu skizzieren. Dies kann zugleich das Verständnis des VermG erschließen.

bb) Die Ausnahme der Enteignungen 1945 - 1949

Die Enteignungen "auf besatzungsrechtlicher bzw. besatzungshoheitlicher Grundlage (1945 - 1949)" sollen von der Restitution ausgenommen bleiben; das gesamtdeutsche Parlament soll "über etwaige staatliche Ausgleichsleistungen" entscheiden. Diese weitreichende und problematische Ausnahme verfolgt einen doppelten Zweck. Erstens geht es um den Gedanken des Bestandsschutzes. In die Lebensverhältnisse und tatsächlichen Besitzstände der zahlreichen Bürger, die aufgrund der Bodenreform ein kleines Stück Land erhalten haben, soll nicht eingegriffen werden.

15) Einzelheiten oben Kap. 1 IV 8 d und e.

Nicht alle enteigneten Grundstücke wurden jedoch in der Bodenreform verteilt. Ferner wurden zahlreiche Unternehmen enteignet. In beiden Fällen greift nun der zweite Gesichtspunkt der außenpolitischen Rücksicht ein, die im Einigungsprozeß genommen werden mußte: der Wunsch der Sowjetunion, daß die Besatzungseingriffe und -übergriffe 1945 - 1949 vom künftigen deutschen Gesetzgeber nicht mehr in Frage gestellt werden sollten. Dazu sind die bereits (oben Kap. 1 IV 8) erörterten verfassungsrechtlichen und auswärtigen Bindungen übernommen worden, die freilich verfassungsrechtlicher Präzisierung und Einschränkung bedürfen. Dabei bleibt zu beachten, daß die genannten Ausnahmetatbestände Auslegungsspielräume enthalten, die für eine einschränkende Ausgestaltung und Anwendung der gesetzlichen Tatbestände ausgenutzt werden können und müssen, um ein befriedigendes Ergebnis zu erreichen.[16)]

cc) Enteignungstatbestände

Die GE enthält keine genaue Definition der Enteignungstatbestände. Dies wäre angesichts ihrer Vielfalt auch schwierig. Sowohl der Begriff des Vermögens als auch der der Eigentumsentziehung ist weit zu verstehen. Folgerichtig wird auch die Übernahme in Volkseigentum "aufgrund ökonomischen Zwangs" als Enteignungstatbestand behandelt (Nr. 4). Eine besondere Fallgruppe bilden Enteignungen im Zusammenhang mit rechtsstaatswidrigen Strafverfahren in der DDR. Zu deren Klärung verweist die GE (Nr. 9) auf eine besondere gesetzliche Regelung. Diese wurde durch das RehabilitierungsG der DDR vom 6. 9. 1990 getroffen.[17)] Die Verpflichtung dazu ist in Art. 17 EinigungsV festgelegt.

Die GE nimmt zur Frage der Enteignungen während der Nazizeit 1933 - 1945 nicht Stellung. In der Vereinbarung zwischen der Bundesrepublik und der DDR zur Durchführung des EinigungsV vom 18. September 1990 ist in Art. 2 die Absicht bekräftigt, materielle Verluste der Opfer des NS-Regimes auszugleichen, soweit diese bisher keine oder nur eine geringfügige Entschädigung erhalten haben. Die Enteig-

16) Dazu auch unten 3 c und 5.

17) GBl I Nr. 60, S. 1459; nur eingeschränkt aufrechterhalten in der Vereinbarung zur Durchführung des EinigungsV v. 18. 9. 1990 (Art. 3 Nr. 6) BGBl II 1990, 1239, 1240 f.

nungsgesetzgebung wurde tatbestandlich auf diese Fälle ausgedehnt (i. f. 2 und 3).

dd) Restitution, insbesondere Grundstücke und Unternehmen

Die GE geht vom Grundsatz der Rückgabe enteigneten Vermögens aus, schränkt aber diesen Grundsatz durch den Gesichtspunkt des Bestandsschutzes in einer Reihe von Fällen ein. So soll enteignetes Grundvermögen grundsätzlich den ehemaligen Eigentümern oder ihren Erben zurückgegeben werden (Nr. 3 Satz 1). Davon gelten aber zwei wichtige Ausnahmen, in denen statt der Restitution eine Entschädigung oder Ersatzrestitution (eines vergleichbaren Grundstücks) vorgesehen ist:

- Änderung der Nutzungsart oder Zweckbestimmung von Grundstücken und Gebäuden durch Widmung für den Gemeingebrauch, Verwendung im komplexen Wohnungs- und Siedlungsbau, gewerbliche Nutzung oder Einbeziehung in eine neue Unternehmenseinheit (Nr. 3 a);
- Erwerb des Eigentums oder dinglichen Nutzungsrechts an enteigneten Grundstücken durch Bürger der DDR "in redlicher Weise"; gleichgestellt ist der Erwerb vom staatlichen Treuhänder. Hier soll ein "sozialverträglicher Ausgleich" durch Austausch von Grundstücken oder Entschädigung hergestellt werden (Nr. 3 b).

Das UnternehmensG vom März 1990 hatte für Privatbetriebe und private Unternehmensbeteiligungen, die 1972 in Volkseigentum überführt worden waren, den früheren Privateigentümern oder ihren Erben die Übernahme ihres Eigentums eröffnet. Von dieser Möglichkeit wurde in großem Umfang Gebrauch gemacht.[18] Die GE knüpft an diese Regelung an und sieht einen festen Rückgabeanspruch ohne Ermessensspielraum der Behörde vor (Nr. 6). Zugleich wird der Rückgabeanspruch auf Enteignungen von Unternehmen und Unternehmensbeteiligungen in der Zeit zwischen 1949 und 1972 ausgedehnt (Nr. 7).

---

18) Dazu unten Kap. 4 III 7 g.

ee) Bestandsschutz

Die GE bringt in mehreren Regelungen Gedanken eines Bestandsschutzes zum Ausdruck. Geschützt wird der Erwerb in redlicher Weise "von Grundeigentum und Nutzungsrechten" (Nr. 3 b). Dies gilt für die zahlreichen Fälle, in denen Bürger der DDR an enteignetem Grund Nutzungsrechte erworben und aufgrund dieser Rechte Eigenheime errichtet haben. Ferner und in teilweiser Überschneidung der Tatbestände ordnet Ziff 5 GE an, daß der Mieterschutz und bestehende Nutzungsrechte von Bürgern der DDR wie bisher gewahrt werden sollen. Dieses Programm ist z. T. durch das Überleitungsrecht des EGBGB (oben Kap. 2 I) präzisiert und modifiziert. Andererseits wird in der GE festgelegt, daß der Erwerb von Vermögenswerten oder Nutzungsrechten aufgrund unlauterer Machenschaften (Machtmißbrauch, Korruption, Nötigung oder Täuschung von seiten des Erwerbers) nicht schutzwürdig ist (Nr. 8).

ff) Entschädigungen

In einer Reihe von Fällen sieht die GE Entschädigungen in Geld vor, so bei Ausschluß der Rückgabe von Grundstücken aufgrund der genannten Ausnahmetatbestände (Nr. 3 a und 3 b), ferner wenn der frühere Grundstückseigentümer oder seine Erben statt der Restitution eine Entschädigung wählen (Nr. 3 c). Ein Wahlrecht soll der enteignete Eigentümer auch bei Enteignung von Unternehmen oder Unternehmensbeteiligungen 1949-72 haben (Nr. 7). Für die Enteignungen 1945-49 ist eine gesetzliche Regelung über eine Entschädigung durch den Gesetzgeber offengelassen (Nr. 1 Satz 4).

gg) Aufhebung von Vermögensverwaltungen

Treuhandverwaltungen und ähnliche Maßnahmen mit Verfügungsbeschränkungen über Grundeigentum, Gewerbebetriebe oder sonstiges Vermögen sind aufzuheben (Nr. 2 GE). Dies betrifft vor allem viele Eigentümer, die ihr Eigentum bei Verlassen der DDR ("Republikflucht") zurücklassen mußten, aber auch z. B. ausländisches Eigentum, das z. T. schon in der NS-Zeit unter Treuhandverwaltung gestellt worden war. Grundsätzlich ist hier die Rechtsstellung des Berechtigten stärker, da ihm das Eigentumsrecht verblieben ist.[19)]

d) Unwirksame Enteignungen

Der Gesetzgeber nimmt in der GE und den zu ihrer Ausführung erlassenen Gesetzen (AnmeldeVO, VermG; InvestG) den Standpunkt ein, daß die im Gebiet der früheren DDR vorgenommen Enteignungen regelmäßig rechtswirksam sind, auch wenn sie nach richtiger Bewertung Unrecht darstellten. Dieses Unrecht ist durch Restitution oder Entschädigung auszugleichen, sofern keine Bestandsschutzinteressen Vorrang haben. Aber bis dahin ist die Rechtsgültigkeit der Enteignung hinzunehmen. Dieser Grundsatz dient dem äußeren Rechtsfrieden.

Nun ist aber in einer großen Anzahl von Fällen damit zu rechnen, daß schon nach damaligem Enteignungsrecht die Voraussetzungen einer Enteignung nicht erfüllt waren. Allerdings sind wohl nur grobe Mängel geeignet, eine Unwirksamkeit der Enteignung zu begründen. Dies folgt aus dem erwähnten Gebot des äußeren Rechtsfriedens und aus allgemeinen Grundsätzen des rechtsstaatlichen Verwaltungsrechts, die allerdings nur begrenzt übertragbar sind. Wichtig ist letztlich das Kriterium, ob die Beteiligten den Eingriff als rechtmäßig nach DDR-Recht ansehen mußten oder als nackte, auch durch dortiges Recht nicht gedeckte Willkür.

Zur letzteren Gruppe gehören wohl die Fälle der überfallartig durchgeführten Räumung von Grundstücken im DDR-Grenzbereich binnen 24 Stunden aufgrund Räumungsbefehls. Nichtig ist z. B. wohl auch der eigenmächtige Räumungsbefehl des Bürgermeisters, über den das nach BaulandG zuständige Gremium hätte entscheiden müssen. In Fällen politischer Strafjustiz wurde oft schon vor der Verurteilung enteignet. Auch hier liegt wohl Nichtigkeit vor.

Zu nennen sind ferner die zahlreichen Fälle, in den Behörden der SBZ und der DDR Enteignungen aufgrund SMAD-Befehlen durchgeführt haben, obwohl diese Befehle aufgehoben oder nach dem Willen der Besatzungsmacht nicht mehr durchzuführen waren.[20)] Die letztge

19) Vgl. auch unten 3 i.

20) Vgl. auch unten 5.

nannte Fallgruppe ist von besonderer Bedeutung, weil die Unwirksamkeit solcher Akte für den Zeitraum 1945 - 1949 den nach derzeitiger, freilich verfassungsrechlich zweifelhafter Rechtslage ggf. einzigen Ansatz für einen Rückgabeanspruch bildet.

Im übrigen ist zu beachten, daß die nichtige Enteignung nach dem Willen des Gesetzgebers der Ausnahmefall sein soll. Ist die Enteignung unwirksam, was der Berechtigte zwar nicht zu beweisen, aber hinreichend substantiiert darzutun hat, so ist die Abwicklung analog den Regeln über die Beschlagnahme ohne Enteignung (§§ 11 ff VermG) vorzunehmen.[21)]

2. Die Anmeldung von Vermögensansprüchen

Rechtsquellen:

- VO über die Anmeldung vermögensrechtlicher Ansprüche v. 11. 10. 1990, BGBl I, 2162 (AnmeldeVO) = Horn, RWS-Dok. 2 Nr. II.2.4. Diese VO konsolidiert die folgenden drei VOen:
- VO über die Anmeldung vermögensrechtlicher Ansprüche (1. AnmeldeVO) v. 11. 7. 1990, GBl I Nr. 44 S. 718; Fortgeltung gem. EinigungsV Anlage II Kap. III B Abschn. I Nr. 2, BGBl II 1990, 1157 = *Horn*, RWS-Dok. 1 Nr. 3.22;
- Zweite VO über die Anmeldung vermögensrechtlicher Ansprüche (2. AnmeldeVO) v. 21. 8. 1990, GBl I Nr. 56 S. 1260; Fortgeltung gem. EinigungsV Anlage II Kap. III B Abschn. I Nr. 3, BGBl II 1990, 1157 = *Horn*, RWS-Dok. 2 Nr. I.3.3;
- Dritte VO über die Anmeldung vermögensrechtlicher Ansprüche (3. AnmeldeVO) v. 5. 10. 1990, BGBl I, 2150.

a) Zweck der Anmeldung und Anmeldefrist

Das Anmelderecht dient der raschen und effektiven Klärung der Restitutionsansprüche und damit der Herstellung klarer und dauerhafter Eigentumsverhältnisse, die für den Rechtsfrieden und die Entwicklung einer Marktwirtschaft unentbehrlich sind. Zu diesem Zweck wurden kurze Anmeldefristen vorgesehen, durch die erste VO zunächst bis zum 31. 3. 1991; die Anmeldefrist wurde dann durch die zweite VO auf den 13. 10. 1990 verkürzt. Die dritte VO sieht für besondere Tatbe-

21) Dazu unten 3 i.

stände (Nazi-Enteignungen und solche der politischen Strafjustiz der DDR) wiederum eine Anmeldefrist zum 31. 3. 1991 vor, so daß im Ergebnis eine gespaltene Anmeldefrist besteht. Der Sinn dieser gespaltenen Frist ist im Hinblick auf eine rasche Klärung der Restitutionsansprüche und die Sicherheit des Rechtsverkehrs zweifelhaft. Immerhin sind Fälle denkbar, in denen sich nach der Grundbuchlage ein Tatbestand i. S. der dritten AnmeldeVO ausschließen läßt, so daß nur die am 13. 10. 1990 abgelaufene Anmeldefrist relevant ist.

Die Kürze der Anmeldefrist ist rechtsstaatlich unter dem Gesichtspunkt des verfassungsrechtlichen Eigentumsschutzes nicht unbedenklich. Die Bedenken werden dadurch abgemildert, daß die Versäumung der Frist keinen Rechtsverlust bedeutet (unten c).

Unter dieser Voraussetzung läßt sich die kurze Frist aus den genannten Zwecken der raschen Klärung und Herstellung des Rechtsfriedens wohl grundsätzlich rechtfertigen. Allerdings sprechen die tatsächlichen Umstände dagegen, den Fristablauf am 13. 10. 1990 wörtlich zu nehmen.

Da die Anmeldungen auch bei der Wohnsitzbehörde gestellt werden konnten, die nicht unbedingt mit der örtlich zuständigen Behörde der belegenen Sache oder gar dem zuständigen Liegenschaftsdienst übereinstimmt, konnten die Anmeldungen nur nach einer gewissen Übergangszeit der Sichtung und Verteilung die örtlich zuständigen Liegenschaftsämter erreichen.

Mangelnde personelle Ausstattung der Behörden, Mangel an klaren Dienstanweisungen und schwierige postalische Verhältnisse führten dazu, daß sich zunächst irgendwo Postsäcke mit tausenden ungesichteter Anmeldungen stapelten. Diese tatsächlichen Schwierigkeiten, die vielleicht unvermeidlich waren, müssen bei der Anwendung des Anmelderechts berücksichtigt werden. Dies wird auch in Weisungen der Bundesregierung angeordnet.

b) Tatbestände und Anmeldeverfahren

Das Anmelderecht erfaßt sowohl den Tatbestand der Enteignung (Beschlagnahme) als auch der staatlichen und treuhänderischen Verwaltung. Dazu werden eine Reihe von Verordnungen und Anordnungen im einzelnen aufgezählt (§ 1 Abs. 1).[22] Neben diesem präzisen und zugleich engen Tatbestand des Abs. 1 steht der weitere Tatbestand des Abs. 3, der sich auf formal korrekte, materiell aber ungerechte Akte (Verwaltungsunrecht) bezieht: den Erwerb von Vermögenswerten einschließlich Nutzungsrechten aufgrund unlauterer Machenschaften, z. B. durch Machtmißbrauch, Korruption, Nötigung oder Täuschung des Erwerbers, staatlicher Stellen oder Dritter. Ferner enthält Abs. 2 c den Tatbestand des ökonomischen Zwangs: enteignet sind auch Hausgrundstücke, die aufgrund nicht kostendeckender Mieten und infolgedessen eingetretener Überschuldung durch Enteignung, Eigentumsverzicht, Schenkung oder Erbausschlagung in Volkseigentum übernommen wurden.[23]

Die 3. AnmeldeVO dehnte das Anmelderecht ferner auf Enteignungstatbestände einschließlich ökonomischen Zwangs in der Zeit vom 30. 1. 1933 bis zum 8. 5. 1945 aus, die aus rassischen, politischen, religiösen oder weltanschaulichen Gründen erfolgten (Abs. 2 a). Ferner zählen zu den relevanten Enteignungen auch die, die im Zusammenhang mit rechtsstaatswidrigen Strafverfahren in der DDR vorgenommen wurden, sofern Antrag auf Rehabilitierung nach dem RehabilitierungsG gestellt ist (Abs. 2 b).

Das Anmelderecht legt einen weiten Begriff des Eigentums i. S. des privaten Vermögens zugrunde, das Grundstücke, dingliche Rechte an Grundstücken, bewegliche Sachen, Unternehmen, Unternehmensvermögen, Kontoguthaben und sonstige Forderungen umfaßt (§ 1 Abs. 4). Antragsberechtigt sind natürliche und juristische Personen,

---

22) Die Liste, die durch die 2. VO um den Punkt h erweitert wurde, nennt folgende Vorschriften: a.) VO zur Sicherung von Vermögenswerten v. 17. 7. 1952, GBl Nr. 100 S. 615, und v. 4. 9. 1952, VOBl für Groß-Berlin I, S. 458; b.) 1. Durchführungsanweisung zur VO zur Sicherung von Vermögenswerten v. 8. 9. 1952, VOBl für Groß-Berlin I, S. 459; c.) AO Nr. 2 v. 20. 8. 1958 über die Behandlung des Vermögens von Personen, die die DDR nach dem 10. 6. 1953 verlassen, GBl I Nr. 57 S. 664; d.) AO Nr. 2 v. 3. 10. 1958 über die Behandlung des Vermögens von Personen, die die DDR nach dem 10. 6. 1953 verlassen, VOBl für Groß-Berlin I, S. 673; e.) VO v. 11. 12. 1968 über die Rechte und Pflichten des Verwalters des Vermögens von Eigentümern, die die DDR ungesetzlich verlassen haben, gegenüber Gläubigern in der DDR, GBl II 1969 Nr. 1 S. 1; f.) VO v. 6. 9. 1951 über die Verwaltung und den Schutz ausländichen Eigentums in DDR, GBl Nr. 111 S. 839; g.) VO v. 18. 12. 1951 über die Verwaltung und den Schutz ausländischen Eigentums in Groß-Berlin, VOBl für Groß-Berlin I Nr. 80, S. 565; h.) VO v. 20. 3. 1952 über devastierte landwirtschaftliche Betriebe, GBl Nr. 38 S. 226; i.) sowie zu diesen Rechtsvorschriften erlassene Anweisungen.

23) Eingefügt durch die 2. AnmeldeVO, GBl I Nr. 56 S. 1260.

deren Vermögenswerte von den gesetzlich umrissenen Enteignungsmaßnahmen betroffen sind, sowie deren Erben und Rechtsnachfolger juristischer Personen (§ 2 Abs. 1). Die Anmeldung ist schriftlich beim Landratsamt des Kreises oder bei der Stadtverwaltung des Stadtkreises einzureichen, wo der Berechtigte seinen letzten Sitz oder Wohnsitz hatte, mangels eines solchen Sitzes oder Wohnsitzes bei der Behörde, die für den belegenen Vermögenswert örtlich zuständig ist (§ 2 Abs. 2).

Mit der Anmeldung sind, soweit bekannt, Angaben zur Art, zum Umfang und Ort der Belegenheit der Vermögenswerte sowie zum Berechtigten und zu zwischenzeitlich eingetreten Erbfällen zu machen. Bei rechtsgeschäftlicher Vertretung ist eine schriftliche Vollmacht des Berechtigten beizufügen (§ 4 Abs. 1).[24] Die Behörde soll den Eingang der Anmeldung innerhalb von sechs Wochen schriftlich bestätigen (Abs. 2). Sie kann vom Berechtigten weitere Angaben fordern (Abs. 3). Eine der großen tatsächlichen Schwierigkeiten der Anmeldung liegt darin, daß die Berechtigten oft keine genauen Informationen oder Unterlagen über die Vermögenswerte haben. Insbesondere im Fall der Einrichtung einer Vermögensverwaltung ist dies regelmäßig den Berechtigten seinerzeit nicht mitgeteilt worden, und es besteht häufig Unklarheit darüber.

Die AnmeldeVO verweist für die Entscheidung über die angemeldeten Ansprüche und deren Abwicklung auf ein Gesetz (§ 5). Dieses ist das mit dem EinigungsV ergangene VermG (unten 3). Ein weiteres Gesetz zur Regelung der Entschädigung steht noch aus.

c) Rechtswirkungen der Anmeldung und Fristversäumung

Die rechtzeitige Anmeldung ist ein Grund, die Genehmigung einer Veräußerung des Grundstücks nach der GVVO zu versagen,[25] falls nicht der Eigentümer (gemeint ist: der Restitutionsberechtigte) zustimmt (§ 6 Abs. 1 AnmeldeVO). Das Genehmigungsverfahren nach der GVVO ist so lange auszusetzen bis feststeht, daß die Eigentumsverhältnisse am Grundstück nicht ungeklärt sind. Ungeklärte Eigen-

---

24) Praktische Hinweise zur Anmeldung und zu den einschlägigen Formularen bei *Blümmel/Rodenbach*, Teil D.

25) Vgl. allg. oben II 2 c.

tumsverhältnisse i. S. des Gesetzes bestehen in allen Fällen, in denen Grundstücke nach dem 6. 10. 1949 durch Beschlagnahme, aus vorläufiger staatlicher Verwaltung oder staatlicher Treuhandverwaltung in Volkseigentum überführt oder an Dritte veräußert worden sind (§ 6 Abs. 2 Satz 1 und 2 AnmeldeVO). Ungeklärte Eigentumsverhältnisse liegen auch vor, wenn eine Anmeldung i. S. der AnmeldeVO erfolgt ist (§ 6 Abs. 2 Satz 2 letzter Halbs.). Die Genehmigung kann erteilt werden, wenn der Berechtigte (Restitutionsberechtigte) sein Einverständnis mit der Rechtsänderung oder Rechtsbegründung in notariell beglaubigter Form oder zu Protokoll der Genehmigungsbehörde erklärt oder wenn bis zum 13. 10. 1990 kein Restitutionsanspruch angemeldet wurde (§ 6 Abs. 2 Satz 3 AnmeldeVO).

Die Anmeldung hat im übrigen keine dingliche Verfügungsbeschränkung zur Folge. Der bisher formal Verfügungsberechtigte kann weiter über die Vermögensgegenstände, die einem Restitutionsanspruch ausgesetzt sind, verfügen. Dies ist auch praktisch bedeutsam etwa bei Bestellung einer Hypothek, für die keine Genehmigung mehr erforderlich ist,[26] so daß auch die Anmeldung nicht (auf dem Wege über die Versagung einer Genehmigung) die Bestellung verhindert.[27] Die Versäumung der Anmeldefrist bedeutet aber noch keinen Rechtsverlust. Ist keine Verfügung erfolgt, so kann der Restitutionsanspruch noch geltend gemacht werden. Ferner hat auch eine nachgeholte, verspätete Anmeldung noch Wirkungen, die zu beachten sind; näheres unten 3.

Allerdings kann die Genehmigung gem. GVVO für ein Grundstücksgeschäft erteilt werden, wenn eine Anmeldung nicht vorliegt (§ 6 Abs. 2 Satz 3 letzter Halbs. AnmeldeVO). Bei Anwendung dieser Vorschrift sind allerdings die (oben a) geschilderten tatsächlichen Schwierigkeiten bei der Zuleitung der Anmeldungen zum örtlich zuständigen Liegenschaftsamt zu beachten. Eine Entscheidung, die diese Schwierigkeiten während einer Übergangszeit unbeachtet ließe, wäre rechtsstaatlich bedenklich. Außerdem stellt das VermG klar, daß auch die verspätete Anmeldung zu beachten ist (unten 3).

---

26) Vgl. jedoch oben Kap. 2 V 2 b ff.

27) Weitere Einzelheiten unten 3 f cc: Das Grundpfandrecht muß der Restitution weichen; dazu auch oben Kap. 2 V 2 c ff.

3. Das Gesetz zur Regelung offener Vermögensfragen

Rechtsquelle:

- G zur Regelung offener Vermögensfragen vom 3. 10. 1990 gem. EinigungsV Anlage II Kap. III B Abschn. I Nr. 5, BGBl II 1990, 1159 = Horn, RWS-Dok. 2 Nr. II.2.3.

a) Überblick; Gesetzeszweck

Das Gesetz zur Regelung offener Vermögensfragen (VermG) ist gesetzlicher Ausdruck der in der GE niedergelegten Grundsätze zur Behandlung des Enteignungsproblems. In den Erläuterungen der Bundesregierung[28] wird darauf hingewiesen, daß die Enteignungen 1945 - 1949 ausgeklammert bleiben, für den Zeitraum nach Gründung der DDR (7. 10. 1949) dagegen "der Grundsatz der Restitution, soweit Vermögenswerte ihren Eigentümern in rechtsstaatswidriger Weise entzogen worden sind", gelte.[29] Zum Schwerpunkt des Gesetzes heißt es: "im Kern geht es um diejenigen vermögensrechtlichen Maßnahmen, die gegen Deutsche in der DDR ergriffen wurden, die ihr Land nach dortigem Verständnis illegal verlassen haben, und um einen Ausgleich der diskriminierenden Regelungen, denen das Eigentum von Deutschen mit Wohnsitz außerhalb der DDR und Ausländern generell unterworfen wurde." Das Gesetz diene im wesentlichen nur dazu, "die spezifischen Nachteile auszugleichen, die Bundesbürger und Ausländer aufgrund der Tatsache hinnehmen mußten, daß sie über ihr Eigentum . . . bislang nicht oder nicht mehr selbst verfügen konnten. Enteignungen, von denen Bürger der DDR, Bundesbürger und Ausländer gleichermaßen betroffen waren (z. B. Enteignungen aufgrund der Bestimmung des Verteidigungsgesetzes der DDR), sind grundsätzlich nicht Gegenstand dieses Gesetzes".[30]

Diese Schwerpunktsetzung ist von dem verständlichen Bemühen des Gesetzgebers getragen, nicht alle und jegliche Eingriffe in das Privatvermögen der DDR-Bürger durch den Staat, die sich in den letzten 40

---

28) Erläuterungen zu den Anlagen zum EinigungsV; hier: zur Anlage II Kap. III B Abschn. I Nr. 1 und 2, BT Drucks. 11/7831, S. 61 f (i. f.: Erläut.) = *Horn*, RWS-Dok. 2 Nr. I.3.3, S. 6 f.

29) Erläut., S. 1 = *Horn*, RWS-Dok. 2 Nr. II.2.3., S. 10.

30) Erläut. zu § 1, S. 2 = *Horn*, RWS-Dok. 2 Nr. II.2.3, S. 11.

Jahren ereignet haben, zum Gegenstand einer dann uferlosen Restitutionsgesetzgebung zu machen. Darin liegt zugleich der billigenswerte Gedanke, daß zwischen diskriminierenden Enteignungen, die für den Unrechtscharakter des DDR-Staates spezifisch sind, einerseits und andererseits solchen Enteignungen zu unterscheiden ist, die auch in rechtsstaatlichen Verhältnissen anerkannt sind wie z. B. die Inanspruchnahme von Privatgrundstücken für öffentliche Zwecke (Straßenbau, Verteidigung usw.), auch wenn diese "normalen" Enteignungsgesetze durch die besonderen Verhältnisse der DDR (geringere Achtung der Privatinteressen der Bürger, niedrige Entschädigungen) geprägt sein mögen.

Gleichwohl vermitteln die zitierten Äußerungen der Erläuterungen ein unvollständiges Bild. Denn für bestimmte besonders wichtige Fallgruppen werden gerade Bürger der ehemaligen DDR einschließlich derer, die die DDR nicht oder erst nach dem Eingriff verlassen haben, geschützt. Dazu gehören vor allem die Fälle der Entziehung betrieblicher Vermögenswerte und die sog. "kalte Enteignung" von Grundvermögen aufgrund ökonomischen Zwangs, also der Fall des Eigentümers eines Miethauses, der sein Eigentum wegen der ökonomischen Lasten aufgab, durchaus aber in "seinem" Haus wohnen blieb.

Das Gesetz unterscheidet die Fallgruppen der Enteignung (§ 1, §§ 3 ff) und der Verwaltung (§ 1 Abs. 4, §§ 11 ff). Bei Enteignung ist grundsätzlich Rückgabe (Restitution) vorgesehen (§ 3). Das Gesetz sieht aber hier Ausnahmen vor mit Rücksicht auf anerkennenswerte Bestandsschutzinteressen (§§ 4, 5). Hier kann eine Entschädigung eingreifen (§ 9), deren Einzelheiten aber im VermG nicht geregelt sind. Im Fall der Vermögensverwaltung ist deren Aufhebung oder eine Entschädigung vorgesehen (§ 11). Ausgeklammert bleiben, wie erwähnt, die Enteignungsfälle 1945 - 1949 sowie der Entzug von Eigentum der kommunalen Gebietskörperschaften (§ 1 Abs. 8); in der letzteren Fallgruppe greift das KVG ein.[31]

---

31) Zum KVG vgl. oben III 3 b.

b) Die erfaßten Enteignungstatbestände

Die Enteignungstatbestände sind in § 1 VermG geregelt und im Unterschied zu den Fällen der staatlichen Verwaltung (§ 11 VermG) dadurch gekennzeichnet, daß der private Eigentümer seine rechtliche Stellung als Eigentümer nach DDR-Recht endgültig verloren hatte. Das Gesetz legt entsprechend der GE und der AnmeldeVO einen weiten Eigentumsbegriff i. S. des Privatvermögens zugrunde und spricht von "Vermögenswerten" (§ 1 Abs. 1 und § 2 Abs. 2). Das Gesetz betrifft daher "bebaute und unbebaute Grundstücke sowie rechtlich selbständige Gebäude und Baulichkeiten (i. f. Grundstücke und Gebäude genannt), Nutzungsrechte und dingliche Rechte an Grundstücken oder Gebäuden sowie bewegliche Sachen", aber auch Kontoguthaben, sonstige Geldforderungen sowie betriebliches Eigentum und betriebliche Beteiligungsrechte (§ 2 Abs. 2). Ferner will das Gesetz auch die Forderungen und sonstigen Rechte Dritter in bezug auf das entzogene Vermögen berücksichtigen (§ 1 Abs. 5).

Es sind die folgenden Fallgruppen zu unterscheiden:

aa) Diskriminierende Enteignungen (§ 1 Abs. 1 a - c)

Als diskriminierende Enteignungen sollen solche bezeichnet werden, bei denen zwar eine gesetzliche Grundlage der Enteignung vorhanden war, aber entweder diese sich grundsätzlich vom Typ des rechtsstaatlichen Enteignungsgesetzes unterschied oder die Umstände diskriminierend waren, z. B. wegen fehlender oder im Vergleich zu anderen DDR-Regelungen zu niedriger Entschädigung. Das Gesetz nennt drei Fälle:

- entschädigungslose Enteignung und Überführung in Volkseigentum ohne Entschädigung (§ 1 Abs. 1 a);
- Enteignung gegen eine geringere Entschädigung, als sie Bürgern der früheren DDR zustand (§ 1 Abs. 1 b);
- Veräußerung durch staatliche Verwalter an Dritte (§ 1 Abs. 1 c); gleichgestellt ist der Fall der Veräußerung nach Überführung ins Volkseigentum, der an sich bereits durch die Fälle a und b erfaßt ist.

Der Gesetzgeber geht davon aus, daß es sich dabei im wesentlichen um Enteignungen aufgrund einer bestimmten Anzahl von Gesetzen handelt, die in der AnmeldeVO als Anmeldetatbestände einzeln aufgeführt sind.[32] Da das VermG diese Enteignungsgesetze aber nicht ausdrücklich zu Tatbestandsmerkmalen erhebt, kommen auch andere Gesetze in Betracht, aufgrund deren Enteignungen erfolgt sind und die die übrigen Tatbestandsmerkmale des § 1 Abs. 1 erfüllen.

bb) Entzug von Betriebsvermögen (§ 1 Abs. 1 d)

§ 1 Abs. 1 d hebt besonders die Enteignungen auf der Grundlage des Beschlusses des Präsidiums des Ministerrats der DDR vom 9. 2. 1972 und der im Zusammenhang damit erlassenen Regelungen hervor. Es geht dabei um den Entzug betrieblicher Vermögenswerte durch erzwungene Veräußerungen, typischerweise von restlichen privaten Beteiligungen (Gesellschaftsanteilen) an Unternehmen, an denen schon zuvor eine staatliche Beteiligung erzwungen worden war. Erfaßt ist aber auch der seltenere Fall, daß ein Unternehmen noch ganz in Privateigentum stand und dieses aufgegeben wurde.

Die Rückgabe der betreffenden Vermögenswerte war bereits in §§ 17 - 21 UnternehmensG vorgesehen. Diese Regelung, die durch den EinigungsV aufgehoben wurde,[33] hat in der kurzen Zeit ihrer Geltung große Bedeutung erlangt; zahlreiche Anträge wurden gestellt und nicht wenige bereits abgewickelt.[34] Die Regelung hat sich nach Meinung des Gesetzgebers jedoch als nicht ganz sachgerecht erwiesen[35] und wurde daher durch eine neue Rückgaberegelung in § 6 VermG ersetzt.[36] Außerdem waren die Enteignungen betrieblichen Vermögens 1949 - 1972 nicht erfaßt; dies ist bereits in der GE korrigiert.[37] Der Entzug betrieblichen Vermögens und entsprechender Beteiligungsrechte ist jetzt generell durch die Tatbestände des § 1 Abs. 1 VermG und durch den weiten Vermögensbegriff des VermG erfaßt.

---

32) Oben 2; vgl. auch Erläut., zu § 1, S. 2 = Horn, RWS-Dok. 2 Nr. II.2.3, S. 11.

33) Durch die generelle Regelung des Art. 9 EinigungsV, BGBl II 1990, 1159 = *Horn*, RWS-Dok. 2 Nr. I.1.3; ausdrückliche Aufhebung der §§ 17 bis 21 noch einmal durch § 39 Nr. 10 VermG, BGBl II 1990, 1159 = *Horn*, RWS-Dok. 2 Nr. II.2.3.

34) Dazu unten Kap. 4 III 7.

35) Erläut. zu § 1, S. 2 = Horn, RWS-Dok. 2 Nr. II.2.3, S. 11.

36) Zu dieser unten Kap. 4 III 7.

37) Vgl. oben 1 c.

cc) Kalte Enteignung (§ 1 Abs. 2)

Ein besonderer Fall der Enteignung bebauter Grundstücke und Gebäude ist in § 1 Abs. 2 geregelt. Der Tatbestand betrifft Fälle einer scheinbar freiwilligen Eigentumsaufgabe durch Verzicht, Schenkung oder Erbausschlagung, die zur Übernahme in Volkseigentum führte,[38] wenn diese Eigentumsaufgabe unter ökonomischen Zwang erfolgte ("kalte Enteignung"). Er bestand darin, daß Eigentümer von Miethäusern aufgrund der verbindlich vorgeschriebenen, nicht kostendeckenden Mieten in eine ökonomische Zwangslage gerieten, wenn sie zur Durchführung der notwendigen Erhaltungsarbeiten gezwungen wurden.[39]

Zwischenstation bei der Entwicklung dieser Zwangslage war häufig die staatliche Anordnung und Durchführung der Erhaltungsarbeiten unter zwangsweiser Eintragung einer Aufbauhypothek. Das Gesetz nennt als Tatbestand, daß die Enteignung oder Eigentumsaufgabe "aufgrund nicht kostendeckender Mieten und infolgedessen eingetretener Überschuldung" vorgenommen wurde.

Dem Sinn und Zweck der Norm nach darf das Merkmal der "eingetretenen" Überschuldung nicht zu eng ausgelegt werden. Umfaßt ist daher auch der Fall, daß die Überschuldung sich im Zeitpunkt der Eigentumsaufgabe erst abzeichnete, aber sicher zu erwarten stand. Es geht also um Fälle, "in denen ein weiteres Festhalten am Eigentum . . . als wirtschaftlich sinnlos erscheinen mußte".[40]

Der Gesetzgeber ließ sich allerdings von dem Modellfall leiten, daß zum Zeitpunkt der Eigentumsaufgabe die Überschuldung bereits eingetreten war.[41] Diese Einschränkung widerspricht aber dem Sinn und Zweck der Vorschrift, weil dadurch gerade der verantwortungsvolle Eigentümer, der die sichere Überschuldung vor sich sah und rechtzeitig handelte, dann schutzlos bliebe. Dieser weitaus häufigere Fall ist gleich zu behandeln.

---

38) Zum Eigentumsverzicht allg. oben I 3 d.
39) Zum ganzen oben Kap. 2 IV 3.
40) Erläut. zu § 1, S. 3 = Horn, RWS-Dok. 2 Nr. II.2.3, S. 12.
41) Erläut., S. 3: "in Anbetracht der bestehenden Überschuldung" wurde Verzicht, Schenkung oder Erbausschlagung gewählt.

dd) Unlautere Machenschaften (§ 1 Abs. 3)

Restitutionspflichtige Enteignungen sind auch Fälle des Erwerbs von Vermögenswerten und Nutzungsrechten "aufgrund unlauterer Machenschaften, z. B. durch Machtmißbrauch, Korruption, Nötigung oder Täuschung" (§ 1 Abs. 6 VermG). Diese Mittel können vom Erwerber, von staatlichen Stellen oder Dritten angewandt sein. Gemeint sind hier wiederum vor allem Fälle der scheinbar freiwilligen Vermögensaufgabe durch Veräußerung, Schenkung oder Verzicht. Die Erläuterungen nennen den Fall, daß eine Ausreisegenehmigung davon abhängig gemacht wurde, daß der Ausreisewillige zuvor Vermögenswerte entgeltlich oder unentgeltlich veräußerte oder auf sein Eigentum verzichtete.[42)] Aber auch in Fällen, in denen schon auch äußerlich erkennbar unfreiwilliger Eigentumsentzug durch Einsatz staatlicher Machtmittel erfolgte, insbesondere durch willkürliche oder nur scheinbar durch Gesetz gedeckte Beschlagnahme und Enteignung ("Verwaltungsunrecht"), ist ein Enteignungstatbestand gegeben.

In beiden Fallgruppen brauchen diese Machenschaften nicht vom Erwerber veranlaßt zu sein. Häufiger ist der Fall, daß der Staatsapparat oder eine andere Person den Druck ausübte oder die unrechten Maßnahmen vornahm. Es wird also nicht nur der Fall erfaßt, daß z. B. ein einflußreicher Funktionär den staatlichen Machtapparat selbst manipulierte. Es genügt bereits, wenn er das Unrecht ausnutzte. Nicht selten war der Fall, daß einflußreiche Funktionäre sich auf Wartelisten für die Zuweisung zu enteignender Häuser setzen ließen und dann später "etwas Passendes" angeboten bekamen, oder ihr Ziel unter Mißbrauch des staatlichen Vorerwerbsrechts bei privaten Grundstücksveräußerungen erreichten. Hier ist zugleich die Redlichkeit des Erwerbers i. S. d. § 4 Abs. 3 VermG ausgeschlossen (unten f).

ee) NS-Opfer (§ 1 Abs. 6)

Das Gesetz ist entsprechend auf Enteignungen, Zwangsverkäufe oder andere unfreiwillige Vermögensverluste in der Zeit vom 30. 1. 1933 bis 8. 5. 1945 von Personen anzuwenden, die aus rassischen, politischen, religiösen oder weltanschaulichen Gründen verfolgt wurden (§ 1

42) Erläut. zu § 1, S. 3 = Horn, RWS-Dok. 2, Nr. II.2.3, S. 12.

Abs. 6). Diese Enteignungen sind auch dann rückgängig zu machen, wenn der neue Eigentümer oder der Verfolgte des NS-Regimes nach vorübergehender Rückerstattung des Vermögens nach dem 8. 5. 1945 erneut zwischen dem 8. 5. 1945 und dem 7. 10. 1949 enteignet wurde. Darin liegt eine bemerkenswerte Einschränkung des Grundsatzes, die Enteignungen 1945 - 1949 von jeglicher Restituition auszunehmen. Der Gesetzgeber begründet dies damit, daß es hier nicht um die Rückgängigmachung sowjetischer Maßnahmen gehe, sondern um die Wiedergutmachung nationalsozialistischen Unrechts.[43)]

Im übrigen wird in dieser Fallgruppe nicht nach Maßnahmen des Vermögensverlustes differenziert. Außer Enteignung und Zwangsverkauf kann der Eigentumsverlust auch "auf andere Weise" eingetreten sein. Damit ist auch der Fall erfaßt, daß ungerechte Strafurteile während der NS-Zeit zum Vermögensverlust geführt haben, z. B. durch Urteile des Volksgerichtshofs gegen Widerstandskämpfer.

ff) DDR-Justizopfer (§ 1 Abs. 7)

Enteignungen i. S. des VermG sind auch Fälle des Vermögensentzugs im Zusammenhang mit Strafverfahren, Ordnungsstrafverfahren oder verwaltungsrechtlichen Entscheidungen der Gerichte und Behörden der DDR, die in rechtsstaatswidriger Weise ergangen sind; dies gilt vor allem für die Tatbestände der politischen Strafjustiz. Vorausgesetzt wird allerdings, daß die gerichtliche oder behördliche Entscheidung aufgrund anderer Vorschriften aufgehoben ist. Das VermG regelt diese Aufhebung nicht, sondern verweist insoweit auf das Rehabilitierungsrecht.[44)]

43) Erläut. zu § 1, S. 3 = Horn, RWS-Dok. 2 Nr. II.2.3, S. 12.

44) Die Volkskammer der DDR hat das RehabilitierungsG v. 6. 9. 1990, GBl I Nr. 60 S. 1459, erlassen. Es wurde nur teilweise ab 3. 10. 1990 aufrechterhalten gem. Art. 3 Nr. 6 Vereinbarung zur Durchführung des EinigungsV v. 18. 9. 1990, BGBl II 1990, 1240 f = Horn, RWS-Dok. 2 Nr. I.1.6.

c) Die ausgenommenen Enteignungstatbestände (§ 1 Abs. 8)

aa) Enteignungen 1945 - 1949

Das VermG will nicht alle Enteignungsfälle regeln, wie in der amtlichen Begründung (Erläuterungen) ausdrücklich ausgeführt ist (oben a). § 1 Abs. 8 hebt besondere Ausnahmetatbestände hervor, in denen der Gesetzgeber an sich eine Enteignung als gegeben sieht, die Behandlung dieser Enteignung nach dem VermG aber ausschließen will. Hier sind wiederum zunächst die Enteignungen von Vermögenswerten auf besatzungsrechtlicher oder besatzungshoheitlicher Grundlage genannt (a), die in der Zeit vom 8. 5. 1945 bis 7. 10. 1949, also vor der Gründung der DDR, vorgenommen wurden. Es geht dabei im wesentlichen um entschädigungslose Enteignungen von Betriebsvermögen zugunsten der Länder der damaligen sowjetisch besetzten Zone und im Rahmen sowjetischer Reparationsmaßnahmen, ferner im Bereich der Landwirtschaft um die sogenannte demokratische Bodenreform.[45] Die Ausnahme gilt nur für Enteignungen "auf besatzungsrechtlicher oder besatzungshoheitlicher Grundlage". Dies beurteilt sich nach den Vorstellungen des Gesetzgebers danach, ob die Maßnahmen "in formeller Hinsicht auf entsprechenden Befehlen bzw. Anordnungen der sowjetischen Militäradministration oder auf Rechts- bzw. Hoheitsakten der Länder der ehemaligen sowjetischen Besatzungszone und kommunaler Stellen des sowjetischen Sektors von Berlin beruhen."[46] Die amtliche Erläuterung ist insofern mißverständlich formuliert, als die zweite Alternative als Ausnahme ("oder") gedeutet werden kann. Dies ist u. U. nicht gemeint, läßt sich aber mit dem Wortlaut des VermG und dem begrenzten Zweck der Nr. 1 GE gut vereinbaren.

Die Ausnahme gilt nicht, wenn zugleich der Tatbestand des § 1 Abs. 6 erfüllt ist (oben b ee). War der NS-Verfolgte zunächst von den Nazis enteignet, dann nach Rückgabe erneut aufgrund sowjetischer Anordnung enteignet worden, ist er restitutionsberechtigt. War die Enteignung des NS-Widerstandskämpfers in der Nazizeit aber aus irgendeinem Grunde unterblieben und war dann die Enteignung von Sowjetseite erfolgt oder veranlaßt, vielleicht aufgrund eines Irrtums oder

45) Erläut. zu § 1, S. 3 = Horn, RWS-Dok. 2 Nr. II.2.3, S. 12. S. auch unten 5.
46) Erläut. zu § 1, S. 3 = Horn, RWS-Dok. 2 Nr. II.2.3, S. 12.

Mißverständnisses, wie sie in den wirren Verhältnissen der ersten Nachkriegszeit üblich waren, sind er oder seine Erben nicht restitutionsberechtigt. Dieses Ergebnis ist natürlich ungereimt und zeigt das geringe Maß an innerer Rechtfertigung der ganzen Ausnahme. Auf die außenpolitischen Rücksichten, die bei der Entstehung der Ausnahme eine Rolle spielen, wurde bereits (oben Kap. 1 IV 8) hingewiesen. Ebenso wurde bereits die verfassungsrechtlich gebotene Einschränkung der Ausnahme dargelegt (aaO).

bb) Völkerrechtliche Regelungen

Ausgenommen von der Regelung durch das VermG sind ferner vermögensrechtliche Ansprüche von Ausländern, die durch entsprechende völkerrechtliche Vereinbarungen ihrer Heimatstaaten mit der DDR bereits geregelt wurden (§ 1 Abs. 8 b). Dies gilt für Dänemark, Finnland, Österreich und Schweden. Ferner ausgenommen sind die Anteilsrechte an der Altguthaben-Ablösungs-Anleihe (Abs. 8 c). Deren Rückzahlung ist gesondert geregelt.[47)]

cc) Ansprüche nach dem KVG

Schließlich sind Ansprüche der Gemeinden, Städte und Landkreise der DDR gem. § 1 Abs. 8 lit d VermG ausgenommen, soweit das KVG (oben III 2 b) dafür Regelungen enthält.

d) Der Restitutionsanspruch (§ 3)

aa) Berechtigter (§ 2)

Berechtigte i. S. des VermG sind natürliche und juristische Personen, deren Vermögenswerte von Enteignungsmaßnahmen (§ 1) betroffen sind, sowie ihre Rechtsnachfolger (§ 2 Abs. 1). Im Fall der Enteignung oder Beschlagnahme von Unternehmen ist Berechtigter der Unter-

---

47) VO über die Tilgung der Anteilsrechte von Inhabern mit Wohnsitz außerhalb der DDR an der Altguthaben-Ablösungs-Anleihe v. 27. 6. 1990, GBl I Nr. 39 S. 543 = *Rutke/Ulbrich*, RWS-Dok. 5, Nr. II.3.10; Durchführungsbestimmung v. 20. 7. 1990 GBl I S. 906 = *Rutke/Ulbrich*, RWS-Dok. 5, Nr. II.3.13

nehmensträger, also etwa eine Handelsgesellschaft.[48] Inhalt der Berechtigung ist entweder ein Anspruch auf Rückübertragung (§ 3) oder auf Entschädigung (§ 9). Machen mehrere Personen Ansprüche im Hinblick auf denselben Vermögenswert geltend, so gilt derjenige als Berechtigter, der von der Maßnahme i. S. d. § 1 als erster betroffen war (§ 3 Abs. 2 VermG). Die Definition der Berechtigung in § 2 ist unvollständig und vor allem als formelle Voraussetzung eines zulässigen Antrags i. S. d. §§ 30 ff VermG von Bedeutung; dafür genügt die Behauptung der Betroffenheit i. S. d. § 2 VermG. Die materielle Berechtigung ist gegeben, wenn die Voraussetzungen des § 2 tatsächlich vorliegen, insbesondere ein Enteignungstatbestand i. S. d. § 1 gegeben ist, und die Ausnahmetatbestände der §§ 4 und 5 nicht eingreifen. Gewisse Zweifelsfragen bestehen hinsichtlich des Begriffs des Berechtigten i. S. d. § 3 VermG (unten f aa).

bb) Der Anspruch (§ 3)

Es gilt der Grundsatz der Rückübertragung (Restitution). Nach § 3 Abs. 1 sind Vermögenswerte, die aufgrund von Enteignungsmaßnahmen i. S. d. § 1 in Volkseigentum überführt oder an Dritte veräußert wurden, auf Antrag an die Berechtigten aufgrund einer Entscheidung der zuständigen Behörde zurückzuübertragen, soweit nicht ein gesetzlicher Ausnahmetatbestand eingreift. § 3 Abs. 1 normiert einen öffentlich-rechtlichen Rückübertragungsanspruch.[49] Sein Inhaber ist der Berechtigte i. S. d. § 2, wenn die übrigen materiellen Voraussetzungen seiner Berechtigung (gem. §§ 1, 3, 4, 5) gegeben sind. Anspruchsgegner ist der derzeit Verfügungsberechtigte (vgl. § 3 Abs. 3). Derzeit Verfügungsberechtigter ist der Rechtsnachfolger des damaligen Rechtsträgers[50] des Volkseigentums. Dies kann ein damaliger privater Erwerber sein (§ 1 Abs. 3). Häufig ist es der Rechtsnachfolger der sozialistischen Wirtschaftseinheit, die als Rechtsträger das betreffende Betriebsgrundstück innehatte und nun als umgewandelte Kapitalgesellschaft daran Eigentum erworben hat (§ 11 Abs. 2 TreuhandG) oder

48) Zur Nachliquidationsgesellschaft allg. unten Kap. 4 I 3 d, zur Unternehmensrückgabe Kap. 4 III 7. Eine Novellierung des § 2 VermG soll klarstellend auch Personenhandelsgesellschaften bei den Berechtigten aufzählen (Planungsstand: 21. 1. 1991).

49) Erläut. zu § 3, S. 4 = Horn, RWS-Dok. 2 Nr. II.2.3, S. 13.

50) Zum Begriff des Rechtsträgers oben I.

die kommunale Gebietskörperschaft, die gemäß KVG durch Rückübertragung Eigentum an ehemalig volkseigenen Grundstücken erwirbt.[51)]

Voraussetzung des öffentlich-rechtlichen Restitutionsanspruchs ist der Antrag des Berechtigten. Die Versäumung der in der AnmeldeVO vorgesehenen Anmeldefrist bewirkt jedoch keinen Rechtsverlust.[52)] Der Antrag bewirkt noch keine Änderung der dinglichen Rechtslage.[53)]

cc) **Die Restitution (§ 34)**

Inhalt des Anspruchs ist die Rückübertragung des betreffenden Vermögensgegenstandes. Dieser richtet sich nach der Art des entzogenen Rechts. Für die Rückübertragung von Unternehmen und Unternehmensbeteiligungen trifft § 6 eine besondere ausführliche Regelung. Diese ist im Zusammenhang mit dem Recht der Privatisierung der Unternehmen dargestellt.[54)] Im Fall der Enteignung eines Grundstücks oder einer beweglichen Sache ist das Eigentum wieder zu verschaffen. Dies erfolgt durch Verwaltungsakt, mit dessen Unanfechtbarkeit der Berechtigte (wieder) Eigentum erwirbt (§ 34 Abs. 1 VermG). Vor Wirksamkeit des Verwaltungsaktes bleibt die dingliche Rechtslage unverändert. Der bisher nach altem Recht Verfügungsberechtigte kann also weiterhin wirksam verfügen. Die Verfügungsberechtigung nach altem Recht beruht auf Eigentum. Das Restitutionsrecht nach VermG stellt im Grundsatz die dingliche Wirksamkeit der Enteignungen nicht in Frage (oben 1 d). Die Verfügungen des derzeitigen Eigentümers können freilich nach Anmeldung den Restitutionsanspruch nicht mehr beeinträchtigen (unten f). War die Enteignung schon nach DDR-Recht unwirksam, ist der Fall entsprechend dem der bloßen Beschlagnahme i. S. d. § 11 VermG zu behandeln.[55)]

---

51) Zum ganzen oben III 2.
52) Vgl. oben 2 c.
53) Einzelheiten unten f.
54) Unten Kap. 4 III 7.
55) Dazu unten i. Grundsätzlich zu dieser Frage oben 1 d.

dd) Anwartschaftsähnliches Recht; deliktischer Schutz

Wenngleich der Restitutionsanspruch nicht dinglicher Natur ist, so ist er doch in besonderer Weise gegen eine Beeinträchtigung durch Verfügungen des derzeitigen Eigentümers oder Verwalters geschützt, insbesondere nach seiner Anmeldung. Dieser Schutz hat z. T. eine quasidingliche Wirkung, wie noch zu zeigen ist (unten f, insbes. cc). Zwar weist der Restitutionsanspruch insbesondere im wichtigen Fall der Grundstücksrestitution nicht alle Merkmale eines Anwartschaftsrechts auf;[56] er kann aber mit einem solchen Recht jedenfalls nach Anmeldung verglichen werden. Der Restitutionsanspruch ist daher als sonstiges Recht i. S. d. § 823 Abs. 1 BGB anzusehen, weil und soweit er dem Berechtigten die rechtlich gesicherte Aussicht auf die künftige Wiedereinräumung der Eigentümerstellung verleiht.[57] Der Berechtigte genießt also deliktischen Schutz gegen Eingriffe Dritter, ohne daß es darauf ankommt, wie weit ein solcher Schutz Forderungsrechten allgemein zukommt.[58] Eingriffe Dritter können daher aufgrund eines deliktischen Unterlassungsanspruchs auch im Wege der einstweiligen Verfügung (§ 940 ZPO) abgewehrt werden. Das Kreisgericht Magdeburg hat dies in einem Fall eines mit einem Hotel bebauten Grundstücks entschieden, in dem der Berechtigte seinen Restitutionsanspruch durch umfangreiche Ausbaupläne des derzeitigen Pächters (der also nicht selbst der Schuldner des Restitutionsanspruchs war), bedroht sah.[59]

e) Rechtsfolgen der Restitution; Rechte Dritter

aa) Eigentum (§ 16)

Im Ergebnis der Durchführung der Restitution tritt der Berechtigte wieder in die volle Rechtsstellung des Inhabers des entzogenen Rechts ein, bei Grundstücken oder beweglichen Sachen also in die Rechtsstellung des Eigentümers (§ 16 VermG). Am Grundstück bestehende

56) Zum Anwartschaftsrecht des Grundstückserwerbers vgl. *Baur*, Sachenrecht, § 19 B I 2c.

57) Zum Deliktschutz des Anwartschaftsrechts allg. *Staudinger/Schäfer*, § 823 Rz. 85 ff, 88; BGHZ 55, 20.

58) Zu letzterer Frage allg. *Staudinger/Schäfer*, § 823 Rz. 77, 78, 81.

59) Kreisgericht Magdeburg, 23. 11. 1990 - Z 393/90 SO, ZIP 1990, 1635; vgl. dazu auch EWiR 1990, 97 *(Steeger)*.

Miet- oder Nutzungsrechtsverhältnisse werden nicht berührt (§ 17 Satz 1 VermG); anders, wenn der Mieter oder Nutzer bei Abschluß des Vertrages nicht redlich war (§ 1 Abs. 3 i. V. m. § 4 Abs. 2 und 3 VermG).

bb) Dingliche Belastungen (§ 18)

Dingliche Belastungen, die im Zeitpunkt des Übergangs in Volkseigentum bestanden haben, sind wieder im Grundbuch einzutragen (§ 18 Abs. 1 Satz 1 VermG). Einer Anmeldung durch den Berechtigten (z. B. den Hypothekar) i. S. der AnmeldeVO bedarf es dabei nicht, obwohl die dingliche Belastung ein Vermögensgegenstand i. S. d. §§ 2 Abs. 2 VermG, 1 Abs. 4 AnmeldeVO ist. Aber das Gesetz will im Grundsatz den Zustand zum Zeitpunkt der Enteignung wiederherstellen und einen Zusatzgewinn durch lastenfreien Erwerb ausschließen.

Soweit der Begünstigte vom Staat bereits befriedigt worden ist, geht die zugrundeliegende Forderung auf einen Entschädigungsfonds (unten h aa) über; die zuständige Behörde kann die Eintragung einer Sicherungshypothek zugusten des Fonds verlangen (§ 18 Abs. 1 Satz 2). Aufbauhypotheken, die seinerzeit zwangsweise zur Finanzierung von Aufbaumaßnahmen eingetragen werden konnten,[60] sind vom Berechtigten zu übernehmen, wenn eine der Kreditaufnahme entsprechende werterhöhende oder werterhaltende Baumaßnahme durchgeführt wurde. Dies war häufig nicht der Fall, d. h. Teile der gesicherten Kreditmittel wurden zweckentfremdet. Die staatliche Stelle, zu deren Gunsten die Aufbauhypothek bestellt war, trägt die Beweislast für die zweckentsprechende Verwendung.

cc) Mieter und Nutzer; Vorkaufsrecht (§§ 19 ff)

Nicht selten haben Mieter und Nutzer von Wohnungen, Erholungs- und Geschäftsgrundstücken Aufwendungen zur Erhaltung und Verbesserung des Grundstücks oder der Räumlichkeiten getätigt, die an sich dem Eigentümer oblagen und für die nach altem DDR-Recht eine

60) Oben Kap. 2 IV und V.

Forderung auf Aufwendungs- bzw. Kostenerstattung, Wertersatz oder angemessene Entschädigung entstanden ist. Die Mieter und Nutzer können diese Forderung nach dem Verfahren des VermG anmelden (§ 19 Abs. 1). Das Gesetz geht davon aus, daß möglichst mit dem Berechtigten eine Vereinbarung im Wege der Neuverhandlung getroffen werden soll. Im Streitfall steht der Zivilrechtsweg offen (§ 19 Abs. 3). Die Aufhebung der staatlichen Verwaltung oder die Rückübertragung sollen von der Klärung dieser Fragen aber nicht berührt werden.

Auf Antrag sollen Mieter und Nutzer von Ein- und Zweifamilienhäusern sowie von Grundstücken für Erholungszwecke ein Vorkaufsrecht am Grundstück erhalten (§ 20 Abs. 1). Für den Fall, daß der Rückübertragungsanspruch durch Eigentums- oder dingliche Nutzungsrechte Dritter eingeschränkt oder entfallen ist, kann umgekehrt der Berechtigte auf Antrag ein Vorkaufsrecht am Grundstück und dessen Eintragung verlangen (§ 20 Abs. 2). Die Anträge auf Eintragung des Vorkaufsrechts sind nach dem Verfahren des VermG zu stellen. Mieter und Nutzungsberechtigte können schließlich die Bereitsstellung eines gleichartigen Ersatzgrundstücks für den Berechtigten beantragen, wenn sie selbst das Grundstück kaufen wollen. Diese Lösung hängt aber letztlich davon ab, daß der Berechtigte einverstanden ist (§ 21 Abs. 1 und 3 VermG).

dd) Wertausgleich (§ 7)

§ 7 VermG sieht einen Wertausgleich vor, wenn seit der Enteignung der Vermögensgegenstand einen Wertzuwachs oder eine Wertminderung erfahren hat. Bei Werterhöhungen aus Mitteln des Staatshaushalts hat der Berechtigte die Werterhöhung auszugleichen, bei Wertminderungen umgekehrt einen Anspruch auf Ausgleich. Für die Feststellung von Wertveränderungen gelten die bewertungsrechtlichen Vorschriften (§ 7 Satz 2).

ee) Wahlrecht (§ 8)

Der Restitutionsberechtigte hat ein Wahlrecht. Er kann gem. § 8 VermG statt des Anspruchs auf Rückübertragung Entschädigung wählen (§ 8 Abs. 1 Satz 1). Dieses Wahlrecht besteht nicht bei Berechtigten, deren Grundstücke durch Eigentumsverzicht, Schenkung oder Erbausschlagung in Volkseigentum übernommen wurden. Der ehemalige Eigentümer des Miethauses, der infolge ökonomischer Überbelastung auf sein Haus verzichtet oder es dem Staat geschenkt hatte, muß sich also entscheiden, ob er das Haus zurückhaben will oder ob es bei der damaligen freiwilligen Eigentumsaufgabe bleibt. Eine Entschädigung kann er nicht verlangen. Mehrere Berechtigte können das Wahlrecht nur gemeinsam ausüben (§ 8 Abs. 2).

f) Sicherung der Restitution durch Anmeldung (§ 3 Abs. 3, 4)

aa) Bindung durch Anmeldung; Zustimmung des Berechtigten

Ist ein Restitutionsanspruch nach der AnmeldeVO angemeldet (oben 2), so ist der derzeit Verfügungsberechtigte verpflichtet, den Abschluß dinglicher Rechtsgeschäfte oder die Eingehung langfristiger vertraglicher Verpflichtungen ohne Zustimmung des Berechtigten zu unterlassen (§ 3 Abs. 3 Satz 1 VermG). Dies gilt auch bei verspäteter Anmeldung (Satz 3). Der Anmeldung steht ein Antrag bei der zuständigen Behörde auf Restitution (§ 30) gleich.[61)]

Verfügungsberechtigt ist der derzeitige (formale) Inhaber des Rechts, insbesondere der Eigentümer des bebauten oder unbebauten Grundstücks, Betriebs oder der beweglichen Sachen. Bei Betriebsgrundstükken ist verfügungsberechtigter Eigentümer die umgewandelte Kapitalgesellschaft (§ 11 Abs. 2 TreuhandG), bei Grundstücken der öffentlichen Hand diejenige Gebietskörperschaft, der das Grundstück nach dem KVG übertragen ist.[62)] Im übrigen ist verfügungsberechtigter Rechtsinhaber jeder sonstige Erwerber des enteigneten Gegenstands. Dies gilt vor allem für den Erwerb im Zusammenhang oder im Anschluß an einen Enteignungseingriff, auch für den Erwerb aufgrund der Übergangsgesetzgebung der DDR zur Veräußerung volkseigenen Vermögens (oben III 4).

Der Verfügungsberechtigte darf ohne Zustimmung des Berechtigten nur solche Rechtsgeschäfte vornehmen, die zur Erfüllung von Rechts-

61) Erläut. zu § 3 Abs. 3 und zu § 30, S. 5 und S. 14 = *Horn*, RWS-Dok. 2 Nr. II.2.3, S. 14 und S. 23.

62) Oben III 2 a und b.

pflichten des Eigentümers oder zur Erhaltung und Bewirtschaftung des Vermögenswertes unbedingt erforderlich sind (§ 3 Abs. 3 Satz 2 VermG). Beim Abschluß sonstiger dinglicher Rechtsgeschäfte, insbesondere bei einer Veräußerung des Vermögenswertes oder bei Eingehung langfristiger vertraglicher Verpflichtungen, bedarf er der Zustimmung des Berechtigten. Dies gilt aber nur bei Anmeldung (Abs. 3 und Abs. 4 Satz 1). Ob es für die Pflichtwidrigkeit der Verfügung auf die Kenntnis des Verfügungsberechtigten von der Anmeldung oder auf seine Fahrlässigkeit bei der Unkenntnis (vgl. § 3 Abs. 5) ankommt, ist zweifelhaft, aber wohl zu verneinen. Jedenfalls darf in einer Übergangszeit nach Ablauf der Anmeldefrist noch nicht verfügt werden (unten ee). In engen Ausnahmefällen kann auch eine Verfügung trotz fehlender Anmeldung pflichtwidrig sein (unten ee).

Grundsätzlich meint das Gesetz nur den Berechtigten nach Anmeldung. Unklar ist, ob ein rein formeller Begriff der Berechtigung zugrunde liegt, so daß die Behauptung der Betroffenheit i. S. d. § 2 VermG im Wege der Anmeldung oder des Antrags (§ 30 VermG) genügt, um die Zustimmungsbedürftigkeit zu begründen. In der Praxis könnten dann auch offensichtlich unberechtigte Anmeldungen die Zustimmungsbedürftigkeit herbeiführen und damit Verfügungen erschweren. In solchen Fällen wird der Verfügungsberechtigte in Parallele zum gerichtlichen Eilverfahren Schlüssigkeit und Glaubhaftmachung fordern und den Antragsteller ggf. bei fortbestehenden starken Zweifeln auf den Weg der einstweiligen Anordnung verweisen dürfen. Dabei ist auch in gleicher Weise das Vorliegen von Ausschlußtatbeständen i. S. d. §§ 4 und 5 VermG zu prüfen.

bb) Wirkungen der Bindung; Mangel der Zustimmung

Die Rechtswirkung des § 3 Abs. 3 Satz 1 VermG ist kein gesetzliches Verbot i. S. d. § 134 BGB, sondern eine schuldrechtliche Verpflichtung des Verfügungsberechtigten gegenüber dem Restitutionsberechtigten.[63] Die Rechtshandlungen des Verfügungsberechtigten bleiben also Dritten gegenüber wirksam. So ist z. B. der Verkauf oder die Übereignung des Grundstücks oder die langfristige Vermietung der Wohn- oder Gewerberäume gegenüber dem Dritten zunächst wirksam

63) Erläut. zu § 3, S. 5 = *Horn*, RWS-Dok. 2 Nr. II.2.3, S. 14.

(s. aber cc). § 3 Abs. 3 VermG ist als Schutzgesetz i. S. d. § 823 Abs. 2 BGB zu betrachten, dessen Verletzung zum Schadensersatz verpflichtet. Ist der Verfügungsberechtigte eine staatliche Stelle, kommt ein Staatshaftungsanspruch des Restitutionsberechtigten in Betracht.

cc) Insbesondere: Erhaltung des Restitutionsanspruchs

Jede Anmeldung (die fristgerechte und die verspätete sowie der sonstige Antrag i. S. d. § 30 VermG), die vor einer (i. S. d. § 3 Abs. 3 pflichtwidrigen) Verfügung des Verfügungsberechtigten erfolgt, hat zugleich eine Drittwirkung, die nicht übersehen werden darf. Sie folgt aus § 3 Abs. 4 Satz 1. Liegt danach eine (fristgemäße oder verspätete) Anmeldung nicht vor, so "kann der Verfügungsberechtigte über das Eigentum verfügen oder schuldrechtliche oder dingliche Verpflichtungen eingehen". Daraus folgt im Umkehrschluß, daß der Verfügungsberechtigte nicht verfügen kann, wenn eine solche Anmeldung vorliegt.

Da aber die Anmeldung gem. § 3 Abs. 3 nur eine obligatorische Bindungswirkung erzeugt und eine dingliche Verfügung nicht hindert (oben bb), ist der Sinn des Satzes zunächst nicht ganz klar. Die Lösung liegt darin, daß im Fall der vorherigen (fristgerechten oder verspäteten) Anmeldung eine Verfügung, die trotz der Anmeldung erfolgt, den Restitutionsanspruch nicht beseitigt. Da aber die Verfügung dinglich wirksam ist (was aus Abs. 3 folgt), trifft die Restitutionspflicht nunmehr den Erwerber. Der Restitutionsanspruch wandert sozusagen mit. Dies ist eine quasi-dingliche, jedenfalls Dritte betreffende Wirkung der vorherigen Anmeldung. Redlichkeit (unten g bb) hilft dem Dritten nicht.[64] Der Berechtigte, der vor der Verfügung angemeldet hat, ist also nicht auf einen Ersatzanspruch verwiesen. Ein solcher ist zwar in § 3 Abs. 4 Satz 3 vorgesehen, aber nur für den Fall der Verfügung ohne Anmeldung.

Diese quasi-dingliche Wirkung der Anmeldung trifft nicht nur den Erwerber des Eigentums, sondern auch den Grundpfandgläubiger, dem eine Hypothek oder Grundschuld trotz Anmeldung eines Restitutionsanspruchs eingeräumt worden war. Diese Grundpfandrechte sind also gegenüber dem angemeldeten Restitutionsanspruch nicht be-

---

64) Der Dritte kann gegen den Veräußerer einen Schadensersatzanspruch wegen Rechtsmangels gem. §§ 434, 440, 325 BGB haben.

standsfest, sondern zurückzugewähren. Anderenfalls könnte der Restitutionsanspruch durch solche Rechtsgeschäfte ausgehöhlt werden. Schließlich sind auch langfristige Miet- und Pachtverträge, die über die zulässige Erhaltung und wirtschaftliche Nutzung hinausgehen, dem Restitutionsberechtigten gegenüber unwirksam.

dd) Restitution bei fehlender Anmeldung und Anspruch auf Erlösherausgabe (§ 3 Abs. 4)

Liegt keine Anmeldung vor, so kann der Berechtigte verfügen (§ 3 Abs. 4 Satz 1). Dies bedeutet nicht nur die Wirksamkeit der Verfügung, die sich bereits aus der beschränkten Bindungswirkung der Anmeldung ergibt. Vielmehr soll in diesem Fall auch der Restitutionsanspruch erlöschen. Dem Berechtigten steht dann der Anspruch auf den Erlös zu (§ 3 Abs. 4 Satz 3), also das Surrogat. Statt des Surrogats kann der Berechtigte immer noch gem. § 8 Abs. 1 Satz 1 Entschädigung (unten h) wählen.[65)]

Da der Anspruch auf den Erlös nach Ablauf der Anmeldefrist fortbesteht, muß der Verfügungsberechtigte auch noch längere Zeit damit rechnen, den Erlös an den Berechtigten auskehren zu müssen. Verfügungsberechtigte Unternehmen z. B. zögern daher, nicht benötigte Grundstücke zu veräußern, wenn sie mit einem späteren Restitutionsanspruch rechnen müssen und daher nicht wagen können, den Erlös zu investieren. Sie bebauen dann lieber das Grundstück selbst und schaffen damit einen Grund für den Ausschluß der (möglichen) Restitution gemäß § 4 Abs. 1 VermG (unten g). Der Erlösanspruch, an sich das notwendige Korrelat des Restitutionsanspruchs, ist daher ein Hemmnis für die Belebung des Grundstücksmarktes. Das Problem kann de lege ferenda abgemildert werden, wenn man nach einem gewissen Zeitablauf den Erlösanspruch als Kondiktionsanspruch ausgestaltet oder Stundungsregelungen einführt. Für öffentliche Rechtsträger, insbesondere die Treuhandanstalt und Kommunen (oben III 2 und 3), sollte die bloße Möglichkeit einer künftigen Belastung mit dem Erlösherausgabeanspruch allerdings grundsätzlich kein Hindernis sein, sich für eine Veräußerung zu entscheiden.

---

65) Erläut. zu § 3, S. 5 = *Horn*, RWS-Dok. 2 Nr. II.2.3, S. 14.

Auch bei fehlender Anmeldung kann der Berechtigte den Restitutionsanspruch jederzeit durch Antrag geltend machen, solange noch nicht verfügt ist (§ 3 Abs. 4 Satz 2 VermG). Ist verfügt, so muß der Berechtigte, wie dargestellt, regelmäßig den Verlust bzw. die Beeinträchtigung seines Restitutionsanspruchs durch die Verfügung hinnehmen. Es fragt sich aber, ob ausnahmsweise auch ohne Anmeldung der Restitutionsanspruch bei einer Verfügung des Verfügungsberechtigten erhalten bleibt und sich in der beschriebenen Weise gegen den Erwerber richtet. Dies ist dann anzunehmen, wenn der Erwerber nicht redlich i. S. d. § 4 Abs. 2 und 3 VermG ist.

Die dortige Regelung der Redlichkeit (dazu i. f. g) ist an sich dem Schwerpunkt nach auf Erwerbstatbestände vor Inkrafttreten der AnmeldeVO und des VermG gemünzt. Redlichkeit ist bei Geschäften nach dem 18. 10. 1989 ausgeschlossen, wenn das Geschäft wegen vorliegender Anmeldung nicht hätte genehmigt werden dürfen (§ 4 Abs. 2 Satz 2 VermG). Daraus kann man aber nicht umgekehrt schließen, daß bei fehlender Anmeldung die Unredlichkeit des Erwerbers grundsätzlich ausgeschlossen sei. Diese kann vielmehr aus anderen Gründen i. S. d. § 4 Abs. 3 (ausnahmsweise) vorliegen und dann auch bei einem Verfügungsgeschäft dazu führen, daß der Restitutionsanspruch erhalten bleibt und sich nunmehr gegen den Erwerber richtet. Dieser Tatbestand ist regelmäßig nichts anderes als ein Sonderfall der sittenwidrigen Schädigung des Berechtigten i. S. d. § 826 BGB.

ee) Rücksichtspflichten des Verfügungsberechtigten vor Anmeldung

Trotz fehlender Anmeldung kann auch der derzeit Verfügungsberechtigte treuhandähnliche Rücksichtspflichten gegenüber dem Berechtigten haben, wenn er weiß oder grobfahrlässig verkennt, daß ein Restitutionsanspruch an sich gegeben ist und geltend gemacht werden könnte und er den Umstand der Nichtanmeldung in mißbilligenswerter Weise ausnutzt. Allerdings ist eine solche Pflicht nur in Ausnahmefällen anzunehmen, um den Zweck der Regelung, die Schaffung klarer Rechtsverhältnisse, nicht auszuhöhlen.

Pflichtwidrig wäre eine Verfügung in einer Übergangszeit nach Ablauf der Anmeldefrist, solange ersichtlich ist, daß die Anmeldung wegen verzögerlicher Bearbeitung und Verteilung der eingegangenen Anträge nicht an die zuständigen Stellen verteilt ist. Pflichtwidrig wäre ein Verhalten des Verfügungsberechtigten auch dann, wenn er die Berechtigten kennt oder ohne weiteres ermitteln kann und leicht durch eine Rückfrage feststellen könnte, ob ein Restitutionsanspruch geltend gemacht werden soll oder nicht. Aufwendige Nachforschungen nach unbekannten Berechtigten sind allerdings dem derzeit Verfügungsberechtigten nicht zuzumuten.

ff) Sonstige Sicherungen

Weitere Sicherungen des Restitutionsanspruchs sind bereits im Zusammenhang mit der AnmeldeVO erörtert. Die wichtigste Sicherung besteht hier in der Prüfung vorliegender Anmeldungen bei Erteilung der Genehmigung nach GVVO (oben 2). Ferner ist an die Möglichkeit einer Vormerkung aufgrund einer einstweiligen Verfügung zu verweisen (oben II 4 c cc), die allerdings tunlichst nur parallel zur Stellung eines Restitutionsanspruchs erwirkt werden sollte.

gg) Dringliche Erhaltungsmaßnahmen

Wie bereits (oben aa) erwähnt, bleibt der Verfügungsberechtigte zu solchen Rechtsgeschäften auch ohne Zustimmung des Restitutionsberechtigen berechtigt, die zur Erfüllung von Rechtspflichten oder zur Erhaltung und Bewirtschaftung des Vermögenswerts unbedingt erforderlich sind (§ 3 Abs. 3 Satz 2). Die Vornahme solcher Geschäfte stellt also keine Pflichtverletzung gegenüber dem Berechtigten dar. Die erforderlichen Aufwendungen muß der Berechtigte ggf. bei Rückgabe unter dem Gesichtspunkt des Aufwendungsersatzes für berechtigte Geschäftsführung ohne Auftrag (§§ 670, 677 ffBGB) und jedenfalls bei Werterhöhung des Vermögensgegenstands unter dem Gesichtspunkt der Bereicherung (§§ 812, 818 Abs. 2 BGB) ersetzen, sofern ihm nicht Entschädigungsgegenansprüche zustehen.

Zu den dringlichen Maßnahmen ist auch die Erfüllung einer Anordnung eines Modernisierungs- und Instandsetzungsgebots nach § 177 Baugesetzbuch zu zählen.[66] Ob der Verfügungsberechtigte, insbeson-

---

66) Die geplante Novellierung des VermG nimmt ausdrücklich diese Maßnahmen bei § 3 Abs. 3 auf.

dere die Treuhandanstalt, im Fall eines Unternehmens verpflichtet ist, dessen Konkurs (Gesamtvollstreckung) zu verhindern, um dadurch den Restitutionsanspruch zu erhalten, hängt von den Umständen ab; weder aus § 3 Abs. 3 Satz 2 noch aus § 6 Abs. 2 VermG läßt sich eine generelle Pflicht dazu auch in den Fällen herleiten, in denen die Sanierung aussichtslos ist.[67)]

g) Ausschluß der Rückübertragung (§§ 4, 5)

Das Gesetz enthält in §§ 4 und 5 Ausnahmetatbestände, in denen der Rückübertragungsanspruch ausgeschlossen ist. Diese Tatbestände tragen dem erörterten Gesichtspunkt des Bestandsschutzes Rechnung, dem bei der Lösung des Enteignungsproblems große Bedeutung zukommt.[68)] Nach der Gesetzessystematik lassen sich zwei Tatbestandskomplexe unterscheiden: Ausschluß wegen Unmöglichkeit und Ausschluß wegen redlichen Erwerbs.

aa) Unmöglichkeit der Rückgabe (§ 4 Abs. 1; § 5)

Eine Rückübertragung des Eigentumsrechts oder sonstiger Rechte an Vermögenswerten ist ausgeschlossen, wenn dies von der Natur der Sache her nicht mehr möglich ist (§ 4 Abs. 1). Dabei ist insbesondere an tatsächliche Unmöglichkeit zu denken, die schon nach allgemeinen Rechtsgrundsätzen einen Anspruch ausschließt, also z. B. Untergang oder Verbindung, Vermischung und Verarbeitung der Sache. Der Anspruch ist noch nicht dadurch ausgeschlossen, daß die Sache derzeit nicht auffindbar ist oder von einem Dritten erworben wurde, es sei denn redlicher Erwerb (unten bb) greift ein.[69)]

Der Tatbestand der Unmöglichkeit wird durch § 5 VermG in Form von Regelbeispielen ergänzt und ausgeweitet, in denen eine Unmöglichkeit der Rückgabe gesetzlich fingiert wird. Damit sind nur z. T. Fälle erfaßt, in denen eine tatsächliche Unmöglichkeit besteht. Zum Teil geht es daneben um Fälle, in denen Bestandsschutzinteressen im

---

67) Vgl. Kap. 4 III 7 d dd. Gesetzespläne vom Januar 1991 sehen für die Treuhandanstalt die Möglichkeit vor, den Berechtigten aufzufordern, sich vorläufig einweisen zu lassen, und sich dadurch von einer solchen Erhaltungspflicht zu befreien; Kap. 4 III 7 f.

68) Vgl. oben 1 b und c ff.

69) Vgl. auch Erläut. zu § 4, S. 5 = *Horn*, RWS-Dok. 2 Nr. II.2.3, S. 14.

erörterten Sinn geschützt werden sollen. Die Tatbestände beziehen sich nur auf Grundstücke und Gebäude. Im einzelnen geht es um folgende Fälle[70]:

(1) Grundstücke und Gebäude sind mit erheblichem baulichen Aufwand in ihrer Nutzungsart oder Zweckbestimmung verändert worden und es besteht ein öffentliches Interesse an dieser Nutzung (§ 5 lit. a VermG). Die Erläuterungen nennen als Beispiel die Umwandlung eines Wohngebäudes in eine Schule, einen Kindergarten oder ein Ambulatorium. Zwei einschränkende Voraussetzungen treten hinzu. Die Änderung der Nutzung oder Zweckbestimmung muß mit erheblichem baulichen Aufwand herbeigeführt worden sein. Fehlt es daran, ist der Tatbestand nicht gegeben. Ferner muß das öffentliche Interesse an dieser Nutzung auch gegenwärtig und für die Zukunft noch bestehen. Dies ist selbstverständlich nicht der Fall, wenn der Zweck nicht mehr im öffentlichen Interesse liegt (z. B. FDJ-Schulungsheim), aber auch dann, wenn aus anderen Gründen ein an sich anerkannter Zweck (Schule) durch Verlegung in ein anderes verfügbares Gebäude ohne weiteres gewahrt werden kann und dies ggf. sogar (z. B. wegen gewachsener Schülerzahlen) angezeigt ist.

(2) Das Grundstück oder Gebäude ist dem Gemeingebrauch gewidmet, etwa zum Bau von Straßen oder sonstigen Verkehrseinrichtungen, oder zum Bergbau verwendet worden (§ 5 lit. b VermG). Unter Widmung ist jede entsprechende Willensäußerung des zuständigen Hoheitsträgers zu verstehen. Das Gesetz geht hier nicht auf die Frage ein, ob auch künftig ein öffentliches Interesse am Fortbestehen des Gemeingebrauchs vorliegt. Dies ist in der Tat auch regelmäßig zu vermuten, z. B. im Fall der Verwendung von Grundstücksflächen für eine Straße o. ä. Man wird gleichwohl die Rückausnahme machen müssen, daß der Ausnahmetatbestand nicht eingreift, wenn das öffentliche Interesse (zur Zeit der Stellung des Antrags oder der letzten mündlichen Verhandlung) definitiv entfallen ist. Ist also die Verkehrsfläche durch eine andere ersetzt und z. B. die Straße oder der Platz geschlossen oder demnächst zu schließen (Entwidmung bzw. Einziehung), muß eine Rückausnahme bejaht werden. Es handelt sich allerdings um einen Ausnahmefall, wobei die objektive Beweislast den Berechtigten

70) Vgl. auch Erläut. zu § 5, S. 7 = *Horn*, RWS-Dok. 2 Nr. II.2.3, S. 16.

trifft. Die bloße Möglichkeit eines künftigen Wegfalls des Gemeingebrauchs reicht nicht aus.

(3) Die Grundstücke (oder Gebäude) sind im komplexen Wohnungsbau oder Siedlungsbau verwendet worden (§ 5 lit. c VermG). Es geht dabei hauptsächlich um die Fälle, bei denen Einzelgrundstücke zur planmäßigen Errichtung großflächiger Wohnanlagen (Mietwohnblökke) oder von Siedlungsgebieten für Einfamilienhäuser katastermäßig zusammengelegt wurden.[71] Wichtig ist also das Merkmal, daß es sich um "komplexen" Wohnungs- oder Siedlungsbau handelt. Die Verwendung eines einzelnen Privatgrundstückes zur Errichtung eines einzelnen Gebäudes unterfällt nicht diesem Tatbestand.

(4) Das Grundstück oder Gebäude ist der gewerblichen Nutzung zugeführt oder in eine Unternehmenseinheit einbezogen worden und kann nicht ohne erhebliche Beeinträchtigung des Unternehmens zurückgegeben werden (§ 5 lit. d VermG). Die bloße Fortführung eines bereits vorhandenen Unternehmens oder die spätere Änderung des Unternehmensgegenstandes reicht allein nicht aus.[72] Vielmehr kommt es darauf an, daß das Grundstück oder Gebäude nach der Enteignung oder gleichgestellten Veräußerung i. S. d. § 1 VermG erstmals betrieblichen Zwecken zugeführt wurde oder, falls bereits eine gewerbliche Nutzung vorlag, daß erstmals die Einbeziehung in eine (größere) Unternehmenseinheit stattfand.

Die Zuführung zur gewerblichen Nutzung ist auch eine Frage der Abwägung von Bedeutung und Umfang. Ist z. B. in einem Wohnhaus auch eine Heimarbeitsbeschäftigung aufgenommen oder z. B. ein kleiner Friseursalon oder Waschsalon o.ä. eingerichtet, so tritt im Zweifel das wirtschaftliche Gewicht dieser gewerblichen Nutzung hinter der Bedeutung der Nutzung als Wohnhaus noch zurück und erfüllt nicht den Tatbestand. Ähnlich ist bei der Einbeziehung in eine Unternehmenseinheit abzuwägen.

Schließlich kommt es darauf an, daß die Wiederherstellung des früheren Eigentumsrechts eine erhebliche Beeinträchtigung des Unternehmens bedeuten würde. Dies ist bei Einfügung in eine Unterneh-

---

71) Erläut. zu § 5, S. 7 = *Horn*, RWS-Dok. 2 Nr. II.2.3, S. 16, nennen vor allem Maßnahmen aufgrund des AufbauG v. 6. 9. 1950, GBl S. 965 und des BaulandG v. 15. 6. 1984, GBl I, S. 201 = *Horn*, RWS-Dok. 1 Nr. 3.7.

72) Erläut. zu § 5, S. 7 = *Horn*, RWS-Dok. 2 Nr. II.2.3, S. 16.

menseinheit nicht anzunehmen, wenn die Herauslösung ohne Schwierigkeiten möglich ist, zumal im Zusammenhang mit einer ohnehin notwendigen Umstrukturierung des betreffenden Unternehmens. Eine Beeinträchtigung ist weiterhin dann ausgeschlossen, wenn der frühere Eigentümer die gewerbliche Nutzung noch für längere Zeit miet- oder pachtweise gestattet.[73)]

bb) Redlicher Erwerb (§ 4 Abs. 2)

Die Rückübertragung ist ausgeschlossen, wenn natürliche Personen, Religionsgemeinschaften oder gemeinnützige Stiftungen in redlicher Weise an dem Vermögenswert Eigentum oder dingliche Nutzungsrechte erworben haben (§ 4 Abs. 2 Satz 1 VermG). Ein redlicher Erwerb durch eine sozialistische Wirtschaftseinheit, z. B. einen VEB, ein Kombinat, eine LPG oder PGH erfüllt den Ausnahmetatbestand dagegen ebensowenig wie z. B. der Erwerb durch die SED, eine andere Partei oder gesellschaftliche Organisation (FDJ, FDGB).

Das Gesetz definiert den Begriff der Redlichkeit nicht, und in der Tat ist dieser Begriff positiv sehr schwer zu definieren. Er erschöpft sich nicht in der Überzeugung des Betreffenden, daß ein bestimmter Rechtsvogang im Einklang mit den Gesetzen der DDR stand, sondern umfaßt auch andere Elemente, insbesondere eine gewisse Vorstellung von der materiellen Gerechtigkeit und Rechtmäßigkeit der Verfügungsberechtigung derjenigen Stelle, von dem der Erwerber sein Recht erworben hat. Der Begriff wird aber dadurch näher präzisiert und praktikabel, daß der Gesetzgeber konkrete Fallgruppen der Unredlichkeit gebildet hat.

Der Ausschluß der Rückübertragung ist nicht nur dann gegeben, wenn der redliche Erwerber an dem betreffenden Vermögenswert Eigentum erworben hat. Es genügt vielmehr der Erwerb eines dinglichen Nutzungsrechts. Dies betrifft etwa den häufigen Fall, daß Bürgern in der DDR dingliche Nutzungsrechte an unbebauten volkseigenen Grundstücken zum Eigenheimbau zugewiesen wurden. Solche Zuweisungen erfolgten auch durch LPGs.[74)] Dieser großen Personengruppe soll ein Bestandsschutz zugute kommen und das selbsterarbeitete Eigenheim

73) Erläut. zu § 5, S. 7 = *Horn*, RWS-Dok. 2 Nr. II.2.3, S. 16.
74) Erläut. zu § 4, S. 5 = *Horn*, RWS-Dok. 2 Nr. II.2.3, S. 14

nicht durch einen Restitutionsanspruch wieder genommen werden können. Zugleich wird dabei die Möglichkeit der Zusammenführung von Grundeigentum und Gebäudeeigentum ermöglicht.

In vielen Fällen haben Eigenheimbesitzer, die redlich ein dingliches Nutzungsrecht erworben haben, in der Übergangszeit noch schnell (aufgrund des Gesetzes vom März 1990; vgl. oben III 4 a) das betreffende Grundstück dazu erworben. Der letztere Erwerb ist an sich nicht redlich i. S. d. § 4 Abs. 2 Satz 2 VermG (dazu i. f.). Gleichwohl bleibt wegen des redlichen Erwerbs des Nutzungsrechts der Restitutionsanspruch ausgeschlossen und die Möglichkeit des Erwerbs des Grundstücks durch den Eigenheiminhaber gewahrt. Auch der Erwerb des Grundstücks ist dann im Ergebnis rechtsbeständig, wenn er nicht aus anderen rechtlichen Gründen fehlerhaft ist.

cc) Die Tatbestände der Unredlichkeit (§ 4 Abs. 2, 3)

Das Gesetz schließt in vier Fällen den redlichen Erwerb aus (§ 4 Abs. 2 Satz 2 und Abs. 3 lit. a - c). Im einzelnen gilt:

(1) Ein redlicher Erwerb scheidet aus, wenn das Erwerbsgeschäft nach dem 18. 10. 1989 geschlossen worden ist und nach § 6 Abs. 1 und 2 AnmeldeVO nicht hätte genehmigt werden dürfen (§ 4 Abs. 2 Satz 2 VermG). Nach letzterer Vorschrift wäre die Genehmigung gem. GVVO zu versagen gewesen, wenn durch die vorgesehene Rechtsänderung oder Rechtsbegründung ein Grundstück in treuhänderischer oder staatlicher Verwaltung betroffen war und die Zustimmung des Eigentümers nicht vorlag (§ 6 Abs. 1 AnmeldeVO). Das Genehmigungsverfahren hätte ausgesetzt werden müssen bis zur abschließenden Klärung der Frage, ob frühere Eigentumsrechte ungeklärt sind, d. h. Enteignungen oder Beschlagnahmen von Grundstücken nach dem 6. 10. 1949 vorlagen oder Ansprüche Berechtigter angemeldet worden sind (§ 6 Abs. 2 AnmeldeVO). Die Anwendung der AnmeldeVO ist eine rein hypothetische. Erfaßt werden gerade und mit Schwerpunkt solche Tatbestände, die vor Erlaß der AnmeldeVO liegen.

Grund der Rückausnahme ist die Tatsache, daß von dem genannten Datum ab eine demokratische Umwälzung in der DDR und ein Wandel der sozialistischen Eigentums- und Sozialordnung zu erkennen war und daher die zahlreichen Erwerbsgeschäfte, die insbesondere nach dem Gesetz über den Verkauf volkseigener Gebäude vom 7. 3. 1990 erfolgten (oben III 4 a), typischerweise in der Absicht vorgenommen wurden, damit noch schnell vollendete Tatsachen zu schaffen. Dies wird vom Gesetz generell und ohne Wertung des Einzelfalls als Ausschluß der Redlichkeit bewertet.[75] Damit bleibt die Restitution in den nicht wenigen Fällen möglich, in denen sich einflußreiche Funktionäre Eigentum an volkseigenen bebauten und unbebauten Grundstücken verschafften. Andererseits bleibt der Inhaber eines Eigenheims, der in früherer Zeit redlich ein dingliches Nutzungsrecht erworben hatte, durchaus geschützt, auch wenn er noch in der Übergangszeit (und damit ohne Redlichkeitsschutz i. S. des Gesetzes) das Grundstück dazu erworben hatte, wie bereits ausgeführt.

§ 4 Abs. 3 VermG normiert drei Tatbestände in Form von Beispielen, in denen ein unredlicher Rechtserwerb "in der Regel" anzunehmen ist. Die letztere Einschränkung bedeutet, daß ausnahmsweise aufgrund besonderer Umstände auch eine Redlichkeit nachgewiesen werden kann. Umgekehrt sind die Tatbestände des Absatz 3 als Regelbeispiele nicht erschöpfend, sondern analogiefähig.

(2) Der Erwerb ist zum einen in der Regel unredlich, wenn er nicht im Einklang mit den zur Zeit des Erwerbs in der DDR geltenden Rechtsvorschriften, Verfahrensgrundsätzen und einer ordnungsgemäßen Verwaltungspraxis stand und der Erwerber dies wußte oder hätte wissen müssen (Abs. 3 lit. a). Es handelt sich um einen Tatbestand der "Manipulation" von Normen und Verwaltungsgrundsätzen. Auf eine aktive Mitwirkung des Erwerbers bei dieser Manipulation kommt es nicht an. Dazu gehören zunächst die Fälle, in denen geltendes Recht der DDR nachweislich unrichtig angewandt wurde. Das Problem liegt allerdings darin, daß die Rechtsanwendung in der DDR im großen Umfang rechtsstaatlichen Ansprüchen nicht genügte. Eine Verwaltungspraxis, die Funktionäre begünstigte, kann nicht als "ordnungsgemäß" i. S. des Tatbestandes angesehen werden.[76]

(3) Unredlich ist ein Rechtserwerb in der Regel auch dann, wenn er darauf beruhte, daß der Erwerber durch Korruption oder Ausnutzung einer persönlichen Machtstellung auf den Zeitpunkt oder die Bedin-

75) Erläut. zu § 4, S. 5 f = *Horn*, RWS-Dok. 2 Nr. II.2.3, S. 14 f.
76) Erläut. zu § 4, S. 6 = *Horn*, RWS-Dok. 2 Nr. II.2.3, S. 15.

gungen des Erwerbs oder auf die Auswahl des Erwerbsgegenstandes eingewirkt hat (§ 4 Abs. 3 lit. b). Der Tatbestand erfaßt solche Fälle der Manipulation, in denen der Erwerber selbst zumindest mit bedingtem Vorsatz mitgewirkt hat.[77)]

(4) Unredlich ist ein Rechtserwerb auch dann, wenn er davon beeinflußt war, daß sich der Erwerber eine vom ihm selbst oder von dritter Seite herbeigeführte Zwangslage oder Täuschung des ehemaligen Eigentümers zunutze gemacht hat (§ 4 Abs. 3 lit. c VermG). Dazu gehören z. B. die erzwungenen Veräußerungen im Zusammenhang mit der Erteilung von Ausreisegenehmigungen.[78)]

Keiner der vorgenannten Tatbestände ist erfüllt, wenn der Erwerber wußte, daß Volkseigentum aufgrund eines Eigentumsentzugs i. S. d. § 1 VermG vorlag, aber keines der zusätzlichen manipulativen Merkmale des § 3 Abs. 4 erfüllt ist.[79)]

dd) Grenzen des redlichen Erwerbs

Ist ein Nutzungsrecht nur für einen Teil eines Grundstücks bestellt, so ist das Grundstück zu teilen, falls dies möglich ist, und der freie Teil dem Restitutionsberechtigten zurückzugeben. Das Gesetz regelt den Fall nicht; eine solche Lösung ist jedoch bei Betriebsgrundstücken in § 2 Abs. 2 der 5. DVO zum TreuhandG vorgesehen.[80)] Ist ein Nutzungsrecht für einen begrenzten Zweck (z. B. Errichtung eines Einfamilienhauses) ohne ausdrückliche Beschränkung für ein Grundstück bestellt, dessen Größe über das damals für diesen Zweck übliche Maß eindeutig hinausging (z. B. der Funktionär erhielt ein Grundstück von 2.000 qm statt 400 qm), so ist ebenso zu verfahren.

Ist das Nutzungsrecht überhaupt noch nicht ausgeübt und ein Gebäude noch nicht errichtet, ist der redliche Erwerber des Nutzungsrechts nicht gem. § 4 Abs. 2 Satz 1 VermG schützenswert. Diese Einschränkung findet im Gesetzestext einen gewissen Anhaltspunkt in Satz 2 des § 4 Abs. 2, wo von "Grundstücken und Gebäuden" die Rede ist. Entscheidend ist, daß das VermG die Bestandsschutzinteressen nur

77) Erläut. zu § 4, S. 6 =*Horn*, RWS Dok. 2 Nr. II.2.3, S. 15.
78) Erläut. zu § 4, S. 6 = *Horn*, RWS-Dok. 2 Nr. II.2.3, S. 15.
79) Erläut. zu § 4, S. 6 f = *Horn*, RWS-Dok. 2 Nr. II.2.3, S. 15 f.
80) 5. DVO v. 12. 9. 1990, GBl I Nr. 60 S. 1466 = *Horn*, RWS-Dok. 2 Nr. II.3.6.

derjenigen berücksichtigen will, die sich ein Eigenheim (o. ä.) bereits geschaffen haben. Diese restriktive Auslegung ist aufgrund Art. 14 GG zum Schutz der Eigentumsinteressen des früheren Eigentümers geboten, die nicht hinter einem unausgeübten Nutzungsrecht zurückstehen können. Der Restitutionsanspruch ist hier also nicht ausgeschlossen. Freilich bleibt auch das unausgeübte dingliche Nutzungsrecht zunächst gem. Art. 233 § 3 Abs. 1 EGBGB bestehen. Ob es gegenüber dem Restitutionsanspruch Bestand hat, ist zweifelhaft. Aus § 17 VermG folgt dies wohl nicht, weil die Vorschrift die sog. obligatorischen Nutzungsrechte betrifft. Man wird dem Nutzungsberechtigten eine Abfindung durch den Eigentümer (i. S. des negativen Interesses) zubilligen müssen.

h) Entschädigung (§§ 8, 9)

aa) Entschädigungsfonds

Das Gesetz sieht für eine Reihe von Tatbeständen anstelle der Restitution (§ 3) eine Entschädigung vor. Die Einzelheiten der Entschädigung sind aber nicht im VermG geregelt, sondern einem künftigen Gesetz vorbehalten (§ 9 Abs. 3). Selbst die Frage des Entschädigungsverpflichteten ist noch nicht abschließend festgelegt. Man könnte daran denken, daß die Entschädigungspflicht den trifft, der aus dem Ausschluß des Restitutionsanspruchs einen Vermögensvorteil gezogen hat. Dem steht andererseits entgegen, daß durch die Entschädigungspflicht auch anerkennenswerte Bestandsschutzinteressen ausgehöhlt werden könnten. Der Gesetzgeber denkt an eine Entschädigung durch einen öffentlichen Entschädigungsfonds, dessen Errichtung durch Gesetz geregelt werden soll (§ 22 Abs. 2 VermG). Bei der Regelung sind die erörterten Schwierigkeiten einer rechtspolitischen Begründung der Entschädigung zu beachten.[81)]

bb) Zwei Tatbestände (§§ 8, 9)

Die Entschädigung ist anstelle der Rückübertragung zu leisten. Das Gesetz unterscheidet zwei Tatbestände. Der Berechtigte, dem ein An-

81) Oben 1 c ff.

spruch auf Rückübertragung gem. § 3 VermG zusteht, kann statt dessen Entschädigung wählen (§ 8 Abs. 1 Satz 1 VermG). Ist eine Personenmehrheit berechtigt, z. B. mehrere Erben eines enteigneten Grundstückseigentümers, so kann das Wahlrecht nur gemeinschaftlich ausgeübt werden (§ 8 Abs. 2). Die zweite Tatbestandsgruppe für einen Entschädigungsanspruch ist der Ausschluß des Restitutionsanspruchs gem. § 4 (§ 9 VermG). Zu dieser Tatbestandsgruppe gehört einmal die tatsächliche oder fingierte Unmöglichkeit der Rückgabe i. S. d. § 4 Abs. 1 und § 5 VermG, zum anderen der Ausschluß der Rückübertragung durch einen redlichen Erwerb i. S. d. § 4 Abs. 2 VermG.

cc) Kalte Enteignung

Grundsätzlich ausgeschlossen ist die Entschädigung im Fall des Eigentumsverlusts durch Verzicht, Schenkung oder Erbausschlagung. In diesen Fällen besteht kein Wahlrecht (§ 8 Abs. 1 Satz 2). Aber auch wenn ein Restitutionsanspruch gem. §§ 4, 5 ausgeschlossen ist, besteht nicht an seiner Stelle ein Entschädigungsanspruch (§ 9 Abs. 1 Satz 2). Diese Lösung erscheint gerade bei der letzteren Fallgruppe, bei der von vornherein kein Restitutionsanspruch anerkannt wird, hart. Der Gesetzgeber sieht die Begründung darin, daß trotz der vorhandenen ökonomischen Zwangslage letztlich die Eigentumsaufgabe auf einem Willensakt des Betroffenen beruht habe und daher relativ weniger schutzwürdig sei.[82] Gegen diese Überlegung sind natürlich Einwände möglich. Die gesetzliche Lösung wird aber zusätzlich dadurch unterstützt, daß eine Entschädigungslösung ohnehin nicht einfach zu begründen ist.

dd) Ersatzgrundstück bei redlichem Erwerb (§ 9 Abs. 2 Satz 1)

Kann ein Grundstück wegen redlichen Erwerbs (§ 4 Abs. 2) nicht zurückübertragen werden, so kann die Entschädigung durch Übereignung von Grundstücken mit möglichst vergleichbarem Wert erfolgen (§ 9 Abs. 2 Satz 1 VermG). Dieses Recht auf ein Ersatzgrundstück stellt eine bedeutende Verbesserung der Rechtsstellung des Berechtig-

---

82) Vgl. Erläut. zu § 8, S. 9 = *Horn*, RWS-Dok. 2 Nr. II.2.3, S. 17 f.

ten dar, der seinen Rückgabeanspruch (nur) aufgrund redlichen Erwerbs eines Dritten verloren hat. Der Gesetzgeber will damit die gewisse Härte mildern, die darin liegt, daß ein Grundstück an sich aus tatsächlichen Gründen zurückgegeben werden könnte, der Rückgabeanspruch aber am Tatbestand des redlichen Erwerbs Dritter scheitert. Das Recht auf ein Ersatzgrundstück hat im Zweifel einen wirtschaftlich größeren Wert als ein Entschädigungsanspruch. Es handelt sich um ein echtes Wahlrecht. Wenn sich der Berechtigte für ein Ersatzgrundstück entscheidet, steht der Behörde kein Ermessensspielraum zu, statt dessen Entschädigung zu gewähren.[83)]

Für die Bereitstellung von Ersatzgrundstücken gelten allerdings die einschränkenden Voraussetzungen des § 21 Abs. 3 Satz 1 und Abs. 4 entsprechend (§ 9 Abs. 2 Satz 3 VermG). Danach muß ein in kommunalem Eigentum stehendes Grundstück im gleichen Stadt- oder Gemeindebezirk zur Verfügung stehen und einer Eigentumsübertragung dürfen keine berechtigten Interessen entgegenstehen. Wertdifferenzen zwischen dem Wert des Ersatzgrundstückes und dem Wert des Grundstücks zum Zeitpunkt der Entziehung sind auszugleichen. Steht ein solches Ersatzgrundstück nicht zur Verfügung, so bleibt es bei der Entschädigung in Geld (§ 9 Abs. 2 Satz 2 VermG).

ee) Verkaufserlös (§ 10 Abs. 1)

Wurden bewegliche Sachen verkauft und ist der Rückgabeanspruch deshalb ausgeschlossen, weil der Verfügungsberechtigte sie mangels eines Antrags unter Vernichtung des Rückgabeanspruchs veräußern konnte (§ 3 Abs. 4) oder weil ein redlicher Erwerb stattfand (§ 4 Abs. 2, 3), so hat der Berechtigte einen Anspruch in Höhe des erzielten Erlöses gegen den Entschädigungsfonds (§ 10 Abs. 1). Dieser Anspruch auf das Surrogat tritt an die Stelle des Entschädigungsanspruchs, der also ausgeschlossen ist.[84)] Hervorzuheben ist, daß der Anspruch auf den Erlös nicht gegen den Verfügungsberechtigten besteht, der den Erlös vereinnahmt hat, sondern gegen den Entschädigungsfonds. Der Anspruch gilt als erfüllt bzw. entfällt, wenn dem Berechtig-

83) Erläut. zu § 9, S. 9 = *Horn*, RWS-Dok. 2 Nr. II.2.3, S. 18.
84) Erläut. zu § 10, S. 9 = *Horn*, RWS-Dok. 2 Nr. II.2.3, S. 18.

ten der Erlös bereits auf einem Konto gutgeschrieben oder ausgezahlt wurde (§ 10 Abs. 1 letzter Halbs.).

Wenn das entsprechende (in der Praxis oft niedrige) Kontoguthaben des Berechtigten später durch konfiskatorische Maßnahmen, z. B. überhöhte Verwaltergebühren oder Vermögensteuern, abgeschmolzen wurde, greift § 11 Abs. 5 ein, der eine künftige Ausgleichsregelung vorsieht. Wurde bei der Verwertung einer beweglichen Sache kein Erlös erzielt, so hat der Berechtigte keinen Anspruch auf Entschädigung (§ 10 Abs. 2). Insgesamt gilt also bei beweglichen Sachen, die nicht zurückgegeben werden können, regelmäßig das Surrogationsprinzip. Die Entschädigung ist nur in den (relativ selteneren) Fällen gegeben, in denen eine bewegliche Sache wegen einer sonstigen Unmöglichkeit i. S. d. § 4 Abs. 1 VermG nicht zurückgegeben werden kann.

i) Aufhebung der staatlichen Verwaltung (§§ 11 - 15)

aa) Aufhebungsanspruch (§ 11)

Häufig wurde das Eigentum von Bürgern, die die DDR (bis zum 10. 6. 1953 legal oder danach illegal oder aufgrund eines Ausreiseantrags ebenfalls legal) verlassen haben, nicht enteignet, sondern unter staatliche Verwaltung gestellt. Im Fall der legalen Ausreise (aufgrund eines genehmigten Ausreiseantrags oder vor dem 10. 6. 1953) kam es auch nicht selten zu einer privaten Vermögensverwaltung durch Freunde und Verwandte. Die private Vermögensverwaltung wird vom Gesetz nicht geregelt; hier steht dem Eigentümer ohne weiteres der Herausgabeanspruch (§ 985 BGB) zu. Für den Fall der staatlichen Verwaltung begründet das Gesetz einen öffentlich-rechtlichen Anspruch auf Aufhebung der Vermögensverwaltung (§ 11 Abs. 1 Satz 1 VermG). Das Gesetz erwähnt nicht den Herausgabeanspruch; dieser ergibt sich aber ohne weiteres nach Aufhebung der Verwaltung aus dem fortbestehenden Eigentum des Berechtigten (§ 985 BGB). Der Berechtigte hat ein Wahlrecht; er kann unter Verzicht auf sein Eigentum Entschädigung nach § 9 wählen (§ 11 Abs. 1 Satz 2).

bb) Verfügungen des Verwalters

Der staatliche Verwalter kann nach Ablauf der Anmeldefrist über den verwalteten Gegenstand verfügen, sofern nicht eine (rechtzeitige oder verspätete) Anmeldung vorliegt (§ 11 Abs. 2). Der Verwalter muß sich vor einer Verfügung vergewissern, daß keine Anmeldung i. S. der AnmeldeVO vorliegt (§ 11 Abs. 3). Die (rechtzeitige oder verspätete) Anmeldung hat entsprechende Rechtswirkungen wie im Fall der Enteignung.[85] Dies bedeutet, daß der Verwalter trotz Anmeldung wirksam an Dritte verfügen kann, aber aufgrund der Anmeldung der Anspruch auf Aufhebung der Verwaltung (ähnlich wie der Restitutionsanspruch) nicht beseitigt wird und sich nunmehr ein Restitutionsanspruch gegen den dritten Erwerber ergibt.

Hat der Verwalter verfügt, ohne daß eine (rechtzeitige oder verspätete) Anmeldung vorlag, so steht dem Berechtigten der Verkaufserlös zu (§ 11 Abs. 4 Satz 1). Meldet der Berechtigte (auch später) keinen Anspruch an, ist der Verkaufserlös an die für den Entschädigungsfonds zuständige Behörde zur Verwaltung abzuführen (§ 11 Abs. 4 Satz 2). Wurden Konten verwaltet und aufgrund von Vorschriften diskriminierenden oder sonst benachteiligenden Charakters gemindert (durch hohe Steuern oder Verwaltungsgebühren), so ist durch künftiges Gesetz ein Ausgleich vorzusehen (§ 11 Abs. 5). Die Rückführung staatlich verwalteter Unternehmen und Unternehmensbeteiligungen richtet sich nach § 6 VermG. Dabei gilt anstelle des Zeitpunkts der Enteignung der Zeitpunkt der Inverwaltungnahme (§ 12 VermG). Die Restitution von Unternehmen und Unternehmensbeteiligungen ist näher im Zusammenhang mit der Privatisierung der Unternehmen (in Kap. 4 III) dargestellt.

cc) Erhaltungsmaßnahmen (§ 15)

Der staatliche Verwalter hat bis zur Aufhebung der staatlichen Verwaltung den Vermögenswert zu sichern und ordnungsgemäß zu verwalten (§ 15 Abs. 1). Er ist bis zur Aufhebung der staatlichen Verwaltung nicht berechtigt, ohne Zustimmung des Eigentümers langfristige vertragliche Verpflichtungen einzugehen oder dingliche Rechtsge-

85) Vgl. Erläut. zu § 11, S. 9 f = *Horn* RWS-Dok. 2 Nr. II.2.3, S. 18 f.

schäfte abzuschließen, es sei denn, sie sind zur Erfüllung von Rechtspflichten des Eigentümers oder zur Erhaltung und Bewirtschaftung des Vermögenswerts unbedingt erforderlich (§ 15 Abs. 2). Nach Ablauf der Anmeldefrist entfällt die Beschränkung der Verwaltungsrechte des staatlichen Verwalters, solange der Eigentümer seinen Anspruch nicht angemeldet hat (§ 15 Abs. 3). Der staatliche Verwalter hat sich vor einer Verfügung zu vergewissern, daß keine Anmeldung vorliegt (§ 15 Abs. 4). Wie schon beim Anmelderecht erörtert, muß für eine Übergangszeit der Verwalter auch nach Ablauf der gesetzlichen Anmeldefrist für eine Übergangszeit zuwarten, weil er damit rechnen muß, daß eine auch rechtzeitige Anmeldung nur mit zeitlicher Verzögerung der staatlich zuständigen Stelle zugeleitet wird und ihm zur Kenntnis gelangt (oben 2 a).

dd) Schadensersatzanspruch (§§ 13, 14)

Hat der Verwalter in der zurückliegenden Zeit durch pflichtwidrige Verwaltung dem Berechtigten einen Schaden zugefügt, so hat der Berechtigte einen Schadensersatzanspruch, der aus dem Entschädigungsfonds zu zahlen ist. Diesem Fonds gegenüber ist der Verwalter oder die ihm übergeordnete Kommunalverwaltung zum Ausgleich verpflichtet (§ 13 Abs. 3 VermG). Der Berechtigte hat keinen Schadensersatzanspruch, wenn ein Vermögenswert nicht in staatliche Verwaltung genommen wurde, weil das zuständige Staatsorgan keine Kenntnis vom Vermögenswert und dem Vorliegen der Voraussetzungen für eine solche Verwaltung hatte (§ 14 Abs. 1). Ein Anspruch auf Schadensersatz besteht auch dann nicht, wenn der Berechtigte wußte oder wissen konnte, daß eine staatliche Verwaltung über den Vermögenswert nicht ausgeübt wird (§ 14 Abs. 2). Die Vorschrift regelt den Fall, daß ein Vermögenswert (z. B. ein bebautes Grundstück) ohne Verwaltung sich selbst überlassen blieb und dadurch zugrunde ging oder im Wert gemindert wurde. Liegt hier eine Vernachlässigung durch die Behörde vor, besteht ein Ausgleichsanspruch. Konnte der Berechtigte aber Kenntnis vom Mangel der Verwaltung erlangen und daher für eine zumindest private Verwaltung sorgen, entfällt der Anspruch.

j) Organisation und Verfahren (§§ 22 ff)

aa) Behörden zur Regelung offener Vermögensfragen

Die Durchführung des VermG ist Ländersache und wird von den neuen Bundesländern und Berlin durchgeführt (§ 22 Abs. 1 VermG). Die Länder schaffen einen zweistufigen Verwaltungsaufbau (§ 23). Für jeden Landkreis, jede kreisfreie Stadt und für Berlin wird ein Amt zur Regelung offener Vermögensfragen als untere Landesbehörde eingerichtet; eine Behörde kann auch für mehrere Kreise zuständig sein (§ 24). In jedem Land wird ein Landesamt zur Regelung offener Vermögensfragen als obere Landesbehörde gebildet (§ 25). Bei den Landesämtern werden Widerspruchsausschüsse gebildet (§ 26).

Während der Übergangszeit bis zur Einrichtung der Ämter werden die Aufgaben der unteren Landesbehörden von den Landratsämtern oder Stadtverwaltungen der kreisfreien Städte wahrgenommen (§ 28 Abs. 1 Satz 1 VermG). Hier laufen auch die Anmeldungen nach der AnmeldeVO ein. Sie sind nach Bildung der Ämter zur Regelung offener Vermögensfragen von diesen zur weiteren Bearbeitung zu übernehmen (§ 28 Abs. 1 Satz 2). Zur Sicherung der einheitlichen Durchführung des Gesetzes ist für alle neuen Bundesländer und Berlin eine zentrale Stelle übergangsweise einzurichten (§ 28 Abs. 3), bei der ein Beirat mit Ländervertretern gebildet wird (§ 29).

bb) Verfahren (§§ 30 ff)

Das Verfahren beginnt mit einem Antrag des Berechtigten bei der zuständigen Stelle (§ 30 Satz 1 VermG). Der Antrag ist auf Rückübertragung oder Aufhebung der staatlichen Verwaltung gerichtet. Die Anmeldung nach der AnmeldeVO gilt als Antrag (§ 30 Satz 2 VermG). Der Unterschied zwischen Anmeldung und Antrag besteht nur darin, daß die Anmeldung nach der AnmeldeVO noch kein konkretes Begehren zu bezeichnen braucht, da der Berechtigte oft von den tatsächlichen Verhältnissen des betreffenden Vermögenswertes keine genauere Kenntnis hat.[86] Die Anmeldung wahrt also die Rechte des Berechtigten. Umgekehrt kann er auch ohne vorherige Anmel-

---

86) Erläut. zu § 30, S. 14 = *Horn*, RWS-Dok. 2 Nr. II.2.3, S. 23.

dung sogleich einen konkreten Antrag i. S. d. § 30 Satz 1 stellen. Stellt er einen Antrag ohne vorherige Anmeldung, so hat dieser Antrag die gleiche Wirkung wie eine Anmeldung, etwa im Hinblick auf die Pflicht des Verfügungsberechtigten, nicht zu verfügen.[87)]

Örtlich zuständig ist das Amt, in dessen Bereich der Antragsteller, im Erbfall der betroffene Erblasser, seinen letzten Wohnsitz in der ehemaligen DDR hatte. Dies gilt sowohl für staatlich verwaltete wie auch für enteignete Vermögenswerte (§ 35 Abs. 1 VermG). Nur wenn der Berechtigte keinen Wohnsitz oder Sitz auf dem Gebiet der ehemaligen DDR hatte, ist dasjenige Amt zuständig, in dessen Bereich der Vermögenswert belegen ist (Abs. 2). Ist der Antrag an ein örtlich unzuständiges Amt oder eine andere unzuständige Stelle gerichtet worden, muß diese den Antrag unverzüglich an das zuständige Amt abgeben und den Antragsteller benachrichtigen (Abs. 3).

Die Behörde hat den Sachverhalt von Amts wegen zu ermitteln (§ 31 Abs. 1 VermG). Sie ist berechtigt, zu diesem Zweck vom Rechtsträger, derzeitigen Eigentümer, staatlichen Verwalter sowie weiteren mit der Verwaltung von Vermögenswerten Beauftragten umfassende Auskunft zu fordern (§ 31 Abs. 4). Der Antragsteller hat an der Ermittlung mitzuwirken (§ 31 Abs. 1). Er ist berechtigt, von der Behörde schriftliche Auskunft über alle der Behörde bekannten Tatsachen zu verlangen, die für die Durchsetzung seines Anspruchs erforderlich sind. Voraussetzung ist die Glaubhaftmachung des Anspruchs (§ 31 Abs. 3).

Die Behörde hat die betroffenen Rechtsträger oder staatlichen Verwalter sowie Dritte, deren rechtliche Interessen durch den Ausgang des Verfahrens berührt werden können, über die Antragstellung zu informieren und zum weiteren Verfahren hinzuzuziehen (§ 31 Abs. 2 VermG). Der Behörde ist dabei - anders als nach § 13 Abs. 2 Satz 1 VwVfG - kein Ermessen eingeräumt. Die genannten Personen sind ferner nicht nur auf Antrag, sondern von Amts wegen am Verfahren zu beteiligen.[88)] Die Benachrichtigung und Beteiligung am Verfahren dient mehreren Zwecken. Erstens sollen die derzeit Verfügungsberechtigten darüber informiert werden, daß sie sich einer Verfügung über das enteignete oder verwaltete Eigentum gem. §§ 3 Abs. 3 und 4,

87) Erläut. zu § 30, S. 14 = *Horn*, RWS-Dok. 2 Nr. II.2.3, S. 23.
88) Erläut. zu § 31, S. 14 = *Horn*, RWS-Dok. 2 Nr. II.2.3, S. 23.

11 Abs. 2, 15 Abs. 2 VermG zu enthalten haben. Zweitens soll die vollständige Aufklärung des Sachverhalts dadurch gefördert werden.

Schließlich werden die Dritten in die Lage versetzt, ihre Rechte und Interessen wahrzunehmen. Dies gilt einmal für die Erwerber dinglicher Rechte, die möglicherweise redlichen Erwerb i. S. d. § 4 Abs. 2 VermG einwenden können, ferner für Mieter und Nutzer von Grundstücken, die ihre Aufwendungserstattungs- und Wertersatzansprüche anmelden (§ 19 Abs. 1), die Einräumung eines Vorkaufsrechts beantragen (§ 20) oder Antrag auf ein Ersatzgrundstück für den Berechtigten stellen (§ 21) können. Auch nicht redliche Erwerber werden natürlich noch stärker von der Antragstellung tangiert und sind deshalb zu beteiligen. Gleiches gilt für nicht redliche Mieter oder Nutzer, deren Miet- und Nutzungsrechte keinen Bestandsschutz genießen (§ 17 Satz 2).

Die Behörde hat dem Antragsteller die beabsichtigte Entscheidung schriftlich mitzuteilen und ihm Gelegenheit zur Stellungnahme binnen eines Monats zu geben (§ 32 Abs. 1 Satz 1 VermG). Diese Überlegungsfrist von einem Monat hat der Antragsteller auch, wenn er Auskunft (gem. § 31 Abs. 3) verlangt hat (§ 32 Abs. 3). Der Sinn dieser Regelung ist unklar, weil die Behörde, wie gesagt, dem Antragsteller ohnehin die Entscheidung (gem. § 32 Abs. 1 VermG) voranzukündigen und ihm einen Monat Zeit zur Stellungnahme zu geben hat. Solange die Behörde noch nicht entschieden hat, kann der Antragsteller statt Rückübertragung des Vermögenswertes oder Aufhebung der staatlichen Verwaltung Entschädigung wählen (§ 32 Abs. 2 Satz 1). Dies gilt nicht bei sog. kalter Enteignung durch eine formal freiwillige Aufgabe des Eigentums (§ 32 Abs. 2 Satz 2 i. V. m. § 8 Abs. 1 Satz 2).

cc) Entscheidung; Rechtsmittel (§§ 33 ff)

Das Amt für Vermögensfragen hat seine Entscheidung in Form eines schriftlichen Bescheids zu erteilen und den Beteiligten zuzustellen. Der Bescheid ist zu begründen und mit einer Rechtsbehelfsbelehrung zu versehen (§ 33 Abs. 3 VermG). Mit der Entscheidung ist ein Übergabeprotokoll zuzustellen, das Angaben zum festgestellten Eigentums- und Vermögensstatus, zu getroffenen Vereinbarungen, angemeldeten Rechten i. S. d. § 19 VermG sowie zu sonstigen wesentlichen Regelungen in bezug auf die zu übergebenden Vermögenswerte enthält (§ 33

Abs. 4). Die Entscheidung wird einen Monat nach Zustellung bestandskräftig, wenn kein Widerspruch eingelegt wird (§ 33 Abs. 5). Ein Widerspruch ist innerhalb eines Monats nach Zustellung der Entscheidung schriftlich bei dem Amt zu erheben, das die Entscheidung getroffen hat. Der Widerspruch soll begründet werden (§ 36 Abs. 1 Satz 3 VermG). Hilft das Amt dem Widerspruch nicht ab, hat es ihn dem zuständigen Widerspruchsausschuß beim Landesamt zuzuleiten (§ 36 Abs. 1 Satz 4 i. V. m. § 26 Abs. 1 VermG). Der Widerspruchsbescheid ist zu begründen, mit einer Rechtsmittelbelehrung zu versehen und zuzustellen (§ 36 Abs. 3). Der Beschwerte kann gegen den Widerspruchsbescheid Antrag auf gerichtliche Nachprüfung stellen (§ 37 VermG).

Mit der Unanfechtbarkeit einer Entscheidung über die Rückübertragung von Eigentumsrechten oder sonstigen dinglichen Rechten gehen diese Rechte auf den Berechtigten über (§ 34 Abs. 1 VermG). Die Entscheidung hat also eine die dingliche Rechtslage gestaltende Wirkung. Handelt es sich um Rechte an Grundstücken und Gebäuden, so beantragt die Behörde die gebührenfreie Berichtigung des Grundbuchs (§ 34 Abs. 2 VermG).

Es handelt sich um ein Ersuchen i. S. d. § 38 GBO. Wird die staatliche Verwaltung aufgehoben, so beantragt die Behörde die Löschung des Vermerks über die staatliche Verwaltung (§ 34 Abs. 4). Über Wertausgleichsansprüche gem. § 7 VermG im Fall einer Werterhöhung oder -verminderung des Vermögensgegenstandes sowie über Schadensersatzansprüche bei gröblicher Verletzung der Pflichten des Verwalters (§ 13 Abs. 2 und 3 und § 14) ist eine gesonderte Entscheidung zu treffen (§ 33 Abs. 2).

Hat der Antragsteller Entschädigung gewählt, beschränkt sich die Entscheidung auf die Feststellung der Berechtigung und die Feststellung, daß das Wahlrecht ausgeübt wurde. Das weitere Verfahren regelt sich nach einem noch zu erlassenden Gesetz (§ 33 Abs. 1 VermG).

4. Das Investitionsgesetz

Rechtsquelle:

- G über besondere Investitionen in der DDR (InvestG) vom 3. 10. 1990, in Kraft getreten mit dem EinigungsV gem. dessen Anlage II Kap. III B Abschn. I Nr. 1, BGBl I, 1157 = *Horn*, RWS.Dok. 2 Nr. II.2.2.

a) Zweck: Investitionsförderung

Die unklaren Eigentumsverhältnisse an zahlreichen gewerblich nutzbaren Grundstücken, die in Durchführung des VermG nur allmählich und über einen längeren Zeitraum hinweg geklärt werden können, stellen ein bedeutendes Hindernis für Neuinvestitionen im neuen Bundesgebiet und damit für dessen raschen wirtschaftlichen Aufschwung dar. Das InvestG gibt den Allgemeininteressen an Neuinvestitionen Vorrang vor den Rückerstattungsinteressen der Alteigentümer. Dieser Grundsatz ist in Art. 41 Abs. 2 EinigungsV ebenfalls normiert. Damit werden die Rechte i. S. d. Art. 14 GG der Alteigentümer eingeschränkt. Die grundsätzliche Verfassungsgemäßheit der Einschränkung und damit des auf ihm aufbauenden InvestG ist in Art. 143 n. F. GG (gem. Art. 4 Nr. 5 EinigungsV) normiert. Eine Verletzung der Wesensgehaltsgarantie des Eigentums i. S. d. Art. 19 Abs. 2 i. V. m. Art. 79 Abs. 3 GG ist wohl in Anbetracht des generellen Gesetzeszwecks zu verneinen. Dies schließt nicht aus, daß in Einzelfragen der Auslegung und Anwendung des Gesetzes die Frage der Verfassungsgemäßheit jeweils unter dem Gesichtspunkt zu beachten ist, daß das Gesetz als Ausnahme des Eigentumsschutzes restriktiv auszulegen ist.

Erfaßt werden nur enteignete Grundstücke, die sich ehemals im Volkseigentum befunden haben (§ 1 Abs. 1 InvestG) und sich nun im Eigentum eines umgewandelten Unternehmens, einer Kommune oder der Treuhand Land- und Fortwirtschaft oder im Eigentum eines Dritterwerbers befinden (allg. oben III). Nicht erfaßt sind demnach Grundstücke, die sich lediglich in staatlicher Verwaltung befinden. Die erstgenannten Grundstücke können auch dann, wenn eine Anmeldung oder ein Antrag zur Rückübertragung vorliegt, oder wenn ein Rückübertragungsanspruch geltend gemacht werden könnte, vom derzeit Verfügungsberechtigten veräußert werden, wenn besondere Investitionszwecke vorliegen (§ 1 Abs. 1 InvestG). Nicht erfaßt sind auch Unternehmen, die nach § 6 VermG zurückzugeben sind.[89] Sie sollen nach Plänen der Regierung vom Januar 1991 künftig ebenfalls zu Investitionszwecken an Dritte veräußert werden können.

b) Förderungswürdige Vorhaben (§ 1 Abs. 2)

aa) Drei Fallgruppen

Die Zulässigkeit der Veräußerung setzt voraus, daß der Erwerbsinteressent ("Vorhabenträger") einen "besonderen Investitionszweck" verwirklichen will. § 1 Abs. 2 nennt drei besondere Investitionszwecke:

- Sicherung oder Schaffung von Arbeitsplätzen, insbesondere durch die Errichtung einer gewerblichen Betriebsstätte oder eines Dienstleistungsunternehmens (lit. a);
- die Deckung eines erheblichen Wohnbedarfs der Bevölkerung (lit. b);
- die für derartige Vorhaben erforderlichen Infrastrukturmaßnahmen.

Das Vorhaben muß für die genannten Zwecke "dringlich und geeignet" sein und die Inanspruchnahme des betreffenden Grundstücks oder Gebäudes muß zur Verwirklichung des Zwecks erforderlich sein.

Die Merkmale der Sicherung oder Schaffung von Arbeitsplätzen oder der Deckung eines erheblichen Wohnbedarfs der Bevölkerung betreffen Maßnahmen von einem gewissen wirtschaftlichen Gewicht. Nicht genügend ist z. B. die Einrichtung einiger Räume für Heimarbeit oder eines Frisier- oder Waschsalons in einem Wohnhaus zur Schaffung von wenigen Arbeitsplätzen. Besonders sorgfältig ist zu prüfen, ob das Investitionsvorhaben nicht nur durch den derzeitigen Nutzer des Grundstücks vorgeschoben wird, um einen Restitutionsanspruch abzuwehren.

89) S. Kap. 4 III 7

bb) Durchführbarkeit, Dringlichkeit, Seriosität

Die genannten Merkmale sind so allgemein gefaßt, daß ihre Anwendung auf das konkrete Vorhaben Schwierigkeiten bereiten wird. Das Merkmal der Dringlichkeit des Vorhabens und der Erforderlichkeit der Inanspruchnahme eines bestimmten Grundstücks dürfen nicht überspannt werden. Nicht in jedem Fall kann die bloße Möglichkeit, daß man für das Vorhaben auch ein anderes, ähnliches Grundstück in Anspruch nehmen könnte (bei dem dann der gleiche Einwand geltend gemacht werden könnte), zur Verneinung der Förderungswürdigkeit des Investitionsvorhabens führen. Wer allerdings ohne weiteres gleichwertige Grundstücke mit klaren Eigentumsverhältnissen erwerben könnte, muß sich dies wohl entgegenhalten lassen.

Insgesamt muß es sich um Maßnahmen von einigem wirtschaftlichen Gewicht handeln, und es muß ein entsprechender Plan vorgelegt werden, der die Durchführbarkeit und Wirtschaftlichkeit des Vorhabens erkennen läßt (vgl. § 1 Abs. 3 Satz 1 InvestG). Der Vorhabenträger muß nach seinen persönlichen und wirtschaftlichen Verhältnissen Gewähr für die Durchführung des Plans bieten (§ 1 Abs. 3 Satz 2). Gegenstand des Plans muß die Errichtung einer gewerblichen Betriebsstätte oder die Deckung eines erheblichen Wohnbedarfs der Bevölkerung sein. Der letztere Zweck ist nicht nur bei größeren Neubauvorhaben erfüllt, sondern wohl auch dann, wenn bestehende größere Wohnanlagen saniert oder erheblich verbessert werden sollen.

cc) Vorhaben des Berechtigten

Wenn der Restitutionsberechtigte selbst ein entsprechendes begründetes Vorhaben der wirtschaftlichen Nutzung zu besonderen Investitionszwecken vorlegt, ist seinem Antrag bevorzugt stattzugeben. Der Alteigentümer muß zwar zurückstehen, um eine Investition zu ermöglichen. Kann er sie selbst durchführen, muß er den Vorzug haben. Das Gesetz sieht eine entsprechende Regelung zwar nicht ausdrücklich vor; sie ergibt sich aber aus dem Sinn des Gesetzes. Denn die hier normierte Einschränkung des Restitutionsanspruchs und damit des früheren Eigentumsrechts kann nicht gelten, wenn der Alteigentümer den Gesetzeszweck selbst erfüllen kann und will. Ihn trifft dann auch eine Pflicht zur Durchführung binnen einer durch Auflage bestimmten Frist (unten c). In Übereinstimmung damit ist in § 4 Abs. 1 Satz 1 InvestG angeordnet, daß vor Erteilung der Investitionsbescheinigung der Restitutionsberechtigte anzuhören ist, wenn die Anmeldung und die ladungsfähige Anschrift des Anmelders bekannt sind.

c) Investitionsattestat und Entschädigung (§§ 2 - 4)

Der derzeit Verfügungsberechtigte eines Grundstücks oder Gebäudes kann als (künftiger) Veräußerer beim Landratsamt oder der Stadtverwaltung einen Antrag auf Anerkennung eines besonderen Investitionszwecks stellen (§ 2 Abs. 2 Satz 1 InvestG). Der Antrag kann nur bis zum 31. Dezember 1992 gestellt werden (Satz 2). Die zuständige Behörde erteilt nach Anhörung der Gemeinde eine Bescheinigung über das Vorliegen des besonderen Investitionszwecks, wenn dessen Voraussetzungen i. S. d. § 1 Abs. 2 vorliegen.

Die Erteilung der Bescheinigung ist ausgeschlossen, wenn eine auf Rückübertragung gerichtete behördliche oder gerichtliche Entscheidung vorliegt oder die zuständige Behörde die Absicht einer Rückübertragung mitgeteilt hat (§ 2 Abs. 2 Satz 1 2. Halbs.). Nur der noch nicht geklärte und noch nicht anerkannte (bzw. der noch nicht einmal angemeldete) Restitutionsanspruch muß daher dem besonderen Investitionszweck weichen. Ist dagegen der Restitutionsanspruch bereits anerkannt oder dessen Anerkennung demnächst zu erwarten, so haben die Rechte des Alteigentümers auf Rückübertragung Vorrang. Der Berechtigte mag sich dann am allgemeinen Grundstücksmarkt als Verkäufer nach freier Entscheidung betätigen. Der Vorrang des besonderen Investitionszwecks ist nur gegeben, solange die Verfügung über das Grundstück durch ungeklärte Eigentumsverhältnisse gelähmt ist.

Die erteilte Investitionsbescheinigung hat die Wirkung, daß der Vorhabenträger und der Veräußerer nunmehr die Genehmigung nach der GVVO für eine Grundstücksveräußerung erhalten können, auch wenn eine Anmeldung eines Alteigentümers vorliegt (§ 2 Abs. 1 InvestG). Die Verfügung darf aber im Grundbuch nur eingetragen werden, wenn die Genehmigung nach GVVO tatsächlich erteilt und vorgelegt worden ist. Eine Eintragung hat zu unterbleiben, wenn gegen den Genehmigungsbescheid ein Rechtsbehelf mit aufschiebender Wirkung eingelegt worden ist, was die Genehmigungsbehörde unverzüglich mitzuteilen hat (§ 2 Abs. 3 InvestG). Die Investitionsbescheinigung wird unter der Auflage erteilt, daß der Vorhabenträger das Vorhaben binnen einer bestimmten Frist durchführt (§ 1 Abs. 3 Satz 3). Diese Frist ist auch als Rückfallklausel in den Veräußerungsvertrag aufzunehmen. Die Rückfallklausel hat nach Vorstellung des Gesetzgebers eine obligatorische Wirkung.[90)]

Der restitutionsberechtigte Alteigentümer, über dessen Rückübertragungsanspruch noch nicht entschieden ist und der von einem Investitionsvorhaben erfährt (wofür Landratsamt oder Stadtverwaltung gem. § 4 Abs. 1 Satz 1 zu sorgen haben), hat die erwähnte, im Gesetz aber nicht ausdrücklich vorgesehene Möglichkeit, selbst ein besonderes, i. S. des Gesetzes förderungswürdiges Investitionsvorhaben glaubhaft anzumelden (oben b). Einen Vorrang vor dem ersten Vorhabenträger kann er aber nur haben, wenn sein Restitutionsanspruch glaubhaft ist. Ist sein Restitutionsanspruch bereits behördlich anerkannt, entfällt der Vorrang des anderen Investitionsvorhabens ohnehin gem. § 2 Abs. 2 Satz 1 InvestG.

Im übrigen kann er gegen die Erteilung der Genehmigung nach GVVO, die aufgrund der Investitionsbescheinigung erfolgt ist, einen Rechtsbehelf mit aufschiebender Wirkung einlegen. Allerdings kann aufgrund zwingender öffentlicher Interessen die sofortige Vollziehung der Genehmigung besonders angeordnet werden (§ 4 Abs. 2 InvestG).

5. Anhang: Überblick über Enteignungen in der DDR

Die Vielfalt der Enteignungstatbetände kann hier nicht annähernd vollständig wiedergegeben werden. Der folgende Exkurs dient nur einem ungefähren Überblick und der Illustration der Problematik. Weiterführende Angaben enthalten Berichte des Gesamtdeutschen Instituts von 1971 und 1983.[91)]

---

90) Erläut. zu § 1 Abs. 3 = *Horn*, RWS-Dok. 2 Nr. II.2.2., S. 3.

91) Gesamtdeutsches Institut - Bundesanstalt für Gesamtdeutsche Aufgaben, Bestimmungen der DDR zu Eigentumsfragen und Enteignungen, 1971 (Zit. GI) und 1983 (Zit. GI 1983). Vgl. auch die Hinweise bei *Blümmel/Rodenbach*, insbes. in A, F und G.

a) Enteignungen 1945 - 1949

aa) Allgemeines. Grundlagen

Enteignungsakte gingen seit 1945 zunächst nur von den Besatzungsmächten, in der sowjetischen Besatzungzone also von der dortigen sowjetischen Militäradministration für Deutschland (SMAD) aus, dann zunehmend aber auch von deutschen Behörden und aufgrund deutscher Regelungen. Für das Handeln der Besatzungsmächte war allgemeine Grundlage das Potsdamer Protokoll vom 2. 8. 1945[92)], in dem die Alliierten unter anderem die Beseitigung der übermäßigen Wirtschaftskraft in Deutschland als eines ihrer Ziele bezeichneten, und das KontrollratsG Nr. 10 vom 10. 12. 1945[93)], das die Einziehung der Vermögen von Kriegsverbrechern und die Rückgabe unrechtmäßig erworbenen Vermögens vorsah. Die Kontrollrats-Direktive Nr. 38 vom 10. 10. 1946[94)] übertrug die Ausführung den jeweiligen Zonenbefehlshabern.

Strafmaßnahmen gegen Kriegsverbrecher und Naziaktivisten wurden in der Sowjetzone zunächst allein von den sowjetischen Militärtribunalen durchgeführt; deutsche Gerichte wurden mit dieser Aufgabe etwa ab Herbst 1947 betraut.[95)] Enteignete Betriebe und sonstiges enteignetes Vermögen wurde ab 1946 den Behörden der Länder zur Verfügung gestellt.[96)] Die Länder der Sowjetischen Besatzungszone (SBZ) erließen zwischen Juni und August 1946 Enteignungsgesetze.[97)] Landesgesetzliche Regelungen zur Bodenreform ergingen bereits ab September 1945.[98)] Die Länder der SBZ sahen ferner allgemein die Möglichkeit der Enteignung zum Wohl der Allgemeinheit vor.[99)]

---

92) ABl des Kontrollrats, S. 13.
93) ABl des Kontrollrats, S. 50.
94) ABl des Kontrollrats, S. 184.
95) GI, S. 4.
96) Befehl Nr. 97 v. 29. 3. 1946, VOBl Provinz Sachsen, S. 226.
97) GI, S. 5.
98) GI, S. 7.
99) GI, S. 8.

bb) Enteignung der Kriegsverbrecher und Nazis 1945 - 1948

Der Befehl Nr. 124 der sowjetischen Militäradministration (SMAD) vom 30. 10. 1945[100)] erkärte die Beschlagnahme folgenden Eigentums:

- des deutschen Staats und seiner Zentral- und örtlichen Organe;
- der Amtsleiter der NSDAP, deren führender Mitglieder und einflußreichen Anhänger;
- der deutschen Militärbehörden und Organisationen;
- der vom sowjetischen Militärkommando verbotenen und aufgelösten Gesellschaften, Clubs und Vereinigungen;
- der Regierungs- und Staatsangehörigen der auf seiten Deutschlands am Krieg beteiligten Länder;
- von Personen, die vom sowjetischen Militärkommando besonders bezeichnet wurden.

Die Konfiskation des Vermögens der NSDAP, ihrer Organe und angeschlossenen Verbände erfolgte dann durch Befehl Nr. 126.[101)] Durch eine Instruktion zum Befehl Nr. 124 wurde festgelegt, welche Betriebe unter Sequestration gestellt wurden.[102)] Diese Betriebe und sonstiges beschlagnahmtes Vermögen wurden 1946 den Behörden der Länder zur Verfügung gestellt mit Ausnahme ausgesuchter und in Listen bezeichneter Unternehmen, die zur teilweisen Erfüllung von Reparationsansprüchen der Sowjetunion in deren Eigentum übergingen (sowjetische AGs). Mit Befehl Nr. 64 vom 17. 4. 1948[103)] ordnete die SMAD die Beendigung der Enteignungsmaßnahmen an und hob den Befehl Nr. 24 auf; sie löste die Sequestierungskommissionen auf und erklärte das geschaffene Volkseigentum für unantastbar.

Die deutschen Verwaltungen der Länder der SBZ erließen 1946 Gesetze über die Enteignung der sequestierten Betriebe ohne gerichtliche Nachprüfung und ohne Entschädigung.[104)] Als erstes erging ein sächsisches Gesetz vom 30. 6. 1946, das durch Volksentscheid angenommen wurde.[105)] Die Anordnung der Beendigung der Enteig-

100) VOBl Provinz Sachsen Nr. 4, 5, 6 S. 10.
101) Befehl Nr. 126 v. 30. 10. 1945; VOBl Provinz Sachsen, Nr. 4, 5, 6 S. 12.
102) GI, S. 4.
103) ZVOBl, S. 140.
104) GI, S. 5.
105) GuVOBl Land Sachsen, S. 305.

nungsmaßnahmen durch den Befehl Nr. 64 der SMAD 1948 führte keineswegs zu einer tatsächlichen Beendigung der Enteignungsmaßnahmen durch die deutschen Behörden. Diese setzten vielmehr die Enteignungen in Ausführung der Richtlinie Nr. 1 zum Befehl Nr. 64 fort.[106)] Diese Enteignungen wurden erst 1952 abgeschlossen. Dabei wurden, wenn bislang nur ein Teil eines Betriebes enteignet worden war, aufgrund des wirtschaftlichen Zusammenhangs auch andere Betriebsteile enteignet.

cc) Die Bodenreform von 1945/46

Zur "Entmachtung und Bestrafung der Junker und Großgrundbesitzer" ergingen bereits im September 1945 auf Veranlassung der SMAD Landesgesetze.[107)] Grundbesitz von mehr als 100 ha wurde grundsätzlich gänzlich enteignet. Besitz unterhalb dieser Größe wurde dann gänzlich enteignet, wenn der Eigentümer als Kriegsverbrecher oder Naziverbrecher angesehen wurde. Die Enteignung erfolgte ohne Entschädigung und umfaßte Grundstücke, Gebäude, landwirtschaftliche Nebenbetriebe, Inventar, Vorräte und nicht selten auch Gegenstände des persönlichen Gebrauchs. Die enteigneten Grundflächen wurden Bodenfonds zugewiesen, aus denen landlose oder arme Bauern, Landarbeiter und Vertriebene Land zu Eigentum erhielten. Dieses Eigentum war erheblichen Einschränkungen unterworfen.[108)] Außerdem waren die zugewiesenen Grundstücke von fünf ha oder 7,5 ha so klein, daß sie zur Führung eines eigenen Betriebs keineswegs ausreichten. Die Schaffung dieses Minigrundbesitzes war eher eine Zwischenetappe zur Kollektivierung der Landwirtschaft. Ein Teil der enteigneten Grundstücke wurde auch den Ländern direkt als Volkseigentum zugeteilt.

---

106) GI, S. 7.
107) GI, S. 7.
108) *Mutschmann/Hartmann/Lutz*, AnwBl 1990, 190, 195; zur späten Verstärkung dieser Rechte oben III 7 a.

dd) Enteignungen zur Umgestaltung der Wirtschaft

Durch Befehl Nr. 1 der SMAD vom 23. 7. 1945[109] wurden alle bestehenden Banken, Sparkassen, Privatversicherungen und Bausparkassen liquidiert und eine Neuordnung des Bank- und Versicherungswesens wurde angeordnet. Die Neuordnung des Bank- und Sparkassenwesens erfolgte durch landesrechtliche Bestimmungen 1947 - 1948.[110] Den geschlossenen öffentlichen und privaten Banken und Sparkassen wurde dabei die Wiederaufnahme der Tätigkeit verboten. Anstelle der bestehenden Versicherungen wurden auf landesrechtlicher Grundlage Anstalten mit Monopolstellungen geschaffen. Eine VO über das Aktivvermögen der alten Versicherungen vom 24. 11. 1948[111] verfügte die Übergabe des Aktivvermögens an die neugegründeten Versicherungsunternehmen der Länder. 1947 - 1949 wurden aufgrund landesrechtlicher Bestimmungen bestimmte Bergwerke und Betriebe der Energiewirtschaft gegen teilweise (und geringe) Entschädigung in Volkseigentum überführt.[112] Die EnergiewirtschaftsVO vom 22. 6. 1949[113] verfügte die Übernahme der Energiewirtschaft durch die öffentliche Verwaltung; es wurden Entschädigungen gewährt.

Auch im Gesundheits- und Kulturbereich erfolgten zahlreiche Enteignungen, so der Lichtspieltheater, Apotheken, Büchereien und derjenigen Vereine und Gesellschaften, die nach dem anfänglichen Verbot aller Vereine und Gesellschaften (1945) nicht mehr zugelassen wurden.[114]

b) Enteignungen nach 1949

Das Jahr 1949 bildet zwar durch die Entstehung der DDR eine gewisse Zäsur, nicht aber hinsichtlich der Enteignungsvorgänge. Vielmehr ergeben sich hier fließende Übergänge fortgesetzter Enteignungstätigkeit der deutschen Behörden. Es wurde bereits bemerkt, daß Enteignungen aufgrund der Anordnung der SMAD trotz offizieller Beendigung durch die SMAD 1948 von deutschen Behörden län-

---

109) VOBl Provinz Sachsen, Nr. 1, S. 11.
110) GI, S. 9.
111) ZVOBl, Nr. 55 S. 546.
112) GI, S. 13.
113) ZVOBl I, S. 472.
114) GI, S. 14 f.

gere Zeit weitergeführt wurden. Im folgenden können für die DDR wiederum nur einige wichtige Fallgruppen zur Illustration herausgehoben werden, ohne daß ein Anspruch auf Vollständigkeit erhoben wird.

aa) Ökonomischer Druck gegen Gewerbebetriebe

Zahlreiche gesetzgeberische Maßnahmen der DDR auf dem Gebiet des Wirtschaftslebens dienten dazu, die Eigentumsrechte selbständiger Gewerbetreibender zu beschneiden und auf sie ökonomischen Druck zur Aufgabe ihrer selbständigen Tätigkeit auszuüben. Diesem Zweck diente von Anfang an das Steuer- und Abgabenrecht der DDR.[115)] Das Einkommen aus selbständiger Tätigkeit wurde einer extrem hohen und quasi konfiskatorischen Besteuerung unterworfen. Der dadurch herbeigeführte wirtschaftliche Zusammenbruch der Betriebe wurde von der öffentlichen Hand ausgenutzt, um die Betriebe oder sonstigen Vermögensstücke aus der Konkursmasse zum Ausgleich der bevorrechtigten öffentlich-rechtlichen Forderungen zu erwerben. Ferner wurden durch Entzug der Gewerbeerlaubnis[116)] zahlreiche Gewerbetreibende gezwungen, ihr Betriebsvermögen zu veräußern. Private Unternehmer konnten ferner durch den Abzug von Produktionsmitteln, den Entzug von Aufträgen oder die Verweigerung der Abnahme der Produktion aus dem Wirtschaftsleben verdrängt werden.[117)] Schließlich sah das Strafrecht der DDR im großen Umfang die Möglichkeit zur Einziehung des Vermögens oder einzelner Vermögensteile vor.

bb) Zwangskollektivierung der Landwirtschaft

Anfang 1952 wurde eine Regelung geschaffen, nach der für alle landwirtschaftlichen Betriebe, die von ihren Eigentümern verlassen worden waren oder auch nur eine unterdurchschnittliche Produktion aufwiesen, staatliche Treuhänder eingesetzt werden konnten.[118)] Im Sommer 1952 setzte eine Zwangskollektivierung aufgrund von Beschlüssen der

115) GI, S. 17.
116) Erforderlich nach der GewerbetätigkeitsVO v. 28. 6. 1956, GBl I Nr. 62 S. 558 i. d. F. der ÄnderungsVO v. 11. 4. 1957, GBl I Nr. 30 S. 249.
117) Grundlage dazu war die LieferverpflichtungsVO v. 22. 12. 1955, GBl I 1956 Nr. 1 S. 7.
118) VO über die devastierten landwirtschaftlichen Betriebe v. 20. 3. 1952, GBl I Nr. 38 S. 226.

2. Parteikonferenz der SED vom Juli 1952 ein mit dem Ziel, landwirtschaftliche Produktionsgenossenschaften zu schaffen. Häufig wurden dabei Mittel des Strafrechts eingesetzt und einzelne Großbauern aufgrund angeblicher Straftaten enteignet. Aber auch verpachtete Betriebe wurden enteignet, indem man den Pächtern eine Straftat nachsagte. Das LPG-Gesetz von 1959[119] forderte den Zusammenschluß der Landwirtschaft nach dem Prinzip der Freiwilligkeit. Die Kollektivierung wurde innerhalb kurzer Zeit durch massive Propaganda und Nötigung der Bauern erreicht. Damit wurde an den eingebrachten Vermögensstücken genossenschaftliches, sozialistisches Eigentum geschaffen, wobei den Bauern ein funktionsloses Privateigentum am eingebrachten Grund und Boden verblieb.[120]

cc) Sozialisierung von Industrie, Handwerk und Handel

Für Privatbetriebe bestand ab 1956 die Möglichkeit einer staatlichen Kapitalbeteiligung. Diese Möglichkeit wurde häufig genutzt, um behördlichen Druck zu mildern. Eine VO über die Bildung halbstaatlicher Betriebe von 1959[121] schuf dafür die Grundlage. Dabei wurde die Rechtsform einer KG oder auch OHG gewählt. Die Besteuerung war günstiger als die für Privatbetriebe. Die vollständige Überführung dieser halbstaatlichen Betriebe in Volkseigentum erfolgte 1972 in kurzer Zeit ohne gesetzliche Grundlage aufgrund unveröffentlichter Beschlüsse des Politbüros der SED und des Ministerrats der DDR vom 8. und 9. 2. 1972.[122] Die Unfreiwilligkeit der Maßnahme wurde durch den Abschluß von Kaufverträgen mit den bisherigen Betriebsinhabern bzw. Anteilseignern verschleiert.

Auch für Handwerker wurde ab 1955 die rechtliche Möglichkeit des Beitritts zu Produktionsgenossenschaften des Handwerks geboten,[123] durch steuerliche Vorteile gefördert und schließlich im Laufe der Zeit durch politischen Druck verstärkt. Die privaten Einzelhändler und

---

119) G über die landwirtschaftlichen Produktionsgenossenschaften v. 3. 6. 1959, GBl I Nr. 36 S. 577; s. auch oben III 5 und Kap. 4 IV.
120) Dazu auch oben III 5.
121) VO v. 26. 3. 1959, GBl I Nr. 19 S. 253.
122) GI 1983, S. 14; vgl. auch Kap. 4 III.
123) VO v. 18. 8. 1955, GBl I Nr. 72 S. 597.

Gastwirte wurden schließlich ab 1966 durch den Abschluß von Kommissionsverträgen in die Planwirtschaft eingebunden.[124)]

dd) Eigentum von Flüchtlingen und anderen Personen außerhalb der DDR

Die Behandlung des Vermögens von Flüchtlingen d. h. Personen, die nach dem 8. 5. 1945 das Gebiet der DDR oder Berlin (Ost) ohne behördliche Genehmigung verlassen haben, wurde im Laufe der Zeit unterschiedlich geregelt. Zunächst haben die Länder diese Vermögen erfaßt und Abwesenheitspfleger bestellt; Betriebe von Flüchtlingen wurden unter Treuhandschaft gestellt.[125)] Eine VO von 1952 ordnete die Beschlagnahme an.[126)] Landwirtschaftliches Vermögen wurde den LPGs zur unentgeltlichen Nutzung überlassen und später in Volkseigentum übernommen. 1953 regelte eine AO die Verwaltung der Vermögenswerte der ab 1953 geflüchteten Personen.[127)] Als Verwalter für diese Vermögen konnte ein vom Eigentümer eingesetzter Bevollmächtigter, ein vom Staatlichen Notariat eingesetzter Abwesenheitspfleger oder ein vom Rat des Kreises eingesetzter Treuhänder bestellt werden. 1958 wurde diese Anordnung verschärft, die private Verwaltung des Vermögens durch staatliche Oberaufsicht kontrolliert, die Wohnung der Flüchtlinge geräumt und Möbel und Einrichtungsgegenstände wurden veräußert. Forderungen der Flüchtlinge wurden eingezogen und ebenso wie die Verkaufserlöse einbehalten. Der Treuhänder hatte Verfügungsbefugnisse und konnte Betriebe liquidieren und Grundstücke verkaufen.[128)]

Eine unterschiedliche Behandlung erfuhr das Vermögen von Deutschen, die nie in der SBZ oder DDR gelebt oder diese mit behördlicher Erlaubnis verlassen hatten. Ab 1952 wurde dieses Vermögen in die vorläufige Verwaltung der Behörden der DDR übernommen.[129)]

---

124) VO über die Tätigkeit privater Einzelhändler und Gastwirte als Kommissionhändler des sozialistischen Einzelhandels v. 26. 5. 1966, GBl I Nr. 68 S. 429.

125) GI 1971, S. 22.

126) VO v. 17. 7. 1952, GBl I Nr. 100 S. 615.

127) AO v. 1. 12. 1953 über die Behandlung des Vermögens von Personen, die die DDR nach dem 10. 6. 1956 verlassen haben, GBl I Nr. 130 S. 1231.

128) Eine Neuregelung dieser Rechte erfolgte 1968 durch die VO über Rechte und Pflichten des Verwalters des Vermögens von Eigentümern, die die DDR ungesetzlich verlassen haben, gegenüber Gläubigern in der DDR v. 11. 12. 1968, GBl II 1969 Nr. 1 S. 1.

129) VO zur Sicherung von Vermögenswerten v. 17. 7. 1952, GBl I Nr. 100 S. 615.

Der Eigentümer hatte danach nur noch beschränkte Verfügungsmöglichkeiten. Miet- und Pachteinnahmen wurden zweckgebunden für Unterhaltskosten der Objekte verwendet; der Rest war nur begrenzt verfügbar. Nach § 24 Abs. 2 RAG konnte durch das staatliche Notariat ein Abwesenheitspfleger bestellt werden.[130] Nach einer AO vom 11. 11. 1989 sollten keine neuen Treuhandverwaltungen angeordnet werden.[131]

ee) Enteignungsgesetze ohne Sozialisierungscharakter

Nach der DDR-Verfassung von 1968/74 waren Enteignungen für gemeinnützige Zwecke zulässig, erforderten eine gesetzliche Grundlage und durften nur gegen angemessene Entschädigung erfolgen. Es bestand und besteht eine Reihe von Gesetzen, die im großen und ganzen rechtsstaatlichen Maßstäben von Enteignungsgesetzen entsprechen, auch wenn sie im einzelnen ggf. nicht in diesem Sinne gehandhabt wurden. Schon das AufbauG von 1950[132] erlaubte die Beschränkung oder Entziehung des Eigentums und anderer Grundstücksrechte zum Zweck des Wiederaufbaus. Das Gesetz wurde 1984 durch das BaulandG abgelöst,[133] das entsprechende Enteignungsnormen enthält. Die Enteignungen erfolgten meist zugunsten der Schaffung von Volkseigentum. Privatpersonen wurde an diesem Volkseigentum häufig ein Nutzungsrecht eingeräumt.[134] Weitere Enteignungsgesetze betrafen die Entziehung und Beschränkung von Eigentum für Verteidigungszwecke und vor allem für die Schaffung der Demarkationslinie an der innerdeutschen Grenze. Es versteht sich, daß letzterer Gesetzeszweck vom heutigen Standpunkt aus nicht anerkannt werden kann. Überdies kam es hier zu besonders brutalen Zwangsumsiedlungen.[135]

---

130) *Kittke*, DtZ 1990, 179, 180.
131) AO zur Regelung von Vermögensfragen v. 11. 11. 1989, GBl I Nr. 104 S. 247.
132) G über den Aufbau der Städte in der DDR und der Hauptstadt Deutschlands Berlin (AufbauG) v. 6. 9. 1950, GBl I Nr. 104 S. 965.
133) G v. 15. 6. 1984, GBl I Nr. 17 S. 201 = *Horn*, RWS-Dok. 2 Nr. I.3.7.
134) *Kittke*, DtZ 1990, 180 f.
135) Vgl. auch GI 1971, S. 29 f.

ff) Ökonomischer Druck auf Hauseigentümer

Wie bereits mehrfach erwähnt, gehört zu den Enteignungstatbeständen, die auch in der GE anerkannt werden, der starke ökonomische Druck auf Hauseigentümer aufgrund der Wohnungsbewirtschaftung, des Mietpreisstops und Zwangsmietrechts, der diese Eigentümer häufig zum Verzicht auf das Eigentum und zur Übertragung auf den Staat zwang, weil diese die wirtschaftliche Last der Erhaltungsreparaturen nicht tragen konnten und eine Überschuldung aufgrund staatlicher Zwangsbaumaßnahmen drohte.[136)] Ferner kam es zu erzwungenem Verkauf von Grundbesitz aus Anlaß der legalen Übersiedlung aus der DDR.[137)]

136) Vgl. oben Kap. 2 IV.
137) Dazu *Sehrig*, AnwBl 1990, 297, 299.

Kapitel 4:

Unternehmensrecht

I. Grundlagen. Handels- und Gesellschaftsrecht

1. Die Herstellung der unternehmerischen Freiheit

Rechtsquellen:

- Grundgesetz für die Bundesrepublik Deutschland v. 23. 5. 1949 (mit Änderungen, zuletzt durch den EinigungsV v. 31. 8. 1990) seit 3. 10. 1990.
- EinigungsV v. 31. 8. 1990, BGBl II 1990, 889 = *Horn*, RWS-Dok. 2 Nr. I;
- Verfassungsgrundsätze v. 17. 6. 1990, GBl I Nr. 33 S. 299, bis 2. 10. 1990 = *Horn*, RWS-Dok. 1 Nr. 1.6;
- G zum Vertrag über die Schaffung einer Währungs-, Wirtschafts- und Sozialunion zwischen der DDR und der Bundesrepublik Deutschland v. 18. Mai 1990 (Verfassungsgesetz) v. 21. 6. 1990, GBl I Nr. 34 S. 331 = *Horn*, RWS-Dok. 1 Nr. 1.5;
- VereinigungsG v. 21. 2. 1990, GBl I Nr. 10 S. 75 = *Horn*, RWS-Dok. 1 Nr. 6.1; bis 2. 10. 1990; G z. Änderung des VereinigungsG v. 22. 6. 1990, GBl I Nr. 37 S. 470;
- GewerbeG der DDR v. 6. 3. 1990, GBl I Nr. 17 S. 138; bis 2. 10. 1990; DVO zum GewerbeG v. 8. 3. 1990, GBl I Nr. 17 S. 140; 2. DVO zum GewerbeG v. 15. 3. 1990, GBl I Nr. 18 S. 169 = *Horn*, RWS-Dok. 1, Nr. 6.2 - 4; G z. Änd. d. GewerbeG v. 29. 6. 1990, GBl I Nr. 38 S. 503;
- G über die Gründung und Tätigkeit privater Unternehmen und über Unternehmensbeteiligungen (UnternehmensG) v. 7. 3. 1990, GBl I Nr. 17 S. 141; bis 2. 10. 1990; 1. DVO zum UnternehmensG v. 8. 3. 1990, GBl I Nr. 17 S. 144; 2. DVO zum UnternehmensG v. 13. 6. 1990, GBl I Nr. 34 S. 363 = *Horn*, RWS-Dok. 1 Nr. 4.7 - 9;
- G über die Aufnahme einer gewerblichen Tätigkeit oder eines freien Berufes durch Personen ohne Wohnsitz, Sitz oder Niederlassung in der DDR (NiederlassungsG) v. 28. 6. 1990, GBl I Nr. 38 S. 485 = *Horn*, RWS-Dok. 1 Nr. 4.13; bis 2. 10. 1990;
- G über den Außenwirtschafts-, Kapital- und Zahlungsverkehr - GAW - v. 28. 6. 1990, GBl I Nr. 39 S. 515 = *Horn*, RWS-Dok. 1 Nr. 6.8; bis 2. 10. 1990 mit Ausnahme der vorübergehend fortgeltenden §§ 8, 50 GAW gem. EinigungsV Anlage II Kap. V E Abschn. II Nr. 1, BGBl II 1990, 1202.

a) Rechtsgrundlagen der Unternehmerfreiheit

Die Freiheit zu unternehmerischem Handeln im neuen Bundesgebiet ist seit 3. 10. 1990 durch das Grundgesetz gesichert.[1] Aber auch schon vor dem Beitritt der DDR war sie dort durch die Verfassungsgrundsätze vom 17. 6. 1990 verfassungsrechtlich garantiert worden.[2] Die gesetzliche Konkretisierung und Ausgestaltung dieses Grundrechts wurde bereits durch vorherige Gesetzgebung schrittweise vorgenommen, insbesondere durch das GewerbeG vom März 1990, das den Grundsatz der Gewerbefreiheit einführte, und das UnternehmensG aus der gleichen Zeit, das die Gründungsfreiheit im einzelnen ausgestaltete und die Möglichkeit der privatrechtlichen Unternehmensorganisation als Einzelkaufmann, Personenhandelsgesellschaft, Kapitalgesellschaft und privatrechtliche Genossenschaft eröffnete. Dies geschah unter Bezugnahme auf die in der DDR formell noch (in alter Fassung) weitergeltenden Gesetze HGB, AktG, GmbHG und GenG. Damit wurde ab März 1990 die Gründung neuer privater Unternehmen in der DDR ermöglicht.[3] Die Niederlassungsfreiheit auch auswärtiger Investoren in der DDR wurde durch das NiederlassungsG vom 28. 6. 1990 für auswärtige Unternehmen, deren Zweigniederlassungen und freiberuflich Tätige eingeführt. Das AußenwirtschaftsG (GAW) vom gleichen Tag stellte die Außenwirtschaftsfreiheit her.

b) Schranken; insbesondere Lieferpflichten gem. § 8 GAW

Heute besteht die unternehmerische Freiheit grundsätzlich im gleichen Umfang wie im alten Bundesgebiet und mit den gleichen gesetzlichen Schranken, z. B. des Gewerbe- und Wettbewerbsrechts. Einige Besonderheiten sind noch etwa im Preisrecht zu verzeichnen. Ferner hat der EinigungsV den § 8 GAW mit der Maßgabe aufrechterhalten, daß Unternehmen, die im neuen Bundesgebiet ansässig sind, Beschränkungen oder Bezugs- oder Lieferpflichten auferlegt werden können, sofern die Verpflichtungen aus Vereinbarungen oder Abkommen aus der Zeit vor dem 1. 7. 1990 stammen. Die Regelung gilt vor allem den Wirtschaftsbeziehungen zu den RGW-Ländern, die nach Art. 29 Eini-

---

1) Vgl. allg. oben Kap. 1 III.
2) Dazu oben Kap. 1 III.
3) Zur Joint-Venture-VO vom Januar 1990 oben Kap. 1 III 2 b.

gungsV Vertrauensschutz genießen.[4] Die Praktikabilität der Regelung ist zweifelhaft. Ihre Verfassungsmäßigkeit kann wohl dann bejaht werden, wenn es sich um ehemals sozialistische, in AGs oder GmbHs umgewandelte Unternehmen handelt, so daß man die Inanspruchnahme sozusagen als rechtliche Altlast rechtfertigen kann.

2. Handelsrecht und Handelsregister

a) Allgemeines. Das Kaufmannsrecht des HGB

Das HGB gilt seit dem 3. 10. 1990 gem. Art. 8 EinigungsV im neuen Bundesgebiet in vollem Umfang. Aber bereits ab 1. 7. 1990 galten Buch 1 - 4 des HGB in der in der Bundesrepublik geltenden Fassung aufgrund § 16 MantelG.[5] Der subjektive Anwendungsbereich des HGB bestimmt sich nach den gleichen Kriterien des Kaufmannsbegriffes wie im übrigen Bundesgebiet. So sind alle nach dem TreuhandG in AGs und GmbHs umgewandelten volkseigenen Betriebe und Kombinate Formkaufmann i. S. d. § 6 Abs. 2 HGB. Neugegründete einzelkaufmännische Unternehmen, Personenhandelsgesellschaften und Kapitalgesellschaften erlangen die Kaufmannseigenschaft nach den allgemeinen Grundsätzen (§§ 1 - 6 HGB).

Schon vor dem 1. 7. 1990 eröffnete das UnternehmensG die Möglichkeit, die Kaufmannseigenschaft nach dem HGB (in der alten seinerzeit in der DDR fortgeltenden Fassung) bei Neugründung eines einzelkaufmännischen Unternehmens, einer Personenhandelsgesellschaft, einer Kapitalgesellschaft oder einer Genossenschaft zu erwerben (§§ 2 und 3 UnternehmensG). Auch die nach der inzwischen wieder aufgehobenen sog. Joint-Venture-VO vom Januar 1990 gegründeten Unternehmen wurden als AG oder GmbH zugleich Formkaufmann i. S. des HGB (a. F.).

---

4) Kap. 1 IV 1 d und Kap. 2 II 3 c.
5) Vgl. oben Kap. 2 II 3.

Manual of German Law Vol (1): General Introduction Civil + Commercial Law. HMSO (1950) Ernst Joseph Cohn

b) Handels- und Genossenschaftsregister

Rechtsquellen:

- Handelsgesetzbuch (insbes. §§ 8 - 16, 17 ff, 29);
- Genossenschaftsgesetz;
- G über die Angelegenheiten der freiwilligen Gerichtsbarkeit (FGG), BGBl III, 315 - 1, zuletzt geänd. d. Art. 7 G v. 26. 6. 1990, BGBl I 1163, nach Maßgabe von EinigungsV Anlage I Kap. III A Abschn. III Nr. 13 c, BGBl II 1990, 932 f = *Horn*, RWS-Dok. 2 Nr. I.2.2, S. 12 f; ab 3. 10. 1990;
- UnternehmensG v. 7. 3. 1990, GBl I Nr. 17 S. 141 = *Horn*, RWS-Dok. 1 Nr. 4.7, geändert d. § 5 ÄndAufhG v. 28. 6. 1990, GBl I Nr. 38 S. 483 = *Horn*, RWS-Dok. 1 Nr. 1.9; bis 2. 10. 1990;
- AO über die Führung des Registers für private und gemischt-wirtschaftliche Unternehmen und für treuhänderisch verwaltete Kapitalgesellschaften v. 19. 3. 1990, GBl I Nr. 20 S. 183 = *Horn*, RWS-Dok. 1 Nr. 4.11;
- Erste DVO zum GVG - Umgestaltung des Staatlichen Vertragsgerichts - v. 6. 6. 1990, GBl I Nr. 32 S. 284 = *Horn*, RWS-Dok. 1 Nr. 7.5; bis 2. 10. 1990.

aa) Neues Recht

Für alle kaufmännischen Unternehmen im neuen Bundesgebiet gilt die Pflicht zur Eintragung der Firma ins Handelsregister gem. § 29 HGB , sofern nicht ein nur minderkaufmännischer Gewerbebetrieb (§ 4 HGB) vorliegt. Auch für die nach dem TreuhandG entstandenen Kapitalgesellschaften gilt die Eintragungspflicht; hier greift jedoch eine Sonderregelung ein.[6)] Für Genossenschaften i. S. des GenossenschaftsG (GenG) besteht die Eintragungspflicht gem. § 10 Abs. 1 GenG. Die Führung des Registers und die Eintragungen richten sich nach §§ 10 - 13 GenG. Die Eintragungspflicht gilt nur für solche Genossenschaften, die nach dem GenG errichtet oder (von einer früheren LPG oder PGH usw.) in eine solche Genossenschaft umgewandelt wurden.[7)]

Handels- und Genossenschaftsregister werden von den Kreisgerichten, in deren Bezirk das Bezirksgericht seinen Sitz hat, für das Gebiet des Bezirksgerichts geführt, solange das jeweilige Land noch keine Bestimmung über die zuständigen Registergerichte getroffen hat. Dies ergibt

---

6) Zu dieser unten III 3 b.
7) Einzelheiten dazu unten IV.

p 230-231 + 243 + 244.

sich aufgrund des EinigungsV aus einer besonderen Bestimmung des FGG, mit der die Zuweisung dieser Register an das Amtsgericht (§ 125 FGG) abgeändert wurde.[8] Die bei den Räten der Kreise befindlichen Vorgänge der Handels- und Genossenschaftsregister werden zu den danach zuständigen Gerichten überführt.[9]

bb) Früheres Recht

Das aus früherer Zeit noch bestehende Handelsregister wurde im März 1990 aufgrund § 6 Abs. 2 UnternehmensG für neugegründete Firmen zunächst bei den Bezirksvertragsgerichten wiederbelebt.[10] In das Handelsregister A und B wurden alle neu gegründeten Firmen, die durch die Gründung von Privatunternehmen durch DDR-Bürger nach dem UnternehmensG entstanden, eingetragen.[11] Die nach der Joint-Venture-VO vom Januar 1990 gegründeten Unternehmen mit ausländischer Beteiligung wurden dagegen in ein gesondert eingerichtetes Unternehmensregister eingetragen. Im Zuge der Auflösung der Vertragsgerichte als Teil des alten planwirtschaftlichen Vertragssystems wurden dann die Handelsregister im Juni 1990 den Kreisgerichten zugeordnet.[12] In der konkreten Durchführung änderte sich dadurch insofern wenig, als das Personal und die Einrichtungen der alten Vertragsgerichte den Kreisgerichten zugeordnet wurden.

Die früheren volkseigenen Unternehmen wurden dagegen im besonderen Register der volkseigenen Betriebe eingetragen und geführt, das 1952 als Handelsregister C bei den Amtsgerichten eingerichtet worden war.[13]

---

8) EinigungsV Anlage I Kap. III A Abschn. III Nr. 13 c, BGBl II 1990, 932 f = *Horn*, RWS-Dok. 2 Nr. I.2.2, S. 12 f, 42; allg. zu den Kreisgerichten unten Kap. 6.

9) EinigungsV Anlage I Kap. III A Abschn. III Nr. 13 d, BGBl II 1990, 932 f = *Horn*, RWS-Dok. 2 Nr. I.2.2, S. 12 f, 42.

10) Gem. § 4 RegisterführungsAO v. 19. 3. 1990, GBl I Nr. 20 S. 183 = *Horn*, RWS-Dok. 1 Nr. 4.11.

11) Dazu und zum folgenden *Kelm*, DB 1990, 973 ff.

12) Gem. § 1 der 1. DVO z. GVG v. 6. 6. 1990, GBl I Nr. 32 S. 284 = *Horn*, RWS-Dok. 1 Nr. 7.5.

13) Rechtsgrundlage war zuletzt die VO über die Führung des Registers der volkseigenen Wirtschaft v. 10. 4. 1980, GBl I S. 115; vgl. auch *Kelm*, DB 1990, 973.

3. Gesellschaftsrecht

Rechtsquellen:

- Erstes bis Viertes Buch des Handelsgesetzbuches; §§ 705 - 740 des Bürgerlichen Gesetzbuches; GmbHG, AktienG; GenossenschaftsG, KapitalerhöhungsG; UmwandlungsG; seit 1. 7. 1990 jeweils in ihrer neuesten in der Bundesrepublik Deutschland geltenden Fassung aufgrund §§ 16 - 22, 33 MantelG v. 21. 6. 1990, GBl I Nr. 34, 357 = *Horn*, RWS-Dok. 1 Nr. 1.7;
- ÄnderungsG zum MantelG v. 6. 7. 1990, GBl I Nr. 44 S. 713 = *Horn*, RWS-Dok. 1 Nr. 1.8;
- VO zur Anwendung von Rechtsvorschriften (RechtsanwendungsVO) v. 11. 7. 1990, GBl I Nr. 44 S. 713 = *Horn*, RWS-Dok. 1 Nr. 7.15.

a) Rechtseinheit seit dem 1. 7. 1990

Seit dem 1. 7. 1990 gilt das Gesellschaftsrecht der Bundesrepublik, d. h. es gelten die einschlägigen Gesetze in ihrer jeweils neuesten Fassung[14], also für die Personenhandelsgesellschaften und die Stille Gesellschaft das HGB und die §§ 705 - 740 BGB, für die Kapitalgesellschaften AktG, GmbHG, KapErhG, ferner das UmwandlungsG und für die Genossenschaften das GenG. Das AktG und das GmbHG sind auch auf diejenigen Kapitalgesellschaften anzuwenden, die aufgrund des TreuhandG durch Umwandlung sozialistischer Wirtschaftseinheiten (VEBs und Kombinate) entstanden sind, soweit nicht das TreuhandG Sondervorschriften enthält (dazu unten III 3). Das Gesellschaftsrecht der Bundesrepublik gilt selbstverständlich auch uneingeschränkt für die Gründung von Gemeinschaftsunternehmen[15], nachdem die Joint-Venture-VO vom Januar 1990 aufgrund des StaatsV aufgehoben[16] und im übrigen durch die Rechtsentwicklung überholt ist.

---

14) Gem. StaatsV Anlage II Abschn. III Nr. 3 - 8, BGBl II, 554; durchgeführt durch §§ 16 - 22, 33 MantelG, GBl I Nr. 34, 359 f, 362 = *Horn*, RWS-Dok. 1 Nr. 1.7.

15) Allg. dazu *Pape*, DB 1990, 3024.

16) Gem. StaatsV Anlage III Abschn. II Nr. 2, BGBl II 1990, 554 durch § 12 Nr. 1 ÄndAufhVO, GBl I Nr. 38 S. 511 = *Horn*, RWS-Dok. 1 Nr. 1.10, S. 3.

b) Gesellschaftsgründungen in der Übergangszeit

Eine Reihe von Gesellschaften ist in der DDR bereits vor dem 1. 7. 1990 gegründet worden, und zwar teils aufgrund der Joint-Venture-VO vom Januar 1990, vor allem aber aufgrund des UnternehmensG vom März 1990. Hier galten HGB, AktG, GmbHG und GenG, die in der DDR nie formell außer Kraft gesetzt worden waren, in ihrer alten Fassung (Stand 1945); dabei bestand zeitweilig die Schwierigkeit, daß eine gültige autorisierte Fassung des Gesetzes nicht angegeben werden konnte.[17)] Dem AktG und GmbHG in ihrer alten Fassung unterlagen auch diejenigen Kapitalgesellschaften, die aufgrund der UmwandlungsVO vom 1. 3. 1990 aus VEBs oder Kombinaten hervorgegangen waren. Für all diese Gesellschaften gelten nunmehr ebenfalls die Gesetze zum Gesellschaftsrecht in der Fassung, die in der Bundesrepublik maßgeblich ist.

Das MantelG traf bei der Einführung des Gesellschafts- und Genossenschaftsrechts (§§ 16 - 20) Anpassungsregelungen, und die RechtsanwendungsVO v. 11. 7. 1990 ordnete dazu an, daß Verweisungen in den übernommenen Gesetzen (HGB, GmbHG, AktG, GenG) auf nicht übernommenes Bundesrecht durch Verweisungen auf entsprechendes DDR-Recht zu ersetzen seien, mit z. T. mißlichen Ergebnissen.[18)] Diese Anpassungsregelungen sind mit der Rechtseinheit gegenstandslos und im EinigungsV nicht aufrechterhalten.[19)]

c) Übergangsregelung zum GmbH-Kapital

Nach dem alten, in der DDR bis 30. 6. 1990 fortgeltenden GmbHG konnten bis zu diesem Datum in der DDR GmbHs mit einem Mindeststammkapital von nur 20.000,- Mark der DDR gegründet werden. Dies galt also für alle GmbHs, die nach der Joint-Venture-VO, nach dem UnternehmensG oder der UmwandlungsVO entstanden. Für Neugründungen ab 1. 7. 1990 war nach der eingeführten neuesten Fassung des GmbHG an sich das Erfordernis eines Stammkapitals von minde-

---

17) *Petter/Schade*, DB 1990, 3033.

18) So sollte nach § 6 Abs. 2 RechtsanwendungsVO nur ein Konkursdelikt nach StGB-DDR (!) der Berufung zum Vorstandsmitglied einer AG i. S. d. § 76 Abs. 3 AktG entgegenstehen.

19) Ausnahme: Kapital der GmbH; dazu sogleich c.

stens 50.000,- DM zu erfüllen (§ 5 Abs. 1). Dafür sah § 18 MantelG[20] aber eine Übergangsfrist bis 1. 7. 1992 vor. Damit wurde die Neugründung von GmbHs für kleinere Unternehmen, insbesondere für den ersten Schritt kleiner Gewerbetreibender in die unternehmerische Selbständigkeit, erleichtert.

Der EinigungsV hat diese Übergangsregelung aufrechterhalten.[21] Danach brauchen GmbHs, die zwischen dem 1. 7. und 2. 10. 1990 zur Eintragung ins Handelsregister angemeldet wurden, erst ab 1. 7. 1992 das erhöhte Kapitalerfordernis zu erfüllen, die bis 30. 6. 1990 gegründeten oder zur Eintragung angemeldeten GmbHs sogar erst ab 1. 7. 1995.

d) Nachliquidations-Gesellschaften

Mit der Herstellung der staatlichen Einheit sind zahlreiche Grundstükke, Unternehmen und sonstige Vermögensgegenstände aus dem früheren Eigentum von Handelsgesellschaften, die längst aufgelöst und abgewickelt sind, wieder zugänglich geworden und können nach dem VermG zurückgegeben werden. Hier greift der Grundsatz ein, daß auch eine abgewickelte Gesellschaft noch insoweit rechtlich fortbesteht, als im Hinblick auf bestimmte Vermögensstücke noch weitere Abwicklungsmaßnahmen notwendig werden.[22] Daher besteht die Möglichkeit, gem. § 273 Abs. 4 AktG Nachabwickler vom Gericht bestellen zu lassen, welche die Restitutionsansprüche geltend machen und im Hinblick auf die zurückerhaltenen Vermögensgegenstände dann die Nachabwicklung durchführen. Die Nachabwickler haben gem. § 270 AktG eine Eröffnungsbilanz aufzustellen. Dabei sind die Vorschriften des DMBilG (i. f. II 3) einzuhalten. Ebenso ist bei der GmbH zu verfahren.[23] Gleiches gilt bei Personenhandelsgesellschaften mit der Besonderheit, daß die Vertretungsbefugnis von Liquidatoren auch ohne gerichtliche Bestellung fortbesteht.[24] Da Liquidatoren

---

20) I. d. F. § 1 ÄnderungsG zum MantelG v. 6. 7. 1990, GBl I Nr. 44 S. 713 = *Horn*, RWS-Dok. 1 Nr. 1.8.

21) EinigungsV Anlage I Kap. III D Abschn. III Nr. 7, BGBl II 1990, 960 = *Horn*, RWS-Dok. 2 Nr. I.2.4, S. 2, 4 f.

22) RGZ 109, 391; 134, 94; BGH NJW 1979, 1987; *Würdinger*, § 46 III 5; *Karsten Schmidt*, § 11 V 6.

23) BGHZ 53, 264.

24) BGH NJW 1979, 1987.

meist aber nicht (mehr) vorhanden sind, ist Neubestellung durch die Gesellschafter oder das Gericht (§ 146 HGB) geboten.

Der Referentenentwurf einer Novelle zum VermG vom Januar 1991[25] sieht vor, daß die Anmeldung des Anspruchs auf Rückgabe des Unternehmens durch einen Gesellschafter oder dessen Nachfolger dazu führt, daß die damals enteignete (und beendete) Gesellschaft unter ihrer alten Firma als in Liquidation fortbestehend gilt. Dies müßte auch bei sonstigen Rückgabeansprüchen gelten. Zu beachten ist, daß die Rückgabe eines weiterzubetreibenden Unternehmens über den Liquidationszweck hinausgeht und einen Beschluß der Gesellschafter zur Fortsetzung als werbende Gesellschaft erfordert.

25) G zur Beseitigung von Hemmnissen bei der Privatisierung von Unternehmen (PrHBG). Der Entwurf konnte im Manuskript nur noch punktuell berücksichtigt werden.

II. Bilanzierung und Bewertung

Rechtsquellen:

- Drittes Buch des HGB, ab 1. 7. 1990;
- VO über die Rechnungsführung und Statistik (VORuSt) v. 11. 7. 1985, GBl I Nr. 23 S. 261; bis 30. 6. 1990 gem. §§ 12 Nr. 11; 18 ÄndAufhVO v. 28. 6. 1990 GBl I Nr. 38 S. 509 = *Horn*, RWS-Dok. 1 Nr. 1.10;
- 3. DB zur Joint-Venture-VO v. 21. 2. 1990, GBl I Nr. 11 S. 88; bis 30. 6. 1990 gem. §§ 12 Nr. 4, 18 ÄndAufhVO;
- AO zur Buchführung, Rechnungslegung und statistischen Berichterstattung privater Unternehmen v. 29. 3. 1990, GBl I Nr. 22 S. 218; bis 30. 6. 1990 gem. §§ 12 Nr. 23, 18 ÄndAufhVO;
- AO über den Abschluß der Buchführung in Mark der DDR zum 30. 6. 1990 (SchlußbilanzAO) v. 27. 6. 1990, GBl I Nr. 40 S. 593 = *Claussen/Korth*, RWS-Dok. 4 Nr. 2.2; Fortgeltung gem. EinigungsV Anlage II Kap. III D Abschn. I Nr. 2, BGBl II 1990, 1193 = *Horn*, RWS-Dok. 2 Nr. I.3.4;
- G über die Eröffnungsbilanz in Deutscher Mark und die Kapitalneufestsetzung (DMBilG) v. 3. 10. 1990, gem. EinigungsV Anlage II Kap. III D Abschn. I, BGBl II 1990, 1169 = *Horn*, RWS-Dok. 2 Nr. II.4.1; ab 1. 7. 1990, §§ 47 - 49 ab 24. 9. 1990 (Verkündung) gem. § 60 DMBilG.

1. Neue und alte Regelung

a) Handelsbücher

Generell besteht ab 1. 7. 1990 für alle kaufmännischen Unternehmen die Buchführungs- und Bilanzierungspflicht des Dritten Buchs des HGB (§§ 238 ff). Soweit Unternehmen bereits vor diesem Zeitpunkt bestanden, haben sie ihre Buchführung in Mark der DDR zum 30. 6. 1990 abzuschließen (i. f. 2) und eine DM-Eröffnungsbilanz aufzustellen (i. f. 3 - 5).

In der Zeit vor dem 1. 7. 1990 bestand für die bereits vorhandenen kaufmännischen Unternehmen, die aufgrund der Joint-Venture-VO oder aufgrund des UnternehmensG gegründet oder aufgrund der UmwandlungsVO aus Kombinaten und VEBs umgewandelt waren, gem. § 13 UnternehmensG die Pflicht zur "Buchführung, Rechnungslegung und statistischen Berichterstattung entsprechend den Rechtsvorschriften".[1] Damit war auch die Buchführungspflicht des HGB a. F., das auf diese Unternehmen anwendbar war (§ 3), umfaßt. Diese Buchführungspflicht setzte einerseits die Beachtung der GoB voraus, war zugleich aber von anderen bestehenden Vorschriften überlagert,[2] wozu auch die Rechnungslegungsvorschriften für Joint Ventures zählen.

b) Sozialistische Rechnungslegung

Die VEBs und Kombinate dagegen unterlagen einer Rechnungslegung, die von derjenigen westlicher Industrieländer grundverschieden war.[3] Eigenkapital war bedeutungslos. Den Unternehmen wurde das erforderliche Anlage- und Umlaufvermögen nach planwirtschaftlichen Gesichtspunkten zugeteilt; zum Anlagevermögen zählte nicht der volkseigene Boden (oben Kap. 3 I 2). Auf der Passivseite wurden entsprechende Fonds gebildet. Gewinne wurden vollständig abgeschöpft, auch soweit sie für Erhaltungs- und Neuinvestitionen benötigt wurden. Die Finanzierung von Investitionen erfolgte über Kredite des staatlichen Bankensystems; die entsprechenden Kreditverbindlichkeiten wurden passiviert. Das Kreditsystem diente der staatlichen Kontrolle der Planerfüllung mit Hilfe des Bankenapparats.[4] Andererseits fand bei der Kreditvergabe eine Bonitätsprüfung i. S. westlicher Unternehmensfinanzierung nicht statt. Sie war vom planwirtschaftlichen Standpunkt aus auch überflüssig, weil sozialistische Wirtschaftseinheiten nicht in Konkurs gingen.

Die Vermögensgegenstände des Unternehmens wurden jährlich i. S. einer Wiederbeschaffungsbewertung anhand staatlicher Indices hochgerechnet.[5] Die Abschreibungen waren wegen längerer Nutzungsdauer geringer, der Investitionsbedarf verschleiert und die vorhande

1) Zur Bilanzierung bei Umwandlungen aufgrund UmwandlungsVO (zu dieser unten III 1 c) *Targan*, WPg 1990, 334 - 339; *Borgmann*, BB 1990, Beilage 26, S. 17 - 22.

2) AO zur Buchführung, Rechnungslegung und statistischen Berichterstattung privater Unternehmen v. 29. 3. 1990, GBl I Nr. 22 S. 218.

3) Aufgrund der VO über die Rechnungsführung und Statistik (VORuSt) v. 11. 7. 1985, GBl I Nr. 23 S. 261; dazu *Haeger*, DB 1990, 3015 ff; *ders.*, DB 1990, 897 - 904; *Polaschewski*, WPg 1990, 329 - 334; vgl. ferner Erläut., S. 66 = *Claussen/Korth*, RWS-Dok. 4 Nr. 2.1, S. 56.

4) Vgl. oben Kap. 1 III 1.

5) Vgl. *Biener*, DB 1990, 3067; Erläut., S. 66 = *Claussen/Korth*, RWS-Dok. 4 Nr. 2.1, S. 56; zur Bewertung auch *Haeger*, DB 1990, 897, 900; *Polaschewski*, WPg 1990, 329, 332 f; *Volk*, BB 1990, Beilage 30, S. 13; *Schüller*, DB 1990, 3050; aus der DDR-Literatur grundsätzlich dazu: Das sozialistische Finanzwesen der DDR (Autorenkollektiv unter der Leitung von *E. König*).

nen Vermögensgegenstände, insbesondere die mit der Zeit völlig veralteten Maschinenanlagen, erheblich überbewertet. Die Anschaffungs- und Herstellungskosten waren generell durch staatliche Preisfestsetzungen manipuliert, insbesondere bei Importgütern um den Faktor 4,4 verteuert, während die Preise anderer Güter durch Subventionierung künstlich niedrig gehalten wurden. Rückstellungen für drohende Verluste waren unbekannt. Die Einzelabschlüsse der VEBs und Kombinate waren Teil der volkswirtschaftlichen Gesamtrechnung und enthielten eine Reihe von Aktiv- und Passivposten, die nach westlichen Maßstäben weder Vermögensgegenstände noch Schulden darstellten oder aus anderen Gründen nicht bilanzierungsfähig waren.[6)]

2. Abschluß der Buchführung in Mark der DDR zum 30. 6. 1990

a) Rechnungsabschluß und Inventur

Aufgrund der Anordnung über den Abschluß der Buchführung in Mark der DDR zum 30. 6. 1990 (SchlußbilanzAO)[7)] sind alle kaufmännischen Unternehmen und die sonstigen, im Register der volkseigenen Wirtschaft eingetragenen Wirtschaftseinheiten (Kombinate, VEBs usw.), alle Genossenschaften, Kreditinstitute und Versicherungsunternehmen verpflichtet, einen Abschluß der Buchführung in Mark der DDR vorzunehmen (§§ 1 und 2). Der Abschluß besteht in einer Schlußbilanz und einer GuV in Mark der DDR auf der Grundlage einer Inventur sämtlicher Vermögensgegenstände und Schulden (§ 2 Abs. 1 AO). Der Abschluß war bis zum 31. 8. 1990 aufzustellen (§ 4 Abs. 1 AO) und bis zum 20. 10. 1990 durch die bis zum 30. 6. 1990 zuständigen Revisionsorgane oder durch Wirtschaftsprüfer zu prüfen und zu bestätigen (§ 4 Abs. 2).

Die Inventur als Grundlage des Abschlusses mußte bei Vorratsvermögen aufgrund einer körperlichen Bestandsaufnahme erfolgen (§ 3 Abs. 4 AO). Gleiches gilt für Vermögensgegenstände des Anlagevermögens (§ 3 Abs. 2 und 3 AO); anders, wenn das Anlagevermögen nach GoB verzeichnet war und in den letzten zwölf Monaten eine körperliche Aufnahme stattgefunden hatte (§ 3 Abs. 3 Halbs. 2 AO). For-

---

6) Beispiele solcher Posten bei *M. Lauer/C. Lauer*, BB 1990, Beilage 26, S. 7, 15; vgl. auch die Bilanzbrücke bei *Claussen/Korth*, RWS-Dok. 4, Anhang.

7) Dazu *v. Wysocki*, DB 1990, 3054; *Förschle/Kropp*, BB 1990, Beilage 33, S. 1 - 7.

derungen und Verbindlichkeiten waren in besonderen Listen zu erfassen und nach den GoB zu saldieren. Forderungen und Verbindlichkeiten gegenüber dem Staat, Anteilseignern oder Kreditinstituten mußten unter Angabe des Rechtsgrundes gesondert erfaßt werden (§ 3 Abs. 5 AO). Anschließend sind aufgrund der Inventur die Schlußbilanz und die GuV entsprechend den zum 30. 6. 1990 geltenden Rechtsvorschriften auf der Grundlage der bisherigen Schemata für den Jahresabschluß aufzustellen (§ 2 Abs. 2 Satz 1 AO).

b) Kontrollzweck

Der Abschluß in Mark der DDR dient im wesentlichen drei Zwecken. Erstens geht es wie bei jeder Rechnungslegung um eine allgemeine Kontrolle des Bestandes und Verbleibs des betrieblichen Vermögens. Dieser Funktion kommt gerade in der unübersichtlichen Zeit des Übergangs der sozialistischen DDR-Wirtschaft, in der betriebliche Vermögensgegenstände umgruppiert, hin und her geschoben und für ehrenhafte oder weniger lautere Zwecke abgezweigt wurden, besondere Bedeutung zu. Zweitens dient der Abschluß der Gewinnermittlung (c), drittens der Vorbereitung der DM-Eröffnungsbilanz (e).

c) Gewinnermittlungszweck

Zweiter Zweck ist die abgabenrechtliche (steuerrechtliche) und wohl erstmals auch die kaufmännische Gewinnermittlung. Die bisherigen sozialistischen Unternehmen, die in der AO ebenfalls als "Kaufleute" bezeichnet werden (§ 1 Abs. 2), haben auf der Grundlage des in der GuV ermittelten Gewinns zum 30. 6. 1990 nach den bisherigen Vorschriften ihren Nettogewinn abzuführen; die kaufmännischen Unternehmen haben auf der Grundlage des ermittelten Nettogewinnes Ertragsteuern zu zahlen. Hinzu traten nach bisherigem Recht nicht gewinnabhängige Abgaben und Beiträge an den Staatshaushalt. Die Unternehmen haben in Höhe der zu entrichtenden Abgaben in der Schlußbilanz eine Verbindlichkeit gegenüber dem Staatshaushalt auszuweisen (§ 2 Abs. 3). Gerade die bisher sozialistischen Wirtschaftseinheiten haben in der Zeit unmittelbar vor Inkrafttreten der Währungsunion am 1. 7. 1990 häufig versucht, ihre nach dem bisherigen Recht bestehenden rigorosen Abgabepflichten zögerlich zu erfüllen oder zu verschleiern, nicht zuletzt aus dem begreiflichen Bestreben heraus, ein Minimum an eigener Liquidität zu retten. Andererseits ist auf diese Weise das Defizit des Staatshaushalts vergrößert worden.

Die AO regelt zugleich den Ausweis des Gewinns, der nach Abgaben verbleibt. Bei den VEBs und Kombinaten konnte ein solcher Gewinn nach den bisherigen Vorschriften allerdings nur unter engen Voraussetzungen entstehen. Bei den kaufmännischen Unternehmen ist der Gewinn nach Steuern den Rücklagen zuzuführen (§ 2 Abs. 4 Satz 1 AO). Ein Betriebsverlust ist durch Entnahme aus Rücklagen auszugleichen oder bei nicht ausreichenden Rücklagen als Minderung des Stamm- oder Grundkapitals bzw. der Einlagen gesondert in der Schlußbilanz auszuweisen.

Ist das Eigenkapital durch Verluste aufgebraucht, ist ein negativer Überschußbetrag gesondert unter der Bezeichnung "nicht durch Eigenkapital gedeckter Fehlbetrag" zu aktivieren (§ 2 Abs. 4 Satz 2 und 3 AO). Verbleibt bei den bisher sozialistischen Betrieben nach Abzug der Abgaben ein Gewinn, so ist dieser entsprechend dem bisherigem Recht den vorgesehenen Fonds zuzuführen; nachgewiesene Verluste sind als Minderung bis zur Höhe des Eigenmittelanteils des Umlaufmittelfonds gesondert auszuweisen (§ 2 Abs. 5 AO).

d) Friktionen des alten Abgabenrechts

Die auszuweisenden Verbindlichkeiten der VEBs und Kombinate und sonstigen sozialistischen Wirtschaftseinheiten gegenüber der Staatskasse nach altem Abgabenrecht werfen das besondere Problem auf, daß möglicherweise aufgrund dieser Verbindlichkeiten in der DM-Eröffnungsbilanz eine Überschuldung des (aufgrund der Umwandlungs-VO oder des TreuhandG umgewandelten) Unternehmens festgestellt werden muß. Da das alte planwirtschaftliche Abgabensystem nicht von einem kaufmännischen Gewinnbegriff ausging, sondern weitere Teile des cash-flow erfaßte, handelt es sich um Abführungen, die nach dem Recht der Kapitalgesellschaften, das ab 1. 7. 1990 anzuwenden ist, teilweise unzulässige Kapitalrückzahlungen darstellen würden.[8] Weder

8) Darauf weist *Biener*, DB 1990, 3071, mit Recht hin.

die SchlußbilanzAO noch das DMBilG sehen dafür eine Lösung vor. Es handelt sich letztlich nicht um eine bloße Frage der Rechnungslegung, sondern einen Konflikt des alten, auf Aussaugung der Unternehmen gerichteten Abgabensystems mit einer neuen, den Erfordernissen der Marktwirtschaft entsprechenden Kapitalausstattung der Unternehmen.[9)]

e) Vorbereitung der DM-Eröffnungsbilanz

Der dritte Zweck des Rechnungsabschlusses in Mark der DDR ist die Vorbereitung der DM-Eröffnungsbilanz. Eine Ableitung dieser Bilanz aus dem Rechnungsabschluß in Mark der DDR zum 30. 6. 1990 ist allerdings bei allen vormals sozialistischen Wirtschaftseinheiten ausgeschlossen, weil die (oben 1) erörterten grundlegenden Verschiedenheiten und wirtschaftlichen Fehlleistungen des bisherigen sozialistischen betrieblichen Rechnungswesens dies ausschließen. Die Abgabenermittlung und die zuerst genannte allgemeine Kontrollfunktion stehen hier im Vordergrund.

Auch bei den bisher schon vor dem 30. 6. 1990 kaufmännisch geführten (neugegründeten oder umgewandelten) Unternehmen, deren Rechnungslegung sich ebenfalls am sozialistischen Regelwerk orientierte[10)] und nur nachrangig am (alten) HGB (oben 1 a), ist ebenfalls eine Ableitung der neuen aus der alten Bilanz nicht möglich, zumal auch hier eine Neubewertung (i. f. 4) unumgänglich ist. Sowohl für die bisher sozialistisch geführten Wirtschaftseinheiten als auch für die kaufmännischen Unternehmen ordnet die AO demnach bestimmte notwendige Vorbereitungsarbeiten für die DM-Eröffnungsbilanz in § 3 Abs. 7 an:

- (a) Bei Grundstücken und Gebäuden sind alle gesetzlichen oder vertraglichen Einschränkungen zu vermerken, die sich auf deren Nutzung, Verfügbarkeit oder Verwertung beziehen; es sind außerdem alle Sachverhalte festzuhalten, aus denen sich künftig finanzielle Verpflichtungen für den Kaufmann ergeben können.

---

9) Zum Problem der Kapitalausstattung unten III 4.

10) Nach der BuchführungsAO v. 29. 3. 1990, GBl I Nr. 22 S. 218, die auf die Vorschriften für Joint Ventures nach der DB v. 21. 2. 1990, GBl I Nr. 11 S. 8, Bezug nahm; vgl. auch *Förschle/Kropp*, aaO, 1, 6.

- (b) In besonderen Listen sind alle Sachverhalte zu erfassen, die zu einer Rückstellung nach § 249 Abs. 1 Satz 1 HGB (n. F.) für ungewisse Verbindlichkeiten oder für drohende Verluste aus schwebenden Geschäften führen können oder für die Rückstellungen nach § 249 Abs. 1 Satz 2 HGB zu bilden sind.
- (c) In besonderen Listen sind alle Haftungsverhältnisse, die nach § 251 HGB zu vermerken sind, und alle sonstigen finanziellen Verpflichtungen zu erfassen, über die nach § 285 Nr. 3 HGB im Anhang zu berichten ist.

3. Die DM-Eröffnungsbilanz

a) Das D-Markbilanzgesetz. Zweck und Anwendungsbereich

Mit Wirkung ab 1. 7. 1990 gilt das D-MarkbilanzG (DMBilG), das am 3. 10. 1990 mit dem EinigungsV in Kraft getreten ist.[11] Der Erlaß dieses Gesetzes war bereits durch den StaatsV vorgeschrieben[12], weil die Neuordnung des Rechnungswesens der DDR-Unternehmen für die Währungs- und Wirtschaftsunion unerläßlich war.[13] Im StaatsV sind in der Erwartung, daß das DMBilG für eine längere Zeit anzuwenden sein werde und jedenfalls auch nach der staatlichen Wiedervereinigung unverändert fortgelten solle[14], genaue Vorgaben für das Gesetz gemacht (Anlage I Art. 7 § 3). Unter deren Beachtung wurde der Gesetzentwurf unter Federführung des Bundesjustizministeriums erstellt.[15]

Die Vorgaben, die der StaatsV (Anlage I Art. 7 § 3) zum Gesetz macht, lassen dessen Ziele und Regelungstechnik erkennen. Es handelt sich um die folgenden Grundsätze und Ziele.

---

11) EinigungsV Anlage II Kap. III D Abschn. I, BGBl II 1990, 1169 = *Horn*, RWS-Dok. 2 Nr. II.4.1; Literatur (z. T. zum Entwurf): *Biener*, DB 1990, 3066; *Strobel*, BB 1990, Beilage 28, S. 6; *Lanfermann/Gewehr*, WPg 1990, 385 - 392; *Lauer/Lauer*, BB 1990, Beilage 26, S. 7 - 17; *Pfitzner*, BB 1990, Beilage 21, S. 10 - 16; *Targan*, WPg 1990, 334 - 339; *Claussen/Korth*, RWS-Dok. 4, Nr. 1: Einführung, S. 1 - 19.

12) StaatsV Anlage I Art. 7 § 3, BGBl II 1990, 549.

13) So auch die Denkschrift zum StaatsV, BT-Drucks. 11/7350, S. 119 = *Horn*, RWS-Dok. 1 Nr. 1.2, S. 23.

14) Denkschrift, S. 119.

15) Und zwar ursprünglich für den DDR-Gesetzgeber; vgl. auch Kap. 1 IV 4 b; zum Entwurf *Biener*, DB 1990, 3066; *Strobel*, BB 1990, Beilage 28, S. 6.

(1) Ziel ist die Rechtseinheit auf dem Gebiet der Rechnungslegung der Unternehmen. Daher sollen die für alle Kaufleute geltenden Vorschriften des 3. Buchs des HGB gelten (StaatsV Anlage I Art. 7 § 3 Abs. 2 lit. c). Diese entsprechen zugleich dem EG-Recht,[16] so daß spätere Anpassungen des DDR-Rechts erspart werden. Die Rechtseinheit ist durch die Übernahme des HGB in seiner neuesten Fassung erreicht, und der Entwurf des DMBilG nimmt durchweg auf die Vorschriften des HGB Bezug.

(2) Weiteres Ziel ist der wirtschaftliche und bilanzielle Neubeginn im Rahmen der Marktwirtschaft.[17] Für alle Unternehmen außerhalb des Bankensektors besteht keine Kontinuität zwischen der Schlußbilanz in Mark der DDR und der DM-Eröffnungbilanz. Es findet also keine Ableitung der DM-Bilanz durch einfache Umrechnung statt. Vielmehr wird eine Neubewertung angeordnet (StaatsV Anlage I Art. 7 § 3 Abs. 2 lit. c und § 7 Abs. 1 DMBilG). Ein Grund dafür liegt darin, daß die bisherige betriebliche Rechnungslegung[18] völlig anders gestaltet war[19] und mit dem Rechnungslegungsrecht des HGB und dessen GoB nicht zu vereinbaren ist.[20] Die DDR-Rechnungslegung führte im allgemeinen zu einer Überbewertung der Aktiva und Unterbewertung der Schulden. Zweitens befinden sich die DDR-Unternehmen seit Vollzug der Währungs- und Wirtschaftsunion in einem völlig veränderten Preis- und Lohngefüge.[21] Der StaatsV läßt zu, daß bei der Neubewertung anstelle der (historischen) Anschaffungs- oder Herstellungskosten die (gegenwärtigen) Wiederbeschaffungs- oder Wiederherstellungskosten zugrunde gelegt werden, begrenzt durch den Zeitwert (StaatsV Anlage I Art. 7 § 3 Abs. 2 lit. b).[22] Die Kreditinstitute hatten im Unterschied zu den sonstigen Unternehmen sofort mit der Wäh-

---

16) Richtlinie 78/660/EWG (Bilanzrichtlinie); Richtlinie 83/349/EWG (Konzernbilanzrichtlinie).

17) Allg. Begründung zum DMBilG, Denkschrift zur Anlage II EinigungsV, BT-Drucks. 11/7817, S. 65 = *Claussen/Korth*, RWS-Dok. 4, Nr. 2.1, S. 55 = *Horn*, RWS-Dok. 2 Nr. II.4.1, S. 26; vgl. auch *Strobel*, BB 1990, 1709; *Claussen/Korth*, RWS-Dok. 4 Nr. 1, S. 1.

18) Aufgrund VO über Rechnungsführung und Statistik v. 11. 7. 1985, GBl I Nr. 23 S. 261; aufgrund StaatsV Anlage III Abschn. II Nr. 17, BGBl II 1990, 555, aufgehoben d. § 12 Nr. 11 ÄndAufhVO v. 28. 6. 1990, GBl I Nr. 38 S. 511 = *Horn*, RWS-Dok. 1 Nr. 1.10, S. 3.

19) Vgl. auch oben 1 b.

20) Zur Schwierigkeit der "Übersetzung" der unterschiedlichen Rechnungslegungen vgl. *Lauer/Lauer*, BB 1990, Beilage 26, S. 7 ff; zur Bilanzbrücke vgl. *Claussen/Korth*, RWS-Dok. 4, Anhang, sowie unten e (a. E.).

21) Zu diesen Gründen auch *Biener*, DB 1990, 3066.

22) Einzelheiten unten 4.

rungsunion zum 1. 7. 1990 Umstellungsrechnungen als Eröffnungsbilanzen zu erstellen.[23)]

(3) Ausgleichsforderungen und Bilanzierungshilfen sollen dazu dienen, eine Überschuldung zu vermeiden und die ausreichende Kapitalausstattung wirtschaftlich lebensfähiger Unternehmen zu erreichen (StaatsV Anlage I Art. 7 § 3 Abs. 2 lit. e). Bilanzierungshilfen bedeuten die Aktivierung von Vermögenswerten, die nach den allgemeinen Regeln nicht aktivierbar sind, für eine Übergangszeit kraft ausdrücklicher gesetzlicher Erlaubnis.[24)] Für Kreditinstitute sind Ausgleichsforderungen bereits im StaatsV vorgesehen.[25)] Für sonstige Unternehmen sieht das Gesetz in den §§ 24 ff DMBilG Maßnahmen der Kapitalausstattung vor, die über den Rahmen eines reinen Bilanzierungsgesetzes hinausgehen und noch gesondert darzustellen sind.[26)]

Der Anwendungsbereich des Gesetzes ist der gleiche wie der der SchlußbilanzAO (oben 2). Es werden grundsätzlich alle Unternehmen und Wirtschaftseinheiten erfaßt: Buchführungspflichtige Kaufleute, umgewandelte und nicht umzuwandelnde DDR-Wirtschaftseinheiten, Post, Reichsbahn, Treuhandanstalt sowie Zweigniederlassungen und Betriebsstätten nicht DDR-ansässiger Unternehmen (§ 1 Abs. 2 DMBilG). Da das DMBilG im übrigen vom Kaufmannsbegriff des HGB ausgeht, sind Minderkaufleute gem. § 4 HGB nicht bilanzierungspflichtig.

Das Gesetz sieht kurze Fristen für die Bilanzaufstellung vor (i. f. b). Da diese weithin nicht eingehalten werden konnten, sollen sie nach Gesetzgebungsplänen vom Januar 1991 verlängert werden. Mängel der Inventur sollen durch Nachholung einer ordnungsgemäßen Inventur beseitigt werden.

b) Allgemeines zur Bilanzierungspflicht (§§ 1, 4, 21 DMBilG)

Der Inhalt der Bilanzierungspflicht ergibt sich im allgemeinen aus dem 3. Buch des HGB, auf dessen Vorschriften das DMBilG laufend ver

---

23) Gem. Art. 8 der Anlage I zum StaatsV; BGBl II 1990, 550; Einzelheiten bei *Strobel*, BB 1990, Beilage 23, S. 17 ff.

24) *Claussen/Korth*, RWS-Dok. 4, Nr. 1, S. 5.

25) StaatsV Anlage I Art. 8 § 4, BGBl II 1990, 550; allg. dazu oben Kap. 1 II.

26) Unten III.4.

weist, mit den Abweichungen und Besonderheiten des DMBilG. Alle von diesem Gesetz erfaßten Unternehmen müssen eine DM-Eröffnungsbilanz und einen Anhang zum Stichtag 1. 7. 1990 aufstellen (§ 1 Abs. 1 DMBilG). Die Aufstellung hatte binnen vier Monaten zu erfolgen (§ 4 Abs. 1 Satz 1), also bis 31. 10. 1990; für kleinere Unternehmen (bis 3,9 Mio. DM Bilanzsumme oder höchstens 50 Arbeitnehmer) gilt eine Frist von sechs Monaten (§ 4 Abs. 1 Satz 2 DMBilG), also bis 31. 12. 1990.[27)]

Unternehmen, die die Mehrheit der Anteile an einem anderen Unternehmen besitzen, haben eine Konzerneröffnungsbilanz in DM zum 1. 7. 1990 sowie einen Anhang aufzustellen, der mit der Konzerneröffnungsbilanz eine Einheit bildet (§ 21 Abs. 1 Satz 1 DMBilG). Ausgenommen von der Pflicht sind Mutterunternehmen mit einer konsolidierten Bilanzsumme unter 50 Mio. DM oder insgesamt nicht mehr als 500 Arbeitnehmern (§ 21 Abs. 1 Satz 2 DMBilG). Die Aufstellung hat binnen 5 Monaten zu erfolgen. Die Pflicht zur Aufstellung einer Konzernbilanz hat aus zwei Gründen große Bedeutung. Erstens haben sich bei der Umwandlung der volkseigenen Kombinate häufig Konzernstrukturen ergeben. Zweitens bilden alle umgewandelten sozialistischen Wirtschaftseinheiten mit der Treuhandanstalt (die gem. § 1 Abs. 3 DMBilG ebenfalls bilanzierungspflichtig ist) einen konzernähnlichen Zusammenhang.[28)] Die Treuhandanstalt stellt allerdings anstatt einer Konzerneröffnungsbilanz eine Gesamteröffnungsbilanz in vereinfachter Form auf (§ 21 Abs. 5 DMBilG).

c) Inventur und Inventar (§§ 2, 3 DMBilG)

Da die DM-Eröffnungsbilanz einen Neubeginn darstellt, kommen dem Inventar und damit der Inventur als seiner Grundlage besondere Bedeutung zu.[29)] Das Inventar muß den auch an die Bilanz gestellten Anforderungen genügen, nämlich sich am HGB orientieren und auf einer Neubewertung aufbauen. § 2 DMBilG bestimmt daher, daß das Inventar zum 1. 7. 1990 entsprechend § 240 HGB aufzustellen ist (Satz 1).

---

27) Die Frist für die Feststellung beträgt 8 Monate, bei kleinen Unternehmen 11 Monate, läuft also bis 28. 2. bzw. 31. 5. 1991; unten f cc.

28) Dazu i. e. unten III 2d.

29) Erläut., S. 67, 72 f = *Claussen/Korth*, RWS-Dok. 4 Nr. 2.1, S. 58 f, 73 f; *Strobel*, BB 1990, Beilage 23, S. 17, 22 f und Beilage 28, S. 11; *Heuser*, GmbHR 1990, 434, 435 f.

Dabei sind auch solche Vermögensgegenstände aufzunehmen, die dem Unternehmen nach dem 30. 6. 1990 innerhalb der Aufstellungsfrist für die Eröffnungsbilanz aus ehemals volkseigenem Vermögen unentgeltlich übertragen wurden (Satz 2).

Die Inventur muß ebenfalls die besonderen Bedingungen des Neuanfangs berücksichtigen. Das DMBilG knüpft dabei an die Inventur zum Abschluß der Buchführung in Mark der DDR zum 30. 6. 1990 an und bestimmt in § 3, daß die Ergebnisse dieser Inventur übernommen werden können, wenn die besonderen Anforderungen, welche die SchlußbilanzAO zur Vorbereitung der DM-Eröffnungsbilanz aufgestellt hat (oben 2), erfüllt worden sind.

d) Die Bilanz. Allgemeine Grundsätze

aa) Die Bilanzierungsgrundsätze der §§ 4 - 6 DMBilG

Die Eröffnungsbilanz muß unter Beachtung der GoB ein den tatsächlichen Verhältnissen entsprechendes Bild der Vermögenslage i. S. d. § 264 Abs. 2 Satz 1 HGB vermitteln (§ 4 Abs. 2 Satz 1 DMBilG).[30] Es sind nur solche GoB anzuwenden, die in der Bundesrepublik entstanden sind oder die zum DMBilG entstehen werden (Satz 3). Falls wegen besonderer Umstände die Eröffnungbilanz ein den tatsächlichen Verhältnissen entsprechendes Bild nicht vermitteln kann, sind besondere Angaben im Anhang zu machen (Satz 2). Werden Vermögensgegenstände zwischen einzelnen Unternehmen zum Zweck der Neustrukturierung oder Privatisierung innerhalb der Aufstellungfrist übertragen, so können die sich daraus ergebenden Änderungen in den Eröffnungsbilanzen und Inventaren der betroffenen Unternehmen nur übereinstimmend berücksichtigt werden (§ 4 Abs. 3 DMBilG).

Das Gesetz verweist in großem Umfang auf die allgemeinen Bilanzierungsvorschriften der §§ 243 - 261 HGB (§ 5 Abs. 1 Satz 1 DMBilG). Die Eröffnungsbilanz und der Anhang sind nach den GoB klar und übersichtlich aufzustellen (§ 243 Abs. 1 und 2 HGB) und zwar in deutscher Sprache und in DM; die Bilanz ist von den gesetzlichen Vertretern des Unternehmens mit Datum zu unterschreiben (§§ 244, 245

30) Erläut., S. 73 = *Claussen/Korth*, RWS-Dok. 4 Nr. 2.1, S. 77; vgl. im übrigen die Kommentare zu § 264 HGB.

HGB). Bilanz und Anhang müssen vollständig sein; das Saldierungsverbot ist zu beachten (§ 246 HGB). Die Bilanzierungsverbote und die Kategorien der Rückstellungen, Rechnungsabgrenzungsposten und Haftungsverhältnisse (§§ 248 - 251 HGB) sind zu beachten.[31] Die Neubewertung des Vermögens und der Schulden macht jedoch eine Reihe von Sonderregelungen erforderlich; §§ 6 ff DMBilG treten z. T. an die Stelle der §§ 252 ff HGB (unten 4).

Vorbehaltlich spezieller Gliederungsvorschriften haben die Unternehmen zumindest das Anlage- und das Umlaufvermögen, das Eigenkapital, die Schulden sowie die Rechnungsabgrenzungsposten gesondert auszuweisen und hinreichend aufzugliedern (§ 247 Abs. 1 HGB). Für Kapitalgesellschaften gelten die besonderen Vorschriften über die Bilanzgliederung (§§ 265 Abs. 3 - 8, 266 HGB). Dies trifft auch auf die AGs und GmbHs "im Aufbau" i. S. d. § 14 TreuhandG zu,[32] die durch Umwandlung aus sozialistischen Wirtschaftseinheiten hervorgegangen sind.[33] Kleine und mittelgroße Kapitalgesellschaften, die in der Eröffnungsbilanz die Größenmerkmale des § 267 Abs. 1 oder 2 HGB hinsichtlich Bilanz oder Arbeitnehmerzahl nicht überschreiten, dürfen eine vereinfachte Eröffnungsbilanz (§ 266 Abs. 1 Satz 3; § 327 Nr. 1 HGB) aufstellen (§ 5 Abs. 2 DMBilG). Für Kapitalgesellschaften gelten ferner § 268 Abs. 3 - 7 (einzelne Bilanzposten und Bilanzvermerke), § 270 (Kapital- und Gewinnrücklage), § 271 (Beteiligungen und verbundene Unternehmen) und § 272 (Kapital- und Rücklagenausweis).

Von den allgemeinen Bewertungsgrundsätzen des § 252 HGB übernimmt das DMBilG in § 6 Abs. 1 den Grundsatz der Unternehmensfortführung (Nr. 1), den Grundsatz der Einzelbewertung (Nr. 2) und das Vorsichtsprinzip (Nr. 3). Diesem Prinzip kommt wegen der Neubewertung und angesichts der Fehlleistungen des bisherigen Rechnungswesens (oben 1 b) besondere Bedeutung zu.[34]

---

31) Vgl. Erläut. zu § 5, S. 73 f = *Claussen/Korth*, RWS-Dok. 4, Nr. 2.1, S. 80 f = *Horn*, RWS-Dok. 2, Nr. II.4.1, S. 34 f.

32) Erläut. zu § 5 a. E., S. 74 = *Claussen/Korth*, RWS-Dok. 4, Nr. 2.1, S. 82 = *Horn*, RWS-Dok. 2, Nr. II.4.1, S. 35.

33) Allg. unten III.

34) Zutr. *Biener* DB 1990, 3066, 3068 f.

bb) Rückstellungen (§ 17 DMBilG)

Mit dem Vorsichtsprinzip im Zusammenhang stehen die strengeren Vorschriften des DMBilG über Rückstellungen für ungewisse Verbindlichkeiten und drohende Verluste (§ 17). Bei ungewissen Verbindlichkeiten ist zu unterscheiden, ob nach dem bisherigen Recht der DDR die Rückstellung zulässig war und eine Verbindlichkeit begründet werden konnte oder nicht. Letzteres trifft z. B. auf Rückstellungen für Rekultivierung und Entsorgung zu.[35] Die ersteren, in Mark der DDR begründeten Forderungen sind in DM umzurechnen und als Rückstellungen auszuweisen (Abs. 1). Für die letzteren gilt die erstmalige Rückstellung nach der Grundregel des § 253 Abs. 1 HGB mit dem Betrag, der nach vernünftiger kaufmännischer Beurteilung notwendig ist (§ 17 Abs. 3 DMBilG).

Rückstellungen für drohende Verluste aus schwebenden Geschäften nach § 249 Abs. 1 Satz 1 HGB sind in der Eröffnungsbilanz neu zu bilden (§ 17 Abs. 2 DMBilG). Dieser Fall ist wegen der Umstellung der Wirtschaft im neuen Bundesgebiet und der Umstrukturierung bestehender Lieferbeziehungen von besonderer Bedeutung. Verluste können insbesondere dann eintreten, wenn ein Vertrag noch unter den Bedingungen des alten Wirtschaftssystems, also z. B. zu staatlich festgesetzten Preisen, abgeschlossen wurde, aber unter den neuen Bedingungen zu erfüllen ist. Hier kann es sein, daß der (alte) Kaufpreis die (später anfallenden) Aufwendungen nicht deckt oder der angeschaffte Gegenstand zum Zeitpunkt der Lieferung einen geringeren Wert hat als der (abgewertete) Kaufpreis.[36] Ein erheblicher Rückstellungsbedarf kann auch entstehen, wenn bei geplanten Betriebsstillegungen und Entlassungen der Sozialschutz des BetrVG und des KSchG eingreifen.[37]

Die Vorschrift über Rückstellungen bedeutet einen markanten Bruch mit den bisherigen Rechnungslegungsvorschriften der DDR. Rückstellungen wurden danach nur in geringem Maß vorgenommen; das Institut der Drohverlustrückstellung gem. § 249 Abs. 1 Satz 1 HGB war in

---

35) Erläut. zu § 17, S. 80 = *Claussen/Korth*, RWS-Dok. 4, Nr. 2.1, S. 105 = *Horn*, RWS-Dok. 2, Nr. II.4.1, S. 41.

36) Vgl. § 17 Abs. 2 Satz 2 und Erläut. zu § 17, S. 80 = *Claussen/Korth*, RWS-Dok. 4 Nr. 2.1, S. 104.

37) Erläut., aaO; *Biener*, DB 1990, S. 3071; zu diesem Problem auch unten V.

der DDR unbekannt. Da Rückstellungen in der Eröffnungsbilanz also in viel größerem Umfang als bisher und vielfach erstmals gebildet werden müssen, ergibt sich eine besondere Belastung. Da die Rückstellung schon in der Eröffnungsbilanz zu bilden ist, könnten die zur Abdeckung der Verluste später erforderlichen Aufwendungen nicht mehr ergebniswirksam werden. Hier greift daher die Bilanzhilfe des § 17 Abs. 4 ein: die erstmals aufgrund Einführung des § 249 Abs. 1 Satz 1 HGB gebildeten Rückstellungen dürfen durch Aktivierung eines neu gebildeten Sonderverlustkontos neutralisiert werden, soweit die Rückstellung nicht durch eine Ausgleichsforderung gem. § 24 DMBilG (dazu unten 5 c) ausgeglichen wird. Der aktivierte Betrag ist in den Folgejahren jeweils in Höhe der Aufwendungen abzuschreiben, die zur Erfüllung der zurückgestellten Verpflichtungen entstehen (Satz 2). Diese Abschreibungen sind ergebniswirksam.[38] Irrtümlich zu hohe oder zu niedrigere Rückstellungen können gem. § 36 DMBilG ergebnisneutral korrigiert werden (dazu unten g).

e) Anhang (§§ 19, 20 DMBilG)

aa) Die Erläuterungen im Anhang (§ 19 DMBilG)

Zusammen mit der Eröffnungsbilanz ist ein Anhang, der mit der Bilanz eine Einheit bildet, fristgerecht zu erstellen (§ 1 Abs. 1; § 4 Abs. 1, § 19 DMBilG). Nach dem HGB enthält der Anhang die gesetzlich von Kapitalgesellschaften geforderten Erläuterungen zu den Posten der Bilanz (§ 284 HGB) und sonstige Pflichtangaben (§ 285 HGB). Auch der für die Eröffnungsbilanz geforderte Anhang hat Zusatzinformationen ähnlich denen zu liefern, die das HGB vorschreibt; sie sind aber durch § 19 DMBilG auf die besonderen Anforderungen für die Eröffnungsbilanz abgestellt. So sind im Anhang die angewandten Bilanzierungs- und Bewertungsmethoden, insbesondere bei der Neubewertung, anzugeben und zu erläutern, so daß ein sachverständiger Dritter die Wertansätze beurteilen kann. Bei Schätzungen sind die Vergleichsmaßstäbe darzustellen, bei der Ausübung von Wahlrechten die wesentlichen Auswirkungen auf die Vermögenslage. Außerdem sind die

---

38) Erläut. zu § 17, S. 80 = *Claussen/Korth*, RWS-Dok. 4, Nr. 2.1, S. 107 = *Horn*, RWS-Dok. 2, Nr. II.4.1, S. 42.

gesetzlichen Angaben zu den einzelnen Bilanzposten aufzunehmen (Abs. 1).

Ferner muß der Anhang gem. § 19 Abs. 2 die für die Zeit nach dem 30. 6. 1990 geplanten oder getroffenen Maßnahmen zur Anpassung des Unternehmens an die veränderten Bedingungen angeben, insbesondere zu Änderungen des Unternehmenszwecks, Aufgabe oder Neuaufnahme von Produkten, Stillegungen, Aufspaltung oder Zusammenschluß mit anderen Unternehmen sowie die Kosten der Umstrukturierung. Die Vorschrift ist ohne Vorbild[39] und aus der außergewöhnlichen Situation der wirtschaftlichen Umstellung zu erklären. In Anlehnung an das HGB werden ferner gem. § 19 Abs. 3 umfangreiche Zusatzinformationen verlangt, so über den Gesamtbetrag der langfristigen Verbindlichkeiten (über 5 Jahre Restlaufzeit) und der dinglich gesicherten Verbindlichkeiten, über Grundstücke, technische Anlagen, Ansprüche gegen das Unternehmen, sonstige finanzielle Verpflich tungen, Zahl der beschäftigten Arbeitnehmer, Beteiligungen, Rückstellungen u. a. m. Verlangt werden auch Angaben über Ansprüche, die sich gegen das Unternehmen ergeben können, weil die früheren Eigentümer des Unternehmens oder von Unternehmensteilen, Betrieben oder Vermögensgegenständen enteignet worden sind (Abs. 3 Nr. 5). Solche Ansprüche ergeben sich allerdings in der Regel nicht gegen das Unternehmen, sondern gegen die Treuhandanstalt; anders, wenn einzelne enteignete Gegenstände (Grundstücke) sich im Betriebsvermögen befinden.[40] Die Angaben und Erläuterungen nach Abs. 2 und 3 können unterbleiben, wenn sie nicht relevant sind oder wenn die Offenlegung dem Unternehmen erhebliche Nachteile zufügen kann (Abs. 4).

bb) Vergleichende Darstellung (§ 20 DMBilG)

Dem Anhang ist schließlich eine vergleichende Darstellung als Anlage beizufügen, aus der sich ergibt, in welchem Umfang die Posten der Schlußbilanz zum 30. Juni 1990 im Vergleich mit den Posten der DM-Eröffnungsbilanz sich verändert haben (§ 20 Abs. 1 DMBilG). Diese

---

39) Erläut. zu § 19, S. 82 = *Claussen/Korth*, RWS-Dok. 4, Nr. 2.1, S. 112 = *Horn*, RWS-Dok. 2 Nr. II.4.1, S. 43.

40) Ebenso *Heuser*, GmbHR 1990, 434, 436.

Vergleichsdarstellung soll u. a. die aus der Neubewertung der Vermögensgegenstände und Schulden sich ergebenden Differenzen verdeutlichen. Die Differenzen sind nach Posten der DM-Eröffnungsbilanz darzustellen (Abs. 1 Satz 2 und 3). Die damit bezweckte Herstellung einer Beziehung zwischen Posten der Abschlußbilanz und der Eröffnungsbilanz[41] ist angesichts der Neubewertung (unten 4) "eine eher theoretische Vorstellung"[42] und meist nicht buchstäblich durchführbar. Möglich und durch § 20 geboten sind nähere Angaben über Neubewertungsdifferenzen und ihre Ursachen. Eine Prüfung und Veröffentlichung der vergleichenden Darstellung ist nicht vorgesehen (§§ 33 Abs. 1 Satz 1, 37 Abs. 1 Satz 3 DMBilG), wohl aber ihre statistische Auswertung (§ 37 Abs. 4).

f) Prüfung und Feststellung (§§ 33 - 35 DMBilG)

aa) Prüfung (§ 33 DMBilG)

Die Eröffnungsbilanz und der Anhang sind durch einen Prüfer zu prüfen, wenn es sich um eine Kapitalgesellschaft oder Genossenschaft mit einer Bilanzsumme über 3,9 Mio. DM und mit mehr als 50 Arbeitnehmern handelt. Kleinere Kapitalgesellschaften, die nicht Geldinstitute oder Außenhandelsbetriebe sind, brauchen die Eröffnungsbilanz nicht prüfen zu lassen; gleiches gilt für Personenhandelsgesellschaften und Einzelkaufleute, wenn sie nicht Geldinstitute sind (§ 33 Abs. 1 DMBilG). Auch die Konzerneröffnungsbilanz und der Konzernanhang des Unternehmens sind prüfungspflichtig (§ 33 Abs. 3 DMBilG).

Von der Prüfung ausgenommen ist im allgemeinen die Anlage zum Anhang mit der vergleichenden Darstellung gem. § 20 DMBilG (§ 33 Abs. 1 Satz 1 DMBilG); bei Geldinstituten und Außenhandelsbetrieben erstreckt sich jedoch die Prüfung auch auf diese Anlage (§ 33 Abs. 5 Satz 2 DMBilG). § 317 HGB über Gegenstand und Umfang der Prüfung ist mit der Maßgabe anzuwenden, daß auch das Inventar in die Prüfung einzubeziehen ist (§ 33 Abs. 5 Satz 1 DMBilG).

Die Prüfung ist für die Feststellung des Jahresabschlusses von Kapitalgesellschaften, die nicht kleine Kapitalgesellschaften sind (vgl. auch

---

41) Erläut. zu § 20, S. 82 f = *Claussen/Korth*, RWS-Dok. 4 Nr. 2.1, S. 113.
42) *Claussen/Korth*, RWS-Dok. 4, Nr. 1, S. 9.

§ 267 Abs. 1 HGB), gem. § 33 Abs. 1 Satz 2 und Abs. 3 Satz 2 DMBilG Voraussetzung. Dies entspricht der allgemeinen Regelung des § 316 Abs. 1 Satz 2 HGB.[43] Die trotz bestehender Prüfungspflicht nicht geprüfte (oder die nicht festgestellte) Bilanz ist nichtig (§ 35 Abs. 2 Satz 2 DMBilG).

bb) Prüfer (§ 34 DMBilG)

Schon der StaatsV ging davon aus, daß ein funktionierendes marktwirtschaftliches Unternehmensrecht ein adäquates Wirtschaftsprüfungswesen voraussetzt und daß dieses in der DDR nicht existierte. Die DDR verpflichtete sich daher, mit Wirkung spätestens ab 1. 1. 1991 ein dem Recht der Bundesrepublik Deutschland entsprechendes Steuerberatungs- und Wirtschaftsprüferrecht zu schaffen.[44] Das DMBilG geht konsequent davon aus, daß nur solche Prüfer zugelassen sind, die nach dem Wirtschaftsprüfungsrecht der Bundesrepublik qualifiziert sind. Prüfer können daher nur Wirtschaftsprüfer und Wirtschaftsprüfungsgesellschaften sein, die nach der Wirtschaftsprüferordnung der Bundesrepublik bestellt oder anerkannt worden sind (§ 34 Abs. 1 Satz 1 DMBilG). Bei mittelgroßen GmbHs (bis 250 Arbeitnehmer und einer Eröffnungsbilanzsumme bis 15,5 Mio. DM) sind auch vereidigte Buchprüfer oder Buchprüfungsgesellschaften zugelassen (Abs. 1 Satz 2). Bei Genossenschaften sind nur Prüfungsverbände i. S. d. § 63 GenG als Prüfer zugelassen (§ 34 Abs. 2 DMBilG). Für die Prüfung einer Sparkasse sind nur die Prüfungsstellen eines Sparkassen- und Giroverbandes zuständig (Abs. 3).

Im übrigen gelten die Prüfungsvorschriften der §§ 317 - 323 HGB entsprechend (Abs. 4 und 5). Daher gilt auch die Inkompatibilitätsregel des § 319 HGB, der bei gesetzlich genau bezeichneten Fällen eines Interessenkonflikts eines Wirtschaftsprüfers oder Buchprüfers diesen von der Abschlußprüfung im konkreten Fall ausschließt. Ausschlußgrund ist danach auch die Mitwirkung bei der Führung der Bücher oder Aufstellung des zu prüfenden Jahresabschlusses der Kapitalgesellschaft über die Prüfungstätigkeit hinaus (§ 319 Abs. 2 Nr. 5 HGB). Angesichts des Mangels an Kenntnissen westlicher Buchführungstech-

43) *Scholz/Crezelius*, GmbHG, Anhang § 42 a Rz. 250; *Heymann/Herrmann*, HGB, § 316 Rz. 2.
44) StaatsV Anlage IV Abschn. I Nr. 5, BGBl II 1990, 558.

niken in der DDR ist aber häufig schon bei der Erstellung des Jahresabschlusses und des Anhangs eine intensive Hilfe durch westliche Wirtschaftsprüfer erforderlich und damit ein möglicher Interessenkonflikt gegeben.[45]

Der Prüfer hat den schriftlichen Prüfungsbericht gem. § 321 HGB zu erstatten. Dieser Bericht hat auch die vom Abschlußprüfer festgestellten Tatsachen zu enthalten, die den Bestand des geprüften Unternehmens gefährden, seine Entwicklung beeinträchtigen oder schwerwiegende Gesetzesverstöße erkennen lassen. Dazu gehört auch, daß der Prüfer die ihm erkennbaren Enteignungen von Grund und Boden oder des Unternehmens oder von Unternehmensteilen und mögliche Rückforderungsansprüche erwähnt. Der Prüfer hat das Testat nach § 322 HGB zu erteilen, wenn er nach dem abschließenden Ergebnis der Prüfung keine Einwendungen zu erheben hat.[46]

cc) Feststellung (§ 35 DMBilG)

Die Eröffnungsbilanz nebst Anhang sowie die Konzerneröffnungsbilanz nebst Konzernanhang sind festzustellen. Die Feststellung erfolgt bei Einzelunternehmen durch den Eigentümer (mittels Unterschrift), bei anderen Unternehmen durch die Anteilseigener durch Beschluß in der nach der Rechtsform des Unternehmens vorgeschriebenen Form (§ 35 Abs. 1 Satz 1 und 2 DMBilG). Hat das Unternehmen einen Aufsichtsrat, so hat dieser die Unterlagen in entsprechender Anwendung des § 171 AktG zu prüfen und über das Ergebnis schriftlich zu berichten (§ 35 Abs. 1 Satz 4 DMBilG). Die Feststellung setzt ein Testat voraus, soweit Eröffnungsbilanz und Anhang prüfungspflichtig sind (§ 35 Abs. 2 Satz 1 DMBilG).[47] Die Frist für die Feststellung beträgt acht Monate nach dem Bilanzstichtag, auch für die Konzerneröffnungsbilanz, für kleine Unternehmen (§ 4 Abs. 1 Satz 2) 11 Monate (§ 35 Abs. 1 Satz 3 DMBilG).

---

45) *Strobel*, DB 1990, Beilage 28, S. 6, 11.

46) Eine Neufassung des Bestätigungsvermerks zur DM-Eröffnungsbilanz wurde in einer Stellungnahme des Hauptausschusses des IdW (HFA) am 6. 9. 1990 beschlossen; Text in ZIP 1990, 1237.

47) Zum Inhalt des Testats vgl. Stellungnahme des HFA, ZIP 1990, 1237.

g) Berichtigung (§ 36 DMBilG)

Wenn später erkannt wird, daß Vermögensgegenstände nicht oder zu niedrig oder Schulden zu hoch angesetzt wurden, so ist bei wesentlichen Beträgen[48] in der späteren Bilanz der unterlassene Ansatz nachzuholen oder der Wertansatz zu berichtigen. Der Gewinn ist in Gewinnrücklagen, bei der AG vorweg in die gesetzliche Rücklage, einzustellen (§ 36 Abs. 1). Ergibt sich umgekehrt später, daß durch Unterlassung oder Fehlerhaftigkeit von Ansätzen oder Bewertungen eine wesentlich zu günstige Vermögenslage dargestellt wurde, ist ebenfalls eine Berichtigung in der späteren Bilanz vorzunehmen und der Verlust offen mit dem Eigenkapital, vorweg mit dem Jahresergebnis und den Gewinnrücklagen zu verrechnen (§ 36 Abs. 2 DMBilG). Die Berichtigung in einer späteren Bilanz ist letztmals für die Bilanz für das Geschäftsjahr, das 1994 endet, zulässig (Abs. 4 Satz 2). Mit der betreffenden Jahresbilanz gilt gleichzeitig die Eröffnungbilanz als geändert (Abs. 4 Satz 1). Die Vorschrift des § 36 will den besonderen Schwierigkeiten einer zuverlässigen Wertermittlung im neuen Bundesgebiet Rechnung tragen und nachteilige Auswirkungen unrichtiger Bilanz- und Wertansätze in der Eröffnungsbilanz auf künftige Jahresabschlüsse vermeiden, indem eine Berichtigung von Wertansätzen in vereinfachter Form zugelassen wird.[49]

h) Offenlegung (§ 37 DMBilG)

Die Eröffnungsbilanz samt Anhang ist offenzulegen, wenn das Unternehmen wegen seiner Rechtsform oder seines Geschäftszweiges für den Jahresabschluß voraussichtlich offenlegungspflichtig ist oder zum 1. 7. 1990 mehr als 5.000 Arbeitnehmer hat und mehr als 125 Mio. DM-Bilanzsumme in der Eröffnungsbilanz oder Konzerneröffnungsbilanz ausweist (§ 37 Abs. 1 Satz 1). Die vergleichende Darstellung in der Anlage zum Anhang i. S. d. § 20 braucht nicht offengelegt zu werden (Abs. 1 Satz 3). Für die Offenlegung gelten die §§ 325, 326 und 328 HGB entsprechend, für Genossenschaften statt des § 325 der § 339 HGB. Die Offenlegung bedeutet demnach die Einreichung zum Handelsregister und bei großen Kapitalgesellschaften (§ 267 Abs. 3

48) Zum Begriff "wesentlich" allg. *Leffson*, in: Leffson/Rückle/Großfeld, S. 434 ff.
49) Vgl. auch Erläut. zu § 36, S. 93 = *Claussen/Korth*, RWS-Dok. 4 Nr. 2.1, S. 155.

HGB) die Veröffentlichung der Unterlagen im Bundesanzeiger (§ 325 Abs. 1 und 2). Das Registergericht prüft die Vollständigkeit und, soweit erforderlich, die Bekanntmachung der einzureichenden Unterlagen (§ 329 Abs. 1 HGB).

i) Sanktionen (§§ 47 - 49, 57 DMBilG)

Die Einhaltung der Vorschriften des Gesetzes ist durch Straf- und Ordnungsstrafvorschriften sanktioniert (§§ 47, 48 DMBilG). Außerdem kann die Befolgung des Gesetzes durch Festsetzung von Zwangsgeld gegen die Mitglieder des vertretungsberechtigten Organs des Unternehmens, bei Einzelunternehmen gegen die Inhaber erzwungen werden (§ 49 DMBilG).

Eine weitere Sanktion besteht darin, daß Kapitalgesellschaften, die ihre Kapitalverhältnisse nicht bis zum 31. 12. 1991 nach dem Gesetz neu festgesetzt haben, mit Ablauf dieses Tages aufgelöst sind (§ 57 Abs. 1 Satz 1 DMBilG). Gleiches gilt, wenn eine notwendige Erhöhung des Nennkapitals auf den zulässigen Mindestnennbetrag bis zu diesem Zeitpunkt nicht wirksam geworden ist (Abs. 2).

4. Neubewertung (§ 7 DMBilG)

a) Allgemeines

Die Neubewertung der Aktiva und Passiva der Unternehmen in der Eröffnungsbilanz als einer völlig neuen Vermögenserfassung der Unternehmen wurde bereits durch den StaatsV als unentbehrlich anerkannt (oben 3 a) und ist ein entscheidendes Prinzip des Gesetzes.[50] Bei der Neubewertung sind gem. § 6 DMBilG die allgemeinen Bilanzgrundsätze der Annahme der Unternehmensfortführung (falls realistisch) und der Einzelbewertung sowie das Vorsichtsprinzip[51] zu beachten. Die auf die Eröffnungsbilanz angewandten Ansatz- und Bewertungsmethoden sind für die in dieser Bilanz enthaltenen Vermögensgegenstände und Schulden in den folgenden Bilanzen verbindlich,

50) Vgl. auch Erläut. zu § 7, S. 75 = *Claussen/Korth*, RWS-Dok. 4 Nr. 2.1, S. 85; *Volk* , BB 1990, Beilage 30, S. 13 ff; *Claussen/Korth*, RWS-Dok. 4, Nr. 1, S. 4 f.

51) Einschließlich des Realisations- und des Imparitätsprinzips; vgl. auch Erläut. zu § 6, S. 75 = *Claussen/Korth*, RWS-Dok. 4 Nr. 2.1, S. 83.

soweit nicht abgewichen werden muß oder eine Abweichung gem. § 252 Abs. 2 HGB zulässig ist. Die erstmalige Abweichung im nachfolgenden Abschluß von einem in der Eröffnungsbilanz ausgeübten Wahlrecht ist ohne weiteres zulässig (§ 6 Abs. 2 DMBilG). Von den allgemeinen Neubewertungsgrundsätzen ausgenommen sind Forderungen und Schulden, die zum 1. 7. 1990 bereits begründet waren und im Verhältnis 2:1 von Mark der DDR auf DM umgestellt werden (§§ 13, 16 DMBilG).

b) Wiederbeschaffungskosten (§ 7 Abs. 1 Satz 2 DMBilG)

Vermögensgegenstände sind mit ihren gegenwärtigen Wiederbeschaffungs- oder Wiederherstellungskosten anzusetzen (Neuwert); sie dürfen jedoch höchstens mit dem Wert angesetzt werden, der ihnen beizulegen ist (Zeitwert) (§ 7 Abs. 1 Satz 2 DMBilG). Dies stellt eine wichtige Abweichung vom Grundsatz des HGB dar, der die Bewertung der Vermögensgegenstände höchstens mit den (historischen) Anschaffungs- oder Herstellungskosten, vermindert um Abschreibungen, vorsieht (§§ 253, 254 HGB). Wegen der völlig anderen Kosten- und Preisstruktur der alten DDR-Wirtschaft war dieser Bewertungsgrundsatz nicht verwendbar. Durch den Ansatz zu den Wiederbeschaffungs- oder Wiederherstellungskosten wird dagegen eine Beziehung zu den gegenwärtigen Marktverhältnissen hergestellt.

§ 255 Abs. 1 HGB mit der Regelung der Anschaffungskosten ist auf die Ermittlung der Wiederbeschaffungskosten entsprechend anzuwenden, § 255 Abs. 2 HGB über die Herstellungskosten entsprechend auf die Wiederherstellungskosten (§ 7 Abs. 2 und Abs. 3 Satz 1 DMBilG). Die Wertbeziehung zum gegenwärtigen Markt wird wie folgt präzisiert und differenziert: Bei den Wiederbeschaffungskosten ist von den Preisverhältnissen im gesamten Währungsgebiet der DM auszugehen, also sowohl den Verhältnissen im bisherigen Bundesgebiet als auch im Gebiet der früheren DDR (§ 7 Abs. 2 Satz 2 DMBilG). Bei den Wiederherstellungskosten dagegen sind, soweit es um Aufwendungen für eigene Leistungen geht, die Lohn- und Gehaltsverhältnisse im Gebiet der früheren DDR zugrunde zu legen (§ 7 Abs. 3 Satz 2 DMBilG).

Die Bewertung nach Wiederbeschaffungs- bzw. Wiederherstellungskosten hat natürlich ihre Schwächen. Für bestimmte völlig überalterte technische Anlagen ist die Ermittlung der Wiederbeschaffungs- bzw. Wiederherstellungskosten sehr schwierig und kann, wenn man sie durchführt, zu überhöhten Werten führen. Andererseits verhindert die Berücksichtigung der bereits abgelaufenen Nutzungsdauer bei der Ermittlung des Zeitwerts in der Regel eine solche Überbewertung und kann vielmehr zu äußerst geringen Buchwerten führen. Denn bisher war die Nutzungsdauer in der DDR erheblich höher als in der Bundesrepublik und betrug teilweise das Zweieinhalbfache der im Westen üblichen Nutzungsdauer.[52)] Können Vermögensgegenstände nicht mehr verwendet werden, kann nur ihr Veräußerungswert ("Schrottwert") angesetzt werden (§ 7 Abs. 5 Satz 1). Gleiches gilt für Gegenstände, die vor dem 1. 7. 1990 bereits vollkommen abgeschrieben waren (Satz 2).

c) Werterhöhung (§ 7 Abs. 1 Satz 3 DMBilG)

Um die Unsicherheiten der Beziehung zur gegenwärtigen Marktbewertung per 1. 7. 1990 etwas auszugleichen, sieht § 7 Abs. 1 Satz 3 eine Wertaufholungsfrist von 4 Monaten vor: wesentliche Werterhöhungen während dieser Zeit sind zu berücksichtigen. Ferner unterlagen auch die Personalkosten gerade innerhalb der ersten vier Monate seit Einführung der Währungs- und Wirtschaftsunion z. T. starken Steigerungen. Das Gesetz bestimmt daher, daß Erhöhungen der Personalkosten innerhalb der ersten vier Monate nach dem Stichtag der Eröffnungsbilanz berücksichtigt werden können (Abs. 3 Satz 3).

d) Nutzungsdauer (§ 7 Abs. 4 DMBilG)

Bei der Nutzungsdauer abnutzbarer Vermögensgegenstände tritt eine bedeutsame Änderung ein. Maßgeblich sind im Grundsatz die Nutzungszeiten, die für die steuerliche Gewinnermittlung ab 1. 7. 1990 anzusetzen sind (§ 7 Abs. 4 Satz 2 DMBilG). Der Wertabschlag für die bisherige Nutzung ist in entsprechender Anwendung des § 253 Abs. 2 HGB zu bemessen (§ 7 Abs. 4 Satz 1 DMBilG). Angesichts der tatsächlich längeren Nutzung (und Überalterung) des Anlagevermögens der DDR-Unternehmen wird die Anwendung dieser Regeln insgesamt häufig zu einer Totalabschreibung führen oder jedenfalls zu sehr nie-

52) *Biener*, DB 1990, S. 3069.

drigen Buchwerten. Das Gesetz sieht daher eine Erleichterung vor: Der Wert abnutzbarer Vermögensgegenstände darf nach einer längeren Nutzungsdauer als der nunmehr geltenden gesetzlichen Nutzungsdauer ermittelt werden, wenn die längere Nutzungsdauer nach vernünftiger kaufmännischer Beurteilung zu erwarten ist (Abs. 4 Satz 3). Diese Privilegierung kommt freilich bei Vermögensgegenständen, die zwar noch genutzt werden, aber bereits vor dem 1. 7. 1990 vollständig abgeschrieben waren, nicht zur Anwendung. Diese Gegenstände dürfen höchstens mit dem Veräußerungswert angesetzt werden (Abs. 5 Satz 2).

e) Immaterielle Vermögensgegenstände (§ 8 DMBilG)

§ 248 Abs. 2 HGB verbietet die Aktivierung immaterieller Vermögensgegenstände des Anlagevermögens, die nicht entgeltlich erworben wurden. Dies gilt z. B. für Konzessionen, gewerbliche Schutzrechte, Geschäfts- oder Firmenwert, eigene Forschungsaufwendungen, eigene Warenzeichen, Patente, Know-How u. ä.[53] Das DMBilG überträgt dieses Bilanzierungsverbot auf immaterielle Vermögensgegenstände, die im Wege der Umwandlung erworben worden sind (§ 8 Abs. 1 Satz 1). Ein unentgeltlich erworbener Geschäfts- oder Firmenwert darf nicht angesetzt werden (Satz 2). Im Rahmen der Maßnahmen der Kapitalausstattung durch Bilanzierungshilfen darf jedoch ein solcher Wert im Wege der Bildung einer vorläufigen Gewinnrücklage gem. § 31 DMBilG aktiviert werden (dazu unten 5 d).

Entgeltlich erworbene immaterielle Vermögensgegenstände des Anlagevermögens, die technisch oder wirtschaftlich überholt sind, dürfen höchstens mit ihrem Veräußerungswert angesetzt werden (§ 8 Abs. 2). Zur Vereinfachung erlaubt das Gesetz bei mehreren solchen Gegenständen anstelle der Einzelbewertung den Ansatz des Betrages, den Unternehmenserwerber bei Fortführung des Unternehmens im Rahmen des Gesamtkaufpreises anteilig für alle entgeltlich erworbenen immateriellen Vermögensgegenstände zu zahlen bereit wären (Abs. 3).

---

53) *Heymann/Jung*, HGB, § 248 Rz. 11.

f) Grundstückswert (§ 9 DMBilG)

Grund und Boden ist mit dem aktuellen Verkehrswert anzusetzen (§ 9 Abs. 1 Satz 1 DMBilG). Diese Orientierung am Verkehrswertniveau entspricht dem Grundsatz des § 7 der Neubewertung nach Wiederbeschaffungskosten. Denn eine Bewertung nach (historischen) Anschaffungskosten i. S. d. § 253 HGB ist nicht möglich. Aber auch die Orientierung am Verkehrswertniveau bereitet größte Schwierigkeiten, weil sich der Grundstücksmarkt der DDR erst allmählich entwickelt und teils von dem niedrigen Preisniveau des alten Bewertungsrechts beherrscht wird, insbesondere bei Verkauf von volkseigenem Grund an DDR-Bürger, teils von Phantasieforderungen an westliche Investoren, die überwiegend nicht realisiert werden können.[54] Das Gesetz verweist zur Orientierung daher auf das Verkehrswertniveau im gesamten Währungsgebiet der DM (§ 9 Abs. 1 Satz 2 DMBilG). Dies führt zur Orientierung an Grundstückspreisen in vergleichbaren Lagen im Westen, ggf. korrigiert durch bestimmte Abschläge.[55]

Für die Ermittlung der Verkehrswerte können vorerst die vom Ministerium für Wirtschaft der DDR empfohlenen Richtwerte herangezogen werden.[56] Diese Richtwerte werden in der Fachliteratur z. T. als brauchbar bezeichnet,[57] von Investoren nicht selten als überhöht betrachtet. Für die Richtwerte wurde eine Arbeitsorientierung zur vorläufigen Bewertung von Grund und Boden in der DM-Eröffnungsbilanz der Minister für Wirtschaft, Finanzen und Ernährung, Land- und Forstwirtschaft entworfen. Sie bezieht sich auf die WertermittlungsVO vom 13. 12. 1988 der Bundesrepublik und überträgt deren Grundstückspreise auf die DDR.[58] Die Risiken einer unrichtigen Bewertung von Grund und Boden werden dadurch abgemildert, daß bei späterer Erkenntnis eines erheblich höheren oder niedrigeren Wertes (letztmals für das 1994 endende Geschäftsjahr) die Berichtigungspflicht des

---

54) Allg. zu den Bewertungsproblemen bei Grundstücken *Cors*, Der langfristige Kredit 1990, 759 ff; *Vogel*, BB 1990, Beilage 33, S. 8 ff.

55) Allg. dazu oben Kap. 3 II 5 b.

56) Abgedruckt z. B. bei *Claussen/Korth*, RWS-Dok. 4, Nr. 2.3.

57) *Strobel*, BB 1990, Beilage 28, S. 13.

58) *Strobel*, BB 1990, Beilage 28, S. 13; vgl. allg. *Kleiber/Simon/Weyers*, Wertermittlungsverordnung 1988.

§ 36 DMBilG eingreift und die Differenz erfolgsneutral zu verbuchen ist.[59]

Bestehende Nutzungs-, Verfügungs- oder Verwertungsbeschränkungen, die den Verkehrswert beeinträchtigen, sind wertmindernd zu berücksichtigen (§ 9 Abs. 2 DMBilG). Von besonderer Bedeutung sind Nutzungsrechte, aufgrund derer ein Gebäude errichtet und getrenntes Gebäudeeigentum begründet worden ist.[60] Zu berücksichtigen sind auch Rekultivierungs- und Entsorgungsaufwendungen, sofern sie den Eigentümer treffen (Satz 2). Insbesondere Rekultivierungs- und Entsorgungsaufwendungen werden für viele Unternehmensgrundstücke als sehr hoch veranschlagt. Allerdings ist zu beachten, daß nach dem Umweltrahmengesetz die Erwerber von Altanlagen für Umweltaltlasten unter bestimmten Voraussetzungen nicht verantwortlich sind.[61] Da die veranschlagten Rekultivierungs- und Entsorgungsaufwendungen wertmindernd in den Wertansatz für die Grundstücke eingehen, sind spätere Aufwendungen dieser Art nicht als Wertaufholung (§ 280 HGB) zu behandeln, sondern als Aufwand.[62]

g) Gebäude und bauliche Anlagen (§ 10 DMBilG))

Die Bewertung von Gebäuden und baulichen Anlagen folgt gem. § 10 den allgemeinen Bewertungsgrundsätzen des § 7. Danach sind sie mit ihren Wiederherstellungskosten (§ 7 Abs. 3) oder mit ihren Wiederbeschaffungskosten (§ 7 Abs. 2) unter Berücksichtigung des Wertabschlags zwischenzeitlicher Nutzung (§ 7 Abs. 4), höchstens jedoch mit dem Zeitwert (§ 7 Abs. 1 Satz 1) anzusetzen. Unterlassene Instandhaltungen und große Reparaturen zur Erhaltung der Bausubstanz, die bei dem äußerst schlechten Bauzustand in der DDR von großer Bedeutung sind, sind bei der Ermittlung des Zeitwerts wertmindernd zu berücksichtigen (§ 10 Abs. 1 Satz 2). Dies hat den Vorteil, daß nunmehr erfolgende Instandhaltungen und große Reparaturen sofort als Auf-

---

59) Darauf weist auch die Erläut., S. 67 f, 77 = *Claussen/Korth*, RWS-Dok. 4 Nr. 2.1, S. 59 f, 93, hin.

60) Dazu oben Kap. 3 I 3; vgl. auch Kap. 2 I 2 e und 4 c.

61) § 4 Abs. 3 URG; vgl. auch unten Kap. 5 III.

62) *Biener*, DB 1990, 3069; vgl. aber auch *Heuser*, GmbHR 1990, 434, 439.

wand zu berücksichtigen sind. Eine Wertaufholung nach § 280 HGB scheidet dagegen aus.[63]

h) Beteiligungen (§ 11 DMBilG)

Beteiligungen an einem anderen Unternehmen sind in der Eröffnungsbilanz mit dem Betrag anzusetzen, der dem Anteil am ausgewiesenen Eigenkapital in der Eröffnungsbilanz dieses Unternehmens entspricht. Diese Bewertungsmethode (sog. Equity-Methode), die in der 4. EG-Richtlinie vorgesehen, im Bewertungsrecht der Bundesrepublik bisher im Einzelabschluß aber nicht zulässig ist, dient der Vereinfachung. Die Zuverlässigkeit der Methode hängt natürlich davon ab, daß beim Beteiligungsunternehmen eine richtige Eröffnungsbilanz erstellt ist.[64] Die Regelung hat große Bedeutung in den zahlreichen Fällen, in denen Anteilsrechte an bisher volkseigenen Unternehmen an bestimmte Aktiengesellschaften, die aus volkseigenen Kombinaten hervorgegangen sind, ohne Gegenleistung zugeteilt werden. Gleiches gilt für die Beteiligungen der Treuhandanstalt.[65] Ergibt sich später, daß der Wertansatz wesentlich zu niedrig oder zu hoch war, so ist eine Berichtigung nach § 36 DMBilG vorzunehmen. Dies wird vor allem bei einer Veräußerung des Beteiligungsunternehmens wichtig und führt dazu, daß kein Veräußerungsgewinn anfällt, sondern nur eine Bilanzberichtigung vorzunehmen ist.[66]

i) Vorratsvermögen (§ 12 DMBilG)

Vorratsvermögen ist grundsätzlich mit den Wiederbeschaffungs- oder Wiederherstellungskosten, höchstens jedoch mit dem Zeitwert, anzusetzen, soweit noch verwendbar oder absetzbar (§ 12 DMBilG). Häufig werden Marktpreise zum Bilanzstichtag nicht feststellbar sein.

---

63) *Biener*, DB 1990, S. 3069; *Claussen/Korth*, RWS-Dok. 4, Nr. 1, S. 5; vgl. aber auch *Heuser*, GmbHR 1990, 434, 439.

64) Krit. im Hinblick auf Manipulationsmöglichkeiten *Strobel*, DB 1990, Beilage 28, S. 6, 13.

65) Dazu unten III 2 d.

66) *Biener*, DB 1990, S. 3070.

j) Forderungen und Verbindlichkeiten (§§ 13, 16 DMBilG)

Forderungen und Verbindlichkeiten, die bereits vor dem 1. 7. 1990 begründet wurden, sind im Verhältnis 2:1 von Mark der DDR auf DM umzustellen (§§ 13 und 16). Dies entspricht der im StaatsV vorgesehenen Währungsumstellung.[67] Löhne und Gehälter, Renten sowie Mieten und Pachten, die nach dem 30. 6. 1990 fällig werden, sind ausnahmsweise 1:1 umzustellen (§ 13 Abs. 2).[68] Die Umstellung im Verhältnis 2:1 gilt auch für Verbindlichkeiten und Forderungen aus schwebenden Geschäften, wenn sie vor dem 1. 7. 1990 begründet wurden.

k) Insbesondere: Erleichterung bei Altkreditschulden (§ 16 Abs. 3 DMBilG)

Die Umstellung 2:1 führt zu einer Entlastung der Unternehmen durch Halbierung der bisherigen Schulden. Dieser Entlastungseffekt wird aber dadurch mehr als wettgemacht, daß die Neubewertung der Aktiva zu erheblich geringeren Buchwerten als bisher führt. Meist fällt die Entlastung weitaus geringer aus als die Reduzierung des Ausweises der Aktiva.[69] Einen neuen Weg der Bilanzverbesserung bei Verbindlichkeiten aus Altkrediten sieht § 16 Abs. 3 DMBilG vor. Diese brauchen nicht passiviert zu werden, wenn eine Rangrücktrittserklärung des Gläubigers vorliegt, so daß eine gewisse Eigenkapitalähnlichkeit gegeben ist. Solche Rücktrittsvereinbarungen waren in der DDR völlig unbekannt,[70] und das Gesetz bietet hier ein neuartiges Sanierungsinstrument an, das allerdings vom Willen des Gläubigers abhängt.[71] Einen verwandten Gedankengang hat *Claussen*[72] entwickelt, indem er Altschulden aus staatlichen Krediten analog § 32 a GmbHG als eigen-

67) Vgl. StaatsV Anlage I Art. 7 § 1 Abs. 1, BGBl II 1990, 549.

68) Die Regelung entspricht dem StaatsV, Anlage I Art. 7 § 1 Abs. 2, BGBl II 1990, 549.

69) *Biener*, DB 1990, 3071.

70) Erläut. zu § 16, S. 80 = *Claussen/Korth*, RWS-Dok. 4, Nr. 2.1, S. 103 = *Horn*, RWS-Dok. 2, Nr. II.4.1, S. 41.

71) *Claussen/Korth*, RWS-Dok. 4, Nr. 1, S. 8.

72) *Claussen*, ZIP 1990, 1173. Eine Subsumtion dieser Altkredite unter § 32 a GmbHG erscheint mir freilich nicht möglich.

kapitalersetzend qualifiziert. Eine Entlastung der Unternehmen von Altschulden sieht weitergehend die EntschuldungsVO vor.[73]

l) Vertragsanpassung (§ 32 DMBilG)

Für nicht vollständig abgewickelte Altverträge und für Dauerschuldverhältnisse sieht § 32 DMBilG Möglichkeiten der Vertragsanpassung vor (dazu oben Kap. 2 II 2 c).

5. Die Neubestimmung des Eigenkapitals

a) Ermittlung als Wertdifferenz (§§ 26 Abs. 1, 27 Abs. 1 DMBilG)

Als Ergebnis der neuen Ansätze und Bewertungen wird das Eigenkapital unabhängig von früheren Festsetzungen und Ausweisungen neu ermittelt und ergibt sich grundsätzlich als Differenzbetrag zwischen den Aktiva und den auf der Passivseite ausgewiesenen Schulden, Rückstellungen und passiven Rechnungsabgrenzungsposten. Eigenkapital ist vorhanden bei Überschuß der Aktiva über die vorgenannten Passiva. Übersteigen sie die Aktiva, so ist kein Eigenkapital vorhanden, und auf der Aktivseite ist der Fehlbetrag auszuweisen. Die Ermittlung des Eigenkapitals als Differenz aufgrund der Neubewertung der Aktiva und Passiva ist für die bisher volkseigenen und nun in Kapitalgesellschaften umgewandelten Unternehmen in § 26 Abs. 1 DMBilG normiert. Sie gilt aber gem. § 27 Abs. 1 Satz 2 auch für die bereits vor dem 1. 7. 1990 in der DDR gegründeten privatwirtschaftlichen Unternehmen.[74] Auch hier wird das Eigenkapital als Differenzbetrag neu ermittelt.

Bei der Neuermittlung des Eigenkapitals als Differenzbetrag sind auch die besonderen Aktiva zu berücksichtigen, die als "Bilanzierungshilfen" nach dem DMBilG neu zu bilden sind, also etwa das Sonderverlustkonto aus Rückstellungsbildung gem. § 17 Abs. 4 DMBilG (oben 3 b dd). Die amtlichen Erläuterungen zu § 26 Abs. 1 DMBilG nennen in diesem Zusammenhang auch das Beteiligungsentwertungskonto gem. § 24 Abs. 5 sowie ausstehende Einlagen nach § 26 Abs. 3 und das Ka-

73) Dazu unten III 4 e.
74) Zu diesen I 1 und 2 a.

pitalentwertungskonto nach § 26 Abs. 4 und § 28.[75] Dies ist zumindest mißverständlich, weil die logische Reihenfolge der Bilanzhilfen auch bei der Berechnung des Eigenkapitals zu beachten ist. Diese Berechnung erfolgt zunächst z. B. ohne die Posten zu § 26 Abs. 3 und 4. Eine dabei ermittelte Überschuldung ist gem. § 24 Abs. 1 auszugleichen und erst dann die Einlagenforderung gem. § 26 Abs. 3 zu ermitteln (zu diesen Kapitalausstattungsschritten bei den ehemals sozialistischen Unternehmen unten III 4).

b) Neufestsetzung des Kapitals privater Unternehmen

aa) Grundsatz (§ 27 DMBilG)

Auch bei den Unternehmen, die bereits zum 30. 6. 1990 in einer Rechtsform des privaten Rechts bestanden, ist häufig aufgrund der Neubewertung das gesetzlich vorgeschriebene oder vereinbarte gezeichnete Kapital in der Eröffnungsbilanz nicht mehr in voller Höhe vorhanden. Das Gesetz ordnet daher eine Neufestsetzung des Grundkapitals der AG und KGaA und des Stammkapitals der GmbH mindestens in Höhe des gesetzlich vorgeschriebenen Mindestkapitals an (§ 27 Abs. 2 Satz 1 DMBilG). Ergibt sich aus der Eröffnungsbilanz ein höheres Eigenkapital nach Abzug der Rücklage (i. S. d. § 31), so kann das gezeichnete Kapital mit einem höheren Betrag festgesetzt werden. Der (dann ggf. noch verbleibende) überschießende Betrag ist bei der AG und KGaA der gesetzlichen Rücklage, bei der GmbH einer Sonderrücklage zuzuweisen, die nur zum Ausgleich von Verlusten verwendet werden darf (§ 27 Abs. 2 Satz 2 und 3). Die Gesellschafter dürfen aufgrund der Neufestsetzung keine Zahlungen erhalten und von der Verpflichtung zur Leistung von Einlagen nicht befreit werden (§ 27 Abs. 3).

§ 27 DMBilG enthält also die Möglichkeit einer vereinfachten Kapitalherabsetzung (außerhalb § 58 GmbHG). Diese Möglichkeit ist vor allem wichtig für solche vor dem 1. 7. 1990 bereits umgewandelten sozialistischen Unternehmen, bei denen wegen des irreführenden sozialistischen Rechnungswesens oder sonst aus Unerfahrenheit ein viel zu hohes Nominalkapital (in Mark der DDR) festgesetzt worden war. Neu-

75) Erläut., S. 86 f = *Horn*, RWS-Dok. 2 Nr. II.4.1, S. 47 f.

bewertung und Neufestsetzung ermöglichen hier den bilanziellen Neubeginn. Die genannten Vorschriften stellen zugleich sicher, daß nicht (aufgrund einer zu niedrigen Neufestsetzung) tatsächlich Kapital abfließt, sondern gebunden bleibt.

Bei der OHG und KG sind die Kapitaleinlagen der Gesellschafter, soweit sie im Gesellschaftsvertrag vereinbart sind, und die Hafteinlagen der Kommanditisten entsprechend neu festzusetzen. Das Entnahmerecht der Gesellschafter (§ 122 HGB) darf nicht zu einer Verminderung des Eigenkapitals führen; andernfalls besteht eine Rückerstattungspflicht für die persönlich haftenden Gesellschafter und für die Kommanditisten ggf. die Pflicht zur Auffüllung ihrer Einlage (§ 27 Abs. 4 DMBilG; § 172 Abs. 4 HGB). Genossenschaften haben die Geschäftsguthaben, Geschäftsanteile und Haftsummen entsprechend neu festzusetzen (Abs. 5).

Ist das Unternehmen überschuldet oder das gesetzliche Mindestkapital bei Kapitalgesellschaften aus dem bei Erstellung der Eröffnungbilanz ermittelten Eigenkapital nicht darstellbar, so müssen die Gesellschafter im Zusammenhang mit der Neufestsetzung des Kapitals grundsätzlich das fehlende Kapital aufbringen oder einen Schuldenerlaß oder eine Rangrücktrittserklärung des Gläubigers gem. § 16 Abs. 3 DMBilG erreichen.

bb) Vorläufige Festsetzung (§ 28 DMBilG)

Anstelle dieser grundsätzlichen Lösung sieht das Gesetz einen vorübergehenden Ausweg durch eine bloß vorläufige Neufestsetzung gem. § 28 vor. Bei der vorläufigen Festsetzung darf das in der Schlußbilanz in Mark der DDR ausgewiesene gezeichnete Kapital (Grundkapital, Stammkapital, Einlagen, Genußrechtskapital, Geschäftsguthaben) mit dem gleichen Betrag in DM in die Eröffnungsbilanz übernommen werden. Übersteigt dieser Betrag des gezeichneten Kapitals das bei der Aufstellung der Eröffnungsbilanz ermittelte (tatsächliche) Eigenkapital, so kann in Höhe dieses Differenzbetrags ein Kapitalentwertungskonto auf der Aktivseite der Eröffnungsbilanz zum Ausgleich eingestellt werden (§ 28 Abs. 1). Dieses Konto darf bis zu 9/10 des gezeichneten Kapitals betragen (Abs. 2 Satz 1). Eine Kapitalrücklage ist aufzulösen mit Ausnahme der besonderen Gewinnrücklage i. S. d. § 31 (dazu i. f.). Auf diese Weise ist es möglich, einen Kapitalverlust aufgrund Neubewertung bis maximal 90% vorläufig bilanziell auszugleichen.

Diese ungewöhnliche Bilanzierungshilfe schafft einen Aktivposten im Hinblick auf die künftige Möglichkeit, "das erforderliche Eigenkapital in den nächsten Jahren ergebniswirksam zu verdienen".[76] Das Unternehmen muß dieses Kapitalentwertungskonto innerhalb von fünf Geschäftsjahren ausgleichen. Zur Tilgung sind Werterhöhungen aufgrund der Berichtigung von Wertansätzen nach § 36 sowie die Jahresüberschüsse zu verwenden (§ 28 Abs. 2 Satz 4 und 5). Wird das Kapitalentwertungskonto nicht innerhalb der gesetzlichen Frist ausgeglichen, so hat das für Kapitalmaßnahmen zuständige Organ des Unternehmens spätestens bei der Beschlußfassung über den Jahresabschluß des sechsten Geschäftsjahres die erforderlichen Maßnahmen zur Tilgung des Kapitalentwertungskontos, z. B. durch Kapitalschnitt, zu beschließen und durchzuführen (§ 30). Anderenfalls kommt es gem. § 57 Abs. 3 DMBilG bei Kapitalgesellschaften zur Zwangsauflösung mit Ablauf des 31. 12. 1997. Die Bilanzierungshilfe nach § 28 ist für Geldinstitute oder Außenhandelsbetriebe ausgeschlossen (§ 28 Abs. 1 Satz 1).

Die Regelung der Neufestsetzung der Kapitalverhältnisse in den §§ 27 - 30 lehnt sich weitgehend an die DM-Bilanzgesetze von 1949 und 1959 an; daher ist die Literatur zu diesen Gesetzen noch hilfreich.[77]

c) Die Kapitalausstattung der früher sozialistischen Wirtschaftseinheiten

Für die bisherigen volkseigenen Wirtschaftseinheiten, die durch das TreuhandG oder schon vorher in Kapitalgesellschaften umgewandelt wurden, sieht das DMBilG in den §§ 24 - 26 besondere Regeln für die Kapitalausstattung und die Beseitigung der Überschuldung vor. Diese sind gesondert im Zusammenhang mit den Vorschriften des TreuhandG (unten III 4) dargestellt.

---

76) Erläut. zu § 28, S. 88 = *Claussen/Korth*, RWS-Dok. 4, Nr. 2.1, S. 135 = *Horn*, RWS-Dok. 2, Nr. II.4.1, S. 49.

77) Vgl. *Geiler/Stehlik/Veith*, DM-Bilanzgesetz, 1950; *Falk*, D-Markeröffnungsbilanz und Kapitalneufestsetzung, 1949.

d) Vorläufige Gewinnrücklage (§ 31 DMBilG)

§ 31 DMBilG sieht eine weitere Bilanzierungshilfe vor, die der Bildung von Eigenkapital dient.[78] Unternehmen mit Ausnahme von Geldinstituten und Außenhandelsbetrieben können eine vorläufige Gewinnrücklage i. S. d. § 31 DMBilG zur weiteren Bilanzverbesserung bilden. Zu diesem Zweck dürfen sie abweichend von allgemeinen Grundsätzen bestimmte Posten aktivieren, nämlich (1) nicht entgeltlich erworbene immaterielle Vermögensgegenstände des Anlagevermögens einschließlich des Geschäfts- oder Firmenwerts mit dem Teilwert (Anteil am Gesamtkaufpreis unter der Hypothese einer Veräußerung des Unternehmens); (2) Aufwendungen für die Ingangsetzung und Erweiterung des Geschäftsbetriebs nach § 269 Satz 1 HGB, die nach dem 1. 3. 1990 getätigt wurden und geeignet sind, die Wettbewerbsfähigkeit des Unternehmens herzustellen; (3) Zuschüsse, Beihilfen und andere Vermögensvorteile, die ohne Rückzahlungsverpflichtung von Dritten für Investitionen gewährt werden, sofern der Auftrag für die Investition bis zum Ablauf der Aufstellungsfrist für die Eröffnungsbilanz verbindlich erteilt wurde (§ 31 Abs. 1 Nr. 1-3).

Die beiden erstgenannten Posten sind planmäßig abzuschreiben (Abs. 2 und 3), der letztgenannte Posten erfolgsneutral umzubuchen, sobald seine normale Bilanzierungsfähigkeit (z. B. durch Auszahlung der Beihilfe) eingetreten ist (Abs. 4). Die Aktivierung der beiden erstgenannten Posten darf nur insoweit erfolgen, als nach vernünftiger kaufmännischer Beurteilung das Unternehmen voraussichtlich die sich hieraus ergebenden Aufwendungen ohne Beeinträchtigung des ausgewiesenen Eigenkapitals aufbringen kann (Abs. 5).

Unter diesen Voraussetzungen ergibt die Bildung der Gewinnrücklage mit den entsprechenden Aktivierungen ein Bild von der erwarteten Ertragskraft des Unternehmens. Sie verbessert zugleich die Kreditwürdigkeit des Unternehmens. Denn die Anteilseigner müssen die Erträge zum Ausgleich der o. a. Abschreibungen erwirtschaften (vgl. Abs. 2 - 5) und ein Gewinnausschüttungsverbot gem. Abs. 6 hinnehmen. Sie bringen also durch die Gewinnrücklage zum Ausdruck, daß sie die Jahresüberschüsse künftig vorrangig zur Bildung von Eigenkapital verwenden wollen.

---

78) Erläut. zu § 31, S. 89 = *Claussen/Korth*, RWS-Dok. 4, Nr. 2.1, S. 138.

III. Die Privatisierung der sozialistischen Unternehmen; das Treuhandgesetz

Rechtsquellen:

- VO zur Umwandlung von volkseigenen Kombinaten, Betrieben und Einrichtungen in Kapitalgesellschaften (UmwandlungsVO) v. 1. 3. 1990, GBl I Nr. 14 S. 107, geändert durch § 12 Nr. 9 ÄndAufhVO v. 28. Juni 1990, GBl I Nr. 38 S. 509 = *Horn*, RWS-Dok. 1 Nr. 4.6; abgelöst durch TreuhandG (i. f.), im übrigen (für Altfälle) bis 2. 10. 1990;
- Gesetz über die Gründung und Tätigkeit privater Unternehmen und über Unternehmensbeteiligungen (UnternehmensG) v. 7. März 1990, GBl I Nr. 17 S. 141; mit DVOen (Nachw. oben I 1) = *Horn*, RWS-Dok. 1 Nr. 4.7 - 9, bis 2. 10. 1990;
- Art. 25 EinigungsV v. 31. 8. 1990, BGBl II 1990, 897 = *Horn*, RWS-Dok. 2 Nr. I.1.3, S. 9;
- Gesetz zur Privatisierung und Reorganisation des volkseigenen Vermögens (TreuhandG) v. 17. 6. 1990, GBl I Nr. 33 S. 300 = *Horn*, RWS-Dok. 2 Nr. II.3.1;
- 1. DVO zum TreuhandG v. 15. 8. 1990, GBl I Nr. 53 S. 1076; 2. DVO zum TreuhandG v. 22. 8. 1990, GBl I Nr. 56 S. 1260; 3. DVO zum TreuhandG v. 29. 8. 1990, GBl I Nr. 57 S. 1333 = *Horn*, RWS-Dok. 2 Nr. II.3.2 - 4; Fortgeltung dieser DVOen gem. EinigungsV Anlage II Kap. IV Abschn. I Nr. 6 - 8, BGBl II 1990, 1198;
- 4. DVO zum TreuhandG v. 12. 9. 1990, GBl I Nr. 60 S. 1465 (unter Streichung von § 2) und 5. DVO zum TreuhandG v. 12. 9. 1990, GBl I Nr. 60 S. 1466 = *Horn*, RWS-Dok. 2 Nr. II.3.5 - 6; Fortgeltung gem. Art. 3 Nr. 10 und 11 Vereinbarung zur Durchführung des EinigungsV v. 18. 9. 1990, BGBl II 1990, 1239, 1241 = *Horn*, RWS-Dok. 2 Nr. I.1.6;
- Beschluß des Ministerrats der DDR über die Satzung der Treuhandanstalt v. 18. 7. 1990, GBl I Nr. 46 S. 809; Fortgeltung gem. EinigungsV Anlage II Kap. IV Abschn. I Nr. 9, BGBl II 1990, 1198 = *Horn*, RWS-Dok. 2 Nr. II.3.7;
- VO über Maßnahmen zur Entschuldung bisher volkseigener Unternehmen von Altkrediten (EntschuldungsVO) v. 5. 9. 1990, GBl I Nr. 59 S. 1435 = *Horn*, RWS-Dok. 2 Nr. II.4.2; Fortgeltung gem. Art. 3 Nr. 18 Vereinbarung zur Durchführung d. EinigungsV, BGBl II 1990, 1239 *Horn*, RWS-Dok. 2 Nr. I.1.6;
- G zur Regelung offener Vermögensfragen (VermG) v. 3. 10. 1990, ergangen aufgrund EinigungsV Anlage II Kap. III A Abschn. I Nr. 2, BGBl II 1990, 1159 = *Horn*, RWS-Dok. 2 Nr. II.2.3.

1. Das Treuhandgesetz und sein Vorläufer

a) Gesetzeszweck: Privatisierung

Das TreuhandG vom 17. 6. 1990 dient der Überführung der sozialistischen Wirtschaft in privatwirtschaftliche und damit privatrechtliche Organisationsformen. Die in der Präambel des Gesetzes ausgedrückte gesetzgeberische Absicht, "die unternehmerische Tätigkeit des Staates durch Privatisierung so rasch und so weit wie möglich zurückzuführen", wird durch den bündigen Gesetzesbefehl in § 1 Abs. 1 Satz 1 TreuhandG umgesetzt: "Das volkseigene Vermögen ist zu privatisieren". Privatisierung bedeutet dreierlei: (1) Die Schaffung einer privatrechlichen Organisation der sozialistischen Wirtschaftseinheiten, (2) ihre ausreichende Kapitalausstattung und (3) ihre Übernahme durch private Investoren (Unternehmen). Die Reprivatisierung, d. h. Rückgabe der Unternehmen an früher enteignete Alteigentümer, ist nicht Gesetzeszweck, bleibt aber durch das Gesetz unberührt (§ 24 Abs. 1 TreuhandG). Art. 25 Abs. 1 EinigungsV bestätigt den Privatisierungszweck.

Das TreuhandG nennt als weiteres Ziel die "Strukturanpassung der Wirtschaft an die Erfordernisse des Marktes" und die Schaffung "wettbewerbsfähiger Unternehmen" sowie die "zweckmäßige Entflechtung" (§ 2 Abs. 6 TreuhandG). Auch der EinigungsV umschreibt die Aufgabe doppelt, nämlich "die früheren volkseigenen Betriebe wettbewerblich zu strukturieren und zu privatisieren" (Art. 25 Abs. 1). Es handelt sich bei der Strukturierung, wie schon die Wortwahl in § 2 Abs. 6 TreuhandG zeigt, um einen Teilaspekt der umfassenden Aufgabe der Privatisierung.[1)]

Der EinigungsV ebenso wie schon der StaatsV und das TreuhandG schließen die Überführung von volkseigenen Betrieben in das Eigentum öffentlicher Gebietskörperschaften nicht aus (§ 1 Abs. 1 Satz 2 TreuhandG), und dasjenige volkseigene Vermögen, das kommunalen Aufgaben und Dienstleistungen dient, ist durch Gesetz den Gemeinden und Städten zu übertragen (Satz 3). Die Regelung ist durch das KommunalvermögensG vom 6. 7. 1990 und dann (vorrangig) durch Art. 21 und 22 EinigungsV erfolgt.[2)] Es geht also nicht darum, Staatseigentum oder öffentliche Zweckbindung von Eigentum auszuschlie-

1) Über Einzelheiten und mögliche Zielkonflikte unten 5.
2) Vgl. oben Kap. 3 III 3.

ßen. Vielmehr wird die Institution des Volkseigentums und sonstigen sozialistischen Eigentums, die rechtstechnisch unpräzise und wirtschafts- und gesellschaftspolitisch untauglich war, abgeschafft[3] und die davon ausgehende Hemmung einer marktwirtschaftlichen Ordnung ausgeschaltet.

b) Anwendungsbereich

Erfaßt werden die im Register der volkseigenen Wirtschaft eingetragenen volkseigenen Kombinate, Betriebe, Einrichtungen und sonstigen juristisch selbständigen Wirtschaftseinheiten (§ 1 Abs. 4 TreuhandG.). Nicht erfaßt wird sonstiges Vermögen des Staates, die Deutsche Post, die den Gemeinden, Städten, Kreisen und Ländern unterstellten Betriebe und Einrichtungen und die Wirtschaftseinheiten, für die ein Liquidationsvermerk im Register der volkseigenen Wirtschaft eingetragen wurde (§ 1 Abs. 5).

Die zuerst genannten ehemaligen sozialistischen Wirtschaftseinheiten erfaßt das Gesetz in ihrer bereits umgewandelten privatrechtlichen Organisationsstruktur als AG oder GmbH. Diese Rechtsform wurde entweder dadurch erlangt, daß die betreffende Wirtschaftseinheit schon aufgrund der UmwandlungsVO vom 1. 3. 1990 umgewandelt wurde oder dadurch, daß eine Umwandlung durch das TreuhandG ex lege gemäß § 11 Abs. 2 TreuhandG erfolgt ist. Diese Umwandlung durch Gesetzesbefehl ist Ausdruck der Entschlossenheit des Gesetzgebers, mit der Privatisierung ernst zu machen.

c) Umwandlungsverordnung

Bereits vor Erlaß des TreuhandG war durch die UmwandlungsVO vom 1. 3. 1990 ein Weg geschaffen worden, sozialistische Wirtschaftseinheiten mit einer privatrechtlichen Organisationsstruktur zu versehen. Diese Regelung sah aber ein schwerfälliges Umwandlungsverfahren vor, und es gibt auch Anzeichen dafür, daß die ursprünglichen Mitarbeiter der Treuhandanstalt, die gleichzeitig zur Durchführung

---

3) Vgl. auch Kap. 3 I.

geschaffen wurde,[4] eher an einer Camouflierung und Konservierung der alten sozialistischen Wirtschaftsstrukturen als an ihrer ernstlichen Umwandlung interessiert waren.[5] (Zum Verfahren s. unten 3 e).

Die UmwandlungsVO ist durch das TreuhandG abgelöst, aber nicht eigentlich aufgehoben worden (vgl. §§ 23, 24 TreuhandG); sie galt formell bis 2. 10. 1990[6] und behält ihre Bedeutung weiter für die begrenzte, aber nicht unerhebliche Zahl von Unternehmen, die bereits bis zum 1. 7. 1990 umgewandelt worden waren. Schon zum 1. 7. 1990 wurde § 9 der VO, der eine vom bundesdeutschen Gesellschafts- und Mitbestimmungsrecht abweichende Besetzung des Aufsichtsrats vorsah, aufgehoben.[7] Ferner gilt für alle nach der UmwandlungsVO bereits vollzogenen Umwandlungen gem. § 23 TreuhandG, daß die Unternehmen das Eigentum an den Betriebsgrundstücken erwerben (vgl. § 11 Abs. 2 TreuhandG) und die Pflicht haben, der Treuhandanstalt die für die Handelsregistereintragung notwendigen Angaben (§ 15 Abs. 3 TreuhandG) zu machen; dazu unten 3 e. Für alle bis zum 1. 7. 1990 nicht umgewandelten Wirtschaftseinheiten kommt ausschließlich das TreuhandG zur Anwendung; es hat diese Wirtschaftseinheiten sämtlich in Kapitalgesellschaften umgewandelt (§ 11 Abs. 2). Dies gilt auch für Umwandlungen nach der UmwandlungsVO, die zwar eingeleitet, aber am 1. 7. 1990 noch nicht vollzogen waren.

2. Die Treuhandanstalt

a) Aufgaben und Kompetenzen

Die Treuhandanstalt "dient der Privatisierung und Verwertung volkseigenen Vermögens nach den Prinzipien der sozialen Marktwirtschaft" (§ 2 Abs. 1 Satz 2 TreuhandG).[8] Sie hat "die Strukturanpassung der Wirtschaft an die Erfordernisse des Marktes zu fördern" (§ 2 Abs. 6 Satz 1 Halbs. 1 TreuhandG). Durch zweckmäßige Entflechtung von Unternehmensstrukturen sollen marktfähige Unternehmen und insge-

---

4) Durch Beschluß des Ministerrats der DDR v. 1. 3. 1990, GBl I Nr. 14 S. 107 = *Hommelhoff/Krebs*, RWS-Dok. 3 Nr. II.2.3; aufgehoben durch § 24 Abs. 3 TreuhandG.
5) Kritisch in diesem Sinne auch *Dornberger/Dornberger*, DB 1990, 3042.
6) Sie ist in EinigungsV Anlage II Kap. IV, BGBl II 1990, 1194 ff, nicht aufrechterhalten.
7) § 12 Nr. 9 ÄndAufhVO v. 28. 6. 1990, GBl I Nr. 38 S. 511 = *Horn*, RWS-Dok. 1 Nr. 1.10, S. 3.
8) Vgl. auch Art. 25 EinigungsV, § 8 Abs. 1 TreuhandG und §§ 2 - 4 Satzung der Treuhandanstalt v. 18. 7. 1990 = *Horn*, RWS-Dok. 2 Nr. II.3.7.

samt eine effiziente Wirtschaftsstruktur entstehen (Abs. 6 Satz 2). Diese Zwecke werden durch den EinigungsV bestätigt (Art. 25 Abs. 1 Satz 1 EinigungsV). Die Hauptmaßnahmen und Instrumente dazu sind:

- Mitwirkung und Kontrolle bei der Vollendung des Gründungsvorgangs der umgewandelten sozialistischen Wirtschaftseinheiten (vgl. § 15 Abs. 3, § 16, § 20 TreuhandG);
- Entflechtung der Kombinate (§ 2 Abs. 6 Satz 2 TreuhandG), z. B. durch Herauslösung einzelner GmbHs (vgl. auch § 12 Abs. 3 TreuhandG) oder Teilveräußerungen (§ 8 Abs. 1 TreuhandG);
- Aufnahme von Krediten und Begebung von Schuldverschreibungen im Vorgriff auf künftige Privatisierungserlöse im Rahmen von Art. 27 StaatsV und Art. 25 Abs. 4 EinigungsV (bis 25 Mrd. DM) (§ 2 Abs. 7 TreuhandG);
- Zuweisung von finanziellen Mitteln an Unternehmen zur Strukturanpassung (§ 5 TreuhandG) sowie Übernahme von Bürgschaften, Garantien und sonstigen Gewährleistungen (Art. 25 Abs. 5 EinigungsV);
- Privatisierung der Unternehmen durch Veräußerung von Geschäftsanteilen oder Vermögens(an)teilen (§ 2 Abs. 6 Satz 1; § 8 Abs. 1 TreuhandG);
- Stillegung und Verwertung des Vermögens von nicht sanierungsfähigen Unternehmen oder Unternehmensanteilen (§ 8 Abs. 1 TreuhandG).

Die einzelnen Entscheidungen, welche die Treuhandanstalt dabei zu treffen hat, sind unten (5) dargestellt.

Insgesamt handelt es sich um einen Aufgabenbereich von gewaltigem Umfang und großem politischen Gewicht. Dies kommt auch in der öffentlich-rechtlichen Organisationsform und Zusammensetzung des Verwaltungsrats (dazu b cc) zum Ausdruck. Die politische Natur der Aufgabe und die hochkomplexen wirtschaftlichen Aspekte der Entscheidungen setzen einer rechtlichen Normierung und gerichtlichen Kontrolle der Akte der Treuhandanstalt gewisse Grenzen (dazu unten

5) und verweisen auf eine komplementäre politische Verantwortlichkeit und Kontrolle.[9]

b) Stellung und Organe

aa) Anstalt des öffentlichen Rechts (§ 2 TreuhandG)

Die Treuhandanstalt ist nach dem EinigungsV eine rechtsfähige bundesunmittelbare Anstalt des öffentlichen Rechts unter der Fach- und Rechtsaufsicht des Bundesministers der Finanzen. Die Fachaufsicht nimmt der Finanzminister im Einvernehmen mit dem Wirtschaftsminister und dem jeweils zuständigen Bundesminister wahr (Art. 25 Abs. 1 Satz 2 und 3 EinigungsV). Sitz der Anstalt ist Berlin (§ 2 Abs. 8 TreuhandG).

Ursprünglich war die Treuhandanstalt bereits am 1. 3. 1990 zur Ausführung der UmwandlungsVO vom gleichen Tag (vgl. oben 1 c) gegründet worden.[10] Sie wurde als Anstalt öffentlichen Rechts mit territorialer Untergliederung (Außenstellen) geschaffen. Die Aufgabe der Anstalt war bei der Gründung noch als Wahrung des "Volkseigentums" umschrieben worden. Dies erinnert an den inzwischen eingetretenen Wandel der Aufgabenstellung und der politischen Rahmenbedingungen, den schon das TreuhandG gebracht hat. Nach diesem Gesetz war die Satzung der Anstalt durch die Volkskammer, ihre Geschäftsordnung durch den Ministerrat zu bestätigen (§ 2 Abs. 3 und 4 TreuhandG). Dementsprechend erhielt die Anstalt im Juli 1990 eine Satzung, die im EinigungsV aufrechterhalten wurde.[11] Nach dem EinigungsV bedürfen nunmehr Änderungen der Satzung der Zustimmung der Bundesregierung (Art. 25 Abs. 1 Satz 5 EinigungsV).

---

9) Zur gerichtlichen Nachprüfbarkeit unten 6.

10) Beschluß des Ministerrats zur Gründung der Anstalt zur treuhänderischen Verwaltung des Volkseigentums (Treuhandanstalt) v. 1. 3. 1990, GBl I Nr. 14 S. 107; Beschluß des Ministerrats über das Statut der Anstalt zur treuhänderischen Verwaltung des Volkseigentums v. 15. 3. 1990, GBl I Nr. 18 S. 167 = *Hommelhoff/Krebs*, RWS-Dok. 3, Nr. 2.3 - 4.

11) Beschluß des Ministerrats v. 18. 7. 1990, bestätigt durch die Volkskammer am 22. 7. 1990; Nachweis oben vor 1; Text auch bei *Horn*, RWS-Dok. 2 Nr. II.3.7.

bb) Vorstand (§ 3 TreuhandG)

Die Treuhandanstalt wird durch einen Vorstand geleitet und im Rechtsverkehr vertreten (§ 3 Abs. 1 TreuhandG). Nach § 11 Abs. 4 der Satzung sind zwei Vorstandsmitglieder zusammen oder ein Vorstandsmitglied zusammen mit einem bevollmächtigten Direktor vertretungsberechtigt. Der Vorstand besteht aus dem Präsidenten der Treuhandanstalt und mindestens vier weiteren Vorstandsmitgliedern. Sie werden durch den Verwaltungsrat auf vier Jahre bestellt und können aus wichtigem Grund abberufen werden (§ 3 Abs. 2 TreuhandG; § 11 Abs. 2 Satzung). Der Vorstand führt die Geschäfte nach Maßgabe des TreuhandG und der Satzung unter Beachtung der Beschlüsse des Verwaltungsrats und haftet für die sorgfältige Erfüllung seiner Pflichten gem. § 93 AktG (§ 12 Satzung). Er ist der Bundesregierung (ursprünglich: dem Ministerrat) berichtspflichtig und hat in bestimmten Fristen, die die Bundesregierung (ursprünglich: der Ministerrat) festlegt, Berichte über den Fortgang der Privatisierung zu veröffentlichen (§ 3 Abs. 3). Der Vorstand hat einen Jahresabschluß und einen Lagebericht aufzustellen, für deren Inhalt, Prüfung und Bekanntmachung die Vorschriften des Kapitalgesellschaftsrechts gelten. Jahresabschluß und Lagebericht sind vom Verwaltungsrat festzustellen (§ 6 TreuhandG i. V. m. § 16 Abs. 2 Satzung).

cc) Verwaltungsrat (§ 4 TreuhandG)

Die Treuhandanstalt hat einen Verwaltungsrat, der die Geschäftstätigkeit des Vorstandes überwacht und unterstützt (§ 4 Abs. 1 Satz 1 TreuhandG). Der Verwaltungsrat berät den Vorstand insbesondere in den Grundfragen der Privatisierung und Verwertung des ehemals volkseigenen Vermögens (§ 4 Abs. 1 Satz 3 TreuhandG). In der Satzung der Anstalt ist zu bestimmen, welche Geschäfte der Zustimmung des Verwaltungsrats bedürfen (§ 4 Abs. 1 Satz 4 TreuhandG). Nach der Satzung ist der Wirtschaftsplan, den die Anstalt nebst Finanzierungsplan aufzustellen hat (§ 15 Satzung), zustimmungsbedürftig (§ 8 Abs. 5 Satzung). Im übrigen heißt es in der Satzung nur pauschal, daß der Verwaltungsrat Geschäfte und Rechtshandlungen von besonderer Bedeutung von seiner Zustimmung abhängig machen wird (§ 8 Abs. 4 Satzung). Darin liegt die Kompetenz und Verpflichtung des Verwaltungsrats, bestimmte wichtige Angelegenheiten durch eigenen Beschluß zustimmungsbedürftig zu machen. Diese Lösung ist flexibel und praxisnah. Sie entspricht § 111 Abs. 4 Satz 2 Alt. 2 AktG und ist in diesem Sinn zu handhaben. Maßnahmen der Geschäftsführung kann der Verwaltungsrat nicht selbst durchführen (vgl. § 111 Abs. 4 Satz 1 AktG).

Der Verwaltungsrat besteht aus dem Vorsitzenden und aus 20, für die erste Amtsperiode aus 23 weiteren Mitgliedern (Art. 25 Abs. 2 Satz 1 EinigungsV). Nach dem TreuhandG waren außer dem Vorsitzenden 16 Mitglieder zu berufen, davon zwei Mitglieder der Volkskammer, die diese aus ihrer Mitte wählte (§ 4 Abs. 2 Satz 1 und 3 TreuhandG). Diese beiden Mitglieder werden durch je einen Vertreter der fünf neuen Bundesländer auf dem Gebiet der ehemaligen DDR abgelöst. Der Vorsitzende des Verwaltungsrats und die Verwaltungsratsmitglieder, die nicht durch die Länder bestellt werden, werden von der Bundesregierung berufen (Art. 25 Abs. 2 Satz 3 EinigungsV). Vor Inkrafttreten des EinigungsV waren die Berufungen vom DDR-Ministerrat (Vorsitzender und sieben Mitglieder) und von der Volkskammer auf Vorschlag des Ministerpräsidenten (sieben Mitglieder) oder in eigener Wahl (zwei Mitglieder) vorzunehmen (§ 4 Abs. 2 TreuhandG; vgl. auch §§ 7 - 10 Satzung).

Dem Verwaltungsrat gehören derzeit die Ministerpräsidenten der neuen Bundesländer an. Seine Zusammensetzung und die Art der Berufung unterstreichen die politische Natur der Aufgaben der Treuhandanstalt und die Notwendigkeit politischer Verantwortlichkeit und Kontrolle.[12)]

c) Verwaltungsunterbau und Verwaltungseffizienz

aa) Problem der Effizienz

Bald nach Aufnahme der Tätigkeit durch die Treuhandanstalt begann eine intensive und anhaltende öffentliche Debatte über die mangelnde Effizienz der Privatisierungstätigkeit und die zweifelhafte Ernsthaftigkeit des entsprechenden politischen Willens.[13)] Das Faktum ist - jeden-

---

12) Zur gerichtlichen Kontrolle unten 6.

13) Vgl. auch *Dornberger/Dornberger*, DB 1990, 3042.

falls für die Zeit bis etwa Spätsommer 1990 - wohl unbestreitbar und hat mehrere Ursachen. Dazu gehören in der Frühphase die mangelnde politische Motivation und fachliche Qualifikation der ursprünglichen Mitarbeiter, insbesondere ein Mangel an Kenntnissen und Erfahrung marktwirtschaftlicher Organisationsformen, die Unübersichtlichkeit der Situation in den volkseigenen Wirtschaftseinheiten, die zögerliche Haltung der dortigen Betriebsleitungen, die teils abwartete, teils sich - jedenfalls bis zum Beginn der Währungsunion und dem Inkrafttreten des TreuhandG - in sozialen Experimenten (Arbeiterselbstverwaltung) versuchte, schließlich die schiere Größe der ganzen Aufgabe. Eine Verbesserung der Effizienz ist nur z. T. eine Frage der organisatorischen und rechtlichen Struktur (dazu i. f.). Es geht auch um die Frage, welche Ziele und Verfahren die Entscheidungen der Anstalt bestimmen (zu letzterem unten 5).

Vor allem ging und geht es um eine ausreichende personelle Ausstattung und effiziente interne Organisation.[14] Diese konnte ab September 1990 unter Hinzuziehung zahlreicher westdeutscher Fachleute aus der Wirtschaft und dem Staatsdienst geschaffen werden. Der Personalstand wurde bis Jahresende 1990 vervielfacht und betrug per 31. 12. 1990 1.360 Mitarbeiter (davon Zentrale: 830). Bereits ab September 1990 wurden branchenbezogene Verhandlungs-Teams gebildet und bis Jahresende vermehrt und verstärkt. Bis Ende 1990 konnte die Zentrale der Treuhandanstalt 141 Unternehmen veräußern, die Niederlassungen (unten dd) ca. 200 Unternehmen. Diese Unternehmen sichern ca. 200.000 Arbeitsplätze. Die Bruttoerlöse aus den Veräußerungen betrugen ca. 2,5 Mrd. (netto 1,3 Mrd.) per 31. 12. 1990. Die Erwerber planen Investitionen in Höhe von ca. 43 Mrd.

bb) Treuhand-AGs?

Das TreuhandG hat ab 1. 7. 1990 die Neuerung eingeführt, daß die Treuhandanstalt ihre Aufgaben in dezentraler Organisationsstruktur durch Treuhand-AGs verwirklicht (§ 7 Abs. 1 TreuhandG).[15] Die Treuhand-AGs sollten von der Anstalt unverzüglich, spätestens aber

14) Vgl. zur Organisation der Zentrale das Gesamt-Diagramm "Organisation Treuhandanstalt" (Stand Januar 1991), Anhang S. 1.

15) Dazu auch §§ 5, 6 Satzung nebst Anlage sowie 1. DVO zum TreuhandG = *Horn*, RWS-Dok. 2 Nr. II.3.2; Materialien zu dieser Lösung bei *Hommelhoff/Krebs*, RWS-Dok. 3, Nr. 2.5 - 8.

bis Ende August 1990 gegründet werden (§ 7 Abs. 2 TreuhandG). Sie sollten Inhaber der Gesellschaftsanteile an den in Kapitalgesellschaften umgewandelten sozialistischen Wirtschaftseinheiten werden (§ 7 Abs. 3 und § 12 TreuhandG). Diese Zwischenschaltung von Treuhand-AGs stieß aber auf verschiedene Schwierigkeiten, u. a. bei der Aufteilung der Arbeitsgebiete (regional oder branchenbezogen) und der Gewinnung geeigneter Manager, ferner auf Bedenken bezüglich der Effizienz dieses Aufbaus. An rechtlichen Besonderheiten ist zu vermerken, daß bei den Treuhand-AGs das Mitbestimmungsrecht eingreift und durch das TreuhandG das Wahlverfahren dahin modifiziert ist, daß bis 31. 3. 1991 die Gewerkschaften die Vorschlagsrechte wahrnehmen sollten (§ 10 Abs. 2 TreuhandG).

Der Verwaltungsrat der Treuhand-AG trat daher am 29. August 1990 an die Öffentlichkeit mit der Vorstellung, daß die Anstalt stattdessen den bisherigen Aufbau beibehalten solle, der allerdings durch starke Außenstellen ergänzt werden soll. Der Verwaltungsrat stützte sich dabei auf Gutachten zur Neuorganisation der Treuhandanstalt durch Beratungsunternehmen, die im Interesse der Effizienz einen Verzicht auf die Treuhand-AGs empfahlen.[16)] In der Tat ist eine Erleichterung oder Verbesserung der Arbeit der Anstalt durch Zwischenschaltung der Treuhand-AGs nicht erkennbar.[17)] Diesem Rat ist die Treuhandanstalt gefolgt. Die Gründung der Treuhand-AGs unterblieb. Diese teilweise Nichtausführung des Gesetzes hat im EinigungsV noch keinen Niederschlag gefunden. Indem Art. 25 EinigungsV die Treuhandanstalt aber zu einer rechtsfähigen bundesunmittelbaren Anstalt des öffentlichen Rechts machte, brachte der Gesetzgeber des EinigungsV (in Kenntnis des Problems) wohl zum Ausdruck, daß diese Bundesanstalt in ihrer Organisation nicht durch die Vorschriften über die Treuhand-AGs eingeschränkt werden sollte.

cc) Andere Zwischengesellschaften

Die Treuhandanstalt verzichtet aber keineswegs auf das Instrument einer zwischengeschalteten Gesellschaft, wo sie sich davon eine effektive Zusammenfassung besonderer Aufgaben verspricht. Sie hat für

16) Vgl. z. B. FAZ v. 30. 8. 1990, S. 13.
17) Krit. zur Zwischenschaltung der Treuhand-AGs auch *Claussen*, ZIP 1990, 1173.

die Privatisierung des Handels im neuen Bundesgebiet die Gesellschaft zur Privatisierung des Handels mbH mit Sitz in Berlin gegründet, die Anfang Oktober 1990 ihre Tätigkeit aufnahm und Mitte November 1990 eine Ausschreibung zur Privatisierung von Geschäften der ehemals staatlichen Handelsorganisation DDR (HO) vornahm.[18)]

dd) Niederlassungen der Treuhandanstalt

Die Treuhandanstalt verfügt über 15 Niederlassungen als Verwaltungsunterbau. Bald nach ihrer Gründung hatte die Anstalt schrittweise mit der Einrichtung regionaler Verwaltungsstellen begonnen. Die Tätigkeit dieser Stellen erfuhr die gleiche Kritik, die der Arbeit der Anstalt in der Frühphase allgemein zuteil wurde (oben aa). Im Zusammenhang mit dem Entschluß, auf die Einrichtung der Treuhand-AGs zu verzichten, hat die Treuhandanstalt den Grundgedanken einer dezentralen Organisationsstruktur auf andere, einfachere und flexiblere Weise verwirklicht, indem sie die Niederlassungen personell verstärkte und mit einer gewissen Eigenverantwortlichkeit ausstattete, mit der diese jeweils bestimmte Gruppen von Betrieben überwachen und ihre Privatisierung oder Liquidation betreiben sollen. Die Niederlassungen sind für Unternehmen bis 1.500 Mitarbeiter zuständig. Sie arbeiten wie die Zentrale mit Verhandlungs-Teams und externen Beratern.

d) Beteiligungs- und Konzernrechtsfragen

aa) Die Beteiligungsverhältnisse

Der EinigungsV erklärt die Beteiligungen der Treuhandanstalt zu mittelbaren Beteiligungen des Bundes (Art. 25 Abs. 1 Satz 4). Bis zum 30. 6. 1990 hat die Anstalt Beteiligungsrechte (Aktien- und GmbH-Anteile) an volkseigenen Wirtschaftseinheiten erworben, die nach der UmwandlungsVO vom März 1990 umgewandelt wurden. An allen anderen volkseigenen Wirtschaftseinheiten erwarb die Anstalt alle Beteiligungsrechte aufgrund § 1 Abs. 4 TreuhandG am 1. 7. 1990.[19)] Die Anstalt sollte freilich nur mittelbar unter Einschaltung der Treuhand-

18) zip-aktuell 1990, A 147 Nr. 466; FAZ v. 24. 11. 1990, S. 13.
19) Deutlicher noch sind beide Rechtswirkungen in § 13 Abs. 1 der Satzung ausgesprochen.

AGs beteiligt bleiben (§ 7 Abs. 3 und § 12 Abs. 1 TreuhandG); dieses Konzept wurde aber nicht verwirklicht (oben b cc). Bei der Umwandlung der Kombinate ergab sich ein zweistufiger Beteiligungsaufbau: Die Kombinate selbst wurden AGs, die ihnen bisher unterstellten Wirtschaftseinheiten GmbHs, deren Geschäftsanteile von den neuen AGs gehalten werden (§ 12 Abs. 2 TreuhandG). Damit war im Ergebnis ein vierstufiger Beteiligungsaufbau mit der Treuhandanstalt an der Spitze vorgesehen. Durch Verzicht auf die Einrichtung der Treuhand-AGs reduziert sich der Aufbau auf drei Stufen. Handelt es sich um eine Wirtschaftseinheit, die nicht einem Kombinat zugeordnet war, so entstand eine unmittelbare Beteiligung der Treuhandanstalt. Die Beteiligung der Anstalt umfaßt in allen erörterten Fallgruppen regelmäßig alle Anteile (100 %); anders etwa bei den 1990 gegründeten Joint-Ventures, wo ihr nur der staatliche Anteil des DDR-Unternehmens zufällt.

bb) Konzernrechtliche Aspekte

Die in AGs umgewandelten ehemaligen Kombinate bilden mit den GmbHs, die aus den ihnen unterstellten Wirtschaftseinheiten hervorgegangen sind und deren Anteile sie halten, einen Konzern. Die auf die Beteiligungsrechte gegründete Abhängigkeit (§ 17 AktG) wird regelmäßig als Grundlage einer einheitlichen Leitung i. S. d. § 18 AktG und damit eines Konzerns ausgenutzt, solange die AG sich weiterhin wie das frühere Kombinat verhält. Gerade dieser Zustand soll aber in den meisten Fällen nicht perpetuiert, sondern geändert werden. Es handelt sich also meist um einen Konzern, der zumindest zur teilweisen Entflechtung ansteht. Schritte dazu kann die Treuhandanstalt dadurch unternehmen, daß sie die übergeordnete AG veranlaßt, die Geschäftsanteile an einer abhängigen GmbH zu veräußern (was auch gem. § 12 Abs. 3 TreuhandG auf deren Verlangen geschehen kann) oder auch ohne eine solche Veräußerung die einheitliche Leitung einzustellen.

Die übergeordnete AG ist zur Aufstellung einer Konzerneröffnungsbilanz gem. § 21 DMBilG verpflichtet, sofern bestimmte Größenmerkmale erfüllt sind (über 50 Mio. DM Bilanzsumme und mehr als 500 Arbeitnehmer). Die Pflicht besteht bei Mehrheit der Anteile, ohne daß es auf die Stimmrechtsmehrheit oder die einheitliche Leitung ankommt.[20)]

Auch mit der Treuhandanstalt besteht ein konzernähnlicher Zusammenhang, da diese letztlich alle Anteilsrechte der umgewandelten AGs und z. T. direkt auch die von GmbHs innehat, von wenigen Ausnahmen einer geringeren Beteiligung abgesehen (oben aa). Ein Konzernzusammenhang wird z. T. ohne weiteres angenommen,[21)] während die Erläuterungen zum DMBilG von einem "konzernähnlichen Gebilde unter dem Dach der Treuhandanstalt" sprechen.[22)] Das DMBilG sieht allerdings für die Treuhandanstalt nur die Pflicht zur Aufstellung einer vereinfachten Gesamteröffnungsbilanz vor (§ 21 Abs. 5). Es besteht kein Zweifel, daß alle umgewandelten Kapitalgesellschaften aufgrund der meist hundertprozentigen Beteiligung von der Treuhandanstalt abhängige Unternehmen i. S. d. § 17 AktG sind und daß diese nach ihrem gesetzlichen Auftrag sogar verpflichtet ist, diese Abhängigkeit auszunutzen, um die Entflechtung und Privatisierung durchführen zu können.

Es bestehen allerdings eine Reihe von Besonderheiten. Erstens wird die Leitungsmacht der Treuhandanstalt nicht dazu eingesetzt, die vielen von ihr abhängigen Unternehmen i. S. einer Gesamtkoordination unter einer einheitlichen Leitung zusammenzufassen, was § 18 AktG als den Regelfall ansieht. Eine solche Koordination widerspräche dem Auftrag der Treuhandanstalt und tritt höchstens fallweise als sachlich begrenzte Ausnahme auf. Man könnte also überwiegend nur von einem Bündel isolierter Konzernbeziehungen sprechen. Ferner wird die Leitungsmacht der Treuhand nicht für normale langfristige unternehmenspolitische Ziele eingesetzt, sondern nur für den gesetzlichen Auftrag des Art. 25 EinigungsV und des TreuhandG.

Im gesetzlich vorgesehenen Regelfall wird die Treuhandanstalt ihre Möglichkeit zur unternehmerischen Leitungsmacht nicht ausschöpfen. Ihre Aufgabe der Privatisierung wäre damit schwer zu vereinbaren, und ihre begrenzten personellen Ressourcen setzen rein faktische Grenzen. In den überaus zahlreichen Fällen, in denen eine rasche Ver-

---

20) Diese Abweichung von § 290 HGB dient der Vereinfachung; vgl. Erläut. zu § 21 DMBilG, S. 83 = *Horn*, RWS-Dok. 2 Nr. II.4.1, S. 44; zur Bilanzierungspflicht oben II 3.

21) *Claussen/Korth*, RWS-Dok. 4, Nr. 1, S. 10.

22) Erläut., S. 83 = *Horn*, RWS-Dok. 2 Nr. II.4.1, S. 44.

äußerung oder Restitution nicht möglich ist, fällt der Treuhandanstalt allerdings gleichwohl die Aufgabe zu, die sanierungsfähigen und fortzuführenden Kapitalgesellschaften im Hinblick auf ihre wirtschaftlich und unternehmerisch sinnvolle Tätigkeit zu überwachen, sofern der Aufsichtsrat diese Aufgabe nicht ausfüllt, und ggf. anzuleiten, also ausnahmsweise eine auf den öffentlichen Auftrag bezogene Konzernleitungsmacht auszuüben. Statt mühevoller tatsächlicher Unterscheidungen von anderen Konzernsachverhalten genügt die Feststellung, daß der öffentlich-rechtliche Auftrag des EinigungsV und des TreuhandG die Bestimmungen des AktG überlagert. Diese müssen hinter den vorrangigen öffentlich-rechtlichen Zwecken zurücktreten, soweit sie mit ihnen in Konflikt geraten können.

cc) Wettbewerbs- und Bankaufsichtsrecht

Im übrigen sind bei der Anwendung von Wirtschaftsrecht auf den Konzernsachverhalt die Besonderheiten der Aufgabe und des Zwecks der Treuhandanstalt zu berücksichtigen. Mit Recht hat das Amt für Wettbewerbsschutz in Ost-Berlin, das bis 3. 10. 1990 bestand, in ständiger Verwaltungspraxis bei der Fusionskontrolle den durch die Beteiligungsrechte der Anstalt selbst vermittelten konzernähnlichen Zusammenhang nicht berücksichtigt.[23)]

Schwierigkeiten bereitete zeitweilig die Beurteilung des konzernähnlichen Beteiligungszusammenhangs im Bankaufsichtsrecht. Wegen dieses Zusammenhangs hätten gem. § 19 Abs. 2 Nr. 1 KWG alle Kredite an DDR-Unternehmen in der Hand der Treuhandanstalt i. S. d. §§ 10, 13 - 18 KWG zusammengerechnet werden müssen.[24)] Andererseits stand die Ausnahme des § 20 KWG für Kredite an den Bund oder Sondervermögen des Bundes gem. § 20 Nr. 1 KWG noch nicht zur Verfügung. Es setzte sich dann die Auffassung durch, mit einer einschränkenden Auslegung des § 19 Abs. 2 KWG zu helfen.[25)] Das Problem ist durch Art. 25 Abs. 2 des EinigungsV erledigt. Danach ist das in der Treuhandanstalt zusammengefaßte Vermögen nunmehr mittel-

---

23) Vgl. auch unten Kap. 5 I.

24) Diese Auffassung wurde vom Bundesaufsichtsamt für das Kreditwesen in einem Brief an den Zentralen Kreditausschuß Anfang August 1990 vertreten.

25) Anfang September 1990 aufgrund einer Beurteilung des Bundesfinanzministers, Handelsblatt v. 6. 9. 1990, S. 11.

bare Beteiligung des Bundes, so daß der Ausnahmetatbestand des § 20 Abs. 1 Nr. 1 KWG (Sondervermögen des Bundes) anwendbar ist.

e) Haftung für Verbindlichkeiten der Anstalt

Als rechtsfähige Anstalt des öffentlichen Rechts (Art. 25 Abs. 1 Satz 2 EinigungsV) ist die Treuhandanstalt selbst Schuldner ihrer umfangreichen Verbindlichkeiten, namentlich aus Ausgleichsforderungen gem. § 24 Abs. 1 DMBilG und Einlageforderungen gem. § 26 DMBilG[26)] sowie aus Krediten und Kreditbürgschaften. Im EinigungsV oder im TreuhandG ist keine Haftung der Bundesrepublik für diese Verbindlichkeiten normiert. Die Bundesregierung hat jedoch in einem Brief des Bundesfinanzministers gegenüber der Treuhandanstalt erklärt, daß sie sich hinsichtlich der Schulden der Anstalt ihrer Anstaltslast bewußt sei und die Anstalt auch in Zukunft finanziell so ausgestattet halten werde, daß sie ihren Verpflichtungen nachkommen könne. Darin liegt eine sog. harte Patronatserklärung, die auch Ansprüche der Gläubiger der Anstalt gegen die Bundesrepublik für den Fall begründet, daß die Anstalt selbst ihre Verpflichtungen nicht erfüllen kann.[27)]

3. Die umgewandelten AGs und GmbHs

a) Die gesetzliche Umwandlung

aa) AGs und GmbHs; Ausnahmen (§ 11 TreuhandG)

Die vom TreuhandG erfaßten Unternehmen (oben 1 b) sind, soweit sie nicht bis 30. 6. 1990 aufgrund der UmwandlungsVO vom März 1990 in Kapitalgesellschaften umgewandelt worden waren (oben 1 c), ex lege am 1. 7. 1990 in Kapitalgesellschaften umgewandelt worden. Kombinate wurden AGs, die in Kombinaten zusammengefaßten einzelnen Kombinatsbetriebe oder sonstige Wirtschaftseinheiten wurden "Kapitalgesellschaften, vorzugsweise GmbHs" (§ 11 Abs. 1 und 2 TreuhandG).

---

26) Zu beidem unten 4.

27) Allg. in diesem Sinn zur harten Patronatserklärung *Heymann/Horn*, HGB, § 349 Rz. 91; OLG Stuttgart, WM 1985, 455.

Das Wort "vorzugsweise" deutet ein Wahlrecht an und ist mit der automatischen gesetzlichen Umwandlung an sich schwer zu vereinbaren.[28] Es bedeutet wohl, daß diese Einheiten GmbHs werden, die Treuhandanstalt aber ohne weiteres statt dessen im Rahmen des - nachgeholten - Gründungsvorgangs (unten b) die jeweilige GmbH i. A. in eine AG "umwandeln" kann. Dieses Wahlrecht oder besser gesagt diese Gestaltungsmöglichkeit besteht nicht mehr nach Abschluß des Gründungsvorgangs. Danach gilt allgemeines Umwandlungsrecht (§§ 376 ff AktG). Schon vorher ist die Gesellschaft verpflichtet, eine Korrektur der vorläufigen Eintragung gem. § 15 Abs. 2 TreuhandG zu veranlassen, sobald die Treuhandanstalt die Gründung einer AG statt GmbH beschlossen hat. Die Schaffung einer AG anstelle einer GmbH ist immer dann angezeigt, wenn das Unternehmen den Zugang zum öffentlichen Kapitalmarkt erhalten soll und nach seiner Größe, seinem Kapitalbedarf und seinen postiven Zukunftsaussichten dafür geeignet ist.

Von der gesetzlichen Umwandlung ausgenommen sind gem. § 11 Abs. 3 TreuhandG (1) Wirtschaftseinheiten, für die bereits am 1. 7. 1990 ein Liquidationsvermerk im Register der volkseigenen Wirtschaft eingetragen war, (2) die Deutsche Post, (3) die Betriebe und Einrichtungen der Gemeinden und sonstigen Gebietskörperschaften, (4) Außenhandelsbetriebe in Abwicklung[29] und (5) volkseigene Güter und staatliche Forstwirtschaftsbetriebe. Die ausgenommenen Betriebe unterliegen besonderen Vorschriften der Überführung, z. B. nach KVG, wobei z. T. auch hier der Treuhandanstalt die Durchführung obliegt.

Insgesamt hatte sich die Anstalt nach dem Stand von Ende August 1990 mit folgenden Betrieben zu befassen:

1.133	miteinander verbundene ehemalige zentral geleitete Kombinate mit ihren Tochtergesellschaften;
2.223	ehemals zentral geleitete, inzwischen aber nicht mehr verbundene Betriebe (ohne Landwirtschaft);
2.243	ehemals bezirks- und ortsgeleitete Betriebe (ohne Landwirtschaft);[30]

28) So auch *Lachmann*, DtZ 1990, 238.
29) Zu diesen unten IV 6.
30) Zu deren Privatisierung vgl. auch oben Kap. 3 III 3.

402 land- und forstwirtschaftliche Betriebe;[31]

1.893 Unternehmen mit kommunalen Versorgungsaufgaben

7.894 Betriebe insgesamt.[32]

Die Zahlen sind unsicher, weil Mängel in der Erfassung der Unternehmen einzurechnen sind, und zudem insofern wenig aufschlußreich, weil zahlreiche Betriebe sich in Wirklichkeit als konglomerate Zusammenfassung vieler unterschiedlicher Betriebe oder Betriebsteile erweisen.

bb) Rechtsnatur der Umwandlung nach § 11 TreuhandG

Die gesetzliche Umwandlung gem. § 11 TreuhandG ist ein einzigartiger rechtlicher Vorgang ohne Vorbild entsprechend der einzigartigen historischen Aufgabe des Übergangs der sozialistischen Wirtschaft zur Marktwirtschaft. Das UmwandlungsG, das aufgrund § 22 MantelG[33] bereits ab 1. 7. 1990 in der damaligen DDR zusammen mit dem TreuhandG in Kraft getreten ist, kann allenfalls ergänzend herangezogen werden. Vorrang haben als leges speciales das TreuhandG und das DMBilG, das ebenfalls für den Start der neuen Kapitalgesellschaften von entscheidender Bedeutung ist (vgl. auch unten 4).

Die Umwandlung nach § 11 TreuhandG umfaßt zwei Vorgänge: (1) eine Rechtsformänderung des sozialistischen Betriebs mit gestufter Gründung einer Kapitalgesellschaft gem. Abs. 1 und (2) einen gesetzlichen Vermögensübergang gem. Abs. 2.

Der erstere Vorgang gem. Abs. 1 enthält demnach wiederum zwei Elemente. Erstens nämlich ergeben sich gewisse Parallelen zu einer formändernden Umwandlung, weil die umgewandelten sozialistischen Wirtschaftseinheiten schon zuvor einige Eigenschaften einer juristischen Person aufwiesen. Zum andern aber bedurfte es einer Gründung, nicht nur um die Voraussetzungen der neuen Rechtsform AG oder GmbH zu erfüllen, sondern weil es den umgewandelten Einheiten zuvor an den vollen Eigenschaften einer juristischen Person des Privatrechts gefehlt hatte.

---

31) Zu deren Privatisierung vgl. auch oben Kap. 3 III 2 b und c.

32) Pressemitteilung der Treuhandanstalt, FAZ v. 30. 8. 1990, S. 13 und 14.

33) G v. 21. 6. 1990, GBl I Nr. 34 S. 357 = *Horn*, RWS-Dok. 1 Nr. 1.7.

Diese Wirtschaftseinheiten unterlagen zuvor dem sozialistischen Wirtschaftsrecht, insbesondere der KombinatsVO 1979; für die Einbindung in das Planwirtschaftssystem waren ferner das VG 1982 und die KreditVO 1982 wichtig.[34] Nach der KombinatsVO waren die Kombinate, Kombinatsbetriebe und VEBs "juristische Personen" (vgl. §§ 3 Abs. 4, 6 Abs. 2, 31 Abs. 2);[35] aber der Begriff ist mißverständlich, wenn man nicht die Systemunterschiede berücksichtigt. Die Betriebe hatten als "operative Verwalter" des ihnen zugewiesenen Betriebsvermögens und als Rechtsträger der volkseigenen Grundstücke[36] im Rahmen der gesetzlichen Vertretungsregelung[37] nur eine begrenzte rechtliche Selbständigkeit. Sie unterlagen ferner den rechtlichen Verfügungsschranken des sozialistischen Eigentums, wobei es ihnen an Haftungskapital fehlte, und ihre wirtschaftliche Selbständigkeit war durch die Einbindung in die Planwirtschaft vollständig beseitigt.

Die Entstehung der neuen Kapitalgesellschaften ex lege am 1. 7. 1990 (0.00 Uhr) weist zwei gravierende Abweichungen vom allgemeinen Kapitalgesellschaftsrecht auf. Erstens sind die Kapitalgesellschaften entgegen § 41 Abs. 1 AktG und § 11 Abs. 1 GmbHG bereits vor der Eintragung in das Handelsregister nach entstanden.[38] Zweitens folgt gem. §§ 19 - 21 TreuhandG der Entstehung der Gründungsvorgang, der für Kapitalgesellschaften erforderlich ist, nach, so daß sich bei der Entstehung der Kapitalgesellschaft drei Stufen oder Phasen unterscheiden lassen:

(1) Entstehung der juristischen Person gem. § 11 Abs. 1 TreuhandG ex lege als "Vorgründungskapitalgesellschaft" (AG oder GmbH "im Aufbau") mit anschließender vorläufiger Eintragung und weiteren vorläufigen Akten (unten cc - ee);

(2) Nachholung der Gründung gem. §§ 19 - 21 TreuhandG (unten b);

---

34) VO über die volkseigenen Kombinate, Kombinatsbetriebe und volkseigenen Betriebe (KombinatsVO) v. 8. 11. 1979, GBl I Nr. 38 S. 355 = *Hommelhoff/Krebs*, RWS-Dok. 3 Nr. II.3.1; G über das Vertragssystem in der sozialistischen Wirtschaft (VG) v. 25. 3. 1982, GBl I Nr. 14 S. 293; VO über die Kreditgewährung und die Bankkontrolle der sozialistischen Wirtschaft (KreditVO) v. 28. 1. 1982, GBl I Nr. 6 S. 126 = *Rutke/Ulbrich*, RWS-Dok. 5 Nr. I.4.7; allg. zu den sozialistischen Unternehmen *Heuer* u. a. (Autorenkollektiv), Wirtschaftsrecht.

35) Text z. B. bei *Hommelhof/Krebs* RWS-Dok. 3, Nr. II.3.1.

36) Zur vermögensrechtlichen Lage unten c.

37) Zu dieser Näheres oben Kap. 2 III 3 c cc.

38) Krit. dazu *Kelm*, Handelsblatt v. 16. 7. 1990, S. 6.

(3) Mit Abschluß der Gründung und entsprechendem Vermerk im Handelsregister (unten b hh) Beginn der normalen, mit den allgemeinen Regeln des Kapitalgesellschaftsrechts übereinstimmenden Phase.

Zieht man den gesetzlichen Vermögensübergang gem. § 11 Abs. 2 TreuhandG, der noch näher (unten c) zu erörtern ist, in die Betrachtung ein, so läßt sich eine Parallele im westlichen Umwandlungsrecht noch am ehesten in der Umwandlung von Unternehmen von Gebietskörperschaften oder Gemeindeverbänden in eine AG oder GmbH gem. §§ 57 und 58 UmwandlungsG finden.[39] Diese gehört im Unterschied zur bloß formändernden Umwandlung zu den übertragenden Umwandlungen, bei denen ein Vermögensübergang auf ein anderes Rechtssubjekt erfolgt.[40] Der Werdegang der sozialistischen Wirtschaftseinheit zur Kapitalgesellschaft weist freilich auch - für sich betrachtet - die zuvor erörterten Parallelen zur bloß formändernden Umwandlung auf, mit der man auch bestimmte vermögensrechtliche Aspekte, insbesondere die Altschuldenhaftung, besser erklären kann (unten c cc).

cc) Vorläufige Firma, Kapitalausstattung und Eintragung (§ 14 und § 15 TreuhandG)

Die durch Umwandlung entstandene Kapitalgesellschaft muß in ihrer Firma zunächst die Bezeichnung als AG oder GmbH "im Aufbau" führen (§ 14 TreuhandG). Die Firma ist nur vorläufig zu bilden (unten dd) und zwar zweckmäßig in Anlehnung an die bisherige Bezeichnung der Wirtschaftseinheit. Der Umwandlungsvorgang ist durch zwei Registereintragungen zu dokumentieren, die von Amts wegen vorzunehmen sind. Erstens erfolgt eine Eintragung der Umwandlung im Register der volkseigenen Wirtschaft oder in einem sonstigen Register, in dem die umgewandelte Wirtschaftseinheit bisher geführt wurde (§ 13 TreuhandG). Zweitens erfolgt eine Eintragung im Handelsregister durch das Registergericht (§ 15 Abs. 1 TreuhandG).

---

39) Ähnlich *Hebing/Jaletzke*, BB 1990, Beilage 37, S. 5, 8. Gleiche Qualifizierung für die Umwandlung nach der UmwandlungsVO bei *Rosener/Roitzsch*, DtZ 1990, 38, 40; *Targan* DB 1990, 3060. Wer die Eigenschaften der sozialistischen Wirtschaftseinheiten als juristische Personen für bare Münze nimmt, könnte § 59 UmwandlungsG heranziehen. Der Erklärungswert wäre gering.

40) *Würdinger*, § 54 II.

Bis zur Bestimmung des Stamm- oder Grundkapitals durch Gesellschaftsvertrag wird das Stammkapital der GmbHs vom Gesetz fiktiv und schematisch auf 50.000 DM, das der AG auf 100.000 DM festgesetzt (§ 15 Abs. 4 TreuhandG). Der Gesetzgeber hat nach Erlaß des TreuhandG die gesetzliche Höhe des Stammkapitals der GmbHs auf dem Gebiet der DDR vorübergehend bis zum 1. 7. 1992 auf 20.000 DM gesenkt.[41] Dies gilt nach dem klaren Wortlaut des § 15 Abs. 4 TreuhandG aber nicht für die nach TreuhandG umgewandelten Unternehmen. Die praktische Bedeutung der vorläufigen gesetzlichen Kapitalausstattung liegt darin, daß der Rechtsverkehr nicht auf eine nominell zuvor ggf. weit höhere Kapitalaustattung vertrauen kann und die Treuhandanstalt als (zumeist alleiniger) Anteilseigner vorerst nur für die Aufbringung eines nicht durch vorhandenes Betriebsvermögen gedeckten Fehlbetrags bis zur Höhe dieses Nominalkapitals einzustehen hat.[42] Im übrigen hat das gesetzliche Kapital keinerlei Aussagekraft für die wirtschaftlichen Verhältnisse des Unternehmens. Das Gesetz trifft auch vorläufig die an sich der Satzung bzw. dem Gesellschaftsvertrag vorbehaltenen Bestimmungen hinsichtlich der Gesellschaftsanteile: AGs haben Inhaberaktien mit dem Nennbetrag 50 DM, GmbHs Stammeinlagen von 1.000 DM (§ 17 TreuhandG).

dd) Meldepflichten (§ 15 Abs. 2, 3 TreuhandG)

Die Kapitalgesellschaft hatte gem. § 15 Abs. 2 TreuhandG dem Registergericht als Grundlage der vorläufigen Eintragung bis 16. 7. 1990 die folgenden Angaben zu machen: (1) Name der bisherigen Wirtschaftseinheit; (2) Firma und Sitz der Gesellschaft; (3) Gegenstand des Unternehmens; (4) Name jedes Mitglieds des vorläufigen Vorstandes oder der vorläufigen Geschäftsführer. Soweit die Angabe u. a. von Firma und Sitz der Gesellschaft und des Gegenstandes des Unternehmens verlangt wurde, handelte es sich um vorläufige Angaben, die ggf. von den vorläufigen Leitungsorganen selbständig, nicht jedoch gegen den Willen und eine Weisung der Treuhandanstalt, bestimmt werden konnten. Die endgültige Bestimmung dieser Punkte kann erst in der Satzung (gem. § 23 Abs. 3 Nr. 1 und 2 AktG) bzw. im Gesellschaftsver-

---

41) Oben I 3 c.
42) Zur entsprechenden Kapitalausstattung nach § 26 DMBilG unten 4.

trag (gem. § 3 Abs. 1 Nr. 1 und 2 GmbHG) erfolgen, also im Rahmen der nachgeholten Gründung, die nach der vorläufigen Eintragung durchzuführen ist (unten b). Für die Mitteilung nach § 15 Abs. 2 TreuhandG genügte wohl die Angabe des bisherigen Sitzes der Wirtschaftseinheit als des Sitzes der Gesellschaft und des bisherigen Gegenstandes des Unternehmens; anders, wenn sich eine tatsächliche Änderung ergeben hatte.

Die Kapitalgesellschaft hatte zeitgleich mit den Mitteilungen an das Registergericht die gleichen Angaben auch der Treuhandanstalt zu machen (§ 15 Abs. 3 Satz 1 TreuhandG). Ferner mußte sie bis 31. 7. 1990 der Anstalt eine Aufstellung über das Vermögen der Kapitalgesellschaft zum Zeitpunkt der Umwandlung sowie eine vorläufige Konzeption für die Geschäftstätigkeit übergeben (Satz 2). Die endgültige Vermögensaufstellung erfolgt zugleich mit der DM-Eröffnungsbilanz nach dem DMBilG v. 3. 10. 1990 per 1. 7. 1990 zum 31. 10. bzw. 31. 12. 1990 (oben II 3 b). Die Pflicht nach § 15 Abs. 3 TreuhandG ist dadurch aber nicht gegenstandslos geworden. Trotz großer Schwierigkeiten, sie fristgerecht zu erfüllen, mußten die vorläufigen Leitungsorgane, denen die Treuhandanstalt eine Fristverlängerung eingeräumt hatte, nach Kräften vorläufige Angaben der geforderten Art machen.

ee) Vorläufige Leitungsorgane; Haftung

Leitungsorgane der umgewandelten Kapitalgesellschaften wurden zunächst die bisherigen geschäftsführenden Generaldirektoren oder Betriebsdirektoren der umgewandelten Wirtschaftseinheiten (§ 16 Abs. 1 Satz 2 TreuhandG). An ihre Stelle traten vorläufige Mitglieder des Vorstandes oder vorläufige Geschäftsführer, die von der Treuhandanstalt bis zum 31. 7. 1990 zu bestellen waren (§ 16 Abs. 1 Satz 1 TreuhandG). Rechtlich bestand kein Hindernis, die bisherigen Direktoren als vorläufige Organe der Kapitalgesellschaften einzusetzen, sofern nicht schwerwiegende Bedenken gegen ihre Qualifikation bestanden. Die endgültige Bestellung der Organe erfolgt im Rahmen der Gründung (unten b ee).

Die vorläufigen Leitungsorgane haben die Rechtsstellung und die Pflichten, die sich aus dem AktG und dem GmbHG für diese Organe ergeben (§ 16 Abs. 2 Satz 1 TreuhandG). Sie haben also die Sorgfaltspflichten eines Vorstandsmitglieds gem. § 93 AktG und eines Geschäftsführers gem. § 43 GmbHG. Allerdings ordnet § 16 Abs. 2 Satz 2 TreuhandG an, daß die Treuhandanstalt anstelle der Leitungsorgane für Schäden aus Pflichtverletzungen dieser Personen haftet. Damit ist wohl die Haftung gegenüber der Gesellschaft aus Verletzung des § 93 AktG bzw. § 43 GmbHG gemeint.

Regreßansprüche der Treuhandanstalt bleiben aber möglich "aufgrund anderer Rechtsvorschriften" (§ 16 Abs. 2 Satz 3 TreuhandG). Dabei kommt eine Haftung auf Aufwendungsersatz gem. § 670 BGB (für Schadensersatzzahlungen) und aus Delikt in Betracht. Da die Haftungsfreistellung gegenüber der Gesellschaft aber gerade die Entscheidungsfreudigkeit der Leitungsorgane in einer schwierigen Übergangssituation durch Reduzierung des Haftungsrisikos fördern wollte, darf dieser Zweck durch den Regreßanspruch nicht vereitelt werden. Man wird sinngemäß daher hier einen reduzierten Haftungsmaßstab anwenden und Vorsatz oder grobe Fahrlässigkeit für den Regreß voraussetzen müssen. Auch dann bleibt noch ein wichtiges Anwendungsfeld für Regreßansprüche.

Eine Handelndenhaftung der Leitungsorgane vor Eintragung der Gesellschaft gem. § 41 AktG, § 11 GmbHG gegenüber Dritten kommt nicht in Betracht. Die Vorschriften passen hier nicht. Denn sie betreffen eine Haftung anstelle einer nichtexistenten juristischen Person. Im vorliegenden Fall ist diese aber bereits ex lege entstanden und haftet. Ferner sollen die Vorschriften einen Druck zur Eintragung ausüben. Die Leitungsorgane haben aber keinen Einfluß darauf gehabt, daß die AG oder GmbH schon vor Eintragung entstanden ist, und konnten oft auch nach den tatsächlichen Umständen die Eintragung nicht beschleunigen.

Die vorläufigen Leitungsorgane sind im Handelsregister einzutragen, was sich indirekt auch aus § 15 Abs. 2 Nr. 4 TreuhandG schließen läßt. Bis zur Eintragung mußte sich die Praxis z. T. mit Bestallungsurkunden der Treuhandanstalt behelfen, aus denen die Organstellung und damit die gesetzliche Vertretungsmacht der Leitungsorgane hervorging.

ff) Aufspaltung von Wirtschaftseinheiten und Identitätsproblem

Die gesetzliche Umwandlung setzt voraus, daß am 30. 6. 1990 eine bestimmte sozialistische Wirtschaftseinheit i. S. d. §§ 1 Abs. 4, 11 Abs. 1 TreuhandG als Subjekt der Umwandlung bestand. In zahlreichen Fällen bestehen aber Zweifel, ob die Wirtschaftseinheit, die zur vorläufigen Eintragung im Handelsregister angemeldet und den übrigen vorstehend (cc - ee) genannten Formalitäten unterworfen wurde, wirklich als selbständige Wirtschaftseinheit existierte. Dies richtet sich nach dem bis dahin geltenden Organisationsrecht der sozialistischen Wirtschaft, insbesondere der KombinatsVO, und muß durch eine entsprechende Eintragung im Register der volkseigenen Wirtschaft dokumentiert sein.

Bereits vor dem 1. 7. 1990 sind sozialistische Wirtschaftseinheiten organisatorisch umstrukturiert und zerlegt worden. Eine Zerlegung lag vor allem dort nahe, wo sich nicht nur Kombinate, sondern auch einzelne Kombinatsbetriebe als Konglomerate ganz unterschiedlicher Betriebsabteilungen erwiesen (Beispiel aus der Praxis: Porzellanmanufaktur plus Transportbetrieb). Die Aufspaltung entsprach der allgemeinen und ungeduldigen Forderung nach Privatisierung und Umstrukturierung der sozialistischen Wirtschaft. Neben diesen sachlichen Motiven spielten nicht selten auch ganz sachfremde Motive eine Rolle. Die alten Führungskräfte haben häufig die wirtschaftlich stärksten Betriebsteile herausgelöst und anderen Betriebsteilen die wertlosen Anlagen und zugleich die Altschuldenlast zugeschoben. Bisweilen steckte darin sogar ein wirtschaftlich vernünftiges Sanierungskonzept. Häufiger aber ging es darum, bestimmten Führungskräften Posten in wirtschaftlich starken Betriebsteilen zu sichern und zugunsten persönlicher Vorteile die Sanierungsfähigkeit größerer Betriebseinheiten zu verspielen.

Soweit Umstrukturierungen und Zerlegungen aufgrund der nach altem Recht erforderlichen Organisationsakte vollzogen wurde, sind umwandlungsfähige neue Wirtschaftseinheiten entstanden. Nicht selten fehlt es jedoch daran, und es liegen nur eigenmächtige und formal fehlerhafte Akte der alten Führungskräfte vor, die kurzerhand neue Betriebseinheiten bildeten und Vermögenswerte und Schulden nach Gutdünken hin- und herschoben. Es ist klar, daß mangels gültiger Organisationsakte die durch die Aufspaltung entstandenen Einheiten nicht geeignete Subjekte der gesetzlichen Umwandlung nach § 11 TreuhandG wurden. Dieser Mangel wurde auch nicht durch die vorläufige Eintragung, die Bildung einer Firma und die Bestellung vorläufiger Leitungsorgane geheilt. Diese "Spaltgesellschaften" sind nicht wirksam zustande gekommen.

Der Mangel kann nur durch eine Entscheidung der Treuhandanstalt geheilt werden. Die Kompetenz der Treuhandanstalt dazu folgt aus ihrer umfassenden Zuständigkeit für die Wahrnehmung der Eigentümerrechte an der ehemals sozialistischen Wirtschaft.[43)] Die Treuhandanstalt muß durch einen Verwaltungsakt festlegen, welche Wirtschaftseinheiten Subjekte der Umwandlung sein sollen. Dabei kann sie rechtsfehlerhaft vorgenommenen Betriebsaufspaltungen und Umstrukturierungen nachträglich ex tunc Wirksamkeit verleihen. Versagt sie ihre Zustimmung, ist in Wahrheit die vor der Aufspaltung bestehende sozialistische Wirtschaftseinheit umgewandelt, und die Treuhandanstalt hat darauf zu dringen, daß die richtige Registereintragung erfolgt und die falschen Eintragungen gelöscht werden. Der Schutz Dritter wegen zwischenzeitlicher Rechtsgeschäfte ist nach den Grundsätzen über die faktische Gesellschaft oder eine Rechtsscheinhaftung zu lösen. Eine alternative Lösung, nämlich die Heilung der genannten rechtlichen Mängel durch die bloße Eintragung der durch Spaltung entstandenen Einheiten als Kapitalgesellschaften, sieht der Entwurf eines Gesetzes über die Spaltung der von der Treuhandanstalt verwalteten Unternehmen vom Januar 1991 (unten 5 d cc) vor. Die Lösung ist bedenklich, weil für die Heilung nicht die Nachholung des im Gesetz vorgesehenen Spaltungsverfahrens vorgeschrieben ist und auch sachlich nicht begründete Spaltungen ohne Nachprüfung rechtlich abgesegnet werden.

Eine Entscheidung der Treuhandanstalt ist auch geboten, wenn im Fall einer wirksamen Aufspaltung die Zuordnung einzelner Gegenstände des Betriebsvermögens und insbesondere von Grundstücken streitig ist. Auch hier ergibt sich die Entscheidungsbefugnis der Treuhandanstalt aus ihrer Eigentümerstellung. Eine solche Entscheidungsbefugnis hat der Gesetzgeber für den analogen Fall vorgesehen, daß ein Streit über die Grundstücksaufteilung zwischen einem Unterneh-

43) Allg. dazu oben Kap. 3 III 2 d.

men als Rechtsträger und einem nutzungsberechtigten Unternehmen entsteht.[44]

b) Die Nachholung der Gründungsmaßnahmen

aa) Gründer und Gründerpflichten

Das TreuhandG geht davon aus, daß nach der gesetzlichen Entstehung der Kapitalgesellschaften (Umwandlung) und deren Eintragung die nach dem Gesellschaftsrecht erforderlichen Gründungsmaßnahmen nachgeholt werden. Das Gesetz trifft dazu eine besondere Regelung (§§ 19 - 21) und setzt eine Frist bis zum 30. 6. 1991 für die Durchführung; sind die Gründungsmaßnahmen bis zu diesem Tag nicht durchgeführt, ist die Kapitalgesellschaft mit Ablauf dieses Tages aufgelöst (§ 22). Das vorläufige Leitungsorgan, also die von der Treuhandanstalt bestellten vorläufigen Vorstandsmitglieder und Geschäftsführer (§ 16 Abs. 1 Satz 1 TreuhandG), waren verpflichtet, unverzüglich nach der Eintragung der Gesellschaft im Aufbau im Handelsregister die für die Gründung gesetzlich erforderlichen Maßnahmen einzuleiten (§ 19 TreuhandG). Daher sind die Gründungsvorschriften des AktG und des GmbHG maßgeblich, soweit sich nicht aus den §§ 20 und 21 TreuhandG oder aus den Besonderheiten des - historisch einmaligen - Vorgangs der Umwandlung der sozialistischen Wirtschaft in privatrechtliche Kapitalgesellschaften Besonderheiten ergeben.

Die vorläufigen Leitungsorgane sind trotz ihrer Verpflichtung zur Einleitung der Gründungsmaßnahmen selbst nicht als die Gründer anzusehen. Gründer sind nach allgemeinen Grundsätzen des Kapitalgesellschaftsrechts die Personen, welche die Satzung feststellen (§ 28 AktG) bzw. den Gesellschaftsvertrag schließen (§§ 1 - 3 GmbHG) und die ersten Inhaber der Gesellschaftsanteile werden (§ 29 AktG; § 3 Abs. 1 Nr. 4 und § 5 GmbHG). Nach beiden Kriterien ist die Treuhandanstalt Gründer. Denn sie ist mit Entstehung der Kapitalgesellschaften Inhaber der Gesellschaftsanteile geworden.[45] Ferner sieht das Gesetz vor, daß der Abschluß des noch fehlenden Gesellschaftsvertrags der

44) § 5 der 5. DVO zum TreuhandG; vgl. auch unten c bb.
45) Oben 2 d.

GmbH oder die Feststellung der noch fehlenden Satzung der AG durch die Treuhandanstalt erfolgt (unten dd).

bb) Die Schritte zur Gründung im Überblick

Die in § 19 TreuhandG angeordneten "Maßnahmen für die Gründung" lassen sich aus den §§ 19 - 21 TreuhandG nur entnehmen, wenn man die Normen des (später erlassenen) DMBilG und des allgemeinen Kapitalgesellschaftsrechts ergänzend heranzieht. Dabei sind folgende Schritte zu unterscheiden:

(1) Vorlage der vorbereitenden Unterlagen gem. § 20 Abs. 1 TreuhandG durch die Leitungsorgane an die Treuhandanstalt: Schluß- und Eröffnungsbilanz, Entwurf von Gesellschaftsvertrag bzw. Satzung, Aufstellungen über Rechte, Pflichten, Forderungen, Schulden, Bankabreden, Gründungspläne, Gründungs- und Lagebericht, Angaben über Grundstücke (unten cc);

(2) Abschluß des Gesellschaftsvertrags der GmbH bzw. Feststellung der Satzung der AG durch die Treuhandanstalt gem. § 20 Abs. 3 TreuhandG (unten dd);

(3) Bestellung der (endgültigen) Gesellschaftsorgane (unten ee);

(4) Gründungs- und Prüfungsbericht i. S. d. § 21 Nr. 3 und 4 TreuhandG (unten gg);

(5) Anmeldung der Gründungsdurchführung beim Handelsregister und Registervermerk gem. § 21 TreuhandG (unten hh).

Die Gründungsvorschriften des TreuhandG sind lückenhaft. So enthalten die §§ 19 - 21 keine Hinweise auf die Kapitalaufbringung. Bei der AG geht normalerweise dem Antrag auf Eintragung ins Handelsregister die "Errichtung", d. h. die Übernahme der Aktien durch die Gründer gem. §§ 2, 23 Abs. 2 AktG sowie die Teileinzahlung der Bareinlagen oder die Leistung der Sacheinlagen (§ 36a AktG) voraus. Auch die Anmeldung der GmbH setzt die Übernahme der Stammeinlagen durch die Gesellschafter (§ 3 Nr. 4, § 5 GmbHG) sowie die Teileinzahlung der Bareinlagen und die vollständige Leistung der Sacheinlagen voraus (§ 7 Abs. 2 und 3 GmbHG), bei Sachgründung ferner besondere Angaben bei der Anmeldung (§ 8 Abs. 1 Nr. 5 GmbHG). Das

Schweigen des TreuhandG zu diesen Fragen hat zwei Gründe. Erstens sind Regelungen über die Übernahme und Leistung der Einlage deshalb entbehrlich, weil die Treuhandanstalt ex lege ihre Anteile an den Kapitalgesellschaften erworben hat und das Betriebsvermögen der umgewandelten Wirtschaftseinheiten als "Sacheinlage" gem. § 11 Abs. 2 TreuhandG automatisch eingebracht ist (unten c). Zweitens sind die besonderen Maßnahmen der Kapitalausstattung im DMBilG gelöst (unten 4).

Das TreuhandG schweigt auch hinsichtlich der Einzelheiten der Bestellung der endgültigen Organe; hier greift allgemeines Gesellschaftsrecht ein (unten ee). Schließlich bestehen gewisse Unklarheiten hinsichtlich der Berichtspflichten nach § 20 und § 21 TreuhandG, die mit Hilfe des (später erlassenen) DMBilG und des allgemeinen Gesellschaftsrechts zu klären sind.

cc) Die Vorbereitungen der Gründung: Satzungsentwurf, Bilanzen und Berichte gem. § 20 TreuhandG

Zunächst haben die Kapitalgesellschaften durch ihre Leitungsorgane (vgl. § 19 TreuhandG) den Entwurf eines Gesellschaftsvertrages oder einer Satzung vorzulegen, die Schlußbilanz der Wirtschaftseinheit und die Eröffnungsbilanz zum Stichtag der Umwandlung mit ergänzenden Angaben nach Prüfung der Bilanzen, ferner einen Gründungsbericht und Lagebericht und schließlich Angaben über Rechte und Pflichten, Forderungen und Verbindlichkeiten, Absprachen mit Banken, Gründungspläne und Bodenflächen der Kapitalgesellschaft (§ 20 Abs. 1 Nr. 1 - 4 TreuhandG).

Beim Entwurf des Gesellschaftsvertrages oder der Satzung (§ 20 Abs. 1 Nr. 1 TreuhandG) handeln die Leitungsorgane der Kapitalgesellschaften in Vorbereitung einer Entscheidung der Treuhandanstalt. Im Entwurf schlagen sie ein Stammkapital oder Grundkapital vor. Dieser Kernpunkt der Satzungsbestimmungen hängt eng mit dem Bild der Eröffnungsbilanz und den damit zusammenhängenden Kapitalausstattungsmaßnahmen nach dem DMBilG zusammen, die noch gesondert (unten 4) zu besprechen sind.

Für die Schlußbilanz der Wirtschaftseinheit in Mark der DDR und für die DM-Eröffnungsbilanz, deren Vorlage in § 20 Abs. 1 Nr. 2 TreuhandG gefordert wird, einschließlich ihrer Prüfung bestehen besondere Rechtsvorschriften (vgl. oben II 2 und 3). Zu beachten ist, daß das DMBilG für die Aufstellung der DM-Eröffnungsbilanz in bestimmten Fällen eine längere Frist gewährt (§ 4 Abs. 1 Satz 2; § 21); diese ist dann auch für § 20 Abs. 1 TreuhandG maßgeblich.

Die Pflicht zur Vorlage eines Gründungsberichts und Lageberichts gem. § 20 Abs. 1 Nr. 3 TreuhandG wirft Fragen auf. Der Gründungsbericht soll im allgemeinen gem. § 32 AktG über die Angemessenheit der Leistungen für Sacheinlagen und Sachübernahmen Aufschluß geben. Die Vorschrift paßt hier nicht recht. Das DMBilG, das später als das TreuhandG erlassen ist, löst diese Regelungsaufgabe sachgerechter, indem es Erläuterungen zur Neubewertung im Anhang zur Bilanz (§ 19 Abs. 1) und eine vergleichende Darstellung im Hinblick auf die Schlußbilanz in Mark der DDR (§ 20) anordnet.[46)] Diese Berichtspflichten erfüllen sachgerecht die Funktion des in § 20 Abs. 1 Nr. 3 TreuhandG geforderten Gründungsberichts.

Ähnliches gilt für den dort vorgeschriebenen Lagebericht. Ein Lagebericht soll gem. § 264 Abs. 1 Satz 1 und § 289 HGB über Geschäftsverlauf und Lage, künftige Entwicklung und Vorgänge von besonderer Bedeutung Aufschluß geben. Die Lage der Wirtschaftseinheiten ist aber vor allem durch die Währungs- und Wirtschaftsumstellung mit dem Übergang von der Planwirtschaft zur Marktwirtschaft und den völligen bilanziellen Neubeginn geprägt. Auch in dieser Hinsicht enthält das DMBilG die präziseren und sachnäheren Berichtspflichten, indem es im Anhang Angaben auch zu geplanten oder durchgeführten Anpassungsmaßnahmen und weitere Zusatzinformationen vorschreibt (§ 19 Abs. 2).[47)] Auch die in § 20 Abs. 1 Nr. 4 TreuhandG geforderten Angaben über die Bodenflächen sind in der DM-Eröffnungsbilanz (§§ 10, 11 DMBilG) zu machen und im Anhang dazu näher zu erläutern (§ 19 Abs. 3 Nr. 3 DMBilG).

Für Wirtschaftseinheiten, die bereits vor dem 1. 7. 1990 einen Antrag auf Umwandlung nebst den dazu erforderlichen Unterlagen gem. der UmwandlungsVO ordnungsgemäß bei der Treuhandanstalt einge-

---

46) Oben II 3 e aa.
47) Oben II 3 e aa.

reicht haben, gelten die vorgenannten Anforderungen als bereits erfüllt (§ 20 Abs. 2 TreuhandG). Unberührt davon bleibt selbstverständlich die Pflicht dieser Gesellschaften zum Rechnungsabschluß in Mark der DDR und zur Aufstellung einer DM-Eröffnungsbilanz (vgl. oben II 2 und 3).

Werden die genannten Pflichten nicht fristgerecht erfüllt, so kann die Treuhandanstalt nach dem 31. 10. 1990 Wirtschaftsprüfer mit der Erstellung des Gründungsberichts, des Lageberichts, sowie der Eröffnungsbilanz auf Kosten der Kapitalgesellschaft betrauen (§ 20 Abs. 3 Satz 2). Wegen der Schwierigkeit, die Fristen einzuhalten, und der beschränkten Prüfungskapazität der Treuhandanstalt wurde Fristverlängerung gewährt.

dd) GmbH-Vertrag und Satzung der AG

Als zweiter Schritt schließt sich der Abschluß des Gesellschaftsvertrags der GmbH oder die Feststellung der Satzung der AG - in notarieller Form (§ 2 Abs. 1 GmbHG; § 23 Abs. 1 AktG) - durch die Treuhandanstalt an. Das Gesetz ordnet dazu an, daß dies nach dem 31. 10. 1990 durch die Treuhandanstalt "unter Mitwirkung der Kapitalgesellschaften" erfolgen "kann" (§ 20 Abs. 3 Satz 1 TreuhandG). Die Vorschrift gibt zu Zweifelsfragen Anlaß. Die Mitwirkung der umgewandelten Kapitalgesellschaft, die das Gesetz erwähnt, kann nicht so aufgefaßt werden, als wäre sie Gültigkeitsvoraussetzung. Denn die Treuhandanstalt als Gründerin (oben a) ist allein rechtlich in der Lage, einen gültigen GmbH-Vertrag oder eine gültige AG-Satzung zustande zu bringen. In der Praxis wird allerdings die betroffene Kapitalgesellschaft daran ebenso wie an der Vorbereitung mitwirken, und die Treuhandanstalt soll diese Mitwirkung tunlichst anstreben. Ferner ist zu fragen, ob der Abschluß des GmbH-Vertrages oder die Feststellung der Satzung auch schon vor dem 31. 10. 1990 gültig möglich war. Dies ist zu bejahen. Es ist kein Grund dafür ersichtlich, daß das Gesetz die rechtlichen Befugnisse der Treuhandanstalt als Gründer durch die Frist beschneiden wollte.

Der Abschluß des Gesellschaftsvertrags bzw. die Feststellung der Satzung stehen im engen Zusammenhang mit den Kapitalausstattungserfordernissen des DMBilG. Die Treuhandanstalt muß nämlich während der Erstellung der Eröffnungsbilanz im Fall einer Überschuldung über die Gewährung einer Ausgleichsforderung gem. § 24 Abs. 1 DMBilG entscheiden und unabhängig davon im Gesellschaftsvertrag oder in der Satzung gem. § 26 Abs. 2 DMBilG das Eigenkapital neu festsetzen (Einzelheiten unten 4).

ee) Bestellung der Organe

Nach den Gründungsregeln des Kapitalgesellschaftsrechts, auf die § 19 TreuhandG generell Bezug nimmt, muß im Rahmen des Gründungsvorgangs nun die (endgültige) Bestellung der Organe durch die Gründer gem. §§ 30, 31 AktG, § 6 GmbHG erfolgen. Zum gleichen Ergebnis kommt man, wenn man von einer übertragenden Umwandlung ähnlich § 57 UmwandlungsG ausgeht (vgl. oben a bb) und dabei auf die umgewandelte sozialistische Wirtschaftseinheit § 385 a AktG analog anwendet (§ 385 a Abs. 4 i. V. m. §§ 30, 31 AktG).[48] Die Lösung folgt freilich bereits aus § 19 TreuhandG. Allerdings hat der Gesetzgeber des TreuhandG die Notwendigkeit der endgültigen Organbestellung insofern nicht bedacht, als er die endgültige Anmeldung nach Durchführung der Gründungsmaßnahmen noch durch das "vorläufige Leitungsorgan" vorsieht (§ 21 Abs. 1 TreuhandG). Dies ändert aber nichts an der Notwendigkeit der Bestellung als unverzichtbarem Bestandteil der in § 19 TreuhandG vorgeschriebenen Gründungsmaßnahmen.

Die Treuhandanstalt muß daher als Gründer (oben aa) die ersten Aufsichtsräte der AGs in notarieller Urkunde bestellen (§ 30 Abs. 1 AktG), bei den GmbHs die Geschäftsführer (§ 6 GmbHG); unterliegt die GmbH dem MitbestG 1976, so ist auch hier zunächst der Aufsichtsrat zu bestellen. Der Aufsichtsrat bestellt dann bei der AG den Vorstand (§ 30 Abs. 4 AktG), bei der mitbestimmten GmbH die Geschäftsführer.[49] Diese Organe lösen das vorläufige Leitungsorgan i. S. d. § 16 Abs. 1 TreuhandG (oben 3 a ee) ab.

Auch bei einer Kapitalgesellschaft, die dem MitbestG 1976 unterliegt, ist der erste Aufsichtsrat zunächst ohne Arbeitnehmervertreter zu bestellen. Dies folgt generell aus § 30 Abs. 2 AktG mit der Maßgabe, daß

---

48) *Hebing/Jaletzke*, BB 1990, Beilage 37, S. 5, 8.
49) *Baumbach/Hueck*, GmbHG, § 6 Rz. 17.

dieser erste Aufsichtsrat nur zeitlich begrenzt amtiert (§ 30 Abs. 3 AktG) und das Statusverfahren über die endgültige Zusammensetzung des Aufsichtsrats gem. §§ 96 - 99 AktG einzuleiten ist. Auf die Umwandlung der sozialistischen Wirtschaftseinheiten können jedoch die besonderen Regeln des § 31 AktG über die Sachgründung Anwendung finden, weil die neue AG das bisherige sozialistische Unternehmen erhält.[50)] Daher sind, soweit das Mitbestimmungsrecht Anwendung findet, zwar zunächst nur die Vertreter der Kapitalseite für den Aufsichtsrat gem. § 31 Abs. 1 AktG zu bestellen, unverzüglich sodann aber auch die Arbeitnehmervertreter gem. § 31 Abs. 3 AktG.

Die Aufsichtsratsmitglieder haften für die sorgfältige Erfüllung ihrer Pflichten nach den allgemeinen Vorschriften (§§ 116, 93 AktG). Dabei ist allerdings zu beachten, daß die Mitglieder der Aufsichtsräte der umgewandelten Unternehmen über ihre gesetzestypische Kompetenz hinaus mit Privatisierungs- und Sanierungsplänen befaßt sind. Dies darf nicht als pflichtwidrige Kompetenzüberschreitung bewertet werden. Bei der Frage von Pflichtverletzungen im Einzelfall sind die besonderen Schwierigkeiten der Beurteilung der Entscheidungssituation zu berücksichtigen.

ff) Exkurs: Der Widerruf der Bestellung

Die Notwendigkeit, bei der Bestellung der neuen Leitungsorgane in größerem Umfang auch auf die bisherigen Führungskräfte der alten DDR-Wirtschaft zurückzugreifen, soweit sie den neuen Anforderungen gewachsen erscheinen, birgt auch die Gefahr, daß in größerer Zahl Personen berufen werden, die fachlich nicht kompetent sind, weil sie ihre frühere Führungsposition nicht ihrer Leistung, sondern ihrem politischen Wohlverhalten verdankten, oder die wegen ihres politischen Verhaltens in der Vergangenheit so wenig Vertrauen bei der Belegschaft genießen, daß dies zu einer ernsthaften Belastung für die künftige Unternehmensentwicklung zu werden droht. Daher gewinnen die Vorschriften des Gesellschaftsrechts über die Abberufung bzw. den Widerruf der Bestellung eine besondere Bedeutung.

Bei der GmbH ist die Abberufung eines Geschäftsführers jederzeit auch ohne Vorliegen eines wichtigen Grundes möglich (§ 38 Abs. 1

50) *Hebing/Jaletzke*, BB 1990, Beilage 37, S. 5, 8.

GmbHG); die grundlose Abberufung läßt allerdings die Entschädigungsansprüche aus Vertrag (Anstellungs- oder Gesellschaftsvertrag) unberührt (§ 38 Abs. 1 GmbHG). Ist das freie Widerrufsrecht vertraglich eingeschränkt, so bleibt immer noch das Widerrufsrecht aus wichtigem Grund (§ 38 Abs. 2 GmbHG). Wichtige Gründe sind z. B. die Annahme von Schmiergeldern, Unredlichkeit, Fälschung von Buchungsunterlagen, Vertrauensbruch und Unverträglichkeit.[51] Hervorzuheben ist als wichtiger Grund der Mangel an notwendigen Kenntnissen[52] und der Mißbrauch des Gesellschaftsvermögens für eigene Zwecke.[53] Der bloße Vertrauensentzug durch die Gesellschafter, der nicht weiter begründet wird, ist - anders als bei der AG - nicht ausreichend, wohl aber der sachlich begründete Vertrauensentzug.[54]

Die Abberufung erfolgt durch die Gesellschafterversammlung aufgrund eines Beschlusses mit einfacher Mehrheit gem. § 46 Abs. 5 GmbHG.[55] Gesellschafter ist im Regelfall entweder die Treuhandanstalt oder diejenige AG, die früher als Kombinat der GmbH (als Kombinatsbetrieb) vorgeordnet war (oben 2 d). Unterliegt die GmbH dem MitbestG 1976, ist für die Abberufung zwingend der Aufsichtsrat zuständig.[56]

Bei der AG ist der Widerruf der Bestellung eines Vorstandsmitgliedes nur wegen eines wichtigen Grundes zulässig (§ 84 Abs. 3 Satz 1 AktG). Bei den wichtigen Gründen gelten im Grundsatz die gleichen Kriterien wie bei der GmbH. Das Gesetz zählt zu diesen Gründen außer grober Pflichtverletzung und Unfähigkeit aber auch den Vertrauensentzug durch die Hauptversammlung, es sei denn, daß das Vertrauen aus offenbar unsachlichen Gründen entzogen wurde (Satz 2). Da die Treuhandanstalt im Regelfall alleiniger Gesellschafter ist, genügt also, daß diese dem Vorstandsmitglied das Vertrauen entzieht und daß sachliche Gründe (nicht unbedingt ein wichtiger Grund) dafür vorliegen. Die Abberufung ist insofern erleichtert. Der Beschluß über die Abberufung liegt freilich beim Aufsichtsrat der betreffenden AG. Unterliegt

---

51) *Baumbach/Hueck/Zöllner*, GmbHG, § 38 Rz. 8 m. w. N.; *Fischer/Lutter/Hommelhoff*, GmbHG, § 38 Rz. 18 m. w. N.

52) OLG Stuttgart GmbHR 1957, 60.

53) BGH WM 1984, 29.

54) *Fischer/Lutter/Hommelhoff*, § 38 Rz. 19; weniger strenge Anforderungen bei *Baumbach/Hueck/Zöllner*, § 38 Rz. 8; *U.H. Schneider*, in: Scholz, GmbHG, § 38 Rz. 52.

55) BGHZ 86, 179; a. A. bei abweichender Satzung *Baumbach/Hueck/Zöllner*, § 38 Rz. 14.

56) *Baumbach/Hueck/Zöllner*, § 38 Rz. 12.

diese dem MitbestG 1976, so ist für den Beschluß Zweidrittelmehrheit erforderlich (§ 31 MitbestG).[57] Kommt sie nicht zustande, tritt der Ausschuß gem. § 27 MitbestG in Funktion. Bei der erneuten Abstimmung genügt einfache Mehrheit; bei Stimmenpatt kann anschließend die Zweitstimme des Vorsitzenden eingesetzt werden (§ 31 Abs. 3 - 5 MitbestG).

gg) Gründungs- und Prüfungsbericht i. S. d. § 21 TreuhandG

Bei der nach Durchführung der Gründungsmaßnahmen vorgeschriebenen Anmeldung zum Handelsregister sind der Gründungsbericht und der Prüfungsbericht vorzulegen (§ 21 Abs. 1 Nr. 3 und 4 TreuhandG). Der Gesetzgeber hatte wohl den gleichen Gründungsbericht im Auge, dessen Vorlage an die Treuhandanstalt er in § 20 Abs. 1 Nr. 3 TreuhandG vorschreibt und dessen Erstellung, wie erörtert, durch die Erläuterungen im Anhang zur DM-Eröffnungsbilanz und die vergleichende Darstellung gem. §§ 19, 20 DMBilG erfüllt wird (oben cc). Die Pflicht zur Erstellung trifft nach allgemeinem Gesellschaftsrecht die Gründer, hier also die Treuhandanstalt und nicht die Kapitalgesellschaft.[58] Der Bericht, den die Leitungsorgane der Kapitalgesellschaft gem. § 21 TreuhandG vorlegen müssen, muß also auch als Bericht der Anstalt gewertet werden können und daher zumindest konkludent von ihr gebilligt sein.

Unter dem geforderten Prüfungsbericht ist wohl nicht der nach allgemeinem Aktienrecht im Fall der Sachgründung gebotene Gründungsprüfungsbericht (§§ 33 Abs. 2 Nr. 4, Abs. 3 und 4 AktG) zu verstehen. Ebenso wie das Erfordernis des "Gründungsberichts" durch die Vorschriften über die DM-Eröffnungsbilanz erfüllt werden, so erfüllt auch die Prüfung dieser Bilanz die Funktion der Gründungsprüfung. Vorzulegen ist also der Prüfungsbericht des Abschlußprüfers gem. § 321 HGB, § 34 Abs. 5 DMBilG. Daneben wird man aber auch eine Prüfung durch Vorstand und Aufsichtsrat gem. § 33 AktG fordern müssen.

---

57) *Würdinger*, § 26 I 1.

58) Arg. § 32 AktG. Die Tatsache, daß diese Vorschrift in ihren inhaltlichen Vorgaben durch das DMBilG verdrängt wird (oben cc), ändert wohl nicht den Normadressaten.

hh) Anmeldung und abschließender Registervermerk (§ 21 TreuhandG)

Die Durchführung der erörterten Gründungsmaßnahmen ist schließlich durch das Leitungsorgan der Kapitalgesellschaften beim Handelsregister anzumelden unter Vorlage von (1) Gesellschaftsvertrag oder Satzung, (2) Eröffnungsbilanz, (3) Gründungsbericht und (4) Prüfungsbericht (§ 21 Abs. 1 TreuhandG). Regelmäßig handelt es sich entgegen dem Gesetzeswortlaut (vorläufiges Leitungsorgan) um das endgültig bestellte Organ, d. h. Vorstand oder Geschäftsführer (oben ee). Die vom Gesetz vorgesehene Alternative, daß bei Untätigkeit der Leitungsorgane der Gesellschaft die Treuhandanstalt selbst die Anmeldung vornimmt (§ 21 Abs. 2), dürfte kaum eintreten, weil dann ohnehin neue Leitungsorgane zu bestellen sind und zwar regelmäßig als Teil der Gründungsmaßnahmen (i. S. d. § 19 TreuhandG) vor Anmeldung. Nach dem Gesetz bleibt es freilich dabei, daß die Anstalt ein eigenes Anmelderecht hat. Dies entspricht ihrer Rolle als Gründer (oben aa).

Abschließender Schritt ist ein Akt des Registergerichts, das aufgrund der Anmeldung und Prüfung, daß die Gründungsmaßnahmen durchgeführt sind, und der vorgelegten Unterlagen den Zusatz "im Aufbau" in der bisherigen Firma der umgewandelten Kapitalgesellschaft löscht (§ 21 Abs. 3 TreuhandG). Damit kommt gegenüber dem Rechtsverkehr zum Ausdruck, daß ein ordnungsgemäßer Gründungsvorgang stattgefunden hat. In Streitfällen hat hier die Treuhandanstalt ein Entscheidungsrecht (§ 5). Eine Entscheidungskompetenz der Treuhandanstalt ist auch anzunehmen, wenn die Zuordnung von Betriebsgrundstücken wegen Aufspaltung der ehemals sozialistischen Wirtschaftseinheit zweifelhaft ist (Spaltgesellschaft; vgl. oben b ff).

c) Vermögensübergang

aa) Betriebsvermögen

Die Umwandlung der bisher volkseigenen Wirtschaftseinheiten in Kapitalgesellschaften bewirkt gleichzeitig den Übergang (1) des Vermögens aus der Fondsinhaberschaft der bisherigen Wirtschaftseinheit sowie (2) des in Rechtsträgerschaft befindlichen Grund und Bodens in das Eigentum der Kapitalgesellschaft (§ 11 Abs. 2 Satz 2 TreuhandG). Dieser Vorgang läßt sich, wie bereits ausgeführt, rechtsdogmatisch einer Umwandlung unter Vermögensübertragung zuordnen.[59)]

Gegenstand der Vermögensübertragung ist in beiden Fällen (Fondsinhaberschaft und Rechtsträgerschaft an Grundstücken) ehemals volkseigenes Eigentum. Die Wissenschaft zum DDR-Recht neigte zu der Ansicht, daß es sich um eine Art besonderes Staatseigentum handele.[60)] In der Tat ist die Vorstellung naheliegend, daß das TreuhandG einen Vermögensübergang vom Staat als dem bisherigen Rechtssubjekt auf den neuen Eigentümer Kapitalgesellschaft bewirkt. Im Fall der Fondsinhaberschaft übte allerdings schon die bisherige Wirtschaftseinheit eigentümerähnliche Rechte (als sog. "operativer Verwalter") aus. Es handelt sich um das Betriebsvermögen, das im sozialistischen Finanzwesen der DDR durch Fonds (als Passivposten) zusammengefaßt war.[61)] Die GmbH oder AG ist nun die volle Rechtsinhaberin nach allgemeinem Privatrecht, also Eigentümerin der beweglichen Sachen (z. B. Warenvorräte und des ggf. getrennt vom Grundeigentum bestehenden Gebäudeeigentums), sowie Inhaberin der Forderungen und sonstigen Rechte.[62)]

bb) Insbesondere Grundstücke

Der Erwerb des Privateigentums an den ehemals volkseigenen Betriebsgrundstücken durch die Kapitalgesellschaft knüpft an zwei alternative Tatbestände an: die Rechtsträgerschaft[63)] des Betriebes an den Grundstücken (§ 11 Abs. 2 Satz 2 TreuhandG) oder ein gleichgestelltes Nutzungsrecht (§ 2 Abs. 1 5. DVO zum TreuhandG). Regeltatbestand ist die Rechtsträgerschaft. Nicht selten haben aber andere Wirtschaftseinheiten mit dem Rechtsträger einen Nutzungsvertrag über ein Grundstück geschlossen, um dieses langfristig betrieblich zu nutzen, und ein Nutzungsrecht erworben. War diese Nutzung betriebsnotwendig und nicht nur vorübergehend (§ 2 Abs. 1 5. DVO) und war der

---

59) Oben 3 a bb; zum Begriff *Würdinger*, § 54 II.

60) Vgl. oben Kap. 3 I 2.

61) Vgl. allg. *König* u. a. (Autorenkollektiv), Das sozialistische Finanzwesen der DDR. Der Begriff "Fonds" wurde aber auch für bestimmte Aktivposten verwendet.

62) S. auch Kap. 3 III 2 a.

63) Zum Begriff Kap. 3 I 2.

Nutzungsvertrag unbefristet (§ 2 Abs. 2 5. DVO), so ist das Nutzungsrecht der Rechtsträgerschaft hinsichtlich des Eigentumserwerbs "gleichgestellt". Gemeint ist in Wirklichkeit ein Vorrang: die Kapitalgesellschaft, die aus dem nutzungsberechtigten Betrieb hervorgegangen ist, erwirbt das Privateigentum am Grundstück anstelle des ehemaligen Rechtsträgers. Der Vorrang besteht allerdings nur im Umfang des Nutzungsrechts. Ist das Nutzungsrecht räumlich beschränkt und bezieht es sich nur auf eine Teilfläche, so wird das Grundstück geteilt (§ 4 der 5. DVO).

Die wirtschaftliche Bedeutung des Eigentumserwerbs an den Grundstücken liegt in einer erheblichen Verbesserung der Kapitalausstattung der Unternehmen. Allerdings wird ein unangemessener Vermögenszuwachs nach dem DMBilG durch die Belastung der Kapitalgesellschaft mit einer Ausgleichsverbindlichkeit ausgeglichen und nicht überlebensfähige Unternehmen müssen ihre Grundstücke an die Treuhandanstalt übertragen (§ 25 DMBilG; dazu unten 4). Ferner können die Eigentumsrechte durch Restitutionsansprüche früherer Eigentümer, die gem. § 24 TreuhandG trotz des Eigentumserwerbs durch die Kapitalgesellschaft bestehen können, belastet sein.[64] Beides beeinträchtigt die Verwendbarkeit des Grundeigentums für Grundpfandrechte.[65]

Rechtstechnisch bedeutet der Übergang einen Eigentumswechsel außerhalb des Grundbuchs. Daher ist (lediglich) eine Grundbuchberichtigung erforderlich. Wegen der tatsächlichen Unklarheiten im ganzen Liegenschaftswesen ist die klarstellende Funktion einer solchen Eintragung aber von großem praktischen Gewicht. Dies hängt mit der Tatsache zusammen, daß in manchen Fällen der genaue Verlauf und die Lage der Betriebsgrundstücke nicht ganz klar sind und aus der Grundstücksdokumentation nicht mit Sicherheit ermittelt werden können. Nicht selten muß entschieden werden, welche Grundstücke welchen örtlich nahe beieinanderliegenden ehemaligen Kombinatsbetrieben zuzuordnen sind. Denn die Rechtsträgerschaft ist oft infolge früherer Umstrukturierungen von Kombinaten und nachlässiger Behandlung der Grundstücksfragen unklar und schwer zu ermitteln. Hier sind Entscheidungen der Treuhandanstalt als des Anteilseigners erforderlich.

---

64) Vgl. Kap. 3 IV 3.
65) Kap. 2 V 2 c ff.

Die Kompetenz dazu folgt aus der umfassenden Zuständigkeit der Treuhandanstalt für Eigentumsfragen der ehemaligen sozialistischen Betriebe.[66] Die Entscheidungen über die Zuordnung der Grundstücke sind zwar nur deklaratorischer Art, indem sie den bereits gesetzlich vollzogenen Eigentumsübergang klarstellen; faktisch haben sie aber dann, wenn zunächst eine nicht aufklärbare Unklarheit über die Zuordnung zu einem bestimmten Betrieb besteht, eine konstitutive Wirkung.[67] Gleiches gilt bei Teilungsentscheidungen gem. § 4 der 5. DVO zum TreuhandG in Fällen, wo ein Grundstück in Rechtsträgerschaft eines Betriebes stand, ein Teil davon aber von einem anderen Betrieb aufgrund eines Nutzungsrechts dauernd betrieblich genutzt wurde. In Streitfällen hat hier die Treuhandanstalt ein Entscheidungsrecht (§ 5). Eine Entscheidungskompetenz der Treuhandanstalt ist auch anzunehmen, wenn die Zuordnung von Betriebsgrundstücken wegen Aufspaltung der ehemals sozialistischen Wirtschaftseinheit zweifelhaft ist (Spaltgesellschaft; vgl. oben b ff)

cc) Haftung für Altschulden

Zugleich haftet die neue Kapitalgesellschaft für alle Verbindlichkeiten der bisherigen Wirtschaftseinheit, aus der sie hervorgegangen ist. Diese Haftung war nach altem Recht vor allem aufgrund der Vorschriften der KombinatsVO von 1979 und des VG 1982 sowie der KreditVO 1982 begründet. Der Formel "Übergang des Vermögens aus der Fondsinhaberschaft der bisherigen Wirtschaftseinheit" (§ 11 Abs. 2 Satz 2 TreuhandG) ist ein Übergang der Verbindlichkeiten nicht eindeutig zu entnehmen. Zwar scheint der Begriff der "Fondsinhaberschaft" einen Anhaltspunkt zu liefern. Denn Kreditschulden wurden in "fremden Fonds" zusammengefaßt.[68] Aber der Begriff des "Vermögens" deckt dies nicht mit Sicherheit. Auch der Vermögensbegriff des BGB in § 419, der die Vorstellungen des Gesetzgebers mit beeinflußt haben könnte, geht nur vom Aktivvermögen aus.[69] Der gleiche engere Vermögensbegriff wurde vom Gesetzgeber des UmwandlungsG berücksichtigt, indem er bei der übertragenden Umwandlung jeweils aus-

66) Vgl. auch oben Kap. 3 III 2 d.
67) Kap. 3 III 2.
68) Vgl. *Zimmermann* u. a., DDR-Handbuch, Bd. 2, Stichwort Rechnungswesen, S. 1102.
69) Vgl. BGHZ 62, 100, 101.

drücklich zugleich den Übergang der Schulden anordnete.[70] Gerade an dieser ausdrücklichen Anordnung fehlt es in § 11 Abs. 2 TreuhandG.

Für eine Forthaftung der umgewandelten Kapitalgesellschaft für die Altschulden der Wirtschaftseinheit spricht, daß § 419 BGB an den Tatbestand der Vermögensübernahme die Rechtsfolge der Forthaftung für Altschulden knüpft. Die Vorschrift trat, jedenfalls soweit sie sich auf Tatbestände des UmwandlungsG bezieht, gem. § 22 MantelG bereits zum 1. 7. 1990 mit dem TreuhandG in Kraft. Eine direkte Anwendung scheidet allerdings aus, weil § 419 BGB eine rechtsgeschäftliche Vermögensübertragung voraussetzt und auf gesetzliche Vermögensnachfolge auch nicht analog angewendet werden kann.[71] In Betracht kommt ferner eine analoge Anwendung des § 25 Abs. 1 HGB.[72] Eine direkte Anwendung dieser Norm ist aus zwei Gründen nicht möglich. Erstens wird eine Firmenfortführung vorausgesetzt, während es sich hier um eine Firmenneubildung handelt, bei der allenfalls ggf. Teile der alten Betriebsbezeichnung verwendet werden. Zweitens handelt es sich nicht um einen Erwerbsvorgang i. S. d. § 25 HGB.[73]

Der letztere Umstand verweist auf die richtige Lösung. Die alte sozialistische Wirtschaftseinheit als Schuldnerin und die daraus hervorgegangene Kapitalgesellschaft sind in Wahrheit noch der gleiche Schuldner. Der Umwandlungstatbestand ist im Hinblick auf die Schulden nur wie eine die Rechtsform ändernde Umwandlung[74] zu betrachten. Dem steht nicht entgegen, daß wir in bezug auf die Aktiva von einer Umwandlung mit Vermögensübertragung sprechen müssen, weil es insoweit um die Überführung von sozialistischem Eigentum (des Staates) in Privateigentum (der Kapitalgesellschaften) geht.[75] Der Gesetzgeber des TreuhandG ist offenbar auch von dieser Vorstellung der Identität der Schuldner, die durch die Umwandlung nicht berührt wird, und der Forthaftung ausgegangen. Dem entspricht die rechtliche Regelung des

---

70) Vgl. § 5 Abs. 1 UmwandlungsG, die auf §§ 16, 20, 21 Abs. 2 und 24 UmwandlungsG verweisen, sowie § 44 Abs. 1 UmwandlungsG.

71) RGZ 130, 169, 171; BGHZ 16, 184, 187.

72) Zur Geltung des HGB im Gebiet der DDR allg. oben I.

73) *Heymann/Emmerich*, HGB, § 25 Rz. 11-19.

74) Zu dieser allg. *Würdinger*, § 54 I; vgl. auch oben a bb.

75) Zum Ganzen auch oben a bb.

Rechnungsabschlusses in Mark der DDR und der DM-Eröffnungsbilanz (oben II 2 und 3).

Davon zu trennen ist die bedeutsame rechtspolitische Frage einer Entlastung der Unternehmen von Altschulden. Es scheint weithin so, daß die Reduzierung der Schulden im Rahmen der Währungsumstellung[76)] noch nicht ausreicht. Der Gesetzgeber hat daher im DMBilG Maßnahmen der Bilanzhilfe und Kapitalsicherung vorgesehen, u. a. eine Ausgleichsforderung bei Überschuldung, ferner die Möglichkeit einer Altschuldenbefreiung (dazu unten 4). Für diese Lösungen lassen sich rechtspolitische Argumente schon aus den erörterten Schwierigkeiten einer rechtlichen Begründung der Forthaftung der umgewandelten Unternehmen für Altschulden gewinnen.

Diese Schwierigkeiten rühren daher, daß Rechnungswesen und Haftungsverhältnisse im Wirtschaftsleben des Sozialismus letztlich unklar blieben. Die vom Staat über die Abschöpfung aller Gewinne ausgelaugten Unternehmen mußten sich gegenseitig und gegenüber dem Bankenapparat in hohem Maße verschulden, wobei angesichts des Volkseigentums letztlich der Staat Schuldner und Gläubiger auf allen Seiten war.[77)] Insofern haben die Altschulden einen anderen Charakter als im privatwirtschaftlichen System. Daraus wurde im Zusammenhang mit Umwandlungen nach der UmwandlungsVO gefolgert, daß Altschulden mangels Identität der Rechtssubjekte nicht automatisch übergingen.[78)] Dies ist aus den o. a. Gründen nicht der Standpunkt des TreuhandG. Rechtspolitisch dagegen sprechen die alten planwirtschaftlichen Verhältnisse für eine zumindest teilweise Altschuldenbefreiung.[79)]

Weder der Vermögensübergang noch der Übergang des Grundeigentums und die dabei ggf. vorzunehmenden Akte berühren die Restitutions- oder Entschädigungsansprüche früherer Eigentümer (§ 24 Abs. 1 TreuhandG).

---

76) Vgl. dazu oben Kap. 1 II.

77) Zur Stellung der Betriebe in der Planwirtschaft vgl. allg. § 31 KombinatsVO 1979, GBl I S. 355 = *Hommelhoff/Krebs*, RWS-Dok. 3 Nr. II.3.1, S. 2; *Rittstieg/Jenckel*, DB 1990, 361; vgl. ferner die KreditVO 1982, GBl I Nr. 6 S. 126 = *Rutke/Ulbrich*, RWS-Dok. 5 Nr. I.4.7; dazu *Pleyer*, Bankkredite, S. 83 ff; *Ehlert/Hunstock/Tannert*, Geld und Kredit in der DDR.

78) *Targan*, DB 1990, 3060; s. auch unten e.

79) Ähnlich unter Anwendung des § 32 a GmbHG *Claussen*, ZIP 1990, 1173. Eine direkte Anwendung der Vorschrift scheint mir allerdings nicht möglich.

d) Veräußerung oder Liquidation

Entsprechend den Zielsetzungen des TreuhandG sind die Kapitalgesellschaften im Ergebnis entweder an private Investoren zu veräußern oder unter Verwertung ihres Vermögens zu liquidieren (vgl. § 1 Abs. 1 Satz 1, § 2 Abs. 6, § 8 Abs. 1 TreuhandG). Beiden Maßnahmen gehen ggf. Sanierungsmaßnahmen nach Prüfung der Sanierungsfähigkeit voraus (vgl. §§ 5, 8, 9 TreuhandG), die noch zu erörtern sind (unten 4 und 5).

Das Gesetz sieht sowohl die Möglichkeit der Veräußerung von Geschäftsanteilen als auch von Vermögens(an)teilen vor (§ 8 Abs. 1 TreuhandG).[80] Die Veräußerung einzelner Vermögensteile widerspricht an sich der Grundidee der Fortführung der Unternehmen in privater Hand, kann aber aus besonderen Gründen gerechtfertigt sein, wenn das betreffende Vermögensstück, insbesondere ein Grundstück, für das Unternehmen nicht benötigt wird und durch die Veräußerung einer wirtschaftlich sinnvollen Nutzung zugeführt werden kann und zugleich ein angemessener Erlös erzielt wird. Im Regelfall wird es um die Veräußerung von Anteilen gehen, meist um die Veräußerung aller Anteile an einen oder mehrere Erwerber, da die Treuhandanstalt auf Dauer nicht Aktionär oder GmbH-Gesellschafter der Unternehmen bleiben soll (s. auch unten 5).

Eine wirtschaftlich nicht lebensfähige Kapitalgesellschaft ist zu liquidieren (unten 5 g). Dies kann schon dadurch geschehen, daß die erforderlichen Gründungsmaßnahmen nicht bis zum 30. 6. 1991 durchgeführt werden, weil dann die Kapitalgesellschaften ex lege aufgelöst sind (§ 22 TreuhandG). Dieser Weg ist aber unbefriedigend und letztlich pflichtwidrig, weil sowohl die Leitungsorgane der Kapitalgesellschaft als auch die Treuhandanstalt zur Durchführung der Gründungsmaßnahmen verpflichtet sind. Vielmehr ist nach Feststellung der mangelnden Sanierungsfähigkeit eine weitere Kapitalausstattung der Kapitalgesellschaft durch Ablehnung einer Ausgleichsforderung gem. § 24 Abs. 1 Satz 2 DMBilG zu unterlassen (dazu unten 4). Die Betriebsgrundstücke sind der Treuhandanstalt zu übertragen (§ 25 Abs. 5 DMBilG). Da das Unternehmen im Regelfall überschuldet ist, schließt

80) Das Gesetz spricht von Vermögensanteilen, was an Gemeinschaft oder Gesamthand denken läßt. Gemeint sind wohl einzelne Vermögensstücke oder "Vermögensteile". Dazu kann auch ein "Anteil", z. B. an einem Grundstück, gehören.

sich das Gesamtvollstreckungsverfahren (Kap. 6 III) an. In dem selteneren Fall, daß das Unternehmen nicht überschuldet, aber aus anderen Gründen nicht sanierungsfähig ist (z. B. wegen nicht marktfähiger Produktion ohne Umstellungsmöglichkeiten), ist die Liquidation nach den allgemeinen Vorschriften des Gesellschaftsrechts durchzuführen (§§ 262 ff AktG, §§ 60 ff GmbHG). Grundlage ist ein Beschluß der Treuhandanstalt als Anteilseignerin über die Auflösung gem. § 262 Abs. 1 Nr. 2 AktG, § 60 Abs. 1 Nr. 2 GmbHG.

e) Umwandlung nach der Umwandlungsverordnung

Für die Umwandlung volkseigener Wirtschaftseinheiten in Kapitalgesellschaften vor dem 1. 7. 1990 war die UmwandlungsVO vom 1. 3. 1990 die Rechtsgrundlage.[81] Das Umwandlungsverfahren setzte eine Stellungnahme des übergeordneten Organs des Betriebs (§ 4 Abs. 1 Satz 2) und des Vertretungsorgans der Beschäftigten des Betriebs (§ 3 Abs. 2) voraus. Die Umwandlung bestand in einer Umwandlungserklärung des Betriebs und der Treuhandanstalt als Übernehmenden der Aktien- oder GmbH-Anteile (§ 4 Abs. 1) und der Anmeldung und Eintragung in das Register (§ 6). Die Umwandlung wurde mit der Eintragung wirksam; die eingetragene GmbH oder AG wurde Rechtsnachfolger des umgewandelten Betriebs. Dessen Erlöschen war von Amts wegen in das Register der volkseigenen Wirtschaft einzutragen (§ 7).

Die Umwandlungserklärung gem. § 4 Abs. 1 mußte die Erklärung der Errichtung einer GmbH oder AG enthalten, die Übertragung der Fondsinhaberschaft des Betriebes auf die Kapitalgesellschaft, die Bezeichnung eines für die neue Kapitalgesellschaft zuständigen Beauftragten der Treuhandanstalt sowie den Gesellschaftsvertrag der GmbH oder die Satzung der AG (§ 3 Abs. 1 Nr. 1 - 4). Es war eine Abschlußbilanz sowie eine Aufstellung über alle Rechte und Pflichten, Forderungen und Verbindlichkeiten und die mit der Geschäftsbank getroffene Vereinbarung über die Ordnung bestehender Kredite beizufügen (§ 4 Abs. 2). Danach war eine Eröffnungsbilanz und im Fall

---

81) Oben 1 c. Literatur: *Elsner*, DB 1990, 3027; *Hebing*, BB 1990, Beilage 18, S. 1; *Rosener/Roitzsch*, DtZ 1990, 38; *Targan*, WPg 1990, 334; *ders.*, DB 1990, 3060; *Pickelmann/Weinhardt*, EWS 1990, 30; *Hebing/Jaletzke*, BB 1990, Beilage 37, S. 5.

der AG ein Gründungsbericht zu erstellen (§ 5 Abs. 1). Anschließend war durch unabhängige Prüfer eine Prüfung durchzuführen und ein Prüfungsbericht zu erstellen (§ 5 Abs. 2). Dem Antrag auf Registereintragung waren vorgeschriebene Unterlagen beizufügen, u. a. Umwandlungserklärung und Prüfungsbericht (§ 6 Abs. 2). Außerdem hat das TreuhandG die Meldepflicht an die Treuhandanstalt gem. § 15 Abs. 3 auch auf die vor dem 1. 7. 1990 umgewandelten Betriebe erstreckt (§ 23 TreuhandG).

Die mit Vollzug der Umwandlung durch Eintragung bewirkte Rechtsnachfolge (§ 7 Satz 2 UmwandlungsVO) bedeutete den Übergang des Betriebsvermögens, das bisher in Fondsinhaberschaft des Betriebes stand (vgl. § 4 Abs. 1 Nr. 2), auf die neue Kapitalgesellschaft. Ausgenommen davon war der Übergang der Betriebsgrundstücke, die in Volkseigentum standen und an denen der Betrieb nur sog. Rechtsträgerschaft hatte. Diesen schwerwiegenden Nachteil in der Vermögensausstattung hat das TreuhandG ausgeglichen, indem es auch für die vor dem 1. 7. 1990 umgewandelten Betriebe nachträglich den Übergang der Betriebsgrundstücke in das Eigentum der Kapitalgesellschaften anordnete (§ 23 i. V. m. § 11 Abs. 2 Satz 2 TreuhandG).

Die VO geht auch von einem Übergang aller bestehenden Betriebsschulden aus, deren genaue Erfassung und Klärung vorgeschrieben ist (vgl. § 4 Abs. 2 und § 5 Abs. 2 Satz 2 VO). Es ist eingewandt worden, daß der besondere Charakter der Altschulden aufgrund der planwirtschaftlichen Einbindung des Betriebs eine Identität der Rechtssubjekte bei der Umwandlung und damit eine automatische Forthaftung für die Altschulden ausschließe und wegen der Übernahme dieser Schulden ein gewisser Verhandlungs- und Gestaltungsspielraum bei Festlegung des Inhalts der Umwandlungserklärung benutzt werden könne.[82)] Dies widerspricht jedoch der amtlichen Auffassung der DDR-Regierung[83)], der für die fragliche Zeit durchaus rechtliche Bedeutung schon deshalb beigemessen werden muß, weil sie der Umwandlungserklärung der Treuhandanstalt zugrunde lag. Auch die übrigen Bestimmungen der Verordnung gehen erkennbar davon aus, daß der Gesetzgeber einen umfassenden Übergang der Altschulden vor-

82) So *Targan*, DB 1990, 3060.
83) Dies erwähnt auch *Targan*, DB 1990, 3060.

aussetzte. Das Ergebnis ist daher nicht anders als bei der Umwandlung nach dem TreuhandG (vgl. oben c cc).

4. Die Kapitalausstattung der umgewandelten Unternehmen

a) Das Problem und fünf Schritte zur Lösung

Die Neubewertung im Zusammenhang mit der DM-Eröffnungsbilanz (oben II 3 - 5) führt in vielen Fällen zu stark erniedrigten Buchwerten im Vergleich zur früheren sozialistischen Rechnungslegung und nicht selten zu einer Überschuldung der umgewandelten Kapitalgesellschaft. Die allgemeinen Gründe dafür liegen in den Defiziten des sozialistischen Planwirtschaftssystems, das eine umfassende Abschöpfung der Betriebsgewinne sowie geringere Ersatzinvestitionen bei gestreckter Nutzungsdauer vorsah,[84] eine allgemein extrem knappe Finanzausstattung der Unternehmen (knappe Dotierung) und das Prinzip der Zwangskreditierung, d. h. im wesentlichen die Finanzierung von Neu- und Ersatzinvestitionen durch Kredite seitens des staatlichen Bankapparats, der zugleich die Kontrolle der Planerfüllung nach der Kredit-VO 1982 mitübernahm.

Die Überschuldung des Unternehmens muß nicht unbedingt bedeuten, daß dieses keine Zukunftschancen mehr hat. Für die wirtschaftlichen Aussichten des Unternehmens kommt es jeweils nicht nur auf den Ist-Zustand an, sondern auch auf Chancen durch neue Marktentwicklungen und insbesondere darauf, ob interessierte Investoren mit einem Konzept bereitstehen. Damit sind nur einige der Probleme einer Sanierungsfähigkeit der Unternehmen umrissen.

Aus der Überlegung heraus, daß die gegenwärtige Überschuldung positive wirtschaftliche Aussichten des Unternehmens für die Zukunft noch nicht ausschließt, sieht das DMBilG Maßnahmen der Kapitalausstattung vor (§§ 24-26) und geht damit über die Regelungsaufgabe eines bloßen Bilanzrechts hinaus. Das Gesetz sieht drei Stufen von Maßnahmen zur Herstellung einer ausreichenden Kapitalausstattung und Bilanzstruktur vor, die durch die EntschuldungsVO um eine vierte Maßnahme ergänzt werden:

---

84) Zu den Mängeln des sozialistischen Rechnungswesens oben II 1 b, zum Fehlen von Rückstellungen II 3 d bb.

(1) Beseitigung einer Überschuldung durch Gewährung einer Ausgleichsforderung (§ 24 Abs. 1 DMBilG; dazu b);

(2) Neufestsetzung des Eigenkapitals mindestens in gesetzlicher Höhe und Sicherung durch eine Einlagenforderung (§ 26 Abs. 2 DMBilG; dazu c);

(3) Aktivierung besonderer Vermögensgegenstände in Höhe einer "vorläufigen Gewinnrücklage" (§ 31 DMBilG; dazu e);

(4) ein Altschuldenerlaß im Einzelfall nach der EntschuldungsVO; (dazu unten f).

Unentbehrlich ist schließlich in den allermeisten Fällen als letztlich entscheidender Lösungsschritt, den der Gesetzgeber aber nicht verordnen kann, (5) die Zufuhr neuen Kapitals, insbesondere im Rahmen einer ("echten") Kapitalerhöhung, durch Investoren im Zusammenhang mit der Privatisierung (dazu auch unten 5).

b) Die Gewährung einer Ausgleichsforderung (§ 24 Abs. 1 DMBilG)

aa) Ermittlung

Bei der Aufstellung der DM-Eröffnungsbilanz aufgrund Neubewertung kann sich eine Überschuldung der Kapitalgesellschaft herausstellen und ein nicht durch Eigenkapital gedeckter Fehlbetrag ergeben. Ist die Kapitalgesellschaft gleichwohl sanierungsfähig und handelt es sich nicht um ein Geldinstitut, einen Außenhandelsbetrieb oder eine Versicherung - für diese gelten Sondervorschriften[85] -, so sieht das Gesetz eine Beseitigung der Überschuldung durch Gewährung einer Ausgleichsforderung in Höhe des Fehlbetrags vor (§ 24 Abs. 1 DMBilG). Der Umfang der Ausgleichsforderung ergibt sich aus der Aufstellung und Saldierung der Aktiva und Passiva in Vorbereitung der Eröffnungsbilanz. Dabei müssen Bewertungswahlrechte i. S. einer höchstmöglichen Bewertung ausgenutzt werden (Abs. 2 Satz 1), um die Ausgleichsverbindlichkeit möglichst gering zu halten. Stellt sich bei der Aufstellung späterer Jahresabschlüsse die Notwendigkeit einer Berichtigung von Wertansätzen heraus, so ist, wenn es sich um einen wesentlichen Betrag handelt, gem. § 36 Abs. 1 und 2 DMBilG auch die Aus-

85) Vgl. oben Kap. 1 II 3 c und unten Kap. 4 IV 6.

gleichsforderung gem. § 24 Abs. 1 DMBilG entsprechend zu vermindern (Abs. 1) oder zu erhöhen (Abs. 2), letztmalig beim Jahresabschluß für das 1994 endende Geschäftsjahr (Abs. 4).[86]

bb) Schuldner

Die Ausgleichsforderung richtet sich gegen die Treuhandanstalt (oder ggf. eine zwischengeschaltete Treuhand-AG)[87] oder die öffentliche Gebietskörperschaft oder den sonstigen Vermögensträger (z. B. die einer GmbH übergeordnete AG[88]), dem die Anteile an den Kapitalgesellschaften unentgeltlich übertragen worden sind (§ 24 Abs. 3). Ein wichtiger Fall ist das in eine AG umgewandelte Kombinat, das die Anteile an GmbHs der ehemaligen Kombinatsbetriebe hat. Die Ausgleichsforderung ist marktgerecht zu verzinsen (§ 24 Abs. 2 Satz 3 i. V. m. § 13 Abs. 3 Satz 2 DMBilG). Mutterunternehmen, die Schuldner einer Ausgleichsforderung sind, so typischerweise die einer GmbH aufgrund des früheren Kombinatsverbundes übergeordnete AG, können in Höhe ihrer Verbindlichkeit aus der Ausgleichsforderung (der GmbH) in ihrer Eröffnungsbilanz ein Beteiligungsentwertungskonto aktivieren (§ 24 Abs. 5) und damit die Verbindlichkeit bilanziell neutralisieren.

cc) Entstehung und Rechtsnatur

Die Ausgleichsforderung der überschuldeten Kapitalgesellschaften ist ex lege zum 1. 7. 1990 entstanden, auch wenn ihre Existenz und ihr Umfang erst später, nämlich bei Aufstellung der DM-Eröffnungsbilanz bekannt wird. Sie ist vom 1. 7. 1990 an zu verzinsen. Die Forderung ist zunächst auflösend bedingt (§ 158 Abs. 2 BGB) durch die Ablehnung der Forderung durch den Schuldner, also die Treuhandanstalt oder die übergeordnete Kapitalgesellschaft als Anteilseigner gem. § 24 Abs. 1 Satz 1 DMBilG. Das Gesetz begrenzt die Ablehnungsentscheidung zeitlich durch den Ablauf der Feststellungsfrist für die Eröffnungsbilanz bis 28. 2. 1991, bei Kleinunternehmen bis 31. 5. 1991 (§ 35

86) Zur Berichtigung nach § 36 DMBilG allg. oben II 3 g.
87) Zum Wegfall der Treuhand-AGs oben 2 c bb.
88) Vgl. oben 2 d.

Abs. 1 Satz 3 DMBilG). Wird die Frist zur Aufstellung der DM-Eröffnungsbilanz überschritten, so daß sich die Zeitspanne bis zum Ablauf der Feststellungsfrist verkürzt, so muß die Ablehnungsfrist entsprechend verlängert werden. Anderenfalls könnte durch Überschreitung der Aufstellungsfrist die Ablehnungsentscheidung erschwert oder vereitelt werden. Ein eigener Rechtsanspruch des Unternehmens auf Gewährung der Ausgleichsforderung besteht nicht (unten 6 c aa).

dd) Anerkennung und Ablehnung

Zur Gewährung der Ausgleichsverbindlichkeit hat die Kapitalgesellschaft die Treuhandanstalt oder den anderen Schuldner der Ausgleichsforderung zu unterrichten, sobald sich bei der Aufstellung der Eröffnungsbilanz eine solche abzeichnet (§ 24 Abs. 4 Satz 1 DMBilG). Die Treuhandanstalt oder der sonstige Schuldner hat auf die Anmeldung hin zu prüfen, ob er die Ausgleichsforderung ablehnen soll. Er hat sie abzulehnen, wenn das Unternehmen nicht sanierungsfähig ist (§ 24 Abs. 1 Satz 2 DMBilG). Um eine Entscheidungsgrundlage zu gewinnen, muß die Treuhandanstalt oder der sonstige Schuldner daher eine Prüfung der Sanierungsfähigkeit vornehmen. Dabei können Aufklärung und Nachweise verlangt werden (§ 24 Abs. 4 Satz 2 i. V. m. § 23 DMBilG).

Ist die AG oder GmbH überschuldet, wird aber die Ausgleichsforderung gem. § 24 Abs. 1 DMBilG abgelehnt, so ist der Konkursgrund der Überschuldung gegeben (§ 1 Abs. 1 GesamtvollstreckungsO; vgl. auch § 207 Abs. 1 KO). Antragsberechtigt ist neben den Gläubigern der Schuldner, also die Mitglieder des Leitungsorgans der Kapitalgesellschaft (§ 2 Abs. 1 Satz 1 GesamtvollstreckungsO). Diese sind zugleich gesellschaftsrechtlich zur Antragstellung verpflichtet (§ 92 Abs. 2 Satz 2 AktG; § 64 Abs. 1 Satz 2 GmbHG).

c) Neufestsetzung und Aufbringung des Eigenkapitals (§ 26 DMBilG)

Das Grundkapital der umgewandelten AGs ist in der Satzung, das Stammkapital der GmbHs im Gesellschaftsvertrag neu festzusetzen, und zwar wenigstens in der gesetzlichen Mindesthöhe (§ 26 Abs. 2

Satz 1 DMBilG)[89], also bei der AG auf wenigstens 100.000 DM (§ 7 AktG), bei der GmbH auf 50.000 DM (§ 5 Abs. 1 GmbHG). Nicht selten ist der Fall gegeben, daß die Kapitalgesellschaft zwar nicht überschuldet ist, aber das erforderliche Eigenkapital nicht ausweisen kann, daß also das vorhandene Betriebsvermögen zwar die Schulden (und sonstigen Passivposten), der verbleibende Überschuß aber das (neu festgesetzte) Eigenkapital nicht oder nicht vollständig abdeckt. Ist die Überschuldung nur durch Gewährung einer Ausgleichsforderung gem. § 24 Abs. 1 DMBilG beseitigt, so ist überhaupt kein Betriebsvermögen zur Abdeckung des Eigenkapitals vorhanden.

Für diese Fälle gestattet es das Gesetz, den Fehlbetrag als ausstehende Einlage auf der Aktivseite vor dem Anlagevermögen gesondert auszuweisen. Für die Einzahlung des Kapitals gelten die für die Rechtsform des Unternehmens maßgeblichen Vorschriften (§ 26 Abs. 2 Satz 3 und 4 DMBilG). Der Bilanzausgleich wird durch eine Einlageforderung gegen den Anteilseigener, im Regelfall also die Treuhandanstalt, hergestellt. Die entsprechende Verpflichtung hat die Treuhandanstalt oder der sonstige Anteilseigner (Gemeinden usw.) dadurch übernommen, daß sie die Feststellung der Satzung (§ 23 AktG) unter Neufestsetzung des Grundkapitals bzw. den Abschluß des Gesellschaftsvertrags ebenfalls mit Neufestsetzung des Stammkapitals (§§ 3, 5 GmbHG) vorgenommen und die entsprechenden Aktien bzw. Stammeinlagen übernommen hat.

Die Treuhandanstalt oder der sonstige Anteilseigener muß eine Entscheidung treffen, ob er diese Verpflichtung übernehmen will. Will er es nicht, so muß er die Feststellung der Satzung und den Abschluß des Gesellschaftsvertrags im betreffenden Fall unterlassen und von der Möglichkeit des § 26 Abs. 3 Satz 5 DMBilG Gebrauch machen, innerhalb der Feststellungsfrist für die Eröffnungsbilanz die Auflösung des Unternehmens zu beschließen oder die Einleitung der Gesamtvollstreckung zu verlangen. Ein eigener Rechtsanspruch des umgewandelten Unternehmens auf eine ausreichende Kapitalausstattung besteht nicht (unten 6 c aa).

Bei Unternehmen, die bereits vor dem 30. 6. 1990 in private Rechtsform überführt wurden und bei denen die erforderliche Kapitaleinlage geleistet worden war, genügt im Falle mangelnder Deckung des Eigen-

89) Vgl. auch zur Festsetzung nach TreuhandG oben 3 b.

kapitals für den Bilanzausgleich die Bildung eines Kapitalentwertungskontos, das in den folgenden fünf Geschäftsjahren schrittweise aufzulösen ist (§ 26 Abs. 3 und 4 DMBilG). Dies entspricht der Lösung, die das Gesetz für private Unternehmen vorsieht.[90)]

d) Bilanzhilfe durch vorläufige Gewinnrücklage (§ 31 DMBilG)

Mit der Aufbringung bzw. Sicherung des gesetzlichen Mindestkapitals ist zumal bei großen Unternehmen noch nicht viel für die Herstellung einer angemessenen Bilanzstruktur mit ausreichender Eigenkapitalausstattung gewonnen. Das Gesetz eröffnet eine weitere Maßnahme zur Bilanzverbesserung durch Bildung einer vorläufigen Gewinnrücklage gem. § 31 DMBilG, die bereits (oben II 5 d) dargestellt wurde. Damit wird sichergestellt, daß die in den kommenden Jahren zu erwartenden Überschüsse primär zur Stärkung des Eigenkapitals verwendet werden.[91)] Daraus folgt auch eine Stärkung der Kreditwürdigkeit der Kapitalgesellschaft.[92)]

Auch auf diese Weise kann insbesondere bei größeren Unternehmen regelmäßig eine auch nur annähernd ausreichende Eigenkapitalausstattung noch nicht erzielt werden. Dies kann nur durch eine Erhöhung des Eigenkapitals geschehen, dessen Einzahlung dem Unternehmen zur erforderlichen Liquidität verhilft. Dieses zusätzliche Kapital kann durch die Treuhandanstalt, eher aber noch durch einen Erwerber aufgebracht werden. Von eher untergeordneter technischer Bedeutung ist die Frage, ob die geplante Kapitalerhöhung bereits bei der Neufestsetzung des Grund- bzw. Stammkapitals erfolgen soll, etwa im Hinblick auf eine entsprechende Übernahme- oder Erwerbsverpflichtung eines Investors, oder ob man die Kapitalerhöhung dem Erwerber für einen späteren Zeitpunkt überläßt.

Die ausreichende Eigenkapitalausstattung ist zu unterscheiden von anderen Maßnahmen, dem Unternehmen durch Gewährung von Krediten oder Kreditbürgschaften der Treuhandanstalt vorübergehend oder dauernd eine Liquiditätshilfe zu verschaffen.

---

90) Vgl. § 28 DMBilG und oben II 5 b.
91) *Biener*, DB 1990, 3071.
92) Erläut., S. 85, 89 = *Claussen/Korth*, RWS-Dok. 4 Nr. 2.1, S. 123, 140; *Biener*, DB 1990, 3071.

e) Befreiung von Altschulden (EntschuldungsVO)

Der Ministerrat der DDR hat am 5. 9. 1990 eine VO über die teilweise oder gänzliche Entschuldung der füher volkseigenen umgewandelten Kapitalgesellschaften der DDR von Altschulden beschlossen.[93)] Sie beruht auf der Überlegung, daß die Schuldenentlastung der Unternehmen durch die Währungsumstellung und durch die Bilanzierungs- und Umschuldungshilfen nach dem DMBilG nicht ausreichen, um die Last der Altschulden[94)] in einem Umfang abzuschütteln, der für die Sanierungsfähigkeit der Unternehmen notwendig ist. Die Last der Altkredite, die als Investitionshemmnis betrachtet werden muß, wurde von der DDR-Regierung mit rund 106 Mrd. DM angegeben. Darin sind risikobehaftete Kredite von rund 20 Mrd. DM enthalten, die u. a. aufgrund staatlicher Entscheidungen über Strukturveränderungen oder Betriebsstillegungen kritisch sind. Zu den 106 Mrd. hinzu kommen noch 7,5 Mrd. DM Altkredite gegenüber den LPGs.[95)]

Die VO sieht eine gänzliche oder teilweise Befreiung von Altschulden vor, die bis 30. 6. 1990 entstanden sind. Die Entscheidung darüber wird im Einzelfall auf Antrag von der Treuhandanstalt oder dem zwischengeschalteten Mutterunternehmen getroffen (§§ 2 Abs. 3, 3 Abs. 1). Die Altschuldenbefreiung soll bewilligt werden, wenn dadurch die Sanierung oder Umstrukturierung und Wettbewerbsfähigkeit des Unternehmens gefördert wird (§ 2 Abs. 2). Sie kann also nicht erfolgen, wenn das Unternehmen auch bei Altschuldenbefreiung nicht wettbewerbsfähig ist. Dies führt letztlich dazu, die Sanierungsfähigkeit nicht nach den Altschulden, sondern anderen Kriterien zu bemessen (erfahrene Arbeitskräfte, Kundenstamm, aussichtsreiche Produkte, Kooperationsmöglichkeit, verbesserungsfähige Kostenstruktur usw.).

Über die Entschuldung soll aber erst dann entschieden werden, wenn die DM-Eröffnungsbilanz vorliegt. Mit dem schriftlichen Antrag ist die DM-Eröffnungsbilanz, das Sanierungskonzept und eine Saldenbestätigung der Altschulden vorzulegen (§ 3 Abs. 2). Die Entschuldung wird zu Lasten des von der Treuhandanstalt verwalteten Vermögens vorgenommen; die Treuhandanstalt oder das sonstige Mutterunternehmen

93) VO über Maßnahmen zur Entschuldung bisher volkseigener Unternehmen von Altkrediten (EntschuldungsVO), GBl I Nr. 59 S. 1435 = *Horn*, RWS-Dok. 2 Nr. II.4.2.

94) Zu diesen auch oben 3 c cc.

95) Zahlen per September 1990; vgl. auch *Claussen*, ZIP 1990, 1173, 1174.

übernimmt Kapital- und Zinsendienst der Altschulden (§ 4 Abs. 1). Die Übernahme der kritischen Kredite ist zwischen der Treuhandanstalt und der Deutschen Kreditbank AG, der Genossenschaftsbank Berlin, sowie der Berliner Stadtbank zu vereinbaren.

Bis zur Feststellung der DM-Eröffnungsbilanzen sind Zins- und Tilgungsleistungen auf Altkredite ausgesetzt (Art. 25 Abs. 7 EinigungsV). Die Zinszahlung übernimmt rückwirkend zum 1. 7. 1990 vorläufig die Treuhandanstalt, die der Deutschen Kreditbank und den anderen Banken die anfallenden Zinszahlungen erstattet.

f) Ausgleich einer zu hohen Kapitalausstattung (§ 25 DMBilG)

Eine nicht nur ausreichende, sondern im Hinblick auf das Betriebsvermögen und damit den wirtschaftlichen Umfang der Unternehmenstätigkeit unverhältnismäßig hohe Eigenkapitalausstattung kann sich vor allem in zwei Fällen ergeben: beim unentgeltlichen gesetzlichen Erwerb von Beteiligungen an anderen Unternehmen gem. § 12 Abs. 2 TreuhandG und bei Übergang besonders wertvoller Grundstücke gem. § 11 Abs. 2 Satz 2 TreuhandG.[96] Da das Eigenkapital nach der Neubewertung der Aktiva und Passiva als Diffe-renzbetrag neu zu ermitteln ist (§ 26 Abs. 1 DMBilG), kann sich in den genannten Fällen ein ungewöhnlich hoher Eigenkapitalbetrag ergeben.

Das Gesetz will erreichen, daß im Ergebnis das Eigenkapital aber nicht höher ist, als zur vollständigen Abdeckung des Sachanlagevermögens, vermindert um den Grundbesitz, erforderlich ist. Für den überschießenden Betrag entsteht daher eine Ausgleichsverbindlichkeit gegenüber dem Anteilseigner, also regelmäßig der Treuhandanstalt oder der Muttergesellschaft, der zu passivieren ist (§ 25 Abs. 1 und 2 DMBilG). Das gesetzliche Mindestkapital darf auf diese Weise aber nicht unterschritten werden (Abs. 1 Satz 2). Das Unternehmen hat die Treuhandanstalt (oder den sonstigen Gläubiger) zu unterrichten, sobald sich bei der Aufstellung der Eröffnungsbilanz eine Ausgleichsverbindlichkeit abzeichnet (Abs. 3 Satz 1).

Die Ausgleichsverbindlichkeit ist das Gegenstück der Ausgleichsforderung gegen die Treuhandanstalt und soll im Ergebnis bewirken, daß

96) Vgl. auch oben 3 c bb.

bei der Treuhandanstalt ein Ausgleich stattfindet, indem sie einerseits zwar Schuldner der Ausgleichsforderungen der überschuldeten Unternehmen ist, andererseits aber Gläubiger der zu üppig ausgestatteten Unternehmen.[97)]

g) Rückgabe der Beteiligungen und Grundstücke mangels Sanierungsfähigkeit (§ 25 Abs. 5 DMBilG)

Nicht sanierungsfähige Unternehmen müssen die Beteiligungen und Grundstücke, die sie zum 1. 7. 1990 aufgrund des TreuhandG unentgeltlich erworben haben (§ 11 Abs. 2, § 12 Abs. 2 TreuhandG), an die Treuhandanstalt übertragen (§ 25 Abs. 5 DMBilG). Zweck der Vorschrift ist es zu verhindern, "daß die übertragenen Beteiligungen sowie Grund und Boden auch solchen Unternehmen verbleiben, die dennoch nicht sanierungsfähig sind und deshalb aufgelöst werden müssen".[98)] Die Treuhandanstalt soll dadurch in die Lage versetzt werden, diese Vermögenswerte anderweitig zum Zweck der Sanierung der Wirtschaft einzusetzen. Es wäre in der Tat wirtschaftlich sinnlos, den nicht sanierungsfähigen Unternehmen diese Vermögenswerte zu belassen und dadurch die Gesamtvollstreckungsmasse zugunsten der Konkursgläubiger anzureichern, denen vor dem 1. 7. 1990 diese Aktiva nicht als Objekt des Vollstreckungszugriffs zur Verfügung standen. Dies wäre zum Schaden der wirtschaftlichen Gesamtentwicklung, weil es eine optimale Allokation der Ressourcen verhindern würde.

Der Anspruch hat drei alternative Voraussetzungen, die allerdings im konkreten Fall zusammentreffen können: (1) eine in der Eröffnungsbilanz festgestellte Überschuldung wird nicht beseitigt, d. h. die Ausgleichsforderung wird gem. § 24 Abs. 1 DMBilG abgelehnt; (2) innerhalb der Feststellungsfrist für die DM-Eröffnungsbilanz gem. § 35 Abs. 1 Satz 3 DMBilG (8 bzw. 11 Monate ab 1. 7. 1990) wird das Gesamtvollstreckungsverfahren (nach der GesamtvollstreckungsO) eingeleitet, oder (3) innerhalb dieser Frist wird das Unternehmen aufgelöst.

Das Gesetz geht davon aus, daß bis zur Übertragung (für die keine Frist besteht) die Kapitalgesellschaft Eigentümerin bleibt. Dies folgt schon aus dem Begriff "übertragen" und im übrigen aus dem Eigen-

---

97) Vgl. auch Erläut., S. 68 f, 86 = *Horn*, RWS-Dok. 2 Nr. II.4.1, S. 29 f, 47.

98) Erläut., S. 86 = *Horn*, RWS-Dok. 2 Nr. II.4.1, S. 47.

tumserwerb nach dem TreuhandG (§ 11 Abs. 2, § 12 Abs. 2 TreuhandG). Gleichwohl hat der gesetzliche Übertragungsanspruch der Treuhandanstalt eine quasi-dingliche Wirkung. Er ist nämlich offensichtlich als konkursfester Anspruch gewollt, wie sich schon aus der zweiten Tatbestandsalternative ergibt: ein Anspruch, dessen Voraussetzung die Eröffnung des Gesamtvollstreckungsverfahrens ist, muß offensichtlich diesem Verfahren entzogen sein. Dogmatisch läßt sich dies dahin erklären, daß das ehemalige Volkseigentum belastet mit dieser potentiellen Rückgabepflicht erworben wurde.[99]

Dies mag Gläubigerschutzprobleme aufwerfen. Hinsichtlich der Altschulden ist das Problem allerdings gering, weil die Gläubiger regelmäßig andere sozialistische Unternehmen waren und überdies kein Gläubiger im alten Wirtschafts- und Rechtssystem mit dieser Art von Sicherung seiner Ansprüche rechnen konnte. Neugläubiger sind dagegen durch das Gesetz gewarnt und können sich auf die Rechtslage einstellen.

Werden allerdings Grundpfandrechte an Betriebsgrundstücken bestellt, so ist die Bestellung aufgrund des Eigentumsrechts des verfügenden Unternehmens, das dieses zunächst nach § 11 Abs. 2 TreuhandG erworben hat, wirksam. Hier gebietet es die Verkehrssicherheit, daß diese Grundpfandrechte im Gesamtvollstreckungsverfahren und generell gegenüber dem Übertragungsanspruch der Treuhandanstalt Bestand haben. Die Grundstücke gelangen also nur belastet an die Anstalt. Anders nur, wenn ein Anfechtungstatbestand gegeben ist oder in sicherer Voraussicht der Überschuldung oder Auflösung des Unternehmens gehandelt worden war, so daß § 826 BGB erfüllt ist. Der redliche Verkehr ist dagegen zu schützen. § 25 Abs. 5 VermG schließt dies nach seinem Wortlaut und Sinn nicht aus. Andernfalls könnten innerhalb der genannten Fristen keine Grundpfandkredite gegeben werden, weil der Grundpfandgläubiger bei einer ggf. überraschenden Liquidation schutzlos wäre.

99) Man mag einwenden, daß das DMBilG erst später erlassen wurde. Wegen der Besonderheit des Erwerbsvorgangs kann dieses Bedenken aber wohl nicht durchgreifen. Im übrigen trat das DMBilG per 1. 7. 1990 rückwirkend in Kraft.

5. Ziele und Entscheidungen der Treuhandanstalt

a) Ziele und Zielkonflikte

Die Treuhandanstalt hat bei ihrem gesetzlichen Auftrag, die gewaltige politische Aufgabe einer Überführung der ehemals sozialistischen Wirtschaft der DDR in eine Marktwirtschaft vorzunehmen, eine Reihe gesetzlicher Zielvorgaben zu beachten: (1) (Rasche) Privatisierung, (2) Unternehmenssanierung, (3) Schaffung wettbewerbsgerechter Strukturen, (4) bestmögliche Verwertung des Wirtschaftsvermögens, (5) Liquidierung nicht sanierungsfähiger Unternehmen und (6) Überbrückungsfinanzierung. Diesen Zielvorgaben sind einzelne gesetzlich[100] vorgesehene Maßnahmen und Entscheidungen zugeordnet, die bereits (oben 2 a) aufgezählt wurden. Hinzutreten mit immer größerem Gewicht die - gesetzlich vorrangigen (!) - Aufgaben der Reprivatisierung, die gesondert (unten 7) darzustellen sind.

Die Schwierigkeiten, diese Ziele zu verwirklichen, ergeben sich schon aus dem unvergleichlichen Umfang der Aufgabe der Anstalt, als "größter Konkursverwalter der Geschichte" eine heruntergewirtschaftete sozialistische Planwirtschaft rasch in marktwirtschaftliche Strukturen zu überführen. Hinzu kommt die Möglichkeit von Zielkonflikten zwischen rascher Privatisierung und bestmöglicher Vermögensverwertung, rascher Privatisierung und Unternehmenssanierung sowie Herstellung wettbewerblich optimaler Strukturen, um nur die wichtigsten Beispiele zu nennen. Es handelt sich aber nicht nur um politische Ziele und Zielkonflikte, sondern zugleich um die Rechtsfrage, ob die Treuhandanstalt bei einer bestimmten Entscheidung ihren gesetzlichen Auftrag erfüllt oder ihn in der Weise verletzt, daß die Entscheidung einer gerichtlichen Nachprüfung nicht Stand hält.[101]

In der öffentlichen Diskussion um die Verwirklichung der verschiedenen Ziele hatte sich im Frühherbst 1990, zum Zeitpunkt des EinigungsV, die Anschauung herausgebildet, daß angesichts der schleppenden Privatisierung und des kritischen Gesamtzustandes der DDR-Wirtschaft eine rasche Privatisierung den Vorrang vor anderen

---

100) Vgl. auch §§ 3, 4 Satzung der Treuhandanstalt = *Horn*, RWS-Dok. 2 Nr. II.3.7.
101) Zur (begrenzten) gerichtlichen Kontrolle unten 6.

Zielverwirklichungen habe.[102] Diese Zielpräferenz ist einleuchtend. Die rasche Privatisierung ist rein tatsächlich aber nur in einer begrenzten Zahl von Fällen möglich und umfassend nur mittelfristig zu verwirklichen. Rechtlich ist zu beachten, daß die Zielverfolgung jeweils durch Abwägung mit den anderen Zielen begrenzt wird (unten b - f).

b) Privatisierung durch Veräußerung

aa) Bedeutung und Zielinhalt

Die Privatisierung ist nicht nur wirtschaftspolitisch, sondern auch rechtlich als das übergeordnete Ziel zu betrachten (oben 1 a). Dies ergibt sich schon daraus, daß dies als Grundnorm zu Beginn des Gesetzes geregelt ist (§ 1 Abs. 1 Satz 1 TreuhandG). Dies wird auch durch die Präambel des TreuhandG sowie durch Art. 25 Abs. 1 EinigungsV bestätigt. Die Privatisierung ist keineswegs mit der gesetzlichen Umwandlung der sozialistischen Wirtschaftseinheiten in AGs und GmbHs bereits vollzogen. Sonst hätte es einer besonderen Normierung des Privatisierungsgebotes nicht mehr bedurft. Vielmehr geht es um die Veräußerung der Anteile an den neugebildeten Kapitalgesellschaften an private Investoren. Erst dadurch wird die Autonomie unternehmerischer Entscheidungen in den Unternehmen i. S. einer Wettbewerbswirtschaft endgültig gesichert.

Das TreuhandG spricht in der Präambel auch vom Ziel, Grund und Boden für wirtschaftliche Zwecke bereitzustellen. Da die umgewandelten Unternehmen mit ihren Betriebsgrundstücken ausgestattet sind,[103] kann der Erwerber auch über Grundstücke für neue Produktionsanlagen verfügen. Die besondere Erwähnung der Bereitstellung von Grundstücken ist aber zugleich ein Hinweis darauf, daß die Treuhandanstalt auch bestimmte, bisher nicht genutzte Betriebsgrundstücke abtrennen und gesondert veräußern kann.[104] Als einziger An-

---

102) So die Treuhandanstalt gem. einer Pressemitteilung v. 29. 8. 1990 (FAZ v. 30. 8. 1990, S. 13 und 14) unter Hinweis auf Vorschläge zur Neuorganisation und Steigerung der Effizienz der Treuhandanstalt aufgrund von Gutachten der Beratungsunternehmen McKinsey (Düsseldorf) und R. Berger (München). In diesem Sinne auch aus wirtschaftspolitischer Sicht *Lipp*, Der Staat ist kein Sanierer, FAZ v. 11. 8. 1990, S. 11.

103) Oben 3 c bb.

104) Vgl. auch § 8 Abs. 1 1. Spiegelstrich TreuhandG, § 3 1. Spiegelstrich Satzung.

teilseigner ist sie in der Lage, die betreffende Kapitalgesellschaft zu einer solchen Veräußerung zu bewegen.

bb) Verhältnis zu anderen Zielen

Es fragt sich, ob der Privatisierung im Wege der Veräußerung die wettbewerbliche Strukturierung und Sanierung der Betriebe vorausgehen muß. Dies ist nicht der Fall. Zwar scheint der Wortlaut des Art. 25 Abs. 1 Satz 1 EinigungsV dafür einen gewissen Anhaltspunkt zu liefern, indem er als Aufgabe nennt, "die früheren volkseigenen Betriebe wettbewerblich zu strukturieren und zu privatisieren". Damit ist aber nicht ein unbedingtes Gebot zur vorangehenden Sanierung gemeint. Dies folgt schon daraus, daß Art. 25 Abs. 1 Satz 1 die Erfüllung der Aufgabe "gemäß den Bestimmungen des Treuhandgesetzes" gebietet, das TreuhandG aber auch die Stillegung und Verwertung des Vermögens nicht sanierungsfähiger Betriebe gebietet (§ 8 Abs. 1 3. Teilstrich TreuhandG).

Aber auch bei sanierungsfähigen Unternehmen ist die vorherige Sanierung durch die Treuhandanstalt selbst nicht unabdingbare Voraussetzung der Veräußerung. Dies ergibt sich schon aus der vorsichtigen Wortwahl in § 2 Abs. 6 TreuhandG, wonach die Anstalt das Sanierungsziel "fördert" und darauf "Einfluß nimmt". Das Gebot der effizienten Aufgabenverwirklichung gebietet sogar, daß sich die Anstalt dort von der Sanierungsaufgabe entlastet, wo ein Investor sie besser wahrnehmen kann. Ist ein Investor oder eine Investorengruppe bereit, das Unternehmen bereits vor der Sanierung zu erwerben, so handelt die Anstalt nicht entgegen ihrem gesetzlichen Auftrag, wenn sie das Unternehmen veräußert. Andererseits kann der Sanierungszweck die Entscheidungsfreiheit begrenzen. Handelt es sich nämlich um ein sanierungsfähiges Unternehmen, ist aber zu erwarten, daß der Erwerber es liquidieren wird, z. B. um die betreffenden Grundstücke für spekulative Zwecke ohne Schaffung neuer Arbeitsplätze zu behalten, so darf der Veräußerung nicht zugestimmt werden, auch wenn sie lukrativ erscheint.

c) Sanierung

Die Treuhandanstalt hat ferner "die Wettbewerbsfähigkeit möglichst vieler Unternehmen herzustellen"[105] und daher die sanierungsfähigen Unternehmen zu sanieren (vgl. § 2 Abs. 6 TreuhandG). Zu diesem Zweck hat die Treuhandanstalt zunächst die Sanierungsfähigkeit der Unternehmen, ggf. unter Heranziehung von Fachleuten, zu ermitteln. Die Schwierigkeit der Ermittlung besteht darin, daß das Bild der DM-Eröffnungsbilanz zur Beurteilung der Sanierungsfähigkeit weder ausreicht noch in jedem Fall erforderlich ist. Es kommt letztlich auf eine Zukunftsprognose unter Berücksichtigung der Konzepte möglicher Erwerber an. Die Anstalt hat nach dem TreuhandG und dem DMBilG zur Sanierung eine Reihe von Maßnahmen zu treffen.

Wird die Sanierungsfähigkeit bejaht, ist aber das Unternehmen überschuldet, so hat zunächst die Treuhandanstalt die Entstehung einer Ausgleichsforderung zur Beseitigung der Überschuldung gem. § 24 Abs. 1 DMBilG zu dulden, d. h. nicht abzulehnen. Zweckmäßig ist eine positive Erklärung dieser Entscheidung. Ferner hat die Anstalt bei der Neufestsetzung des Gesellschaftskapitals im Rahmen der Satzung oder des Gesellschaftsvertrages (oben 3 b dd) die gesetzliche Mindestausstattung mit Kapital vorzunehmen und für einen Fehlbetrag einzustehen, ferner den zur Sanierung ggf. erforderlichen höheren Kapitalbetrag festzusetzen und seine Einzahlung zu übernehmen. Die zusätzlichen Mittel dafür sind aus anderweitigen Einnahmen der Anstalt aus Veräußerungen aufzubringen, wobei das Gesetz von einem horizontalen Finanzausgleich spricht (§ 5 Abs. 1 TreuhandG), oder aber durch eigene Kreditaufnahmen der Treuhandanstalt.[106] Auch eine ergänzende Fremdmittelausstattung der Unternehmen kommt in Betracht, etwa unter Zuhilfenahme von Bürgschaften der Anstalt gem. Art. 25 EinigungsV.[107]

Wie ausgeführt, kommt eine Veräußerung auch vor einer Sanierung in Betracht und ist sinnvoll, zumal Sanierung ein prognoseorientierter Begriff ist. Allerdings muß regelmäßig mit der Veräußerung eine Teilsanierung zumindest hinsichtlich der Altschulden einhergehen, die

105) So die Präambel, 2. Spiegelstrich, TreuhandG.

106) Im Rahmen der Kreditermächtigung gem. Art. 27 StaatsV, BGBl II 1990, 542 = *Horn*, RWS-Dok. 1 Nr. 1.1, S. 6.

107) Vgl. auch Kap. 2 V 3 c.

durch Erlaß (nach der EntschuldungsVO), durch Anerkennung von Ausgleichsforderungen oder Übernahme durch den Erwerber in Anrechnung auf den Kaufpreis vorzunehmen ist. Allgemein begrenzt der Sanierungszweck den Veräußerungszweck jedenfalls insoweit, als eine Veräußerung eines sanierungsfähigen Unternehmens vor Sanierung nur an einen Veräußerer erfolgen darf, der die Sanierung beabsichtigt. Darüber hat sich die Treuhandanstalt zu vergewissern, ggf. durch Vorlage eines Sanierungsplans. Auch eine förmliche vertragliche Sanierungsverpflichtung des Erwerbers kommt in Betracht. Sie muß allerdings begrenzt sein, da dem Erwerber ein unbegrenztes Sanierungsrisiko nicht zugemutet werden kann.[108)]

d) Wettbewerbsgerechte Strukturen; Entflechtung

aa) Richtige Strukturen?

Das Gesetz spricht in der Präambel von einer "Strukturanpassung der Wirtschaft" und in § 2 TreuhandG von der Schaffung einer effizienten Wirtschaftsstruktur, wozu auch eine zweckmäßige Entflechtung von Unternehmensstrukturen gehöre (§ 2 Abs. 6 Satz 2 TreuhandG). In Art. 25 Abs. 1 EinigungsV wird die wettbewerbliche Strukturierung sogar vor der Privatisierung genannt.[109)] Zu unterscheiden ist das Ziel der Wettbewerbsfähigkeit des einzelnen Unternehmens als Ergebnis seiner Sanierung einerseits und andererseits die Schaffung wettbewerbsfreundlicher Strukturen der DDR-Wirtschaft. Dieses Problem ist deshalb von Gewicht, weil die Planwirtschaft auf die Monopolisierung der Kombinate und Betriebe ausgerichtet war und Wettbewerb gezielt ausschloß. Die bloße Veräußerung ehemaliger Monopolbetriebe birgt daher die Gefahr der Erhaltung monopolistischer Strukturen. Diese Gefahr wird aber zum Teil überschätzt, zumal durch die Integration der DDR in den Wirtschaftsraum der Bundesrepublik und der EG wettbewerbshemmende Zutrittsschranken entfallen sind.[110)]

Andererseits ergeben sich bei der Präzisierung des Ziels Schwierigkeiten. Der Begriff der "Struktur" bezogen auf die Gesamtwirtschaft ist heikel und kaum zu präzisieren. Eine aktive Industriepolitik, die be-

---

108) Vgl. auch unten h.
109) Dazu oben b.
110) Dazu auch unten Kap. 5 I.

stimmte Strukturen erreichen will, wäre das Gegenteil von Wettbewerb, der ein offenes, auf Entdeckung gerichtetes Verfahren (i. S. *Hayeks*) ist. Wenn es demnach auch schwer ist, "richtige" Strukturen zu prognostizieren oder zu planen, so lassen sich doch umgekehrt falsche Strukturen erkennen und beseitigen. Die Aufgabe läßt sich also dahingehend präzisieren, daß diejenigen Strukturen der alten DDR-Wirtschaft zu beseitigen sind, die auf jeden Fall dem Wettbewerb entgegenstehen oder für marktwirtschaftliche Unternehmen unsinnig sind. (1) Dabei geht es einmal um die alten monopolistischen Strukturen der sozialistischen Wirtschaft, die als marktmächtig und zugleich unflexibel fortwirken können. (2) Zum andern ist es eine Eigentümlichkeit vieler alter DDR-Betriebe, daß sie Konglomerate zahlreicher höchst heterogener Teilbetriebe darstellen. (3) Schließlich sind bei der Veräußerung die Regeln der Fusionskontrolle zu beachten.[111)]

bb) Entflechtung

Die beiden ersteren Aufgaben erfordern Entflechtungen; diese sieht das TreuhandG auch ausdrücklich vor (vgl. § 2 Abs. 6 TreuhandG). Auch im Zusammenhang mit der Vermögensrestitution an Alteigentümer sind Entflechtungen gem. § 6 Abs. 5 VermG vorgesehen. Sie können aber nur verlangt werden, wenn sie wirtschaftlich vertretbar sind (§ 6 Abs. 5 Satz 4 VermG).

Die Entflechtung ist dem deutschen Kartellrecht zwar nicht unbekannt,[112)] aber kein allgemeines Instrument zur Auflösung marktmächtiger Unternehmensverbindungen,[113)] sondern auf den Sonderfall der Durchführung der Untersagung eines vollzogenen Zusammenschlusses (§ 24 Abs. 6 GWB) beschränkt.[114)] Das TreuhandG normiert für den Bereich der sozialistischen Wirtschaft der ehemaligen DDR nunmehr eine umfassende Entflechtungsaufgabe, die sich als Aspekt des allgemeinen Privatisierungsgebots und des Gebots zur Schaffung wettbewerbsgerechter Strukturen darstellt. Das Gesetz enthält keine näheren inhaltlichen Kriterien für diese Aufgabe.

---

111) Zu letzterer unten Kap. 5 I.
112) Vgl. nur *Möschel*, Entflechtungen im Recht der Wettbewerbsbeschränkungen, 1979.
113) *Immenga/Mestmäcker*, GWB, § 22 Rz. 1.
114) Vgl. *Emmerich*, Kartellrecht, § 26.5, S. 414 ff.

Gewisse Anhaltspunkte lassen sich hinsichtlich fortwirkender marktmächtiger Strukturen aus der spiegelbildlichen Anwendung der Kriterien der Fusionskontrolle gewinnen. Freilich sind deren quantitative Eingreifkriterien nicht zu übernehmen, sondern deutlich niedriger anzusetzen. Da die meisten ehemaligen Kombinate wirtschaftlich inzwischen sehr schwach und oft kaum überlebensfähig sind, handelt es sich letztlich nur um schwache Anhaltspunkte.[115] Weit unterhalb aller quantitativen Kriterien haben konglomerate Zusammenfassungen von Betrieben nach DDR-Machart die wirtschaftliche Vermutung gegen sich, daß sie in einer Marktwirtschaft sinnlos sind, falls nicht konkrete Umstände andere Schlüsse zulassen, z. B. konkrete Synergieeffekte. Die Konglomerate sind unabhängig von der Betriebsgröße in der Regel zu entflechten.

Das TreuhandG hat wichtige Voraussetzungen für die Durchführung der Entflechtungsaufgaben geschaffen. Denn die Treuhandanstalt ist mittelbar oder unmittelbar der (meist alleinige) Anteilseigner der zu entflechtenden Wirtschaft und damit in der Lage, diese Entflechtung rechtlich durchzusetzen. Im Gesetz ist ferner vorgesehen, daß eine GmbH, die aus einem Kombinatsbetrieb hervorgegangen ist, verlangen kann, daß sie aus dem Konzern herausgelöst wird, den das ehemalige Kombinat mit den Kombinatsbetrieben bildet (§ 12 Abs. 3 TreuhandG). Es handelt sich um einen Rechtsanspruch der betreffenden GmbH, den die übergeordnete AG erfüllen muß. Unabhängig vom Recht der GmbH hat aber die Treuhandanstalt eine eigene Befugnis zur Entflechtung. Die Instrumente dazu soll ein neues Gesetz liefern.

cc) Gesetz über Unternehmensspaltung

Um die konglomerate Struktur vieler umgewandelter sozialistischer Wirtschaftseinheiten rascher zu beseitigen und marktfähige wirtschaftliche Einheiten aus diesen Strukturen ohne großen rechtlichen und organisatorischen Aufwand herauslösen zu können, hat die Bundesregierung Anfang Januar 1991 den Entwurf eines Gesetzes über die Spaltung der von der Treuhandanstalt verwalteten Unternehmen erarbeitet. Der Gesetzentwurf sieht vor, daß eine Kapitalgesellschaft, deren sämtliche Geschäftsanteile oder Aktien sich unmittelbar oder

115) Vgl. auch zur Sanierungsfusion unten Kap. 5 I.

mittelbar in der Hand der Treuhandanstalt befinden, ihr Vermögen auf zwei unterschiedliche Arten ("Aufspaltung" und "Abspaltung") aufteilen und dadurch eine Neugründung einer oder mehrerer Gesellschaften herbeiführen kann:

(1) die Aufspaltung führt zur Neugründung unter Auflösung ohne Abwicklung der übertragenden Gesellschaft, indem das Vermögen der übertragenden Gesellschaft aufgeteilt wird und diese Teile jeweils als Gesamtheit auf andere Kapitalgesellschaften übertragen werden, die mit dieser Übertragung gegründet werden;

(2) die Abspaltung führt zur Neugründung anderer Gesellschaften unter Fortbestand der übertragenden Gesellschaft; dabei werden Teile des Vermögens der Gesellschaft jeweils als Gesamtheit auf eine oder mehrere Kapitalgesellschaften übertragen, die gleichzeitig gegründet werden.

Die Treuhandanstalt soll jeweils alle Geschäftsanteile oder Aktien der neugegründeten Kapitalgesellschaften unmittelbar oder mittelbar (d. h. vermittelt durch die zwischengeschaltete Muttergesellschaft der Spaltgesellschaften) erhalten. Auf die Gründung der neuen Kapitalgesellschaften sollen die für deren Rechtsform geltenden Gründungsvorschriften entsprechend angewendet werden. Die übertragende Gesellschaft gilt als Gründer. Die Gründerhaftung nach § 9 a GbmHG und nach § 46 AktG soll auch die Treuhandanstalt oder die zwischengeschaltete Muttergesellschaft der spaltenden Gesellschaft treffen.

Der Spaltung soll ein Spaltungsplan zugrundeliegen, den das Vertretungsorgan der übertragenden Gesellschaft aufstellt. Dieser Plan muß Angaben über Firma und Sitz der übertragenden und der durch die Spaltung entstehenden Gesellschaften enthalten, die Erklärung über die Übertragung der Teile des Vermögens der übertragenden Gesellschaft als Gesamtheit gegen Gewährung von Anteilen der neuen Gesellschaften sowie das Umtauschverhältnis der Anteile und ggf. die Höhe einer baren Zuzahlung. Kernpunkt ist eine genaue Beschreibung und Aufteilung der Gegenstände des Aktiv- und Passivvermögens, die an jede der neuen Gesellschaften übertragen werden.

Der Spaltungsplan regelt ferner die Einzelheiten für die Übertragung der Anteile der neuen Gesellschaften, den Zeitpunkt, von dem an die Anteile einen Gewinnanspruch gewähren, den Zeitpunkt, von dem an die Handlungen der übertragenden Gesellschaft als für Rechnung der neuen Gesellschaft vorgenommen gelten, die Rechte, welche die neuen Gesellschaften einzelnen Gesellschaftern oder Aktionären sowie den Inhabern besonderer Rechte (stimmrechtslose Anteile, Vorzugsaktien, Mehrstimmrechtsaktien, Schuldverschreibungen, Genußrechte) gewähren, und schließlich Sondervorteile, die Mitgliedern eines Vertretungsorgans oder eines Aufsichtsorgans der beteiligten Gesellschaften oder einem Abschlußprüfer gewährt werden. Der Spaltungsplan muß den Gesellschaftsvertrag oder die Satzung der neuen Gesellschaft enthalten. Er muß notariell beurkundet und zum Handelsregister eingereicht werden. Das Registergericht hat einen Hinweis auf diese Einreichung mindestens einen Monat vor dem Tag der Gesellschafter- oder Hauptversammlung, in der die Spaltung beschlossen werden soll, in den Gesellschaftsblättern bekannt zu machen.

Bei der Aufspaltung einer AG oder AG im Aufbau, durch die eine oder mehrere AGs gegründet werden sollen, hat der Vorstand der übertragenden Gesellschaft einen schriftlichen Spaltungsbericht zu erstatten. Daran schließt sich eine Prüfung durch unabhängige Sachverständige an. Der Vorstand der übertragenden AG hat mindestens einen Monat vor dem Tag der Hauptversammlung der Treuhandanstalt den Spaltungsplan, die DM-Eröffnungsbilanz oder eine neuere Bilanz, die nicht älter als drei Monate ist, und ggf. den Prüfungsbericht über die Spaltung vorzulegen.

Die Wirksamkeit der Spaltung setzt einen Beschluß der Gesellschafter oder Aktionäre der übertragenden Gesellschaft voraus, der notariell zu beurkunden ist. Anschließend hat das Vertretungsorgan der übertragenden Gesellschaft jede neue Gesellschaft bei dem Gericht, in dessen Bezirk sie ihren Sitz haben soll, zur Eintragung in das Handelsregister anzumelden. Ferner ist ein Hinweis auf die bevorstehende Spaltung zur Eintragung in das Handelsregister des Sitzes der übertragenden Gesellschaft anzumelden. Daneben ist die Spaltung der übertragenden Gesellschaft zur Eintragung anzumelden. Die Eintragung darf erst erfolgen, wenn die neu gebildeten Gesellschaften eingetragen sind und dies dem Handelsregister am Sitz der übertragenden Gesellschaft mitgeteilt ist.

Mit der Eintragung der Spaltung der übertragenden Gesellschaft in das Handelsregister geht das Vermögen oder die abgespaltenen Teile des Vermögens einschließlich der Verbindlichkeiten entsprechend dem Spaltungsplan auf die neuen Gesellschaften über. Im Falle der Aufspaltung erlischt mit der Eintragung die aufgespaltene Gesellschaft. Die Gesellschafter oder Aktionäre der übertragenden Gesellschaft werden mit der Eintragung entsprechend der im Spaltungsplan vorgesehenen Aufteilung Gesellschafter oder Aktionäre der neuen Gesellschaften. Ein Mangel der notariellen Beurkundung des Spaltungsplans wird durch die Eintragung geheilt.

Zum Schutz der Gläubiger der übertragenden Gesellschaft ist vorgesehen, daß diese sich nicht nur an die neue Gesellschaft halten können, der die Verbindlichkeit aufgrund des Spaltungsplans zugewiesen worden ist, sondern subsidiär auch an alle anderen an der Spaltung beteiligten Gesellschaften als Gesamtschuldner.

Der Gesetzentwurf bietet eine bedeutende rechtstechnische Erleichterung der oben beschriebenen Entflechtungsaufgaben vor allem im Fall konglomerater ehemaliger sozialistischer Wirtschaftseinheiten. Diese Zielsetzung ist grundsätzlich zu begrüßen. Rechtstechnisch enthält der Entwurf eine Abweichung vom zivilrechtlichen Grundsatz der Einzelrechtsnachfolge bei der Übertragung von Vermögensgegenständen. An ihre Stelle tritt die Gesamtübertragung von Vermögen oder Vermögensteilen. Nach der Begründung des Entwurfs soll das Gesetz die Vorbereitung der Veräußerung von Unternehmensteilen erleichtern, die Schaffung kleinerer selbständiger Wirtschaftseinheiten und die Trennung von operativem und nicht betriebsnotwendigem Vermögen der umgewandelten sozialistischen Wirtschaftsanteile. Außerdem soll es die Restitution an Personen erleichtern, die einen Restitutionsanspruch auf bestimmte Unternehmensteile haben, die früher selbständige Unternehmen waren und nach der Enteignung in eine größere sozialistische Wirtschaftseinheit eingefügt wurden. Damit kann die praktische Durchführung der Restitution bei Unternehmen in der Tat erleichtert werden.

Sowohl die Aufspaltung wie die Abspaltung sind im deutschen Gesellschaftsrecht bisher nicht bekannt.[116)] Jedoch ist im europäischen Recht nach Vorbildern im französischen und englischen Recht durch die Sechste Richtlinie des Rates vom 17.12.1982 (gem. Art. 54 Abs. 3

116) Zur Diskussion de lege ferenda *Lutter*, ZGR 1990, 392 ff, 403 f; *Priester*, ZGR 1990, 420, 426.

lit. G des Vertrages) für die Spaltung von Aktiengesellschaften[117)] bereits eine derartige Lösung vorgesehen worden. Eine Aufspaltung landwirtschaftlicher Produktionsgenossenschaften ist aufgrund §§ 4-12 LandAnpassG möglich.[118)]

e) Bestmögliche Verwertung

Die Treuhandanstalt hat als bundesunmittelbare Anstalt des öffentlichen Rechts (seit 3. 10. 1990) die allgemeine haushaltsrechtliche Verpflichtung, eine bestmögliche Verwertung der umgewandelten Unternehmen durch Veräußerung anzustreben. Vor dem 3. 10. 1990 ergab sich diese Pflicht aus dem Haushaltsrecht der DDR im Rahmen des StaatsV.[119)] Diese Pflicht wird noch dadurch verstärkt, daß der Gesetzgeber mehrfach zum Ausdruck bringt, daß er im Interesse eines Gelingens der Überführung der ehemaligen volkseigenen Wirtschaft hohe Erlöse erwartet, um die im Gesetz genannten Ausgaben zu dekken, die für die Strukturanpassung der Wirtschaft (auch ausnahmsweise der Landwirtschaft), für die Sanierung des Staatshaushalts (im neuen Bundesgebiet) und für eine mögliche spätere Einräumung von Anteilsrechten an DDR-Sparer bestimmt sind.[120)]

Es wurde allerdings schon bemerkt, daß das Ziel einer raschen Privatisierung einen gewissen Vorrang vor der bestmöglichen Verwertung haben muß, zumal ein Hinauszögern der Verwertung weitere volkswirtschaftliche Kosten bringt, welche durch etwa zu erwartende höhere Erlöse nicht unbedingt aufgewogen werden. Erstens bedeutet das optimale Verwertungsgebot, jeweils den Weg der Veräußerung und der Gewinnung von Erwerbern zu wählen, der der Sache am besten dient. Dies kann im Einzelfall die Ausschreibung sein. Es kann aber auch Gründe geben, von einer solchen Ausschreibung abzusehen. Ferner bedeutet es, daß bei mehreren Erwerbsangeboten in der Regel das höhere Angebot zu berücksichtigen ist, sofern nicht andere Vorteile (besserer Sanierungserfolg o. ä.) die Bevorzugung eines anderen Angebots nahelegen. Das Gebot der optimalen Verwertung läuft schließlich darauf hinaus, ein "Verschleudern" zu vermeiden. Dies läge

117) 82/891/EWG; ABl EG Nr. L 378/47 vom 31. 12. 1982.
118) Dazu unten V 2.
119) Vgl. § 2 Abs. 5 TreuhandG und Art. 26, 27 StaatsV.
120) Vgl. § 5 TreuhandG und Art. 25 Abs. 3 Satz 1 und 3 EinigungsV.

etwa darin, wenn ein produzierendes Unternehmen zu einem niedrigeren Wert als dem Liquidationswert aller Vermögensgegenstände veräußert würde.[121)]

f) Liquidierung

Der Zweck einer möglichst raschen Liquidierung nicht sanierungsfähiger Unternehmen ist im Gesetz nicht ausdrücklich aufgeführt, ergibt sich aber spiegelbildlich aus dem Gebot, nur sanierungsfähige Unternehmen zu sanieren und andere Unternehmen nicht zu lange am Leben zu erhalten. Er folgt auch aus dem Zweck der bestmöglichen Verwertung.

Sprechen nach pflichtgemäßer Prüfung der Sanierungsfähigkeit die besseren Gründe für deren Verneinung, so hat die Anstalt bei Überschuldung die Gewährung einer Ausgleichsforderung abzulehnen (§ 24 Abs. 1 Satz 2 DMBilG) und die Einleitung des Gesamtvollstreckungsverfahrens zu veranlassen. Selbstverständlich kann auch ein nicht überschuldetes Unternehmen nicht sanierungsfähig sein, selbst wenn es reichlich mit Vermögen, z. B. wertvollen Grundstücken oder Beteiligungen, ausgestattet ist, die durch Ausgleichsverbindlichkeiten gem. § 25 DMBilG auszugleichen sind (oben 4 f). Hier ist eine Liquidierung geboten (oben 3 d). In allen Fällen kommt wiederum das Gebot der Veräußerung der Vermögensgegenstände zum Zug, namentlich das in der Präambel des TreuhandG ausdrücklich genannte Gebot der Veräußerung von gewerblich nutzbaren Grundstücken.

g) Überbrückungsfinanzierungen und Sanierungskredite

Nicht im TreuhandG genannt und von seinen Zwecken an sich zu unterscheiden ist die bedeutsame Aufgabe der Überbrückungsfinanzierungen in der Anlaufzeit der Währungsunion ab 1. 7. 1990. Die Treuhandanstalt hat hier von ihrem Kreditermächtigungsrahmen gem. Art. 27 Abs. 1 Satz 2 StaatsV, Art. 25 EinigungsV Gebrauch gemacht, um in einer Übergangs- und Anlaufzeit die Liquidität der Unternehmen, insbesondere für Lohnzahlungen, durch Bürgschaften für Liqui-

121) Allg. zum Liquidationswert als Bewertungsuntergrenze BGH NJW 1982, 2497; *Heymann/Horn*, Einl. V v. § 1, Rz. 23.

ditätskredite sicherzustellen.[122] Bei diesen Überbrückungsfinanzierungen ergab sich rasch ein scharfer Zielkonflikt mit dem Gebot, nicht sanierungsfähige Unternehmen zu liquidieren.

Davon zu unterscheiden ist eine Kreditgewährung an Unternehmen für Sanierungszwecke. Diese ist als Maßnahme der mehrfach im Gesetz genannten Strukturanpassung der Unternehmen (vgl. § 2 Abs. 6, § 5 Abs. 1 TreuhandG) und ihrer Sanierung (§ 2 Abs. 6 und 7 TreuhandG) zulässig. Der Kredit setzt ein erfolgversprechendes Unternehmenskonzept voraus. Zur Refinanzierung kann die Anstalt Kredite aufnehmen (§ 2 Abs. 7 TreuhandG).

h) Verkaufsentscheidung und Kaufvertrag

Verkaufsentscheidungen über einzelne Vermögensgegenstände sind im Fall der Liquidation der Unternehmen zu treffen sowie dann, wenn ein Unternehmen den Gegenstand nicht benötigt. Im letzteren Fall ist das Unternehmen als Eigentümer von der Treuhandanstalt zum Verkauf anzuhalten.

Eine positive Verkaufsentscheidung über ein ganzes Unternehmen setzt nicht nur die Feststellung der Überlebensfähigkeit (und damit die Sanierbarkeit oder tatsächliche Sanierung) voraus, sondern auch die Feststellung, daß dem Verkauf keine Restitutionsansprüche früherer Eigentümer nach § 6 VermG (dazu unten 7) oder von Kommunen nach dem KVG[123] entgegenstehen. In der Gewinnung und Auswahl möglicher Erwerber muß die Treuhandanstalt nach pflichtgemäßem Ermessen den den meisten wirtschaftlichen Erfolg versprechenden Weg wählen, sei es durch öffentliche Ausschreibung oder "Auslobung", durch beschränkte Ausschreibung oder - insbesondere bei großen und bekannten Objekten - durch diskrete Einzelverhandlung, letzteres freilich mit der Bereitschaft, ggf. auch andere Angebote in Betracht zu ziehen. Die Auslobung als ein Verfahren, das nicht den strengen Regeln öffentlicher Ausschreibungen unterliegt, hat sich vielfach als zweckmäßig erwiesen. Die Treuhandanstalt hat in jedem Fall die Se-

---

122) Vgl. oben Kap. 2 V 3.
123) Oben Kap. 3 III.

riosität des gewonnenen Erwerbers sowie wettbewerbsrechtliche Bedenken zu überprüfen.

Als Form der Veräußerung bietet sich in der Regel der Anteilsverkauf an, den der Erwerber schon im Hinblick auf § 613 a BGB vorziehen dürfte.[124)] Daneben ist der Verkauf von Betrieben als Sachgesamtheit möglich,[125)] und wegen der oft heterogenen Zusammensetzung der Produktionsbetriebe einer Gesellschaft nicht selten notwendig. Das neue Gesetz über Unternehmensspaltung (oben d cc) kann den Verkauf einzelner Betriebe einer Kapitalgesellschaft bedeutend erleichtern.

Die Vereinbarung eines angemessenen Kaufpreises macht wegen der erörterten Unsicherheiten der Bewertung naturgemäß erhebliche Schwierigkeiten. Hinsichtlich der Grundstückswerte wird häufig eine Nachbewertungsklausel vereinbart. Danach sind spätere Zuzahlungen oder Abschläge je nach der Entwicklung der Grundstückswerte möglich. Die Klausel ist befristet; die Befristung orientiert sich an § 36 DMBilG (Berichtigung von Wertansätzen bis Ende 1994). Eine Nachbewertungsklausel hinsichtlich des ganzen Unternehmenswertes ist unüblich. Sie ist auch untunlich, sofern sie eine unentgeltliche Beteiligung der Treuhandanstalt am Sanierungserfolg, nicht aber am Sanierungsrisiko bedeuten würde. Im Vertrag sind außer den notwendigen Festlegungen von Kaufgegenstand und Kaufpreis die Zahlungsmodalitäten und Zahlungssicherungen zu regeln.

Ferner wird nicht selten eine Beschäftigungsgarantie vereinbart. Diese ist im Hinblick auf den Privatisierungszweck nicht unbedenklich und enthält u. U. ein hohes Risiko für den Erwerber, das dieser nur nach Prüfung der Sanierungsaussichten eingehen wird. Seine Zusage kann durch eine Bankgarantie gesichert werden. Bei unvorhergesehenen wirtschaftlichen Schwierigkeiten des erworbenen Unternehmens müßten aber wohl die Grundsätze über die Veränderung der Geschäftsgrundlage in Betracht gezogen werden. Denn eine Beschäftigungsgarantie läuft, wenn sie nicht eingeschränkt gegeben wird, auf eine unbegrenzte Sanierungsgarantie hinaus; diese aber ist dem Erwerber (außer

124) Dazu unten V 2 c.
125) Allg. zum Unternehmenskauf *Heymann/Horn*, HGB, Einl. V v. § 1, Rz. 15 ff m. w. N.

ggf. Großunternehmen) kaum zuzumuten; sie kann ggf. auch gegen § 138 BGB verstoßen.[126]

Ferner ist bei Umweltaltlasten häufig eine Freistellungsgarantie der Anstalt für den Erwerber von den finanziellen Folgen der (öffentlichen und privaten) Haftung üblich, unbeschadet der Möglichkeit, aufgrund des UmweltrahmenG eine teilweise Freistellung von der öffentlich-rechtlichen Verantwortlichkeit zu erreichen.[127] Dabei wird regelmäßig ein Selbstbehalt des Erwerbers festgelegt. Ferner ist eine Freistellung von bestimmten Produkthaftungsrisiken aus Altlieferungen (z. B. Pumpen für Atomkraftwerke) angemessen.

i) Verpachtung?

Weder durch den Wortlaut noch durch den Gesetzeszweck gedeckt ist es, anstelle einer Veräußerung von Beteiligungen oder Vermögensgegenständen eine langfristige Betriebs- oder Grundstücksverpachtung vorzunehmen und das Eigentum an dem Betrieb oder Grundstück auf Dauer zurückzuhalten. Berechtigt zum Abschluß eines Verpachtungsvertrages ist an sich die Kapitalgesellschaft selbst als die Eigentümerin. Ein langfristiger Vertrag dieser Art kann jedoch die Privatisierung der Kapitalgesellschaft praktisch ausschließen, weil kein Investor Interesse am Erwerb hat. Der Vertrag höhlt daher die Verfügungsmöglichkeit der Treuhandanstalt über ihre Beteiligungsrechte am Unternehmen und letztlich den Privatisierungszweck des TreuhandG aus.[128] Er bedarf daher der ausdrücklichen Zustimmung eines dazu bevollmächtigten Vertreters der Treuhandanstalt. Da ein solcher Vertrag aber regelmäßig dem Privatisierungszweck des TreuhandG widersprechen wird, handeln die Organe der Treuhandanstalt pflichtwidrig, wenn sie einem solchen Vertrag zustimmen. Anderes gilt jedoch dann, wenn es sich mangels Veräußerungschancen um eine befristete Übergangslösung handelt oder die Verpachtung ausnahmsweise dem Gebot der bestmöglichen Verwertung entspricht.

---

126) Eine andere Sache ist es, daß Investoren eine möglichst weitgehende Übernahme von Arbeitskräften anstreben sollten; s. auch unten V.

127) Dazu Kap. 5 III 3.

128) So könnte der Fall der ursprünglichen Verpachtung der Interhotel-Betriebe gelegen haben.

6. Gerichtliche Kontrolle der Akte der Treuhandanstalt

a) Verwaltungsakte und Rechtsgeschäfte

Die Treuhandanstalt hat einen gesetzlichen Auftrag gem. TreuhandG zu erfüllen, der dem öffentlichen Recht angehört, weil die Privatisierung der sozialistischen Wirtschaft der DDR eine öffentliche Aufgabe darstellt und das TreuhandG öffentlich-rechtlich konzipiert ist. Auch das DMBilG ist diesem Rechtsbereich zuzuordnen, teils weil es an dieser öffentlichen Gestaltungsaufgabe teilnimmt, teils weil Rechnungslegungsvorschriften auch sonst dem öffentlichen Recht zuzuordnen sind.[129] Dies spricht dafür, daß die konkreten einzelnen Entscheidungen der Treuhandanstalt über Privatisierungsschritte im Grundsatz dem öffentlichen Recht unterliegen.

Andererseits hat die Treuhandanstalt bei ihrer Privatisierungsaufgabe eine Reihe privatrechtlicher Rechtsgeschäfte vorzunehmen, so z. B. die Feststellung der Satzung der AGs und den Abschluß der GmbH-Gesellschaftsverträge (§ 20 TreuhandG), ebenso den Abschluß von Kreditverträgen und die Übernahme von Bürgschaften sowie den Abschluß von Kaufverträgen bei der Veräußerung von Gesellschaftsanteilen und anderen Vermögensstücken des ehemaligen volkseigenen Vermögens. Auch bei Vornahme dieser Privatrechtsgeschäfte handelt die Anstalt in Ausübung ihres öffentlichen Auftrags und erfüllt Verwaltungsaufgaben der Privatisierung.

Dieses Zusammentreffen von Entscheidungen auf der Ebene des öffentlichen Rechts und ausführenden Privatrechtsgeschäften läßt sich im Sinne der Zwei-Stufen-Lehre deuten,[130] die etwa bei der Vergabe von Staatsbürgschaften und allgemein im Subventionsrecht anerkannt ist.[131] Die Bundesanstalt unterliegt dabei einmal den allgemeinen rechtlichen Beschränkungen der Verwaltung bei Handeln in privatrechtlichen Formen, insbesondere den Bindungen an ihre öffentlich-rechtliche Zuständigkeits- und Vertretungsordnung und allgemein an die Grundrechte, insbesondere den Gleichheitssatz.[132] Die Entschei-

---

129) Zum letzteren Aspekt allg. *Heymann/Horn*, Einl. I vor § 1 HGB Rz. 7.

130) So auch *Fahrenbach*, DtZ 1990, 269; *Krebs*, ZIP 1990, 1513, 1514 ff.

131) Allg. zur Zweistufenlehre *Erichsen*, in: Erichsen/Martens, § 32; zur Zweistufenlehre bei Staatsbürgschaften vgl. BGH BB 1973, 258; BVerwG 1, 308; *Staudinger/Horn*, BGB, Vorbem. zu §§ 765 - 778, Rz. 34.

132) Zur streitigen Diskussion zu diesem Punkt *Erichsen*, § 32.

dungen der Anstalt sind zum andern an die Tatbestandsmerkmale und Zielvorgaben des TreuhandG, DMBilG und anderer Einzelgesetze (VermG, EntschuldungsVO) gebunden. Sie können, sofern es sich nicht um interne Verwaltungsentscheidungen handelt, Verwaltungsakte sein.

b) Verwaltungsgerichtliche Kontrolle und Zivilrechtsweg

Rechtsstreitigkeiten aus den Verträgen und sonstigen Privatrechtsgeschäften der Treuhandanstalt sind im Zivilrechtsweg auszutragen. Auch gegen die zugrundeliegenden Entscheidungen der Treuhandanstalt können grundsätzlich die Gerichte angerufen werden (Art. 19 Abs. 4 GG). Ob dafür der Verwaltungsrechtsweg gegeben ist, hängt davon ab, ob eine öffentlich-rechtliche Streitigkeit gegeben ist (§ 40 Abs. 1 Satz 1 VwGO).[133] Vorbehaltlich einer Differenzierung nach den einzelnen Rechtsverhältnissen (unten c) ist aus den (oben a) genannten Gründen davon auszugehen, daß der Verwaltungsrechtsweg gegeben ist.[134] Die Frage ist allerdings streitig. Maßgeblich ist seit 3. 10. 1990 die VwGO.[135] Bei Amtspflichtverletzungen gem. Art. 34 GG, § 839 BGB ist die ordentliche Gerichtsbarkeit anzurufen.

Die Tatbestände und Zielvorgaben des TreuhandG knüpfen allerdings an hochkomplexe wirtschaftliche Sachverhalte und Prognosen an. Der Gesetzgeber verleiht der Treuhandanstalt nach dem gesetzlichen Privatisierungszweck einen Spielraum zu eigenverantwortlicher Wahl und Entscheidung. Es handelt sich um Ermessensentscheidungen.[136] Die gerichtliche Nachprüfung ist daher grundsätzlich beschränkt. Das Gericht hat (nur) nachzuprüfen, ob die Anstalt ihr Ermessen entsprechend dem Zweck der Ermächtigung ausgeübt und die gesetzlichen Grenzen des Ermessens eingehalten hat (vgl. § 40 VwVfG, § 114 VwGO). Es prüft bei Ermessensentscheidungen gem. § 114 VwGO, ob der Verwaltungsakt oder seine Ablehnung oder Unterlassung rechtswidrig ist, weil ein Ermessensfehler i. S. d. § 40 VwVfG vorliegt. Im Rahmen der Amtshaftung gem. Art. 14 GG i. V. m. § 839 BGB ist jede

133) Zur Rechtswegproblematik *Krebs*, ZIP 1990, 1513, 1514, 1518 f.
134) So auch *Krebs*, ZIP 1990, 1513; a. A. OVG Berlin, Beschl. v. 22. 1. 1991 - 8 S 6.91..
135) Dazu unten Kap. 6 I 3 und II 5.
136) Zum Begriff *Eyermann/Fröhler*, VwGO, § 114 Rz. 7 m. w. N.; *Erichsen*, § 12 II 2.

rechtswidrige Ermessenshandhabung als Amtspflichtverletzung anzusehen.[137)]

Nichtgebrauch des Ermessens liegt etwa vor, wenn der Entscheidung keine Sachprüfung vorausgegangen ist. Ein fehlerhafter Ermessensgebrauch ist anzunehmen, wenn sachfremde Motive Einfluß auf die Entscheidung genommen haben, z. B. das Zuschieben von Vorteilen an bestimmte Personen o. ä. Ein Ermessensfehlgebrauch kann auch darin liegen, daß ein sachlich gebotenes Verfahren der Entscheidungsfindung nicht eingehalten wurde. Dies kann z. B. ein Ausschreibungsverfahren und seine ordnungsgemäße Abwicklung sein. Allerdings ist nicht in jedem Fall ein solches Verfahren sachgerecht und geboten. Ein Ermessensfehlgebrauch liegt schließlich vor, wenn die vorgenannten gesetzlichen Zielvorgaben nicht oder nicht im richtigen Verhältnis zueinander berücksichtigt wurden. Allerdings ist hier wegen der geschilderten Spielräume ein derartiger Nachweis nur begrenzt möglich. Die Treuhandanstalt hat auch ausländische Investoren zu berücksichsichtigen (§ 3, 2. Teilstrich Satzung). Man sollte daraus aber nicht ein Verbot ableiten, die Nationalität überhaupt im Rahmen der Prüfung der Geeignetheit des Investors zu berücksichtigen.[138)]

c) Rechte der Unternehmen und Investoren

Der Erfolg einer Zivil- oder Verwaltungsklage und damit die gerichtliche Kontrolle der Einzelentscheidungen der Treuhandanstalt über Privatisierungsschritte hängt davon ab, ob der Kläger die Verletzung eigener Rechte geltend machen kann. Als Inhaber eines privatrechtlichen Anspruchs oder als Betroffener, der durch die öffentliche Gewalt in eigenen Rechten verletzt ist, kommen einmal die umgewandelten Unternehmen in Betracht, zum andern die Investoren als Kaufinteressenten.

---

137) BGHZ 74, 144, 155f; BGH NJW 1979, 1879; dazu *Papier*, JuS 1980, 265, 268.
138) So aber wohl *Fahrenbach*, DtZ 1990, 269.

aa) Eigene Rechte der umgewandelten Unternehmen?

In Betracht kommen Rechte der umgewandelten Kapitalgesellschaften gegen die Treuhandanstalt[139] auf Ausgleich der Überschuldung gem. § 24 Abs. 1 DMBilG, auf ausreichende Kapitalausstattung gem. § 26 DMBilG, auf Altschuldenerlaß oder sonstige Sanierungsmaßnahmen, z. B. durch Bürgschaftsgewährung. Das Privatrecht gewährt einen solchen Anspruch nicht. Denn das Gesetz schreibt für Kapitalgesellschaften nicht die wirtschaftlich erforderliche Kapitalausstattung vor, und es besteht kein derartiger Anspruch der Gesellschaft gegen ihre Gesellschafter.[140]

Sucht man entsprechende Rechte im öffentlichen Recht, so sind diese jedenfalls aus den Vorschriften der einschlägigen einfachen Gesetze nicht abzuleiten. Sowohl § 24 wie § 26 DMBilG geben der Kapitalgesellschaft nur Rechte, die von einer Entscheidung der Treuhandanstalt abhängen (oben 4). Für den Altschuldenerlaß ordnet die EntschuldungsVO ausdrücklich an, daß die Entscheidung der Treuhandanstalt oder des Mutterunternehmens endgültig ist und keiner Begründung bedarf (§ 2 Abs. 3).

Etwas anderes könnte in den genannten Fällen sowie im Fall der Verweigerung eines Kredits oder einer Kreditbürgschaft nur gelten, wenn sich das Unternehmen auf eine Verletzung von Art. 3 GG wegen Ermessensfehlgebrauchs berufen könnte. Dies setzt voraus, daß die Kapitalgesellschaft Grundrechtsschutz gegenüber Akten der Treuhandanstalt genießt. Grundsätzlich genießen auch inländische juristische Personen gem. Art. 19 Abs. 3 GG diesen Schutz. Die umgewandelten Kapitalgesellschaften stehen jedoch (regelmäßig) im mittelbaren oder unmittelbaren Anteilseigentum der Treuhandanstalt. Die Anstalt ist eine juristische Person des öffentlichen Rechts. Diese Personen genießen jedenfalls im Grundsatz bei Ausübung ihrer öffentlichen Aufgaben keinen Grundrechtsschutz, falls nicht ausnahmsweise die öffentliche Funktion einen bestimmten Grundrechtsschutz erfordert.[141] Die Kapitalgesellschaften im Anteilseigentum der Treuhandanstalt nehmen keine vom Aufgabenbereich der Treuhandanstalt getrennten

139) Im Fall der Entscheidung durch eine zwischengeschaltete AG könnte die Treuhandanstalt verpflichtet sein, die AG zur begehrten Entscheidung anzuweisen.

140) BGHZ 68, 312, 318 (betr. GmbH); 76, 326, 334 (betr. GmbH & Co KG).

141) *Schmidt-Bleibtreu/Klein*, Art. 19 Rz. 13 m. w. N.

Rechte oder Interessen wahr und teilen daher diesen Mangel des Grundrechtsschutzes.[142)]

Der öffentliche Zweck der Privatisierung erfordert auch kein anderes Ergebnis. Vielmehr stehen die einzelnen Unternehmenseinheiten in ihrem Bestand und in ihrer Zusammensetzung, die ein Ergebnis der zu überwindenden sozialistischen Planwirtschaft ist, zur Disposition, um die Privatisierung der Wirtschaft möglichst rasch und effektiv zu erreichen. Dieser Mangel des Grundrechtsschutzes gilt für die umgewandelten Unternehmen nur in ihrem Verhältnis zur Treuhandanstalt und für die Dauer des Privatisierungsvorgangs bis zu dessen Abschluß. In ihrer Teilnahme am allgemeinen Rechtsverkehr genießen die Unternehmen den allgemeinen Schutz der Rechtsordnung einschließlich ihrer verfassungsrechtlichen Elemente.

bb) Rechte der Erwerbsinteressenten

Rechte von Investoren als Erwerbsinteressenten können vor allem dann verletzt sein, wenn sie bei einer Verkaufsentscheidung übergangen oder sonst benachteiligt werden. Ein privatrechtlicher Anspruch könnte sich unter dem Gesichtspunkt der culpa in contrahendo ergeben, wenn die Treuhandanstalt einem bestimmten Investor gegenüber bei Vertragsverhandlungen Vertrauen in Anspruch genommen und dann allgemeine Aufklärungs- oder Rücksichtspflichten verletzt hat, z. B. Verletzung der Pflicht zur Vertraulichkeit durch Weitergabe des vertraulichen Angebots oder Verhandlungsstandes an andere Bewerber. An bestimmte formale Verfahrensregeln ist die Treuhandanstalt dann selbst gebunden, wenn sie diese zur Grundlage der Verhandlungen macht, z. B. im Rahmen eines Ausschreibungsverfahrens. Der Anspruch geht auf das negative Interesse. Das bloße Wecken der Erwartung eines sicheren Vertragsabschlusses begründet regelmäßig noch keine Schadensersatzpflicht.[143)]

Ein öffentlich-rechtlicher Anspruch eines Kaufinteressenten gegen die Treuhandanstalt wegen sachlich unbegründeter Benachteiligung gegenüber einem anderen Kaufinteressenten in der Verhandlung und Kaufentscheidung ließe sich aus den Vorschriften des TreuhandG, der

142) *Krebs*, ZIP 1990, 1513, 1516 f; allg. in diesem Sinn BVerfGE 45, 63, 79 f.
143) *Heymann/Horn*, HGB, vor § 343 Rz. 61 und § 346 Rz. 42 m. w. N.

Satzung der Treuhandanstalt oder anderen Gesetzen dann herleiten, wenn es sich um Normen zum Schutz der betreffenden Kaufinteressenten handeln würde. Das Stadtbezirksgericht Berlin-Mitte hat diese Frage bejaht und im Rahmen einstweiliger Anordnungen auf Antrag eines benachteiligten Kaufinteressenten der Treuhandanstalt unter Androhung eines Zwangsgeldes untersagt, eine bestimmte Unternehmensveräußerung vorzunehmen. In einem Fall wurde geltend gemacht, daß es beim Bietungs- und Entscheidungsverfahren durch die Treuhandanstalt "zu schwerwiegenden Verfahrensverstößen und Manipulationen gekommen sei".[144] Entgegen der Auffassung des Gerichts ist es jedoch zu bezweifeln, daß das TreuhandG auch die Interessen von Kaufinteressenten rechtlich schützen will.[145]

Krebs hat vorgeschlagen, in Parallele zu den für die öffentliche Auftragsvergabe entwickelten Grundsätzen den Kaufinteressenten ein letztlich aus Art. 3 GG hergeleitetes Recht auf Gleichbehandlung im Vergabeverfahren zuzubilligen.[146] Daraus ergebe sich ein Anspruch auf sachgerechte Auswahl der am Verfahren Beteiligten, auf angemessene Beschreibung des erwarteten Angebots, auf Setzung und Einhaltung angemessener Angebotsfristen, auf das Unterlassen nachträglicher Preisverhandlungen mit einzelnen Bewerbern und generell auf gleiche Möglichkeiten zu Vertragsverhandlungen sowie ein Anspruch auf gleichmäßige Bewertung der abgebenen Angebote.

Damit wird der Kreis der gerichtlich überprüfbaren Fragen im Hinblick auf das Verhalten der Treuhandanstalt bei Privatisierungshandlungen bedenklich weit gezogen, und es besteht die Gefahr, daß Verkaufsentscheidungen bei mehreren Bewerbern letztlich in die Gerichte verlagert würden, mit allen Nachteilen unabsehbarer Verzögerung, geringerer Sachkenntnis und der Gefahr des Scheiterns des konkreten Privatisierungsvorhabens. Allerdings kann dieser Einwand allein gegenüber Art. 3 GG und der Rechtsweggarantie des Art. 19 GG noch nicht zu einer Verkürzung des gerichtlichen Rechtsschutzes führen.

---

144) Bezirksgericht Berlin-Mitte, ZIP 1990, 1100 und 1156. Antragsteller im ersten Verfahren war die Alsen-Breitenburg Zement- und Kalkwerke GmbH, Hamburg und deren Muttergesellschaft Holderbank Financière Glarus AG (Schweiz), im zweiten Verfahren die Linde AG, Wiesbaden.

145) So aber *Fahrenbach*, DtZ 1990, 268, 270.

146) *Krebs*, ZIP 1990, 1513, 1522 m. w. N.

Der richtige Ansatzpunkt liegt wohl darin, daß man grundsätzlich ein Recht von Kaufinteressenten auf fehlerfreien Ermessensgebrauch anerkennt,[147] aber zugleich berücksichtigt, daß die Treuhandanstalt angesichts ihres öffentlichen Auftrages überhaupt nur unter besonderen tatsächlichen Umständen genötigt ist, die Interessen der einzelnen Kaufinteressenten zu berücksichtigen. Die Treuhandanstalt ist nicht durchweg zur öffentlichen Ausschreibung verpflichtet. Es besteht auch Einigkeit darüber, daß die Treuhandanstalt nicht mit einem bestimmten Interessenten abschließen muß.[148] Letztlich kann gegenüber dem öffentlich-rechtlichen Privatisierungsauftrag der Treuhandanstalt und dem notwendigerweise dabei zugestandenen weiten Entscheidungs- und Ermessensspielraum ein Recht eines Kaufinteressenten auf fehlerfreien Ermessensgebrauch nur auf faire Behandlung im konkreten Verhandlungsprozeß hinauslaufen und damit nicht weitergehen, als es sich für die privatrechtliche Ebene aus Grundsätzen der culpa in contrahendo ergibt.

Ein Verstoß wäre daher etwa bei Vertrauensbruch, Nichteinhaltung der Regeln eines als verbindlich gesetzten Vergabeverfahrens oder bei schuldhaft irreführenden Informationen gegeben. Auch hier geht der Anspruch regelmäßig nur auf das negative Interesse. Der leer ausgehende Kaufinteressent kann nur bei schweren Verstößen Aufhebung des Verwaltungsaktes, der den Konkurrenzbewerber begünstigt, erreichen, in keinem Fall die Verpflichtung, dem Kläger den Zuschlag zu geben, im übrigen Schadensersatz. Eine Unwirksamkeit des auf der fehlerhaften Entscheidung beruhenden Kaufvertrags mit dem Konkurrenzerwerber gem. § 134 BGB ist nicht anzunehmen.[149] Als privatrechtlicher Unwirksamkeitsgrund kommt ggf. § 138 BGB (Kollusion) in Betracht.

---

147) Allg. dazu *Schmidt-Aßmann*, in: Maunz/Dürig, GG, Art. 19 Abs. 4 Rz. 135 m. w. N.
148) So auch *Krebs*, ZIP 1990, 1513, 1522.
149) A. A. *Krebs*, ZIP 1990, 1513, 1522.

7. Die Reprivatisierung von Unternehmen

Rechtsquellen:

- G über die Gründung und Tätigkeit privater Unternehmen und über Unternehmensbeteiligungen (UnternehmensG) v. 7. 3. 1990, GBl I Nr. 17 S. 141, zuletzt geändert durch ÄndAufhG v. 28. 6. 1990, GBl I Nr. 38 S. 483 = *Horn*, RWS-Dok. 1 Nr. 4.7; §§ 17 - 21; UnternehmensG aufgehoben durch VermG (unten);
- Gemeinsame Erklärung (GE) der Regierungen der Bundesrepublik Deutschland und der DDR zur Regelung offener Vermögensfragen v. 15. 6. 1990, BGBl II 1990, 1237 = *Horn*, RWS-Dok. 2 Nr. II.2.1;
- VO über die Anmeldung vermögensrechtlicher Ansprüche v. 11. 10. 1990, BGBl I, 2162 = *Horn*, RWS-Dok. 2 Nr. II.2.4;
- EinigungsV v. 31. 8. 1990 Art. 41, BGBl II 1990, 897 = *Horn*, RWS-Dok. 2 Nr. I.1.3, S. 9;
- G zur Regelung offener Vermögensfragen (VermG) v. 3. 10. 1990, in Kraft getreten aufgrund EinigungsV Anlage II Kap. III B Abschn. I Nr. 2, BGBl II 1990, 1159 = *Horn*, RWS-Dok. 2 Nr. II.2.3.

a) Begriff und Rechtsgrundlagen

Die Reprivatisierung als Rückgabe von Unternehmen an die früheren privaten Eigentümer ist von der Privatisierung zu unterscheiden.[150] Das TreuhandG klammert diese Frage aus, präjudiziert sie allerdings auch nicht (§ 24 Abs. 1 TreuhandG). Allgemeine Rechtsgrundlage für die Reprivatisierung von Unternehmen ist seit dem 3. 10. 1990 § 6 VermG. Er regelt die Reprivatisierung von Unternehmen im allgemeinen Zusammenhang mit der Restitution enteigneten oder enteignungsähnlich entzogenen Vermögens.[151]

In der Zeit vom 7. 3. 1990 bis 3. 10. 1990 bestand eine besondere Rückgaberegelung in §§ 17 ff UnternehmensG v. 7. 3. 1990 für die besondere Fallgruppe der 1972 enteigneten Privatunternehmen oder restenteigneten Unternehmen mit staatlicher Beteiligung (unten g). Sie wurde durch das VermG außer Kraft gesetzt (§ 39 Nr. 10). Schon vorher hatte die Gemeinsame Erklärung der beiden deutschen Regierungen vom 15. 6. 1990 eine Rückgabe auch von Unternehmen und Beteiligungen, die zwischen 1949 und 1972 enteignet worden waren,

150) Vgl. auch oben Kap. 3 III und IV.
151) Dazu allg. oben Kap. 3 IV 3.

vorgesehen (Nr. 7 GE). Dem entspricht die neuere und allgemeinere Regelung im VermG.

b) Bedeutung der Restitution; Rolle der Treuhandanstalt

Restitutionsansprüche im Hinblick auf Unternehmen haben im Rahmen der Privatisierung der ehemals sozialistischen Wirtschaft eine große Bedeutung erlangt. Solche Ansprüche sind in einem unerwartet großen Umfang gestellt worden, und die Aufgabe der Reprivatisierung der Unternehmen überlagert zunehmend die ihrer Privatisierung. Die Treuhandanstalt ist nach dem TreuhandG nur mit der Privatisierung betraut. Die Reprivatisierung liegt in den Händen der allgemein für Vermögensfragen zuständigen Behörden, wobei provisorisch die Landratsämter und Stadtverwaltungen der kreisfreien Städte zuständige untere Behörde sind (§ 28 VermG).[152]

Bei jeder Verkaufsentscheidung muß die Treuhandanstalt zunächst die Frage der Restitution prüfen und sie muß als Anteilsinhaberin die Restitution auch praktisch - in Zusammenarbeit mit den Ämtern zur Regelung offener Vermögensfragen - durchführen. Hier bedarf es zur Vereinfachung und Beschleunigung einer weiteren gesetzlichen Verdeutlichung der eigenen Kompetenz der Treuhandanstalt und ihrer zuständigen Niederlassungen, in Zusammenarbeit mit den Ämtern den Restitutionsanspruch dem Grunde nach festzustellen und dann die Restitution (und weitere dabei anfallende Entscheidungen) selbständig durchzuführen.

Restitutionsansprüche mögen kurzfristig als Hemmnis einer raschen Privatisierung erscheinen. Dieses Bedenken fällt aber angesichts der Schwierigkeit rascher anderweitiger Verkäufe nicht zu sehr ins Gewicht. Außerdem können zur Beschleunigung Übergangslösungen gefunden werden, indem die Treuhandanstalt in geeigneten Fällen dem Restitutionsberechtigten das Unternehmen verkauft und den Kaufpreis bis zur endgültigen Klärung der Restitution stundet. Mittelfristig wird die Rückgabe an Alteigentümer sich vermutlich auch gesamtwirtschaftlich als Vorteil erweisen. Gleichwohl soll durch eine Novellierung des VermG der Rechtsgedanke des InvestG (oben Kap. 3 IV 4)

152) Oben Kap. 3 IV 3.

auch auf die Rückgabe von Unternehmen ausgedehnt werden, so daß der Restitutionsanspruch hinter vorrangigen Investitions- und Sanierungsplänen anderer Investoren ggf. zurücktreten muß (unten f).

Ein rechtliches Sonderproblem bilden derzeit die Ansprüche von Alteigentümern, denen nur ein Anteil an einem Unternehmen rückzuübertragen ist, die anderen Unternehmensanteile hinzuzuerwerben (dazu unten h).

c) Der Rückübertragungsanspruch gem. § 6 VermG

Das VermG gewährt in § 6 einen Rückübertragungsanspruch. Anspruchsinhaber sind die von der Enteignung betroffenen natürlichen oder juristischen Personen oder ihre Erben oder sonstigen Rechtsnachfolger (§ 2 Abs. 1). Der Anspruch ist durch Antrag geltend zu machen (§ 6 Abs. 1 Satz 1). Er geht auf Rückübertragung der enteigneten Unternehmen durch Übertragung der durch die Rechtsform geprägten Anteilsrechte an die Berechtigten (Abs. 5 Satz 1).

aa) Vergleichbarkeit

Der Anspruch setzt grundsätzlich die Vergleichbarkeit des zurückzugebenden Unternehmens mit dem seinerzeit enteigneten Unternehmen voraus. Die Vergleichbarkeit des Unternehmens mit dem enteigneten Unternehmen ist gegeben, "wenn das Produkt- oder Leistungsangebot des Unternehmens unter Berücksichtigung des technischen und wirtschaftlichen Fortschritts im Grundsatz unverändert geblieben ist oder frühere Produkte oder Leistungen durch andere ersetzt worden sind" (Abs. 1 Satz 3).

Die letztgenannte Fallgruppe gibt zu Zweifelsfragen Anlaß, weil die Umstellung der Produktion eines Unternehmens auf andere Produkte zu einer so grundlegenden Veränderung des Unternehmens führen kann, daß nach allgemeiner wirtschaftlicher Betrachtung die Vergleichbarkeit ausgeschlossen ist. Die Zweifel lassen sich ausräumen, wenn das Merkmal der "Ersetzung der Produkte und Leistungen durch andere" eng aufgefaßt wird. Eine Ersetzung liegt dann nur vor, wenn die neuen Produkte im Betrieb nach dessen Zuschnitt, fachlicher Qualifikation der Mitarbeiter, Art der verwendeten Technologie oder der sonstigen Produktionsverhältnisse an die Stelle der alten Produkte getreten sind.

Ohne Eingrenzung des Begriffs der Ersetzung wäre der Begriff der Vergleichbarkeit der Unternehmen nicht mehr zu bestimmen. Die Vergleichbarkeit ist noch nicht dadurch ausgeschlossen, daß das enteignete Unternehmen mit einem oder mehreren anderen Unternehmen zusammengefaßt worden ist; vielmehr ist für die Vergleichbarkeit dann nur auf den betreffenden Unternehmensteil abzustellen (Abs. 1 Satz 4).

bb) Rückübertragung; Entflechtung

Die Rückgabe erfolgt durch Übertragung der Rechte, die dem Eigentümer nach der jeweiligen Rechtsform zustehen (Abs. 5 Satz 1). Die enteigneten und in Volkseigentum überführten Privatunternehmen sind nach dem TreuhandG durchweg AGs oder GmbHs geworden (§ 11 Abs. 2 TreuhandG). An die Anspruchsberechtigten sind daher Aktien bzw. GmbH-Anteile zu übertragen. Wenn das Unternehmen zum Zeitpunkt der Enteignung eine andere Rechtsform hatte, z. B. einzelkaufmännisches Unternehmen, OHG oder KG war, kann der Berechtigte vor der Rückgabe die Umwandlung in die frühere oder eine andere Rechtsform verlangen (Abs. 5 Satz 2). Ist allerdings ein einzelkaufmännisches Unternehmen enteignet worden und nur ein Berechtigter vorhanden, ist dieses Verlangen untunlich.

Ist das enteignete Unternehmen mit einem oder mehreren Betrieben zusammengefaßt worden, so kann eine Entflechtung nicht verlangt werden, wenn diese wirtschaftlich nicht vertretbar ist (Abs. 5 Satz 4). Daraus folgt im Umkehrschluß, daß eine solche Entflechtung verlangt werden kann, wenn sie wirtschaftlich vertretbar ist, z. B. wenn der enteignete Betrieb als Betriebsteil eine gewisse wirtschaftliche und funktionelle Selbständigkeit behalten hat und seine Herauslösung aus dem inzwischen hergestellten Zusammenhang mit anderen Betrieben oder Betriebsteilen keine gravierenden technischen oder wirtschaftlichen Schwierigkeiten bereitet; diese Frage ist auch vom Standpunkt der anderen Betriebe oder Betriebsteile zu beurteilen.

Es kann auch sein, daß ein Entflechtungsverlangen des Berechtigten mit Sanierungsplänen der Treuhandanstalt in Konflikt kommt, die keine oder eine andersartige Entflechtung vorsehen. Den Ausschlag gibt hier das überlegene wirtschaftliche Konzept. Kommt es daher entweder nicht zu einer Entflechtung oder nicht zu einer solchen, die die selbständige Zurückgabe des ehemals enteigneten Betriebs gestattet, so sind den Berechtigten anteilige Aktien oder GmbH-Anteile oder sonstige Beteiligungsrechte an dem Unternehmen zu verschaffen, zu dem der ehemals enteignete Betrieb gehört (vgl. Abs. 5 Satz 3).

d) Wertausgleich

Das schwierigste Problem ist naturgemäß die Berücksichtigung der inzwischen eingetretenen Wertveränderungen des Unternehmens. Das enteignete Unternehmen kann in der langen Zeit seit der Enteignung beträchtlich erweitert, modernisiert und ausgebaut worden sein, oder aber umgekehrt - und dies ist der häufigere Fall - nur noch über veraltete und verrottete Baulichkeiten und technische Anlagen oder über Produkte mit geringen Marktchancen verfügen. Unter der Voraussetzung, daß überhaupt eine Vergleichbarkeit vorliegt und damit ein Anspruch gegeben ist, trifft das Gesetz eine Regelung für drei Fälle: Vermögensverschlechterung (aa), Vermögensverbesserung (bb) und Ertragsveränderung (cc).

aa) Wesentliche Verschlechterung

Eine wesentliche Verschlechterung der Vermögenslage liegt nach dem Gesetz vor, wenn nach der DM-Eröffnungsbilanz ein Eigenkapital überhaupt nicht oder nicht in Höhe des für die Rechtsform gesetzlich vorgeschriebenen Mindestkapitals vorhanden ist, also die Bilanz eine Überschuldung oder eine Unterdeckung des Mindestkapitals ausweist[153)], es sei denn die Vermögenslage war bei Enteignung nicht günstiger (Abs. 2). In diesem Fall stehen dem Unternehmen (und dem Berechtigten) Ansprüche auf Bilanzhilfe nach dem DMBilG zu (Abs. 2 Satz 2). Das Gesetz geht also davon aus, daß die Überschuldung oder Unterdeckung regelmäßig Folge der Enteignung oder sonst vom Staat

153) Vgl. allg. oben II 3 - 5 und III 4.

zu verantworten und daher bei Rückgabe auszugleichen sei. Es handelt sich um eine widerlegliche Vermutung zugunsten des Restitutionsberechtigten (Abs. 2 Satz 4). Der Anspruch darf nicht als Sanierungsanspruch oder allgemeiner Entschädigungsanspruch mißverstanden bzw. überdehnt werden.[154)]

Das Unternehmen hat danach drei Möglichkeiten: (1) Es kann Ausgleich einer Überschuldung durch eine Ausgleichsforderung gem. § 24 Abs. 1 DMBilG verlangen, (2) ferner für den nicht durch Aktiva gedeckten Teil des mindestens zu bildenden Eigenkapitals den Fehlbetrag als ausstehende Einlage aktivieren (§ 26 Abs. 3). Schließlich kann es (3) zum Mittel der bloß vorläufigen Neufestsetzung des Eigenkapitals gem. § 28 DMBilG greifen, das in der Schlußbilanz in Mark der DDR ausgewiesene Grund- oder Stammkapital mit dem gleichen DM-Betrag in der Eröffnungsbilanz übernehmen und, soweit dieser Betrag nicht durch die Aktiva gedeckt ist, den Fehlbetrag als Kapitalentwertungskonto vorläufig aktivieren.

Die Möglichkeit des § 28 DMBilG ist nur für Unternehmen vorgesehen, die bereits zum 1. 7. 1990 (aufgrund Umwandlung nach der UmwandlungsVO) eine private Rechtsform hatten. Im Fall des § 28 ist das Kapitalentwertungskonto "vom Verpflichteten zu tilgen". Damit ist wohl die Treuhandanstalt oder der sonstige derzeitige Inhaber der Anteilsrechte gemeint, weil § 28 wohl hier eine den §§ 24, 26 DMBilG entsprechende Hilfe bieten soll. Die Ansprüche nach den §§ 24, 26 Abs. 3, 28 DMBilG entfallen, soweit nachgewiesen wird, daß die Eigenkapitalverhältnisse zum Zeitpunkt der Enteignung nicht günstiger waren (Abs. 2 Satz 3). Aus der Formulierung folgt, daß die Beweislast dafür beim Verpflichteten (Treuhandanstalt oder dem sonstigen Anteilsinhaber) liegt.

bb) Wesentliche Verbesserung

Eine wesentliche Verbesserung der Vermögenslage liegt nach dem Gesetz vor, wenn sich bei der Aufstellung der DM-Eröffnungsbilanz eine Ausgleichsverbindlichkeit nach § 25 DMBilG[155)] ergibt, es sei

154) Allg. zum Verhältnis von Restitution und Entschädigung oben Kap. 3 IV 1 b.
155) Der Gesetzestext spricht von § 26 DMBilG; es muß sich insoweit um ein Redaktionsversehen handeln.

denn die Eigenkapitalrelation zur Bilanzsumme war bei der Enteignung nachweislich schlechter (Abs. 3). § 25 ist vor allem dann gegeben, wenn das Unternehmen per 1. 7. 1990 Grundstücke oder Beteiligungsrechte an anderen Unternehmen unentgeltlich erworben hat. Ein Nachweis der Kapitalverbesserung ist nicht notwendig, wenn das Unternehmen Grundstücke und Bauten, die zu keinem Zeitpunkt (also auch nicht vor der Enteignung) im Eigentum des Unternehmens standen, per 1. 7. 1990 erworben hat (vgl. Abs. 3 Satz 1 i. V. m. § 25 DMBilG). Keine wesentliche Verbesserung der Vermögenslage ist nach dem Gesetz anzunehmen, wenn das Unternehmen lediglich solche Grundstücke zum 1. 7. 1990 übertragen erhielt, die bereits früher dem Privatinhaber zustanden (Umkehrschluß aus Abs. 3 Satz 2).

cc) Änderung der Ertragslage

Das Gesetz normiert schließlich den Fall der wesentlichen Veränderung der Ertragslage, der als wesentlicher Unterschied der zu erwartenden Umsätze im Vergleich zum Enteignungszeitpunkt definiert wird (Abs. 4 Satz 1). Schon nach der Grundregel des Abs. 1 Satz 2 ist eine Verbesserung oder Verschlechterung der Vermögenslage auszugleichen. Abs. 4 versucht Regeln für den Spezialfall der Veränderung der Ertragslage aufzustellen. Sind die derzeit zu erwartenden Umsätze (Erträge?) wesentlich geringer als zum Enteignungszeitpunkt, und müssen neue Produkte entwickelt werden, um einen vergleichbaren Umsatz zu erzielen, so entsteht in Höhe der notwendigen Entwicklungskosten ein Erstattungsanspruch, es sei denn, das Unternehmen ist nicht sanierungsfähig (Abs. 4 Satz 2). Für einen im Vergleich zu früher wesentlich höheren Umsatz sind die dafür notwendigen Entwicklungskosten auszugleichen (Abs. 4 Satz 3). Auch hier bedarf es noch einer näheren Regelung.

dd) Allgemeine Probleme des Wertausgleichs

Die Probleme des Wertausgleichs gehören zu den schwierigsten Fragen der Reprivatisierung. Zweifelsfragen ergeben sich hinsichtlich der Ansprüche gem. § 6 Abs. 2 VermG i. V. m. §§ 24 Abs. 1, 26, 28 DMBilG. Da diese Ansprüche nicht abgelehnt werden dürfen, ergibt sich ein Zwang zur Teilsanierung auch nicht sanierungsfähiger Unternehmen, der wirtschaftlich nicht einleuchtet und dem Berechtigten im Ergebnis nichts hilft. Hier bleibt nur, dem Berechtigten bei der ohnehin unvermeidlichen Liquidation die noch verwertbaren, ihm nach Restitutionsrecht zustehenden einzelnen Vermögensstücke (Grundstücke) außerhalb der Gesamtvollstreckung herauszugeben. Die Vorschrift ist wohl in diesem Sinn einschränkend auszulegen.

Schwer durchführbar und schwer begründbar ist der Anspruch auf Erstattung notwendiger Entwicklungskosten für neue Produkte gem. § 6 Abs. 4 Satz 2 VermG im Fall der wesentlichen Veränderung der Umsätze (Erträge?). Der Anspruch geht über die bloße Restitution weit hinaus. Die öffentliche Hand ist überfordert, wenn sie Betriebe nicht nur restituieren, sondern auch ihre Sanierung finanzieren soll. Dem Gesetz ist auch sonst kein allgemeiner Anspruch auf Sanierungsfinanzierung zu entnehmen.

Schwierigkeiten liegen auch in den sonstigen Einzelheiten des Wertausgleichs. Naheliegend wäre hier ein absoluter Wertvergleich des Unternehmensvermögens (bzw. -anteils) zum Enteignungszeitpunkt mit dem Wert zum Restitutionszeitpunkt. Dabei würden sich große Bewertungsprobleme ergeben, einmal wegen der großen Zeitspanne und eingetretener Veränderungen, dann aus den unterschiedlichen Bewertungsmethoden, die ja generell eine Neubewertung notwendig machen (oben II 3), schließlich wegen der unterschiedlichen Bilanzwährungen im Zeitvergleich. Der Gesetzgeber hat wegen dieser Schwierigkeiten den absoluten Wertvergleich vermieden und arbeitet nur mit Bilanzgrößen der Gegenwart. Ein Zeitvergleich wird nur hinsichtlich von Bilanzrelationen (Eigenkapital zur Bilanzsumme gem. Abs. 3) zugelassen. So wird der Tatbestand der Vermögensverschlechterung (Abs. 2) mit der Überschuldung und Kapitalunterdeckung (§§ 24, 26 Abs. 3 DMBilG) in Beziehung gesetzt, der Tatbestand der Vermögensverbesserung mit der Überkapitalisierung i. S. d. § 26 DMBilG. Der Gesetzgeber zieht dann, wie (oben aa - cc) erörtert, die Kapitalausstattungsregeln der §§ 24 - 26 DMBilG heran.

Es fragt sich, ob diese Methode (Verzicht auf absoluten Größenvergleich) bei starken Veränderungen der absoluten Unternehmensgröße versagt oder, besser gesagt, zusätzliche Überlegungen notwendig macht. Das Problem kann manchmal dadurch entfallen, daß bei starker Größenveränderung ggf. keine Vergleichbarkeit mehr i. S. d. § 6 Abs. 1 vorliegt, also der Restitutionsanspruch überhaupt entfällt. Dies trifft aber bei gleicher oder ähnlicher Produktion des vergrößerten Betriebs nicht zu. Zweitens kann man sagen, daß eine starke Ausweitung des Betriebes nach seiner Sozialisierung stets durch Staatskredite finanziert war, die jetzt als (2:1 abgewertete) Altschulden zu Buche stehen und damit etwaige Zuwächse der Aktiva neutralisieren. Aber auch hier bleiben offene Fragen.

Die Problematik soll an zwei Beispielen erläutert werden. Ein kleiner Betrieb (GmbH) hatte zum Enteignungszeitpunkt Aktiva von 40.000,- Mark der DDR und ein Eigenkapital von 20.000 Mark. Der Betrieb stellt heute noch die gleichen Produkte her, ist also vergleichbar i. S. d. § 6 Abs. 1 VermG. Wegen starker (durch Staatskredite finanzierter) Produktionsausweitung ergeben sich jetzt jedoch in der DM-Eröffnungsbilanz Aktiva von 500.000,- DM und (umgestellte) Altschulden von 900.000,- DM. Die Treuhandanstalt übernimmt eine Ausgleichsforderung gem. § 6 Abs. 2 VermG i. V. m. § 24 Abs. 1 DMBilG von 400.000,- DM und das gesetzliche Mindestkapital gem. § 26 Abs. 3 DMBilG von 50.000,- DM, so daß die Aktiva um 450.000,- DM auf 950.000,- DM steigen. Die Berechtigten oder der enteignete Alleingesellschafter erhält hier den Betrieb mit einem Eigenkapital von 50.000,- DM, also im Ergebnis mehr als er hatte. Eine Vermögensverbesserung i. S. d. § 6 VermG ist aber nicht gegeben, weil sich die Bilanzrelation des Eigenkapitals nicht verbessert, sondern verschlechtert hat (Abs. 3).

Diese Verbesserung zugunsten der Berechtigten mag hinnehmbar sein. Anders liegt es in dem (zugegeben seltenen!) Fall, daß bei gleichen Ausgangszahlen die DM-Eröffnungsbilanz Aktiva von 500.000,- DM ergibt, aber (umgestellte) Altschulden von nur 300.000,- DM. Hier kann zwar weder eine Ausgleichsforderung noch eine Mindestkapitalausstattung von der Treuhandanstalt verlangt werden. Das Eigenkapital von 200.000,- DM (§ 26 Abs. 1 DMBilG) ist nicht durch Ausgleichsverbindlichkeiten (§ 25 DMBilG) zu vermindern, wenn die Aktiva aus Anlagevermögen ohne Grundstücke bestehen oder wenn die Grundstücke früher den Berechtigten gehörten. Die Berechtigten können wohl auch hier volle Rückgabe trotz höheren Eigenkapitals verlangen, da sich das Eigenkapital relativ nicht verbessert hat. Sie erhalten hier aber mehr als ihnen entzogen worden ist (wenn man die Frage zwischenzeitlicher Renditen ausklammert). Hier muß wohl die allgemeine Wertausgleichsregel des § 7 VermG ergänzend eingreifen. Dies setzt jedoch wiederum einen zeitübergreifenden Wertvergleich des Unternehmens-Kapitals voraus.

e) Entschädigungsanpruch

Der Berechtigte kann sich für eine Entschädigung in Geld anstelle der Rückgabe entscheiden (§ 8 Abs. 1 Satz 1 und § 6 Abs. 7 VermG). Ein Entschädigungsanspruch anstelle des Rückgabeanspruchs ist ferner gegeben, wenn mangels Vergleichbarkeit des enteigneten und des jetzt bestehenden Unternehmens ein Rückgabeanspruch ausscheidet (§ 6 Abs. 1 Satz 1 und Abs. 7 Satz 1). Ein bei der Enteignung empfangener Kaufpreis oder Ablösungsbetrag ist im Verhältnis 2:1 umzustellen und vom Entschädigungsbetrag abzusetzen (Abs. 7 Satz 2).

Aber auch wenn das Unternehmen aus anderen Gründen nicht zurückgegeben werden kann, z. B. weil es geschlossen oder ruiniert wurde und nicht mehr vorhanden ist, ist eine Entschädigung zu gewähren. Dieser Anspruch ist im Gegensatz zum Fall der wahlweisen Entschädigung vom Restitutionsanspruch völlig losgelöst. Seine Bewertung ist noch offen. Sie macht nicht nur wegen der allgemeinen Bewertungsprobleme Schwierigkeiten, sondern weil hier auch die grundsätzliche rechtspolitische Frage geklärt werden muß, unter welchen Gesichtspunkten überhaupt noch Entschädigungen gewährt werden können und sollen.[156)] Dies hängt auch von der Zusammensetzung und Speisung des geplanten Entschädigungsfonds gem. § 22 VermG ab.

f) Weiterentwicklung des Restitutionsrechts

§ 6 Abs. 9 VermG enthält die Ermächtigung zum Erlaß einer VO, die u. a. auch die Berechnung der Vermögens- und Ertragslagen der Unternehmen und deren Bewertung regeln soll. Nach dem Planungsstand von Januar 1991 ist der Erlaß der VO in Vorbereitung, eine Verbesse-

156) Zu den verfassungsrechtlichen Gesichtspunkten allg. Kap. 3 I 1 b.

rung des § 6 VermG sowie anderer Vorschriften dieses Gesetzes geplant.[157]

aa) Vorläufige Einweisung

Die Übernahme des Unternehmens durch den Antragsteller ("Berechtigten") soll auf dessen Antrag auch im Wege der vorläufigen Einweisung möglich sein, wenn die Berechtigung unzweifelhaft ist und kein anderer Berechtigter nach § 3 Abs. 2 VermG Vorrang hat. Der Berechtigte hat nach Einweisung durch die Behörde dann vorerst die Stellung eines Pächters oder Käufers, meist unter Stundung des Kaufpreises; letztere Lösung ist bereits in der Praxis der Treuhandanstalt erprobt (oben b). Selbst wenn die Berechtigung nur glaubhaft gemacht wird, aber die zweckmäßige geschäftliche Fortführung und ggf. Sanierung des Unternehmens erwartet werden kann, kann die vorläufige Einweisung beantragt werden. Der derzeit Verfügungsberechtigte (z. B. die Treuhandanstalt) kann umgekehrt den Berechtigten auffordern, sich vorläufig in das Unternehmen einweisen zu lassen. Lehnt der Berechtigte dies ab, entfällt eine Pflicht des Verfügungsberechtigten, die Gesamtvollstreckung abzuwenden.[158]

bb) Rückgabe einzelner Gegenstände

Ist die Rückgabe des Unternehmens möglich, soll der Berechtigte nicht statt dessen verlangen können, daß ihm nur einzelne Vermögensgegenstände übertragen werden; er kann also nicht die besten Stücke herauspicken. Etwas anderes muß natürlich gelten, wenn z. B. Betriebsgrundstücke dem Unternehmen früher vom Eigentümer nur pachtweise überlassen waren und daher ohnehin einen separaten Restitutionsgegenstand bilden. Die Rückgabe einzelner Gegenstände soll auch möglich sein, wenn das Unternehmen gem. §§ 4 und 5 VermG nicht zurückgegeben werden kann. Über die bisherigen Ausschlußgründe hinaus soll die Rückgabe auch ausgeschlossen werden, wenn

157) G zur Beseitigung von Hemmnissen bei der Privatisierung von Unternehmen (PrHBG); Stand: 21. 1. 1991. Der i. f. skizzierte Entwurf konnte im übrigen Manuskript nur noch punktuell berücksichtigt werden.

158) Zu dieser Pflicht, die aus § 3 Abs. 2 und § 6 Abs. 2 VermG herausgelesen wird, oben Kap. 3 IV 3 f gg.

der Geschäftsbetrieb eingestellt ist und seine Wiederaufnahme nach kaufmännischer Beurteilung nicht erwartet werden kann. Werden in den genannten Fällen einzelne Vermögensgegenstände zurückgegeben, so sind vorrangig private Gläubiger zu befriedigen.

cc) Entflechtung

In dem häufigen Fall, daß das enteignete Unternehmen mit anderen Unternehmen in einem VEB oder Kombinat zusammengefaßt worden war, soll die Rückgabe dadurch erleichtert werden, daß die aus dem VEB oder Kombinat hervorgegangene Kapitalgesellschaft nach den Grundsätzen des neuen SpaltungsG (oben 5 d cc) entflochten wird. Über die Entflechtung soll die zuständige Behörde für Vermögensfragen entscheiden. Wenn für die Zwecke der Rückgabe ein neuer Rechtsträger errichtet werden muß (Handelsgesellschaft), so sind die für die jeweilige Rechtsform maßgeblichen Gründungsvorschriften entsprechend anzuwenden. Dem neuen Rechtsträger können im Übergabeprotokoll Altverbindlichkeiten des entflochtenen Unternehmensträgers zugewiesen werden. Die Altgläubiger können sich dann aber auch notfalls an die anderen an der Entflechtung beteiligten Rechtsträger halten.[159)]

dd) Veräußerung für Investitionszwecke

Entsprechend dem Rechtsgedanken des InvestG (oben Kap. 3 IV 4) soll durch Änderung des VermG auch die Möglichkeit eröffnet werden, daß der derzeit Verfügungsberechtigte mit Erlaubnis der Behörde zur Regelung offener Vermögensfragen das Unternehmen trotz Vorliegens eines Rückgabeantrags an einen Dritten verkauft oder langfristig verpachtet, wenn diese Maßnahme notwendig ist, um den Geschäftsbetrieb uneingeschränkt fortzuführen und Arbeitsplätze zu erhalten oder neu zu schaffen, oder wenn durch diese Maßnahme im Rahmen eines Sanierungsplans notwendige Investitionen ermöglicht werden, die sonst unterblieben wären. Die Behörde muß die Zuverlässigkeit des Dritten im Hinblick auf die Unternehmensfortführung oder Sanierung prüfen. Sie muß die Durchführung überwachen und die

---

159) Zur gleichen Regelung im Entwurf des SpaltungsG vgl. oben 5 d bb.

Rückabwicklung anordnen, wenn der Dritte die zugesagten Maßnahmen nicht durchführt und der Berechtigte seinen Restitutionsantrag aufrechterhält.

Die Veräußerung an den Dritten ist nur zulässig, wenn der Anspruch des Berechtigten noch nicht rechtskräftig anerkannt worden ist. Der Berechtigte ist vom Verfügungsberechtigten aufzufordern, sich vorläufig in das Unternehmen einweisen zu lassen. Durch die Einweisung kann er die Veräußerung an den Dritten abwenden. Die Veräußerung an den Dritten ist also nur möglich, wenn der Berechtigte diesen Antrag nicht stellt oder wenn sein Antrag abgewiesen wird, etwa weil er seine Berechtigung nicht hinreichend glaubhaft machen kann.

g) Rückgabe nach dem Unternehmensgesetz

aa) Bedeutung

In der Zeit vom 7. März bis 2. Oktober 1990 bestand eine besondere Rückgaberegelung nach dem UnternehmensG (vgl. oben a). Diese Regelung ist noch für die nicht wenigen Fälle von Bedeutung, die vor dem 3.10. abgewickelt worden sind. Bis Ende August wurden rund 10.000 Rückgabeanträge nach diesem Gesetz gestellt, schon weil die Antragsfrist am 16. 9. 1990 ablief, und 1.565 Unternehmen an ihre früheren Inhaber zurückgegeben.[160] Für die bis zum 2. 10. 1990 abgeschlossenen Verfahren bleibt das UnternehmensG die dauerhafte Rechtsgrundlage. Allerdings kann der Berechtigte noch nachträglich eine Anpassung der bereits abgewickelten Rückgabe an die Bedingungen des VermG verlangen (§ 6 Abs. 8 VermG).

Der Gesetzgeber trifft keine ausdrückliche Regelung für Verfahren auf Rückgabe nach dem UnternehmensG, die zum 3. 10. 1990 noch nicht abgeschlossen sind. Sie unterfallen dem VermG (arg. § 6 Abs. 8 VermG). Damit entfällt auch die Möglichkeit, einen anderen Betrieb oder die Beteiligung an einem anderen Betrieb ersatzweise zu verlangen (§ 19 Abs. 4), sofern nicht im Einzelfall bereits ein konkreter Vertrauenstatbestand (entsprechende Zusage usw.) geschaffen wurde.

160) Pressemitteilung des DDR-Wirtschaftsministeriums v. 28. 8. 1990, Handelsblatt v. 29. 8. 1990, S. 7.

bb) Der Rückgabeanspruch

§ 17 UnternehmensG gab einen Rückgabeanspruch bei bestimmten Betriebsenteignungen, § 18 bei bestimmten Enteignungen von Produktionsgenossenschaften des Handwerks (PGH) im Jahre 1972. In diesem Jahr wurden auf der Grundlage eines Ministerratsbeschlusses vom Februar 1972 private Betriebe oder Betriebe mit staatlicher Beteiligung oder PGHs "in Volkseigenum übergeleitet". Die Überleitung erfolgte formal aufgrund von Kaufverträgen, in Wahrheit gegen den Willen der privaten Eigentümer oder Mitglieder der PGH. Für Unternehmen wurde ein Kaufpreis, für Anteilsrechte ein Ablösebetrag bezahlt, beides zu niedrigen Buchwerten.

Der Anspruch ging auf "Umwandlung" gem. Antrag der früheren privaten Inhaber oder ihrer Erben (§ 17 Abs. 1). Umwandlung bedeutete die Überführung in eine privatrechtliche Organisationsform und Übertragung der Rechtsinhaberschaft an die Berechtigten. Die Wahl der Rechtsform stand den Antragstellern frei; es kam auch eine andere als die frühere in Betracht (vgl. § 17 Abs. 1 Satz 2). Grundstücke im Eigentum des früheren Privatbetriebs oder im Privateigentum des Inhabers waren ebenfalls zurückzugeben (§ 17 Abs. 1 Satz 3). Bei Unmöglichkeit der Rückgabe war die Beteiligung an einem anderen Betrieb oder ein anderer Betrieb anzubieten (§ 19 Abs. 4). Bei Eingliederung in andere Betriebe hatte eine Entflechtung zu erfolgen.[161)]

Der Antrag auf Restitution war vom Berechtigten oder seinen Erben beim örtlich zuständigen Rat des Bezirks bis 16. 9. 1990 zu stellen (§ 17 Abs. 2 i. V. m. § 23). Während der Antragsfrist und aufgrund des gestellten Antrags bestand eine Veränderungs- und Entnahmesperre (§ 17 Abs. 4). Die Rückgabe (Umwandlung) erfolgte gegen Rückzahlung des früher gezahlten Ablösungsbetrags oder Kaufpreises in gleicher Weise wie bei der Enteignung (§ 19 Abs. 2), allerdings unter Umstellung der Rückzahlungsverpflichtung.[162)]

---

161) § 5 Abs. 1 1. DVO zum UnternehmensG v. 8. 3. 1990, GBl I Nr. 17 S. 144 = *Horn*, RWS-Dok. 1 Nr. 4.8.

162) 2. DVO zum UnternehmensG v. 13. 6. 1990, GBl I Nr. 34 S. 363 = *Horn*, RWS-Dok. 1 Nr. 4.9

cc) Wertausgleich

Eine eingetretene Werterhöhung war als Kapitaleinlage, Rücklage, Erhöhung der staatlichen Einlage oder Forderung des Staats auszuweisen. Eine deutliche Wertminderung war durch "staatliche Förderungsmaßnahmen" auszugleichen (§ 19 Abs. 3). Die 1. und 2. DVO trafen dazu für die Ermittlung der Wertveränderungen und ihren Ausgleich sowie für die Berücksichtigung der Währungsumstellung nähere Regelungen.[163)] Diese waren schwer verständlich und nicht leicht zu handhaben. Gleiches gilt für die Grundregel des § 19 Abs. 1 Satz 2 UnternehmensG; danach war über die zu übernehmenden Fonds, Verbindlichkeiten und Vertragsverhältnisse eine Vereinbarung zu schließen, die Voraussetzung für die Umwandlungserklärung (Rückerstattung) war. Bei der Bemessung des Staatsanteils wurde z. T. sachfremd so vorgegangen, daß die einzelnen Gegenstände der Grundmittelfonds getrennt bewertet wurden, wobei man danach unterschied, welche Gegenstände vom Staat angeschafft worden waren und welche noch von den Alteigentümern stammten. Dies hatte zum Ergebnis, daß die vom Staat angeschafften neueren Gegenstände zu relativ höheren Werten angesetzt wurden. Der Begriff des Unternehmenswerts als einer dynamischen Gesamtgröße, bei der Einzelbewertungen in die einheitliche Bilanz eingehen, wurde dabei völlig verkannt. Nur auf den enteigneten (relativen) Anteil am Unternehmenswert konnte es ankommen. Erst danach konnte auch, ebenfalls in einer Gesamtbetrachtung, ggf. die (oben d) erörterte Frage eines Wertausgleichs gestellt werden.

dd) Vollzug

Der Vollzug der Umwandlung erfolgte durch Umwandlungserklärung des Betriebs (bzw. der daraus gem. TreuhandG hervorgegangenen Kapitalgesellschaft) und des Übernehmenden, die notarieller Beurkundung bedurfte und in das Register einzutragen war (§ 19 Abs. 5 UnternehmensG). Es handelte sich demnach um ein vertragsähnliches Geschäft, bei dem im Rahmen der gesetzlichen Vorgaben ein gewisser Verhandlungsspielraum verblieb, der z. B. im Hinblick auf die Bewertung oder die Nichtübernahme von Altschulden ausgenutzt werden

---

163) Vgl. 1. und 2. DVO, aaO.

konnte.[164] Die Rechtslage bezüglich der Altschulden muß also hier anders beurteilt werden als bei den Privatisierungen nach dem TreuhandG oder der UmwandlungsVO. Dies folgt aus dem Restitutionszweck.

In volkseigene Betriebe übergeleitete PGHs konnten gem. § 18 UnternehmensG auf Antrag ehemaliger Genossenschaftsmitglieder in PGHs rückumgewandelt oder in andere privatrechtliche Unternehmensformen überführt werden.[165]

h) Das Recht zum Zuerwerb weiterer Anteile

§ 19 Abs. 2 Satz 4 UnternehmensG ordnete an: "Privaten Gesellschaftern kann der staatliche Anteil verkauft werden." Damit war die Möglichkeit eröffnet, weitere Anteile hinzuzuerwerben und so den Staatsanteil auszuschließen. Dies war wichtig im typischen Fall der 1972er Enteignungen, in denen der Staat schon zuvor Anteile besessen hatte und die Restitution daher nur zu einem Anteil führte. Die Vorschrift ermächtigte die Behörden zum Verkauf der Staatsanteile ("kann"), gab dem Restitutionsberechtigten aber keinen Erwerbsanspruch. Einen solchen Anspruch sah aber dann die Gemeinsame Erklärung (GE) in Nr. 6 Satz 3 ausdrücklich vor.

Gleichwohl kehrte das VermG zu der Kann-Regelung zurück. § 6 Abs. 5 Satz 5 ordnet an: "Verbleiben Anteile bei der Treuhandanstalt, insbesondere zum Ausgleich wesentlicher Werterhöhungen, so können diese von den Anteilseignern erworben werden, denen Anteilsrechte nach diesem Gesetz übertragen worden sind." Die Vorschrift kann dem Wortlaut nach i. S. eines Rechtsanspruchs oder einer Kann-Vorschrift gelesen werden. Für die erstere Deutung spricht die erwähnte Regelung in der Gemeinsamen Erklärung, die Bestandteil des EinigungsV ist. Ferner erscheint eine bloße Kann-Bestimmung angesichts der Dispositionsfreiheit der Treuhandanstalt überflüssig.

Allerdings hat die Protokollerklärung zum EinigungsV[166] in Nr. 18 vorgesehen, daß für den Fall des Zuerwerbsrechts (Nr. 6 Satz 3 GE i. V. m. § 19 Abs. 2 Satz 4 UnternehmensG) auch eine andere gesetzli-

164) Vgl. auch *Gebhardt*, BB 1990, Beilage 28, S. 21.
165) Einzelheiten dazu bei *Philipp*, BB 1990, Beilage 28, S. 22.
166) BGBl II 1990, 905 = *Horn*, RWS-Dok. 2, Nr. I.1.4.

che Regelung ("Umsetzung"), wie sie für die anderen Enteignungsfälle (Nr. 7) vorgesehen ist, getroffen werden kann. Diese andere Regelung ist zusammen mit dem EinigungsV selbst im VermG getroffen. Die Protokollerklärung gibt also diesem neuen Gesetz (insbes. § 6 VermG) den Vorrang, soweit die Regelung Nr. 7 GE entspricht. Dort aber ist von der Übertragung "des Unternehmens als Ganzes oder Gesellschaftsanteilen" die Rede; das Zuerwerbsrecht ist hier nicht besonders erwähnt.

Aus der Protokollerklärung ist zu schließen, daß der Gesetzgeber der Treuhandanstalt freie Hand entsprechend dem Privatisierungszweck geben wollte. Die Anstalt hat lediglich nach pflichtgemäßem Ermessen zu prüfen, ob der Zuerwerb des Berechtigten dem Privatisierungszweck dient. In diesem Fall muß sie ihm die Anteile vorzugsweise anbieten. Zu verneinen ist eine solche Pflicht im Fall von Zwerganteilen, z. B. wenn ein enteignetes Unternehmen mit anderen verbunden war, eine Entflechtung unterbleiben muß und nunmehr relativ kleine Anteile bestehen. Diese Anteile dürfen nicht als Hebel benutzt werden, die Privatisierung im Sinne des Kleinanteilsinhabers zu lenken oder gar diesem zu ermöglichen, ein zusätzliches Entgelt für den Verzicht auf das Zuerwerbsrecht zu erzielen.

IV. Die Privatisierung der Genossenschaften und anderer Wirtschaftseinheiten

Rechtsquellen[1]:

- G zur Förderung des Handwerks vom 9. 8. 1950, GBl I Nr. 91 S. 827; dazu Ergänzungsgesetz v. 12. 3. 1958, GBl I Nr. 20 S. 261; VO über das Musterstatut der PGH v. 21. 2. 1973, GBl I Nr. 14 S. 121; 1. DB zur VO über das Musterstatut der PGH v. 1. 8. 1973, GBl I Nr. 39 S. 406; VO über die Förderung des Handwerks bei Dienst- und Reparaturleistungen usw. v. 12. 7. 1972, GBl II Nr. 47 S. 541;
- LPG-Gesetz v. 2. 7. 1982, GBl I Nr. 25 S. 443; 1. DVO zum LPG-Gesetz v. 2. 7. 1982, GBl I Nr. 25 S. 453; geändert d. G v. 6. 3. 1990, GBl I Nr. 17 S. 133, und ÄndAufhG v. 28. 6. 1990, GBl I Nr. 38 S. 483 = *Horn*, RWS-Dok. 1 Nr. 1.9; Das LPG-Gesetz tritt am 31. 12. 1991 außer Kraft gem. EinigungsV Anlage II Kap. VI B Abschn. III Nr. 2, BGBl II 1990, 1204;
- VO über die Gründung, Tätigkeit und Umwandlung von Produktionsgenossenschaften des Handwerks (PGH-VO) v. 8. 3. 1990, GBl I Nr. 18 S. 164. Die VO besteht mit Abänderungen auch nach dem 3. 10. 1990 fort gem. EinigungsV Anlage II Kap. V A Abschn. III Nr. 4, BGBl II 1990, 1201 = *Horn*, RWS-Dok. 2 Nr. I.3.5 (Auflösung der PGHs bis 31. 12. 1992);
- G betreffend die Erwerbs- und Wirtschaftsgenossenschaften (GenG) v. 1. 5. 1889/20. 5. 1898 in der in der Bundesrepublik geltenden Fassung aufgrund § 20 MantelG v. 21. 6. 1990, GBl I Nr. 34 S. 360 = *Horn*, RWS-Dok. 1 Nr. 1.7, S. 4;
- G über die strukturelle Anpassung der Landwirtschaft an die soziale und ökologische Marktwirtschaft in der DDR (LandAnpassG) v. 29. 6. 1990, GBl I Nr. 42 S. 642 = *Horn*, RWS-Dok. 1 Nr. 4.14; Fortgeltung gem. EinigungsV Anlage II Kap. VI Abschn. II Nr. 1, BGBl II 1990, 1204 = *Horn*, RWS-Dok. 2 Nr. I.3.6;
- G über die Übertragung volkseigener Güter, staatlicher Forstwirtschaftsbetriebe und anderer volkseigener Betriebe der Land- und Forstwirtschaft in das Eigentum der Länder und Kommunen v. 22. 7. 1990, GBl I Nr. 49 S. 897 = *Hommelhoff/Krebs*, RWS-Dok. 3 Nr. II.7.6; bis 2. 10. 1990;
- G über die Übertragung des Eigentums und die Verpachtung volkseigener landwirtschaftlich genutzter Grundstücke an Genossenschaften, Genossenschaftsmitglieder und andere Bürger (LandverwertungsG) v. 22. 7. 1990, GBl I Nr. 49 S. 899 = *Horn*, RWS-Dok. 1 Nr. 3.20; in Kraft geblieben gem. EinigungsV Anlage II Kap. VI B Abschn. II Nr. 1, BGBl II 1990, 1204 = *Horn*, RWS-Dok. 2 Nr. I.3.7;
- G über die Umwandlung volkseigener Wohnungswirtschaftsbetriebe in gemeinnützige Wohnungsbaugesellschaften und zur Übertragung des Grundeigentums an die Wohnungsgenossenschaften (WohnungsGenG) v. 22. 7. 1990, GBl I Nr. 49 S. 901; bis 2. 10. 1990;
- VO zur Einführung des G betreffend die Erwerbs- und Wirtschaftsgenossenschaften der Bundesrepublik Deutschland für die Wohnungsgenossenschaften

1) Die Rechtsquellen zum alten sozialistischen Recht sind nur in eng begrenzter Auswahl aufgenommen.

der DDR (WohnungsGenVO) v. 15. 8. 1990, GBl I Nr. 53 S. 1072; bis 2. 10. 1990;

- VO zur Abwicklung der Forderungen und Verbindlichkeiten realisierter Verträge in westlichen Währungen (konvertierbaren Währungen, Clearing-Währungen und Verrechnungseinheiten) und Deutscher Mark gegenüber Devisenausländern und Vertragsparteien in der Bundesrepublik Deutschland und in West-Berlin (ClearingVO) vom 4. 7. 1990, GBl I Nr. 42 S. 662; modifiziert durch EinigungsV Anlage II Kap. IV Abschn. III Nr. 4, BGBl II 1990, 1199;
- EinigungsV v. 31. 8. 1990, Anlage II Kap. VI B, BGBl II 1990, 1204.

1. Sozialistisches und freiheitliches Genossenschaftskonzept

Genossenschaften mit großer Typenvielfalt spielten in der sozialistischen Wirtschaft eine wichtige Rolle. Sie wurden überwiegend im Bereich von Handel (Konsumgenossenschaften und bäuerliche Handelsgenossenschaften; BHG) und Produktion tätig. Im Produktionsbereich sind vor allem die landwirtschaftlichen Produktionsgenossenschaften (LPGs) und Produktionsgenossenschaften des Handwerks (PGHs) hervorzuheben.[2] Die Genossenschaften beruhten größtenteils[3] auf dem genossenschaftlichen Eigentum als besonderer Form des sozialistischen Eigentums, das mit dem Übergang zur Währungs- und Wirtschaftsunion zu beseitigen war.[4] Ihre Organisation war nicht nur durch ihre gesetzlichen Grundlagen, sondern auch durch zwingende Musterstatuten geregelt und ihre Wirtschaftstätigkeit voll in die Planwirtschaft eingepaßt.

Für den Übergang von der sozialistischen Planwirtschaft zur Marktwirtschaft stellte sich nicht nur die Aufgabe der Beseitigung des genossenschaftlichen Gemeineigentums und der Stärkung der Eigentumsrechte der Genossen, sondern auch die Frage nach der richtigen, für einen Wirtschaftsbetrieb passenden Organisationsform. Die bisherigen, "Genossenschaft" genannten Wirtschaftseinheiten ähnelten eher sonstigen (sozialistischen) Unternehmen als Genossenschaften im Sinne des westlichen Rechts. Der Gedanke einer wirtschaftlichen Förderung der eigenverantwortlichen Wirtschaftstätigkeit der einzelnen Ge-

---

2) LPG-Gesetz 1982, bis 31. 12. 1991, GBl I Nr. 25 S. 443; zu den PGHs: G zur Förderung des Handwerks v. 9. 8. 1950, GBl Nr. 91 S. 827; dazu ErgänzungsG v. 12. 3. 1958, aaO; Musterstatut-PGH gem. VO v. 21. 2. 1973 und die weiteren Nachweise oben .

3) Mit Ausnahme z. B. der Einkaufs- und Liefergenossenschaften des Handwerks (ELG), die auf privatem Eigentum ihrer Mitglieder beruhten; vgl. *Heuer* u. a., Wirtschaftsrecht, S. 145.

4) Dazu oben Kap. 3 III 5b.

nossen i. S. des westlichen Genossenschaftsrechts war den sozialistischen Genossenschaften völlig fremd.

Als der DDR-Gesetzgeber die Überführung der LPGs in Genossenschaften westlichen Rechts vorsah (unten 2), war ihm wohl nicht hinreichend klar, daß auch die westliche Genossenschaft nicht ohne weiteres als Organisationsform für Produktionsbetriebe unter Wettbewerbsbedingungen geeignet ist. In der westlichen Landwirtschaft hat sie sich nur für Spezialaufgaben bewährt (z. B. Molkereigenossenschaft), und in der gewerblichen Wirtschaft ist sie als Form für Produktionsbetriebe wenig gebräuchlich. In beiden Bereichen kommen eher Handelsgesellschaften in Betracht. Immerhin hat die Übergangsgesetzgebung die Wahl verschiedener privatrechtlicher Organisationsmöglichkeiten eröffnet.

2. LPGs

Die bisherigen landwirtschaftlichen Produktionsgenossenschaften (LPGs) werden auch nach der bereits oben (Kap. 3 III) erörterten Reform ihrer Eigentumsordnung nicht fortbestehen. Das bisherige LPG-Gesetz von 1982 tritt vielmehr am 1. Januar 1992 außer Kraft,[5] ebenso die dazugehörenden Musterstatuten (Pflanzenproduktion, Tierproduktion, Gärtnerei). Am 1. Januar 1992 werden die dann noch bestehenden LPGs kraft Gesetzes in eingetragene Genossenschaften "im Aufbau" umgewandelt. Darauf hat der Vorstand der LPG die gesetzlichen Erfordernisse zur Gründung einer eingetragenen Genossenschaft binnen eines halben Jahres zu erfüllen; andernfalls ist die Genossenschaft aufzulösen (§ 69 Abs. 3). Es ist insoweit eine ähnliche Regelung wie für volkseigene Betriebe und Kombinate nach dem TreuhandG gewählt, allerdings mit einer elastischeren Übergangsregelung.

Das LandwirtschaftsanpassungsG (LandAnpassG) geht vom Prinzip des Privateigentums an Grund und Boden in der Land- und Forstwirtschaft (§ 1) und der Gleichheit verschiedener privatrechtlicher Organisationsformen der land- und forstwirtschaftlichen Betriebe aus (§ 2). Als Modellfall hat der Gesetzgeber aber die Überführung der LPGs in die Form der Genossenschaft nach dem GenossenschaftsG vorgese-

5) § 69 Abs. 1 LandAnpassG; EinigungsV Anlage II Kap. VI B Abschn. III Nr. 2, BGBl II 1990, 1204 = *Horn*, RWS-Dok. 2 Nr. I.3.6.

hen, das aufgrund des MantelG im Gebiet der DDR schon ab 1. 7. 1990 wieder in seiner neuesten Fassung eingeführt worden war.[6] Das LandAnpassG regelt die Umwandlung von LPGs in eingetragene Genossenschaften (§§ 27 ff) als formwechselnde Umwandlung (§ 27) aufgrund eines Umwandlungsbeschlusses der Mitglieder der LPGs, der in einer Vollversammlung mit Zwei-Drittel-Mehrheit der abgegebenen Stimmen gefaßt wird (§ 29) und wesentliche Punkte der Satzung (Firma, Sitz, Beteiligungsrechte der Mitglieder, Art und Umfang der Mitgliedsschaftsrechte, Sonderrechte) enthalten muß (§ 30).

Zur Vorbereitung der Umwandlung und zur Erreichung einer optimalen Betriebsgröße konnten LPGs zuvor Teilungen und Zusammenschlüsse beschließen (§§ 4 ff). Wurde die Umwandlung in eine Genossenschaft nicht beschlossen und auch die Umwandlung in eine andere Organisationsform nicht freiwillig vorgenommen, so griff die bereits erwähnte Zwangsumwandlung ein.

Die neue Rechtsform der bisherigen LPG ist zur Eintragung in das Register, in dem die LPG eingetragen ist, anzumelden (§ 35). Die Eintragung hat die Wirkung, daß die LPG als eingetragene Genossenschaft weiterbesteht (§ 37 Abs. 1 Nr. 1). Ein Mitglied, das mit der Umwandlung nicht einverstanden ist oder aus anderen Gründen seine Mitgliedschaft beenden will, kann dies binnen zwei Monaten nach Eintragung der umgewandelten Genossenschaft tun (§ 40). Es hat auch später noch ein Kündigungsrecht (§ 43).

Das Gesetz eröffnet also die Möglichkeit der Bildung von Einzelwirtschaften (Familienwirtschaften) durch Ausscheiden aus der LPG. Mit Beendigung der Mitgliedschaft erhält das ausscheidende Mitglied das volle Verfügungsrecht und den unmittelbaren Besitz an seinen eingebrachten Grundflächen sowie seine Hofstelle zurück (§ 45). Ist dies nicht möglich, so findet ein Eigentumstausch statt (§ 46). Es ist eine vermögensmäßige Auseinandersetzung durchzuführen (§ 49).

Den Bauern, die ihr Land zurückerhalten haben, steht es natürlich auch frei, dieses nun einer Genossenschaft pachtweise zu überlassen. Sie können künftig selbstverständlich auch die Möglichkeit zur Bildung einer Personenhandelsgesellschaft nach dem HGB (§§ 3 Abs. 2, 105 ff, 165 ff) oder einer Kapitalgesellschaft nutzen. Insofern bedurfte es kei-

---

6) Vgl. oben Kap. 1 III 5.

ner besonderen Regelung. Eine solche ist lediglich getroffen für die früheren kooperativen Einrichtungen, die von mehreren LPGs getragen waren. Diese können durch Formwechsel in eine eingetragene Genossenschaft, in eine Kapital- oder in eine Personengesellschaft umgewandelt werden (§ 23 LandAnpassG).

Von großer wirtschafts- und gesellschaftspolitischer Bedeutung sind zwei Fragen: ob künftig in der Landwirtschaft die eingetragene Genossenschaft und ob der einzelbäuerliche Betrieb wirtschaftlich erfolgreich sein werden. Das Problem beim Einzelbetrieb liegt in der meist geringen Kapitalausstattung und ggf. einer geringen Bodenfläche, bei der eingetragenen Genossenschaft mit meist ausreichenden Betriebsgrößen umgekehrt in der für einen Produktivbetrieb schlecht passenden rechtlichen Organisationsform, so daß eher die Wahl einer Handelsgesellschaft ratsam erscheinen könnte. Der DDR-Gesetzgeber hat ein Gesetz zur staatlichen finanziellen Förderung der Umstrukturierung der Landwirtschaft geschaffen, das mit Abänderungen nach dem 3. 10. 1990 fortbesteht und Bundesrecht zum gleichen Gebiet ergänzt.[7)]

3. PGHs

Die Produktionsgenossenschaften des Handwerks (PGHs) wurden durch eine VO vom März 1990 auf eine neue Rechtsgrundlage gestellt.[8)] Danach sind PGHs der freiwillige Zusammenschluß von Handwerkern und arbeiten auf der Grundlage des genossenschaftlichen Eigentums (§ 1 Abs. 1). Die Norm ließ offen, ob genossenschaftliches Eigentum i. S. der alten sozialistischen Verfassung gemeint war; dies ist im Zweifel schon nach der Entstehungszeit anzunehmen. Die VO beseitigte außerdem zwar eine Reihe von alten Normen über PGHs, nicht aber sämtliche alten gesetzlichen Grundlagen (§ 10). Jedenfalls mit der Änderung der Verfassungslage (17. 6. 1990) und Abschaffung

---

7) G zur Förderung der agrarstrukturellen und agrarsozialen Anpassung der Landwirtschaft der DDR an die soziale Marktwirtschaft - Fördergesetz - vom 6. 7. 1990, GBl I Nr. 42 S. 633; aufrechterhalten mit Änderungen im EinigungsV Anlage II Kap. VI Abschn. III Nr. 1, BGBl II 1990, 1204 = *Horn*, RWS-Dok. 2 Nr. I.3.6.

8) Diese PGH-VO v. 8. 3. 1990, GBl I Nr. 18 S. 164, besteht mit Änderungen auch nach dem 3. 10. 1990 fort; EinigungsV Anlage II Kap. V A Abschn. III Nr. 4, BGBl II 1990, 1201 = *Horn*, RWS-Dok. 2 Nr. I.3.5.

des sozialistischen Eigentums[9] ist die alte Form des genossenschaftlichen Eigentums auch hier beseitigt.

Für die Zeit vor Änderung der Verfassungslage ist ein Fortbestand der vorhandenen unteilbaren Fonds der PGH anzunehmen. Allerdings eröffnete bereits die PGH-VO die Möglichkeit, daß sich die PGH auf Beschluß der Mitgliederversammlung in eine KG, OHG, GmbH oder AG umwandelt (§ 4). Bei dieser Umwandlung wurden auch die den einzelnen Mitgliedern zustehenden Anteile an den unteilbaren Fonds der PGH in die Gesellschaft eingebracht (§ 5 Abs. 1). Die (nicht sehr klare) PGH-VO erklärt im übrigen das GenG (damals noch in der alten Fassung) für anwendbar (§ 3). Auch die Auflösung der PGH (§ 7) richtet sich nach diesem Gesetz. Der EinigungsV zieht einen Schlußstrich, indem er alle bis 31. 12. 1992 nicht umgewandelten PGHs für aufgelöst erklärt.[10]

Das UnternehmensG war auf PGHs grundsätzlich nicht anzuwenden (§ 1 Abs. 5); anders im Sonderfall der Rückumwandlung einer enteigneten PGH, wobei auch die Möglichkeit der Überführung in eine neue Rechtsform möglich war (§ 18). Die 1. und 2. DVO zum UnternehmensG trafen dazu nähere Regelungen, wobei eine Aufteilung der vorhandenen unteilbaren Fonds der ehemaligen PGH bei Umwandlung in eine andere Unternehmensrechtsform vorgesehen war (2. DVO § 2 Abs. 2); vgl. auch oben III 7 g dd.

4. Wohnungsgenossenschaften und Wohnungswirtschaftsbetriebe

a) Wohnungsgenossenschaften

Auch auf dem Gebiet des Wohnungswesens bestanden zahlreiche Genossenschaften auf der Grundlage des sozialistischen genossenschaftlichen Eigentumsbegriffs unter Aufsicht der zuständigen Gemeinden oder Kreise. Hervorzuheben sind die Arbeiterwohnungsbaugenossenschaften (AWG)[11] und gemeinnützige Wohnungsbaugenossenschaf-

9) Vgl. dazu oben Kap. 1 III.
10) EinigungsV Anlage II Kap. V A Abschn. III Nr. 4, BGBl II 1990, 1201 = *Horn*, RWS-Dok. 2 Nr. I.3.5.
11) Musterstatut für AWG v. 23. 2. 1973, GBl I Nr. 12 S. 112.

ten (GWG).[12] Durch eine VO v. 15. 8. 1990[13] wurden diese Genossenschaften ex lege in Genossenschaften i. S. des GenG in der in der Bundesrepublik geltenden Fassung umgewandelt (§ 1). Bemerkenswerterweise erfolgte diese Umwandlung rückwirkend zum 1. 7. 1990.

Die bisherigen Musterstatuten sollten am 31. 12. 1990 außer Kraft treten. Bis dahin waren neue, dem GenG angepaßte Statuten zu erarbeiten und durch die Mitglieder oder Vertreterversammlungen zu beschließen. Auf der Grundlage der beschlossenen Statuten war die Eintragung in das Genossenschaftsregister zu beantragen (§ 2 VO). Das Gericht hatte eine Gründungsprüfung nur vorzunehmen, wenn sich die Genossenschaften keiner regelmäßigen Finanzprüfung durch die bisher zuständigen staatlichen Revisionsorgane unterzogen hatten (§ 2 Abs. 3). Die umgewandelten Genossenschaften mußten aber nunmehr einem Prüfungsverband angehören (§ 6 VO). Zusammen mit dem Beschluß über das neue Statut sind die Genossenschaftsanteile und Arbeitsleistungen der Genossenschafter neu zu bestimmen (§ 5). Da die genannte VO im EinigungsV nicht aufrechterhalten wurde, richtet sich die organisatorische Neuordnung allein nach dem GenG.

Die Nutzungsgebühren für öffentlich geförderte Genossenschaftswohnungen waren im Rahmen des allgemeinen Mietpreisrechts und unter sozialen Aspekten festzulegen und durften die ortsüblichen Mieten für öffentlich geförderten Wohnungsbau nicht überschreiten (§ 4 Abs. 1 VO). Seit 3. 10. 1990 gelten die allgemeinen Regeln des Mietpreisrechts für das neue Bundesgebiet.[14]

Die Genossenschaften konnten in der Übergangszeit bis 3. 10. 1990 die bis dahin volkseigenen Grundstücke, auf denen die Wohngebäude und sonstigen Anlagen der Genossenschaften errichtet sind, gegen Entgelt zu Eigentum erwerben (§ 3 Abs. 1 VO). Diese volkseigenen Grundstücke waren nach dem KVG auf die Kommunen zu übertragen.[15] Einzelheiten des Erwerbs waren einem Gesetz vom 22. 7. 1990 zu entnehmen.[16] Das Gesetz ließ die Restitutionsansprüche von Altei-

---

12) Musterstatut für GWG v. 14. 3. 1957, GBl I Nr. 24 S. 203.

13) VO v. 15. 8. 1990, GBl I Nr. 53 S. 1072, ergangen gem. § 20 MantelG, GBl I Nr. 34 S. 360 = *Horn*, RWS-Dok. 1, Nr. 1.7, S. 4.

14) Oben Kap. 2 IV 1 b und 2 e.

15) Oben Kap. 3 III 3.

16) G über die Umwandlung volkseigener Wohnungswirtschaftsbetriebe und zur Übertragung des Grundeigentums, GBl I Nr. 49 S. 901.

gentümern unberührt (§ 1 Abs. 2). Da bereits der Eigentumserwerb durch die Kommunen nach dem KVG in der Übergangszeit kaum vollzogen wurde, erlangte diese Regelung des Eigentumserwerbs durch die Genossenschaften wohl nur geringe praktische Bedeutung.

Mit dem 3. 10. 1990 sind aufgrund des EinigungsV die von den Genossenschaften genutzten volkseigenen Grundstücke ex lege in das Eigentum der kommunalen Gebietskörperschaften übergegangen; sie sind anschließend an die Genossenschaften zweckgebunden zu übertragen.[17] Die erwähnten Übertragungsregeln der Übergangszeit sind nicht mehr anzuwenden, weil sie nach dem 3. 10. 1990 nicht fortgelten. Die Weiterveräußerung steht unter dem Vorbehalt, daß die Grundstücke möglicherweise einem Restitutionsanspruch unterliegen und an Alteigentümer zurückzugeben sind.[18]

b) Wohnungswirtschaftsbetriebe

Die umfangreichen Bestände volkseigener Wohnungen, die zum großen Teil durch den staatlichen Wohnungsbau geschaffen sind, ggf. nach Enteignung der unbebauten Grundstücke, und die zu einem anderen Teil aus der Enteignung oder "kalten" Enteignung privater Wohnhäuser stammen,[19] wurden von behördenähnlichen Wohnungswirtschaftsbetrieben bewirtschaftet. Diese übten die Rechte aus dem Volkseigentum in sog. Rechtsträgerschaft aus, schlossen die Mietverträge ab und sorgten für die Hausverwaltungen.

Das volkseigene Wohnungseigentum in Verwaltung dieser Betriebe ist gem. Art. 22 Abs. 4 Satz 3 EinigungsV am 3. 10. 1990 in das Eigentum der Kommunen übergegangen.[20] Schon in der Übergangszeit vor dem 2. 10. 1990 war der Übergang des Eigentums dieser Betriebe auf die Kommunen durch das KVG vorgesehen. Daran knüpfte das Gesetz über die Umwandlung volkseigener Wohnungswirtschaftsbetriebe etc. vom 22. 7. 1990 an (§ 2).

---

17) Art. 22 Abs. 4 EinigungsV, BGBl II 1990, 895 = *Horn*, RWS-Dok. 2 Nr. I.3.8 i. V. m. Nr. 13 Protokoll zum EinigungsV, BGBl II 1990, 906 = *Horn*, RWS-Dok. 2 Nr. I.4.2; s. auch oben Kap. 3 III 3 d.

18) S. Kap. 3 IV 3.

19) Zu dieser Enteignung oben Kap. 3 IV 3 b cc und 5 b ff.

20) Vgl. oben Kap. 3 III 3 d.

Das Gesetz überließ es den Städten, Gemeinden und Kreisen, durch Beschluß der Stadtverordnetenversammlungen und Gemeindevertretungen die Wohnungswirtschaftsbetriebe in gemeinnützige GmbHs umzuwandeln (§ 3). Die Umwandlung erfolgte gemäß § 58 des UmwandlungsG.[21)] Die Umwandlung bewirkte gleichzeitig die Übertragung der (früher) in Rechtsträgerschaft der volkseigenen Wohnungswirtschaftsbetriebe stehenden Wohngebäude und baulichen Anlagen in das Vermögen der durch Umwandlung entstandenen Wohnungsbaugesellschaften; diese Übertragung stellte sich als "Geschäftsanteil der Kommunen" (gemeint: Sacheinlage) dar (§ 3 Abs. 3 Satz 1). Die Eigentumsübertragung war notariell zu beglaubigen und im Grundbuch einzutragen (§ 3 Abs. 4).

5. Handelsgenossenschaften und Handelsbetriebe

Einzel- und Großhandel waren in der DDR teils in der Hand von Genossenschaften (Konsumgenossenschaften und BHG), teils in der Hand von volkseigenen Betrieben des Einzelhandels (HO), der Gaststätten und Hotels sowie des Großhandels. Die rechtliche Organisation der Konsumgenossenschaften richtete sich nach Musterstatuten ohne weitere gesetzliche Regelung.[22)] Sie mußten sich in Genossenschaften i. S. des ab 1. 7. 1990 geltenden GenG umwandeln. Die volkseigenen Betriebe sind aufgrund des TreuhandG in Kapitalgesellschaften umgewandelt. Mit ihrer Privatisierung befaßt sich eine für diesen Zweck besonders gegründete Tochtergesellschaft der Treuhandanstalt (oben III 2 c cc).

Die Genossenschaften verfügten insbesondere im ländlichen Bereich zum Teil über eingebrachte Privatgrundstücke. In anderen Fällen waren ihnen volkseigene Grundstücke in Rechtsträgerschaft übertragen. Ein davon aufgrund von Nutzungsrechten getrenntes Gebäudeeigentum gehörte zum Betriebsvermögen. Die volkseigenen Grundstücke sind gemäß TreuhandG und KVG in das Eigentum der kommunalen Gebietskörperschaften übergegangen. Die Betriebsgrundstücke der volkseigenen Betriebe sind dagegen gem. § 11 TreuhandG Eigentum

---

21) Auf dem Gebiet der DDR in Kraft seit 1. 7. 1990 aufgrund § 22 MantelG, GBl I Nr. 34 S. 360 = *Horn*, RWS-Dok. 1, Nr. 1.7, S. 4.

22) *Heuer* u. a., Wirtschaftsrecht, S. 149 f; *Herzog*, S. 25 ff.

der Kapitalgesellschaften geworden. Vor dem 3. 10. 1990 bestand eine vorübergehende gesetzliche Regelung über die Entflechtung des Handels.[23)]

6. Außenhandelsbetriebe (AHBs)

Die Außenhandelsbetriebe, die gemäß dem staatlichen Außenhandelsmonopol der DDR[24)] mit der Abwicklung aller Im- und Exportgeschäfte als zwischengeschaltete Vertragspartner befaßt waren,[25)] sind nach der ClearingVO vom 4. 7. 1990 mit ihren Geldforderungen und -verbindlichkeiten aus realisierten Export- und Importverträgen abzuwickeln (§ 2 Abs. 1 Satz 1 VO). Die Betriebe sind mit der Bezeichnung "in Abwicklung" im Register beim staatlichen Vertragsgericht zu führen (§ 2 Abs. 3). Sie bleiben weiterhin Gläubiger und Schuldner (§ 3). Sie weisen ihre Forderungen und Verbindlichkeiten sowie die sonstigen Vermögenswerte in ihren DM-Eröffnungsbilanzen per 1. 7. 1990 aus (§ 5). Die Kontenführung der AHBs in Abwicklung ist ausschließlich über die frühere Außenhandelsbank der DDR (DABA) vorzunehmen (§ 9 Satz 1 VO). Eine Überschuldung der AHBs wurde durch Zuweisung einer verzinslichen Ausgleichsforderung gegen den Ausgleichsfonds Währungsumstellung gem. § 40 DMBilG ausgeglichen.

Die ClearingVO eröffnet die Möglichkeit, daß die AHBs mit verfügbaren Teilen ihres Vermögens Nachfolgegesellschaften gründen (§ 7 Abs. 2 i. V. m. § 4). Dies setzt ein entsprechendes Vermögen und ein aussichtsreiches unternehmerisches Betätigungsfeld voraus. Manche AHBs scheinen ein solches Feld aufgrund ihrer Kenntnisse und Erfahrungen im internationalen Handel (z. B. Rohstoffhandel) zu finden.

Bei den AHBs ist eine Neigung zu verzeichnen, die vom Gesetz angeordnete Liquidierung zu vermeiden und damit auch die Notwendigkeit der Gründung einer Nachfolgegesellschaft. Als Begründung dafür beruft man sich darauf, daß bereits eine Umwandlung in eine GmbH durch das TreuhandG automatisch erfolgt sei. Das TreuhandG nimmt jedoch in § 1 Abs. 5 (4. Spiegelstrich) die AHBs von seinem Anwendungsbereich aus, allerdings nur, wenn ein Liquidationsvermerk im

---

23) S. Kap. 5 I 1 c cc.
24) Oben Kap. 1 III 1 a.
25) Zu dieser Funktion auch oben Kap. 2 II 3 a und III 3 d.

Register der volkseigenen Wirtschaft eingetragen ist. Diese Eintragung war durchweg nicht erfolgt, und die Verpflichtung dazu wurde auch erst nach Inkrafttreten des TreuhandG durch die ClearingVO begründet. Gleichwohl entspricht es dem eindeutigen Willen des Gesetzgebers, die AHBs vom Anwendungsbereich des TreuhandG auszunehmen und sie mit ihrem Devisenaltgeschäft zu liquidieren.

V. Arbeitsrecht

Rechtsquellen

- Grundgesetz für die Bundesrepublik Deutschland vom 23. 5. 1949 (BGBl, 1; BGBl III, 100 - 1 mit Änderungen zuletzt durch den EinigungsV v. 31. 8. 1990, BGBl II 1990, 889 = *Horn*, RWS-Dok. 2 Nr. I.1.3, ab 3. 10. 1990;
- Verfasssungsgrundsätze v. 17. 6. 1990, GBl I Nr. 33 S. 299 = *Horn*, RWS-Dok. 1 Nr. 1.6; bis 2. 10. 1990;
- StaatsV v. 18. 5. 1990 über die Schaffung einer Währungs-, Wirtschafts- und Sozialunion v. 18. 5. 1990, BGBl II, 537 (Vertragsgesetz, BGBl II 1990, 518 = *Horn*, RWS-Dok. 1 Nr. 1.1), insbes. Kap. IV Bestimmungen über die Sozialunion und Anlagen II und III;
- EinigungsV v. 31. 8. 1990, insbes. Art. 30 und Anlagen I und II jeweils Kapitel VIII, BGBl II 1990, 899, 1020, 1207 = *Horn*, RWS-Dok. 2 Nr. I.1.3, S. 11, I.2.9, I.3.8;
- Mantelgesetz (G über die Inkraftsetzung von Rechtsvorschriften der Bundesrepublik Deutschland in der DDR) v. 21. 6. 1990, GBl I Nr. 34 S. 357 = *Horn*, RWS-Dok. 1 Nr. 1.7, insbes. §§ 16, 26 - 32 über die Inkraftsetzung ab 1. 7. 1990 von HGB Buch 1 - 4 (mit Ausnahmen), MontanmitbestG nebst Mitbestimmungsergänzungs G, MitbestG 1976, BetriebsverfassungsG 1952, BetriebsverfassungsG 1972 (in aktueller Fassung mit Modifikationen), TarifvertragsG, KündigungsschutzG;
- Arbeitsgesetzbuch der DDR (AGB) v. 16. 6. 1977, GBl I Nr. 18 S. 186 i. d. F. des G zur Änderung und Ergänzung des AGB v. 22. 6. 1990, GBl I Nr. 35 S. 371; nur teilweise und z. T. befristete Fortgeltung gem. EinigungsV Anlage II Kap. VIII A Abschn. II, III Nr. 1; C Abschn. III Nr. 1, BGBl II 1990, 1207, 1208 (insoweit abgedruckt bei *Hanau/Langanke/Preis/Widlak*, RWS-Dok. 6);
- Arbeitsförderungsgesetz (AFG) der DDR v. 22. 6. 1990, GBl I Nr. 36 S. 403, nur teilweise und z. T. befristete Fortgeltung gem. EinigungsV Anlage II Kap. VIII E Abschn. III Nr. 1 (abgedruckt bei *Hanau/Langanke/Preis/Widlak*, RWS-Dok. 6);
- VO zu Übergangsregelungen bis zur erstmaligen Wahl der Betriebsräte nach dem BetrVG vom 11. 7. 1990, GBl I Nr. 44 S. 715; Geltung befristet bis 30. 6. 1991 durch EinigungsV Anlage II Kap. VIII A III 4 (abgedruckt bei *Hanau/Langanke/Preis/Widlak*, RWS-Dok. 6).

1. Die Rechtsangleichung im Arbeitsrecht

a) Überblick

Auf dem Gebiet des Arbeitsrechts ist die Rechtseinheit im wesentlichen hergestellt oder eingeleitet. Die Unterschiede und Abweichungen im Vergleich zum übrigen Bundesgebiet sind in den einzelnen Gebieten begrenzt und haben Ausnahme- oder Übergangscharakter. Die

Herstellung der Rechtseinheit umfaßt insgesamt die folgenden großen Schritte: Mit dem StaatsV wurden Verfassungsgrundsätze und grundlegende Gesetze des Arbeitsrechts der Bundesrepublik übernommen (unten c). Anschließend schuf die DDR eigene Gesetze im Sinne einer Anpassung an das Bundesrecht (unten d). Der EinigungsV hat die Rechtseinheit im wesentlichen vollendet und lediglich begrenzte Ausnahmen und Übergangsregelungen geschaffen (unten e). Zum Verständnis der Entwicklung und der in der DDR noch bestehenden tatsächlichen Strukturen und Denkweisen ist ein kurzer Blick auf das überwundene System unerläßlich (i. f. b).

b) Der überwundene sozialistische Rechtszustand

Die alte DDR-Verfassung sah in Art. 24 ein Recht auf Arbeit vor. Es wurde im Rahmen einer umfassenden staatlichen Lenkung der Ausbildung und des Einsatzes der Arbeitskräfte und entsprechender Beeinflussung des Einstellungsverhaltens der Betriebe sowie einen daran anschließenden umfassenden Kündigungsschutz nach dem AGB realisiert.[1] Dieses System, bei dem einerseits die in der Verfassung versprochene freie Wahl des Arbeitsplatzes keineswegs gesichert, andererseits die Mobilität von Arbeitskräften weitgehend ausgeschlossen war, trug beträchtlich zu der im Vergleich mit der westlichen Wirtschaft geringeren Arbeitsproduktivität in der DDR bei und damit zu einem niedrigeren Reallohnniveau, das nur punktuell durch subventionierte niedrige Preise für Grundnahrungsmittel und zwangsweise niedrige Mieten kompensiert werden konnte. In einer freien Wirtschaft hat ein solches Recht auf Arbeit keinen Platz, weil der Staat weder Arbeitsplätze selbst jedermann anbieten noch andere zu einem solchen Angebot zwingen kann. Nach einer kurzen innenpolitischen Debatte in der DDR um die Erhaltung dieser vermeintlichen sozialen Errungenschaft der DDR wurde in den Verfassungsgrundsätzen vom 17. 6. 1990 nur ein stark abgemildertes Recht auf Schutz der Arbeitskraft und Arbeitsförderung aufgenommen (Art. 7).[2] Dies entsprach im wesentlichen der (einfachrechtlichen) Rechtslage in der Bundesre-

---

1) Allg. *Lohmann*, insbes. S. 16, 29 ff; *Motsch*, S. 92, 96ff.

2) Oben Kap. 1 III 4.

publik, so daß der Wegfall der Verfassungsgrundsätze am 3. 10. 1990 keine materielle Änderung mehr bedeutet.

Die DDR verfügte über eine umfassende Kodifizierung des Arbeitsrechts im Arbeitsgesetzbuch von 1977 (AGB). Es regelte nicht nur das "Arbeitsrechtsverhältnis" (d.h. das Arbeitsverhältnis), wobei die ordentliche Kündigung stark eingeschränkt war (§ 54 AGB), sondern auch Fragen des kollektiven Arbeitsrechts.[3] Die Tariflöhne wurden gem. § 97 Satz 2 AGB durch den Ministerrat gemeinsam mit dem Bundesvorstand des FDGB festgelegt. In einzelnen Branchen gab es Rahmenkollektivverträge (z. B. über Eingruppierungsmerkmale); sie wurden gem. § 14 AGB zwischen den Gewerkschaften und dem zuständigen staatlichen Organ geschlossen.

Die Betriebsverfassung war durch die beherrschende Stellung der staatlich gelenkten Gewerkschaften des FDGB geprägt. Betriebsräte bestanden seit 1948 nicht mehr. Vielmehr bildeten alle gewerkschaftlich organisierten Werktätigen die Betriebsgewerkschaftsorganisation (BGO); diese wählte eine Betriebsgewerkschaftsleitung (BGL), in größeren Betrieben auch Abteilungsgewerkschaftsleitungen (AGL).[4] Die BGL konnte mit dem Betriebsleiter Betriebskollektivverträge (BKV) abschließen, z. B. über die Verbesserung der Arbeitsbedingungen oder Prämien. Außerdem hatte die BGL Zustimmungsrechte in zahlreichen sozialen und personellen Angelegenheiten. Mit dem Gewerkschaftsgesetz vom März 1990 wurde der vorübergehende Versuch unternommen, die starke Stellung der Gewerkschaften im Betrieb zu konservieren; dieser Versuch wurde durch den StaatsV beendet.[5]

Ein Streikrecht existierte nicht; es war mit der sozialistischen Staatsideologie unvereinbar. Das erwähnte Gewerkschaftsgesetz vom März 1990, das den Gewerkschaften u. a. auch frühere politische Einflußrechte sichern wollte, führte auch ein Streikrecht unter gleichzeitigem Verbot der Aussperrung ein (§ 18).[6] Mit dem Wegfall dieses Gesetzes besteht das Streikrecht im Rahmen des Grundgesetzes und der dazu von der Rechtsprechung herausgearbeiteten Grenzen.

---

3) Allg. dazu *Lohmann*, S. 16, 29 ff; vgl. auch *Däubler*, ArbuR 1990, 149 ff.
4) Allg. *Lohmann*, S. 16, 29 ff; vgl. auch *Ondrusch*, AiB 1990, 93.
5) Oben Kap. 1 III 2 b.
6) Oben Kap. 1 III 2 b.

c) Der Staatsvertrag

Ab 1. 7. 1990 ist das Arbeitsrecht der DDR aufgrund des StaatsV in den wesentlichen Rechtsgrundlagen an das Arbeitsrecht der übrigen Bundesrepublik angeglichen.[7] Art. 17 bestimmte dazu für die DDR die Geltung von Koalitionsfreiheit, Tarifautonomie, Arbeitskampfrecht, Betriebsverfasssung, Unternehmensmitbestimmung und Kündigungsschutz. Im Gemeinsamen Protokoll über Leitsätze zum StaatsV ist die Koalitionsfreiheit, die Bildung tariffähiger Gewerkschaften und Arbeitgeberverbände und die freie Lohnfindung für das Gebiet der DDR vorgesehen (Abschn. III). Gemäß Anlage II zum StaatsV (Abschn. IV) hat das sog. MantelG[8] das bundesrepublikanische Mitbestimmungs- und Betriebsverfassungsrecht mit punktuellen Änderungen eingeführt, ebenso das TarifvertragsG und das KündigungsschutzG (§§ 26 - 32 MantelG). Das Recht des Handlungsgehilfen des HGB (§§ 59 - 83) blieb ausgeklammert (§ 16 Nr. 1 MantelG).

Eine Reihe von arbeitsrechtlichen Gesetzen der DDR war nach dem StaatsV (Anlage III Abschn. III) zu beseitigen, so das erwähnte GewerkschaftsG vom März 1990 (Nr. 1) und Regelungen über die Tätigkeit der Konfliktkommissionen und Beschwerdekommissionen auf dem Gebiet des Arbeits- und Sozialrechts (Nr. 4 - 6). Ferner war das Arbeitsgesetzbuch an den Vertrag anzupassen (Nr. 7). Dies ist durch ein Änderungsgesetz vom 22. 6. 1990 erfolgt. Dabei wurden die im Gesetz enthaltenen Regelungen zum kollektiven Arbeitsrecht und Sozialrecht aufgehoben.[9] (Einzelheiten zum Arbeitsvertragsrecht i. f. 2).

d) DDR-Gesetzgebung der Übergangszeit

Der DDR-Gesetzgeber hat außer der Übernahme von Bundesrecht weitere eigenständige Gesetzgebungsschritte unternommen, um in Ausführung des StaatsV ein dem Recht der Bundesrepublik angenähertes Arbeitsrecht zu schaffen. Der StaatsV schrieb dazu pauschal eine Überarbeitung des AGB in Anpassung an den StaatsV[10] sowie den Erlaß u. a. eines ArbeitsförderungsG, SchwerbehindertenG und

---

7) Überblick bei *Wlotzke/Lorenz*, BB 1990, Beilage 35, S. 1, 2 ff.
8) G v. 21. 6. 1990, GBl I Nr. 34 S. 357 = *Horn*, RWS-Dok. 1, Nr. 1.7.
9) Allg. zu dieser Reform *Heuse*, BB 1990, Beilage 26, S. 22; *Nägele*, BB 1990, Beilage 26, S. 26.
10) StaatsV Anlage III, Abschn. III Nr. 7, BGBl II 1990, 557; dazu *Stückemann*, ZIP 1990, 1117.

LohnfortzahlungsG vor.[11] Diesen Verpflichtungen kam der DDR-Gesetzgeber nach.[12]

Die Überarbeitung des AGB führte dazu, daß dessen kollektivrechtliche Regelungen eliminiert und das Arbeitsvertragsrecht an das der Bundesrepublik angepaßt wurde.[13] Das ArbeitsförderungsG (AFG) wurde in enger Anlehnung an das Bundesrecht erlassen. Kaum ein Zufall dürfte es sein, daß bei § 116 die Absätze 3 - 6 weggelassen wurden.[14]

Die Entwicklung zur deutschen Einheit schritt jedoch schneller voran, als beim Abschluß des StaatsV abzusehen war. Aufgrund des EinigungsV trat das gerade erst erlassene SchwerbeschädigtenG am 3. 10. 1990 wieder außer Kraft und vom Arbeitsgesetzbuch der DDR und dem neu erlassenen AFG-DDR blieben nur wenige, punktuelle Regelungen bestehen. Dazu gehören Bestimmungen über Kündigungsfrist (§ 55 AGB), besonderen Kündigungsschutz (§§ 58 f), Lohnfortzahlung (§§ 115 a ff) und Schadensersatzhaftung des Arbeitnehmers (§§ 260 ff).

e) Der Einigungsvertrag

Der EinigungsV enthält in Art. 30 (Arbeit und Soziales) zunächst die lediglich programmatische Aussage, daß die Gesamtkodifikation des Arbeitsrechts und die Regelung des öffentlich-rechtlichen Arbeitsschutzes in Übereinstimmung mit dem EG-Recht Aufgabe des gesamtdeutschen Gesetzgebers sei (Abs. 1). Ferner enthält die Bestimmung eine Reihe sozialrechtlicher Übergangsregelungen u. a. über ein Altersübergangsgeld nach Vollendung des 57. Lebensjahres (Abs. 2), die Übertragung von Aufgaben der Sozialversicherung auf die einzelnen Träger (Abs. 4) und die künftige Regelung der Überleitung des Sechsten Buchs Sozialgesetzbuch (Rentenversicherung) und der Vorschriften des Dritten Buches der Reichsversicherungsordnung (Unfallversicherung) (Abs. 5).

---

11) StaatsV Anlage IV Abschn. II Nr. 1 - 3, BGBl II 1990, 558.

12) Zum AFG und AGB s. die Nachweise oben vor 1; ferner SchwbG v. 21. 6. 1990, GBl I Nr. 35 S. 381 (abgedruckt bei *Hanau/Langanke/Preis/Widlak*, RWS-Dok. 6); zur Lohnfortzahlung s. §§ 115 a ff AGB.

13) *Heuse*, BB 1990, Beilage 26, S. 22; *Nägele*, BB 1990, Beilage 26, S. 26.

14) Krit. dazu *Helmrich*, Handelsblatt v. 11. 7. 1990, S. 3; *Kissel*, DtZ 1990, 155, 158 Fußn. 27.

Von der Möglichkeit gem. Art. 9, DDR-Recht in Ausnahme vom Grundsatz der Einführung des Bundesrechts fortgelten zu lassen, macht der EinigungsV jedenfalls für die Kerngebiete des Individual- und Kollektivarbeitsrechts wenig Gebrauch; stärkere Fortgeltungsregelungen finden sich im Bereich des Sozialrechts.[15] Das Ziel der Rechtseinheit wird also im ganzen konsequent verwirklicht.

2. Arbeitsverhältnis

a) Grundlagen des Arbeitsverhältnisses

Die vertragsrechtlichen Grundlagen des Arbeitsverhältnisses sind für das Gebiet der früheren DDR seit 3. 10. 1990 grundsätzlich die gleichen wie im übrigen Bundesgebiet und zwar gem. Art. 232 § 5 EGBGB auch für die am 3. 10. 1990 bereits bestehenden Verträge.[16] Es gelten also das Dienstvertragsrecht des BGB (§§ 611 - 630), für gewerbliche Arbeitnehmer die §§ 105 ff GewO, für kaufmännische Arbeitnehmer die §§ 59 ff HGB. Ausgenommen von dieser Geltungserstreckung sind einzelne Vorschriften von BGB, GewO, HGB u. a. zum Schadensersatz und Kündigungsrecht und zur Lohnfortzahlung, die z. T. verfassungswidrige Differenzierung zwischen Angestellten und Arbeitern enthalten, sowie ebenfalls verfassungswidrige Normen zum nachvertraglichen Wettbewerbsverbot.[17] Damit gilt auch das zu diesen Normen entwickelte arbeitsrechtliche Richterrecht. Ferner gelten zahlreiche arbeitsrechtliche Spezialregelungen. Beides gilt freilich nur unter der Voraussetzung, daß der EinigungsV nicht ausnahmsweise die Geltung des DDR-Rechts anordnet.

Von dieser Möglichkeit wurde, wie bereits bemerkt, nur begrenzt Gebrauch gemacht. Insbesondere wurde das erst im Juni 1990 intensiv überarbeitete Arbeitsgesetzbuch der DDR nicht beibehalten. Es mußte vielmehr der Rechtseinheit im Bundesgebiet weichen. Im EinigungsV ist aber durchaus die Notwendigkeit einer Kodifikation des

---

15) Vgl. allg. EinigungsV Anlagen I und II, jeweils Kap. VIII, BGBl II 1990, 1020 und 1207 = *Horn*, RWS-Dok. 2 Nr. I.2.9 und I.3.8

16) Allg. oben Kap. 2 I 3 b.

17) Der EinigungsV nimmt von der Geltung folgende Vorschriften aus: § 616 Abs. 2 und 3 und § 622 BGB; § 62 Abs. 2 - 4, §§ 63, 64, 73, 75 Abs. 3, 75 b S. 2, §§ 82 a, 83 HGB; §§ 105, 113 - 114 d, 115 a, 119 a, 133 c - 133 f GewO; Änderung von § 119 b GewO; EinigungsV Anlage I Kap. VIII A Abschn. III Nr. 1 - 3, BGBl II 1990, 1020 = *Horn*, RWS-Dok. 2 Nr. I.2.9.

Arbeitsvertragsrechts anerkannt und zum Programm des Gesetzgebers erhoben (Art. 30 Abs. 1 Nr. 1). Nur wenige Regelungen des AGB über Kündigungsfristen, Kündigungsschutz und Lohnfortzahlung gelten fort.[18)] Einige andere Normen zu diesen Gebieten und zur Feiertagsarbeit gelten zeitlich befristet ebenso wie die Normen zur Arbeitnehmer- und Arbeitgeberhaftung (§§ 260 - 265 a, 267 - 269 a).[19)]

Bereits ab 1. 7. 1990 gilt das TVG;[20)] die Arbeitsverhältnisse können daher durch Tarifvereinbarungen gestaltet werden. Das MantelG trifft dazu die Übergangsbestimmung, daß bis zum Abschluß eines neuen Tarifvertrags die geltenden Rahmenkollektivverträge oder Tarifverträge mit allen Nachträgen und Zusatzvereinbarungen weiter anzuwenden sind, soweit eine Registrierung gem. AGB erfolgt ist. Sie können jederzeit durch neue Tarifverträge abgelöst werden (§ 31 Nr. 3 MantelG).

b) Kündigung, Lohnfortzahlung, Urlaub

Bei der ordentlichen Kündigung gelten die für Arbeiter und Angestellte einheitlichen Kündigungsfristen des § 55 AGB.[21)] Die Kündigungsfrist beträgt mindestens 2 Wochen (Abs. 1). Für die Kündigung durch den Arbeitgeber erhöht sich die Kündigungsfrist, wenn der Arbeitsvertrag längere Zeit bestanden hat, auf einen Monat zum Monatsende nach 5 Jahren, auf zwei Monate nach 10 Jahren, drei Monate zum Quartalsende nach 20 Jahren (Abs. 2). Die für Arbeiter und Angestellte unterschiedliche Regelung der Kündigungsfristen in § 622 BGB, die verfassungswidrig ist,[22)] wurde nicht übernommen.[23)] Der besondere Kündigungsschutz für alleinerziehende Arbeitnehmer mit Kindern bis zu 3 Jahren bleibt für Arbeitnehmer, deren Kind vor dem

---

18) §§ 55, 58, Abs. 1 a und Abs. 2, § 59 Abs. 2, §§ 115 a, 115 c - e AGB gem. EinigungsV Anlage II Kap. VIII A Abschn. III Nr. 1 a, BGBl II 1990, 1207 (abgedruckt bei *Hanau/Langanke/Preis/Widlak*, RWS-Dok. 6).

19) EinigungsV Anlage II Kap. VIII A Abschn. III Nr. 1 b - g, BGBl II 1990, 1207 = *Horn*, RWS-Dok. 1 Nr. I.3.8, S. 1 und C Nr. 1.

20) Aufgrund § 31 MantelG, GBl I Nr. 34 S. 362 = *Horn*, RWS-Dok. 2 Nr. 1.7, S. 6.

21) EinigungsV Anlage II Kap. VIII A Abschn. III Nr. 1 a, BGBl II 1990, 1207 = *Horn*, RWS-Dok. 2 Nr. I.3.8, S. 1.

22) BVerfG, Beschl. v. 30. 5. 1990, ZIP 1990, 1015.

23) EinigungsV Anlage I Kap. VIII A Abschn. III Nr. 1, BGBl II 1990, 1020 = *Horn*, RWS-Dok. 2 Nr. I.2.9, S. 1.

1. 1. 1992 geboren wurde, bestehen und geht § 9 MuSchG und § 18 BundeserziehungsgeldG vor.[24]

Das KSchG wurde in der DDR schon zum 1. 7. 1990 mit begrenzten Übergangsregelungen eingeführt, die im EinigungsV z. T. übernommen wurden.[25] So wird z. B. die Zuständigkeit des Landesarbeitsamtes gem. §§ 18 - 20 KSchG bis zur Bildung der Landesarbeitsämter durch die zentrale Arbeitsverwaltung wahrgenommen.

Für die Entgeltfortzahlung im Krankheitsfall ist die bisher für Arbeiter und Angestellte in der DDR einheitliche Regelung der Lohnfortzahlung für sechs Wochen nach dem AGB beibehalten. §§ 115 a - b AGB gelten fort, wobei § 115 b (Lohnausfallprinzip) neu gefaßt ist.[26] Zu diesem Zweck ist das LohnfortzahlungsG eingeschränkt[27] und sonstiges entgegenstehendes Recht der Bundesrepublik ist insoweit nicht übernommen.[28]

Der gesetzliche Mindesturlaub von 20 Arbeitstagen in der DDR bleibt im Unterschied zu 18 Arbeitstagen Mindesturlaub im übrigen Bundesgebiet aufgrund § 3 Abs. 1 BUrlG bestehen.[29] Eine besondere Bevorzugung der Arbeitnehmer in der ehemaligen DDR liegt darin nicht, weil die tariflichen Urlaubsregelungen in der Bundesrepublik durchweg deutlich über dem Mindesturlaub liegen. Es wurde lediglich eine Verschlechterung vermieden, bis auch in der DDR Tarifverträge eingreifen. Rahmenkollektivverträge wurden ab Herbst 1990 für das neue Bundesgebiet abgeschlossen.[30] Der Hausarbeitstag gem. § 185 AGB bleibt bis zum 31. 12. 1991 erhalten.[31] Nach § 261 Abs. 2 AGB ist die

---

24) EinigungsV Anlage II Kap. VIII A Abschn. III Nr. 1 b, BGBl II 1990, 1207 = *Horn*, RWS-Dok. 2 Nr. I.3.8, S. 1.

25) § 32 MantelG, GBl I Nr. 34 S. 362 = *Horn*, RWS-Dok. 1 Nr. 1.7, S. 6; EinigungsV Anlage I Kap. VIII A Abschn. III Nr. 6, BGBl II 1990, 1020 = *Horn*, RWS-Dok. 2 Nr. I.2.9, S. 2.

26) EinigungsV Anlage II Kap. VIII A Abschn. II und III Nr. 1, BGBl II 1990, 1207 = *Horn*, RWS-Dok. 2 Nr. I.3.8, S. 1.

27) EinigungsV Anlage I Kap. VIII A Abschn. III Nr. 4, BGBl II 1990, 1208 = *Horn*, RWS-Dok. 2 Nr. I.3.8 S. 2.

28) § 616 Abs. 2 und 3 BGB; § 63 HGB; EinigungsV Anlage I Kap. VIII A Abschn. III Nr. 1 und 2, BGBl II 1990, 1020 = *Horn*, RWS-Dok. 2 Nr. I.2.9; LohnfZG §§ 1 - 7, 9.

29) § 8 VO über den Erholungsurlaub v. 28. 9. 1978, GBl I Nr. 33 S. 365 (abgedruckt bei *Hanau/Langanke/Preis/Widlak*, RWS-Dok. 6); gem. EinigungsV Anlage II Kap. VIII A Abschn. III Nr. 2, BGBl II 1990, 1207 = *Horn*, RWS-Dok. 2 Nr. I.3.8.

30) *Wlotzke/Lorenz*, BB 1990, Beilage 35, S. 5; *Gaul*, BB 1990, Beilage 37, S. 29.

31) EinigigungsV Anlage II Kap. VIII C Abschn. III Nr. 1 c, BGBl II 1990. 1207 = *Horn*, RWS-Dok. 2 Nr. I.3.8.

Schadensersatzhaftung des Arbeitnehmers im Grundsatz auf die Höhe eines Monatslohns begrenzt.[32)]

c) Betriebsübergang und § 613 a BGB

Bei Betriebsübergang aufgrund Rechtsgeschäfts gilt seit 3. 10. 1990 der Bestandsschutz des § 613 a BGB. Schon zuvor war ab 1. 7. 1990 die gleiche Regelung durch Einfügung des neuen § 59 a in das überarbeitete AGB[33)] für die DDR in Kraft gesetzt worden. Die Vorschrift kann u. a. Bedeutung für die Fälle des rechtsgeschäftlichen Betriebserwerbs von privatisierten Unternehmen der ehemals sozialistischen Wirtschaft gewinnen. Allerdings greift sie im hauptsächlichen Fall des Erwerbs von Aktien- und GmbH-Anteilen nicht ein, weil hier die Kapitalgesellschaft unverändert Inhaber des Betriebs bleibt, § 613 a BGB jedoch einen Inhaberwechsel voraussetzt.[34)] Die Norm findet dagegen Anwendung bei Veräußerung eines einzelnen Betriebs, auch eines Betriebsteils. Es genügt die Veräußerung der technischen Maschinen und Einrichtungen ohne Grundstück, die Veräußerung sonstiger materieller oder immaterieller Betriebsmittel, mit denen ein bestimmter arbeitstechnischer Teilzweck verfolgt wird, und statt Betriebsübereignung auch die Verpachtung.[35)] Der Erwerber tritt in die Rechte und Pflichten aus den bestehenden Arbeitsverhältnissen ein (Abs. 1). Die Vorschrift ist unabdingbar.[36)] Ist der Betrieb bereits vor der Veräußerung stillgelegt worden, so daß eine Arbeitsorganisation nicht mehr besteht, kommt sie nicht zur Anwendung.[37)] Die Stillegung durch den Erwerber dagegen genügt nicht.[38)]

Es ist zweifelhaft, ob die Vorschrift auf die Erwerbsvorgänge im Rahmen der Privatisierung der sozialistischen Wirtschaft Anwendung finden kann. Es handelt sich nicht um normale Erwerbsvorgänge, sondern um Teile eines Transformationsprozesses ohne historisches Vor-

32) Zur Unfallversicherung §§ 267 ff AGB (abgedruckt bei *Hanau/Langanke/Preis/Widlak*, RWS-Dok. 6); dazu *Wlotzke/Lorenz*, BB 1990, Beilage 35, S. 1, 8.

33) G zur Änderung des AGB v. 22. 6. 1990, GBl I Nr. 35 S. 371; vgl. *Stückemann*, ZIP 1990, 1117, 1120.

34) Allg. *Seiter*, Betriebsinhaberwechsel; *Staudinger/Richardi*, BGB, § 613 a Rz. 49.

35) BAG NJW 1976, 535; BAG AP Nr. 1 zu § 613 a; BAG NJW 1986, 450 und 454; BAG NJW 1981, 2212.

36) BAG NJW 1976, 535; 1983, 472.

37) BAGE 48, 365 = AP Nr. 42 zu § 613 a BGB; *Staudinger/Richardi*, § 613 a Rz. 54f.

38) BAG NJW 1981, 2212.

bild von ungewöhnlicher und vom Gesetzgeber nicht vorhergesehener Dimension. Es besteht fast Einigkeit, daß dieser Transformationsprozeß nicht ohne Freisetzung von Arbeitskräften vollzogen werden kann, auch wenn manche Erwerbsvorgänge ohne Reduzierung von Arbeitsplätzen sinnvoll durchgeführt werden können. Das Interesse an einer raschen Transformation und Gesundung und das Interesse am Bestandsschutz der Arbeitsverhältnisse prallen aufeinander. Dieses Problem kann mit § 613 a BGB kaum gelöst werden.

Es wird deshalb die Auffassung vertreten, § 613 a BGB passe nur für Inhaberwechsel im privatwirtschaftlichen System, nicht jedoch im Rahmen der systemverändernden Privatisierung. Der dazu angeführte Satz, daß mit dem Sinn der Norm auch die Norm selbst entfalle (cessante ratione legis cessat lex ipsa),[39)] kann jedoch keine unbeschränkte Geltung beanspruchen. Der generelle Ausschluß der - problematischen - Norm in Fällen des Betriebserwerbs bleibt also (anders als beim Anteilserwerb) unsicher.

Eindeutig nicht anwendbar ist § 613 a BGB in den Fällen einer Restitution des Betriebs nach § 6 VermG, weil § 613 a BGB nur für den rechtsgeschäftlichen Erwerb gilt,[40)] nicht jedoch für den gesetzlichen Übergang,[41)] und die Restitution gem. § 6 VermG ein gesetzlicher Erwerb ist, wenngleich vermittelt durch einen (öffentlich-rechtlichen) Übertragungsakt.[42)]

Ist § 613 a BGB anwendbar, so können der bisherige Betriebsinhaber oder der Erwerber das Arbeitsverhältnis nicht wegen des Betriebsübergangs kündigen. Das Recht zur Kündigung aus einem anderen Grund bleibt bestehen (§ 613 a Abs. 4). Die Norm enthält ein eigenständiges Kündigungsverbot mit eigenem Regelungsinhalt.[43)] Eine personen-, betriebs- oder verhaltensbedingte Kündigung (vgl. § 1 Abs. 2 Satz 1 KSchG) bleibt weiter möglich. Die Kündigung aus Anlaß des Betriebsübergangs ist dagegen grundsätzlich unzulässig. Wie weit dieser Grundsatz bei der Veräußerung sanierungsbedürftiger Betriebe eine Einschränkung erleidet, ist in der Literatur umstritten. Es wird z. T. die Auffassung vertreten, daß zu den weiter zulässigen "anderen

---

39) *Adomeit*, FAZ v. 17. 12. 1990, S. 9.
40) BAG BB 1978, 1720.
41) *Seiter*, S. 32; *Staudinger/Richardi*, § 613 a Rz. 85.
42) Vgl. oben III 7.
43) BAGE 48, 40; *Staudinger/Richardi*, § 613 a Rz. 209 - 211.

Gründen" der Kündigung i. S. d. § 613 a Abs. 4 Satz 2 auch ein dringendes betriebliches Erfordernis (i. S. d. § 1 Abs. 2 Satz 1 KSchG) gehört.[44] Dies soll jedenfalls dann gelten, wenn die Kündigung einiger Arbeitnehmer das einzige Mittel ist, den Betrieb zu veräußern und damit weiterzuführen und aufrecht zu erhalten. Eine etwas engere Auffassung stellt im Interesse der eigenständigen Bedeutung des § 613 a BGB darauf ab, daß die Kündigung betriebsbedingt (etwa sanierungsbedingt) auf jeden Fall (unabhängig von der Veräußerung) hätte erfolgen müssen und erfolgt wäre.[45] Auch nach dieser Auffassung wird in vielen Fällen des Erwerbs sanierungsbedürftiger Betriebe oder Betriebsteile in der ehemaligen DDR das Kündigungsverbot des § 613 a Abs. 4 BGB zu verneinen sein. Die Regierungskoalition CDU/CSU/FDP hat im Januar 1991 beschlossen, für das neue Bundesgebiet die Geltung des § 613 a BGB bis 31. 12. 1992 auszusetzen.

d) Betriebsstillegung und Sozialplan

In den zahlreichen Fällen sanierungsbedürftiger DDR-Betriebe, in denen ein Personalabbau im Rahmen der Sanierung geboten erscheint, ist zu fragen, ob ein Sozialplan über den finanziellen Ausgleich der Nachteile der gekündigten Arbeitnehmer gem. § 112 a i. V. m. § 112 Abs. 4 und 5 BetrVG aufzustellen ist. Ausgenommen von diesem Erfordernis sind allerdings alle in der DDR neugegründeten Betriebe in den ersten vier Jahren seit Gründung (§ 112 a Abs. 2 Satz 2 BetrVG). Für die große Zahl der aus der Umwandlung sozialistischer Betriebe entstandenen Betriebe erscheint diese Ausnahme von der Sozialplanpflichtigkeit jedoch nicht erreichbar, weil das Gesetz Neugründungen im Zusammenhang mit der rechtlichen Umstrukturierung von Unternehmen und Konzernen nicht als Ausnahme gelten läßt (Abs. 2 Satz 2). Dies trifft wohl auf die Umwandlungen aufgrund UmwandlungsVO und TreuhandG zu.

Man kann allerdings einwenden, daß der Gesetzgeber diesen ungewöhnlichen Fall der Umwandlung der sozialistischen Wirtschaft schon deshalb nicht eingeschlossen hat, weil er ihn nicht voraussehen konnte.

---

44) *Seiter*, S. 113; *Erman/Hanau*, BGB, § 613 a Rz. 126.

45) So wohl *Staudinger/Richardi*, § 613 a Rz. 216 m. Anschluß an BAG AP Nr. 34 § 613 a BGB = DB 1983, 2690.

Formal läßt sich diese Auffassung damit stützen, daß als Gründung die Aufnahme einer Erwerbstätigkeit i. S. d. § 138 der AO anzusehen ist (Abs. 2 Satz 3), die umgewandelten Betriebe aber erst ab 1. 7. 1990 im technischen Sinn steuerpflichtig sind.[46] Letztlich ist im Rahmen der Auslegung des § 112 a Abs. 2 BetrVG die rechtspolitische Frage zu entscheiden, ob die soziale Absicherung der zahlreichen vom Personalabbau betroffenen Arbeitnehmer aus den Mitteln des betreffenden Unternehmens und damit von den Neuinvestoren als den Erwerbern zu tragen ist oder von der Allgemeinheit. Im ersteren Fall müssen die Unternehmenserwerber vor Erwerb die voraussichtlichen Sozialplankosten relativ genau abschätzen und in die Erwerbsverhandlungen mit der Treuhandanstalt einbringen.[47] In der Privatisierungspraxis der Treuhandanstalt wird in der Tat so verfahren. Dies kann natürlich den Vertragsschluß verzögern und beläßt dem Erwerber das Risiko von Fehleinschätzungen des Arbeitskräftebedarfs. Die Transformation der ehemals sozialistischen Wirtschaft ist im Grundsatz eine öffentliche und politische Aufgabe[48] und die spezifischen Transformationskosten sind eher der Allgemeinheit zuzuweisen; daher ist § 112 a BetrVG in diesem Sinne einschränkend auszulegen. Die erwähnte Vertragspraxis der Treuhandanstalt führt indirekt zum ähnlichen Ergebnis.

Rationalisierungsschutzabkommen, die vor dem 1. 7. 1990 abgeschlossen und registriert worden sind, treten ohne Nachwirkung am 31. 12. 1990 außer Kraft. Die Arbeitnehmer, die bis zu diesem Zeitpunkt die Voraussetzungen erfüllt und darauf Ansprüche und Rechte erworben haben, behalten diese Rechte vorbehaltlich neuer tarifvertraglicher Regelungen.[49]

3. Betriebsverfassungs- und Mitbestimmungsrecht

Das Betriebsverfassungs- und Mitbestimmungsrecht wurde bereits am 1. 7. 1990 auf das Gebiet der DDR erstreckt (§§ 26 - 32 MantelG). Bei der Einführung des BetrVG mußte die Definition der Unterschiede zwischen Arbeitern und Angestellten in § 6 BetrVG, die an die sozial-

46) Zu den Unterschieden des alten Abgabesystems allg. unten Kap. 5 IV.
47) Zu dieser Lösung *Horn*, FAZ v. 18. 8. 1990, S. 11.
48) Allg. dazu oben III.
49) EinigungsV Anlage I Kap. VIII A Abschn. III Nr. 14, BGBl II 1990, 1023 = *Horn*, RWS-Dok. 2 Nr. I.2.9, S. 4.

versicherungsrechtlichen Unterscheidungen anknüpft, durch eine inhaltliche Unterscheidung ersetzt werden. Arbeiter ist demnach, wer überwiegend manuelle und mechanische Tätigkeiten ausübt, Angestellter, wer überwiegend kaufmännische oder büromäßige Tätigkeiten leistet oder andere bei der Arbeit beaufsichtigt. Die entsprechende Neufassung des § 6 BetrVG für das Gebiet der DDR durch das MantelG wurde im EinigungsV einheitlich bis 31. 12. 1991 übernommen.[50)]

Die erstmaligen Betriebsratswahlen nach dem BetrVG sind bis zum 30. 6. 1991 durchzuführen. Häufig wurden bereits in der Übergangszeit, z. T. schon vor dem 1. 7. 1990, spontan in den Betrieben Arbeitnehmervertretungen gewählt. Soweit solche Wahlen ohne Beachtung des BetrVG, aber nach demokratischen Grundsätzen in geheimer Abstimmung durchgeführt worden sind, bleiben die Arbeitnehmervertreter bis zur Wahl eines neuen Betriebsrates nach dem BetrVG, längstens bis 30. 6. 1991, im Amt. Sie nehmen die den Betriebsräten nach dem BetrVG und anderen Gesetzen zustehenden Rechte und Pflichten wahr. Dies gilt nicht in solchen Betrieben, für die das BetrVG keinen Betriebsrat vorschreibt.[51)]

Das MitbestG 1976 ist ohne die Übergangsregelung in § 38, die längere Übergangsfristen bis zu zwei Jahren vorsah, anzuwenden.[52)] Das Mitbestimmungsrecht ist also sofort anwendbar. Dies ist bei der Bildung der ersten Aufsichtsräte der Kapitalgesellschaften, die nach dem TreuhandG aus sozialistischen Wirtschaftseinheiten vorgegangen sind, zu beachten.[53)] Das MontanmitbestG umfaßt auch die Walzwerke in der DDR.[54)]

4. Arbeitsförderung

Für den Prozeß der Strukturanpassung der Wirtschaft der DDR kommt dem Recht der Arbeitsförderung sehr große Bedeutung zu.

---

50) § 30 Nr. 2 MantelG, GBl I Nr. 34 S. 560 = *Horn*, RWS-Dok. 1 Nr. 1.7, S. 4; Anlage I Kap. VIII A Abschn. III Nr. 12 a EinigungsV, BGBl II 1990, 1022 = *Horn*, RWS-Dok. 2 Nr. I.2.9, S. 3.

51) EinigungsV Anlage I Kap. VIII A Abschn. III Nr. 12 b, BGBl II 1990, 1023 = *Horn*, RWS-Dok. 2 Nr. I.2.9, S. 4 (zu § 13 BetrVG).

52) EinigungsV Anlage I Kap. VIII A Abschn. III Nr. 10, BGBl II 1990, 1022 = *Horn*, RWS-Dok. 2 Nr. I.2.9, S. 3.

53) Einzelheiten oben III 3 b ee.

54) EinigungsV Anlage I Kap. VIII A Abschn. III Nr. 11, BGBl II 1990, 1022 = *Horn*, RWS-Dok. 2 Nr. I.2.9, S. 3.

Zahlreiche Arbeitnehmer müssen für eine Übergangszeit Arbeitslosigkeit oder Kurzarbeit hinnehmen. Eine große Zahl wird für Erhaltung oder Erwerb eines sicheren Arbeitsplatzes seine beruflichen Kenntnisse und Fertigkeiten an moderne wirtschaftliche und technische Anforderungen anpassen müssen. Das von der DDR in Anlehnung an Bundesrecht geschaffene Arbeitsförderungsgesetz (AFG)[55] ist im EinigungsV jedoch nicht beibehalten worden. An seine Stelle ist vielmehr ab 3. 10. 1990 grundsätzlich Bundesrecht (AFG v. 25. 6. 1969) getreten. Allerdings ist das bundesrechtliche AFG in Einzelpunkten durch Bezugnahmen auf DDR-Recht geändert,[56] und einzelne Bestimmungen des AFG-DDR sind beibehalten worden.[57]

Von großer Bedeutung für die erste Übergangsphase der DDR-Wirtschaft ist dabei die Regelung des § 63 Abs. 5 AFG-DDR über die Zahlung von Kurzarbeitergeld. Zahlreiche Betriebe der DDR können in der Phase der Umstellung auf neue Fertigungsweisen und Produkte einen Teil ihrer Arbeitnehmer nicht oder nur teilweise beschäftigen. Hier greift die Kurzarbeitergeldregelung ein. Dies gilt im Grundsatz nur, wenn zu erwarten ist, daß durch die Gewährung von Kurzarbeitergeld den Arbeitnehmern die Arbeitsplätze und dem Betrieb die eingearbeiteten Arbeitnehmer erhalten werden (§ 63 Abs. 1 Satz 1). Von diesem Grundsatz macht § 63 Abs. 5 eine befristete Ausnahme bei betrieblichen Strukturveränderungen oder betriebsorganisatorischen Maßnahmen im Zusammenhang mit dem Übergang zur Wirtschafts-, Währungs- und Sozialunion. Kurzarbeitergeld kann also auch dann gezahlt werden, wenn der Arbeitsausfall nicht vorübergehend ist und wenn nicht abzusehen ist, ob den Arbeitnehmern die Arbeitsplätze und den Betrieben die eingearbeiteten Arbeitnehmer erhalten bleiben. Diese Regelung ist bis 30. 6. 1991 befristet, kann aber nach der Änderung des § 63 Abs. 6 im EinigungsV durch Rechtsverordnung bis zu 31. 12. 1991 verlängert werden, wenn dies zur Vermeidung von Entlassungen erforderlich und aus arbeitsmarktpolitischen Gründen geboten ist.[58]

---

55) AFG v. 22. 6. 1990, GBl I Nr. 36 S. 403 in Ausführung des StaatsV Anlage IV Abschn. II Nr. 1, BGBl II 1990, 558; zum AfG-DDR Pröbsting, DB 1990, 3090.

56) EinigungsV Anlage I Kap. VIII E Abschn. II Nr. 1, BGBl II 1990, 1032 (abgedruckt bei *Hanau/Langanke/Preis/Widlak*, RWS-Dok. 6).

57) EinigungsV Anlage II Kap. VIII E Abschn. III Nr. 1, BGBl II 1990, 1208 (abgedruckt bei *Hanau/Langanke/Preis/Widlak*, RWS-Dok. 6).

58) EinigungsV Anlage II Kap. VIII E Abschn. III Nr. 1 b cc, BGBl II 1990, 1208.

Kapitel 5:

Wettbewerbs-, Wirtschafts- und Steuerrecht

I. Wettbewerbs- und Preisrecht

Rechtsquellen:

- StaatsV v. 18. 5. 1990, insbes. Art. 1, 2 und 11, Leitsätze A II des gemeinsamen Protokolls und Anlage II Abschnitt III Nr. 1, BGBl II 1990, 537, 539, 545 u. 553 = *Horn*, RWS-Dok. 1 Nr. 1.1;
- G gegen Wettbewerbsbeschränkungen (GWB) i. d. F. v. 20. 2. 1990, BGBl I 235, seit 3. 10. 1990 aufgrund EinigungsV; zuvor ab 1. 7. 1990 bis 2. 10. 1990 i. d. F. § 14 MantelG v. 21. 6. 1990, GBl I Nr. 34 S. 357 = *Horn*, RWS-Dok. 1 Nr. 1.7;
- G gegen den unlauteren Wettbewerb, BGBl III, 43 - 1, zuletzt geänd. d. Art. 8 G v. 7. 3. 1990, BGBl I, 422, nach Maßgabe d. EinigungsV Anlage I Kap. III E Abschn. III Nr. 1, BGBl II 1990, 963 = *Horn*, RWS-Dok. 2 Nr. I.2.5;
- EinigungsV v. 31. 8. 1990, Anlagen I und II jeweils Kapitel V A, BGBl II 1990, 996, 1201 = *Horn*, RWS-Dok. 2 Nr. I.1.2.7 - 8;
- G zur Entflechtung des Handels in den Kommunen v. 6. 7. 1990, GBl I Nr. 41 S. 598 = *Horn*, RWS-Dok. 1 Nr. 3.16); bis 2. 10. 1990;
- VO zur Entflechtung des Handels in den Kommunen v. 25. 7. 1990, GBl I Nr. 45 S. 784 = *Horn*, RWS-Dok. 1 Nr. 3.17; bis 2. 10. 1990;
- Beschluß des Ministerrats über die Bildung des Amtes für Wettbewerbsschutz v. 30. 5. 1990, GBl I Nr. 45 S. 784; bis 2. 10. 1990;
- G zur Privatisierung und Reorganisation des volkseigenen Vermögens (TreuhandG) v. 17. 6. 1990, GBl I Nr. 33 S. 300 = *Horn*, RWS-Dok. 2 Nr. II.3.1;
- G über die Preisbildung und die Preisüberwachung beim Übergang zur sozialen Marktwirtschaft (PreisG) v. 22. 6. 1990, GBl I Nr. 37 S. 471 = *Horn*, RWS-Dok. 1 Nr. 6.5; bis 2. 10. 1990;
- VO über die Inkraftsetzung von Preisvorschriften der Bundesrepublik Deutschland in der DDR für öffentliche Aufträge v. 13. 6. 1990, GBl I Nr. 39 S. 544; bis 2. 10. 1990;
- VO über die Aufhebung bzw. Beibehaltung von Rechtsvorschriften auf dem Gebiet der Preise (1.PreisVO) v. 25. 6. 1990, GBl I Nr. 37 S. 472 = *Horn*, RWS-Dok. 1 Nr. 6.6 i. d. F. EinigungsV Anlage II Kap. V A Abschn. III Nr. 1, BGBl II 1990, 1201 (mit Befristungen);
- 2. VO über die Aufhebung bzw. Beibehaltung von Rechtsvorschriften auf dem Gebiet der Preise (2. Preis-VO) v. 25. 7. 1990, GBl I Nr. 45 S. 785 = *Horn*, RWS-Dok. 1 Nr. 6.7; bis 31. 12. 1990 gem. EinigungsV Anlage II Kap. V A Abschn. III Nr. 2, BGBl II 1990, 1201 = *Horn* RWS-Dok. 2 Nr. I.3.5;
- VO zur Regelung der Preisangaben (Preisangaben-VO) v. 11. 7. 1990, GBl I Nr. 44 S. 719; bis 2. 10. 1990;

- VO über die Förderung des Erwerbs von Grund und Boden durch kleine und mittelständische Unternehmen der DDR v. 11. 7. 1990, GBl I Nr. 42 S. 665 = *Horn*, RWS-Dok. 1 Nr. 3.18); bis 31. 12. 1990 aufgrund EinigungsV Anlage II Kap. V A Abschn. III Nr. 6, BGBl II 1990, 1201 = *Horn*, RWS-Dok. 2 Nr. I.3.5;
- G über die Inkraftsetzung von Rechtsvorschriften der Bundesrepublik Deutschland gegen den unlauteren Wettbewerb, über das Zugabewesen und über Preisnachlässe in der DDR v. 22. 7. 1990, GBl I Nr. 51 S. 991; bis 2. 10. 1990.

1. Kartellrecht

a) Rechtseinheit: GWB und EG-Recht

aa) GWB

Seit 3. 10. 1990 gilt gem. Art. 8 EinigungsV auch im Gebiet der früheren DDR das GWB in seiner im übrigen Bundesgebiet geltenden Fassung. Das Bundeskartellamt ist auch für das Gebiet der ehemaligen DDR zuständig. Das Ende Mai 1990 gegründete Amt für Wettbewerbsschutz der DDR hat seine Tätigkeit zum 3. 10. 1990 eingestellt.[1] Das gesamte Bundesgebiet einschließlich der DDR bildet einen räumlich einheitlichen relevanten Markt. Dies schließt freilich nicht aus, daß im Einzelfall für bestimmte Produkte und Branchen (z. B. Einzelhandel, Regionalpresse, Stromversorgung) regionale oder lokale Märkte, auch solche, die auf das Gebiet der ehemaligen DDR oder Teile davon beschränkt sind, wettbewerbsrechtlich relevant sein können.[2] Aber die frühere innerdeutsche Grenze der DDR dürfte dafür keine oder allenfalls in Einzelfällen eine rasch verblassende Bedeutung haben.

bb) EG-Wettbewerbsrecht

Das EG-Wettbewerbsrecht gilt seit 3. 10. 1990 auch im neuen Bundesgebiet aufgrund der territorialen Erweiterung der Bundesrepublik als EG-Mitgliedsland.[3] Art. 10 EinigungsV sieht die Geltung des Rechts der Europäischen Gemeinschaften ab 3. 10. 1990 vor. Die Organe der Gemeinschaften waren damit einverstanden, den Beitritt der DDR

---

1) Es wird vorübergehend als Außenstelle des Bundeskartellamtes fortgeführt; WuW 1990, 906.
2) Allg. *Mestmäcker*, in: Immenga/Mestmäcker, GWB, § 23 Rz. 118, 252.
3) Allg. *Scherer*, EuZW 1990, 241, 245 f; vgl. auch *Reich*, NJW 1990, 2921.

ohne Vertragsänderung (vgl. Art. 236, 237 EWGV) zu vollziehen. Daher gelten Artt. 85 und 86 EWGV und die Wettbewerbsregeln der Gemeinschaft für alle Vereinbarungen zwischen Unternehmen, Beschlüsse von Unternehmensvereinigungen und aufeinander abgestimmte Verhaltensweisen im neuen Bundesgebiet, soweit der Gemeinsame Markt betroffen ist. Die Zuständigkeit der EG-Kommission ist gegeben.

Die Kommission hat erklärt, daß sie keine Verfahren gegenüber Vereinbarungen, Beschlüssen und aufeinander abgestimmten Verhaltensweisen einleiten wird, die zwar von Art. 85 Abs. 1 EWGV erfaßt werden, aber bis 2. 1. 1991 so geändert werden, daß Art. 85 Abs. 1 nicht mehr anwendbar ist. Gleiches gilt, wenn mit oder ohne Änderung eine Freistellung gem. Art. 85 Abs. 3 EWGV in Betracht kommt und eine Anmeldung bis 2. 4. 1991 erfolgt. Die Anmeldung ist nicht erforderlich, wenn auf die Vereinbarungen die bestehenden Gruppenfreistellungs-VOen anwendbar sind oder wenn die Vereinbarungen gem. Art. 4 Abs. 2 der VO 17/62 des Rates von der Anmeldung befreit sind.[4)]

Seit 3. 10. 1990 gilt auch die gemeinschaftsrechtliche Fusionskontroll-VO[5)] für große Zusammenschlüsse, an denen Unternehmen mit einem Umsatz von insgesamt 5 Mrd. ECU beteiligt sind.

b) Ordnungsaufgaben; Entflechtung und Fusionskontrolle

Auf dem Gebiet der ehemaligen DDR ging und geht es in der Übergangsphase nicht einfach darum, Wettbewerb zu schützen, sondern Wettbewerb herzustellen. Denn die sozialistische Wirtschaft hatte jeden Wettbewerb ausgeschaltet und damit einen der wichtigsten Gründe für ihre Ineffizienz selbst geschaffen. Das Ergebnis war eine "sozialistische Arbeitsteilung" durch Schaffung staatlicher Monopolunternehmen auf allen wichtigen Gebieten. Die Zerschlagung dieser Monopole und die Schaffung einer Wettbewerbswirtschaft ist die vorrangige Ordnungsaufgabe für das Gebiet der ehemaligen DDR. Sie ist aber keine Aufgabe, die ausschließlich oder auch nur vorrangig dem GWB zufällt.

---

4) WuW 1990, 904 f.
5) VO (EWG) Nr. 4064/89 des Rates v. 21. 12. 1989, ABl Nr. L 395 v. 30. 12. 1989; Text in WuW 1990, 226 ff.

aa) Marktöffnung

Ein Teil dieser Ordnungsaufgabe ist vielmehr bereits dadurch gelöst worden, daß die politischen und rechtlichen Zutrittsschranken, die das Wirtschaftsgebiet der früheren DDR umgaben, beseitigt wurden. Dies geschah schon vor Herstellung der staatlichen Einheit am 3. 10. 1990 durch die Einführung der Wirtschafts- und Währungsunion am 1. 7. 1990 und die begleitende und ausführende Gesetzgebung der DDR, namentlich über die Niederlassungsfreiheit[6)], die Freizügigkeit im innerdeutschen Wirtschaftsverkehr[7)] und die Abschaffung des staatlichen Außenhandelsmonopols.[8)] Indem das Wirtschaftsgebiet der DDR mit dem übrigen Bundesgebiet zusammenwuchs, schrumpfte automatisch die Bedeutung bisher bestehender Staatsmonopole für das Gebiet der DDR auf regionale Bedeutung. Da zugleich die Zutrittsschranken entfallen waren und diese ehemaligen DDR-regionalen Monopole einem technisch und wirtschaftlich überlegenen Wettbewerb ausgesetzt wurden, relativierte und verkleinerte sich das Problem marktbeherrschender Stellungen, die noch aus dem überwundenen sozialistischen Wirtschaftssystem herrühren.

bb) Entflechtung

Das Problem ist damit reduziert, aber nicht beseitigt. Wettbewerbshemmende Strukturen der ehemals sozialistischen Wirtschaft bestehen fort. Es besteht aber nicht nur das Problem, den Wettbewerb zu schützen oder zu eröffnen. Vielmehr geht es auch darum, daß ein größerer Teil der ehemals sozialistischen Wirtschaft durch Umstrukturierung unter Marktbedingungen überleben kann. Aus beiden Gründen besteht die Notwendigkeit der Entflechtung.[9)] Das GWB bietet dazu kein eigenes Instrumentarium an, wohl aber das TreuhandG und das SpaltungsG. Die hier vorhandenen Instrumente und relevanten Krite-

---

6) NiederlassungsG v. 28. 6. 1990, GBl I Nr. 38 S. 485 = *Horn*, RWS-Dok. 1 Nr. 4.13.

7) Grundsätzlich schon durch den StaatsV, insbes. Art. 12, BGBl II 1990, 535 = *Horn*, RWS-Dok. 1 Nr. 1.1, S. 3, und das GAW.

8) G über den Außenwirtschafts-, Kapital- und Zahlungsverkehr (GAW) v. 28. 6. 1990, GBl I Nr. 39 S. 515 = *Horn*, RWS-Dok. 1 Nr. 6.8.

9) Vgl. auch Monopolkommission, 8. Hauptgutachten 1989/90 (Stand 30. 6. 1990),1990, S. 25 f.

rien sind bereits im Zusammenhang mit der Tätigkeit der Treuhandanstalt dargestellt.[10)]

cc) Fusionskontrolle

Bei der Veräußerung von Unternehmen durch die Treuhandanstalt greift die Fusionskontrolle gem. §§ 23 - 24 b GWB ein. Das Bundeskartellamt hat also jeweils zu prüfen, ob durch die Privatisierungsakte eine marktbeherrschende Stellung i. S. des GWB im Bundesgebiet oder einem relevanten (auch einem regional abgrenzbaren) Teil davon geschaffen oder verstärkt wird (§ 24 Abs. 1 GWB). Weder im Rahmen dieser Fusionskontrolle noch aus anderen Gründen hat das Bundeskartellamt dabei eine aktive Gestaltungspolitik i. S. der Schaffung bestimmter als wünschenswert betrachteter Marktstrukturen zu betreiben. Es geht darum, die Märkte offenzuhalten und es dem Wettbewerb als Entdeckungsverfahren (*v. Hayek*) zu überlassen, leistungsfähige Strukturen zu schaffen.[11)]

Nicht selten handelt es sich beim Erwerb von DDR-Wirtschaftseinheiten um eine zum Überleben dringend benötigte Sanierungsfusion.[12)] In diesem Fall können die beteiligten Unternehmen ein Verbot des Zusammenschlusses vermeiden, wenn sie nachweisen, daß durch den Zusammenschluß auch Verbesserungen der Wettbewerbsbedingungen eintreten (vgl. § 24 Abs. 1 GWB).[13)] In der Mehrzahl der Fälle einer Sanierung von DDR-Unternehmen durch die Erwerber liegen allerdings die Voraussetzungen der Zusammenschlußkontrolle ohnehin nicht vor.

c) Übergangsrecht

aa) Allgemeines. Amt für Wettbewerb

Bereits durch die Einführung der Gewerbefreiheit und der Unternehmensgründungsfreiheit durch die Gesetzgebung im März 1990 wurden erste, noch bescheidene Ansätze zur Schaffung wettbewerblicher Ver-

---

10) Kap. 4 III 5 d.
11) In diesem Sinne auch *Kartte*, FAZ v. 1. 9. 1990, S. 13.
12) Dazu *Immenga*, FAZ v. 8. 3. 1990, S. 19.
13) Zur Sanierungsfusion i. e. *Immenga/Mestmäcker*, § 24 Rz. 121 ff.

hältnisse in der DDR gemacht.[14] Mit Einführung der Wirtschafts-, Währungs- und Sozialunion am 1. 7. 1990 wurden dann nicht nur die allgemeinen rechtlichen Grundlagen für eine Wettbewerbswirtschaft gelegt,[15] sondern es wurde das GWB in einer Modifizierung eingeführt.[16] Die Durchsetzung des GWB-DDR war dem Amt für Wettbewerbsschutz anvertraut, das im Mai 1990 aus dem ehemaligen Amt für Preise hervorgegangen war.[17]

Das Amt war zum Eingreifen bei allen Verstößen gegen das Wettbewerbsrecht berufen, die sich im Gebiet der DDR auswirkten, auch wenn sie außerhalb der DDR veranlaßt waren (§ 98 Abs. 2 Satz 1 GWB i. V. m. § 14 MantelG). Ein Schwerpunkt der praktischen Tätigkeit des Amtes für Wettbewerbschutz lag bei der Verhinderung von Gebietsabsprachen, z. B. im Bereich der Auslieferung westdeutscher Zeitungen und Zeitschriften.[18] Außerdem griff das Amt bei Preismißbräuchen ein (dazu i. f. 2).

bb) Fusionskontrolle

Eine vom Bundesrecht abweichende Regelung enthielt das GWB-DDR für die Fusionskontrolle in einem eigenen § 24, der (bis 3. 10. 1990) an die Stelle der §§ 24 - 24 c GWB der Bundesrepublik trat.[19] Danach waren die gem. § 23 GWB anzuzeigenden Unternehmenszusammenschlüsse bereits vor Vollzug bei der zuständigen Behörde anzumelden (§ 24 Abs. 1). Zusammenschlüsse durfte die zuständige Behörde nur innerhalb einer Frist von 2 Monaten seit Eingang der vollständigen Anmeldung untersagen. Eine Verlängerung auf maximal vier Monate war nur ausnahmsweise unter engen Voraussetzungen möglich (Abs. 3). Es war unzulässig, den Zusammenschluß vor Fristablauf zu vollziehen, falls nicht die Behörde schriftlich mitgeteilt hatte, daß eine Untersagung nicht erfolgen werde (Abs. 5). Hatte die

---

14) GewerbeG der DDR v. 6. 3. 1990, GBl I Nr. 17 S. 138 = *Horn*, RWS-Dok. 1 Nr. 6.3; UnternehmensG v. 7. 3. 1990, GBl I Nr. 17 S. 141 = *Horn*, RWS-Dok. 1 Nr. 4.7.

15) Vgl. auch oben Kap. 1 III.

16) § 14 MantelG v. 21. 6. 1990, GBl I Nr. 34 S. 358 = *Horn*, RWS-Dok. 1 Nr. 1.7, S. 2.

17) Beschluß des Ministerrats v. 30. 5. 1990, GBl I Nr. 45 S. 784; vgl. auch *Wutzke/Küster*, WuW 1990, 467.

18) *Kleinmann*, BB 1990, Beilage 28, S. 5; vgl. auch VO über den Vertrieb von Presseerzeugnissen in der DDR v. 2. 5. 1990, GBl I Nr. 26 S. 245.

19) § 14 Nr. 11 MantelG.

Behörde den Zusammenschluß untersagt, so war es unzulässig, ihn zu vollziehen. Vollzogene Zusammenschlüsse waren aufzulösen (Abs. 4).

Kernpunkt war die abweichende Regelung der materiellen Fusionskontrolle. Neben der Entstehung oder Verstärkung einer überragenden Marktstellung trat als dritte, alternative rechtliche Grundlage für eine Untersagung der Tatbestand, daß der Zusammenschluß den Abbau einer marktbeherrschenden Stellung voraussichtlich verhindert (Abs. 2). In diesem Fall brauchte der Zusammenschluß selbst nicht zu einer Verschlechterung der Wettbewerbsstruktur zu führen; es genügte, daß er eine Verbesserung verhinderte. Dieser Tatbestand sollte die Entflechtung der sozialistischen Wirtschaft durch die Treuhandanstalt unterstützen. Er sollte dann eingreifen, wenn die Treuhandanstalt ein bisher staatsmonopolistisches sozialistisches Unternehmen ohne Entflechtung an einen Erwerber veräußern wollte und dadurch alte Marktmachtstrukturen erhalten wurden, statt das Unternehmen aufzuteilen und an mehrere Erwerber zu veräußern. Der EinigungsV hat aus den (oben b aa) erörterten Gründen darauf verzichtet, diesen besonderen Tatbestand über den 3. 10. 1990 hinaus beizubehalten.

Ein weiterer wesentlicher Unterschied zum Bundesrecht lag darin, daß die Kartellbehörde gem. § 24 Abs. 2 GWB-DDR einen Zusammenschluß untersagen "kann", nicht "muß". Damit sollte entsprechend den Vorgaben des StaatsV[20] eine flexible Fusionskontrolle mit Ermessensspielraum geschaffen werden. Die Behörde sollte in die Lage versetzt werden, auch Gesichtspunkte außerhalb der Bewertung der Markt- und Wettbewerbsstrukturen zu berücksichtigen, vor allem den Gesichtspunkt einer Sanierung und damit Erhaltung des zu erwerbenden Unternehmens in dem Fall, daß konkrete Alternativen für die Rettung des Unternehmens nicht erkennbar waren.[21]

Auch schon in der Übergangszeit vor dem 3. 10. 1990 hatte das Bundeskartellamt unabhängig von der Tätigkeit des Amtes für Wettbewerbsschutz der DDR eigenständig Fusionstatbestände in der DDR unter dem Gesichtspunkt zu prüfen, ob sie sich im Gebiet der Bundesrepublik und West-Berlins spürbar auswirkten (§ 98 Abs. 2 GWB). Das Bundeskartellamt hat auch die am 3. 10. 1990 noch beim Amt für

20) StaatsV Anlage II Abschn. III Nr. 1, BGBl II 1990, 553.

21) *Wutzke*, WuW 1990, 628; *Kleinmann*, BB 1990, Beilage 28, S. 3.

Wettbewerbsschutz in Ost-Berlin schwebenden Verfahren übernommen.

cc) Entflechtung des Handels

Für den Bereich des Handels wurde ein kurzlebiges Entflechtungsrecht in Ergänzung zu § 8 TreuhandG geschaffen.[22] Das EntflechtungsG vom 6. 7. 1990 ordnete an, daß das Eigentum sozialistischer Handelsbetriebe (VEHO, Konsumgenossenschaften, VE-Großhandelsgesellschaften) an Grundstücken, Gebäuden und Anlagen rasch von der Treuhandanstalt unter mitbestimmender Hinzuziehung der örtlichen Behörden an Investoren veräußert werden sollte (§ 1). Die günstigsten Angebote sollten durch die örtlichen Behörden (Landratsämter und Stadträte) durch Ausschreibung bis 31. 7. 1990 ermittelt werden, und die Entflechtung war bis zum 30. 9. 1990 abzuschließen (§§ 2 und 4). Bei der Vergabe sollte kein Erwerber eine marktbeherrschende Position erreichen, wobei 25% Marktanteil (am lokalen Markt) nicht überschritten werden sollten (§ 3).

Die dazu erst am 25. 7. 1990 ergangene VO enthielt eine schwerfällige und dem Entflechtungsziel hinderliche Regelung. Die Ausschreibungen und Verkäufe setzten die Erarbeitung "regionaler Konzepte der Kommunen" voraus (§ 3 Abs. 4) sowie die Berechnung der Marktanteile in der Region ansässiger Unternehmen (§ 4 Abs. 1). Eine umständliche Ermittlung des Betriebswertes und eine Inventur war dem Verkauf zugrunde zu legen (§ 5). Beim Verkauf sollten die Beschäftigten der ehemaligen sozialistischen Betriebe als Erwerber Vorrang genießen (§ 2). Alle Arbeitskräfte waren zu übernehmen (§ 4 Abs. 4). Der Käufer mußte die Funktionsfähigkeit der Warenbeschaffung und -verteilung und damit die Versorgungssicherheit gegenüber der Kommune nachweisen (§ 4 Abs. 3). Dieses auf eine Verhinderung der Entflechtung und die Bewahrung planwirtschaftlicher Vorstellungen gerichtete Regelwerk fand in West und Ost scharfe Kritik.[23] Das Entflechtungsrecht ist am 3. 10. 1990 außer Kraft getreten. Das Gesetz

22) Zu den erneuten Entflechtungsbemühungen nach dem 3. 10. 1990 oben Kap. 4 III 2 und 5.

23) Antrag der CDU-DA-Fraktion der Volkskammer am 30. 8. 1990, die VO wieder aufzuheben; Handelsblatt v. 31. 8. 1990, S. 4; zur Kritik des Bundeswirtschaftsministers Handelsblatt v. 27. 7. 1990, S. 5.

war insgesamt ein Fehlschlag und hat dem Vernehmen nach keine Entflechtungsverkäufe bewirkt.

2. Preisrecht

a) Preisfreigabe

In der sozialistischen Wirtschaft waren die Preise umfassend staatlich reglementiert und teils künstlich verteuert, teils durch Subventionierungen künstlich gesenkt. Unabdingbare Voraussetzung für die Realisierung der Währungs- und Wirtschaftsunion ab 1. 7. 1990 war daher die Freigabe der Preise durch ein neues Gesetz, dessen wesentlicher Inhalt im StaatsV vorgezeichnet war:

- Grundsatz der freien Preisbildung mit Ausnahmen, wo dies zur Durchsetzung wirtschaftspolitischer Zielsetzungen mit hohem volkswirtschaftlichen Gewicht nötig erscheint;
- Regeln für die Preisfestsetzung;
- Regeln für die Überwachung festgesetzter Preise und für die Verhinderung mißbräuchlicher Praktiken bei freien Preisen.[24)]

Dieses Gesetzgebungsprogramm wurde durch das PreisG v. 22. 7. 1990 und die 1. und 2. PreisVO realisiert. Das PreisG legte demnach den Grundsatz der freien Preisbildung fest (§ 1 Abs. 1 und § 2 Abs. 1) und ließ ausnahmsweise staatliche Preisregelungen zu (§ 1 Abs. 2), für deren Erlaß der DDR-Wirtschaftsminister zuständig war (§ 3 Abs. 1). Ferner enthielt das Gesetz ein Verbot des Preismißbrauchs, d. h. der Verwendung von Preisen, die infolge der Beschränkung des Wettbewerbs, der Ausnutzung einer wirtschaftlichen Machtstellung oder einer Mangellage (also typischer Übergangssituationen in der DDR) unangemessen waren (§ 6). Die Preisüberwachung wurde dem Amt für Wettbewerbsschutz übertragen (§ 7).

Das PreisG ist als typisches Übergangsrecht vom EinigungsV nicht aufrechterhalten worden und am 3. 10. 1990 entfallen. Denn der Grundsatz der freien Preisbildung ist nach Bundesrecht ohnehin gesichert, und die Überwachung von Preismißbräuchen, für die in der ersten Übergangszeit ein besonderes Bedürfnis bestand, kann längerfri-

---

24) StaatsV Anlage IV Abschn. I Nr. 3, BGBl II 1990, 558.

stig besser dezentral durch das feinere Instrumentarium der Zivilgerichtsbarkeit in Anwendung des § 138 BGB wahrgenommen werden.

Einem typischen Mißstand der Übergangszeit konnte freilich weder mit dem einen noch dem anderen Instrumentarium abgeholfen werden. Man denke an den nicht seltenen Fall, daß Vermieter von Gewerberäumen nunmehr vom Handwerker oder Kleinunternehmer überhöhte Mieten forderten. Die außer Kraft getretene Mißbrauchsaufsicht oder aber ein Gerichtsurteil über die Nichtigkeit eines entsprechenden Vertrags gem. § 138 BGB konnte lediglich die rechtliche Verpflichtung zur Zahlung dieser Miete oder Pacht beseitigen. Es konnte dem gekündigten Kleinunternehmer aber nicht einen Bestandsschutz verschaffen. Er mußte dem weichen, der den überhöhten Preis zu zahlen bereit war. Einen begrenzten Bestandsschutz brachte dann ab 3. 10. 1990 das Sechste Buch des EGBGB.[25)]

b) Übergangspreisrecht

In Ausführung des PreisG hat die 1. PreisVO vom 25. 6. 1990[26)] grundsätzlich alle bisherigen staatlichen Preisvorschriften aufgehoben (§ 3 Abs. 1). Ihre besondere Bedeutung besteht aber darin, daß sie als Ausnahme von diesem Prinzip Preisvorschriften auf bestimmten Gebieten aufrechterhalten hat, wo eine sofortige Preisfreigabe die Bevölkerung der DDR überfordert hätte. Diese Gebiete sind Wasserwirtschaft, Energiewirtschaft, Verkehrswesen, Post- und Fernmeldewesen sowie Mieten und Pachten, "soweit sie gegenüber der Bevölkerung Anwendung finden" (§ 2 Abs. 1 Satz 1).

Besonders die Wohnraummiete und die Miete für die Gewerberäume kleiner Gewerbetreibender sind wirtschafts- und gesellschaftspolitisch wichtig. Einerseits muß, wie bereits (oben Kap. 2 IV) erörtert, ihre Anhebung und spätere Freigabe erfolgen, um die Hausbesitzer zur Erhaltung und wirtschaftlichen Betreibung der Gebäude zu befähigen. Andererseits kann eine Mieterhöhung nur in Rücksichtnahme auf die allmähliche Aufwärtsentwicklung der Einkommen erfolgen. In der Anlage zur VO sind bei den Mieten in Überschreitung des genannten Personenkreises ("Bevölkerung") auch die Handwerker und Gewerbetrei-

25) Kap. 2 IV 2 c.
26) VO v. 25. 6. 1990, GBl I Nr. 37 S. 472 = *Horn*, RWS-Dok. 1 Nr. 6.6.

bende genannt, die Räume und Objekte gewerblich nutzen. Allerdings ist der letztgenannte Personenkreis nicht gegen eine Kündigung gefeit, so daß durch die Regelung das Problem der extremen Preiserhöhungen nicht für diese Personengruppe eliminiert wird. Der EinigungsV sieht ein gestuftes Auslaufen dieser Preisfixierungen vor: für Wohnraummieten und Pachten bis 31. 12. 1991, für Strom, Gas und feste Brennstoffe sowie für gewerbliche Mieten nur bis 31. 12. 1990, für Wärmeenergie bis 30. 6. 1991, für Verkehrswesen (ohne Deutsche Reichsbahn) bis 31. 12. 1991.[27)] Die Koalitionsvereinbarung der Regierungskoalition vom Januar 1991 sieht vor, daß Mieten in bestehenden Verträgen innerhalb von drei Jahren nur um 20 % bis zur ortsüblichen Vergleichsmiete erhöht werden dürfen, wenn die Ausgangsmiete die höchstzulässige Bewilligungsmiete im sozialen Wohnungsbau übersteigt.

Die ArzneimittelpreisVO vom 4. 7. 1990[28)], die insbesondere Preisspannen für Arzneimittel festlegt, galt bis zum Inkrafttreten der Bestimmungen des 5. Buches des Sozialgesetzbuches (1. 1. 1991[29)]) fort.[30)] Anschließend gilt gem. § 311 SGB für 1991 für Arzneimittelpreise ein Abschlag von 55 v.H., danach bis 31. 12. 1993 eine Preisermäßigung kraft VO.[31)] Die entsprechende VO führte zu heftigen Protesten der Apotheker im neuen Bundesgebiet und der deutschen Pharmaindustrie. Die Bundesregierung sagte gegen das Versprechen der Pharmaindustrie, in den nächsten Jahren einen erheblichen Beitrag zu den Krankenkassenaufwendungen im neuen Bundesgebiet zu leisten, die Aufhebung der VO zu. Die 2. PreisVO v. 25. 7. 1990[32)], die Preisregulierungen für Flüssiggas beibehielt, galt bis zum 31. 12. 1990.[33)]

---

27) EinigungsV Anlage II Kap. V A Abschn. III Nr. 1, BGBl II 1990, 1201; zum Mietrecht auch oben Kap. 2 IV.
28) VO v. 4. 7. 1990, GBl I Nr. 44 S. 715.
29) Gem. EinigungsV Anlage I Kap. VIII G Abschn. II Nr. 1, BGBl II 1990, 1048.
30) EinigungsV Anlage II Kap. V Abschn. A III Nr. 3, BGBl II 1990, 1201.
31) EinigungsV Anlage I Kap. VIII G Abschn. II Nr. 1, BGBl II 1990, 1048; krit. unter EG-rechtlichem Aspekt *Reich*, NJW 1990, 2921.
32) VO v. 25. 7. 1990, GBl I Nr. 45 S. 785 = *Horn*, RWS-Dok. 1 Nr. 6.7.
33) EinigungsV Anlage I Kap. VIII G Abschn. II, Nr. 2, BGBl II 1990, 1048.

3. Recht gegen unlauteren Wettbewerb

Das UWG ist in der ehemaligen DDR nicht außer Kraft getreten, war aber in der sozialistischen Wirtschaft funktionslos und obsolet geworden. Durch Gesetz v. 22. 7. 1990 ist das UWG dem Bundesrecht weitgehend angepaßt (§ 3) und die ZugabeVO (§ 4) und das RabattG (§ 5) in der DDR in Kraft gesetzt worden. Seit 3. 10. 1990 gilt das UWG gem. § 8 EinigungsV in der in der übrigen Bundesrepublik maßgeblichen Fassung mit einer Besonderheit, welche die Besetzung der Einigungsstelle i. S. d. § 27 a Abs. 2 Satz 1 UWG betrifft.[34] Ebenfalls gelten ZugabeVO, RabattG und PreisangabenVO.

---

34) EinigungsV Anlage I Kap. III E Abschn. III Nr. 1, BGBl II 1990, 963 = *Horn*, RWS-Dok. 2 Nr. I.2.5.

II. Gewerblicher Rechtsschutz und Urheberrecht

Rechtsquellen:

- Besondere Bestimmungen zur Einführung (Einführungsgesetz; EG) der Rechtsvorschriften auf dem Gebiet des Gewerblichen Rechtsschutzes (EGGewerbRS), EinigungsV Anlage I Kap. III E Abschn. II Nr. 1, BGBl II, 961 = *Horn*, RWS-Dok. 2 Nr. I.2.5; mit dessen Maßgabe gelten ab 3. 10. 1990 das PatentG (i. d. F. Bek. v. 16. 12. 1980, BGBl III 420-1) und die übrigen Gesetze des gewerblichen Rechtsschutzes (GebrMG; WZG);
- Besondere Bestimmungen zur Einführung des Urhebergesetzes (EGUrhG), EinigungsV Anlage I Kap. III E Abschn. II Nr. 2, BGBl II, 963 = *Horn* aaO. Dementsprechend ab 3. 10. 1990 Geltung des UrheberrechtsG (UrhG) v. 9. 9. 1965, BGBl III, 400-1.
- G über das Urheberrecht (UrhG-DDR) v. 13. 9. 1965, GBl I Nr. 14 S. 209; bis 2. 10. 1990; vgl. aber auch EGUrhG;
- PatentG für die DDR v. 6. 9. 1950, GBl 1950 Nr. 106 S. 989, mit Änderungen, Ber. GBl II 1968 Nr. 103 S. 827; geänd. d. G v. 27. 10. 1983, GBl I Nr. 29 S. 284; weit. Änderung 1990 (s. unten); vgl. aber auch EGGewerbRS; bis 2. 10. 1990;
- WarenzeichenG (der DDR) v. 17. 2. 1954, GBl I Nr. 23 S. 216; Ber. GBl 1954 Nr. 27 S. 267; i. d. F. G v. 15. 11. 1968, GBl I Nr. 21 S. 357, und des EGZGB v. 19. 6. 1975, GBl I 1975 Nr. 27 S. 517, geänd. d. G v. 30. 11. 1984, GBl I Nr. 33 S. 397; weit. Änderung 1990 (s. unten); bis 2. 10. 1990;
- G zur Änderung des PatentG und WarenzeichenG v. 29. 6. 1990, GBl I Nr. 40 S. 571.

1. Gewerbliche Schutzrechte

a) Künftig einheitliches Schutzgebiet

Seit dem 3. 10. 1990 ist das Deutsche Patentamt die alleinige Zentralbehörde auf dem Gebiet des gewerblichen Rechtsschutzes (§ 1 Abs. 1 EGGewerbRS). Anmeldungen gewerblicher Schutzrechte (Patente, Gebrauchsmuster, Geschmacksmuster und typographische Schriftzeichen, Halbleiterschutzrechte und Warenzeichen), die ab 3. 10. 1990 beim Deutschen Patentamt eingehen, sowie die hierauf erteilten oder eingetragenen Schutzrechte haben Geltung im gesamten Bundesgebiet (§ 2 EGGewerbRS). Dies gilt auch für Neuanmeldungen, in denen Schutz nur für das Gebiet der ehemaligen DDR begehrt wird; ein solcher territorial begrenzter Schutz kann also nicht mehr erteilt werden (§ 3 Abs. 4 Satz 1). Der Anmelder kann die begrenzte Anmeldung zurücknehmen (Satz 2).

Das Patentamt der DDR hat am 2. 10. 1990 seine Tätigkeit eingestellt. Nicht erledigte Anmeldungen werden vom Deutschen Patentamt weiterbehandelt (§ 3 Abs. 3). Eintragungen, die sich auf Anmeldungen und Schutzrechterteilungen beim Patentamt der DDR beziehen, werden seit 3. 10. 1990 beim Deutschen Patentamt vorgenommen und veröffentlicht (§ 3 Abs. 5).

b) Altrechte

aa) Schutzrechtsstatut. Getrennte Schutzgebiete (§ 3 Abs. 1 EGGewerbRS)

Die im alten Bundesgebiet und in der ehemaligen DDR vor dem 3. 10. 1990 vorgenommenen Anmeldungen und Schutzrechtserteilungen bleiben für ihr ehemaliges Schutzgebiet bestehen und unterliegen grundsätzlich weiterhin den für sie vor diesem Datum geltenden Rechtsvorschriften. Gleiches gilt für die aufgrund internationaler Abkommen mit Wirkung für das alte Bundesgebiet oder die DDR eingereichten Anmeldungen und gewährten Schutzrechte (§ 3 Abs. 1 EGGewerbRS). Das Arbeitnehmererfinderrecht der DDR[1] wird auch nach dem 3. 10. 1990 weiterhin auf solche Arbeitnehmererfindungen angewendet, die dort vor diesem Zeitpunkt gemacht worden sind (§ 11). Der Ausstellungsschutz, der Mustern und Warenzeichen nach DDR-Recht durch Bekanntmachung gewährt wurde, gilt weiter (§ 12). Der Benutzungszwang des WZG, demzufolge ein Schutzrecht erlischt, wenn es nicht genutzt wird, wird auch auf die beim Patentamt der DDR eingetragenen Marken (Warenzeichen und Dienstleistungsmarken) angewandt. Der EinigungsV gewährt jedoch eine Schonfrist: die Fünfjahresfrist für die Benutzung beginnt erstmalig am 3. 10. 1990 zu laufen (§ 10 Satz 1).

Der Fortbestand der bis 2. 10. 1990 im alten Bundesgebiet oder der DDR entstandenen Schutzrechte beschränkt sich also grundsätzlich zunächst auf das ursprüngliche Schutzgebiet. Die Erstreckung dieser Altrechte auf das jeweils andere Gebiet, z. B. eines vor dem 3. 10. 1990 bestehenden Bundespatents auf das neue Bundesgebiet, wirft komplizierte Kollisionsprobleme auf, die in der Kürze der Zeit nicht zu be-

---

1) Neu geregelt schon durch Art. 1 Nr. 7 des G v. 29. 6. 1990, GBl I Nr. 40 S. 571.

wältigen waren. Sie sollen künftig durch den Bundesgesetzgeber geregelt werden, was in § 13 EGGewerbRS hervorgehoben wird.

Schon vor einer solchen Regelung kann eine Ausdehnung des Schutzgebiets bei solchen Rechten erzielt werden, die durch bloße Benutzung erworben werden können wie der Ausstattungsschutz in § 25 WZG und der Titelschutz gem. § 16 UWG. Diese im alten Bundesgebiet erworbenen Rechte sind also bei Vorliegen der tatbestandlichen Voraussetzungen der Benutzung auch im neuen Bundesgebiet anzuerkennen; die einzelnen Kriterien dazu muß die Rechtsprechung erarbeiten.[2)]

bb) Prioritätsschutz (§§ 4, 6, 7, 9 EGGewerbRS)

Wer vor dem 3. 10. 1990 beim Patentamt der DDR ein Schutzrecht angemeldet hat, oder sein Rechtsnachfolger, genießt für die Anmeldung beim Deutschen Patentamt auch weiterhin ein Prioritätsrecht nach dem in Art. 4 der Pariser Verbandsübereinkunft bestimmten Inhalt (§ 4 EGGewerbRS). Für Patentanmeldungen beim Deutschen Patentamt ab 3. 10. 1990 sind Anmeldungen beim Patentamt der DDR neuheitsschädlich i. S. d. § 3 Abs. 2 Satz 1 Nr. 1 des PatentG (§ 6 EGGewerbRS). Wird ab 3. 10. 1990 ein Gebrauchsmuster beim Deutschen Patentamt angemeldet, so kann der Anspruch auf Löschung gem. § 15 Abs. 1 Nr. 2 GebrMG aufgrund älteren Rechts auch auf ein vom Patentamt der DDR erteiltes Schutzrecht gestützt werden (§ 7 EGGewerbRS).

Werden ab 3. 10. 1990 Warenzeichen angemeldet, die also zu einem Schutzrecht im gesamten Bundesgebiet führen sollen (vgl. oben a), kann sich ein relatives Eintragungshindernis aus einem älteren Recht sowohl im Schutzgebiet des alten Bundesgebietes wie im Schutzgebiet der DDR ergeben. Für das Altrecht im alten Bundesgebiet folgt dies schon aus §§ 5 Abs. 4 oder 6 a Abs. 3 i. V. m. § 31 WZG. Der gleiche Schutz wird aber auch dem Altrecht, das im Gebiet der ehemaligen DDR entstanden ist, gewährt, so daß das relative Eintragungshindernis auch aus einem solchen Recht folgen kann (§ 9 EGGewerbRS).

---

2) *Vogel*, FAZ v. 26. 9. 1990, S. 26; vgl. auch Erläut. zum EGGewerbRS, S. 55 = *Horn*, RWS-Dok. 2 Nr. I.2.5, S. 4.

cc) Bestandsschutz (§ 5 EGGewerbRS)

Wer bisher im Gebiet der ehemaligen DDR ein nur im alten Bundesgebiet geschütztes Schutzrecht benutzt hat oder umgekehrt im alten Bundesgebiet ein nur in der DDR geschütztes Recht, soll nach den Vorstellungen des EinigungsV Bestandsschutz genießen. Die künftige Erstreckung des Schutzes auf den bisher schutzfreien Raum soll also nicht dazu führen, daß die Benutzung untersagt werden kann. Dieser Vertrauensschutz ist aber auf die Zeit vor dem 1. 7. 1990 beschränkt. Denn von diesem Zeitpunkt ab war die Herstellung der staatlichen und rechtlichen Einheit absehbar.[3] Nur Benutzungshandlungen und Anmeldungen im schutzfreien Raum vor diesem Datum genießen also Vertrauensschutz (§ 5 EGGewerbRS).

2. Urheberrecht (EGUrhG)

Der EinigungsV ordnet die Geltung des UrheberrechtsG der Bundesrepublik auf die vor dem 3. 10. 1990 geschaffenen Werke an, stellt also auf diesem Gebiet Rechtseinheit her (§ 1 Abs. 1 Satz 1 EGUrhG). Entsprechendes gilt für verwandte Schutzrechte (§ 1 Abs. 2). Schon bisher genossen Bürger der DDR als Deutsche i. S. d. Art. 116 GG in der Bundesrepublik den Schutz des UrhG. Umgekehrt wurden Bundesdeutsche in der DDR als Ausländer behandelt. Immerhin genossen sie die Mindestrechte der Revidierten Berner Übereinkunft und des Welturheberrechtsabkommens, dem sowohl die Bundesrepublik wie die DDR beigetreten waren.

Nunmehr genießen Urheber aus dem alten Bundesgebiet im neuen Bundesgebiet der beigetretenen DDR den erhöhten Schutz des bundesdeutschen Urheberrechts, also die verlängerte Schutzfrist, die verbesserten Vergütungsansprüche (Folgerecht, Büchereitantieme, Vergütung für private Überspielung, Reprographievergütung) und die Ausdehnung des Schutzbereichs (wissenschaftliche und technische Darstellungen; Computerprogramme). Die Überleitungsregelungen des EinigungsV (EGUrhG) dienen daher hauptsächlich dem Zweck, einen Vertrauensschutz für Nutzungshandlungen zu schaffen, die bisher in der DDR mit Rücksicht auf den bisher geringeren Schutz west-

---

3) *Vogel*, aaO; Erläut., S. 56 = *Horn*, RWS-Dok. 2 Nr. I.2.5, S. 6.

licher Urheber vorgenommen worden waren. Eine bisher zulässige Nutzung, die nunmehr unzulässig ist, darf demnach fortgesetzt werden, wenn sie vor dem 1. 7. 1990 begonnen wurde, es sei denn, daß sie nicht üblich ist (§ 2 Abs. 1 Satz 1). Für die Nutzung ist ab 3. 10. 1990 eine angemessene Vergütung zu zahlen (Satz 2).

Sind vor dem 3. 10. 1990 Nutzungsrechte ganz oder teilweise einem anderen übertragen worden, so erstreckt sich die Übertragung im Zweifel auch auf den längeren, siebzigjährigen Schutzzeitraum des UrhG (§ 3 Abs. 1 EGUrhG). Der Nutzungsberechtigte hat eine angemessene Vergütung zu zahlen, es sei denn, daß er dem Urheber das Nutzungsrecht für die Zeit nach Ablauf der bisherigen Schutzdauer zur Verfügung stellt (§ 3 Abs. 2).[4)]

---

4) Zum Ganzen auch *Vogel*, aaO.

III. Umweltrecht

Rechtsquellen:

- StaatsV v. 18. 5. 1990, Art. 16, BGBl II 1990, 540 und Anlage VI Abschn. I, BGBl II 1990, 563 = *Horn*, RWS-Dok. 1 Nr. 1.1;
- EinigungsV v. 31. 8. 1990, Art. 8, Art. 34, BGBl II 1990, 892, 900 = *Horn*, RWS-Doks. 2 Nr. I.1.3, S. 4, 13 und Anlage I und II, jeweils Kap. XII, BGBl II 1990, 1114, 1226 = *Horn*, RWS-Dok. 2 Nr. II.1.2;
- VO über die Gewährleistung von Atomsicherheit und Strahlenschutz v. 11. 10. 1984, GBl I Nr. 30 S. 341 nebst DVO, aaO; nur eingeschränkte Fortgeltung i. d. F. EinigungsV Anlage II Kap. XII Abschn. III Nr. 2, BGBl II 1990, 1226.
- UmweltrahmenG (URG) v. 29. 6. 1990, GBl I Nr. 42 S. 649 = *Horn*, RWS-Dok. 1 Nr. 6.9 i. d. F. EinigungsV Anlage II Kap. XII A Abschn. III Nr. 1, BGBl II 1990, 1226 = *Horn*, RWS-Dok. 2 Nr. I.3.9;
- BundesimmissionsschutzG i. d. F. EinigungsV Anlage I Kap. XII Abschn. II, BGBl II 1990, 1114 = *Horn*, RWS-Dok. 2 Nr. I.2.10;
- AtomG i. d. F. Bek. v. 15. 7. 1985, BGBl I, 1565, zuletzt geänd. d. Art. 4 G v. 14. 3. 1990, BGBl I, 478, eingeführt in der DDR durch § 15 MantelG v. 21. 6. 1990, GBl I Nr. 34 S. 357 = *Horn*, RWS-Dok. 1 Nr. 1.7; durch Überleitungsregelungen ergänzt im EinigungsV Anlage I Kap. XII B Abschn. II Nr. 1, BGBl II 1990, 1116 = *Horn*, RWS-Dok. 2 Nr. I.2.11.

1. Umweltunion und Rechtsangleichung

Die durch den EinigungsV begründete grundsätzliche Rechtseinheit ist am besten zu verstehen, wenn man zunächst die schon im StaatsV eingeleitete Rechtsangleichung und Reform betrachtet.

a) Staatsvertrag und Umweltrahmengesetz

aa) Rechtsangleichung

Der StaatsV hat in Art. 16 eine Umweltunion mit der DDR begründet, d. h. die Lösung der Umweltprobleme in der DDR und die Schaffung eines gemeinsamen Umweltrechts auf hohem Niveau zum Vertragsziel erklärt. Absatz 1 hebt die große Bedeutung des Umweltschutzes hervor und nennt das Vorsorge-, Verursacher- und Kooperationsprinzip als die maßgeblichen Rechtsprinzipien zu seiner Verwirklichung. Die DDR verpflichtete sich, sofort mit Inkrafttreten des StaatsV für neue

Anlagen und Einrichtungen die rechtlichen Anforderungen für Genehmigungen dem anzugleichen (Abs. 2 Satz 1). Für bestehende Anlagen und Einrichtungen sollte eine Überleitungsregelung getroffen werden, die möglichst schnell zu entsprechenden Anforderungen führen sollte (Abs. 2 Satz 2).

Zur Realisierung dieses Programms verpflichtete sich die DDR, ein den folgenden Bundesgesetzen angeglichenes Recht zu schaffen: BImSchG, AbfG, BenzinbleiG, ChemikalienG und WasserhaushaltsG, jeweils nebst Durchführungsregelungen.[1] Die DDR hat daraufhin das URG v. 29. 6. 1990 erlassen. Es führte wichtige Bundesgesetze zum Umweltrecht mit kurzen, abgestuften Einführungsfristen und sonstigen Übergangsregelungen ein. Das BImSchG trat danach ab 1. 9. 1990 in der DDR in Kraft (Art. 1 § 2 Abs. 2). Das AtomG war schon ab 1. 7. 1990 in Kraft gesetzt worden (§ 15 MantelG).

bb) Umweltrahmengesetz; insbesondere Neuanlagen

Von den Übergangsregelungen, die das URG vorsah, sind drei hervorzuheben: (1) Für die Genehmigung von Neuanlagen nach dem BImSchG waren die Zulassungsvoraussetzungen erleichtert. Anlagen, die dem Stand der Technik entsprechen, waren auch bei einer zusätzlichen Belastung zu genehmigen, wenn die Zusatzbelastung geringfügig war und mit einer deutlichen Verminderung der Immissionsbelastung im Einwirkungsbereich der Anlage innerhalb von fünf Jahren ab Genehmigung zu rechnen war oder wenn im Zusammenhang mit dem Vorhaben Anlagen stillgelegt oder verbessert wurden und damit eine Verminderung der Vorbelastung herbeigeführt wurde, die doppelt so groß war, wie die durch die Neuanlage verursachte Zusatzbelastung (Art. 1 § 3 URG). Diese Regelung ging über die restriktiven Kompensationsbestimmungen der TA Luft hinaus und vermied die aufwendige Ermittlung der Vorbelastung. Der Grund dafür lag darin, daß in einigen Industriegebieten der DDR die Vorbelastung durch bestehende Anlagen die Grenzwerte der TA Luft überschritt und die Genehmigung neuer Anlagen auf Schwierigkeiten stieß.[2]

---

1) StaatsV Anlage VI Abschn. I, BGBl II 1990, 563.
2) *Spieth/v. Hammerstein*, Handelsblatt v. 24. 7. 1990, S. 6.

(2) Für das Genehmigungsverfahren sah das Gesetz eine Verwaltungshilfe durch Umweltbehörden der Bundesrepublik vor, weil DDR-Stellen weder vom Fachpersonal noch von der technischen Ausrüstung her zur Prüfung der Genehmigungsvoraussetzungen nach dem BImSchG imstande waren. Art. 1 § 5 URG bestimmte daher, daß die Genehmigungsbehörde dem Antragsteller die Einholung einer Stellungnahme einer Prüfungsbehörde der Bundesrepublik aufgeben mußte.

(3) Schließlich sah das Gesetz eine teilweise Befreiung von der Altlastenhaftung vor, die in abgeänderter Fassung fortgilt und noch zu besprechen ist (unten 3).

b) Einigungsvertrag

Der EinigungsV brachte eine weitgehende Rechtseinheit auf dem Gebiet des Umweltrechts auf allen Gebieten (Immissionsschutzrecht, kerntechnische Sicherheit und Strahlenschutz, Wasserwirtschaft, Abfallwirtschaft, Chemikalienrecht, Naturschutz und Landschaftspflege), allerdings mit Übergangsregelungen und -fristen in Ersetzung des URG.[3] Einige Normen des URG blieben bestehen, insbesondere eine Neufassung der Altlastenregelung.[4] Durch Einfügung neuer Normen in das BImSchG wurden die erwähnten Übergangsregelungen über die Verwaltungshilfe im Genehmigungsverfahren (§ 10 a) und über die erleichterte Genehmigung (§ 67 a) übernommen.[5]

Der EinigungsV sieht in Artikel 34 ein Gesetzgebungsprogramm mit dem Ziel vor, die natürlichen Lebensgrundlagen unter Beachtung des Vorsorge-, Verursacher- und Kooperationsprinzips zu schützen und die Einheitlichkeit der ökologischen Lebensverhältnisse in Deutschland auf einem hohen, zumindest auf dem in der Bundesrepublik bisher erreichten Niveau zu fördern (Abs. 1). Zusätzlich sieht der Vertrag ein besonderes Gesetzgebungsprogramm für das Gebiet der ehemaligen DDR vor, um ökologische Sanierungs- und Entwicklungsprogramme für die DDR aufzustellen und vorrangig Maßnahmen zur Abwehr von Gefahren für die Gesundheit der Bevölkerung vorzusehen (Abs. 2).

---

3) EinigungsV Anlage I Kap. XII, BGBl II 1990, 1114.
4) EinigungsV Anlage II Kap. XII Abschn. III Nr. 1 b, BGBl II 1990, 1226.
5) EinigungsV Anlage I Kap. XII A, BGBl II 1990, 1114.

2. Die Altlasten des Sozialismus

Schon bei Abschluß des StaatsV wurde anerkannt, daß es nicht möglich war, das Bundesumweltrecht sofort in vollem Umfang auf das Gebiet der DDR zu übertragen, weil die vorhandenen Anlagen nicht kurzfristig umgerüstet und an die erhöhten rechtlichen Anforderungen angepaßt werden konnten. In der Denkschrift zum StaatsV heißt es dazu, daß die sofortige Anpassung der bestehenden Anlagen an die geltenden Sicherheits- und Umweltstandards der Bundesrepublik weder volkswirtschaftlich zu verkraften noch im Hinblick auf die Gefährdung einer sehr großen Anzahl von Arbeitsplätzen vertretbar gewesen sei. Sofortige Maßnahmen sollten deshalb zunächst auf die Fälle beschränkt bleiben, in denen Gefahren für Leben und Gesundheit von Menschen bestehen.[6)]

Es geht aber nicht nur um eine Anhebung der rechtlichen Anforderungen zur Prävention künftiger Umweltschäden, sondern mehr noch um die Sanierung der bereits eingetretenen Schäden. Art. 34 Abs. 2 EinigungsV sieht daher ein besonderes Gesetzgebungsprogramm vor. Es handelt sich um eine große Aufgabe mit bedeutenden finanziellen Aufwendungen. Schließlich stellen die Altlasten in der DDR auch ein Problem für Neuinvestitionen dar und werden z. T. als wichtiges Investitionshindernis bezeichnet; das URG bietet hier eine Teillösung an (unten 3).

Zur Beurteilung des Regelungsproblems ist es erforderlich, sich die Dimension der Umweltschäden und Altlasten kurz in Erinnerung zu rufen. Diese Altlasten mögen zum Teil schon in einer zurückliegenden Zeit von der Industrialisierung bis zur Kriegswirtschaft entstanden sein. Zum größten Teil sind sie jedoch eine Hinterlassenschaft der sozialistischen Wirtschaft, die mangels politischer Gegenkontrollen den Umweltschutz rücksichtslos vernächlässigte und "Raubbau nach Plan" betrieb,[7)] weil die Wirtschaftsbürokratie den ökonomischen Anforderungen des Umweltschutzes auswich.

Das sprechendste Beispiel dafür liefert die Energieversorgung. Die DDR hatte wegen niedriger Stromtarife weltweit den höchsten Stromverbrauch pro Kopf. Dieser wurde teils durch Abbau und Verfeuerung

---

6) Denkschrift zum StaatsV, BT Drucks. 11/7350, S. 106 = *Horn*, RWS-Dok. 1 Nr. 1.2, S. 10.

7) *Hübler*, Raubbau nach Plan.

von Braunkohle, teils durch Kernkraftwerke gedeckt. Die Kernkraftwerke müssen wegen ungenügender Sicherheitsvorkehrungen stillgelegt werden. Die Braunkohleabbaumethoden waren mit erheblichen Landschafts- und Grundwasserzerstörungen bei ungenügenden Rekultivierungen verbunden, und die Braunkohleverfeuerung führte dazu, daß die DDR mit den Schwefeldioxydemissionen an erster Stelle in Europa lag.[8)]

In Regionen mit Chemiestandorten oder Braunkohlewerken bewirkte die Luftverschmutzung große Gesundheitsschäden; die Lebenserwartung der Einwohner in der Region Bitterfeld, einem Chemiestandort, liegt sechs Jahre unter der des DDR-Durchschnitts. Insbesondere an Chemiestandorten sind starke Bodenbelastungen zu befürchten, die teure Sanierungen erforderlich machen werden. Die Anzahl der zu sanierenden Altlastenstandorte ist nur unvollständig erfaßt und untersucht und wird sich vorausssichtlich noch wesentlich erhöhen. Die industrieähnlichen Anbaumethoden in der DDR-Landwirtschaft bewirkten, daß ein Drittel der landwirtschaftlichen Nutzflächen der DDR unfruchtbar sind.[9)]

Die DDR hatte zwar in der alten Verfassung von 1968 den Schutz der Umwelt und Natur proklamiert (Art. 15) und dazu 1970 das Landeskulturgesetz erlassen.[10)] Es bestanden ferner Gesetze u. a. zur Wasserwirtschaft und Wasserreinhaltung, Bodennutzung, Endlagerung von radioaktiven Abfällen und eine AO über Sekundärrohstoffe.[11)] 1971 war das Ministerium für Umwelt und Wasserwirtschaft errichtet worden. Die Durchsetzung eines effektiven Umweltschutzes unterblieb aber fast vollständig und die staatliche Planung wurde für den Umweltschutz praktisch nicht eingesetzt, so daß *Hübler* zu dem Schluß kommt, daß noch im Sommer 1990 in der DDR fast alle institutionellen, personellen und sächlichen Voraussetzungen fehlen, um ein modernes, von der Bundesrepublik zu übernehmendes Umweltrecht überhaupt umzusetzen.[12)] Sowohl im URG als auch jetzt im EinigungsV ist daher die bereits (oben 1) erwähnte Verwaltungshilfe durch

8) Dazu und zum folgenden *Hübler*, UPR 1990, 241 ff.

9) *Hübler*, UPR 1990, 241, 244.

10) G über die planmäßige Gestaltung der sozialistischen Landeskultur in der DDR v. 14. 5. 1970, GBl I, Nr. 12.

11) Überblick bei *Hübler*, UPR 1990, 241, 247.

12) *Hübler*, UPR 1990, 241, 248.

Umweltbehörden der (bisherigen) Bundesrepublik bei der Prüfung der Genehmigungsfähigkeit und technischen Anlagen vorgesehen.

3. Haftung für Altlasten

Investoren suchen dem Problem einer Haftung für Altlasten dadurch auszuweichen, daß sie Grundstücke nicht übernehmen, die kontaminiert sind oder bei denen ein solcher Verdacht besteht. Dies gilt schon im einfachen Beispiel von Tankstellen, die möglichst auf bisher unbebauten und gewerblich ungenutzten Grundstücken neu errichtet werden. Der Gesetzgeber suchte dieses Investitionshindernis durch eine begrenzte Befreiung von der Altlastenhaftung im URG zu beseitigen. Die Vorschrift lautet in ihrer durch den EinigungsV veränderten Fassung[13]:

> Erwerber von Anlagen, die gewerblichen Zwecken dienen oder im Rahmen wirtschaftlicher Unternehmungen Verwendung finden, sind für die durch den Betrieb der Anlage vor dem 1. Juli 1990 verursachten Schäden nicht verantwortlich, soweit die zuständige Behörde im Einvernehmen mit der obersten Landesbehörde sie von der Verantwortung freistellt. Eine Freistellung kann erfolgen, wenn dies unter Abwägung der Interessen des Erwerbers, der Allgemeinheit und des Umweltschutzes geboten ist. Der Antrag auf Freistellung muß spätestens bis zum 31. Dezember 1991 gestellt sein. Die Haftung aufgrund privatrechtlicher Ansprüche bleibt unberührt.

Die Vorschrift geht stillschweigend davon aus, daß den Erwerber an sich eine Sanierungsverantwortlichkeit für Altlasten trifft. Diese Verantwortlichkeit ist rechtlich nicht ganz leicht zu bestimmen, weil das im Gebiet der DDR neu eingeführte Bundesumweltrecht (§ 17 BImSchG, § 9 AbfG) ohnehin nur auf Tatbestände anwendbar ist, die noch nicht in der Vergangenheit abgeschlossen sind (z. B. fortdauernde Lagerung i. S. der Aufbewahrung für spätere Verwertung oder Verbringung), nicht aber auf abgeschlossene Tatbestände. Daher kommen für die Haftung eher die allgemeinen Grundsätze des Polizeirechts (Verhaltens- und Zustandshaftung), die dem DDR-Polizeirecht entnommen werden können, in Betracht.[14]

Die Norm verzichtet in ihrer Neufassung auf den problematischen Begriff der Altanlage.[15] Die Freistellung hängt von einer Entscheidung

---

13) EinigungsV Anlage II Kap. XII Abschn. III Nr. 1 b, BGBl II 1990, 1226 = *Horn*, RWS-Dok. 2 Nr. I.3.9.
14) *Michael/Thull*, BB 1990, Beilage 30, S. 2 f.
15) Dazu *Michael/Thull*, BB 1990, Beilage 30, S. 4.

der Behörde ab, die aufgrund einer Interessenabwägung erfolgt. Solange sie nicht erfolgt ist, kann der Investor eine endgültige Investitionsentscheidung nicht treffen. Der Antrag kann nur bis 31. 12. 1991 gestellt werden und betrifft nur vor dem 1. 7. 1990 verursachte Altschäden. Die Freistellung bedeutet keine endgültige Befreiung von der Beteiligung der Erwerbers an einem etwa später gebildeten Altlastenfonds. Sie schließt auch nicht die Pflicht des Erwerbers aus, spätere Sanierungsmaßnahmen der Behörden zu dulden und dabei Betriebsbeeinträchtigungen in Kauf zu nehmen.

Das Fortbestehen zivilrechtlicher Ansprüche enthält ein Haftungsrisiko, das der Erwerber schwer abschätzen kann. Dieses Risiko kann noch am ehesten durch eine entsprechende Freistellungsvereinbarung mit der Treuhandanstalt ausgeschlossen werden.[16)]

---

16) *Michael/Thull*, BB 1990, Beilage 30, S. 8; zur entsprechenden Vertragspraxis oben Kap. 4 III 5 h.

IV. Steuerrecht

Rechtsquellen:

- Grundgesetz für die Bundesrepublik Deutschland, insbes. Art. 104 a ff;
- StaatsV v. 18. 5. 1990, Art. 26 - 34, BGBl II 1990, 542 ff = *Horn*, RWS-Dok. 1 Nr. 1.3, S. 6 und Anlage IV Abschn. III, BGBl II 1990, 558;
- EinigungsV v. 31. 8. 1990, insbes. Art. 7, BGBl II 1990, 891 = *Horn*, RWS-Dok. 2 Nr. I.1.3, S. 3, und in Anlagen I und II jeweils Kap. IV, BGBl II 1990, 964, 1194. Mit Abänderungen und besonderen Überleitungsregelungen gelten im neuen Bundesgebiet u. a. die folgenden Gesetze gem. EinigungsV Anlage I Kap. IV B Abschn. II, BGBl II 1990, 966 ff:
  - AbgabenO (AO) (Nr. 6);
  - EinführungsG z. AO mit neuem Art. 97a (Überleitungsregelungen aus Anlaß der Herstellung der Einheit Deutschlands) (Nr. 7);
  - Inkrafttreten der Besitz- und Verkehrssteuern ab 1. 1. 1991 (Nr. 14);
  - Vorauszahlungen zur Einkommen-, Körperschaft-, Gewerbe-, Vermögen- und Grundsteuer ab 1. 1. 1991 ohne Aufforderung nach SelbstberechnungsVO-DDR v. 27. 6. 1990 (s. unten) (Nr. 15);
  - EinkommensteuerG 1987 mit Sondervorschriften §§ 56 - 59 (Nr. 16);
  - KörperschaftsteuerG mit Sondervorschriften in § 54 a (Nr. 19);
  - GewerbesteuerG (Nr. 20);
  - InvestG v. 26. 6. 1990 (s.unten) (Nr. 22);
  - AußensteuerG (Nr. 23);
  - UmsatzsteuerG und UmsatzsteuerDVO (Nr. 24, 25);
  - BewertungsG mit Sondervorschriften §§ 125 - 134 (Bewertung von Vermögen im neuen Bundesgebiet);
  - VermögensteuerG (Nr. 27);
  - GrundsteuerG mit Sondervorschriften in Abschnitt VI §§ 40 - 46 (Nr. 30);
  - GrunderwerbsteuerG (Nr. 31);
  - KraftfahrsteuerG (Nr. 35);
- G zur Regelung des Kirchensteuerwesens v. 3. 10. 1990, aufgrund EinigungsV Anlage II Kap. IV Abschn. I Nr. 5, BGBl II 1990, 1194;
- G über die Eröffnungsbilanz in Deutscher Mark und die Kapitalneufestsetzung (DMBilG) v. 3. 10. 1990 aufgrund EinigungsV Anlage II Kap. III D, §§ 50 - 56 (betr. Steuerbilanz), BGBl II 1990, 1190 ff = Horn, RWS-Dok. 2 Nr. II.4.1, S. 22 ff.

Rechtsquellen des DDR-Rechts:[1]

- EinkommensteuerG der DDR vom 18. 9. 1970, GBl Sonderdruck Nr. 670 (i. d. F. SteueranpassungsG; s. unten);

1) Überwiegend außer Kraft; z. T. aber ebenfalls Überleitungsrecht.

- G zur Änderung der Rechtsvorschriften über die Einkommen-, Körperschaft- und Vermögensteuer (SteueränderungsG) vom 6. 3. 1990, GBl I Nr. 17 S. 136; geändert ab 1. 7. 1990 und außer Kraft ab 1. 1. 1991 aufgrund StaatsV Anlage IV Abschn. III Nr. 4 und 5, , BGBl II 1990, 559;
- G über die Grundsätze der Finanzordnung der DDR vom 15. 6. 1990, GBl Nr. 33 S. 304; bis 2. 10. 1990;
- UmsatzsteuerG vom 22. 6. 1990 und UmsatzsteuerDVO vom 23. 6. 1990, beide in GBl Sonderdruck Nr. 1432; bis 2. 10. 1990;
- G zur Änderung und Ergänzung steuerlicher Rechtsvorschriften bei Einführung der Währungsunion mit der Bundesrepublik Deutschland (SteueranpassungsG) v. 22. 6. 1990, GBl Sonderdruck Nr. 1427 vom 27. 6. 1990;
- VO über die Besteuerung der Arbeitseinkommen von 1952, GBl 1952, 1413 i. d. F. SteueranpassungsG, Sonderdruck GBl 1990, Nr. 1427 vom 25. 6. 1990;
- VO über die Zahlung von Steuern der in Kapitalgesellschaften umgewandelten ehemaligen volkseigenen Kombinate, Betriebe und Einrichtungen im zweiten Halbjahr 1990 vom 27. 6. 1990, GBl I Nr. 41 S. 618;
- VO über die Berechnung von Steuern und Beiträgen zur Sozialversicherung sowie über die Entrichtung von Abschlagzahlungen - SelbstberechnungsVO - vom 27. 6. 1990, GBl I Nr. 41 S. 616; Fortgeltung gem. EinigungsV Anlage I Kap. IV B Abschn. II Nr. 15, BGBl II 1990, 974.

1. Herstellung der Rechtseinheit im Finanz- und Steuerrecht

a) Der Angleichungsprozeß

Ab 3. 10. 1990 gilt auch für das Gebiet der ehemaligen DDR das Finanzverfassungsrecht des Grundgesetzes mit seiner Verteilung der Gesetzgebungs-, Verwaltungs- und Ertragshoheit für öffentliche Einnahmen und Ausgaben, ergänzt durch besondere Übergangsregelungen in Art. 7 des EinigungsV. Auch im neuen Bundesgebiet gilt das bundesdeutsche Steuerrecht nach der Grundregel des Art. 8 EinigungsV, allerdings mit Abänderungen, die durch die Überleitungsprobleme notwendig wurden und in Anlage I vorgesehen sind (Kap. IV B Abschn. II). Auf dieser Grundlage wird im Steuerwesen des neuen Bundesgebietes im wesentlichen die tatsächliche Einheitlichkeit mit dem übrigen Bundesgebiet im Jahre 1991 erreicht.

Den ersten Schritt zur wirtschaftlichen Annäherung der Steuersysteme tat der DDR-Gesetzgeber im März 1990, als er mit dem SteueränderungsG die konfiskatorisch hohen Steuersätze absenkte und an die Verhältnisse in der Bundesrepublik anglich. Einen bedeutenden Schritt zur Herstellung der Rechtseinheit auch im Steuerrecht brachte der StaatsV, der in Art. 31 die weitgehende Übernahme des Steuerrechts der Bundesrepublik vorsah. In Anlage IV des Vertrages ist in Abschnitt III Nr. 2, 4 und 5 die differenzierte Übernahme des Rechts der Besitz- und Verkehrssteuern vorgesehen. Eine unverzügliche Übernahme des Bundesrechts, ggf. mit notwendigen Modifikationen, war für Zölle und besondere Verbrauchsteuern, das Umsatzsteuerrecht, das Versicherungs- und das Wechselsteuerrecht sowie das Steuerverfahrensrecht vorgesehen (Nr. 6).

Für Zwecke der Umsatzsteuer beseitigte der StaatsV ab 1. 7. 1990 die innerdeutsche Steuergrenze, so daß insoweit ein einheitliches Steuergebiet entstand (Art. 31 Abs. 2 Satz 1); gleichzeitig entfiel auch der Grenzausgleich für die besonderen Verbrauchsteuern (Art. 30 Abs. 3 Satz 1), und es entstand ein gemeinsames Zollgebiet (Art. 30 Abs. 2). Mit Wirkung ab 1. Januar 1991 war die Übernahme des Bundesrechts der Einkommen- und Lohnsteuer, Körperschaft-, Gewerbe-, Vermögen-, Erbschaft-, Schenkung-, Grund-, Grunderwerb- und Kraftfahrzeugsteuer sowie des Bewertungsrechts vorgesehen (Anlage IV Abschn. III Nr. 4). Im Vorgriff auf diese Angleichung wurde zur Herstellung einer wirtschaftlich vergleichbaren Belastung der Steuerpflichtigen die sofortige Übernahme des Rechts der steuerlichen Gewinnermittlung und bestimmter lohnsteuerrechtlicher Besonderheiten (z. B. Kinderfreibeträge) sowie die Entrichtung der Körperschaft-, Gewerbe- und Vermögensteuer auch durch die umgewandelten ehemaligen volkseigenen Wirtschaftseinheiten vorgesehen (Nr. 5). Die DDR führte das dafür erforderliche Gesetzgebungsprogramm weitgehend durch.[2)]

b) Materielles Steuerrecht

Der EinigungsV knüpft an die Regelung des StaatsV an (Anlage I Kap. IV B Abschn. II). Das Bundesrecht der Besitz- und Verkehrsteuern einschließlich der Einfuhrumsatzsteuer tritt danach im neuen Bundesgebiet am 1. 1. 1991 in Kraft (Nr. 14). Es gelten ferner das EStG 1987 mit Abänderungen und Sondervorschriften (§§ 56 - 59) für Steuerpflichtige im neuen Bundesgebiet (Nr. 16), das KStG mit Sondervorschriften in § 54 a für Körperschaften, Personenvereinigungen oder Vermögensmassen im neuen Bundesgebiet (Nr. 19), das Außensteu-

2) Vgl. die Nachweise oben vor 1.

erG (Nr. 23) und das UStG nebst UmsatzsteuerDVO (Nr. 24, 25) mit zahlreichen Änderungen.

Das BewertungsG gilt mit einem neuem Vierten Teil (§§ 125 - 134), der Vorschriften für die Bewertung von Vermögen im neuen Bundesgebiet enthält. Danach gelten anstelle der Einheitswerte für Betriebe der Land- und Forstwirtschaft (außer den Wohngebäuden) Ersatzwirtschaftswerte (§§ 125 ff); für Grundstücke gelten die Einheitswerte nach den Wertverhältnissen am 1. 1. 1935 (§ 129); für Nachkriegsbauten, die nach Jahresrohmieten zu bewerten sind und die vor dem 1. 7. 1990 bezugsfertig wurden, ist die ab Bezugsfertigkeit preisrechtlich zulässige Miete (als Jahresrohmiete v. 1. 1. 1935) zugrunde zu legen (§ 130). Geschäftsgrundstücke werden für die Feststellung der Einheitswerte des Betriebsvermögens, für die Vermögen-, Erbschafts-, Gewerbe- und Grunderwerbsteuer mit 400 v.H. des Einheitswerts 1935 angesetzt, unbebaute Grundstücke mit 600 v.H. (§ 133). Das GrundsteuerG gilt mit einem neuen Abschnitt VI, der die Grundsteuer für Steuergegenstände im neuen Bundesgebiet ab Kalenderjahr 1991 in §§ 40 - 46 regelt (Nr. 30). Der Vertrag führt ferner ein neues KirchensteuerG ein.[3)]

c) Steuerverfahrensrecht

Es gilt die AbgabenO (AO) und das EinführungsG zur AO mit Abänderung durch den EinigungsV.[4)] Im EinführungsG zur AO ist ein neuer Art. 97 a mit Überleitungsregelungen (§§ 1 und 2) eingefügt (Nr. 7). Für vor dem 1. 1. 1991 nach dem Recht der Bundesrepublik oder der DDR entstandene Steuern, auf die Abgabenrecht Anwendung findet, bleiben die nach bisherigem Recht zuständigen Finanzbehörden weiterhin örtlich zuständig (§ 1). § 2 enthält intertemporales Steuerverfahrenskollisionsrecht und ordnet u. a. an, daß Verfahren, die bei Wirksamwerden des Beitritts anhängig sind, nach den Vorschriften der AO zu Ende geführt werden, soweit keine Sonderregelung getroffen ist (Nr. 1).

Vorauszahlungen zur Einkommen-, Körperschaft-, Gewerbe-, Vermögen- und Grundsteuer im neuen Bundesgebiet richten sich bis zur

3) EinigungsV Anlage II Kap. IV Abschn. I Nr. 5, BGBl II 1990, 1194.
4) Anlage I Kap. IV B Abschn. III Nr. 6, 7, BGBl II 1990, 968.

Festsetzung der Vorauszahlungen durch das zuständige Finanzamt nach den zuletzt zu leistenden Abschlagszahlungen nach der SelbstberechnungsVO der DDR v. 27. 6. 1990 und nach der VO über die Zahlung von Steuern der in Kapitalgesellschaften umgewandelten sozialistischen Wirtschaftseinheiten vom gleichen Tage, ohne daß es dazu eines Steuerbescheides oder einer Aufforderung bedarf (Nr. 15; zur Finanzgerichtsbarkeit und zum finanzgerichtlichen Verfahren s. unten Kap. 6 I 3 a cc und II 5).

d) Finanzverwaltung

Bereits im StaatsV hatte sich die DDR zum Aufbau einer dreistufigen Finanzverwaltung entsprechend dem Gesetz über die Finanzverwaltung der Bundesrepublik verpflichtet (Art. 34). Aufgrund des EinigungsV gilt das FinanzverwaltungsG mit der Maßgabe, daß während einer Übergangszeit bis 31. 12. 1994 die obersten Finanzbehörden der Länder über den Einsatz der automatischen Einrichtungen für die Festsetzung und Erhebung der von ihnen verwalteten Steuern im Einvernehmen mit dem Bundesminister der Finanzen entscheiden (§ 20 Abs. 1 n. F.).[5]

2. Altes Recht und Übergangsrecht

a) Das sozialistische Abgabensystem

In der sozialistischen Planwirtschaft übernahm das Finanzsystem gesamtwirtschaftliche Steuerungs- und Kontrollfunktionen. Es lenkte und verteilte Geldströme, Finanzaktiva und -passiva nach dem Plan zwischen den einzelnen Wirtschaftseinheiten.[6] Die Abgaben der sozialistischen Wirtschaftseinheiten, etwa produktgebundene Abgaben, Produktions- und Handelsfondsabgaben, Nettogewinnabführung, Beiträge für gesellschaftliche Fonds und sonstige Abgaben an den Staat waren nach diesem System keine Steuern, sondern Umschichtungen innerhalb des Staates.[7] Dieses Abgaben- und Umschichtungssystem

---

5) EinigungsV Anlage I Kap. IV B Abschn. II Nr. 5, BGBl II 1990, 968.

6) Dazu und zum folgenden *Barthel*, NWB 7/1990, Beilage 1, S. 8 ff; *Müssener*, IWB 5 DDR-Gruppe 2, S. 56 ff; *Schulz*, DStR 1990, 91 ff.

7) *Müssener*, S. 58; *Barthel*, NWB 7/1990, Beilage 1, S. 10 ff.

ermöglichte und bewirkte die Ausplünderung ertragreicher Unternehmen durch Abschöpfung aller Gewinne und umgekehrt die Subventionierung unwirtschaftlicher Wirtschaftseinheiten.

Gleichzeitig wurde ein marktfernes Preissystem mit einerseits künstlich erhöhten Preisen (insbes. bei Importgütern) und andererseits stark subventionierten, künstlich abgesenkten Preisen (z. B. für Grundnahrungsmittel und Strom) unterhalten, also ein System umfangreicher Transferleistungen. Auch wirtschaftlich erfolgreichen Unternehmen wurden die für Investitionen und Ausbau erforderlichen Finanzmittel nur eingeschränkt zur Verfügung gestellt (Prinzip der knappen Dotierung) und sie wurden auf die (umständliche und von Plankontrollen begleitete) Kreditierung durch den staatlichen Bankenapparat verwiesen (Prinzip der Zwangskreditierung). Wie bereits mehrfach betont, erscheinen unter diesen Umständen die Altschulden der Wirtschaftseinheiten in einem anderen Licht; das sozialistische Abgabensystem gehört zu den Mitursachen der verbreiteten Unternehmensüberschuldung.

Begrifflich kannte das sozialistische Finanzsystem Steuern nur dort, wo finanzielle Transfers an den Staat von einem anderen Rechtssubjekt unter Eigentumswechsel stattfanden, vor allem also bei Zahlungen der Genossenschaften und der privaten Handwerks- und Gewerbebetriebe sowie bei der Besteuerung der Bevölkerung (Lohnsteuer).[8] Auch auf dem Gebiet der Steuern i. e. S. gab es eine Fülle besonderer Abgaben.[9] Private Handwerksbetriebe etwa unterlagen der Handwerksteuer in Gestalt der Gewinn-, Produktionsfonds- und Lohnsummensteuer, die halbsozialistischen Betriebe der Gewerbe-, Umsatz-, bzw. Produktionsfondsteuer, Selbständige der Einkommensteuer.

Da der private Wirtschaftssektor im Sozialismus mißbilligt und diskriminiert wurde, hatte die Einkommensteuer für natürliche und die Körperschaftsteuer für juristische Personen eine scharfe Progression bis 95 % auf Gewinne über 250.000 DM nach der Gewerbe- und Umsatzsteuer und neben der Vermögensteuer.[10] Das umfassende und schwer durchschaubare Abgabensystem wurde noch einmal im Zusammen

---

8) Vgl. *Schulz*, DStR 1990, 91; *Müssener*, S. 59.

9) Übersicht bei *Schulz*, DStR 1990, 309.

10) Bei der Einkommensteuer konnte der Steuersatz von 95 % noch überschritten werden; vgl. *Barthel*, NWB 7/1990, Beilage 1, S. 14.

hang mit der Einführung der Joint-Venture-VO im Januar 1990 zur Regelung auswärtiger Beteiligungen deutlich, die am 1. 7. 1990 wieder abgeschafft wurde.

Ein erster wichtiger Schritt zur wirtschaftlichen Annäherung des Steuersystems an marktwirtschaftliche Verhältnisse bestand darin, daß parallel zur Einführung der Gründungsfreiheit für Unternehmen durch das GewerbeG und das UnternehmensG im März 1990 zugleich das SteueränderungsG vom 6. 3. 1990 nebst Durchführungsbestimmung vom 16. 3. 1990[11] rückwirkend zum 1. 1. 1990 eine erhebliche Absenkung und Anpassung der Steuertarife der Einkommen-, Körperschaft- und Vermögensteuer herbeiführte.[12] Natürlich war dieses neue Steuerrecht zunächst nur für die kleine, aber rasch wachsende Zahl der selbständigen privaten Unternehmer, Handwerker und Freiberufler von Bedeutung, während der große Bereich der sozialistischen Wirtschaft bis zum 30. 6. 1990 im alten Abgabensystem verblieb.

b) Übergangsrecht

aa) Steuerrecht 1990

Da der StaatsV eine volle Anpassung an das bundesdeutsche Steuerrecht erst zum 1. 1. 1991 vorsah und der EinigungsV diese Regelung bestätigte (oben 1), behielt das SteueränderungsG mit Durchführungs-VOen für das ganze Jahr 1990 seine Bedeutung. Die Kapitalgesellschaften, die aufgrund der UmwandlungsVO oder ab 1. 7. 1990 aufgrund des TreuhandG aus vorher sozialistischen Wirtschaftseinheiten entstanden waren, unterlagen ab 1. 7. 1990 erstmals dem Steuerrecht und hatten Körperschaftsteuer, Gewerbesteuer und Vermögensteuer nach den geltenden Steuergesetzen der DDR in der Fassung des SteueränderungsG vom März 1990 zu entrichten.[13] Rechtsgrundlage ist die VO über die Zahlung von Steuern der in Kapitalgesellschaften umgewandelten ehemaligen volkseigenen Kombinate, Betriebe und Einrichtungen vom 27. 6. 1990.[14]

---

11) DB v. 16. 3. 1990, GBl I Nr. 21 S. 195
12) Vgl. auch *Müssener*, S. 70; *Krause/Schulz*, DStR 1990, 239 ff; rechtsvergleichend *Fischer-Nordemann*, DtZ 1990, 56.
13) Vgl. StaatsV Anlage IV Abschn. III Nr. 5, BGBl II 1990, 559.
14) Dazu *Bansner*, GmbHR 1990, 365.

bb) Steuerbilanzrecht (§§ 50 - 55 DMBilG)

Das DMBilG enthält in den §§ 50 - 55 besondere Vorschriften über die steuerliche Gewinnermittlung. Die Vorschriften des DMBilG sind grundsätzlich auch für die steuerrechtliche Gewinnermittlung maßgeblich (§ 50 Abs. 1). Steuerpflichtige, die Rechtsträger eines Unternehmens sind, und freiwillig Bilanzierende haben eine steuerliche Eröffnungsbilanz zum 1. 7. 1990 aufzustellen, die grundsätzlich der handelsrechtlichen Eröffnungsbilanz entsprechen muß (§ 50 Abs. 2 Satz 1 i. V. m. Abs. 1 und Abs. 5). Hauptzweck der Vorschrift ist es, die Aufstellung einer besonderen Steuerbilanz überflüssig zu machen.[15)]

Die neuen Wertansätze der Eröffnungsbilanz gelten also auch für steuerliche Zwecke. Sie können auch mit steuerlicher Wirkung im Rahmen des § 36 DMBilG später berichtigt werden (§ 50 Abs. 3 DMBilG). Die Veränderungen, die sich aus den Neufestsetzungen ergeben, bleiben ertragsteuerneutral (§ 51 Abs. 1 DMBilG); die resultierenden Kapitalveränderungen bei Gesellschaften und Genossenschaften lösen keine Kapitalverkehrsteuer aus (§ 50 Abs. 2 DMBilG).

Bestimmte "Bilanzierungshilfen", die das DMBilG gewährt,[16)] werden steuerlich nicht angerechnet. So ist eine Aktivierung selbstgeschaffener immaterieller Wirtschaftsgüter (Geschäfts- oder Firmenwert, gewerbliche Schutzrechte, Know-how usw.), die § 31 Abs. 1 DMBilG in Abweichung von § 248 Abs. 2 HGB erlaubt, in der Steuerbilanz nicht vorzunehmen (§ 50 Abs. 2 Satz 2 DMBilG). Ist ein Kapitalentwertungskonto aktiviert worden (§ 26 Abs. 4; § 28 Abs. 1 DMBilG), so sind die zu seiner Tilgung zu verwendenden Beträge (§ 28 Abs. 2 Satz 3, 4 DMBilG) bei der steuerrechtlichen Gewinnermittlung nicht abzugsfähig (§ 50 Abs. 4 DMBilG).

Jubiläumsrückstellungen und solche Rückstellungen, die nach Handelsrecht wahlweise gebildet werden dürfen, sind steuerrechtlich nicht zulässig (§ 50 Abs. 2 Satz 2, 3 DMBilG). Pensionsrückstellungen dürfen nur unter den besonderen Voraussetzungen des § 54 DMBilG gebildet werden. Denn die steuerliche Schlußbilanz zum 31. 12. 1990 wird als gleichzeitige steuerliche Eröffnungsbilanz zum 1. 1. 1991 das Anfangsvermögen des Wirtschaftsjahres 1991 bestimmen, für das die

---

15) *Claussen/Korth*, RWS-Dok. 4 Nr. 1, S. 17.

16) Vgl. auch oben Kap. 4 II 3 und III 4.

steuerliche Gewinnermittlung nach dem in ganz Deutschland einheitlich geltenden Recht vorzunehmen ist.

3. Steuerliche und sonstige Investitionsförderung

Rechtsquellen:

- InvestitionszulagenVO (der DDR) v. 4. 7. 1990, GBl I Nr. 41 S. 621; geänd. d. VO v. 13. 9. 1990, GBl I, Nr. 61 S. 1489; Fortgeltung gem. EinigungsV Anlage II Kap. IV Abschn. III Nr. 3, BGBl II 1990, 1199;
- G zum Abbau von Hemmnissen bei Investitionen in der DDR einschließlich Berlin (Ost) (DDR-IG) v. 26. 6. 1990, BGBl I, S. 1143.

Eine Förderung von Investitionen im neuen Bundesgebiet erfolgt durch eine Fülle unterschiedlicher Kredit- und Bürgschaftsprogramme.[17] Ferner können die Entschuldungsmaßnahmen bei der Privatisierung der sozialistischen Wirtschaftseinheiten in diesem Zusammenhang genannt werden.[18]

a) Investitionszulagenverordnung

Der DDR-Gesetzgeber hat durch die InvestitionszulagenVO einen wirtschaftlichen Anreiz für Investitionen im neuen Bundesgebiet schaffen wollen. Danach wird auf Antrag eine Investitionszulage für Investitionen (Anschaffung und Herstellung abnutzbarer Wirtschaftsgüter) im neuen Bundesgebiet gewährt, die bestimmte Kriterien erfüllen (u. a. nicht geringwertige Wirtschaftsgüter, keine Personenkraftwagen, neu im Zeitpunkt der Anschaffung oder Herstellung und betriebliche Nutzung für mindestens drei Jahre). Zu den begünstigten Investitionen gehört z. B. die Anschaffung von Maschinen und technischen Ausrüstungen, Betriebsvorrichtungen, Transportmitteln (LKW) und Büroeinrichtungen. Die Zulage beträgt 12 % der Anschaffungs- oder Herstellungskosten, wenn die Wirtschaftsgüter zwischen 30. 6. 1990 und 1. 7. 1991 angeschafft werden, und 8 %, wenn sie danach bis zum

17) Vgl. oben Kap. 2 V 3.
18) Vgl. oben Kap. 4 III 4 e.

1. 1. 1995 angeschafft oder hergestellt werden. Die Zulage wird Steuerpflichtigen i. S. des EStG und des KStG gewährt, die Einkünfte aus Land- und Forstwirtschaft, Gewerbebetrieb oder selbständiger Arbeit beziehen. Die Anträge sind bei den Finanzämtern im neuen Bundesgebiet zu stellen und werden von diesen ausgezahlt.[19)]

b) DDR-Investitionsgesetz

Der Bundesgesetzgeber hat im Juni 1990 das DDR-InvestitionsG (DDR-IG) erlassen, um für die Überführung bestimmter Wirtschaftsgüter in das neue Bundesgebiet (die damalige DDR) einen steuerlichen Anreiz durch Steuerstundung zu schaffen und bei Investitionen in der DDR bestimmte Anlaufverluste und sonstige Verluste durch steuerliche Berücksichtigung aufzufangen.[20)] Während die wirtschaftliche Förderwirkung eines Anreizes zur Verbringung von Wirtschaftsgütern ins neue Bundesgebiet durchaus ungewiß ist, bildet die steuerliche Verlustberücksichtigung, die über das allgemeine Gesellschafts- und Steuerrecht hinaus bei Tochtergesellschaften möglich ist, einen nicht unbedeutenden Investitionsanreiz.

c) Steuererleichterungen

Dies leitet zu der allgemeinen, ab Herbst 1990 heftig diskutierten Frage über, ob die wirtschaftliche Entwicklung des neuen Bundesgebiets durch allgemeine Absenkung der steuerlichen Belastung der Unternehmen gefördert werden kann. Einwände gegen diese Pläne ergaben sich daraus, daß niedrigere Steuersätze den Unternehmen, die derzeit nur wenig Eigenkapital und geringe Erträge haben, wenig nützen; ferner wurde das Bedenken erhoben, daß eine neue und schwierig zu handhabende Steuergrenze in Deutschland errichtet wird. Andererseits ist nicht zu verkennen, daß für die kapitalkräftigeren westlichen Investoren steuerliche Anreize zwar nicht ein ausschlaggebendes, aber ein zusätzliches Motiv für Investitionsentscheidungen sein können.

Die Regierungskoalition CDU/CSU/FDP hat in ihrer Koalitionsvereinbarung vom Januar 1991 Steuererleicherungen für das neue Bun-

19) Vgl. auch die Übersicht in DB 1990, 3148 ff.

20) *Hundt*, DB 1990, 3086 und 3099; *Horlemann*, DStR 1990, Beihefter zu Heft 15/16, 11 ff.

desgebiet im Bereich der ertragsunabhängigen Steuern vorgesehen. Im Vorgriff auf die Fortführung der Steuerreform soll hier ab 1. 1. 1991 die Erhebung der Gewerbekapitalsteuer und der Vermögensteuer entfallen. Ferner sollen Sonderabschreibungen im Ausmaß der bisherigen Zonenrandförderung und ein Freibetrag bei der Lohn- und Einkommensteuer von 600/1.200 DM jährlich gewährt werden.

Kapitel 6:

Rechtspflege

I. Rechtsschutz und Gerichtsorganisation

Rechtsquellen ab 3. 10. 1990:

- Grundgesetz für die Bundesrepublik Deutschland;
- GerichtsverfassungsG (GVG) (der Bundesrepublik) i. d. F. Bek. 9. 5. 1975, BGBl I, 1077, zuletzt geänd. d. Art. 3 G v. 5. 4. 1990, BGBl I, 701; nach Maßgabe d. EinigungsV Anlage I Kap. III A Abschn. III Nr. 1 (EinigungsV-GVG), BGBl II 1990, 922 = *Horn*, RWS-Dok. 2 Nr. I.2.2, S. 2;
- Deutsches RichterG (DRiG) i. d. F. d. Bek. v. 19. 4. 1972, BGBl I, 713, zuletzt geänd. d. Art. 4 G v. 26. 6. 1990, BGBl I, 1206, nach Maßgabe d. EinigungsV Kap. III A Abschn. III Nr. 8, BGBl II 1990, 929 = *Horn*, RWS-Dok. 2 Nr. I.2.2, S. 9;
- G über die Schiedsstellen in den Gemeinden v. 19. 9. 1990, GBl I Nr. 61 S. 1527; Fortgeltung gem. EinigungsV Anlage II Kap. III A Abschn. I Nr. 3, BGBl II 1990, 1153 = *Horn*, RWS-Dok. 2 Nr. I.2.2, S. 1;
- VO über die Ausbildung von Juristen, die vor dem 1. 9. 1990 an den juristischen Sektionen der Universitäten der DDR immatrikuliert worden sind, v. 5. 9. 1990, GBl I Nr. 59 S. 1436; Fortgeltung gem. EinigungsV Anlage II Kap. III A Abschn. I Nr. 4, BGBl II 1990, 1153 = *Horn*, RWS-Dok. 2 Nr. I.2.2, S. 1;
- Beschluß der Volkskammer der DDR zum Richtergesetz - Ordnung über die Bildung und Arbeitsweise der Richterwahlausschüsse - v. 22. 7. 1990, GBl I Nr. 49 S. 904; Fortgeltung gem. EinigungsV Anlage II Kap. III A Abschn. I Nr. 5, BGBl II 1990, 1153 = *Horn*, RWS-Dok. 2 Nr. I.2.2.

Rechtsquellen bis 2. 10. 1990:

- G über die Verfassung der Gerichte der DDR (GVG-DDR) v. 27. 9. 1974, GBl I Nr. 48 S. 457, i. d. F. v. 25. 3. 1982, GBl I Nr. 13 S. 269; Änd. v. 17. 7. 1987, GBl I S. 192, und 18. 7. 1987, GBl I S. 302;
- DVO zum GVG-DDR (Bildung von Kreisgerichten in Großstädten mit Stadtbezirken) v. 6. 6. 1990, GBl I Nr. 32 S. 283 = *Horn*, RWS-Dok. 1 Nr. 7.4;
- DVO zum GVG-DDR (Umgestaltung der staatlichen Vertragsgerichte) v. 6. 6. 1990, GBl I Nr. 32 S. 284 = *Horn*, RWS-Dok. 1 Nr. 7.5;
- VerfassungsG zur Änderung und Ergänzung des GVG-DDR v. 5. 7. 1990, GBl I Nr. 42 S. 634 = *Horn*, Dok. 1 Nr. 7.6;
- G über die gesellschaftlichen Gerichte der DDR (GGG) v. 11. 6. 1968, GBl I Nr. 11 S. 229, i. d. F. v. 25. 3. 1982, GBl I Nr. 13 S. 269 = *Horn*, Dok. 1 Nr. 7.2;
- SchiedskommissionsO v. 4. 10. 1968, GBl I Nr. 16 S. 299, i. d. F. v. 19. 6. 1975, GBl I Nr. 29 S. 533;

- VO über die Aufgaben und die Arbeitsweise des staatlichen Vertragsgerichts v. 18. 4. 1963 i. d. F. v. 12. 3. 1970, GBl II S. 209;
- RichterG v. 5. 7. 1990, GBl I Nr. 42 S. 637;
- G über die Zuständigkeit und das Verfahren der Gerichte zur Nachprüfung von Verwaltungsentscheidungen (GNV) v. 29. 6. 1990, GBl I Nr. 41 S. 595 = *Horn*, RWS-Dok. 1 Nr. 7.8.

1. Rechtseinheit auf dem Wege

Auch in der Organisation der Gerichtsbarkeit, d. h. der Gerichte und Rechtswege, ist im neuen Bundesgebiet im grundsätzlichen die Rechtseinheit mit dem übrigen Bundesgebiet erreicht. Durch die gemeinsame Verfassung des Grundgesetzes und durch die Geltung des GVG der Bundesrepublik und des Deutschen Richtergesetzes sind die wesentlichen Grundlagen dafür gelegt. Die tatsächlichen Unterschiede der DDR-Justiz zur Justiz der Bundesrepublik waren aber so groß, daß die wirkliche Einheitlichkeit der Verhältnisse noch nicht erreicht werden konnte, obwohl in der Übergangszeit 1990 der DDR-Gesetzgeber schon vor dem Beitritt wichtige Reformen vornahm. Im EinigungsV mußten daher zur Berücksichtigung dieser Unterschiede umfangreiche Überleitungs- und Anpassungsregelungen zum GVG und zum Deutschen Richtergesetz vorgesehen werden. Der Zustand nach dem 3. 10. 1990 ist also ein Übergang zur Erreichung einheitlicher Verhältnisse in der Rechtspflege.

Die nachfolgende Darstellung muß daher jeweils den früheren Rechtszustand und faktischen Zustand miteinbeziehen, dies auch aus praktischen Gründen, weil zahlreiche Rechtsvorgänge aus früherer Zeit in der Praxis zu beurteilen sind.[1] Die Umgestaltungs- und Überleitungsregelung mußte und muß sich mit drei Problembereichen beschäftigen, in denen die DDR-Justiz tiefgreifende Unterschiede zur Bundesrepublik aufwies: abweichende Gerichtsorganisation (i. f. 2), große Lücken des gerichtlichen Rechtsschutzes (i. f. 3) und fehlende Rechtsstaatlichkeit (i. f. 4).

---

1) Schrifttum zum alten Recht und zur Umgestaltung: *Wünsche/Müller* (Autorenkollektiv), Grundlagen der Rechtspflege; *Gräf*, Handbuch der Rechtspraxis in der DDR, S. 487 ff; Lohmann, Gerichtsverfassung und Rechtsschutz in der DDR; *Arends*, Die Gerichtsbarkeit der DDR, EWS 1990, 39; *Christoph*, Erweiterung der Zuständigkeit der Gerichte der DDR auf dem Gebiet des Verwaltungsrechts, DtZ 1990, 175; *Sendler*, Verwaltungsgerichtsbarkeit in der DDR - Wie können wir helfen?, DtZ 1990, 166; *Wassermann*, Zur Reorganisation der Justiz in der DDR, ZRP 1990, 259.

2. Die Gerichtsorganisation

a) Die staatlichen Gerichte der DDR, insbesondere Kreis- und Bezirksgerichte

Die Gerichtsverfassung nach dem GVG der Bundesrepublik knüpft nach Maßgabe des EinigungsV notwendigerweise an die zuvor in der DDR bestehenden staatlichen Gerichte an. Dies waren seit 1952,[2] dem früheren territorialen und administrativen Staatsaufbau der DDR entsprechend, die Kreisgerichte, die Bezirksgerichte und das Oberste Gericht der DDR (OG). Sie waren die Träger der allgemeinen staatlichen Gerichtsbarkeit (§ 1 Abs. 1 GVG-DDR) und zur Entscheidung auf den Gebieten des Zivil-, Familien- und Arbeitsrechts sowie des Strafrechts berufen. Dazu bestand in Einzelfällen und seit 1989 erweitert eine Zuständigkeit auf dem Gebiet des Verwaltungsrechts, die nunmehr neugestaltet worden ist.[3]

Die Kreisgerichte als die erstinstanzlichen Gerichte bestehen in jedem Landkreis oder Stadtkreis; für mehrere Kreise kann ein gemeinsames Kreisgericht bestehen (§ 22 GVG-DDR). Die Möglichkeit, daß für eine Stadt in verschiedenen Stadtbezirken eigene Kreisgerichte gebildet werden konnten (§ 22 Abs. 1 a. F. GVG-DDR), ist durch VO v. 6. 6. 1990 beseitigt worden; Städte haben daher seit dem 1. 7. 1990 jeweils ein einheitliches Kreisgericht. Die Kreisgerichte waren auf den genannten Rechtsgebieten zuständig und entschieden ferner über Einsprüche gegen Entscheidungen der gesellschaftlichen Gerichte, Vollstreckbarkeitserklärungen von Entscheidungen der gesellschaftlichen Gerichte, Einsprüche gegen die Nichtaufnahme in die Wählerliste und Anträge auf gerichtliche Entscheidung über eine polizeiliche Strafverfügung (§ 23 GVG-DDR). Sie waren ferner zuständig für Entscheidungen über die Beschwerde gegen eine Entscheidung des staatlichen Notariats oder Einzelnotars (§ 59 GVG-DDR). Weitere Zuständigkeiten ergaben sich kraft gesetzlicher Zuweisung.

Die Bezirksgerichte sind in allen Bezirken eingerichtet (§ 29 GVG-DDR) und hatten teils eine erst-, teils eine zweitinstanzliche Zuständigkeit. In erster Instanz waren sie auf dem Gebiet des Zivil-, Fami-

---

2) VO über die Neugliederung der Gerichte v. 1952, GBl I S. 791; vgl. auch GVG v. 2. 10. 1952, GBl I S. 983, dann GVG 1974, bis 2. 10. 1990 (vgl. die Nachw. vor 1).

3) Vgl. i. f. 2 und II 5.

lien- und Arbeitsrechts zuständig sowie für die Verhandlung und Entscheidung

- bei Rechtsstreitigkeiten auf den Gebieten des Patent-, Muster-, Kennzeichen- und Urheberrechts; hier bestand eine ausschließliche Zuständigkeit des Bezirksgerichts Leipzig (§ 30 Abs. 3 GVG-DDR);
- bei Rechtsstreitigkeiten, bei denen der Staatsanwalt des Bezirks die Verhandlung vor dem Bezirksgericht beantragte oder der Direktor dieses Gerichts sie an das Bezirksgericht heranzog (§ 30 Abs. 2 GVG-DDR);
- seit Februar 1990 auch beim Verbot einer Vereinigung.[4)]

In zweiter Instanz waren die Bezirksgerichte zuständig zur Entscheidung über die Rechtsmittel des Protestes und der Berufung gegen Urteile des Kreisgerichts, ferner nach Maßgabe der Gesetze für die Entscheidung über Beschwerden gegen Entscheidungen des Kreisgerichts (§ 30 Abs. 4 GVG). Schließlich war das Bezirksgericht als Kassationsgericht zur Kassation rechtskräftiger Entscheidungen der Kreisgerichte im Bezirk auf Antrag des Direktors des Bezirksgerichts oder des Staatsanwalts des Bezirks zuständig (§ 30 Abs. 5 GVG).

Das Oberste Gericht (OG) als höchstes Rechtsprechungsorgan der DDR war, abgesehen von seiner strafrechtlichen Zuständigkeit, zuständig

- seit Februar 1990 für die gerichtliche Entscheidung über das Verbot einer Partei gem. § 21 ParteienG[5)];
- als Gericht zweiter Instanz für die Entscheidung über die Rechtsmittel des Protestes, der Berufung und der Beschwerde gegen Entscheidungen der Bezirksgerichte sowie Entscheidungen der Spruchstelle für Nichtigkeitserklärungen des Amtes für Erfindungs- und Patentwesen (§ 37 Abs. 1 GVG).

Als Kassationsgericht konnte das OG rechtskräftige Urteile der Senate des OG wie der Bezirks- und Kreisgerichte kassieren (§ 37 Abs. 1 GVG-DDR). Das Kassationsverfahren setzte einen Antrag des Präsidenten des OG oder des Generalstaatsanwalts voraus. Das OG ist mit

---

4) § 19 Abs. 3 VereinigungsG v. 21. 2. 1990, GBl I Nr. 10 S. 75 = *Horn*, RWS-Dok. 1 Nr. 6.1.
5) G v. 21. 2. 1990, GBl I Nr. 9 S. 66.

dem Beitritt entfallen. Anhängige Sachen gingen in der Lage, in der sie sich befanden, an den BGH oder das jetzt zuständige Bezirksgericht über.[6)]

b) Die neuen Zuständigkeiten der Kreis- und Bezirksgerichte in Zivilsachen

aa) Gleichstellungsklausel

Nach der Gleichstellungsklausel des EinigungsV[7)] treten die Kreisgerichte an die Stelle der Amtsgerichte und die Bezirksgerichte an die Stelle der Landgerichte und der Oberlandesgerichte, wo das GVG oder andere Rechtsvorschriften die Zuständigkeit der Gerichte regelt, sofern nichts anderes bestimmt ist. Dies gilt entsprechend für die Aufgabenzuweisungen an die Präsidenten oder Präsidien der Gerichte. Die Bezeichnung Senate bei den Bezirksgerichten steht der Bezeichnung Kammern bei den Landgerichten gleich, soweit die Bezirksgerichte an die Stelle der Landgerichte treten.

bb) Kreisgerichte

In bürgerlichen Rechtsstreitigkeiten einschließlich Ehe- und Familiensachen und in Angelegenheiten der freiwilligen Gerichtsbarkeit sind die Kreisgerichte zuständig, soweit im übrigen Bundesgebiet die Zuständigkeit der Amtsgerichte oder der Landgerichte im ersten Rechtszug nach GVG besteht.[8)] Bei den Kreisgerichten, in deren Bezirk das Bezirksgericht seinen Sitz hat, werden Kammern für Handelssachen gebildet.[9)] Diese sind für das ganze Gebiet des Bezirksgerichts für Handelssachen i. S. d. § 95 GVG mit Ausnahme von Warenzeichen- und Seerechtssachen zuständig. Die Zuständigkeit der Kammer für Handelssachen ist nicht von Anträgen der Parteien abhängig (EinigungsV-GVG Maßgabe e Abs. 2).

---

6) EinigungsV Anlage I Kap. III A Abschn. III Nr. 1 (i. f. = EinigungsV-GVG) Maßgabe y, BGBl II 1990, 927 = *Horn*, RWS-Dok. 2 Nr. I.2.2, S. 7.
7) EinigungsV-GVG Maßgabe b, BGBl II 1990, 922 = *Horn*, RWS-Dok. 2 Nr. I.2.2, S. 2.
8) EinigungsV-GVG Maßgabe e Abs. 1, BGBl II 1990, 922 = *Horn*, RWS-Dok. 2 Nr. I.2.2, S. 2.
9) Dazu *Tischendorf*, DtZ 1990, 266.

Die Kreisgerichte entscheiden grundsätzlich durch einen Richter (Maßgabe g Abs. 2). In Handelssachen entscheiden sie durch einen Richter und zwei ehrenamtliche Richter (Handelsrichter), in Registersachen durch einen Richter (Maßgabe g Abs. 1 Nr. 1), in Patent-, Gebrauchsmuster-, Geschmacksmuster-, und Warenzeichenstreitsachen durch einen Richter und zwei ehrenamtliche Richter (Maßgabe g Abs. 1 Nr. 2), ebenso in Landwirtschaftssachen (Maßgabe g Abs. 1 Nr. 3); die ehrenamtlichen Richter wirken nicht mit, soweit das Prozeßrecht dies nicht vorsieht. Mit den Aufgaben eines Urkundsbeamten der Geschäftsstelle können auch Personen, die nicht die Qualifikation für den mittleren Justizdienst i. S. d. § 153 Abs. 2 GVG haben, betraut werden (Maßgabe q Abs. 1). Die Aufgaben der Gerichtsvollzieher, die nach bisherigem Recht der Sekretär des Kreisgerichts wahrnahm (§ 94 ZPO-DDR), können auch von Angestellten wahrgenommen werden (Maßgabe q Abs. 2).

cc) Bezirksgerichte

In bürgerlichen Rechtsstreitigkeiten einschließlich Ehe- und Familiensachen und in Angelegenheiten der Freiwilligen Gerichtsbarkeit entscheiden die Zivilsenate der Bezirksgerichte über Berufungen und Beschwerden gegen die Entscheidungen des Kreisgerichts, soweit nicht die Zuständigkeit besonderer Senate begründet ist (EinigungsV-GVG Maßgabe h Abs. 1 Satz 1). In Handelssachen treten Senate für Handelssachen bei den Bezirksgerichten, in deren Bezirk die Landesregierung ihren Sitz hat, an die Stelle der Zivilsenate.

Bei den Bezirksgerichten werden besondere Senate gebildet. In Zivilsachen sind die besonderen Senate als Zivilsenate u. a. zuständig für Beschwerden und weitere Beschwerden in den Fällen der §§ 27, 28, 143 Abs. 2 FGG, § 78 GBO, soweit im übrigen Bundesgebiet das OLG zuständig ist (EinigungsV-GVG Maßgabe l Abs. 3 Nr. 2), ferner für Beschwerden gegen Verfügungen der Kartellbehörde gem. §§ 62 ff GWB (Maßgabe l Abs. 3 Nr. 7) und für sonstige Beschwerden, die nach §§ 71, 89 Abs. 1 Satz 3, 135, 141 Abs. 3, 372 a, 380, 387, 390, 406, 409, 411 Abs. 2 ZPO und § 102 ZVG zulässig sind.

Die Bezirksgerichte entscheiden in bürgerlichen Rechtsstreitigkeiten einschließlich Ehe- und Familiensachen und in Angelegenheiten der

Freiwilligen Gerichtsbarkeit über Berufungen und Beschwerden durch drei Richter, soweit nicht nach den Prozeßgesetzen ein Richter allein entscheidet. Über Berufungen und Beschwerden in Handelssachen und Landwirtschaftssachen entscheiden sie durch einen Richter und zwei ehrenamtliche Richter; die letzteren wirken nicht mit, soweit nach den Vorschriften des GVG oder der Prozeßgesetze eine Mitwirkung der ehrenamtlichen Richter nicht stattfindet. Soweit nach GVG und ZPO das LG im ersten Rechtszug zuständig wäre, entscheidet der Senat für Handelssachen durch drei Richter (EinigungsV-GVG Maßgabe j Abs. 2). Die besonderen Senate des Bezirksgerichts entscheiden in der Besetzung mit drei Richtern, soweit nicht nach den Prozeßgesetzen der Einzelrichter zu entscheiden hat (Maßgabe k Abs. 2).

dd) Sonderregelung für Berlin

Im Bundesland Berlin besteht die Besonderheit, daß der westliche Teil der Stadt seit jeher über eine nach Bundesrecht organisierte und ausdifferenzierte Gerichtsbarkeit verfügt. Abweichend von den dargestellten Überleitungs- und Anpassungsregelungen wird daher der in West-Berlin bereits bestehende Gerichtsaufbau der ordentlichen Gerichtsbarkeit sowie der Verwaltungs-, Finanz-, Arbeits- und Sozialgerichtsbarkeit auf Ost-Berlin erstreckt.[10)]

ee) Zuständigkeit des BGH

Die Zuständigkeit des BGH als oberste Instanz in Zivilsachen auch für das neue Bundesgebiet ergibt sich aus dem allgemeinen Gerichtsverfassungsrecht (§ 133 GVG). Die beim weggefallenen OG der DDR (oben a) anhängigen Verfahren gehen in der Lage, in der sie sich befinden, auf den BGH über (EinigungsV-GVG Maßgabe y Abs. 2). Der BGH hat eine beim OG der DDR eingelegte Revision gegen ein Urteil des Bezirksgerichts, das nach damals geltendem DDR-Recht (Juni 1990) nicht der Revision unterlag und damit rechtskräftig geworden war, als unzulässig verworfen (§ 554 a Abs. 1 ZPO).[11)] Denn der Eini-

---

10) EinigungsV Anlage I Kap. III A Abschn. IV, BGBl II 1990, 938 = *Horn*, RWS-Dok. 2, Nr. I.2.2, S. 18.

11) BGH, Beschl. v. 18. 12. 1990 - VI ZR 319/90, ZIP 1991, 124.

gungsV sieht gegen DDR-Urteile, die bis zum 2. 10. 1990 rechtskräftig geworden sind, nur die in der ZPO vorgesehenen Rechtsbehelfe vor (§§ 323, 324, 579 ff, 767 ff ZPO), deren Voraussetzungen hier nicht erfüllt waren.

c) Die früheren Vertragsgerichte

Die sog. Vertragsgerichte bestanden außerhalb der normalen staatlichen Gerichtsbarkeit der DDR.[12] Sie waren zuständig für Streitigkeiten zwischen volkseigenen Betrieben und Genossenschaften, soweit diese dem Geltungsbereich des VG der DDR von 1982[13] unterlagen. Insoweit war der Rechtsweg zu den Kreis- und Bezirksgerichten und zum OG ausgeschlossen. Die staatlichen Vertragsgerichte unterstanden dem Ministerrat der DDR. Sie waren keine Gerichte in unserem Sinn, sondern Behörden, die Vertragskonflikte zwischen Betrieben mit dem Ziel einer reibungslosen Durchführung der Planwirtschaft regelten. Das VG als Instrument der sozialistischen Planwirtschaft wurde schon mit Einführung der Währungs- und Sozialunion aufgehoben.[14] Den Vertragsgerichten wurde ihre Entscheidungskompetenz genommen, und die Zuständigkeit der allgemeinen Gerichte wurde hergestellt.[15]

d) Die früheren gesellschaftlichen Gerichte

Die gesellschaftlichen Gerichte waren unterhalb der staatlichen Gerichtsbarkeit als Teil des Systems der sozialistischen Rechtspflege eingerichtet (§ 1 Abs. 1 GVG-DDR). Ihre Tätigkeit war durch das Gesetz über die gesellschaftlichen Gerichte (GGG) geregelt. Sie bestanden als Konfliktkommissionen und Schiedskommissionen. Die Konfliktkommissionen wurden in volkseigenen Betrieben, in Einrichtungen des Gesundheitswesens, der Kultur und der Volksbildung, in kommunalen Einrichtungen der Berufsbildung, in kooperativen Einrichtungen der Landwirtschaft, in staatlichen Organen und gesellschaftlichen Organi-

---

12) VO v. 18. 4. 1963 i. d. F. v. 12. 3. 1970, GBl II S. 209; *Walter*, DtZ 1990, 262.

13) G über das Vertragssystem in der sozialistischen Wirtschaft v. 25. 3. 1982, GBl I Nr. 14 S. 293.

14) Durch § 4 ÄndAufhG v. 28. 6. 1990, GBl I Nr. 38, 484 = *Horn*, RWS-Dok. 1 Nr. 1.9, S. 2; vgl. oben Kap. 1 III 5.

15) DVO zum GVG v. 6. 6. 1990, GBl I Nr. 32 S. 284 = *Horn*, RWS-Dok. 1 Nr. 7.5.

sationen gebildet (§ 4 GGG). Die Kompetenz der Kommissionen umfaßte gem. § 13 GGG Streitfälle aus dem Arbeitsrecht (als grundsätzlich ausschließlich zuständige erste Instanz) einschließlich des betrieblichen Erfindungs- und Vorschlagswesens ("Neuererrecht"), einfache zivilrechtliche Streitigkeiten zwischen Bürgern sowie zwischen dem Betrieb und Betriebsangehörigen sowie kleinere Vergehen, Verfehlungen und Ordnungswidrigkeiten. In der DDR waren rund 26.000 Konfliktkommissionen eingerichtet.[16)]

Den Schiedskommissionen war mit Ausnahme der Arbeitsrechtssachen der gleiche Arbeitsbereich zugewiesen (§ 5 GGG). In den Städten, Stadtbezirken und Genossenschaften waren rund 5.200 Schiedskommissionen eingerichtet. Die gesellschaftlichen Gerichte waren mit Laien besetzt. Im Vordergrund ihrer Tätigkeit stand der Erziehungsgedanke; dem entsprach die Befugnis zur Verhängung festgelegter Erziehungsmaßnahmen (z. B. unbezahlte gemeinnützige Arbeit). Die Beschlüsse der gesellschaftlichen Gerichte konnten auf Antrag durch die Kreisgerichte für vollstreckbar erklärt werden. Gegen die Beschlüsse war binnen Zweiwochenfrist der Einspruch zulässig, über den das Kreisgericht zu entscheiden hatte (§ 19 Abs. 2 GGG). In Arbeitsstreitfällen (mit Ausnahme der Verletzung der Arbeitspflichten) und in zivilrechtlichen Streitigkeiten konnte die Entscheidung des Kreisgerichts durch Berufung an das Bezirksgericht angefochten werden.[17)]

Die gesellschaftlichen Gerichte bestehen nicht mehr; das GGG ist mit dem 3. 10. 1990 entfallen. Der EinigungsV sieht aber eine erneute Regelung der Einrichtung von Schiedsstellen in den Gemeinden für Bagatellstrafsachen vor.[18)] (Zur Arbeitsgerichtsbarkeit unten II 4).

---

16) *Lohmann*, S. 33.

17) Zum Ganzen *Wünsche/Müller*, S. 74 ff; *Reiland*, Die gesellschaftlichen Gerichte der DDR, S. 112 ff; Überblick bei *Arends*, EWS 1990, 39, 41 f; *Wassermann*, ZRP 1990, 259, 261.

18) EinigungsV Anlage II Kap. III A Abschn. I Nr. 3, BGBl II 1990, 1153 = *Horn*, RWS-Dok. 2 Nr. I.3.2; dazu G über die Schiedsstellen in den Gemeinden v. 19. 9. 1990, GBl I Nr. 61 S. 1527.

3. Der Ausbau des gerichtlichen Rechtsschutzes; insbesondere die Verwaltungs-, Sozial- und Finanzgerichtsbarkeit

a) Die neuen Gerichtszweige

aa) Grundsätzliche Regelung

Grundsätzlich garantiert das Grundgesetz jedem Bundesbürger seit dem 3. 10. 1990 auch im neuen Bundesgebiet umfassenden gerichtlichen Rechtsschutz einschließlich des Rechtsschutzes durch die Verfassungsgerichtsbarkeit. Der Ausbau der verschiedenen im übrigen Bundesgebiet bestehenden Gerichtszweige muß aber vorerst durch die übergangsweise Anknüpfung an die vorhandene, bescheidene Gerichtsorganisation erfolgen. Daher bestimmt das GVG nach Maßgabe des EinigungsV, daß die Kreis- und Bezirksgerichte bis zur Errichtung einer selbständigen Verwaltungs-, Finanz-, Arbeits- und Sozialgerichtsbarkeit als Gerichte der Länder verhandeln und entscheiden und zwar auch in Sachen, die in die Zuständigkeit der Länder fallen.

Zugleich werden die Vorschriften der VwGO, FGO, des ArbGG und des SGG über die Errichtung, Organisation und Besetzung der Gerichte für die Dauer der Zuständigkeit der Kreis- und Bezirksgerichte in diesen Sachen nur insoweit angewandt, als das GVG nach Maßgabe des EinigungsV keine abweichende Regelung vorsieht (EinigungsV-GVG Maßgabe t Abs. 1). An den Kreis- und Bezirksgerichten werden besondere Spruchkörper für diese Gerichtszweige gebildet, und die Vorschriften über die Zulässigkeit des Rechtswegs und die Verweisung auf einen anderen Rechtsweg gelten für die Tätigkeit der verschiedenen Spruchkörper der Kreis- und Bezirksgerichte im Verhältnis zueinander (Maßgabe t Abs. 2). Die Länder sollen baldmöglichst durch Gesetz Gerichte der Länder für die einzelnen Gerichtszweige einrichten (Maßgabe t Abs. 4).

bb) Verwaltungsgerichtsbarkeit

Für Sachen, für die nach allgemeinem Recht die Verwaltungsgerichte zuständig sind, werden bei den Kreisgerichten, in deren Bezirk das Bezirksgericht seinen Sitz hat, Kammern für Verwaltungssachen eingerichtet. Diese verhandeln und entscheiden durch zwei Richter und drei ehrenamtliche Richter, soweit nicht nach den Prozeßgesetzen die ehrenamtlichen Richter nicht mitwirken oder Einzelrichterentscheidung vorgesehen ist (EinigungsV-GVG Maßgabe u Abs. 1 Satz 1 und 2). Für Sachen, für die nach allgemeinem Recht die Oberverwaltungsgerichte zuständig sind, werden bei den Bezirksgerichten, in deren Bezirk die Landesregierung ihren Sitz hat, Senate für Verwaltungssachen eingerichtet. Diese verhandeln und entscheiden durch drei Richter und zwei ehrenamtliche Richter (Maßgabe u Abs. 2).

cc) Finanzgerichtsbarkeit

Bei den Bezirksgerichten, in deren Bezirk die Landesregierung ihren Sitz hat, werden Senate für Finanzrecht eingerichtet. Sie übernehmen die Aufgaben der Finanzgerichte. Sie verhandeln und entscheiden durch drei Richter und zwei ehrenamtliche Richter, soweit nicht nach Prozeßrecht die ehrenamtlichen Richter nicht mitwirken oder Einzelrichterentscheidung vorgesehen ist (EinigungsV-GVG Maßgabe v).

dd) Arbeitsgerichtsbarkeit

Bei den Kreisgerichten werden Kammern für Arbeitsrecht eingerichtet, welche die Aufgabe der Arbeitsgerichte übernehmen. Die Aufgaben der Landesarbeitsgerichte werden von Senaten für Arbeitsrecht bei den Bezirksgerichten übernommen. Die Kammern und Senate für Arbeitsrecht entscheiden in der Besetzung, die durch das Arbeitsgerichtsgesetz festgelegt ist (EinigungsV-GVG Maßgabe w). Vorrangig vor den staatlichen Gerichten sind in erster Instanz jedoch Schiedsstellen zuständig (dazu unten II 4 b).

ee) Sozialgerichtsbarkeit

Bei den Kreisgerichten, in deren Bezirk das Bezirksgericht seinen Sitz hat, werden Kammern für Sozialrecht eingerichtet. Sie übernehmen die Aufgaben, für die nach allgemeinem Recht im übrigen Bundesgebiet die Sozialgerichte zuständig sind. Die Kammern für Sozialrecht entscheiden durch einen Richter und zwei ehrenamtliche Richter, soweit nicht nach Prozeßrecht die Mitwirkung der ehrenamtlichen Richter nicht stattfindet. Bei den Bezirksgerichten, in deren Bezirk die Landesregierung ihren Sitz hat, werden Senate für Sozialrecht eingerichtet. Sie verhandeln und entscheiden durch drei Richter und zwei ehrenamtliche Richter, sofern nach Prozeßrecht nicht die Mitwirkung der ehrenamtlichen Richter ausgeschlossen oder Einzelrichterentscheidung vorgesehen ist. Diesen Kammern und Senaten gehören jeweils zwei ehrenamtliche Richter an, von denen einer auf Vorschlag der Gewerkschaften und der andere auf Vorschlag der Arbeitgeberverbände berufen ist (EinigungsV-GVG Maßgabe x).

b) Mängel im gerichtlichen Rechtsschutz nach altem DDR-Recht

Die Rechtspflege der DDR war durch eine Verengung und Lückenhaftigkeit des gerichtlichen Rechtsschutzes gekennzeichnet. Eine Verfassungsgerichtsbarkeit existierte nicht, ebensowenig eine Finanzgerichtsbarkeit. Eine rudimentäre Verwaltungsgerichtsbarkeit bestand erst seit dem 1. 7. 1989;[19] zuvor waren die Kreisgerichte in einzelnen Verwaltungsrechtssachen aufgrund von Spezialgesetzen zuständig. Die Zuständigkeit der ordentlichen Gerichte war durch eine besondere Militärgerichtsbarkeit eingeschränkt[20] und durch die erwähnte Tätigkeit der gesellschaftlichen Gerichte z. T. ersetzt. Auf dem wichtigen Gebiet der Verträge zwischen Wirtschaftseinheiten waren statt ihrer die sog. Vertragsgerichte (Behörden) tätig. Auf dem Gebiet der Sozialversicherung wurde anstelle eines gerichtlichen Rechtsschutzes eine Streitschlichtung durch Beschwerdekommissionen gewährt. Angelegenheiten der freiwilligen Gerichtsbarkeit wurden seit 1952 durch Verwaltungsbehörden und die Staatlichen Notariate wahrgenommen.[21] Auf dem Gebiet des Arbeitsrechts waren in erster Linie die sog. gesellschaftlichen Gerichte (oben 2 d) tätig.

---

19) Dazu unten II 4.

20) Abgeschafft durch VerfassungsG zur Änderung des GVG v. 5. 7. 1990, GBl I Nr. 42 S. 634 = *Horn*, RWS-Dok. 1 Nr. 7.6.

21) Überblick m. w. N. bei *Arends*, EWS 1990, 39, 43.

c) Der Ausbau des gerichtlichen Rechtsschutzes in der Übergangszeit

Der Ausbau des gerichtlichen Rechtsschutzes unter rechtsstaatlichen Gesichtspunkten setzte bereits mit der Währungs-, Wirtschafts- und Sozialunion ein. Art. 5 Abs. 1 der Verfassungsgrundsätze vom 17. 6. 1990 und Art. 6 Abs. 1 des StaatsV gewährleisten eine Rechtsschutzgarantie für den Einzelnen gegen Maßnahmen der öffentlichen Gewalt.[22] Es handelte sich um unmittelbar geltendes Verfassungsrecht, auf das sich jeder einzelne Bürger in der DDR auch schon vor Ausbau und Ausdifferenzierung der Gerichtsbarkeit und vor Herstellung der staatlichen Einheit berufen konnte.

Die DDR verpflichtete sich in Art. 6 Abs. 1 des StaatsV, einen gerichtlichen Rechtsschutz einschließlich eines effektiven einstweiligen Rechtsschutzes zu gewährleisten (Satz 1) und insbesondere, einen gerichtlichen Rechtsschutz bei öffentlichen Streitigkeiten vorzusehen (Satz 2), ferner eine besondere Arbeitsgerichtsbarkeit aufzubauen (Abs. 3). Schon am 29. 6. 1990 wurde das Gesetz über die Zuständigkeit und das Verfahren der Gerichte zur Nachprüfung von Verwaltungsentscheidungen (GNV) geschaffen.[23] Es löste ein erst Ende 1988 ergangenes und Mitte 1989 in Kraft getretenes Gesetz ab, das erstmals, allerdings in einer rechtsstaatlichen Anforderungen nicht genügenden Weise, einen verwaltungsgerichtlichen Rechtsschutz eingerichtet hatte.[24] Das GNV eröffnete den Rechtsweg der allgemeinen Verwaltungsgerichtsbarkeit und ebenso der Sozial- und Finanzgerichtsbarkeit (§ 2). Eine entspechende Änderung des GVG-DDR erweiterte zugleich die Zuständigkeit der Kreisgerichte auf "verwaltungsrechtliche und andere" Streitigkeiten (§ 23 n. F. GVG-DDR).[25] In der gleichen Bestimmung wurde die Zuständigkeit der Kreisgerichte auf Einsprüche gegen Entscheidungen der Schiedsstellen für Arbeitsrecht

---

22) Art. 6 StaatsV ist der Rechtsschutzgarantie des Art. 19 Abs. 4 GG nachgebildet; vgl. Denkschrift zum StaatsV BT-Drucks. 11/7350, S. 101 f = *Horn*, RWS-Dok. 1 Nr. 1.2, S. 5 f.

23) G v. 29. 6. 1990, GBl I Nr. 41 S. 595 = *Horn*, RWS-Dok. 1 Nr. 7.8.

24) G v. 14. 12. 1988, GBl I S. 327; dazu *Brunner*, in: Menschenrecht in der DDR, S. 275, 288 ff; *Christoph/Brachmann*, NJ 1989, 367 ff.

25) Aufgrund VerfassungsG zur Änderung und Ergänzung des GVG-DDR v. 5. 7. 1990, § 2 Nr. 17, GBl I Nr. 42 S. 634 = *Horn*, RWS-Dok. 1, Nr. 7.6.

ausgedehnt, die ihrerseits nach einem neuen Gesetz einzurichten waren.[26]

Das GNV bestimmt in § 13 Abs. 1 die Zuständigkeit der Kreisgerichte der Bezirksstädte, in Berlin des Stadtbezirksgerichts Mitte, für die Durchführung des erstinstanzlichen Verfahrens mit Ausnahme der finanzgerichtlichen Angelegenheiten. Für diese und für Rechtsmittel gegen Entscheidungen der Kreisgerichte wurden bestimmte besonders bezeichnete Bezirksgerichte bestimmt (§ 13 Abs. 2 GNV). Insgesamt hat das kurzlebige Gesetz bereits die Konzeption vorweggenommen, die dann der EinigungsV wählen mußte, nämlich die organisatorische Konzentration der besonderen Gerichtszweige bei den vorhandenen Kreis- und Bezirksgerichten.

4. Die Herstellung der Rechtsstaatlichkeit

a) Normative und faktische Aspekte

Die Rechtsstaatlichkeit, d. h. die Bindung aller staatlichen Gewalt an Gesetz und Recht und eine effektive und unparteiische Rechtsprechung durch unabhängige Gerichte, ist durch das Grundgesetz und die mit dem EinigungsV übernommenen Gesetze, insbesondere das GVG und die i. f. zu besprechenden Prozeßgesetze, auch im neuen Bundesgebiet garantiert. Schon vorher hat die DDR, wie (oben 3) gezeigt, mit dem Ausbau des gerichtlichen Rechtsschutzes begonnen. Weitere wichtige Aspekte der Rechtsstaatlichkeit sind die Unabhängigkeit der Gerichte (dazu b) und ihre Besetzung mit geeigneten Richtern (dazu c). Auf der normativen Ebene sind auch diese Voraussetzungen durch das Grundgesetz und die im neuen Bundesgebiet eingeführten Gesetze gewährleistet.

Tatsächliche Rechtsstaatlichkeit bedeutet verbreitete Kenntnis und Beachtung des Rechts und Vertrauen in die Rechtsordnung. Dies setzt voraus, daß dem Recht durch eine effektive Rechtspflege Respekt verschafft wird, und zwar auch bei denen, die der neuen Ordnung bestenfalls abwartend und schlimmstenfalls zynisch gegenüberstehen.[27] Dies

---

26) G über die Errichtung und das Verfahren der Schiedsstellen für Arbeitsrecht (ArbSchG) v. 29. 7. 1990, GBl I Nr. 38 S. 505 = *Horn*, RWS-Dok. 1 Nr. 7.9.

27) Dazu gehört wohl unvermeidlich auch die strafrechtliche Ahndung der Regierungskriminalität der für den staatlichen Unterdrückungsapparat verantwortlichen Spitzenfunktionäre.

erfordert eine ausreichende Zahl entsprechend qualifizierter und geistig unabhängiger Richter und Staatsanwälte. Zugleich müssen die Juristen und die allgemeine Bevölkerung im Gebiet der ehemaligen DDR Denkweisen über Recht und Staat überwinden, die in langen Jahren eingeübt und aufgedrängt worden sind. Ein Teil dieses Weges scheint zurückgelegt, ein anderer ist noch zu gehen.

Hinzu kommt das große Problem der außerordentlichen Personalknappheit an den Gerichten, in den Staatsanwaltschaften und nicht zuletzt in den Grundbuchämtern bei gleichzeitigem starkem Anschwellen der Zahl der anhängigen Sachen. Es kann nur durch personelle Verstärkung aus dem übrigen Bundesgebiet gelöst werden.[28] Die alten Bundesländer haben sich des Problems angenommen und zahlreiche Richter aus dem Westen sind im Weg der Zuweisung (vgl. unten c aa) im neuen Bundesgebiet tätig. Aber die bis Ende 1990 getroffenen Maßnahmen reichen bei weitem nicht aus. Zur raschen Abhilfe kann auch die vorübergehende Reaktivierung pensionierter Richter aus dem Westen auf freiwilliger Basis beitragen. Dies macht eine Änderung der Bestimmungen des RichterG über die Altersgrenze (§§ 21 Abs. 2 Nr. 3 u. 5; 48 Abs. 2; 76 Abs. 2) notwendig.

b) Die Überwindung der Steuerung der Justiz

Die tatsächliche Herstellung rechtsstaatlicher Verhältnisse in der DDR mußte zunächst gezielt die Mißstände des alten Systems (das auf seine Weise für sich ebenfalls Rechtsstaatlichkeit behauptete) beseitigen, die bisher rechtsstaatliche Verhältnisse ausschlossen. Nach dem politischen Gewicht und im öffentlichen Bewußtsein stand dabei die Instrumentalisierung der politischen Strafjustiz als Unterdrückungsinstrument im Vordergrund.[29] Aber auch die der Thematik dieses Buches näherstehende Zivilrechtspflege war im sozialistischen Staat nicht unabhängig und urteilte nicht unparteiisch, sondern war politisch instrumentalisiert.

Politisch und normativ war dies begründet durch das leninistische Prinzip des demokratischen Zentralismus, das die Rechtspflege als unselb-

---

28) Zu dieser Problematik schon *Wünsche*, DtZ 1990, 134; *Sendler*, DtZ 1990, 166.

29) Zu dieser Problematik *Fricke*, Politik und Justiz in der DDR; *ders.*, Opposition und Widerstand in der DDR.

ständiges Instrument staatlicher Machtausübung auffaßte[30]. Diese Machtausübung erfolgte durch die SED als Führung der Arbeiterklasse, deren Führungsanspruch auch in der Verfassung zum Ausdruck kam. Die Rechtspflegeorgane hatten daher vor allem die Parteibeschlüsse zu erfüllen.[31] Schließlich hatte die Rechtspflege nach dem Prinzip der sozialistischen Gesetzlichkeit zu entscheiden; dies schloß eine bewußte "Parteilichkeit" im Eintreten für die Klasseninteressen der Werktätigen ein.[32] Das wiederum bedeutete in der Praxis die Umsetzung des politischen Willens der SED bzw. ihrer Funktionäre, weil diese die "Interessen der Arbeiterklasse" formulierten. Richter und Staatsanwälte waren ausdrücklich dienstlich verpflichtet, die Parteitagsbeschlüsse auszuführen.

Zur Durchsetzung dieser Grundsätze bestand ein handfestes Kontrollsystem. Dazu gehörte die Kontrolle und Anleitung der unteren Gerichte durch die höheren Gerichte ähnlich einer Fachaufsicht.[33] Eine besondere Rolle hatte dabei das OG (Art. 93 Abs. 2 alte DDR-Verfassung). Es konnte u. a. durch verbindliche Richtlinien und Beschlüsse die Gerichte gleichschalten.[34] Mißliebige Urteile konnten durch Kassation (oben 2 a) beseitigt werden. Weitere Instrumente zur Steuerung der Rechtspflege waren weitreichende Beteiligungsrechte der Staatsanwaltschaft auch im Zivil-, Familien- und Arbeitsrechtsverfahren, die Berichtspflicht der Gerichte gegenüber den Volksvertretungen und die Verfahrensrechte gesellschaftlicher Gruppen, wie z. B. der Gewerkschaftsvertreter. Die Richter wurden vom Justizministerium angeleitet und auf ihre politische Zuverlässigkeit überprüft; sie waren auf Zeit gewählt.[35] Es bestand keine Gewähr des gesetzlichen Richters.

Nachdem die SED ihren verfassungsrechtlich verbrieften politischen Führungsanspruch schon vor der Märzwahl 1990 durch Verfassungsänderung aufgegeben hatte und das Prinzip des demokratischen Zentralismus bereits mit der Märzwahl 1990 durch demokratische Gewaltenteilung abgelöst worden war, wurde die Unabhängigkeit der Gerichte in Art. 5 Abs. 2 der Verfassungsgrundsätze vom 17. 6. 1990 fest-

---

30) *Wünsche/Müller*, S. 24 ff.

31) Vgl. *Wünsche/Müller*, S. 24 ff.

32) *Wünsche/Müller*, S. 24.

33) *Brunner*, Kontrolle in Deutschland, S. 389 ff.

34) Vgl. §§ 39 Abs. 1, 40 Abs. 1 GVG a. F; vgl. auch *Schröder/Gräf*, Geheime Rechtsprechungsanweisungen in der DDR, ROW 1987, 291.

35) Vgl. auch *Wassermann*, ZRP 1990, 259 ff; *Arends*, EWS 1990, 39f.

gelegt. In Art. 1 Abs. 2 wurden alle Vorschriften, welche die sozialistische Staats- und Rechtsordnung, das Prinzip des demokratischen Zentralismus, die sozialistische Gesetzlichkeit, das sozialistische Rechtsbewußtsein und verwandte Begriffe zum Ausdruck bringen, aufgehoben. Dies entsprach den Leitsätzen zum StaatsV (A I 2). Ferner schlossen die Leitsätze die Mitwirkung von Kollektiven und gesellschaftlichen Organisationen an der Rechtspflege, die Zusammenarbeit der Gerichte mit den Volksvertretungen und die Mitwirkung der Staatsanwaltschaft an der Rechtspflege in Zivil- und Arbeitsrechtssachen (mit Ausnahme von Familienrechtssachen) aus (B I Nr. 1 - 3).

c) Deutsches Richtergesetz und DDR-Juristen

aa) Grundsätzliche Geltung

Seit 3. 10. 1990 gilt auch im neuen Bundesgebiet gem. Art. 8 EinigungsV das deutsche Richtergesetz, allerdings mit besonderen Maßgaben.[36] Damit wurde auch in diesem Punkt grundsätzlich Rechtseinheit erzielt, obwohl die DDR noch im Juli 1990 ein eigenes Richtergesetz erlassen und damit einen selbständigen Schritt zur Herstellung rechtsstaatlicher Verhältnisse getan hatte (unten cc). Wer nach dem 1. 9. 1990 im neuen Bundesgebiet ein Jurastudium aufgenommen hat, durchläuft die allgemeine juristische Ausbildung. Wer vor dem 1. 9. 1990 im neuen Bundesgebiet ein Rechtsstudium aufgenommen hat, kann dieses nach den fortgeltenden Bestimmungen oder auch nach einer noch zu schaffenden Übergangsausbildung unter hälftiger Anrechnung der bisherigen Studiengänge abschließen.[37] Der Abschluß (Diplom) gilt als erste Staatsprüfung i. S. d. §§ 5 - 6 DRiG.[38] Wer das Rechtsstudium bis 1993 abschließt (gemeint wohl: Ende 1993), kann einen besonderen zweieinhalbjährigen praktischen und theoretischen Vorbereitungsdienst ableisten (EinigungsV Anlage I

---

36) Anlage I Kap. III A Abschn. III Nr. 8, BGBl II 1990, 929; i. f.: EinigungsV-DRiG = *Horn*, RWS-Dok. 2, Nr. I.2.2., S. 9.

37) VO über die Ausbildung von Studenten, die vor dem 1. 9. 1990 an den juristischen Sektionen der Universitäten der DDR immatrikuliert worden sind, v. 5. 9. 1990, GBl I Nr. 59 S. 1436; Fortgeltung gem. EinigungsV Anlage II Kap. III A Abschn. I Nr. 4, BGBl II 1990, 1153 = *Horn*, RWS-Dok. 2 Nr. I.3.2.

38) EinigungsV-DRiG Maßgabe y hh, BGBl II 1990, 931 = *Horn*, RWS-Dok. 2 Nr. I.2.2, S. 11. Das Studium an der juristischen Hochschule Potsdam-Eiche oder einer vergleichbaren Einrichtung wird nicht anerkannt.

Kap. III A Abschn. III Nr. 8 Maßgabe y ii). Im übrigen rechnet der Gesetzgeber damit, daß für eine Übergangszeit noch in größerem Umfang Richter aus dem westlichen Bundesgebiet, die i. S. des DRiG ausgebildet sind, im neuen Bundesgebiet eingesetzt werden. Es ist daher bestimmt, daß solche Richter im Wege der Zuweisung im neuen Bundesgebiet rechtsprechende Gewalt ausüben können. Zugewiesene Richter sind für die Präsidienwahl berechtigt und wählbar (EinigungsV-DRiG Maßgabe y cc).

bb) Übernahme von DDR-Richtern

Die im neuen Bundesgebiet am 3. 10. 1990 amtierenden bisherigen DDR-Richter blieben vorläufig im Amt. Ihr Richterverhältnis besteht nach dem EinigungsV bis zum 15. 4. 1991 fort und richtet sich nach dem Richtergesetz vom Juli 1990. Bis zum 15. 4. 1991 sollen Richterwahlausschüsse über den Fortbestand des Richterverhältnisses entscheiden.[39] Die Richterwahlausschüsse sind aufgrund der ebenfalls im Juli von der Volkskammer beschlossenen Ordnung zu bilden. Sie bleiben auch nach Bildung der Länder bestehen. Die Landtage üben die Rechte hinsichtlich der Richterwahlausschüsse aus. Nach Landesrecht können die in den Ausschüssen amtierenden Volkskammerabgeordneten durch Landtagsabgeordnete ersetzt werden.

Die Übernahme bzw. Weiterbeschäftigung bisheriger DDR-Richter ist eines der schwierigsten und meistdiskutierten Themen der Rechtspflege im neuen Bundesgebiet. Klammert man die unmittelbaren Akteure der politischen Justiz der DDR aus, die nicht übernommen werden können, so gibt es widerstreitende Argumente. Einerseits war auch der mit "neutralen" Rechtssachen betraute Richter ein ideologisch geschulter und nach politischer Zuverlässigkeit ausgelesener Jurist, der die (oben b) erörterte politische Instrumentalisierung der Justiz mitgetragen hat. Ein weiteres Bedenken ergibt sich daraus, daß der DDR-Richter nach Ausbildung und Berufspraxis den Anforderungen nicht ohne weiteres gewachsen ist, die sich nicht nur aus der mangelnden Kenntnis des Bundesrechts ergibt, sondern auch aus dem weitaus höheren Stand der ausdifferenzierten Rechtstechnik und Normfülle als

39) EinigungsV Anlage I Kap. III A Abschn. III Nr. 8 Maßgabe o, BGBl II 1990, 929 = *Horn*, RWS-Dok. 2 Nr. I.2.2, S. 9.

Korrelat einer komplexen freiheitlichen Wirtschafts- und Gesellschaftsordnung. Andererseits darf die Bereitschaft und Motivation zur Fortbildung nicht verneint werden. Ferner kann die frühere bloße Anpassung an das unentrinnbare politische System der Vergangenheit nicht per se zum Vorwurf gereichen. Schließlich ist die Mitwirkung von DDR-Richtern, welche die örtlichen Verhältnisse und Menschen kennen, auch für die Rechtsprechung ein Vorteil. Verbleibende Bedenken verlieren auch dadurch an Gewicht, daß für eine Übergangszeit ohnehin die Mitwirkung zahlreicher Richter, die im Westen i. S. des DRiG ausgebildet sind, in den Gerichten der neuen Bundesländer unentbehrlich sein wird.

Der EinigungsV geht daher im Grundsatz den Weg der vorsichtigen Integration, wobei Einzelheiten noch klärungsbedürftig sind. In ein Richterverhältnis kann deshalb auch berufen werden, wer die Befähigung zum Berufsrichter nach dem Recht der DDR erworben hat (EinigungsV Anlage I Kap. III A Abschn. III Nr. 8 Maßgabe a). Die Regelung knüpft ferner an das bereits im Sommer 1990 geschaffene Richtergesetz der DDR an.[40] Wer nach diesem Gesetz und den Regelungen über die Richterwahlausschüsse in ein Richterverhältnis auf Zeit oder Probe berufen worden ist, darf dieselben Aufgaben wahrnehmen wie Richter auf Lebenszeit (Maßgabe d).

Die Regelung will die Berufung in das Richteramt auf Lebenszeit zwar ermöglichen, aber eine gewisse Erprobungs- und Überprüfungszeit dazwischenschalten. Wer daher nach dem Recht der DDR die Befähigung zum Berufsrichter erworben hatte, kann zum Richter auf Lebenszeit ernannt werden, aber erst wenn er mindestens drei Jahre nach dem 3. 10. 1990 im richterlichen Dienst tätig war (Maßgabe b). Ein Richter, der nach dem Richtergesetz vom Juli 1990 Richter auf Probe geworden ist, ist spätestens fünf Jahre nach der Ernennung zum Richter auf Lebenszeit zu ernennen (Maßgabe e). Die Regelung rechnet mit der Möglichkeit, daß für eine gewisse Zeit an einem Spruchkörper nur Richter auf Zeit und auf Probe tätig sind, und läßt dies ebenso wie den Vorsitz eines solchen Richters in einem Spruchkörper zu (Maßgabe m). Die Ernennung oder Berufung eines nach dem Richtergesetz der DDR 1990 berufenen Richters auf Probe oder auf Zeit ist zurückzunehmen, wenn nachträglich Tatsachen bekannt geworden sind, die

---

40) G v. 5. 7. 1990, GBl I Nr. 42 S. 637 = *Horn*, RWS-Dok. 1 Nr. 7.6.

seine Berufung nicht gerechtfertigt hätten (Maßgabe h). Die Länder regeln Zuständigkeit und Verfahren für eine Rücknahme (Maßgabe p). Ein Richter auf Zeit kann entlassen werden, wenn er für das Richteramt nicht geeignet ist (Maßgabe k).

Zur fachlichen Qualifikation trifft die Übergangsregelung ebenfalls besondere Bestimmungen. Wer am 3. 10. 1990 die Befähigung zum Berufsrichter erworben hat oder demnächst erwirbt, behält diese Befähigung (Maßgabe y aa). Wer aufgrund dieser Qualifikation in ein Richterverhältnis auf Lebenszeit berufen wird, kann auch in einem Richteramt im übrigen Bundesgebiet tätig werden (Maßgabe y bb). Diplomjuristen mit einer mindestens dreijährigen Berufserfahrung erwerben nach erfolgreicher Einarbeitungszeit von einem Jahr bei einem Gericht die Befähigung zum Berufsrichter (Maßgabe y ff). Im übrigen wird der Abschluß eines rechtswissenschaftlichen Studiums als Diplomjurist an einer Universität oder wissenschaftlichen Hochschule der ersten Staatsprüfung gleichgestellt (Maßgabe y gg).[41)]

cc) Das Richtergesetz der Übergangszeit

Das Richtergesetz vom 5. 7. 1990 diente der Herstellung rechtsstaatlicher Zustände in der DDR. Das Gesetz betonte die richterliche Unabhängigkeit (§ 1 Abs. 2 RiG) und schloß jegliche Beeinflussung ihrer Entscheidungstätigkeit aus (§ 3 RiG). Die Dienstaufsicht durfte nicht mehr dazu benutzt werden, die richterliche Entscheidungstätigkeit zu beeinflussen (§ 7 RiG).

Das Gesetz unterschied Berufsrichter und ehrenamtliche Richter (§ 1 Abs. 1 RiG). Der Berufsrichter mußte von seiner Persönlichkeit her die Gewähr dafür bieten, daß er sein Amt entsprechend den Grundsätzen der Verfassung ausübt (§ 9 Abs. 1 RiG). Die Befähigung zum Berufsrichter wurde durch ein rechtswissenschaftliches Studium mit Examensabschluß und einen zweijährigen Vorbereitungsdienst erworben, der mit einer Staatsprüfung abgeschlossen wurde (§ 9 Abs. 2 RiG). Die Berufung der Berufsrichter sollte durch den Minister der

---

41) Ausgenommen sind Qualifikationen der Juristischen Hochschule Potsdam/Eiche oder einer vergleichbaren Einrichtung; vgl. EinigungsV-DRiG Maßgaben y ee, gg, hh, jj, BGBl II 1990, 930 ff = *Horn*, RWS-Dok. 2 Nr. I.2.2, S. 10 ff. Ein dort erworbener Abschluß berechtigt nicht zur Aufnahme eines gesetzlich geregelten juristischen Berufs (Maßgabe y jj).

Justiz erfolgen, und zwar nach Zustimmung von Richterwahlausschüssen, die aus sechs Volkskammerabgeordneten und vier von der Richterschaft gewählten Mitgliedern bestehen sollten (§ 12 Abs. 1 RiG).

Der Berufsrichter sollte auf Lebenszeit, auf Zeit, auf Probe oder kraft Auftrags berufen werden. Die Berufung auf Lebenszeit blieb einer späteren Regelung vorbehalten (§ 11 Abs. 2 RiG). Berufsrichter, die zum Zeitpunkt des Inkrafttretens dieses Gesetzes als Richter tätig waren, sollten, wenn sie nach ihrer Persönlichkeit die Gewähr für eine verfassungsgemäße Amtsausübung (i. S. d. § 9 Abs. 1 RiG) boten, mit ihrer Zustimmung zum Richter auf Zeit oder auf Probe berufen werden (§ 45 Abs. 1 RiG). Diese Berufung sollte innerhalb von sechs Monaten nach Inkrafttreten des Gesetzes erfolgen (§ 45 Abs. 2 RiG).

Gerade die rechtliche Regelung der Richterbestellung war in der DDR umstritten. Das Gesetz sollte die bisherige Wahl der Richter durch die jeweilige Volksvertretung ablösen. Außerdem sollte die erstmalige Berufung der derzeit amtierenden Richter und der derzeitigen Neubewerber um das Richteramt übergangsweise rechtlich geregelt werden, bis die Berufung durch die künftigen Minister der Justiz in den Ländern erfolgen konnte.[42] Eine sofortige Berufung auf Lebenszeit verbot sich schon deshalb, weil die DDR kein Beamtenrecht kannte, aber auch weil die Übernahme der derzeit amtierenden Richter auf Lebenszeit (auch nach einer Prüfung ihrer Geeignetheit i. S. d. § 9 Abs. 1 RiG) bedenklich erschien. In der DDR wurde die starke Verknüpfung des Richterwahlausschusses mit dem Parlament von seiten der Richterschaft kritisiert. Andererseits verband sich mit dem Gesetz die Hoffnung, einen Mittelweg gefunden zu haben zwischen einerseits einer unbesehenen Übernahme auch politisch belasteter Richter und andererseits einem "Kahlschlag" in der Richterschaft der DDR.[43]

---

42) *Wünsche*, DtZ 1990, 134, 135.
43) *Wünsche*, DtZ 1990, 134, 135.

II. Verfahrensrecht

1. Zivilprozeß

Rechtsquellen:

- Zivilprozeßordnung (ZPO), BGBl III 310-4, zuletzt geänd. d. Art. 4 G v. 17. 5. 1990, BGBl I, 926, nach Maßgabe des EinigungsV Anlage I Kap. III A Abschn. III Nr. 5 (EinigungsV-ZPO), BGBl II 1990, 927 = *Horn*, RWS-Dok. 2 Nr. II.2.2, S. 7; ab 3. 10. 1990;
- G über das gerichtliche Verfahren in Zivil-, Familien- und Arbeitsrechtssachen - Zivilprozeßordnung - (ZPO-DDR) v. 19. 6. 1975, GBl I Nr. 29 S. 533 = *Horn*, RWS-Dok. 1 Nr. 7.1; geänd. d. GGG (oben I 2 d) v. 25. 3. 1982, GBl I Nr. 13 S. 269 = *Horn*, RWS-Dok. 1 Nr. 7.2;
- G zur Änderung und Ergänzung der ZPO (DDR) v. 29. 6. 1990, GBl I Nr. 14 S. 547 = *Horn*, RWS-Dok. 1 nr. 7.3.

a) Neues Recht und Überleitung

Es gilt nunmehr einheitlich die ZPO der Bundesrepublik mit besonderen Maßgaben des EinigungsV.[1] Diese Maßgaben (EinigungsV-ZPO) dienen hauptsächlich der Anpassung an die vorhandene andersartige Gerichtsorganisation im neuen Bundesgebiet und der Überleitung (intertemporales Verfahrenskollisionsrecht). Da im Land Berlin die in West-Berlin bestehende Gerichtsorganisation auf ganz Berlin ausgedehnt wird (oben I 2 b dd), sind hier weniger weitgehende Anpassungsregelungen erforderlich.[2] In den übrigen neuen Bundesländern besteht dagegen die allgemeine Zuständigkeit der Kreisgerichte für alle erstinstanzlichen bürgerlichen Rechtsstreitigkeiten, für die im übrigen Bundesgebiet die Amtsgerichte oder Landgerichte zuständig sind (oben I 2 b b).

Für das Verfahren vor den Kreisgerichten gelten die Vorschriften der ZPO für die Verfahren vor den Amtsgerichten, also die §§ 495 ff ZPO (EinigungsV-ZPO Maßgabe c). Vor dem Bezirksgericht müssen sich die Parteien von einem Rechtsanwalt vertreten lassen, der im neuen Bundesgebiet seine Kanzlei unterhält (Maßgabe b Satz 2). Vor dem

---

1) EinigungsV Anlage I Kap. III A Abschn. III Nr. 5; i. f. zit.: EinigungsV-ZPO, BGBl II 1990, 927 = *Horn*, RWS-Dok. 2 Nr. I.2.2, S. 7.

2) EinigungsV Anlage I Kap. III A Abschn. IV, BGBl II 1990, 938 = *Horn*, RWS-Dok. 2 Nr. I.2.2, S. 18.

BGH müssen sich die Parteien von einem dort zugelassenen Anwalt vertreten lassen (Maßgabe b Satz 1). Im übrigen sind die Vorschriften, welche die Zulassung eines Rechtsanwalts bei einem bestimmten Gericht voraussetzen, nicht anzuwenden (Maßgabe b Satz 3). Gegen die Entscheidungen des Bezirksgerichts ist eine Beschwerde nicht zulässig; hier gelten Ausnahmen, u. a. für Erstentscheidungen (Maßgabe d).

Auch auf anhängige Sachen ist im Grundsatz das neue Prozeßrecht anzuwenden; es bestehen aber bestimmte Maßgaben über ihre Fortsetzung. War in einem Verfahren bis zum 3. 10. 1990 ein Rechtsmittel eingelegt, so richtet sich seine Zulässigkeit nach den bisherigen Vorschriften, wenn das Rechtsmittelgericht bereits vor dem 3. 10. 1990 Beweis erhoben hat (Maßgabe g). Für die Fortsetzung eines Rechtsstreits in Ehesachen (§§ 606 - 638 ZPO) sind besondere Regelungen getroffen (EinigungsV-ZPO Maßgabe h).

b) Altes Recht (ZPO-DDR)

Bis zum 2. 10. 1990 galt in der DDR die ZPO von 1975, die in den Grundzügen der alten ZPO folgte, allerdings mit Einbußen an Regelungstiefe und unter Einschränkung rechtsstaatlicher Anforderungen. Das Verfahren wurde durch Einreichung der schriftlichen Klage beim Kreisgericht (§ 11 Abs. 1 ZPO-DDR) oder vom Gläubiger durch Antrag auf Erlaß einer gerichtlichen Zahlungsaufforderung (§§ 14 ff ZPO-DDR) eingeleitet, gegen die der Schuldner binnen zwei Wochen nach Zustellung Einspruch einlegen konnte (§ 15 Abs. 2), worauf sich ein normales streitiges Verfahren anschloß. Ein Zivil- oder Familienrechtsverfahren konnte auch durch Antrag auf Erlaß einer einstweiligen Anordnung (§§ 16 - 18) und Antrag auf gerichtliche Beweissicherung (§ 19) eingeleitet werden. Weitere Einzelheiten des früheren Verfahrens sind hier nicht darzustellen.[3)]

Das Gesetz zur Änderung und Ergänzung der ZPO der DDR vom 29. 6. 1990, in Kraft seit 1. 7. 1990 (§ 6 ZPO-DDR n. F.), hat jedoch bereits eine tiefgreifende Veränderung der ZPO der DDR im Sinne ihrer Angleichung an rechtsstaatliche Anforderungen und ihrer rechtstechnischen Angleichung an das Prozeßrecht der Bundesrepublik ge-

---

3) Zum alten Recht *Kellner/Göhring/Kietz*, Zivilprozeßrecht; *Gräf*, Handbuch der Rechtspraxis in der DDR, S. 487 ff.

bracht. Die Neufassung der §§ 1 - 7 ZPO-DDR befreite das Gesetz vom Ballast sozialistischer Rechtsideologie. Der Dispositionsgrundsatz trat klarer hervor (§ 3 ZPO-DDR). Die Beteiligung gesellschaftlicher Kollektive und von Gewerkschaftsvertretern sowie von politischen Vertretern wurde ausgeschlossen; die Mitwirkung des Staatsanwalts wurde auf besondere Rechtsvorschriften beschränkt.

2. Vollstreckungsverfahren

Rechtsquellen:

- ZPO Achtes Buch, nach Maßgabe des EinigungsV Anlage I Kap. III A Abschn. III Nr. 5 (zit.: EinigungsV-ZPO), BGBl II 1990, 928 = *Horn*, RWS-Dok. 2 Nr. I.2.2, S. 8; seit 3. 10. 1990;
- ZVG (G über die Zwangsversteigerung und Zwangsverwaltung), BGBl III 310-14, zuletzt geänd. d. Art. 5 Nr. 2 G v. 20. 2. 1986, BGBl I, 301; seit 3. 10. 1990 gem. EinigungsV Anlage 1 Kap. III A Abschn. III Nr. 15, , BGBl II 1990, 934 = *Horn*, RWS-Dok. 2 Nr. I.2.2, S. 14;
- ZPO-DDR, §§ 88 ff GBl I 1975 Nr. 29 S. 547 ff = *Horn*, RWS-Dok. 1 Nr. 7.1, S. 15; bis 2. 10. 1990;
- VO über die Vollstreckung in Grundstücke (GrundstücksvollstreckungsVO; GVollstrVO) v. 6. 6. 1990, GBl I Nr. 32 S. 288 = *Horn*, RWS-Dok. 1 Nr. 7.7; bis 2. 10. 1990.

Die Zwangsvollstreckung richtet sich seit 3. 10. 1990 nach dem Achten Buch der ZPO. Zuvor waren die §§ 88 ff ZPO-DDR maßgeblich.[4] Eine bis 2. 10. 1990 begonnene Maßnahme der Zwangsvollstreckung ist nach dem bisherigen DDR-Recht zu erledigen. Weitere selbstständige Vollstreckungsmaßnahmen ab 3. 10. 1990 unterliegen der ZPO. Die Verwertung eines gepfändeten Gegenstandes gilt als selbständige Maßnahme.[5]

Für die Vollstreckung war (auch) nach bisherigem Recht das Kreisgericht zuständig, in dessen Bereich der Schuldner seinen Wohnsitz oder Sitz hatte oder sich pfändbares Vermögen des nicht im Inland wohnhaften Schuldners befand (§ 93 Abs. 1 n. F. ZPO-DDR). Die Voll-

---

4) Vgl. allg. die Lit. zur ZPO-DDR oben bei 1; ferner *Lübchen*, NJ 1990, 293, 296 (insbes. zur Lohnpfändung); zur Vollstreckung von DDR-Titeln in der Bundesrepublik *Bode*, AnwBl 1990, 62 - 64.

5) EinigungsV-ZPO Maßgabe k, BGBl II 1990, 928 = *Horn*, RWS-Dok. 2 Nr. I.2.2, S. 8.

streckung erfolgte aufgrund einer mit der Vollstreckungsklausel versehenen Ausfertigung des Vollstreckungstitels (§ 89 a Abs. 1 n. F. ZPO-DDR). Der Antrag auf Vollstreckung war vom Gläubiger bei dem gem. § 93 Abs. 1 ZPO-DDR örtlich zuständigen Kreisgericht einzureichen. Ihm war die vollstreckbare Ausfertigung des Vollstrek-kungstitels beizufügen (§ 91 ZPO-DDR). Aus einem Schuldtitel eines Gerichts der Bundesrepublik konnte in der DDR nach Vollstreckbarerklärung vollstreckt werden (§ 195 ZPO-DDR).

Die Vollstreckung oblag dem Sekretär am zuständigen Kreisgericht (§ 94 ZPO-DDR). Während der Sekretär früher über die Vollstreckungsmaßnahmen selbst entschied, war er nach der Prozeßrechtsreform im Sommer 1990 an den gestellten Vollstreckungsantrag und die in der ZPO-DDR oder anderen Rechtsvorschriften vorgesehenen Vollstreckungsmaßnahmen gebunden. Die Vollstreckung von Zahlungsansprüchen erfolgte regelmäßig durch Pfändung von Forderungen, insbesondere von Arbeitseinkünften (§§ 96 ff ZPO-DDR).

Die Zwangsvollstreckung in Grundstücke richtet sich seit 3. 10. 1990 nach dem ZVG mit der Maßgabe, daß gegen die Entscheidung des Bezirksgerichts (§§ 95 - 104) eine weitere Beschwerde, ausgenommen im Fall des § 102, nicht zulässig ist. Eine bis 2. 10. 1990 anhängig gewordene Vollstreckung in Grundstücke ist nach der GrundstücksvollstreckungsVO der DDR zu erledigen.[6)]

Die Vollstreckung in Grundstücke richtete sich früher nach einer VO von 1975.[7)] Sie war aber wenig gebräuchlich, zumal mangels eines funktionierenden Grundstücksmarkts eine Verwertung wenig praktikabel war. Durch eine neue GrundstücksvollstreckungsVO vom 6. 6. 1990[8)] war das Verfahren der Vollstreckung in Grundstücke auf eine neue Rechtsgrundlage gestellt worden. Zuständig war das Kreisgericht (§ 2 GVollstrVO). Auf das Verfahren fand im Grundsatz die ZPO-DDR Anwendung (§ 3 GVollstrVO). Vollstreckungsmaßnahmen waren die Eintragung einer Zwangshypothek in das Grundbuch oder die Zwangsversteigerung des Grundstücks (§ 4 Abs. 1 GVollstrVO). Die Eintragung der Zwangshypothek zugunsten eines

---

6) EinigungsV Anlage I Kap. III A Abschn. III Nr. 15, BGBl II 1990, 934 = *Horn*, RWS-Dok. 2 Nr. I.2.2, S. 14.

7) VO über die Vollstreckung in Grundstücke und Gebäude v. 18. 12. 1975, GBl I 1976 Nr. 1 S. 1.

8) Nachweis oben.

Gläubigers wurde auf Antrag des Gläubigers vom Sekretär am Kreisgericht angeordnet; die Hypothek entstand mit der Eintragung (§ 5 GVollstrVO). Bei Aufhebung des Vollstreckungstitels durch rechtskräftige Entscheidung war die Hypothek im Grundbuch zu löschen (§ 6). Die Zwangsversteigerung wurde auf Antrag des Gläubigers angeordnet, wenn der Schuldner als Eigentümer des Grundbuchs eingetragen oder Rechtsnachfolger des eingetragenen Eigentümers war (§ 7 Abs. 1) und wenn der Anspruch mindestens 500 DM betrug (§ 4 Abs. 2).

Erster Schritt war die Pfändung des Grundstücks (§ 7 Abs. 2 und § 8). Die Zwangsversteigerung konnte bis zum Beginn des Versteigerungstermins auch für weitere Gläubiger angeordnet werden (§ 9). Zweiter Schritt war die Feststellung des Grundstückswerts. Es war der Verkehrswert festzustellen (§ 11 Abs. 1). Im Grundstück eingetragene, im Rang vorgehende Rechte blieben am Grundstück bestehen. Soweit sie Geldforderungen sicherten, blieben sie nur in Höhe der noch bestehenden Forderung bestehen (§ 12). Dritter Schritt war die Bestimmung des Versteigerungstermins (§ 14). Der Termin begann mit der Feststellung des geringsten Gebots, das vom Sekretär festzustellen war (§ 15 Abs. 1). Der Zuschlag wurde dem Meistbietenden erteilt (§ 19) und mit der Verkündung wirksam (§ 21). Der Ersteher wurde dadurch Eigentümer des Grundstücks, sofern nicht im Beschwerdeweg der Beschluß aufgehoben wurde (§ 22). Letzter Schritt war die Bestimmung und Durchführung eines Verteilungstermins (§§ 24 - 26).

Die VO traf besondere Regelungen zur Zwangsversteigerung innerhalb der Gesamtvollstreckung (Konkurs; dazu i. f. III), über die Zwangsversteigerung zur Aufhebung gemeinschaftlichen Eigentums und über ein gerichtliches Verteilungsverfahren für die Verteilung einer in gesetzlichen Vorschriften vorgesehenen Entschädigung für Grundstücke (§§ 34 ff).

3. Freiwillige Gerichtsbarkeit

Rechtsquellen:

- FGG (G über die Angelegenheiten der freiwilligen Gerichtsbarkeit) BGBl III 315-1, zuletzt geänd. d. Art. 7 G v. 26. 6. 1990, BGBl I, 1163; nach Maßgabe des EinigungsV Anlage I Kap. III A Abschn. III Nr. 13, BGBl II 1990, 932 = *Horn*, RWS-Dok. 2 Nr. II.2.2, S. 12.

Die Einführung des FGG mit Herstellung der staatlichen Einheit durch den EinigungsV bedeutet eine gewichtige Reform im neuen Bundesgebiet. Denn das Rechtsgebiet der freiwilligen Gerichtsbarkeit existierte in der DDR nicht. Die dazuzurechnenden Rechtsangelegenheiten wurden von Behörden außerhalb der Gerichtsbarkeit erledigt, z. B. Jugendsachen vom Jugendamt, Registersachen u. a. von den Liegenschaftsdiensten; Urkundensachen wurden von den staatlichen Notariaten (unten IV) besorgt.[9)]

Der EinigungsV ordnet die Geltung des FGG mit wenigen abändernden Maßgaben an. Aus dem Zusammenspiel mit den Maßgaben zur Gerichtsorganisation (oben I) ergibt sich folgender Instanzenzug: Kreisgericht als 1. Instanz, Senat des Bezirksgerichts als 2. Instanz, Besonderer Senat des Bezirksgerichts als 3. Instanz, BGH bei Divergenzentscheidungen.[10)]

Die Handels- und Genossenschaftsregister werden nach dem EinigungsV vorbehaltlich späterer Bestimmungen durch den Landesgesetzgeber von den Kreisgerichten geführt, in deren Bezirk das Bezirksgericht seinen Sitz hat.[11)] Grundbuchsachen verbleiben vorerst bei den Liegenschaftsdiensten.[12)]

---

9) Zum alten Recht *Lüers*, ROW 1970, 137 - 150; s. auch *Walter*, DtZ 1990, 262, 264 ff.
10) Erläut., S. 25 = *Horn*, RWS-Dok. 2 Nr. I.2.2, S. 41.
11) Einzelheiten oben Kap. 4 I 2b.
12) Einzelheiten oben Kap. 3 II 3.

4. Arbeitsgerichtsverfahren

Rechtsquellen:

- ArbGG i. d. F. d. Bek. v. 2. 7. 1979, BGBl I, 853, 1036, zuletzt geänd. d. Art. 1 G v. 26. 6. 1990, BGBl I, 1206, nach Maßgabe des EinigungsV Anlage I Kap. VIII A Abschn. III Nr. 15; ab 3. 10. 1990;
- G über die Errichtung und das Verfahren der Schiedsstellen für Arbeitsrecht (ArbSchG) v. 29. 6. 1990, GBl I Nr. 38 S. 505 = *Horn*, RWS-Dok. 1 Nr. 7.9; nach Maßgabe des EinigungsV Anlage II Kap. VIII A Abschn. III Nr. 3, BGBl II 1990, 1153 = *Horn*, RWS-Dok. 2 Nr. I.3.2.

a) Die Neuordnung. Übergangszeit und Einigungsvertrag

Die Neuordnung auf dem Gebiet der Arbeitsgerichtsbarkeit mußte zwei zusätzliche Probleme lösen: einmal mußte ein Ersatz für die umfangreiche Tätigkeit der gesellschaftlichen Gerichte (oben I 2 d) gefunden werden, zum andern mußte man die Flut neuer Arbeitsrechtsstreitigkeiten, die bei der Umstellung des Wirtschaftssystems zu erwarten waren, auffangen. Die Regelung mußte unter diesen Umständen auf der Neueinrichtung der Arbeitsschiedsstellen durch den DDR-Gesetzgeber vom Juni 1990 aufbauen. Nach dem EinigungsV ist das Kreisgericht für Arbeitsgerichtssachen zwar zuständig (oben I 3 a dd), aber mit wenigen Ausnahmen erst nach Anrufung der Schiedsstelle für Arbeitssachen.[13)] Die Neuregelung der DDR über die Schiedsstellen für Arbeitssachen ist im EinigungsV aufrechterhalten.[14)]

Das entsprechende Gesetz war schon durch den StaatsV erforderlich geworden. Denn die bisher von den sog. gesellschaftlichen Gerichten ausgeübte Arbeitsgerichtsbarkeit (oben I 2 d) entsprach nicht rechtsstaatlichen Anforderungen. Bis zum Aufbau einer besonderen Arbeitsgerichtsbarkeit war daher nach dem StaatsV (Art. 6 Abs. 3) rasch eine Übergangslösung zu schaffen: arbeitsrechtliche Rechtsstreitigkeiten zwischen Arbeitgebern und Arbeitnehmern aus dem Arbeitsverhältnis sollten von neutralen Schiedsstellen entschieden werden, die paritätisch mit Arbeitgebern und Arbeitnehmern und mit einem neutralen

13) EinigungsV Anlage I Kap. VIII A Abschn. III Nr. 15 Maßgabe b, BGBl II 1990, 934 = *Horn*, RWS-Dok. 2 Nr. I.2.2, S. 14.

14) EinigungsV Anlage II Kap. VIII A Abschn. III Nr. 3, BGBl II 1990, 1207 = *Horn*, RWS-Dok. 2 Nr. I.3.8.

Vorsitzenden zu besetzen sind.[15] Diesem Gesetzgebungsauftrag ist die DDR durch das Gesetz über die Errichtung und das Verfahren der Schiedsstellen für Arbeitsrecht (ArbSchiedsG) vom 29. 6. 1990 nachgekommen. Es gilt ab 1. 7. 1990 und hebt die für das Arbeitsrecht einschlägigen Bestimmungen über die gesellschaftlichen Gerichte nach dem GGG sowie frühere Regelungen über die Konfliktkommissionen auf (§ 24).

b) Die Schiedsstellen

Die Schiedsstellen werden in Betrieben mit mehr als 50 Arbeitnehmern gebildet, können aber auch in kleineren Betrieben eingerichtet werden (§ 5 Abs. 1). Die Schiedsstellen werden mit einem Vorsitzenden und zwei Beisitzern besetzt (§ 6 Abs. 1). Die Beisitzer müssen Betriebsangehörige sein. Sie werden paritätisch vom Arbeitgeber und Betriebsrat oder Gesamtbetriebsrat bestellt (§ 6 Abs. 2). Der Vorsitzende soll durch Einvernehmen der Beisitzer berufen werden; mangels Einigung wird er auf Antrag durch das Kreisgericht bestellt (§ 6 Abs. 5). Die Mitglieder der Schiedsstelle sind durch den Vorsitzenden der zuständigen Kammer des Kreisgerichts zu verpflichten (§ 6 Abs. 7). Ihre Amtszeit beträgt vier Jahre (§ 7). Sie werden ehrenamtlich tätig (§ 8 Abs. 1). Sie sind im erforderlichen Umfang von der Arbeit freizustellen und können Ersatz ihrer Aufwendungen beanspruchen (§ 9). Der Arbeitgeber hat für die Tätigkeit der Schiedsstelle die sachlichen Voraussetzungen zu schaffen (§ 10).

Die Schiedsstellen sind für Rechtsstreitigkeiten zwischen Arbeitnehmern und Arbeitgebern aus dem Arbeitsverhältnis zuständig (§ 1). Zu dieser Entscheidung sind grundsätzlich auch die staatlichen Gerichte (Kreisgericht) berufen. Die Zuständigkeit der Schiedsstelle hat aber Vorrang und das Kreisgericht kann erst nach Ausschöpfung des Verfahrens vor der Schiedsstelle angerufen werden (§ 2 Abs. 1 Satz 1). Das Kreisgericht kann ferner angerufen werden, wenn die Schiedsstelle nicht innerhalb von zwei Monaten nach Antragstellung eine Entscheidung herbeigeführt hat (§ 2 Abs. 3). Die Schiedsstelle übt richterliche Funktion aus. Ihre Mitglieder sind in ihrer Entscheidung unabhängig und nur an das Gesetz gebunden. Sie dürfen in ihrer Tätigkeit

15) Vgl. auch *Nägele*, BB 1990, Beilage 26, S. 19 - 23; *Wlotzke/Lorenz*, BB 1990, Beilage 35, 1, S. 9.

nicht behindert und nicht wegen ihr benachteiligt oder begünstigt werden (§ 3). Sie genießen Kündigungsschutz (§ 3 Abs. 3).

c) Verfahren

Das Verfahren wird durch Antrag eingeleitet. Darin sind Antragsteller und Antragsgegner, der Gegenstand und der Grund des erhobenen Anspruchs anzugeben und ein bestimmter Antrag zu stellen (§ 11 Abs. 1). Der Vorsitzende hat den Antrag dem Antragsgegner zuzuleiten und einen Verhandlungstermin anzuberaumen (Abs. 2 und 3). Es wird eine mündliche Verhandlung unter Leitung des Vorsitzenden durchgeführt. Die Verhandlung ist im Grundsatz öffentlich (§ 12). Die Schiedsstelle trifft eine Entscheidung aufgrund mündlicher Verhandlung nach geheimer Beratung mit Stimmenmehrheit. Sie ist am Schluß der Verhandlung bekanntzugeben (§ 16 Abs. 1). Der Beschluß muß Ort und Tag der Verhandlung und die Mitglieder der Schiedsstelle sowie die Namen und Anschriften der Beteiligten und ihrer Vertreter angeben, die Entscheidung mit den wesentlichen Gründen enthalten und mit einer Rechtsmittelbelehrung versehen sein. Der Beschluß ist vom Vorsitzenden und mindestens einem Beisitzer zu unterschreiben (§ 16 Abs. 2 und 3). Für die Tätigkeit der Schiedsstelle werden keine Gebühren erhoben (§ 18 Abs. 1). Die Beschlüsse der Schiedsstelle und Einigungen können auf Antrag des Anspruchsberechtigten vom Kreisgericht für vollstreckbar erklärt werden (§ 20).

Gegen den Beschluß der Schiedsstelle ist der Einspruch zulässig. Er ist innerhalb von zwei Wochen nach Erhalt des Beschlusses beim Kreisgericht schriftlich einzulegen. Zuständig ist das Kreisgericht, in dessen Bereich sich der Sitz der Schiedsstelle befindet, die die Streitigkeit entschieden hat (§ 19). In tatsächlich und rechtlich schwierigen Fällen kann die Schiedsstelle das Verfahren durch Beschluß an das Kreisgericht abgeben. Das gleiche gilt, wenn eine Entscheidung aus anderen sachlichen Gründen nicht möglich ist. Die Abgabeentscheidung der Schiedsstelle ist für das Kreisgericht bindend (§ 17).

5. Verwaltungs-, Sozial- und Finanzverfahrensrecht

Rechtsquellen:

- VwGO, BGBl III 340-1, zuletzt geänd. d. Art. 2 Nr. 9 G v. 8. 12. 1986, BGBl I, 2191, nach Maßgabe des EinigungsV Anlage I Kap. III A Abschn. III Nr. 6, BGBl II 1990, 928;
- FGO v. 6. 10. 1965, BGBl I, 1477, zuletzt geänd. d. Art. 10 G v. 18. 12. 1986, BGBl I, 2496 nach Maßgabe des EinigungsV Kap. III A Abschn. III Nr. 7, BGBl II 1990, 928;
- SGG i. d. F. Bek. 23. 9. 1975, BGBl I, 2535, zuletzt geänd. d. EinigungsV Anlage I Kap. VIII D Abschn. II Nr. 1, BGBl II 1990, 1032, nach Maßgabe des Abschn. III Nr. 4, BGBl II 1990, 1032.

Die Gesetze zum allgemeinen und den speziellen verwaltungsgerichtlichen Verfahren gelten mit geringen Modifikationen ab 3. 10. 1990 auch im neuen Bundesgebiet; die entsprechenden Gerichtsbarkeiten werden, wie (oben I) erörtert, durch besondere Spruchkörper an den Kreis- und Bezirksgerichten im neuen Bundesgebiet ausgeübt. Nach dem EinigungsV kann im Verwaltungsgerichtsverfahren der Vorsitzende oder ein von ihm bestimmter Richter den Rechtsstreit im Einverständnis der Beteiligten ganz oder teilweise an Stelle der Kammer oder des Senats entscheiden. Die Regelung soll der Vereinfachung und Beschleunigung des Verfahrens dienen.[16] Eine entsprechende Regelung ist im Finanzgerichtsverfahren vorgesehen; hier kann der Vorsitzende oder ein von ihm bestimmter Richter den Rechtsstreit im Einverständnis der Beteiligten an Stelle des Senats ohne mündliche Verhandlung durch Vorbescheid (§ 90 Abs. 3 FGO) entscheiden.

Der jetzige Rechtszustand ist bereits durch eine Übergangsregelung vorbereitet worden. Die Gewährleistung gerichtlichen Rechtsschutzes des Einzelnen gegen Eingriffe der öffentlichen Gewalt in Art. 5 Abs. 1 der Verfassungsgrundsätze und in Art. 6 Abs. 1 StaatsV machte die rasche Schaffung verwaltungsgerichtlichen Rechtschutzes, der rechtsstaatlichen Anforderungen genügt, notwendig. Dies geschah durch das Gesetz über die Zuständigkeit und das Verfahren der Gerichte zur Nachprüfung von Verwaltungsentscheidungen (GNV) v. 29. 6. 1990. Es löste ein erst Ende 1988 ergangenes und Mitte 1989 in

16) Erläut., S. 18 = *Horn*, RWS-Dok. 2 Nr. I.2.2, S. 34.

Kraft getretenes Gesetz ab, das erstmals (allerdings in einer rechtsstaatlichen Anforderungen nicht genügenden Weise) einen verwaltungsgerichtlichen Rechtsschutz eingeführt hatte.[17] Das GNV trat am 1. 7. 1990 in Kraft und am 2. 10. 1990 außer Kraft. Entsprechend der allgemeinen Rechtsschutzgarantie Art. 5 Abs. 1 der Verfassungsgrundsätze eröffnete § 2 GNV in umfassender Weise den verwaltungsgerichtlichen Rechtsschutz bei Beeinträchtigungen von Rechten des Einzelnen durch die öffentliche Gewalt.

---

17) G vom 14. 12. 1988, GBl I S. 327; dazu *Brunner*, in: Menschenrechte in der DDR, S. 275, 280 ff; *Christoph/Brachmann*, NJ 1989, 367 ff.

III. Insolvenzrecht

Rechtsquellen:

- Gesamtvollstreckungsordnung (GesO) v. 3. 10. 1990 = geänderte Fortgeltung der GesamtvollstreckungsVO (GesVO) v. 6. 6. 1990, GBl I Nr. 32 S. 285 = *Horn*, RWS-Dok. 1 Nr. 5.1 geänd. d. 2. GesamtvollstreckungsVO - Unterbrechung des Verfahrens - v. 25. 7. 1990, GBl I Nr. 45 S. 782 = *Horn*, RWS-Dok. 1 Nr. 5.2, nach Maßgabe des EinigungsV Anlage II Kap. III A Abschn. II Nr. 1,, BGBl II 1990, 1153 = *Horn*, RWS-Dok. 2 Nr. II.5.1;
- G über die Unterbrechung von Gesamtvollstreckungsverfahren (Gesamtvollstreckungsunterbrechungs G; GUG) v. 3. 10. 1990 = geänderte Fortgeltung der 2. VO über die Gesamtvollstreckung - Unterbrechung des Verfahrens - v. 25. 7. 1990, GBl I Nr. 45 S. 782 = *Horn*, RWS-Dok. 1 Nr. 5.2, nach Maßgabe des EinigungsV Anlage II Kap. III A Abschn. II Nr. 2, BGBl II 1990, 1155 = *Horn*, RWS-Dok. 2 Nr. II. 5.2.

1. Zwei Insolvenzrechte in Deutschland

a) Gesamtvollstreckungsordnung und Gesamtvollstreckungsunterbrechungsgesetz. Entstehung

Im neuen Bundesgebiet besteht mit der GesamtvollstreckungsO (GesO), ergänzt durch das GesamtvollstreckungsunterbrechungsG (GUG), aufgrund des EinigungsV ein anderes Insolvenzrecht als im übrigen Bundesgebiet. Der EinigungsV knüpft damit an zwei Reformverordnungen der DDR aus der Übergangszeit an, die er geringfügig modifiziert und in den Rang eines Gesetzes erhebt.

Der Konkurs war in der DDR früher in einer VO über die Gesamtvollstreckung von 1975 geregelt.[1] Die Regelung war knapp formuliert und umfaßte nur 18 Paragraphen. Die Gesamtvollstreckung konnte bei Überschuldung oder Zahlungsunfähigkeit des Schuldners durchgeführt werden und erstreckte sich auf das Vermögen des Schuldners mit Ausnahme der Sachen und Forderungen, die nach der ZPO-DDR oder anderen Rechtsvorschriften nicht der Vollstreckung unterlagen. Die praktische Bedeutung der Regelung war dadurch begrenzt, daß für Betriebe im sozialistischen Eigentum keine Insolvenzverfahren stattfanden. Da auch bei Privatpersonen schon wegen deren begrenzter Verschuldungsmöglichkeit solche Verfahren selten waren, kam die

1) VO v. 18. 12. 1975, GBl I 1976 Nr. 1 S. 5.

Gesamtvollstreckung hauptsächlich bei den verbliebenen kleinen Privatbetrieben zur Anwendung und war auch hier relativ selten.[2]

Ab 1. 7. 1990 galt für das Insolvenzverfahren eine Neuregelung aufgrund der neuen GesamtvollstreckungsVO (GesVO) vom 6. 6. 1990. Ziel der auch im StaatsV geforderten[3] Neuregelung war es, ein Konkursrecht zu schaffen, das auch für Unternehmensinsolvenzen unter marktwirtschaftlichen Bedingungen geeignet ist, und eine Angleichung an das bundesdeutsche Recht herbeizuführen.[4] Die neue Regelung löste die alte VO von 1975 ab, suchte aber möglichst deren knappe Formulierungen beizubehalten. Am 28. 7. 1990 erließ der Ministerrat eine zweite VO zur Gesamtvollstreckung - Unterbrechung des Verfahrens -, die eine ergänzende Regelung für Sanierungsversuche enthält. Beide Verordnungen sind dann gemäß EinigungsV als Gesetze (statt VOen) die Grundlage des geltenden Insolvenzrechts in den neuen Bundesländern geblieben.

b) Bewertung der Neuregelung

Das neugeschaffene Insolvenzrecht der ehemaligen DDR soll bis zum Abschluß der in der Bundesrepublik seit langem vorbereiteten Insolvenzrechtsreform gelten. Mit Rücksicht auf diese Reform wurde auf die Übernahme der KO und VglO verzichtet. Im Interesse einer Offenhaltung und Beschleunigung der schwierigen Insolvenzrechtsreform wurde also der hohe Preis mangelnder Rechtseinheit bezahlt.

Die GesO zeichnet sich gegenüber KO und VglO durch ihre auffallende Kürze aus, was z. T. als Vorzug betrachtet wird. Diese Kürze ist aber nur hinnehmbar, wenn man aus dem Willen des Gesetzgebers zur Rechtsangleichung zugleich die Legitimation ableitet, bei Regelungslücken und Unklarheiten auf die weitaus ausführlicheren Regelungen der KO und VglO und auf die Rechtsprechung zu diesen Gesetzen zurückzugreifen.[5] Die GesO nimmt bestimmte Gedanken der Insol-

---

2) Vgl. die niedrigen Zahlen der Insolvenzstatistik der DDR (1988: 49 Verfahren; 1989: 59) bei *Lübchen/Landfermann*, ZIP 1990, 829.

3) StaatsV Anlage VI (Regelungen, die in der DDR im weiteren Verlauf anzustreben sind) Abschn. II Nr. 3, BGBl II 1990, 563.

4) *Lübchen/Landfermann*, ZIP 1990, 829.

5) Vgl. auch *Lübchen/Landfermann*, ZIP 1990, 829; "Bis auf den § 613 a BGB eine reife Leistung der DDR", Handelsblatt v. 13./14. 7. 1990, S. 3.

venzrechtsreform vorweg. So ist die Gesamtvollstreckung als einheitliches Verfahren ausgestaltet, das entweder mit Liquidation oder Vergleich enden kann. Bei der Regelung des Vergleichs gibt es keine Mindestquote und keine Prüfung der Vergleichswürdigkeit. Schließlich kennt die GesO im Ansatz eine Restschuldbefreiung, indem nach Verfahrensbeendigung eine Vollstreckung gegen den redlichen Gemeinschuldner nur zugelassen wird, wenn er zu neuem Vermögen gelangt. Weitere Neuerungen betreffen den Vorrang der Gerichts- und Verwaltungskosten u. a. vor den Lohnansprüchen der freigestellten Arbeitnehmer; damit entfällt ein Hindernis für die Durchführung massearmer Verfahren. Die Rechte der Gläubiger sind verstärkt, z. B. durch die Wahl eines neuen Verwalters.

Eine bedeutende, zeitlich begrenzte Abweichung vom Insolvenzrecht der Bundesrepublik enthält auch das GesamtvollstreckungsunterbrechungsG (GUG). Es eröffnet zeitlich begrenzt die Möglichkeit, ein Insolvenzverfahren im Interesse einer Sanierung zu unterbrechen. Dieser gesetzgeberische Versuch ist auf die besonderen Verhältnisse der Umstellung der sozialistischen Wirtschaft auf unabhängige und wirtschaftlich lebensfähige Unternehmen gemünzt.[6] Bedenken gegen die Praktikabilität der Lösung ergeben sich einerseits unter dem Gesichtspunkt der Konkursverschleppung,[7] andererseits wegen der hohen Risiken aus Garantie desjenigen, der die Unterbrechung beantragt.

2. Das Gesamtvollstreckungsverfahren

a) Eröffnung und Ziel des Verfahrens

Die Gesamtvollstreckung erfolgt bei Zahlungsunfähigkeit einer natürlichen oder juristischen Person, einer nichtrechtsfähigen Personengesellschaft oder eines Nachlasses, im Falle einer juristischer Person oder eines Nachlasses auch bei Überschuldung (§ 1 Abs. 1 GesO). Ziel ist die gemeinsame Befriedigung der mehreren Gläubiger einer Person durch Beschlagnahme und Verwertung des Schuldnervermögens durch den gerichtlich bestellten Verwalter und seine Verteilung an die Gläubiger (§§ 17, 18 GesO).

---

6) Dazu allg. oben Kap. 4 III.
7) *Kübler*, Handelsblatt v. 13. 8. 1990, S. 5.

Für das Verfahren ist das Kreisgericht sachlich und örtlich zuständig, in dessen Bereich der Schuldner seinen Wohnsitz oder Sitz hat (§ 1 Abs. 2 GesO). Auf das Gesamtvollstreckungsverfahren finden die Vorschriften der ZPO Anwendung, soweit die GesO keine besonderen Vorschriften enthält (§ 1 Abs. 3). Das Verfahren wird auf Antrag eröffnet. Antragsberechtigt sind der Schuldner und jeder Gläubiger. Der Gläubiger muß im Antrag die Zahlungsunfähigkeit oder Überschuldung des Schuldners glaubhaft machen (§ 2 Abs. 1). Der Antrag ist an keine Form gebunden; er kann schriftlich oder auch zu Protokoll des Gerichts erklärt werden.[8)] Der Schuldner muß seinem Antrag ein vollständiges Vermögensverzeichnis unter Angabe seiner Gläubiger und Schuldner beifügen (§ 3). Bei Handelsgesellschaften und Genossenschaften besteht bei deren Zahlungsunfähigkeit oder Überschuldung eine Antragspflicht nach den allgemeinen Vorschriften.[9)]

b) Überwachung durch das Gericht

Das Gericht prüft den Antrag (§ 2 Abs. 2 GesO) und entscheidet nach Anhörung des Schuldners über die Eröffnung des Verfahrens (§ 4 Abs. 1). Die Eröffnung des Verfahrens wird abgelehnt, wenn eine kostendeckende Vermögensmasse fehlt oder wenn umgekehrt die Gewähr für die Beseitigung der Zahlungsunfähigkeit gegeben ist (§ 4 Abs. 2). Die Eröffnung erfolgt durch Beschluß (§ 5). Mit dem im Beschluß genannten Zeitpunkt wird die Pfändung des Vermögens des Schuldners wirksam (§ 7). Vorher durch Einzelvollstreckung begründete Pfändungspfandrechte gehen verloren (§ 7 Abs. 3). Leistungen an den Schuldner nach der öffentlichen Bekanntmachung der Eröffnung haben nur befreiende Wirkung, wenn sie in das verwaltete Vermögen gelangen (§ 7 Abs. 4).

Wenn bei Verfahrenseröffnung eine Aufrechnungslage bestand, kann die Aufrechnungserklärung auch noch während des Verfahrens erfolgen (§ 7 Abs. 5). Die Erweiterung und die Einschränkung der Aufrechnungsmöglichkeiten durch §§ 54 und 55 KO sind in der GesO nicht übernommen. Sie können aber, sofern sie auf gemeinsamen

---

8) *Lübchen/Landfermann*, ZIP 1990, 829, 832.

9) Des Vorstandes der AG gem. § 92 Abs. 2 AktG; der Geschäftsführer der GmbH gem. § 64 GmbHG; des Vorstandes der Genossenschaft gem. § 99 GenG; der persönlich haftenden Gesellschafter der GmbH & Co KG gem. § 177 a HGB und der KGaA gem. § 278 Abs. 2 AktG.

Grundgedanken der KO und der GesO beruhen, ergänzend herangezogen werden.[10] Dies gilt aber wohl nicht für Aufrechnung mit noch nicht fälligen Forderungen.[11]

Das Verfahren wird nicht vom Gericht durchgeführt, sondern vom Verwalter, der aber vom Gericht gestellt und überwacht wird (i. f. c). Das Gericht ist am Verfahren ferner dadurch beteiligt, daß es den Prüfungstermin abhält (§ 11) sowie den Schlußtermin und den Verteilungsvorschlag (durch Beschluß) bestätigt (§ 18 Abs. 1). Gegen die Beschlüsse des Gerichts steht dem Schuldner und den Betroffenen die sofortige Beschwerde zu (§ 20).

c) Der Verwalter. Stellung und Befugnisse

Der Verwalter wird vom Gericht im Eröffnungsbeschluß bestimmt. Es soll sich um eine geschäftskundige, vom Schuldner und von den Gläubigern unabhängige Person handeln (§ 5 Nr. 2 GesO). Die erste Gläubigerversammlung kann einen anderen Verwalter wählen, der dann anschließend vom Gericht zu bestellen ist (§ 15 Abs. 3). Der Verwalter hat die Aufgabe der Erfassung und Verwertung des Schuldnervermögens und der Verteilung des Erlöses an die Gläubiger. Er ist berechtigt und verpflichtet, das Schuldnervermögen (mit Ausnahme des nichtpfändbaren Vermögens gem. § 7 Abs. 2) unverzüglich in Besitz zu nehmen, zu verwalten und durch Verkauf oder in anderer Weise darüber zu verfügen, und zwar auch ohne Zustimmung der Gläubiger, wenn kein Gläubigerausschuß bestellt ist (§ 8 Abs. 2 i. V. m. § 15 Abs. 6). Der Verwalter kann auch ein ganzes Unternehmen veräußern; dabei ist § 613 a BGB zu beachten.[12] Seine Vermögensverwaltung unterliegt der Aufsicht des Gerichts, das ihn aus wichtigem Grund abberufen und einen anderen Verwalter einsetzen kann (§ 8 Abs. 3).

Der Verwalter kann Prozesse in bezug auf das Schuldnervermögen führen und bereits anhängige Prozesse, die gem. § 71 ZPO-DDR unterbrochen sind, aufnehmen. Der Verwalter hat bei nicht vollständig erfüllten Verträgen ein Wahlrecht, ob er die Erfüllung fordert oder

---

10) *Lübchen/Landfermann*, ZIP 1990, 829, 833.
11) *Lübchen/Landfermann*, ZIP 1990, 829, 833; *Schmidt-Räntsch*, DtZ 1990, 199, 201.
12) Dazu auch oben Kap. 5 V.

ablehnt (§ 9 Abs. 1). Arbeitsverträge mit dem Unternehmen des Schuldners kann er oder der Arbeitnehmer unter Einhaltung der gesetzlichen Frist kündigen (§ 9 Abs. 2).

Der Verwalter hat ein Anfechtungsrecht in bezug auf Rechtshandlungen des Schuldners, durch die Vermögensverfügungen zum Nachteil der Gläubiger vorgenommen worden sind. Die in § 10 Abs. 1 GesO knapp formulierten Anfechtungsgründe entsprechen im großen und ganzen der Regelung in den §§ 30 - 32 KO.[13] Gegenstände,[14] an denen Dritte ein Eigentums- oder Pfandrecht haben, sind vom Verwalter an den Berechtigten herauszugeben (§ 12).

Der Verwalter hat gem. § 13 Nr. 1 - 3 GesO aus den vorhandenen Mitteln mit Einwilligung des Gerichts die folgenden Ansprüche in folgender Reihenfolge vorab zu begleichen: (1) die Verwaltungskosten und die durch Erfüllung von Verträgen, die Geltendmachung von Rechten des Schuldners und die Ablösung von Pfandrechten entstehenden Ausgaben, (2) sodann die Gerichtskosten für das Verfahren und die Vergütung des Verwalters und der Mitglieder des Gläubigerausschusses und schließlich (3) die Lohn- und Gehaltsforderungen der im Unternehmen des Schuldners beschäftigten Arbeitnehmer für einen nicht länger als sechs Monate vor der Eröffnung der Gesamtvollstreckung zurückliegenden Zeitraum, "sowie für den Zeitraum, für den sie von ihrer Beschäftigung in Folge einer Kündigung durch den Verwalter freigestellt sind". Die Lohnansprüche der vom Verwalter freigestellten Arbeitnehmer rangieren also nach den Gerichtskosten und den Vergütungsansprüchen des Verwalters. Die Beitragsforderungen der Sozialversicherungsträger und der Arbeitsverwaltung sind den Lohnansprüchen der Arbeitnehmer gleichgestellt.[15]

d) Gläubigerversammlung und Gläubigerausschuß

§ 15 GesO sieht eine Gläubigerversammlung vor, die durch das Gericht einberufen wird. Sie kann aus dem Kreis der Gläubiger einen Gläubigerausschuß wählen (Abs. 2 Satz 1). Die Gläubigerversammlung

---

13) *Lübchen/Landfermann*, ZIP 1990, 829, 834 f.

14) Also auch Rechte. Die ursprüngliche Fassung der GesVO sprach nur von "Sachen"; dies wurde für die GesO korrigiert.

15) Anders noch die GesVO; dazu *Lübchen/Landfermann*, ZIP 1990, 829, 835.

wird unter Leitung des Gerichts durchgeführt. Beschlüsse werden mit einfacher Mehrheit der anwesenden Gläubiger gefaßt (Abs. 4). Die Beschlußfähigkeit ist nicht von einer Mindestanzahl anwesender Gläubiger abhängig gemacht. Ein bindender Beschluß setzt jedoch neben der einfachen Mehrheit der anwesenden Gläubiger voraus, daß diese mehr als die Hälfte der Summe der Forderungsbeträge dieser Gläubiger auf sich vereinen. Die Gläubigerversammlung beschließt über die Fortführung oder Schließung des Unternehmens des Schuldners und berät über den Abschluß eines Vergleichs (Abs. 5 Satz 1).

Der Gläubigerausschuß unterstützt den Verwalter bei seiner Geschäftsführung und überwacht ihn. Er kann vom Verwalter Bericht und Rechnungslegung verlangen und unmittelbare Kontrollen vornehmen. Wichtige Rechtsgeschäfte des Verwalters wie Kreditaufnahme oder Grundstücksgeschäfte bedürfen der Zustimmung des Gläubigerausschusses, sofern ein solcher bestellt ist (§ 15 Abs. 6).

e) Feststellung und Befriedigung der Gläubigerforderungen

Im Eröffnungsbeschluß, der öffentlich bekannt zu machen ist (§ 6 GesO), werden die Gläubiger aufgefordert, ihre Forderungen innerhalb einer festgelegten Frist beim Verwalter anzumelden (§ 5 Nr. 3). Der Verwalter legt zunächst ein Verzeichnis der ungeprüften Forderungsanmeldungen an (§ 11 Abs. 1). Danach ist ein Prüfungstermin abzuhalten und nicht bestrittene Forderungen werden in das Verzeichnis anerkannter Forderungen aufgenommen (§ 11 Abs. 2). Diese Aufnahme hat die Wirkung eines rechtskräftigen Titels, aus dem ggf. später vollstreckt werden kann (§ 18 Abs. 2). Bei unverschuldeter Versäumung der Anmeldefrist kann eine Forderung noch nachträglich in das Verzeichnis aufgenommen werden; nach Bestätigung des Verteilungsvorschlags ist eine Anmeldung nicht mehr möglich (§ 14 Abs. 1).

Nach Verwertung des gepfändeten Schuldnervermögens ist der Erlös der Verteilung zuzuführen (§ 17 Abs. 1). Der Verwalter macht dazu einen Verteilungsvorschlag (§ 17 Abs. 2), wobei er folgende Reihenfolge einzuhalten hat (Abs. 3):

1. Lohn- und Gehaltsforderungen für die Zeit bis zu 12 Monaten vor Eröffnung und gleichrangig[16] Forderungen aus einem vom Verwalter vereinbarten Sozialplan, sofern er drei Monatsverdienste der Arbeitnehmer und ein Drittel des Gesamterlöses nicht übersteigt;

2. Forderungen auf Zahlung von Unterhalt oder Familienaufwand für einen nicht länger als 12 Monate zurückliegenden Zeitraum;

3. Steuern und Abgaben aus dem letzten Jahr vor Eröffnung;

4. alle übrigen Forderungen.

f) Beschränkung der Nachforderungsrechte

Die Gläubiger können, wie gesagt, wegen der nicht befriedigten Teile ihrer Forderungen aus dem Verzeichnis der anerkannten Forderungen (aufgrund der Ausfertigung eines Auszugs) die Zwangsvollstrekkung gegen den Schuldner betreiben. Das Nachforderungsrecht ist jedoch im Interesse einer wirtschaftlichen Gesundung des Schuldners eingeschränkt und nur möglich, wenn der Schuldner "über ein angemessenes Einkommen hinaus zu neuem Vermögen gelangt" (§ 18 Abs. 2 Satz 3); anders wenn der Schuldner vor oder während des Verfahrens vorsätzlich oder grob fahrlässig zum Nachteil der Gläubiger gehandelt hat.

g) Interlokales und internationales Konkursrecht

Ein Konkursverfahren, das im alten Bundesgebiet über das Vermögen eines Gemeinschuldners nach der KO eröffnet wird (§§ 1, 238 Abs. 1 KO), erfaßt auch das im neuen Bundesgebiet belegene Vermögen des Gemeinschuldners gem. § 22 Abs. 4 GesO.[17] Umgekehrt erfaßt das Gesamtvollstreckungsverfahren im neuen Bundesgebiet auch das im alten Bundesgebiet, also im Geltungsbereich der KO, befindliche Vermögen des Schuldners.[18]

---

16) I. d. F. d. EinigungsV Anlage II Kap. III A Abschn. II Nr. 1 b kk, BGBl II 1990, 1154; vgl. *Horn*, RWS-Dok. 2 Nr. II.5.1, S. 3.

17) Fassung eingeführt durch EinigungsV Anlage II Kap. III A Abschn. II Nr. 1 b nn, BGBl II 1990, 1155; Text bei *Horn*, RWS-Dok. 2 Nr. II.5.1, S. 4.

18) EinigungsV Anlage II Kap. III A Abschn. II Nr. 1 Maßgabe d, BGBl II 1990, 1155 = *Horn*, RWS-Dok. 2 Nr. I.3.2, S. 3.

Ein ausländisches Gesamtvollstreckungs- oder Konkursverfahren erfaßt auch das inländische Vermögen des Schuldners, es sei denn das Gericht war unzuständig oder Grundprinzipien des inländischen Rechts (ordre public) sind verletzt (§ 22 Abs. 1 GesO). Auch bei Anerkennung eines ausländischen Verfahrens bleibt die gegenständlich beschränkte Gesamtvollstreckung in das Inlandvermögen zulässig (§ 22 Abs. 2 GesO).

3. Vergleich

Ein Vergleich war im Insolvenzrecht der DDR bisher nicht vorgesehen und ist erstmals durch die GesVO als Teil eines einheitlichen Verfahrens eingeführt worden. Der Vergleich kann nur auf Antrag des Schuldners zustande kommen (§ 16 Abs. 1) und der Vergleichsvorschlag (Abs. 3) muß daher von ihm ausgehen. Der Vorschlag muß angeben, in welcher Weise die Befriedigung der Gläubiger erfolgen und in welcher Art ihre Sicherstellung bewirkt werden soll. Die vorab zu befriedigenden und die bevorrechtigten Gläubiger müssen dabei voll befriedigt werden; allen anderen Gläubigern sind gleiche Rechte zu gewähren (§ 16 Abs. 3).

Der Vergleich ist nach dem Prüfungstermin und vor der Genehmigung der Schlußverteilung abzuschließen (§ 16 Abs. 2). Zur Abstimmung der Gläubiger über den Vergleichsvorschlag ist ein Vergleichstermin vom Gericht durchzuführen. Die Annahme erfordert einfache Stimmenmehrheit der anwesenden Gläubiger und eine Dreiviertelmehrheit der Forderungsbeträge dieser Gläubiger. Stimmberechtigt sind nur die nicht bevorrechtigten Gläubiger (§ 16 Abs. 4). Der Vergleich bedarf der Bestätigung durch Beschluß des Gerichts (Abs. 5). Aus dem rechtskräftigen Vergleich findet die Vollstreckung statt (Abs. 6 Satz 1).

4. Unterbrechung und Sanierungsversuch (GUG)

Durch das GesamtvollstreckungsunterbrechungsG (GUG) wird die Möglichkeit eröffnet, das Gesamtvollstreckungsverfahren im Interesse eines Sanierungsversuchs zu unterbrechen.[19] Erforderlich ist ein An-

---

19) Zur 2. GesVO, auf der das GUG aufbaut, vgl. auch *Schmidt-Räntsch*, ZIP 1990, 1045.

trag eines Garantiegebers an das zuständige Gericht (§ 3 Abs. 1 GUG). Garantiegeber können die Treuhandanstalt, Banken und andere natürliche und juristische Personen sein, die die Gewähr dafür bieten, daß sie die von ihnen übernommenen Verpflichtungen erfüllen können (§ 3 Abs. 2). Der Antrag soll nur gestellt werden, wenn die Sanierung der insolventen Gesellschaft aussichtsreich erscheint (§ 3 Abs. 4).

Das Gericht entscheidet über die Unterbrechung durch unanfechtbaren Beschluß (§ 3 Abs. 1 GUG). Die Unterbrechung hemmt die Verjährung in gleicher Weise wie die Anmeldung der Forderungen im Gesamtvollstreckungsverfahren (§ 7 Abs. 2). Das Gericht ordnet eine vorläufige Einstellung von Vollstreckungsmaßnahmen i. S. d. § 2 Abs. 2 GesO an (§ 9 Abs. 1 Satz 2 GUG). Es kann ferner Verfügungsbefugnisse an einen vorläufigen Verwalter übertragen, wenn die Verfügung durch den Schuldner bzw. seine Organe die Gesamtvollstrekkung gefährden würde (§ 9 Abs. 1 Satz 3 GUG).

Die Unterbrechung kann nur für einen Zeitraum von 3 Monaten beantragt und beschlossen werden. Eine Verlängerung um weitere 3 Monate ist auf Antrag des Garantiegebers möglich, setzt aber die Beifügung eines Sanierungskonzepts voraus (§ 6 Abs. 1 GUG). Die Unterbrechung endet aber spätestens mit Ablauf des 30. 6. 1991 (§ 3 Abs. 3 Satz 1 GUG). Das Gesetz zeigt mit dieser starren Befristung, daß es nur eine vorübergehende Abweichung vom normalen Insolvenzverfahren eröffnen will. Um mehr Zeit für die Prüfung der Sanierungsfähigkeit insolventer Unternehmen zu gewinnen, soll die Geltung des GUG verlängert werden; dies sieht ein Gesetzentwurf der Bundesregierung vom Januar 1991 vor.

Während der Unterbrechung ist der Garantiegeber verpflichtet, die während dieser Zeit entstehenden Forderungen gegen den Schuldner aus bestehenden oder neu eingegangenen Verträgen zu garantieren. Er ist gleichzeitig berechtigt, die dem Schuldner gegen die Forderungen zustehenden Einwände geltend zu machen (§ 7 Abs. 1 Satz 1 und 2 GUG). Für die Erfüllung der Forderungen des Schuldners hat er einen Ersatzanspruch gegen diesen, den er ggf. aber nur in einem anschließenden Gesamtvollstreckungsverfahren geltend machen kann.

Der Garantiegeber kann jederzeit die Aufhebung der Unterbrechung beantragen (§ 8 GUG). Ein Gläubiger, der Antrag auf Eröffnung der

Gesamtvollstreckung gestellt hatte, kann gegen den Unterbrechungsbeschluß keine Beschwerde einlegen. Wohl aber kann er gegen die Verlängerung der Unterbrechung dieses Rechtsmittel einlegen mit der Begründung, daß das Sanierungskonzept offensichtlich nicht realisierbar sei (§ 6 Abs. 3 GUG).

IV. Notariat

Rechtsquellen:

- VO über die Tätigkeit von Notaren in eigener Praxis (NotarVO) v. 20. 6. 1990, GBl I Nr. 37 S. 475 = *Horn*, RWS-Dok. 1 Nr. 7.12, i. d. F. v. 22. 8. 1990, GBl I Nr. 57 S. 1332; Fortgeltung unter Änderung u. a. des § 2 nach Maßgabe des EinigungsV Anlage II Kap. III A Abschn. III Nr. 2, BGBl II 1990, 1156, = *Horn*, RWS-Dok. 2 Nr. II.6.2; nicht in Ost-Berlin gem. EinigungsV Anlage II Kap. III A Abschn. IV Nr. 1 b, BGBl II 1990, 1157 = *Horn*, RWS-Dok. 2 Nr. I.3.2, S. 5;
- Durchführungsbestimmung zur NotarVO v. 9. 8. 1990, GBl I Nr. 54 S. 1152; Fortgeltung gem. EinigungsV Anlage II Kap. III A Abschn. I Nr. 1, BGBl II 1990, 1153 = *Horn*, RWS-Dok. 2 Nr. I.3.2; nicht in Ost-Berlin gem. EinigungsV Anlage II Kap. III A Abschn. IV Nr. 1 c;
- VO über die Dienstordnung der Notare (DONot) v. 22. 8. 1990, GBl I Nr. 57 S. 1328; Fortgeltung gem. EinigungsV Anlage II Kap. III A Abschn. I Nr. 2, BGBl II 1990, 1153 = *Horn*, RWS-Dok. 2 Nr. I.3.2; nicht in Ost-Berlin gem. EinigungsV Anlage II Kap. III A Abschn. IV Nr. 1 d;
- Bundesnotarordnung (BNotO) v. 24. 2. 1961, BGBl III 303-1; Ausdehnung nur auf Berlin-Ost;
- G über das Staatliche Notariat v. 5. 2. 1976 (NotariatsG), GBl I S. 93 = *Horn*, RWS-Dok. 1 Nr. 7.11; bis 2. 10. 1990;
- BeurkundungsG v. 28. 8. 1969, BGBl III 303-13, gem. Art. 8 EinigungsV, BGBl II 1990, 892 = *Horn*, RWS-Dok. 2 Nr. I.1.3, S. 4;
- KostO i. d. F. v. 26. 7. 1957, BGBl III 361-1, nach Maßgabe d. EinigungsV Anlage I Kap. III A Abschn. III Nr. 20, BGBl II 1990, 935 = *Horn*, RWS-Dok. 2 Nr. I.2.2, SW. 15.

1. Die neue Rechtslage im Überblick

Im neuen Bundesgebiet gilt seit 3. 10. 1990 das BeurkundungsG. Die KostO gilt mit der Maßgabe des EinigungsV, daß sich die Gebühren für Kostenschuldner, die ihren Wohnsitz oder Sitz im neuen Bundesgebiet haben, um 20 v. H. ermäßigt. Die BNotO ist grundsätzlich nicht auf das neue Bundesgebiet erstreckt worden[1] mit Ausnahme Ost-Berlins, so daß sie im ganzen Land Berlin gilt.[2] In den übrigen neuen Bundesländern gilt dagegen die NotarVO der DDR vom 20. 6. 1990 nach Maßgabe des EinigungsV weiter.

---

1) EinigungsV Anlage I Kap. III A Abschn. I Nr. 8, BGBl II 1990, 929 = *Horn*, RWS-Dok. 2 Nr. I.2.2, S. 9.

2) EinigungsV Anlage I Kap. III A Abschn. IV Nr. 1 b, BGBl II 1990, 938 = *Horn*, RWS-Dok. 2 Nr. I.2.2, S. 18.

In Ost-Berlin werden nur Rechtsanwälte zu Notaren bestellt.[3] In den übrigen neuen Bundesländern soll dagegen gem. § 3 Abs. 1 NotarVO der Grundsatz des Nur-Notariats gelten. Dieser Sieg des Nur-Notariats über das Anwaltsnotariat im neuen Bundesgebiet, dem eine heftige standespolitische Kontroverse vorausging,[4] wurde aber wieder dadurch in Frage gestellt, daß das neue Rechtsanwaltsgesetz v. 13. 9. 1990 (unten V) in § 2 Abs. 3 generell die Möglichkeit der Bestellung von Rechtsanwälten "zur gleichzeitigen Amtsausübung als Notar" eröffnet, "sofern ein Gesetz dies vorsieht".

2. Die Notarverordnung

Die NotarVO regelt das Notariat in Übereinstimmung mit Grundauffassungen des Bundesrechts. Der Notar ist danach unabhängiges Organ der Rechtspflege mit staatlichen Funktionen und unparteiischer Betreuer der Rechtssuchenden (§ 2 Abs. 1). Die Notare sind zuständig, Beurkundungen jeder Art vorzunehmen und im ganzen die Aufgaben wahrzunehmen, die auch in der BNotO vorgesehen sind (§ 2 Abs. 2 - 5); im übrigen wird auf die Aufgaben gemäß §§ 21 - 24 BNotO ausdrücklich Bezug genommen (§ 2 Abs. 6).[5]

Der Notar wird gem. § 3 Abs. 1 NotarVO zur hauptberuflichen Amtsausübung bestellt. Man kann daran denken, daß der Begriff "hauptberuflich" noch nicht ohne weiteres eine gleichzeitige Anwaltstätigkeit ausschließt. Ein solcher Ausschluß war aber offenbar gemeint. Denn es fehlte eine allgemeine Regelung über das Anwaltsnotariat wie in § 3 Abs. 2 BNotO. Statt dessen wurde das Anwaltsnotariat nur für Berlin in § 3 Abs. 3 NotarVO ausdrücklich angeordnet. Schon bei weiter Auslegung des Begriffs "hauptberuflich", die m. E. nach dem Wortlaut des §3 NotarVO und wegen der Wertung des §2 Abs. 3 RechtsanwaltsG zulässig ist, kann man gleichwohl auch Rechtsanwälte (neben Nur-Notaren) gem. § 3 NotarVO zulassen.[6] Für Nur-Notare ist auch die Bürogemeinschaft mit einem Rechtsanwalt unzulässig (§ 9 Abs. 2

3) EinigungsV Anlage I Kap. III A Abschn. IV Nr. 1 b, BGBl II 1990, 938 = *Horn*, RWS-Dok. 2 Nr. I.2.2, S. 18; NotarVO § 3 Abs. 3.

4) Vgl. Resolution des Deutschen Anwaltsvereins v. 29. 8. 1990, AnwBl 1990, 502 f.

5) § 2 ist durch EinigungsV Anlage II Kap. III A Abschn. III Nr. 2, BGBl II 1990, 1156 = *Horn*, RWS-Dok. 2 Nr. I.3.2, S. 4, neu gefaßt.

6) Anders die h. M. zu § 3 BNotO; vgl. *Arndt*, BNotO, §3 I; *Seybold/Hornig*, BNotO, §3 Rz. 6 ff.

NotarVO); dies entspricht der Regelung der BNotO für Nur-Notare (§ 9).

Die Bestellung erfolgt durch den Landesjustizminister nach Anhörung des Präsidenten des Bezirksgerichts und der Notarkammer gem. § 6 Abs. 1; die Vorschrift spricht allerdings noch vom DDR-Justizminister. Von besonderer Bedeutung sind die Vorschriften über die Qualifikation. Der Notar muß ein rechtswissenschaftliches Studium an einer Universität oder Hochschule mit dem Staatsexamen abgeschlossen und einen zweijährigen Vorbereitungsdienst mit Staatsprüfung absolviert oder die Befähigung zum Richteramt nach dem Deutschen Richtergesetz erlangt haben, nach seiner Persönlichkeit und seiner Leistung für das Amt eines Notars geeignet sein und über die räumlichen oder sonstigen materiellen Bedingungen verfügen, die für die Ausübung der Amtstätigkeit erforderlich sind (§ 4 b - d). Auf den Vorbereitungsdienst mit der Staatsprüfung wird verzichtet, wenn der Bewerber als Notar in einem staatlichen Notariat tätig war (§ 5 Abs. 1) oder wenn er die übrigen Voraussetzungen nach § 4 erfüllt, zehn Jahre als Jurist gearbeitet hat und notarspezifische Kenntnisse nachweist (§ 5 Abs. 1 und Abs. 2 Satz 1). Schließlich findet sich noch die Bestimmung, daß Bewerber ab Vollendung des sechzigsten Lebensjahres nicht mehr erstmals zu Notaren bestellt werden können (§ 5 Abs. 2 Satz 2). Da auch zugelassen werden kann, wer die Befähigung zum Richteramt nach dem Deutschen Richtergesetz erlangt hat (§ 4 b NotarVO), steht auch Juristen aus dem alten Bundesgebiet das Notariat in den neuen Bundesländern offen.

3. Früheres Notariatswesen der DDR

In der DDR bestanden früher staatliche Notariate, die 1952 eingerichtet wurden[7] und deren Tätigkeit durch das NotariatsG von 1976 geregelt war. Das Staatliche Notariat war zuständig für das Beurkundungs- und Beglaubigungswesen, Hinterlegungen und Verwahrungen, Testaments- und Nachlaßangelegenheiten, Vormundschafts- und Pflegschaftssachen für Volljährige sowie für die Ersetzung zerstörter oder abhanden gekommener Urkunden. Die Notare wurden vom Minister der Justiz berufen und abberufen. Sie arbeiteten grundsätzlich als Kol-

7) VO über die Errichtung und Tätigkeit des staatlichen Notariats v. 15. 10. 1952, GBl I S. 1055.

legien. Ausnahmsweise waren einzelne Notare tätig. Das Notariat war entsprechend den sozialistischen Rechtsvorstellungen (oben I) fest in die politische Instrumentalisierung der Rechtspflege eingebunden. Kontroll- und Anleitungsorgan des Staatlichen Notariats war das örtlich zuständige Bezirksgericht. Die Notare waren auf die sozialistische Gesetzlichkeit verpflichtet.

Die Umgestaltung mußte wie in anderen Bereichen der Rechtspflege das Ziel der Sicherung der Unabhängigkeit und Unparteilichkeit des Notariats haben.[8] Zu diesem Zweck wurde die VO über die Tätigkeit von Notaren in eigener Praxis vom 20. 6. 1990 (NotarVO) erlassen.

4. Rechtspolitische Probleme

Die Umstellung des Wirtschaftslebens in der DDR erfordert in großem Umfang die Tätigkeit von Notaren. Die Versorgung mit Notarleistungen erscheint derzeit nicht gesichert. Ein gewisses, obgleich überwindbares Problem stellt die Qualifikation dar. Zwar sollte der Notar nach § 6 NotarG die erforderlichen fachlichen Kenntnisse an einer dafür vorgesehenen juristischen Ausbildungsstätte erworben haben, und § 4 der VO vom 20. 6. 1990 fordert ein rechtswissenschaftliches Studium mit Examensabschluß und einen zweijährigen Vorbereitungsdienst. Aber immerhin stellen die völlig gewandelten Rechtsgrundlagen und Geschäftsarten des Wirtschaftsverkehrs der Marktwirtschaft ganz ungewohnte Anforderungen. Das größere praktische Problem liegt darin, daß die derzeit in der DDR tätigen Notare schon wegen ihrer geringen Zahl völlig überlastet sind. Ihnen fehlt auch meist eine moderne Büroeinrichtung. Westliche Juristen, die sich in den neuen Bundesländern niederlassen, können Fachkenntnisse und moderne Einrichtungen noch am raschesten anbieten. Die Zulassung von Rechtsanwaltsnotaren könnte helfen, die Lage zu entspannen.

---

8) So der StaatsV Anlage III Abschn. II Nr. 21 h, BGBl II 1990, 556.

V. Rechtsanwälte

Rechtsquellen ab 3. 10. 1990:

- RechtsanwaltsG v. 13. 9. 1990, GBl I Nr. 61 S. 1504; in Kraft seit 15. 9. 1990; Fortgeltung gem. EinigungsV Anlage II Kap. III A Abschn. III Nr. 1, BGBl II 1990, 1156 = *Horn*, RWS-Dok. 2 Nr. II.6.1 nach Maßgabe der Durchführungsvereinbarung z. EinigungsV v. 18. 9. 1990 Art. 4 Nr. 11, BGBl II 1990, 1244 = *Horn*, RWS-Dok. 2 Nr. I.1.6, S. 6;
- BundesrechtsanwaltsO (BRAO), BGBl III 303-8, zuletzt geänd. d. Art. 3 G v. 6. 7. 1990, BGBl I, 1349; Erstreckung auf Berlin-Ost durch EinigungsV Anlage I Kap. III A Abschn. IV Nr. 1, BGBl II 1990, 338 = *Horn*, Dok. 2 Nr. I.2.2, S. 18; ab 3. 10. 1990;
- BundesgebührenO für Rechtsanwälte (BRAGO), BGBl III 368-1, zuletzt geänd. d. Art. 1 G v. 20. 8. 1990, BGBl I, 1765, nach Maßgabe d. EinigungsV Anlage I Kap. III A Abschn. III Nr. 26, BGBl II 1990, 936 = *Horn*, RWS-Dok. 2 Nr. I.2.2, S. 16.

Rechtsquellen vor dem 3. 10. 1990:

- G über die Kollegien der Rechtsanwälte der DDR v. 17. 12. 1980, GBl I 1981 S. 1; bis 15. 9. 1990;
- Musterstatut der Kollegien der Rechtsanwälte - Beschluß des Ministerrats v. 17. 12. 1980, GBl I 1981 S. 4; bis 15. 9. 1990;
- Statut des Rechtsanwaltsbüros für internationale Zivilrechtsvertretungen - Anordnung v. 18. 12. 1980, GBl I 1981 S. 7; bis 15. 9. 1990;
- Rechtsanwaltsgebührenordnung (RAGO) v. 1. 2. 1982, GBl I S. 183;
- VO über die Tätigkeit und Zulassung von Rechtsanwälten mit eigener Praxis v. 22. 2. 1990, GBl I Nr. 17 S. 147 = NJW 1990, 1587 (ersetzt eine Anordnung v. 18. 12. 1980, GBl I S. 10); bis 15. 9. 1990;
- VO über die Justitiare in der DDR v. 15. 3. 1990, GBl I Nr. 18 S. 171; bis 15. 9. 1990;
- 1. Durchführungsbestimmung zur Justitiar-Verordnung der DDR (Zulassung von Justitiaren mit eigener Praxis) v. 18. 4. 1990, GBl I Nr. 25 S. 239; bis 15. 9. 1990;
- 2. Durchführungsbestimmung zur JustitiarVO der DDR (Justitiargebührenordnung) v. 18. 4. 1990, GBl I Nr. 25 S. 240;
- Anordnung über Büros außerhalb der DDR zugelassener Rechtsanwälte v. 17. 4. 1990, GBl I Nr. 25 S. 241;
- Anordnung über die Tätigkeit in der Bundesrepublik Deutschland zugelassener Patentanwälte in der DDR v. 7. 6. 1990, GBl I Nr. 41 S. 625;
- Anordnung über die Tätigkeit in der Bundesrepublik Deutschland zugelassener Rechtsanwälte in der DDR v. 7. 6. 1990, GBl I Nr. 42 S. 664 = *Horn*, RWS-Dok. 1 Nr. 7.14;

- Anordnung über die Änderung der Anordnung über die Gebühren für die Tätigkeit der Rechtsanwälte (RAGO) v. 14. 6. 1990, GBl I Nr. 42 S. 666;
- G über die Aufnahme einer gewerblichen Tätigkeit oder eines freien Berufes durch Personen ohne Wohnsitz, Sitz oder Niederlassung in der DDR (NiederlassungsG) v. 28. 6. 1990, GBl I Nr. 38 S. 485 = *Horn*, RWS-Dok. 1 Nr. 4.13.

1. Die neue Rechtslage

a) Überblick

Im neuen Bundesgebiet mit Ausnahme Ost-Berlins gilt das RechtsanwaltsG der DDR v. 13. 9. 1990 nach Maßgaben des EinigungsV fort.[1] Die BRAO wurde nicht übernommen.[2] Sie wurde vielmehr nur in Ost-Berlin eingeführt, so daß sie wenigstens im ganzen Land Berlin jetzt einheitlich gilt.[3] Im Rechtsanwaltsrecht bleibt es also wie im Notarrecht (oben IV) bei einem uneinheitlichen Rechtszustand. Die gespaltene Rechtslage erklärt sich zum guten Teil aus den Unterschieden in Herkunft und Werdegang der DDR-Juristen und dem Bestreben, diese von der künftigen Rechtspflege im neuen Bundesgebiet nicht pauschal auszuschließen. Eine wesentliche Annäherung an die Rechtseinheit ist allerdings dadurch erreicht, daß das RechtsanwaltsG in den wesentlichen Grundsätzen, im Aufbau und in vielen Einzelregelungen mit der BRAO übereinstimmmt. Im Gebührenrecht ist Rechtseinheit erreicht. Es gelten die Gebühren der BRAGO nach der Maßgabe des EinigungsV, daß im neuen Bundesgebiet eine Gebührenermäßigung von 20 v. H. gilt. Maßgeblich dafür ist entweder der Sitz der Kanzlei im neuen Bundesgebiet oder, sofern eine Rechtssache vor einem dortigen Gericht zu betreiben ist, der Sitz der Partei im neuen Bundesgebiet.

b) Das Rechtsanwaltsgesetz

Das RechtsanwaltsG wurde im September 1990 als eines der letzten Gesetze der DDR erlassen. Der Rechtsanwalt ist danach ein unabhängiges Organ der Rechtspflege (§ 1). Er übt einen freien Beruf aus, der

---

1) EinigungsV Anlage II Kap. III A Abschn. III Nr. 1, BGBl II 1990, 1156 = *Horn*, RWS-Dok. 2 Nr. I.3.2, S. 4.

2) EinigungsV Anlage I Kap. III A Abschn. I Nr. 7, BGBl II 1990, 921 = *Horn*, RWS-Dok. 2 Nr. I.2.2, S. 1.

3) EinigungsV Anlage I Kap. III A Abschn. IV Nr. 1, BGBl II 1990, 938 = *Horn*, RWS-Dok. 2 Nr. I.2.2, S. 18.

kein Gewerbe ist (§ 2 Abs. 1 und 2). Er kann zur gleichzeitigen Amtsausübung zum Notar bestellt werden, sofern ein Gesetz dies vorsieht (§ 2 Abs. 3). Diese Brücke zum Anwaltsnotariat wird, wie (oben IV) erörtert, von der NotarVO im neuen Bundesgebiet außerhalb Ost-Berlins nicht genutzt, aber wohl auch nicht ausgeschlossen.

Als Rechtsanwalt wird nach dem RechtsanwaltsG nur zugelassen, wer "ein umfassendes juristisches Hochschulstudium in der DDR absolviert und mit dem akademischen Grad eines Diplom-Juristen abgeschlossen hat" und über mindestens zwei Jahre juristische Berufspraxis verfügt (§ 4 Abs. 1) oder wem die Lehrbefähigung für Recht an einer Hochschule oder Universität der DDR verliehen wurde (§ 4 Abs. 2). Damit bleibt den DDR-Juristen der Rechtsanwaltsberuf offen, auch wenn naturgemäß die dort im Beruf stehenden Juristen die nach § 4 BRAO vorausgesetzte Qualifikation, die Befähigung zum Richteramt nach dem Deutschen Richtergesetz, nicht aufweisen.

Nach dem EinigungsV kann allerdings auch als Rechtsanwalt im neuen Bundesgebiet zugelassen werden, wer die letztgenannte Qualifikation aufweist, also ein westlicher Jurist.[4] Ferner kann danach zugelassen werden, wer die Eignungsprüfung nach dem Gesetz über die Eignungsprüfung für die Zulassung zur Rechtsanwaltschaft vom 6. Juli 1990 (BGBl I, 1349) bestanden hat. Dieses Gesetz setzt die Verpflichtung aus der Richtlinie des Rates der EG vom 21. 12. 1988 über eine allgemeine Regelung der Anerkennung der Hochschuldiplome zum Zugang zur Rechtsanwaltschaft um; den Absolventen der europäischen Eignungsprüfung wird also die anwaltliche Tätigkeit auch im neuen Bundesgebiet eröffnet.

Die Regelung überörtlicher Sozietäten durch das RechtsanwaltsG (§ 39 Abs. 4) ist im EinigungsV nicht aufrechterhalten (Anlage II Kap. III A Abschn. III Nr. 1 Maßgabe f); man wollte dadurch vermeiden, daß die Reformdiskussion um das anwaltliche Berufsrecht durch eine derartige Regelung präjudiziert wird.[5] Im übrigen sieht der EinigungsV eine Anpassung des RechtsanwaltsG an das übrige Bundesrecht vor. So ist künftig der Senat für Anwaltssachen des BGH an Stel-

---

4) EinigungsV Anlage II Kap. III A Abschn. III Nr. 1 Maßgabe e, BGBl II 1990, 1156 = *Horn*, RWS-Dok. 2 Nr. I.3.2, S. 4.

5) Erläut. zu EinigungsV Anlage II Kap. III A Abschn. III Nr. 1, S. 61 = *Horn*, RWS-Dok. 2 Nr. I.3.2, S. 7.

le des entsprechenden Senats beim weggefallenen OG der DDR zuständig (Maßgabe a); statt des GNV der DDR gilt das FGG (b). Die Rechtsanwaltskammern der ehemaligen DDR gehören der Bundesrechtsanwaltskammer an (c).

2. Früheres Recht und Übergangszeit

a) Die Rechtsanwaltschaft in der alten DDR

In der DDR waren Ende 1989 rund 600 Anwälte tätig. Sie waren zu 95 % in Kollegien organisiert.[6] Der Rechtsberatungsbedarf in der DDR war gemäß den dortigen Lebensverhältnissen weitaus geringer, insbesondere im allgemeinen Zivil- und Wirtschaftsrecht, zumal kein Anwaltszwang bestand. Hinzu kamen die (oben I 3 b) erörterten Lükken im gerichtlichen Rechtsschutz. Eine anwaltliche Beratung von Behörden und Unternehmen sollte nur ausnahmsweise stattfinden. Im Bereich des Wirtschaftsrechts lag das Tätigkeitsfeld der besonderen Berufsgruppe der Justitiare (dazu i. f. c). Es gab ein besonderes Rechtsanwaltsbüro für internationale Zivilrechtsvertretung.[7] Die anwaltliche Tätigkeit war durch das Gesetz über die Kollegien der Rechtsanwälte der DDR von 1980 (GKRA) geregelt. Das Verhältnis zum Mandanten war ein Dienstleistungsvertrag i. S. d. §§ 197 ff ZGB. Die Gebühren bestimmten sich nach der RechtsanwaltsgebührenO (RAGO).

Die Ausbildung umfaßte wie bei den Richtern, Staatsanwälten und Notaren eine (spezialisierte) vierjährige Universitätsausbildung mit Examensabschluß und eine anschließende einjährige Assistentenzeit in den Zweigstellen des Anwaltskollgegiums mit abschließender schriftlicher Prüfungsarbeit.[8] Eine Kenntnis des westlichen Zivil-, Handels-, Gesellschafts- und Wirtschaftsrechts war nicht Gegenstand der Ausbildung und kann nicht vorausgesetzt werden,[9] sofern nicht eine Zusatzausbildung in jüngster Zeit Abhilfe geschaffen hat. Der BGH hat es

---

6) Vgl. Musterstatut der Kollegien, Beschluß des Ministerrats v. 17. 12. 1980, GBl I 1981 S. 4; *Wolff*, zur aktuellen Situation der Rechtsanwälte in der DDR, DtZ 1990, 113; *Lange*, AnwBl 1990, 57, 62.

7) Anordnung v. 18. 12. 1980, GBl I 1981 S. 7.

8) *Dörig*, Anerkennung juristischer Abschlüsse aus der DDR, NJW 1990, 889.

9) *Maiwald*, Zum Standesrecht der Anwaltschaft der DDR als Teil der deutschen und europäischen Anwaltschaft, DTZ 1990, 68, 71.

abgelehnt, die Ausbildung von DDR-Anwälten als gleichwertig mit der volljuristischen Ausbildung der Bundesrepublik anzuerkennen.[10] Die Anwaltschaft war nicht unabhängiges Organ der Rechtspflege, sondern litt ebenfalls an den (oben I) erörterten allgemeinen Mängeln rechtsstaatlicher Verhältnisse in der Rechtspflege der DDR.[11]

b) Die Neugestaltung in der Übergangszeit

Durch die VO über die Zulassung von Rechtsanwälten mit eigener Praxis vom Februar 1990 wurde die grundsätzliche Einbindung der Rechtsanwälte in Anwaltskollegien gelockert, und es wurde erstmals in der DDR der freie Zugang zur Anwaltschaft ohne Bedarfsprüfung als Rechtsanspruch für jeden Inhaber des juristischen Staatsexamens anerkannt, ohne daß die früher erforderliche einjährige Ausbildung als Rechtsanwaltsassistent gefordert wurde. Es setzte ein starker Zulauf zur Anwaltschaft ein, wobei auch die geringen Qualifikationsanforderungen der VO nicht eingehalten wurden.[12] Die bestehenden Kollegien lösten sich in Einzelpraxen oder Sozietäten auf.[13] Es haben sich örtliche Anwaltsvereine gebildet und Anwaltskammern wurden gegründet.[14] Der StaatsV sah als Regelungsziele auf dem Gebiet der Rechtsberatung vor:[15]

> freier Zugang zum Beruf des Rechtsanwalts und gerichtliche Überprüfung der Zulassung und deren Entziehung; uneingeschränkte Beratungs- und Vertretungsbefugnis der Rechtsanwälte in allen Rechtsangelegenheiten.

c) Justitiare

Die rechtliche Betreuung der früheren sozialistischen Wirtschaftseinheiten erfolgte durch die besondere Berufsgruppe der Justitiare aufgrund einer JustitiarVO von 1976. In der DDR waren rund 4.000 Justitiare tätig. Ihr Aufgabenfeld war auf vertragsrechtliche Fragen der Unternehmen im Rahmen der Planwirtschaft nach dem VG von 1982 aus

---

10) BGH NJW 1990, 910; dazu *Dörig*, NJW 1990, 889.
11) Krit. *Lange*, AnwBl 1990, 57 ff; einschränkend *Maiwald*, DtZ 1990, 68.
12) *Wolff*, DtZ 1990, 113.
13) *Wolff*, DtZ 1990, 113, 114.
14) Vgl. auch *Treffkorn*, DtZ 1990, 72, *Wolff*, DtZ 1990, 113, 115; zur Entwicklung des Standesrechts vgl. auch *Maiwald*, DtZ 1990, 68.
15) StaatsV Anlage III Abschn. II Nr. 21 h; BGBl II 1990, 556.

gerichtet und unterschied sich damit vollständig von dem eines westlichen Wirtschaftsjuristen.[16] Ihre fachliche Qualifikation beruhte auf einer spezialisierten Universitätsausbildung mit Diplomabschluß.[17] In der Praxis ging es häufig nur um die Abwehr der Auferlegung von Strafen durch die Vertragsgerichte wegen Nichterfüllung der Planvorgaben durch die Unternehmen. In der Praxis bestimmter, z. B. exportorientierter Unternehmen mögen die Anforderungen höher gewesen sein.

Die JustitiarVO vom 15. 3. 1990 mit ihren DVOen wies den Justitiaren als Tätigkeitsfeld die rechtliche Beratung von Unternehmen zu, und zwar entweder für ein bestimmtes Unternehmen aufgrund Arbeitsvertrags (§ 4) oder freiberuflich mit eigener Praxis (§ 5), wobei Gebühren nach der RAGO erhoben werden durften. Zusammenschlüsse von Justitiaren mit Rechtsanwälten waren nach offiziöser Verlautbarung erlaubt.[18]

d) Gegenseitige Zulassung in der Übergangszeit

aa) DDR

Für die Tätigkeit bundesdeutscher Anwälte in der DDR in der Übergangszeit hatte zunächst das Justizministerium der DDR Einzelgenehmigungen erteilt, sodann Genehmigungen aufgrund einer allgemeinen Regelung in einer Anordnung vom 17. 4. 1990.[19] Die Anordnung betraf die Eröffnung eines Büros in der DDR "als Zweitbüro" in Sozietät mit einem DDR-Anwalt und war an einschränkende Voraussetzungen gebunden (§ 2). Die Genehmigung berechtigte zur Rechtsberatung zum Recht des Heimatlandes und zum internationalen Recht (§ 3). Der StaatsV sah eine weitgehende Gleichstellung bundesrepublikanischer Rechtsanwälte mit DDR-Rechtsanwälten in der DDR vor.[20] Die DDR erließ dazu schon am 7. 6. 1990 eine Anordnung über die Tätigkeit in der Bundesrepublik zugelassener Rechtsanwälte in der DDR. Die Anordnung regelte die Dienstleistungsfreiheit (§ 2) und die

16) Krit. *Wassermann*, ZRP 1990, 259, 264.
17) *Hannemann/Haring*, DtZ 1990, 73.
18) *Hannemann/Haring*, DtZ 1990, 73, 74.
19) Anordnung über Büros außerhalb der DDR zugelassener Rechtsanwälte v. 17. 4. 1990, GBl I S. 241; dazu *Treffkorn*, DtZ 1990, 72; *ders.*, NJW 1990, 2116.
20) StaatsV Anlage III Abschn. II Nr. 21 h, BGBl II 1990, 556.

Niederlassungsfreiheit (§ 3) in der DDR für Rechtsanwälte, die in der Bundesrepublik zugelassen waren. Die Niederlassungsfreiheit wurde in allgemeiner Form für die Ausübung freier Berufe in § 1 Abs. 2 NiederlassungsG vom 28. 6. 1990 bestätigt. Der Umfang der Berechtigung zur Rechtsbesorgung der in der DDR niedergelassenen Anwälte aus der Bundesrepublik erstreckte sich auf Beratung zum Recht der Bundesrepublik, zum EG-Recht und zum DDR-Recht, soweit es mit dem der Bundesrepublik übereinstimmte (§ 4).

bb) Bundesrepublik

Die Bundesrepublik hatte bereits in Art. 21 des Gesetzes zum StaatsV die Erleichterung der Tätigkeit von Rechtsanwälten und Patentanwälten aus der DDR in der Bundesrepublik vorgesehen, soweit es sich um eine rechtsberatende Tätigkeit zum DDR-Recht im grenzüberschreitenden Verkehr handelte. Die Dienstleistungs- und Niederlassungsfreiheit der DDR-Rechtsanwälte in der Bundesrepublik für Rechtsberatung zum DDR-Recht war durch VO des Bundesjustizministers zu regeln.

3. Probleme der Rechtsberatung im neuen Bundesgebiet

Schon als es in der Übergangszeit um die Anerkennung der anwaltlichen Tätigkeit von DDR-Juristen in der Bundesrepublik ging, wurde kritisch auf deren geringeren Ausbildungsstand und die geringere berufliche Erfahrung hingewiesen. Dies mag im besonderen Maß auf Justitiare zutreffen, die meist nur einen schmalen und eher bürokratisch-verwaltungsmäßigen Arbeitsbereich hatten. Allgemein bestand für die DDR-Juristen sowohl das Erfordernis der Umgewöhnung in rechtsstaatliche Denkweisen und Verhältnisse als auch die Schwierigkeit, mit einem zunächst unbekannten, hochkomplexen Recht und einer verfeinerten, komplizierten Rechtsanwendungstechnik zurechtzukommen. Dabei bleibt für den Juristen, der die DDR-Qualifikation zum Anwalt i. S. d. § 4 RechtsanwaltsG hat, die Zulassung gem. § 5 RechtsanwaltsG auf das Gebiet der neuen Bundesländer beschränkt. Darüber geht die Regelung in Anlage I des EinigungsV (Kap. III A Abschn. II Nr. 2) hinaus. Ihrzufolge steht ein Rechtsanwalt einem im jeweils anderen Gebiet zugelassenen Kollegen gleich. Damit ist auch der Wechsel der Zulassung von dem einen in das andere Gebiet möglich[21]. Defizite an Rechtskenntnissen und Erfahrung mit dem neuen Recht lassen sich am besten in enger Zusammenarbeit mit westlichen Kollegen in Anwaltskanzleien ausgleichen.

Das größere Problem bildet die Unterversorgung des neuen Bundesgebietes mit Rechtsanwälten. In einer freien Wirtschaft und Gesellschaft ist der Bedarf an Rechtsberatung ungleich höher als in den statisch-bürokratischen Verhältnissen des Sozialismus. Die Überleitung der Wirtschaft in marktwirtschaftliche Rechtsformen, insbesondere die Privatisierung der ehemals sozialistischen Unternehmen, die Klärung der zahllosen Eigentumsfragen und anderer Überleitungsfragen haben einen zusätzlichen, sehr großen Bedarf an anwaltlicher Beratung und Betreuung erzeugt. Zahlreiche Anwälte aus dem westlichen Bundesgebiet haben daher eine Tätigkeit im neuen Bundesgebiet aufgenommen, zahlreiche Sozietäten haben Zweitbüros dort gegründet.

Nach dem EinigungsV ist, wie erörtert, jeder westliche Jurist, der die Befähigung zum Richteramt i. S. d. DRiG erworben hat, zur Zulassung als Anwalt i. S. d. RechtsanwaltsG im neuen Bundesgebiet qualifiziert.[22] Der Rechtsanwalt muß allerdings eine Kanzlei im Gerichtsbezirk des Bezirksgerichts, bei dem er registriert ist, unterhalten (§ 21 Abs. 1 i. V. m. § 24 Abs. 2 RechtsanwaltsG). Ferner hat er eine Residenzpflicht im betreffenden Bundesland (§ 24 Abs. 1 RechtsanwaltsG). Aus wichtigem Grund kann von der Kanzlei- und Residenzpflicht befreit werden (§ 25 RechtsanwaltsG). Eine wichtige Erleichterung für die anwaltliche Tätigkeit im neuen Bundesgebiet ist dadurch geschaffen, daß der Rechtsanwalt nicht bei einem bestimmten Gericht zugelassen sein muß, um dort postulationsfähig zu sein.[23]

---

21) Erläut., S. 9 = *Horn*, RWS-Dok. 2 Nr. I.2.2, S. 25.

22) EinigungsV Anlage II Kap. III A Abschn. III Nr. 1 e, BGBl II 1990, 1156 = *Horn*, RWS-Dok. 2 Nr. I.3.2, S. 4.

23) EinigungsV Anlage I Kap. III A Abschn. III Nr. 5 b, BGBl II 1990, 927 = *Horn*, RWS-Dok. 2 Nr. I.2.2, S. 7 f.

Literaturverzeichnis

Adomeit, Klaus
Bei Systemwechsel wird die Schutzvorschrift unsinnig, FAZ vom 17. 12. 1990, S. 9

Arends, Petra
Die Gerichtsbarkeit der DDR, EWS 1990, 39 - 43

v. Arnim, Hans-Herbert
Entzug der Grundrechte durch Opportunität, FAZ vom 6. 9. 1990, S. 8

Arzberger, Kurt
Einführung der Umsatzsteuer in der DDR und die Anpassung des Umsatzsteuerrechts der Bundesrepublik Deutschland unter Berücksichtigung des Mehrwertsteuerrechts der EG, DStR 1990, 397 - 399

Baade, Hans W.
The Legal Effects of Codes of Conduct for Multinational Enterprises, in: Horn (Hrsg.), Legal Problems of Codes of Conduct for Multinational Enterprises, Deventer 1980, S. 3 - 43

Balling, Heinz
Steuerrecht der DDR (Gesetzessammlung), München, Stand: Juli 1990

Bansner, Waldemar
Die weitere Ausgestaltung des Steuerrechts der DDR im Zusammenhang mit der Realisierung des Staatsvertrags zwischen der Bundesrepublik und der DDR, DB 1990, 3061 - 3062

ders.
Die Einbeziehung der in Kapitalgesellschaften umgewandelten ehemaligen volkseigenen Kombinate, Betriebe und Einrichtungen in das Steuersystem im Zusammenhang mit der Herstellung der Währungsunion, GmbHR 1990, 365 - 367

v. Bar, Christian
Internationales Privatrecht, Bd. 1, Allgemeine Lehren, München 1987

Barthel
Wirtschaftsordnung und Steuersystem der DDR, NWB 1990, Beilage 1, S. 8 ff

Baumbach, Adolf/Hueck, Alfred
GmbH-Gesetz, 15. Aufl., München 1988

Belkin, Victor J./Kazmin, Andrei I./Trimailo, Andrei V
Program of the Transition to the Convertibility of the Rouble, BankArchiv 1990, 585 - 594

Biener, Herbert
Der Entwurf eines D-Markbilanzgesetzes 1990, DB 1990, 3066 - 3072

ders.
Das D-Markbilanzgesetz 1990, DB 1990, 3142 - 3148

Blümmel, Dieter/Rodenbach, Hermann-Josef
Rückerstattung und Entschädigung bei Grundstücken und anderem Vermögen in der DDR, Berlin 1990

Bode, Karl-Werner
Vollstreckung von DDR-Titeln in der BRD, AnwBl 1990, 62 - 64

Bodenrecht (Lehrbuch)
s. Rohde, Günther u.a. (Autorenkollektiv)

Böhme, Waltraud u.a. (Autorenkollektiv)
Kleines politisches Wörterbuch, Berlin (Ost) 1973

Borgmann, Olaf
Bilanzierung bei Umwandlung volkseigener Betriebe, BB 1990, Beilage 26, S. 17 - 22

Brandt, Günter/Zieger, Klaus
Rechtsanpassung zwischen der DDR und der BRD auf den Gebieten der Währungs-, Wirtschafts- und Sozialunion, NJ 1990, 270 - 271

Brockmann, Ronald u.a. (Redaktionskommission)
Rechtslexikon, Berlin (Ost) 1988

Brownlie, Ian
Principles of Public International Law, 3. Aufl., Oxford 1979

Brunner, Georg
Kontrolle in Deutschland. Eine Untersuchung zur Verfassungsordnung in beiden Teilen Deutschlands, Köln 1972

ders.
Einführung in das Recht der DDR, 2. Aufl., München 1979

ders.
Rechtsschutz gegenüber der öffentlichen Gewalt, in: Brunner (Hrsg.), Menschenrechte in der DDR, Baden-Baden 1989, S. 275 - 287

Bundesministerium für innerdeutsche Beziehungen, (Hrsg.)
DDR-Handbuch, 3. Aufl., Köln 1985

Christoph, Karl-Heinz
Erweiterung der Zuständigkeit der Gerichte der DDR auf dem Gebiet des Verwaltungsrechts, DtZ 1990, 175 - 179

Christoph, Karl-Heinz/Brachmann, Ronald
Verfahrensrechtliche Fragen der gerichtlichen Nachprüfung von Verwaltungsentscheidungen, NJ 1989, 367 - 370

Claussen, Carsten Peter
Anwendbarkeit des § 32 a GmbHG auf Altkredite an DDR-Unternehmen?, ZIP 1990, 1173 - 1178

Claussen, Carsten Peter/Korth, Hans-Michael
D-Markbilanzgesetz - DMBilG, RWS-Dokumentation 4, Köln 1990

Cors, Klaus G.
Bewertungsfragen in der DDR: Verkehrswerte von Fabrikgrundstücken, Der Langfristige Kredit 1990, 579 - 581

Däubler, Wolfgang
Die Entwicklung des Arbeitsrechts in der DDR - eine Momentaufnahme, ArbuR 1990, 149 - 154

Dahm, Georg/Delbrück, Jost/Wolfrum, Rüdiger
Völkerrecht, Bd. I/1, 2. Aufl., Berlin, New York 1989

DDR-Handbuch
s. Bundesministerium für innerdeutsche Beziehungen

Deutler, Karl F.
Bedeutsame Gesetzesänderungen in der DDR - Neues Gesellschaftsrecht für die GmbH und die GmbH & Co. ab 1. 7. 1990, GmbHR 1990, 341 - 343

Dörig, Harald
Anerkennung juristischer Abschlüsse aus der DDR, NJW 1990, 889 - 891

ders.
Bundesrepublik ermöglicht Niederlassung und Rechtsbesorgung für DDR-Anwälte, NJW 1990, 2117

Dornberger, Gerhard/Dornberger, Ute
Das Gesetz zur Privatisierung und Reorganisation des volkseigenen Vermögens (Treuhandgesetz), DB 1990, 3042 - 3045

Dressen, Klaus
Die Bedeutung der Landwirtschaftlichen Produktionsgenossenschaften für die DDR, Schriften zur Kooperationsforschung Bd. 7, Tübingen 1973

Drost, Frank Matthias
Backwarenkombinate und Papierfabriken sollen kommunales Eigentum werden, Handelsblatt vom 13. 11. 1990, S. 6

v. Drygalski, Andrea
Die Beziehung zwischen EG und DDR nach Einführung der Wirtschafts- und Währungsunion, EWS 1990, 44

Ehlert, Willi/Hunstock, Diethelm/Tannert, Karlheinz
Geld und Kredit in der DDR, Berlin (Ost) 1985

Elsner, Joachim
Die Umwandlung der volkseigenen Betriebe in Kapitalgesellschaften, DB 1990, 3027

Emmerich, Volker
Kartellrecht, 5. Aufl., München 1988

Engelhard, Hans A.
Stand und Perspektiven Deutsch-Deutscher Rechtsangleichung nach Inkrafttreten des Staatsvertrages, DtZ 1990, 129 - 134

Enneccerus, Ludwig/Lehmann, Heinrich
Recht der Schuldverhältnisse, 15. Bearbeitung, Tübingen 1958

Erichsen, Hans-Uwe/Martens, Wolfgang
Allgemeines Verwaltungsrecht, 8. Aufl., Berlin, New York 1988

Erman, Walter
Handkommentar zum BGB, 8. Aufl., Münster 1989

Eucken, Walter
Die Grundlagen der Nationalökonomie, 8. Aufl., Heidelberg, Berlin, Göttingen 1965

Eyermann, Erich/Fröhler, Ludwig
VwGO, Kommentar, 9. Aufl., München, Berlin 1988

Fahrenbach, Ralf-Friedrich
Das Privatisierungsverfahren nach dem Treuhandgesetz, DtZ 1990, 268 - 270

Falk, Rudolf
D-Markeröffnungsbilanz und Kapitalneufestsetzung, Heidelberg 1949

Ferid, Murad
Internationales Privatrecht, 3. Aufl., Frankfurt a. M. 1986

Fikentscher, Wolfgang
Wirtschaftsrecht, Bd. I, München 1983

Finanzwesen der DDR
s. König u.a. (Autorenkollektiv)

Fischer, Robert/Lutter, Marcus/Hommelhoff, Peter
GmbH-Gesetz, Kommentar, 12. Aufl., Köln 1987

Flessa, Richard
Bürgschaften des Staates und der Kreditgemeinschaften, Frankfurt a. M. 1989

Förschle, Gerhart/Kropp, Manfred
Vorschriften der DDR über Inventur und Schlußbilanz am 30. 6. 1990, BB 1990, Beilage 33, S. 1 - 7

Freytag
Die staatliche Verwaltung des ausländischen Vermögens in der DDR, EWS 1990, 36

Fricke, Karl Wilhelm
Opposition und Widerstand in der DDR, Köln 1984

ders.
Politik und Justiz in der DDR. Zur Geschichte der politischen Verfolgung 1945 - 1968, Köln 1979

Frowein, Jochen
Die Rechtslage Deutschlands und der Status Berlins, in: Benda/Maihofer/Vogel, Handbuch des Verfassungsrechts, Berlin 1983, S. 29 - 58

Gaul, Dieter
Der Geltungsbereich von Firmentarifverträgen bei bundesdeutschen Unternehmen mit Betrieben in der ehemaligen DDR, BB 1990 Beilage 37, S. 29 - 32

Gebhardt, Christian
Einzelprobleme bei der Reprivatisierung ehemaliger volkseigener Betriebe (VEB) der DDR, BB 1990, Beilage 28, 21 - 22

Geiler, Karl/Stehlik, Arnold/Veith, Hans Joachim
DM-Bilanzgesetz, München 1950

Gerlach, Ekkehard
Die Beurteilung von grenzüberschreitenden Zusammenschlüssen, WuW 1990, 624 - 628

Gerstewitz, Siegfried
Die Zulassung und Tätigkeit von Rechtsanwälten, Justitiaren und Beratern in Steuersachen, BB 1990 Beilage 23, S. 15 - 17

Gesamtdeutsches Institut - Bundesanstalt für gesamtdeutsche Aufgaben - (Hrsg.)
Bestimmungen der DDR zu Eigentumsfragen und Enteignungen, Bonn 1971 und 1983/84 (Anschlußbericht mit gleichem Titel)

Giebitz, Roland
Kreditgarantiegemeinschaften, Frankfurt 1987

Glasemann, Hans-Georg
Wiedervereinigung Deutschlands macht Vorkriegspapiere zu echten Wertpapieren, Das Wertpapier 1990, 1168

ders.
Unbediente Reichsmark-Vorkriegsanleihen ostdeutscher Länder, Provinzen und Städte, Das Wertpapier 1990, 1216

Göhring, Joachim u.a. (Autorenkollektiv)
Kommentar zum ZGB und zum EGBGB vom 19. Juni 1975, hrsg. v. Ministerium der Justiz, 2. Aufl., Berlin (Ost) 1985

Göhring, Joachim
Zivilrecht und Rechtsangleichung, NJ 1990, 299 - 301

Gößman, Wolfgang
Bankgeschäfte in der DDR. Möglichkeiten und Grenzen von Kreditvertrag und Sicherheitenbestellung, WM 1990, Beilage 4, S. 23 - 31

Gräf, Dieter
Handbuch der Rechtspraxis in der DDR, Düsseldorf 1988

Häberle, Peter
Verfassungspolitik für die Freiheit und Einheit Deutschlands, JZ 1990, 358 - 363

Haeger, Bernd
Rechnungslegung in der DDR, DB 1990, 897 - 904

ders.
Das System "Rechnungsführung und Statistik (RuSt)" in der DDR, DB 1990, 3015 - 3016

Haferkamp, Dieter
Stellung und Aufgaben der Deutschen Bundesbank in der DDR, DtZ 1990, 151 - 155

Hähnert, Richard u.a., (Autorenkollektiv)
LPG-Recht (Lehrbuch), 2. Aufl., Berlin (Ost) 1984

Hannemann, Karl-Heinz/Haring, Werner
Eine neue Rechtsvorschrift über die Justitiare in der DDR, DtZ 1990, 73 - 75

Hebing, Wilhelm
Das neue Unternehmensrecht der DDR - Wesentliche Neuerungen auch für Joint-Ventures, BB 1990, Beilage 18, S. 1 - 8

Hebing, Wilhelm/Jaletzke, Matthias
Bestellung von Vorstand und Aufsichtsrat bei Umwandlung volkseigener Betriebe, BB 1990, Beilage 37, S. 5 - 10

Heintschel v. Heinegg, Wolff
Die Vereinigung der beiden deutschen Staaten und das Schicksal der von ihnen abgeschlossenen völkerrechtlichen Verträge, BB 1990, Beilage 23, S. 9 - 15

Henkin, Louis/Pugh, Richard/Schachter, Oscar/Smit, Hans
International Law, 2. Aufl., St. Paul (Minnesota) 1987

Herber, Rolf
Deutsche Einheit und internationales Kaufrecht, BB 1990, Beilage 37, S. 1 - 5

Hergersberg, Johannes
Bargeldloser Zahlungsverkehr mit der DDR, Sparkasse 1990, 300 - 302

Herzog, Hans-Joachim
Genossenschaftliche Organisationsformen in der DDR, Schriften zur Kooperationsforschung Bd. 12, Tübingen 1982

Hesse, Konrad
Grundzüge des Verfassungsrechts der Bundesrepublik Deutschland, 16. Aufl., Karlsruhe 1988

Heuer, U. J. u.a. (Autorenkollektiv)
Wirtschaftsrecht, Berlin (Ost) 1985

Heuse, Robert
Veränderungen im Arbeitsrecht der DDR, BB 1990, Beilage 26, S. 22 - 25

Heuser, Paul J.
DM-Eröffungsbilanzen nach dem D-Markbilanzgesetz in der betrieblichen Praxis, GmbHR 1990, 495 - 500

Heymann, Ernst
Handelsgesetzbuch, Kommentar, Bd. 1, 3, Berlin, New York 1989; Bd. 4, Berlin, New York 1990

HFA-Stellungnahme
Der Bestätigungsvermerk zur DM-Eröffnungsbilanz in der DDR, ZIP 1990, 1237 - 1239

Hofmann, Manfred/Fincke, Horst
Der internationale Zivilprozeß, Berlin (Ost) 1980

Hommelhoff, Peter/Krebs, Walter (Hrsg.)
Treuhandanstalt und Treuhandgesetz, RWS-Dokumentation 3, Köln 1990

Horlemann, Heinz-Gerd
Steuerfragen auf dem Weg zur Steuerunion mit der DDR, DStR 1990, Beihefter 15/16, S. 1 - 20

Horn, Norbert
Zur ökonomischen Rationalität des Privatrechts - Die privatrechtstheoretische Verwertbarkeit der Economic Analysis of Law, AcP 176 (1976), 307 - 333

ders.
in: Staudinger, BGB, 12. Aufl., §§ 765 ff, Berlin 1980

ders., (Hrsg.)
Legal Problems of Codes of Conduct for Multinational Enterprises, Deventer 1980

ders.
Vertragsdauer als schuldrechtliches Regelungsproblem, in: BMJ (Hrsg.), Gutachten und Vorschläge zur Überarbeitung des Schuldrechts, Bd. I, Köln 1981, S. 551 - 645

ders.
Neuverhandlungspflicht, AcP 181 (1981), 255 - 288

ders.
Adaptation and Renegotiation of Contracts in International Trade and Investment, Deventer 1985

ders.
Bürgschaften und Garantien, 4. Aufl., Köln 1989

ders.
in: Heymann, Handelsgesetzbuch. Kommentar, Bd. 1 u. 2, Berlin, New York 1989, Bd. 4, Berlin, New York 1990

ders.
Die Freiheit fordert ihr Recht, FAZ vom 10. 3. 1990, S. 15

ders.
Über die Brücke des Rechts, FAZ vom 18. 8. 1990, S. 11

ders. (Hrsg.)
Das Zivil- und Wirtschaftsrecht der DDR, RWS-Dokumentation 1, Köln 1990

ders. (Hrsg.)
Das Zivil- und Wirtschaftsrecht in den neuen Bundesländern ab 3. Oktober 1990, RWS-Dokumentation 2, Köln 1990

ders.
Gesellschaftsrechtliche Probleme der Umwandlung der DDR-Unternehmen, ZGR 1991, 201 - 210

ders.
Kreditfähigkeit und Kapitalausstattung umgewandelter Unternehmen im neuen Bundesgebiet, in: Festschrift Heinsius, Berlin, New York 1991

Hundt, Florenz
DDR-Investitionsgesetz - Teil I: Allgemeines und Überführung von Wirtschaftsgütern, DB 1990, 3086 - 3090; Teil II, Verlustberücksichtigung, DB 1990, 3099 - 3104

Hünnekens, Heinz
Umsatzsteuer und DDR. Rechtsänderungen zum 1. 7. 1990, BB 1990, Beilage 28, S. 29 - 35

Hübler, Karl-Heinz
Raubbau nach Plan, Politische Ökologie, Januar 1990

ders.
DDR-Umweltpolitik - Anmerkungen zum Stand der Dinge, UPR 1990, 241 - 249

Immenga, Ulrich
In der DDR geht es um Sanierungsfusionen - Eine deutsch - deutsche Fusionskontrolle hat es mit dem Ausnahmefall zu tun, FAZ vom 28. 3. 1990, S. 19

Immenga, Ulrich/Mestmäcker, Ernst-Joachim
GWB, Kommentar, München 1981

Isensee, Josef/Kirchhof, Paul
Handbuch des Staatsrechts, Bd. 2, Heidelberg 1987

Jaeckel, Jörg
Verpflichtungen aus Vorkriegsanleihen ("Schattenquoten"), WM 1990, 1738

Jakobs, Otto-Wilhelm
Allgemeine Rechtsfragen des Volkseigentums in der DDR, JZ 1967, 46 - 51

Jekewitz, Jürgen
Der Zeitpunkt wirksamer Zerstörung des Vertrauensschutzes bei rückwirkenden Rechtsnormen, NJW 1990, 3114

Kartte, Wolfgang
Der Holzweg der schlichten Gemüter, FAZ vom 1. 9. 1990, S. 13

Kegel, Gerhard
Internationales Privatrecht, 6. Aufl., München 1987

Kellner, Horst/Göhring, Joachim/Kietz, H.
Zivilprozeßrecht, Berlin (Ost) 1977

Kelm, Gerhard
Das Treuhandgesetz der DDR schafft ein fragwürdiges zeitweiliges Sonderrecht, Handelsblatt vom 10. 7. 1990, S. 6

ders.
Zur Neuordnung des Handelsregisters in der DDR, DB 1990, 973 - 975

ders.
Zum Recht der Zweigniederlassungen, die durch bundesdeutsche Unternehmen in der DDR errichtet werden, DB 1990, 3110 - 3112

Kemper, Manfred/Maskow, Dietrich
Außenwirtschaftsrecht der DDR, 2. Aufl., Berlin (Ost) 1987

Kenzler, Barbara
Die rechtliche Regelung der Wirtschaftsverträge in der DDR, DtZ 1990, 7 - 10

Kimminich, Otto
Die Eigentumsgarantie im Prozeß der Wiedervereinigung. Zur Bestandskraft der agrarischen Bodenrechtsordnung der DDR, Frankfurt a.M. 1990

Kinkel, Klaus
Über Rechtsangleichung zur Rechtsvereinheitlichung. Vortrag auf dem Symposium "Gesetzgeberische Wege zur Deutschen Einheit" am 8. 5. 1990 in Bonn (Manuskript)

Kissel, Rudolf Otto
Arbeitsrecht nach dem Staatsvertrag, DtZ 1990, 155 - 159

ders.
Die Gerichtsverfassung der DDR - aus der Sicht der Bundesrepublik, DB 1990, 884 - 888

ders.
Die Gerichtsverfassung in der Bundesrepublik - dargestellt unter Berücksichtigung des Staatsvertrages zwischen der DDR und der BRD -, NJ 1990, 272 - 276

Kittke, Horst-Dieter
Zur Regelung offener Vermögensfragen zwischen der Bundesrepublik Deutschland und der DDR, DtZ 1990, 179 - 182

ders.
Zivilrecht im Systemvergleich, ROW 1986, 372 - 375

ders.
Wirtschaftliche Kooperation in der DDR - Probleme des Warenverkehrs, AnwBl 1990, 332 - 337

Kleiber, Wolfgang/Simon, Jürgen /Weyers, Hans Leo
Wertermittlungsverordnung 1988, München 1989

Klein, Eckart
An der Schwelle zur Wiedervereinigung Deutschlands, NJW 1990, 1065 - 1073

Kleines politisches Wörterbuch
s. Böhme, Waltraud u.a. (Autorenkollektiv)

Kleinmann, Werner
Das neue Kartellrecht der DDR, BB 1990 Beilage 28, S. 1 - 6

Knief, Peter
Der DDR-Staat als lästiger Gesellschafter bei der Rückerstattung der 72er-Betriebe, Handelsblatt vom 17. 4. 1990, S. 6

König, Ernst, u.a. (Autorenkollektiv)
Das sozialistische Finanzwesen der DDR, 2. Aufl., Berlin (Ost) 1980

Kommentar zum ZGB und zum EGBGB vom 19. Juni 1975
s. Göhring u. a. (Autorenkollektiv)

Krause, Joachim/Schulz, Michael
Zum Steueränderungsgesetz der DDR vom 6. 3. 1990, DStR 1990, 239 - 243

Krebs, Walter
Rechtsprobleme bei Entscheidungen der Treuhandanstalt, ZIP 1990, 1513 - 1523

Krefeld, Hans-Jörg/Wagner, Heiko
GesamtvollstreckungsVO und GrundstücksvollstreckungsVO, NJ 1990, 297 - 299

Kropholler, Jan
Internationales Privatrecht, Tübingen 1990

Kübler, Bruno M.
Die unvermeidbare Pleitewelle wird durch die Verordnung nur verschoben, Handelsblatt vom 13. 8. 1990, S. 5

Lachman, Jens-Peter
Das Treuhandgesetz, DtZ 1990, 238 - 240

Lanfermann, Josef/Gewehr, Michael
Grundsätze eines DM-Bilanzgesetzes (DDR), WPg 1990, 385 - 392

Lange, Roland
Zur Lage der Rechtsanwaltschaft in der DDR, AnwBl 1990, 57 - 64

Lauer, Reinhold M./Lauer, Christine E.
Ausgewählte Probleme bei der Erstellung von DM-Eröffnungsbilanzen, BB 1990, Beilage 26, S. 7 - 17

Leffson, Ulrich/Rückle, Dieter/Großfeld, Bernhard
Handwörterbuch unbestimmter Rechtsbegriffe im Bilanzrecht des HGB, Köln 1986

Lieser, Joachim
Eigentumsordnung und Immobilienrecht in der DDR, Deutschlandarchiv 1990, 246 - 257

ders.
Genossenschaft und Wirtschaftsordnung, Ein Systemvergleich zwischen Genossenschaftsgesetz und LPG-Recht, Marburger Schriften zum Genossenschaftswesen, Bd. 37, Marburg 1969

Lipp
Der Staat ist kein Sanierer, FAZ vom 11. 8. 1990, S. 11

Lohmann, Ulrich
Gerichtsverfassung und Rechtsschutz in der DDR, Leverkusen-Opladen 1986

Lörler, Sighard
Das Arbeitsrecht der DDR, Berlin 1987

ders.
Eigentumsordnung und Enteignung in der DDR, EWS 1990, 33 - 36

Löw, Hans-Peter
Das Arbeitsrecht der DDR nach der Sozialunion, BB 1990, Beilage 26, S. 29 - 33

LPG-Recht (Lehrbuch)
s. Hähnert, Richard u.a. (Autorenkollektiv)

Lübchen, Gustav-Adolf
Reform des Zivilprozeßrechts in der DDR, NJ 1990, 293 - 297

ders.
Zum gegenwärtigen Stand des Gesellschafts- und Handelsrechts sowie des allgemeinen Zivilrechts in der DDR, DtZ 1990, 147 - 150

Lübchen, Gustav-Adolf/Landfermann, Hans-Georg
Das neue Insolvenzrecht der DDR, ZIP 1990, 829 - 838

Lüers, Hartwig
Die Regelung der freiwilligen Gerichtsbarkeit in der DDR, ROW 1970, 137 - 150

Maiwald, Reinhard
Zum Standesrecht der Anwaltschaft in der DDR, DtZ 1990, 68 - 71

Mansel, Heinz-Peter
Innerdeutsche Rechtsanwendung: (Noch) geltendes Kollisionsrecht, DtZ 1990, 225 - 232

Maskow, Dietrich/Wagner, Hellmut
GIW, Kommentar, Heidelberg 1984

Maunz, Theodor/Dürig, Günter/Herzog, Roman
GG, Kommentar, München, Stand: Dezember 1989

Michael, Gerhard/Thull, Rüdiger
Die Verantwortlichkeit für DDR-Altlasten beim Erwerb von Altanlagen, BB 1990, Beilage 30, S. 1 - 9

Möller, Klaus
Neues DDR-Sparkassengesetz, Sparkasse 1990, 306 - 307

Monopolkommission
Hauptgutachten 1988/89: Wettbewerbspolitik vor neuen Herausforderungen, Baden-Baden 1990

Möschel, Wernhard
Entflechtungen im Recht der Wettbewerbsbeschränkungen, Tübingen 1979

Motsch, Richard
Der Schutz der Werktätigen im Arbeitsrecht der Deutschen Demokratischen Republik, in: Rottmann/Ramm/Westen/Motsch (Hrsg.), Die DDR im Lichte der Grundrechte und der Rechtsstaatsidee, Heidelberg 1989, S. 89 - 108

Mühlmann, Manfred
Probleme der Gestaltung des sozialistischen Zivilrechts in der DDR, StuR 1974, 80 - 91

v. Münch, Ingo
Völkerrecht, 2. Aufl., Berlin 1982

ders.
GG, Kommentar, 3. Aufl., München 1985

ders.
Grundbegriffe des Staatsrechts, Bd. 1, 4. Aufl., Stuttgart 1986

Münchener Kommentar
BGB, 2. Aufl., München 1984 ff

Müssener, Ingo
Das Abgabensystem der DDR, IWB 5 DDR-Gruppe 2, S. 55 - 66

ders.
Reform des Steuer- und Abgabensystems in der DDR, IWB 5 Gruppe 2, S. 67 - 74

Mutschman, Thomas/Hartmann, Frank/Maas, Lutz
Bodenrecht in der DDR, AnwBl 1990, 190 - 195

Myritz, Reinhard
Die Partei und ihre Polizei. Linie 2000. Die Transformation der SED und des MfS in die PDS (Hrsg. Institut der deutschen Wirtschaft), Köln 1990

Nägele, Stefan
Das Arbeitsgesetzbuch der DDR nach dem Staatsvertrag, BB 1990, Beilage 26, S. 26 - 30

Nissel, Reinhard/Pohl, Heidrun
Verwaltungsentscheidungen der Organe des Staatsapparates auf dem Gebiet der Wohnraumlenkung, NJ 1989, 276 - 279

Ondrusch, Aribert
Arbeitsrechtspolitik in der DDR, AiB 1990, 92 - 95

Palandt, Otto
BGB, 49. Aufl., München 1990

Pape, Manfred
Gemeinschaftsunternehmen und Bodenrecht in der DDR, DB 1990, 3024 - 3027

Petter, Wolfgang/Schade, Elke
Das Unternehmensgesetz der DDR, DB 1990, 3023 - 3024

Pfitzer, Norbert
Zielsetzungen und Gestaltungsprinzipien des D-Mark-Bilanzgesetzes 1990, BB 1990, Beilage 21, S. 10 - 16

Philipp, Wolfgang
Zurück in die Produktivgenossenschaft des Handwerks? Ein gesellschaftsrechtliches Sonderproblem in der DDR, BB 1990, Beilage 28, S. 22 - 29

Pleyer, Klemens
Zur Entwicklung des Volkseigentums in der DDR, JR 1968, 361 - 368

ders.
Der Wirtschaftsvertrag in der DDR - Entwicklung, Gegenwartsprobleme, Reform -, AcP 181 (1981), 459 - 479

ders.
Bankkredite für die sozialistische Wirtschaft - Zur Kreditverordnung der DDR von 1982, in: Sozialistisches Wirtschaftsrecht zwischen Wandel und Beharrung, Bd. 22, "Osteuropa-Forschung" der deutschen Gesellschaft für Osteuropakunde, Berlin 1988

ders.
Kreditverträge und Kreditsicherheiten, in: Zieger/Westen, Das Zivilrecht in beiden deutschen Staaten - Unterschiede, Parallelentwicklung, Vergleich, Köln, Berlin 1989, S. 125 - 141

ders.
Kreditsicherheiten in der DDR im Übergang zur Marktwirtschaft, Die Bank 1990, 400 - 404

ders.
Sind DDR-Hypotheken Deckungshypotheken i. S. d. Hypothekenbankgesetzes?, Der Langfristige Kredit 1990, 448 - 453

Polaschewski, Edwin
Besonderheiten im Rechnungswesen eines Unternehmens in der DDR, WPg 1990, 329 - 334

Pröbsting, Karl
Arbeitsförderung in der DDR, DB 1990, 3090 - 3092

Propp, Peter Dietrich
Zur Transformation einer Zentralverwaltungswirtschaft Sowjetischen Typs in eine Marktwirtschaft, Berlin 1964 (Neudruck Köln 1990)

Ranke, Hans
Die Herausbildung der leitenden Prinzipien des sozialistischen Zivilrechts, NJ 1975, 532 - 536

Rechtslexikon
s. Brockmann, Ronald u.a. (Redaktionskommission)

Reich, Norbert
Deutsche Einigung und europäische Integration - dargestellt am Beispiel der Arzneimittelpreisregelung im Einigungsvertrag, NJW 1990, 2121 - 2123

Reiland, Werner
Die gesellschaftlichen Gerichte der DDR, Tübingen 1971

Reithmann, Christoph/Martiny, Dieter
Internationales Vertragsrecht, 4. Aufl., Köln 1988

Ress, Georg
Die Rechtslage Deutschlands nach dem Grundlagenvertrag vom 21. 12. 1972, Berlin 1978

Rittner, Fritz
Wirtschaftsrecht, 2. Aufl., Heidelberg 1987

Roggemann, Herwig
Die DDR-Verfassungen. Einführung in das Verfassungsrecht der DDR, 4. Aufl., Berlin 1989

Rohde, Günther u.a. (Autorenkollektiv)
Bodenrecht (Lehrbuch), Berlin (Ost) 1976

Rosner, Wofgang/Roitzsch, Frank
Die Umwandlung von volkseigenen Betrieben in Kapitalgesellschaften, DtZ 1990, 38 - 42

Rudolph, Helga/Neumann, Gisela
Rechtshandbuch für den Handel mit der DDR, Berlin (Ost)/Heidelberg 1988

Ruland, Franz
Auswirkungen des Staatsvertrags auf die gesetzliche Rentenversicherung, DtZ 1990, 159 - 166

Rutke, Wolfgang/Ulbrich, Manfred (Hrsg.)
Kredit- und Grundstücksrecht der DDR, RWS-Dokumentation 5, Köln 1991

Sayartz, André/Stumpf,Herbert
Der Eigentumsvorbehalt in der DDR, BB 1990, Beilage 26, S. 6

Schäuble, Wolfgang
Zur Wiedervereinigung Deutschlands, WM 1990, 1781

Scheifele, Bernd/Schweyer, Eckart
Grundzüge des Wirtschaftsrechts der DDR nach dem Staatsvertrag über die Schaffung einer Währungs-, Wirtschafts- und Sozialunion zwischen der Bundesrepublik und der DDR, GmbHR 1990, 241 - 248 und 285 - 294

Scherer, Peter
Das Handels- und Kooperationsabkommen der EG mit der DDR, EuZW 1990, 241 - 246

Scheuner, Ulrich
Grundfragen der Staatshaftung für schädigende Eingriffe, in: Gedächnisschrift für Walter Jellinek, München 1955, S. 331 - 345

Schmidt, Karsten
Gesellschaftsrecht, Köln 1986

Schmidt-Bleibtreu, Bruno
Der Vertrag über die Schaffung einer Währungs-, Wirtschafts- und Sozialunion, DtZ 1990, 138 - 142

Schmidt-Bleibtreu, Bruno/Klein, Franz
GG, Kommentar, 7. Aufl., Neuwied, Frankfurt a. M. 1990

Schmidt-Jortzig, Edzard
Sind nicht in Wahrheit bloß Hoffnungen enttäuscht worden, FAZ vom 22. 9. 1990, S. 10

Schmidt-Räntsch, Jürgen
Die zweite Verordnung über die Gesamtvollstreckung der DDR, ZIP 1990, 1045 - 1048

Schmitz, Heinz
Der Handelsrahmen muß neu gezimmert werden, Handelsblatt vom 28. 11. 1990, S. 10

Scholz, Franz
GMBHG, Kommentar, 7. Aufl., Köln 1988

Scholz, Rupert
Der Staatsvertrag zur Währungs-, Wirtschafts- und Sozialunion, BB 1990, Beilage 23, S. 1 - 9

Schröder, Friedrich-Christian/Gräf, Dieter
Geheime Rechtsprechungsanweisungen in der DDR, ROW 1987, 291 - 294

Schüller, Wolfgang
Erfahrungen aus dem Umstellungsprozeß im DDR-Rechnungswesen, DB 1990, 3116 - 3118

ders.
Zur Definition der Anschaffungs- und Herstellungskosten im DDR-Rechnungswesen, DB 1990, 3050

Schulz, Michael
Überblick über das Steuersystem der DDR, DStR 1990, 91 - 96

ders.
Grundfragen des Aufbaus und der Aufgaben der Finanzverwaltung in der DDR, DStR 1990, 306 - 309

Sehrig, Helmuth
Innerdeutsche Rechtsbeziehungen aus anwaltlicher Sicht, AnwBl 1990, 297 - 300

Seiter, Hugo
Betriebsinhaberwechsel, Stuttgart 1980

Sendler, Horst
Verwaltungsgerichtsbarkeit in der DDR - wie können wir helfen?, DtZ 1990, 166 - 175

Soergel, Hans-Theodor
BGB, Bd. 7, Einführungsgesetz, 10. Aufl., Stuttgart, Berlin, Köln, Mainz 1970

Spieth, Wolf F./v. Hammerstein, Fritz
Bundesdeutsche Behörden sollen DDR-Anlagen überprüfen, Handelsblatt vom 24. 7. 1990, S. 6

Stache, Ulrich
In der DDR investieren und kooperieren, Wiesbaden 1990

Starck, Christian
Deutschland auf dem Wege zur staatlichen Einheit, JZ 1990, 349 - 358

Stargardt, Monika
Grundsätze der vertraglichen Regelung bei internationalen Wirtschaftsverträgen (IWV) in der DDR, ZIP 1990, 471 - 475

v. Staudinger, Julius
BGB, 12. Aufl., Berlin 1978 ff

ders.
BGB, Bd. VI Einführungsgesetz, 5./6. Aufl., Berlin 1911

Stern, Klaus
Der verfassungsändernde Charakter des Einigungsvertrages, DtZ 1990, 289

Stern, Klaus/Schmidt-Bleibtreu, Bruno (Hrsg.)
Staatsvertrag zur Währungs-, Wirtschafts- und Sozialunion mit Vertragsgesetz, Begründungen und Materialien (mit Einführung), München 1990

Strobel, Wilhelm
Die staatsvertragliche Umstellung des DDR-Rechnungswesens und die Neuerungen des DDR-Treuhandgesetzes, BB 1990, Beilage 23, S. 17 - 27

ders.
Das DM-Bilanzgesetz der DDR mit den Umsetzungsproblemen bis hin zur DDR-Steuerberatungsordnung, BB 1990, Beilage 28, S. 6 - 20

ders.
Das neue D-Markbilanzgesetz, BB 1990, S. 1709 - 1713

Stückemann, Wolfgang
Änderungen des Arbeitsrechts in der DDR, ZIP 1990, 1117

Targan, Norbert
Darstellung und Einzelfragen zur Umwandlung volkseigener Betriebe in Kapitalgesellschaften durch Buchwertverknüpfung in der DDR, WPg 1990, 334 - 339

ders.
Die Rechtsnachfolge bei Umwandlung der volkseigenen Betriebe in Kapitalgesellschaften, DB 1990, 3060 - 3061

Tintelnot, Albrecht
Anmerkung zu BVerfG, Beschl. v. 11. 12. 1990 - BvR 1170, 1174 und 1175/90, EWiR Art. 14 GG 1/91, 63

Thierau/Tintelnot
Unklarheiten und verwirrende Regelungen bei Rückgewähr enteigneten Vermögens, Handelsblatt vom 20. 8. 1990

Thietz-Bartram, Jochim/Pfeifer, Axel
Privatisierung von Volkseigentum, WM 1990, Beilage 4, S. 3 - 17

Tischendorf, Joachim
Das Comeback der Handelsgerichtsbarkeit in der DDR, DtZ 1990, 266 - 268

Treffkorn, Matthias
Die neue Anordnung über Büros außerhalb der DDR zugelassener Rechtsanwälte, DtZ 1990, 72 - 75

ders.
Neue Möglichkeiten der Betätigung bundesdeutscher Rechtsanwälte in der DDR, NJW 1990, 2116 - 2117

Uebeler, Günter
Zur historischen Misere des Zivilrechts in der DDR, DtZ 1990, 10 - 12

Uhlenbruck, Wilhelm
Neuordnung des Insolvenzrechts in der DDR, BB 1990, Beilage 26, S. 1 - 5

Verdross, Alfred/Simma, Bruno
Universelles Völkerrecht, 3. Aufl., Berlin 1984

Vogel, Martin
Die Rechtseinheit bei Patenten und Urheberrechten kennt Übergangsfristen - Stichtag für den Vertrauensschutz ist der 1. Juli diese Jahres, FAZ vom 26. 9. 1990, S. 26

Vogel, Roland
Zur Ermittlung von Grundstückswerten (Bodenpreisen) in der DDR, DB 1990, 3057 - 3059 (= BB 1990, Beilage 33, S. 8 - 17)

Vogel-Claussen, Wolfgang
Das Recht des innerdeutschen Wirtschaftsverkehrs, DtZ 1990, 33 - 38

Volk, Gerrit
Die Neubewertung nach § 7 D-Markbilanzgesetz, BB 1990, Beilage 30, S. 13 - 15

Walter, Gerhard
Stellung und Funktion des staatlichen Verwaltungsgerichts in der DDR und seine Umgestaltung zur Handels- und Registergerichtsbarkeit, DtZ 1990, 262 - 265

Wassermann, Rudolf
Zur Reorganisation der Justiz in der DDR, ZRP 1990, 259 - 264

ders.
Juristen in der DDR nicht allein lassen - Zur Umgestaltung des Rechtswesens in der DDR, NJW 1990, 554 - 555

Weinhardt/Wolters
Reprivatisierung enteigneter Betriebe in der DDR, EWS 1990, 47

Westen, Klaus
Der Stand des Zivilrechts in der DDR und seine Reformbedürftigkeit, DtZ 1990, 1 - 7

Westen, Klaus/Schleider, Joachim
Zivilrecht im Systemvergleich. Das Zivilrecht der DDR und der Bundesrepublik Deutschland, Berlin (Ost) 1984

Wingert, Annetraut
Fünf neue Kreditgarantiegemeinschaften, ZKW 1990, 1114

Wlotzke, Ottfried/Lorenz, Martin
Arbeitsrecht und Arbeitschutzrecht im deutsch-deutschen Einigungsprozeß, BB 1990, Beilage 35, S. 1 - 13

Wolf, Manfred/Horn, Norbert/Lindacher, Walter
AGB-Gesetz, 2. Aufl., München 1989

Wolff, Friedrich
Zur aktuellen Situation der Rechtsanwaltschaft in der DDR, DtZ 1990, 113 - 116

Wolff, Martin
Reichsverfassung und Eigentum, Festgabe f. W. Kahl 1923, S. 3

Wünsche, Kurt
Zum Verlauf der Rechts- und Justizreform in der DDR, DtZ 1990, 134 - 138

Wünsche, Kurt/Müller, F.
Grundlagen der Rechtspflege, Berlin (Ost) 1983

Wutzke, Reinold/Küster, Ulrich
Wie rasch braucht die DDR ein Kartellrecht?, WuW 1990, 467

v. Wysocki, Klaus
Die Inventur zu den Schlußbilanzen und die DM-Eröffnungsbilanzen von Betrieben und Unternehmen in der DDR, DB 1990, 3054 - 3056

v. Wysocki, Klaus/Glaubi, Jürgen/Rammert, Stefan/Wenzler, Christian
Neue Bilanzen in der DDR, DB 1990, 3018 - 3022

Zoller, Edgar
Zur Rechtswahl bundesrepublikanischen Rechts im Lichte des Realkredits in der DDR, WM 1990, 1569 - 1572

Stichwortregister

Anhang

Organisation Treuhandanstalt

Stand: 31. Januar 1991

Treuhandanstalt

Vorstandsbereiche

Präsident
Dr. Detlev Rohwedder
R.:847 Tel.:127/128/129

Geschäftsverantwortung:
Energie

Prüfung von Unternehmens-konzepten

Funktionalverantwortung:
Grundsatzfragen
Kommunikation/Medien
Recht
Organisation/EDV
Bund-/EG-Kontakte
Revision

Unternehmensbereich 1
Karl Schirner
R.:857 Tel.:142/143

Geschäftsverantwortung:
Schwermaschinen- / Anlagenbau
Werkzeugmaschinenbau
Spezialmaschinen
Dienstleistungen
Flughäfen / Luftfahrt

Funktionalverantwortung:
Privatisierung
Investors Relations

Unternehmensbereich 2
Dr. Klaus-Peter Wild
R.:806 Tel.:112/113

Geschäftsverantwortung:
Optik / Keramik / Feinmechanik
Fahrzeugbau
Küstenindustrie
Verkehr

Funktionalverantwortung:
Sanierung
Abwicklung

Unternehmensbereich 3
Dr. Gunter Halm
R.:834.1 Tel.:119/120

Geschäftsverantwortung:
Land- und Forstwirtschaft
Bergbau / Steine / Erden
Nahrungs- und Genußmittel

Sondervermögen

Funktionalverantwortung:
Verwaltung

Unternehmensbereich 4
Dr. Wolf Klinz
R.:532.16 Tel.:416/417

Geschäftsverantwortung:
Chemie
Elektrotechnik / Elektronik
Holz / Papier
Textil / Bekleidung / Leder

Funktionalverantwortung:
Beteiligungsverwaltung und -controlling

Unternehmensbereich 5
Dr. Hans Krämer
R.:532.5a Tel.:341/342

Geschäftsverantwortung:
Eisen- / Stahlerzeugung, NE-Metall-industrie
Bauindustrie
Hotels und Ferienhäuser

Finanzvermögen

THA Liegenschaften GmbH

Funktionalverantwortung:
Immobilienverwaltung und -verwertung
Refinanzierung

Niederlassungen und Länderfragen
Birgit Breuel
R.:660.18 Tel.:245/246

Geschäftsverantwortung:
15 Niederlassungen

GPH Gesellschaft zur Privatisierung des Handels
Kommunalvermögen / Wasserwirtschaft
Außenhandelsbetriebe

Funktionalverantwortung:
Koordination allg. Länderfragen

Personal
Dr. Alexander Koch
R.:658 Tel.:241/242

Funktionalverantwortung:
Personal THA
Personal Konzern
Arbeitsmarkt und Soziales

Finanzen
Wolfram Krause
R.:808 Tel.:191

Funktionalverantwortung:
Grundsatzfragen
Unternehmens-Finanzierung
Rechnungswesen / Haushalt

29.1.91 / 1Über15

Treuhandanstalt

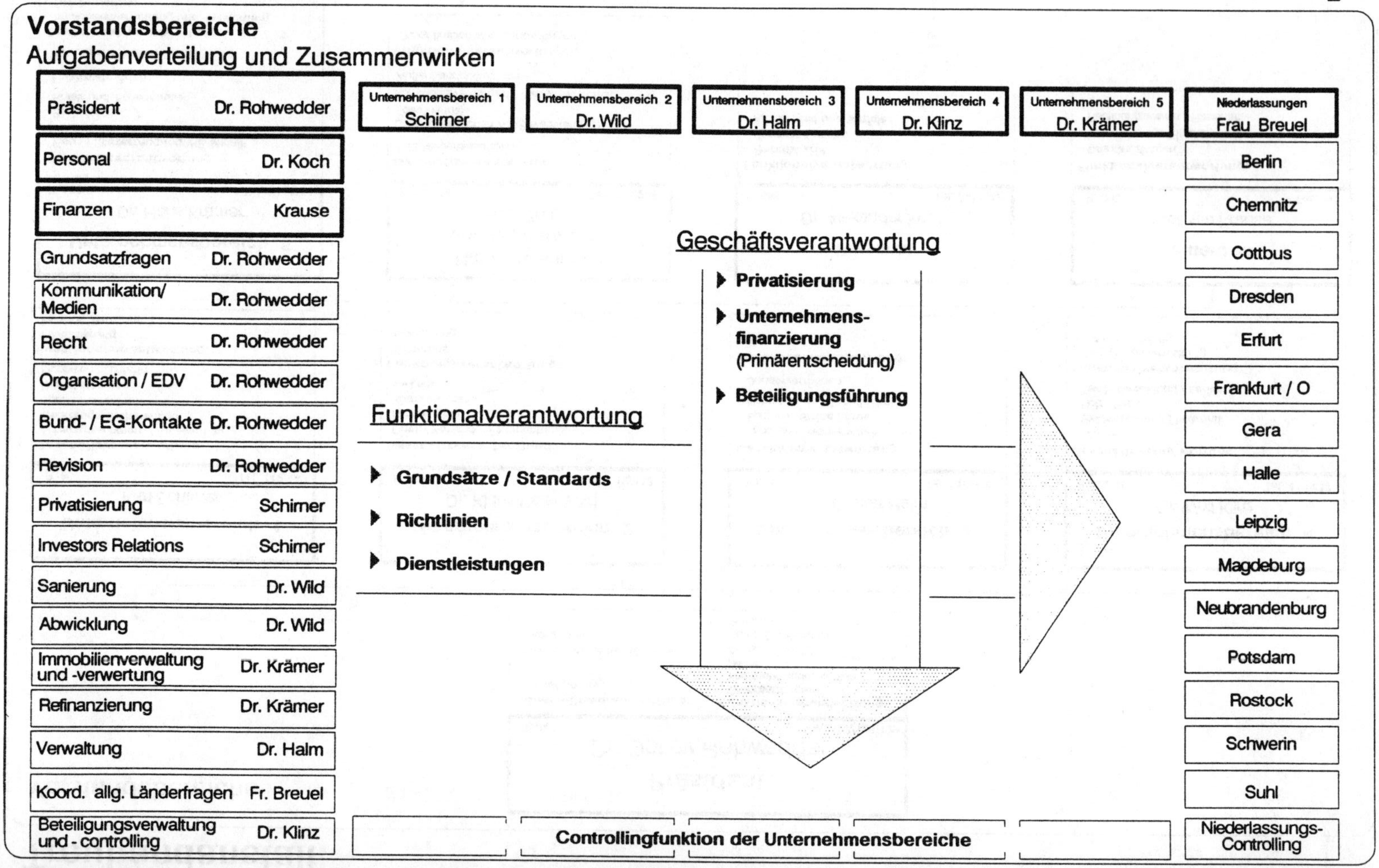

Treuhandanstalt

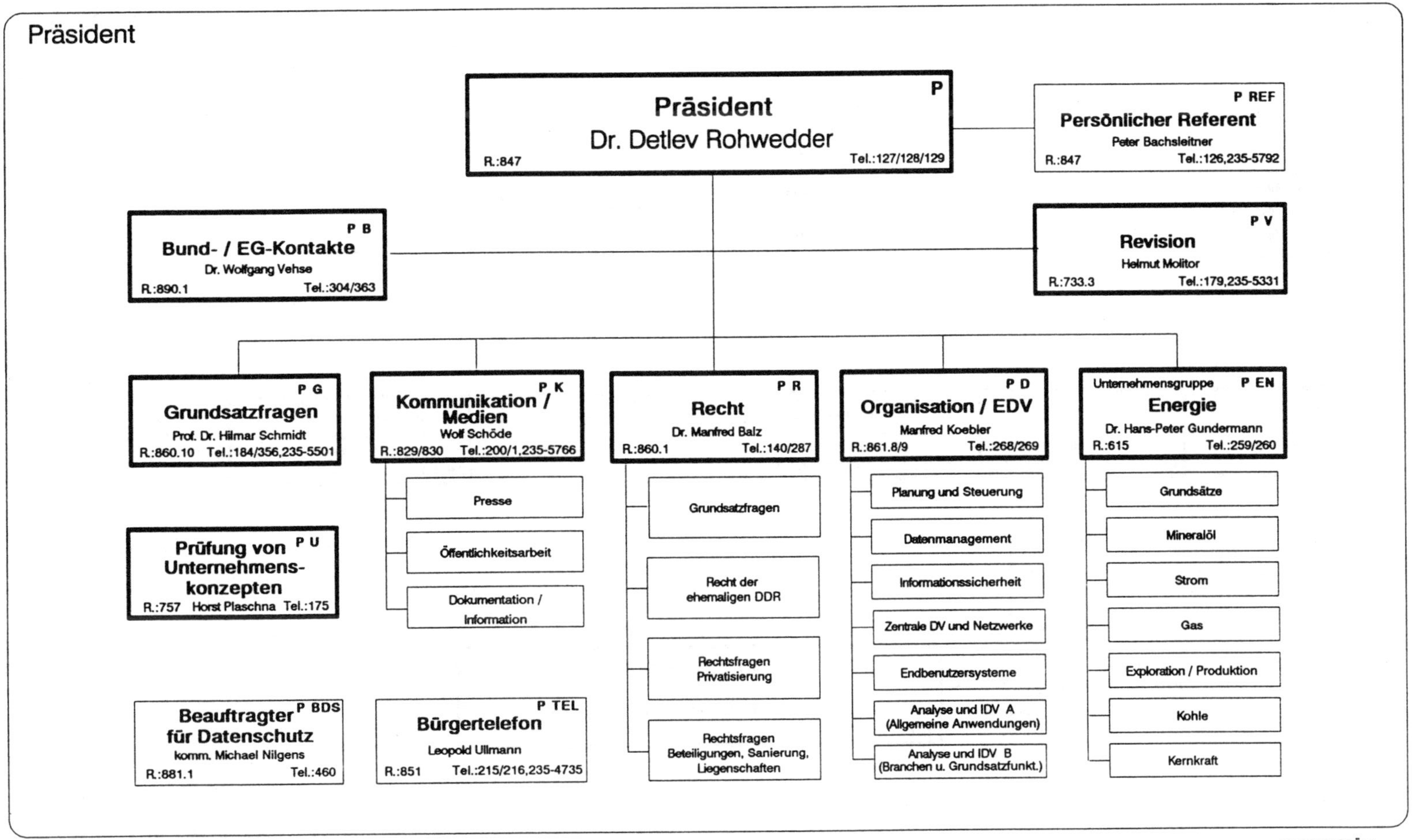

29.1.91/ 3PRÄ15

Treuhandanstalt

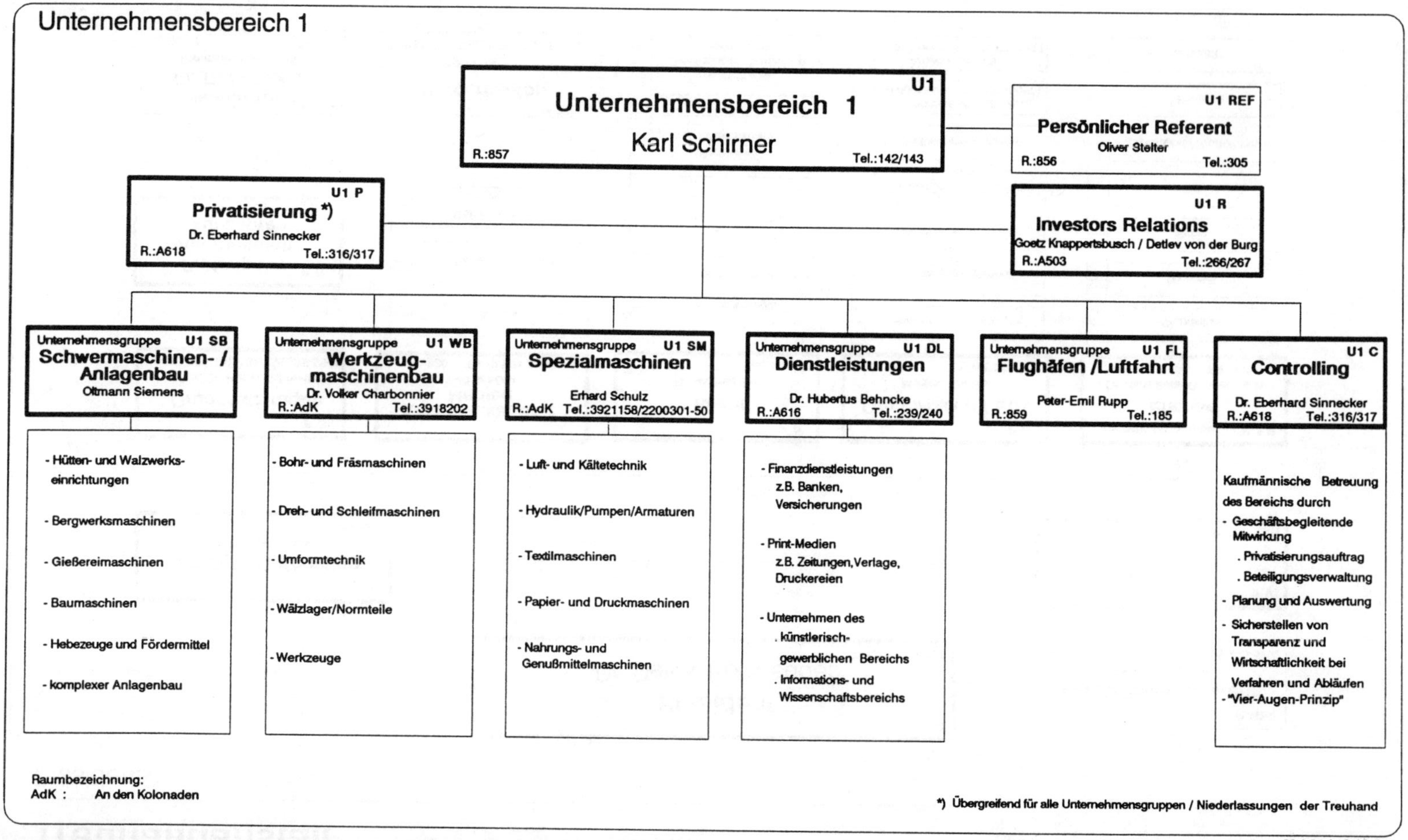

Unternehmensbereich 2

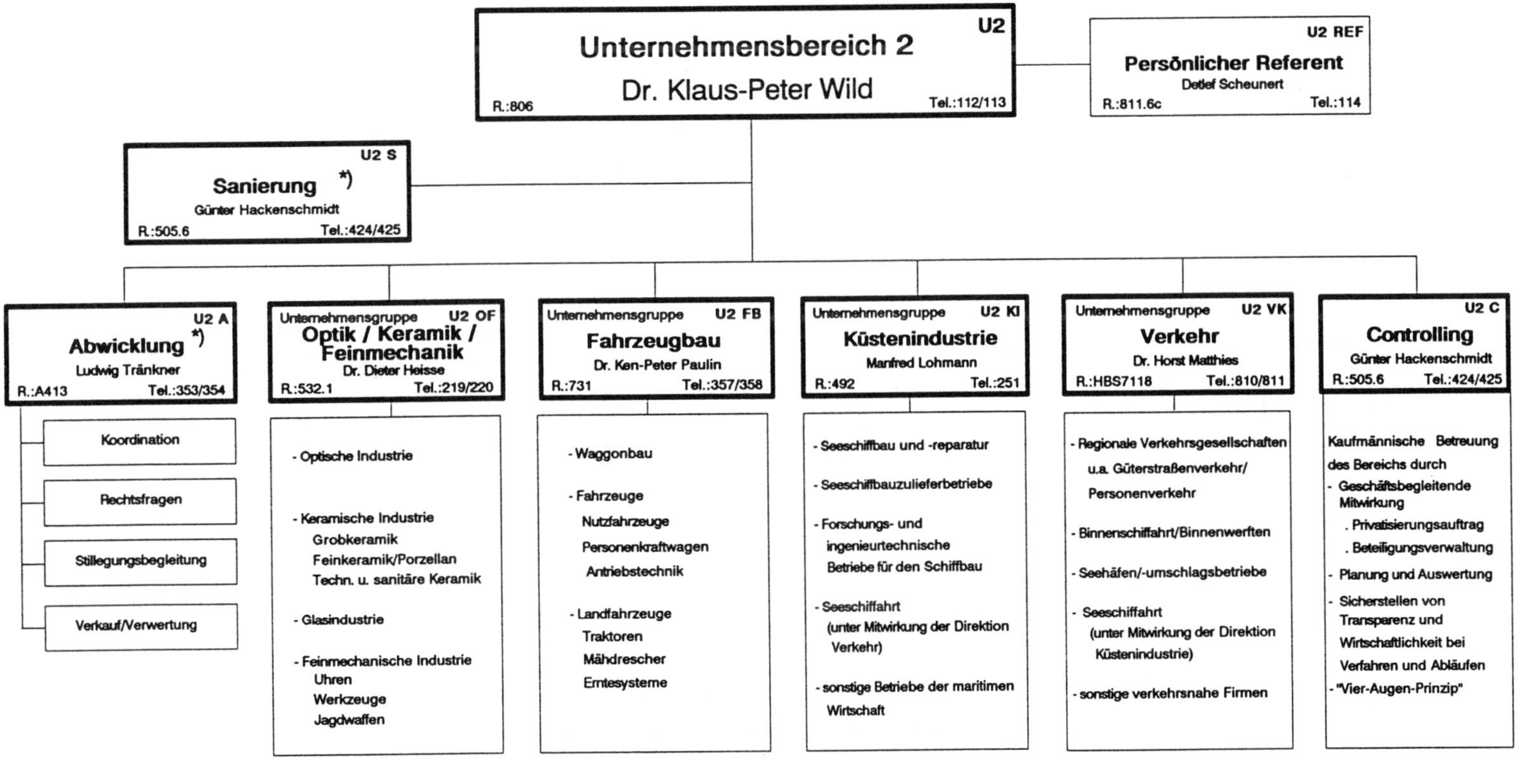

Raumbezeichnung:
HBS : Hans-Beimler-Strasse

*) Übergreifend für alle Unternehmensgruppen / Niederlassungen der Treuhand

29.1.91 /5Wild15

Treuhandanstalt

Unternehmensbereich 3

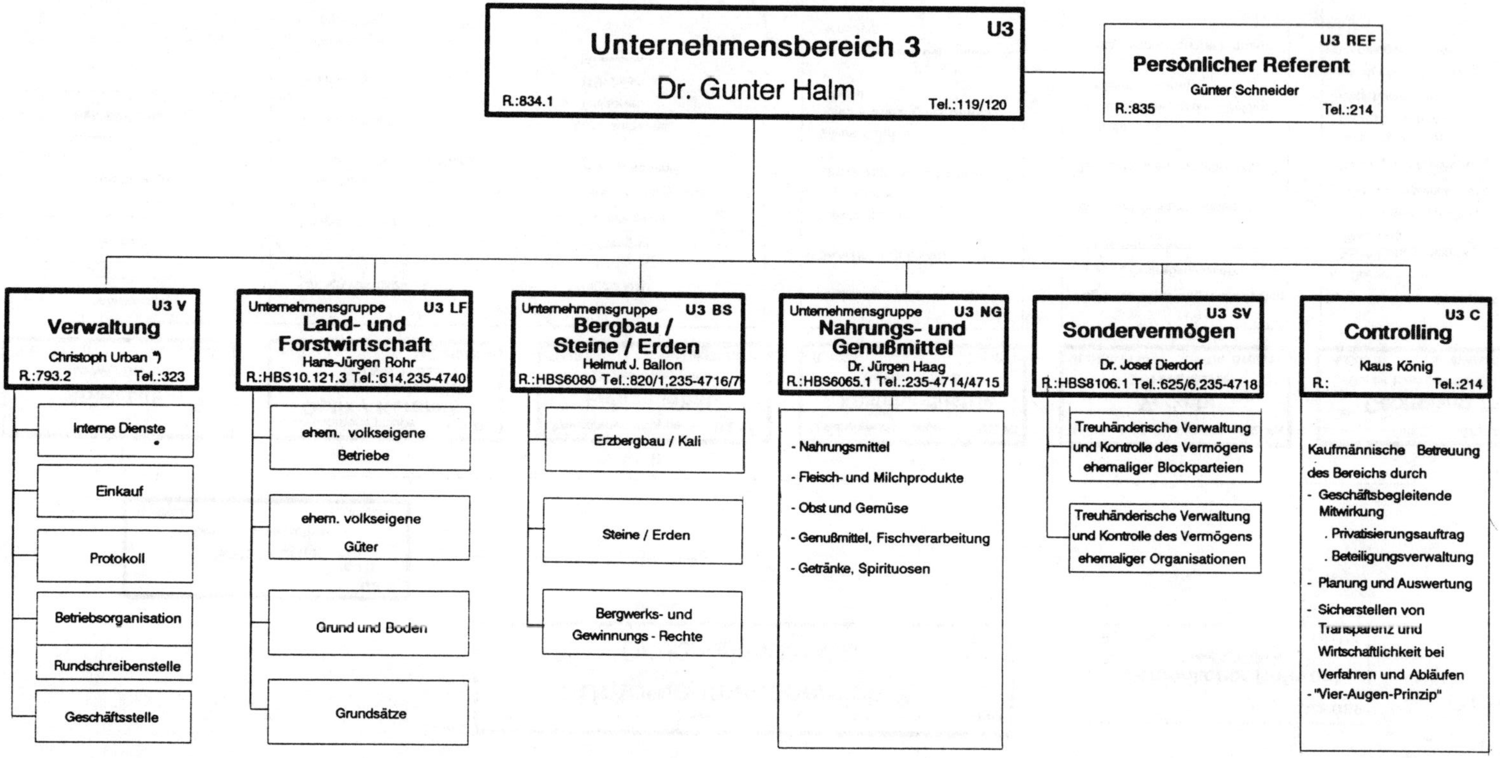

Raumbezeichnung:
HBS : Hans-Beimler-Strasse

*) zugleich Leitung Organisationsprojekt 'Treuhand'

29.1.91 / 6Halm15

Unternehmensbereich 4

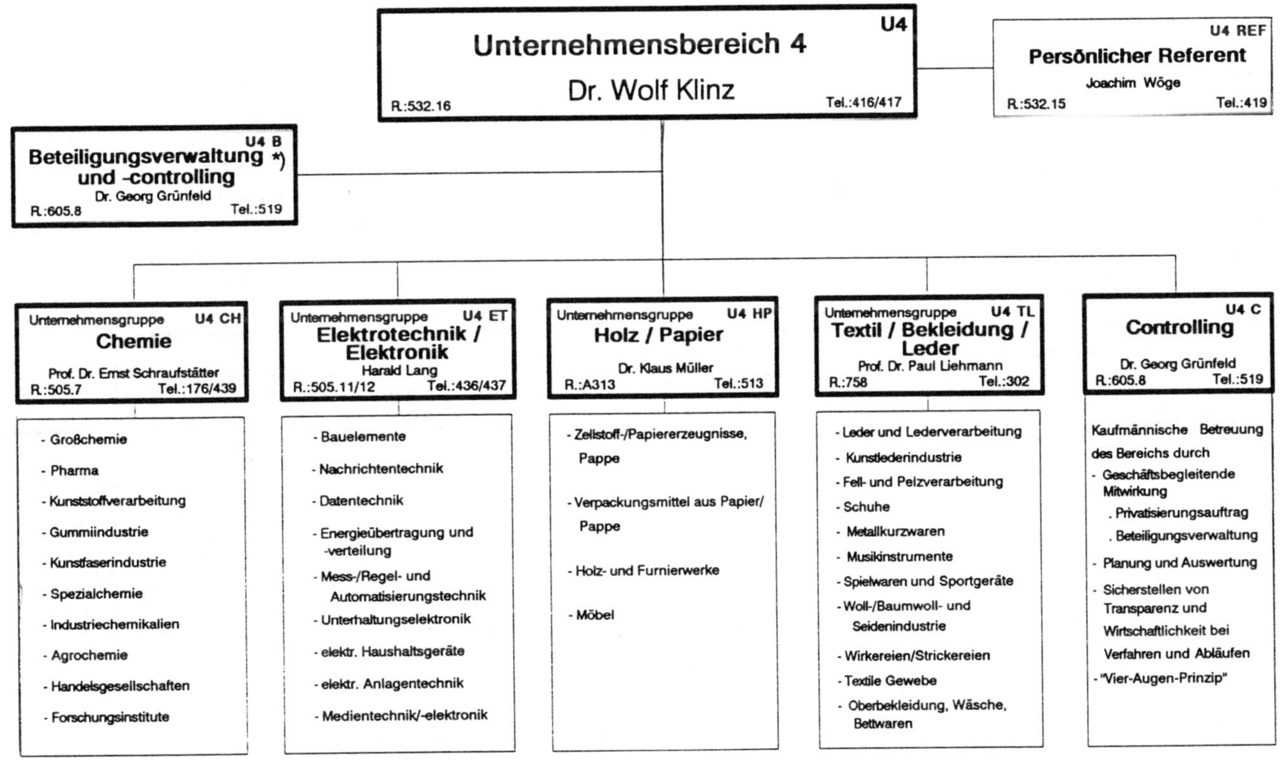

*) Übergreifend für alle Unternehmensgruppen / Niederlassungen der Treuhand

Treuhandanstalt

Unternehmensbereich 5

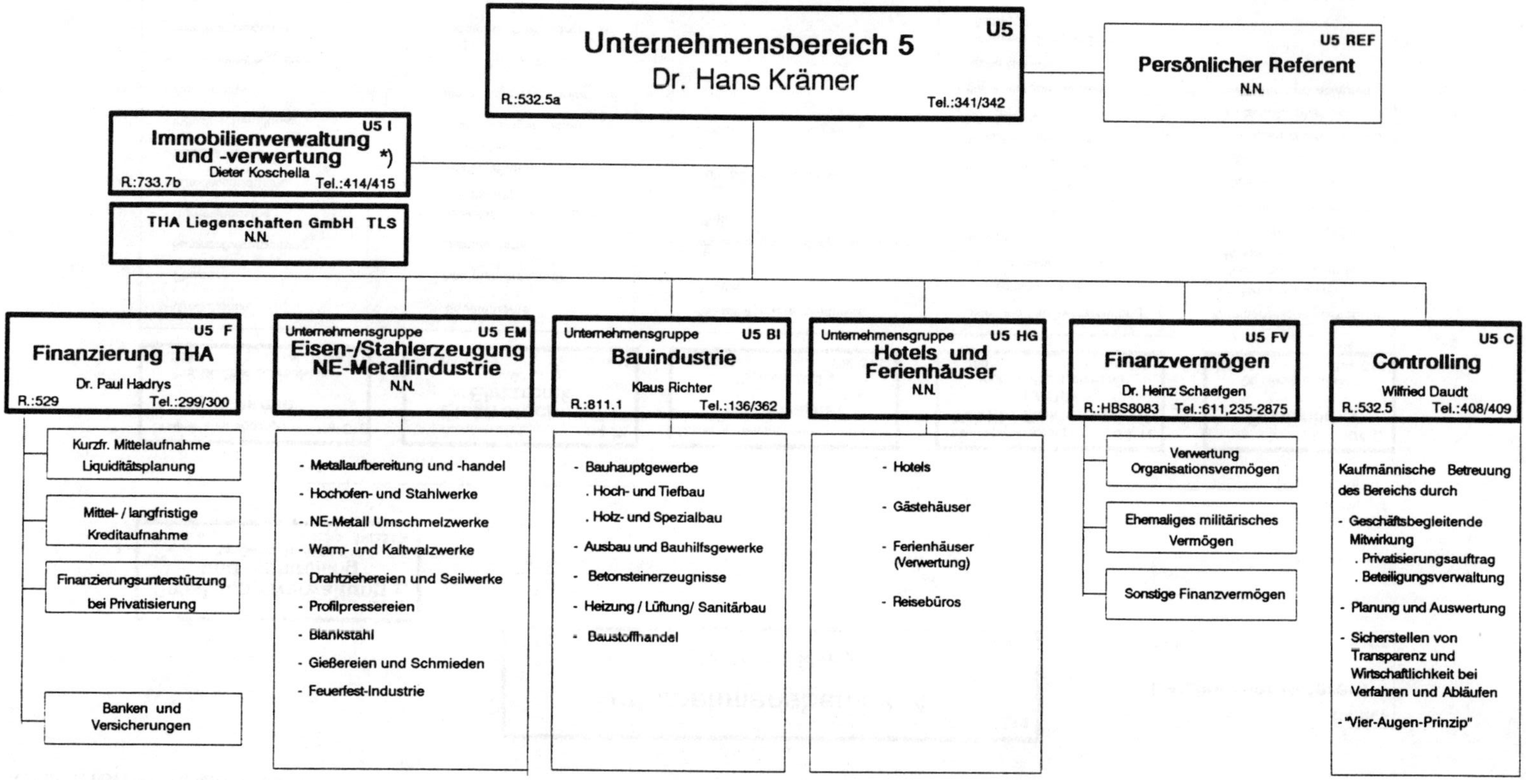

Raumbezeichnung:
HBS : Hans-Beimler-Strasse

*) Übergreifend für alle Unternehmensgruppen / Niederlassungen der Treuhand

Treuhandanstalt

Niederlassungen und Länderfragen

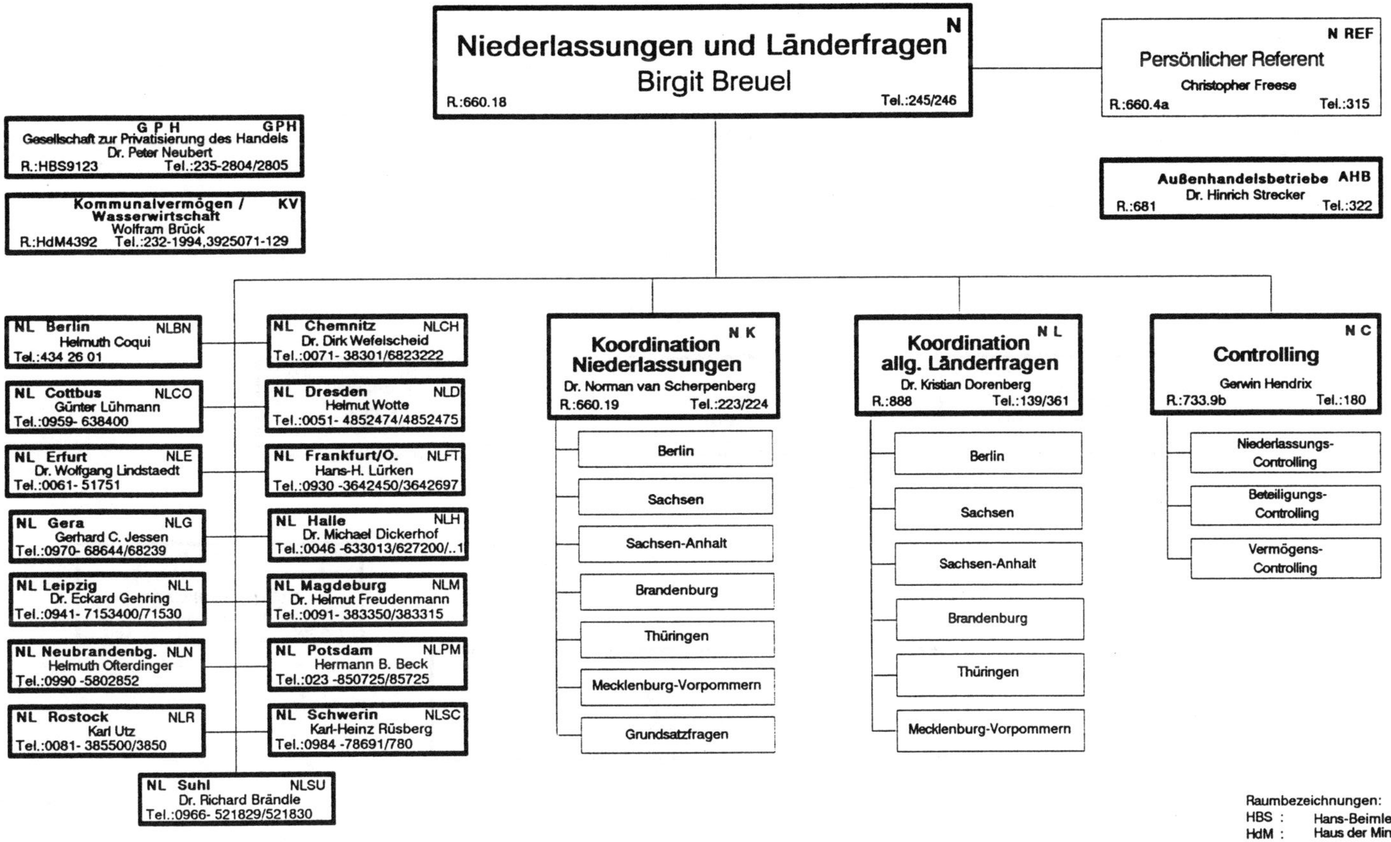

Raumbezeichnungen:
HBS : Hans-Beimler-Strasse
HdM : Haus der Ministerien

Treuhandanstalt

Personal

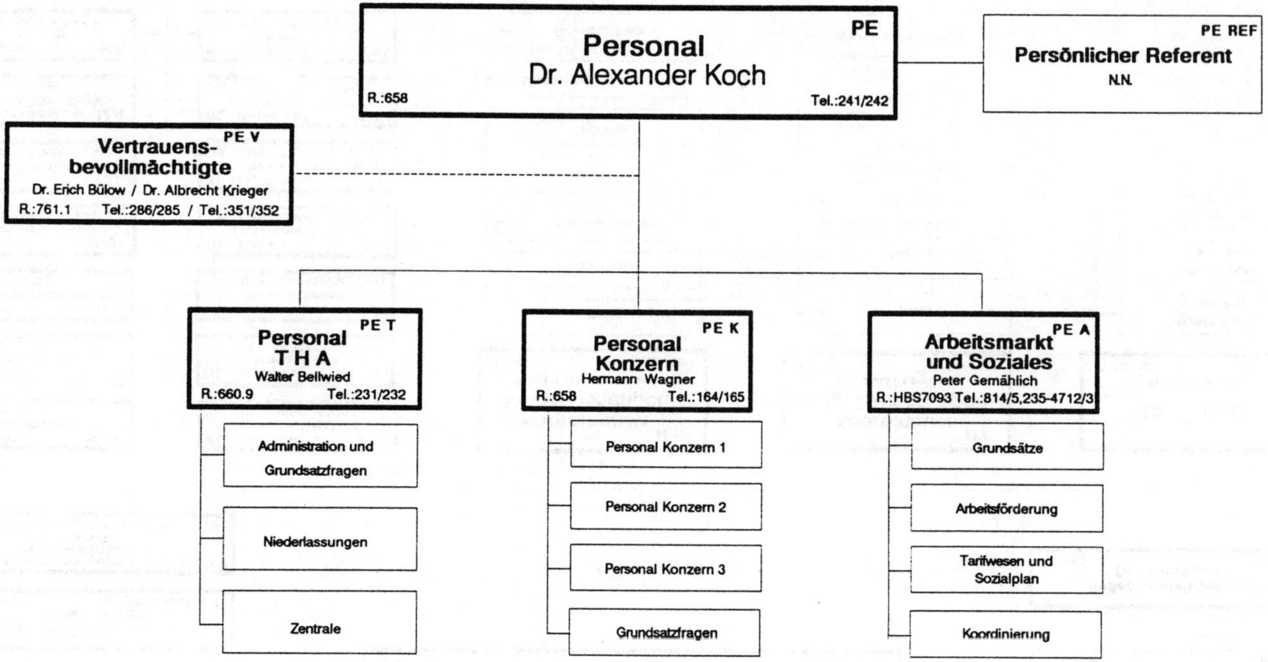

Raumbezeichnung:
HBS : Hans-Beimler-Strasse

Finanzen

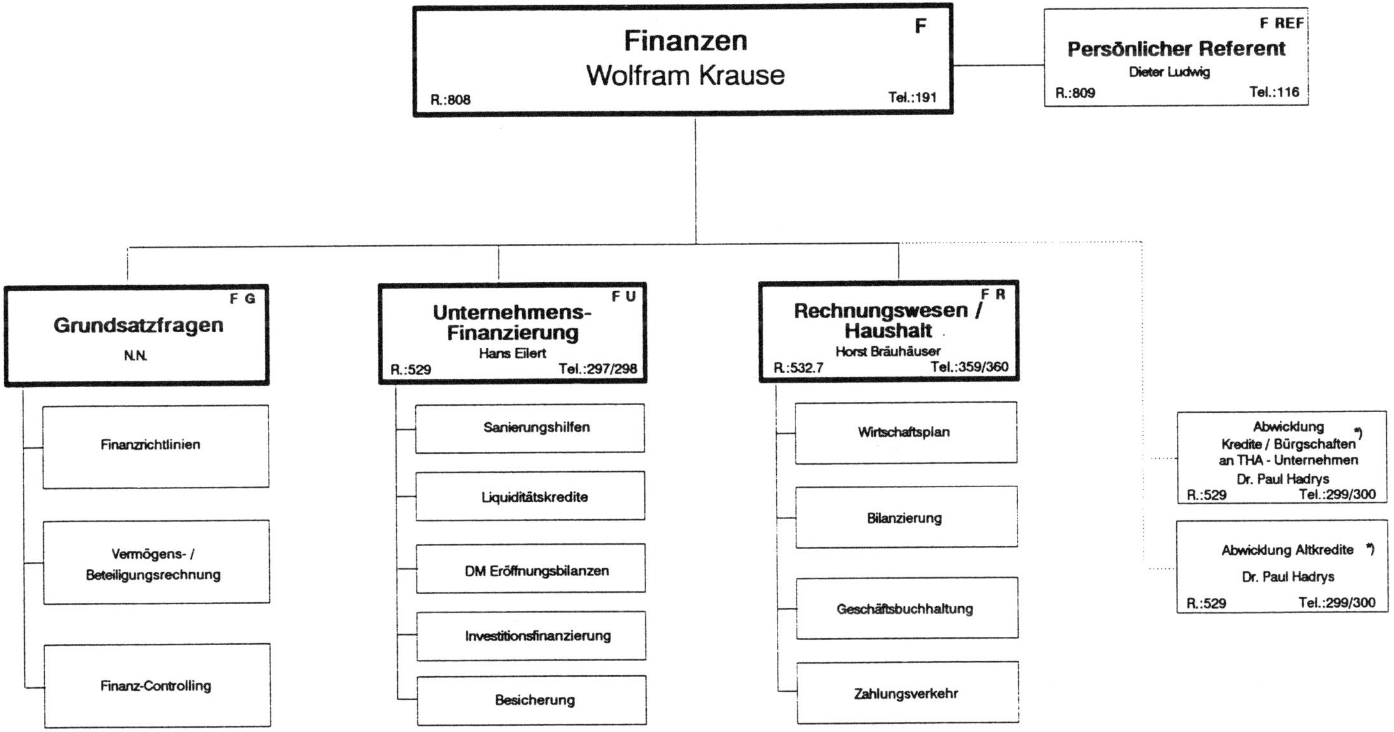

*) dem Unternehmensbereich 5 zugeordnet